Die fehlerhafte Banküberweisung im internationalen Rechtsverkehr

AF869516

Studien zum vergleichenden und internationalen Recht -
Comparative and International Law Studies

Herausgeber: Bernd von Hoffmann, Erik Jayme
und Heinz-Peter Mansel

Band 99

PETER LANG
Frankfurt am Main · Berlin · Bern · Bruxelles · New York · Oxford · Wien

Florian Kienle

# Die fehlerhafte Banküberweisung im internationalen Rechtsverkehr

## Unter besonderer Berücksichtigung des Artikels 4A US Uniform Commercial Code

PETER LANG
Europäischer Verlag der Wissenschaften

QOR HBZ
G71

**Bibliografische Information Der Deutschen Bibliothek**
Die Deutsche Bibliothek verzeichnet diese Publikation in der Deutschen Nationalbibliografie; detaillierte bibliografische Daten sind im Internet über <http://dnb.ddb.de> abrufbar.

Zugl.: Heidelberg, Univ., Diss., 2004

Gedruckt auf alterungsbeständigem,
säurefreiem Papier.

Fachhochschule Gelsenkirchen
Medien- und Kommunikationszentrum
- Hochschulbibliothek -
Abteilung Recklinghausen
2004/8530
AUSGESONDERT

D 16
ISSN 0930-4746
ISBN 3-631-52992-9

© Peter Lang GmbH
Europäischer Verlag der Wissenschaften
Frankfurt am Main 2004
Alle Rechte vorbehalten.

Das Werk einschließlich aller seiner Teile ist urheberrechtlich geschützt. Jede Verwertung außerhalb der engen Grenzen des Urheberrechtsgesetzes ist ohne Zustimmung des Verlages unzulässig und strafbar. Das gilt insbesondere für Vervielfältigungen, Übersetzungen, Mikroverfilmungen und die Einspeicherung und Verarbeitung in elektronischen Systemen.

Printed in Germany 1 2 3 4 5 7

www.peterlang.de

*Für meine Mutter*

# Vorwort

An dieser Stelle möchte ich meinen Dank aussprechen. Ganz herzlicher Dank gilt natürlich meinem verehrten Doktorvater Herrn Professor Dr. Dr. h.c. mult. Erik Jayme. Zu jeder Zeit und an jedem Ort – selbst in Anbetracht der Kulturschätze dieser Menschheit – hatte er ein offenes Ohr für meine Überlegungen zum Bankrecht und gab stets hilfreiche und kreative Anregungen.

Herzlich danken möchte ich auch Herrn Professor Dr. Burkhard Heß, der sich der Mühe des Zweitreferates unterzogen hat.

Innigen Dank schulde ich den MitarbeiterInnen des Instituts für ausländisches und internationales Privat- und Wirtschaftsrecht der Universität Heidelberg. Die dort vorherrschende, liebevolle und freundschaftliche Atmosphäre hat auch während der mühevolleren Phasen dieser Arbeit stets zu einem Wohlgefühl geführt, so dass auftauchende Klippen stets mit frischem Wind umsegelt werden konnten. Hierfür danke ich herzlich.

Von ganzem Herzen danke ich meiner Mutter. Sie war stets vorbehalts- und kompromisslos zu jeder Hilfeleistung von Herzen bereit. Ohne eine derartige Unterstützung wäre eine Bearbeitung nicht möglich gewesen. Danke! Für die Hilfe bei der Korrektur und für vielfältigen Zuspruch danke ich meiner Tante Susanne Bohn. Für zahlreiche Anregungen und Vorschläge danke ich außerdem herzlich Herrn Dr. Marc-Philippe Weller.

Die vorliegende Arbeit wurde Ende Mai 2003 bei der Juristischen Fakultät der Universität Heidelberg als Dissertation eingereicht. Sie wurde im Februar 2004 mit dem Rolf-und-Lucia-Serick-Preis 2003 ausgezeichnet.

Florian Kienle

## Inhaltsverzeichnis

## Abkürzungsverzeichnis

| | |
|---|---|
| A. | Auflage |
| a.A. | andere(r) Auffassung |
| aaO. | am angegebenen Ort |
| Abl.L. | Amtsblatt der Europäischen Gemeinschaften, Ausgabe L: Rechtsvorschriften |
| Abs. | Absatz |
| AbgabenO | Abgabenordnung vom 16. März 1976 |
| AcP | Archiv für die zivilistische Praxis (Zeitschrift) |
| a.E. | am Ende |
| a.F. | alte Fassung |
| AG | Amtsgericht |
| AGB | Allgemeine Geschäftsbedingungen |
| ALI | American Law Institute |
| A.L.R. Fed. | American Law Reports Annotated, Federal |
| alt. | Alternative |
| ANB | American National Bank |
| Art. (Artt.) | Artikel (Plural) |
| AußenwirtschaftsVO | Außenwirtschaftsverordnung vom 18. Dezember 1986 i.d.F. vom 22. November 1993 |
| BayObLG | Bayerisches Oberstes Landesgericht |
| Bd. | Band |
| BGB | Bürgerliches Gesetzbuch vom 18.08.1896 |
| BGBl. | Bundesgesetzblatt |
| BGE | Entscheidungssammlung des Schweizerischen Bundesgerichts |
| BGH | Bundesgerichtshof |
| BGHZ | Amtliche Sammlung der Entscheidungen des Bundesgerichtshofes in Zivilsachen |
| BIC | Bank Identifier Code |
| BörsG | Börsengesetz vom 22.06.1896 in der Fassung der Bekanntmachung vom 17.07.1996 |
| BR Drucks. | Bundesratsdrucksache |
| BT Drucks. | Bundestagsdrucksache |
| BVerfG | Bundesverfassungsgericht |
| BVerfGE | Amtliche Sammlung der Entscheidungen des Bundesverfassungsgerichts |
| bzw. | beziehungsweise |
| Cal. App. 4th | California Appellate Reports, Fourth Series |
| Cal. Rptr. (2d) | California Reporter (second series) |
| Calif.L.Rev. | California Law Review (Zeitschrift) |
| CFR | Code of Federal Regulations |
| ch. | chapter |

| | |
|---|---|
| C.H.I.P.S. | Clearinghouse Inerbank Payment System |
| CISG | Convention on Contracts for the International sale of Goods. Wiener UN-Übereinkommen vom 11. April 1980 über den internationalen Warenkauf |
| Co. | Company |
| Cong. | Congress |
| Corp. | Corporation |
| CVF | Corporation Venezolana de Fomento |
| ders. (dies.) | derselbe (dieselbe) |
| d.h. | das heißt |
| DPS | Deposit Protection Scheme |
| E.D. | Eastern District |
| EFTA | Electronic Funds Transfer Act |
| EG | Europäische Gemeinschaft(en) |
| EGBGB | Einführungsgesetz zum Bürgerlichen Gesetzbuch vom 18.08.1896 i.d.F. vom 21. September 1994 |
| EGInsO | Einführungsgesetz zur Insolvenzordnung vom 5. Oktober 1994 |
| Einl. | Einleitung |
| EuGVÜ | Brüssler EWG-Übereinkommen über die gerichtliche Zuständigkeit und die Vollstreckung gerichtlicher Entscheidungen in Zivil- und Handelssachen vom 27.09.1968 i.d.F. vom 29. November 1996 |
| EuInsVO | Verordnung (EG) Nr. 1346/2000 des Rates über Insolvenzverfahren vom 29. Mai 2000 |
| EVÜ | Römisches EWG-Übereinkommen über das auf vertragliche Schuldverhältnisse anwendbare Recht vom 19.06.1980 |
| f. (ff.) | folgender (folgende) |
| F. (2d / 3d) | Federal Reporter (Second Series / Third Series) |
| FAZ | Frankfurter Allgemeine Zeitung |
| Fn. | Fußnote |
| FRBNY | Federal Reserve Bank of New York |
| FS | Festschrift |
| F.Supp. (2d) | Federal Supplement (Second Series) |
| GATT | General Agreement on Tariffs and Trade |
| GG | Grundgesetz für die Bundesrepublik Deutschland vom 23. Mai 1949 |
| GS | Gedächtnisschrift |
| Harv. L. Rev. | Harvard Law Review |
| HaustürWG | Gesetz über den Widerruf von Haustürgeschäften und ähnlichen Geschäften vom 16. Januar 1986 |
| HGB | Handelsgesetzbuch vom 10. Mai 1897 |
| h.M. | herrschende Meinung |

| | |
|---|---|
| Hrsg. | Herausgeber |
| hrsg. | herausgegeben |
| HS | Halbsatz |
| ICC | Internationale Chamber of Commerce / Illinois Computer Cable |
| i.d.F. | in der Fassung |
| Ill.App. | Illinois Appellate Court Reports |
| Inc. | Incorporated |
| InsO | Insolvenzordnung vom 5. Oktober 1994 |
| Int'l and Comp Law Quarterly | International and Comparative Law Quarterly (Zeitschrift) |
| IPR | internationales Privatrecht |
| IPRax | Praxis des Internationalen Privat- und Verfahrensrechts (Zeitschrift) |
| IPRspr. | Die deutsche Rechtsprechung auf dem Gebiet des internationalen Privatrechts (Zeitschrift) |
| i.S. | im Sinne |
| i.V.m. | in Verbindung mit |
| Jbl. | Juristische Blätter (Zeitschrift) |
| JR | Juristische Rundschau (Zeitschrift) |
| JuS | Juristische Schulung (Zeitschrift) |
| JW | Juristische Wochenschrift (Zeitschrift) |
| JZ | Juristenzeitung (Zeitschrift) |
| KG | Kammergericht Berlin |
| KWG | Gesetz über das Kreditwesen in der Fassung der Bekanntmachung vom 9. September 1998 |
| LAG | Landesarbeitsgericht |
| Law & Contemp. Probl. | Law and Contemorary Problems (Zeitschrift) |
| L.Ed. | Cases argued and decided in the Supreme Court of the United States, Lawyer's Edition |
| LG | Landgericht |
| lit. | littera (Buchstabe) |
| ltd. | limited |
| mbg | money back guarantee |
| Misc. (2d) | Miscellaneous Reports (Second Series) |
| MDR | Monatsschrift für Deutschen Recht (Zeitschrift) |
| MERCOSUR | Mercado Común del Sur |
| m.N. (m.w.N.) | mit Nachweisen (mit weiteren Nachweisen) |
| m.z.N. | mit zahlreichen Nachweisen |
| N.D. | Northern District |
| N.D. Ill. | Northern District of Illinois |
| N.E. (2d) | North Eastern Reporter (Second Series) |

| | |
|---|---|
| n.F. | neue Fassung |
| NJW (-RR) | Neue Juristische Wochenschrift (-Rechtsprechungs-Report) |
| Nr. (No.) | Nummer |
| N.W. (2d) | North Western Reporter (Second Series) |
| N.Y. | New York / New York |
| N.Y. 2d | New York Court of Appeals Reports (Second Series) |
| N.Y. C.P.L.R. | New York Rules and Law of Civil Procedure |
| N.Y.S. (2d) | The New York Supplement (Second Series) |
| N.Y.Sup.Ct. | New York Supreme Court |
| N.Y.U. L. Rev. | New York University Law Review (Zeitschrift) |
| OLG | Oberlandesgericht |
| OLGZ | Entscheidungen der Oberlandesgerichte in Zivilsachen einschließlich der freiwilligen Gerichtsbarkeit |
| PLI/Comm | Commercial Law and Practice Course Handbook Series |
| Pub.L. | Public Law |
| RabelsZ | Zeitschrift für ausländisches und internationales Privatrecht |
| RAnwVO | Verordnung über die Rechtsanwendung bei schädigung deutscher Staatsangehöriger außerhalb des Reichsgebiets vom 7. Dezember 1942 |
| Ref-Begr. | Begründung des Referentenentwurfs |
| RegE | Regierungsentwurf |
| RG | Reichsgericht |
| RGZ | Amtliche Sammlung der Entscheidungen des Reichsgerichts in Zivilsachen |
| RIW | Recht der Internationalen Wirtschaft (Zeitschrift) |
| Rn. | Randnummer |
| S. | Seite / Satz |
| ScheckG | Scheckgesetz vom 14. August 1933 |
| Schw.JZ | Schweizerische Juristen-Zeitung |
| S.Ct. | Supreme Court |
| S.D. | Southern District |
| S.D.N.Y. | United States District Court for the Southern District of New York |
| Sen.Rep. | Senate Report |
| sess. | session |
| SeuffA | Seufferts Archiv für Entscheidungen der obersten Gerichte in den deutschen Staaten |
| SJZ | Süddeutsche Juristenzeitung |
| So. (2d) | Southern Reporter (Second Series) |
| stat. | statute |

| | |
|---|---|
| S.W.I.F.T. | Society for Worldwide Interbank Financial Telecommunication |
| Texas L. Rev. | Texas Law Review |
| u.a. | unter anderem |
| U.C.C. | Uniform Commercial Code |
| UCC Rep.Serv. (2d) | Uniform Commercial Code Reporting Service (Second Series) |
| UNCITRAL | United Nations Commission on International Trade Law, UN-Kommission für Internationales Handelsrecht |
| U.Pa.J.Int'l. Bus.L. | University of Pennsylvania Journal of International Business Law |
| U.Pal.L.Rev. | University of Pennsylvania Law Review |
| U.S. | United States Supreme Court Reports |
| USA | United States of America (Vereinigte Staaten von Amerika) |
| U.S.App.D.C. | U.S. Court of Appeals for District of Columbia |
| U.S.C. | United States Code |
| U.S.Code Cong. & Admin. News | United States Code Congressional & Administrative News |
| v. | vom |
| vgl. | vergleiche |
| Vol. | Volume |
| Vorb. | Vorbemerkung |
| Wayne L. Rev | Wayne Law Review |
| WechselG | Wechselgesetz vom 21. Juni 1933 |
| WL | Westlaw (online) |
| WM | Wertpapiermitteilungen: Zeitschrift für Wirtschafts- und Bankrecht |
| z.B. | zum Beispiel |
| ZBB | Zeitschrift für Bankrecht und Bankwirtschaft |
| ZEuP | Zeitschrift für Europäisches Privatrecht |
| ZHR | Zeitschrift für das gesamte Handels- und Wirtschaftsrecht |
| ZIP | Zeitschrift für Wirtschaftsrecht |
| Zit. | Zitat |
| ZÖR | Zeitschrift für Öffentliches Recht |
| z.T. | zum Teil |
| ZfRV | Zeitschrift für Rechtsvergleichung, Internationales Privatrecht und Europarecht |
| ZPO | Zivilprozessordnung vom 30.1.1877 i.d.F. vom 12. September 1950 |
| ZRP | Zeitschrift für Rechtspolitik |

# 1. Kapitel
# Einführung und Gang der Untersuchung

## I. Einführung

Weltweit sind Bestrebungen festzustellen, die zwischen den zahlreichen Rechtsordnungen bestehenden faktischen Hindernisse des internationalen Handels zu beseitigen. Ein rechtlich reibungsloser Austausch von Waren, Dienstleistungen und Kapital soll grenzüberschreitend möglich werden. Im gesamtwirtschaftlichen Interesse soll damit ein internationaler Markt hergestellt werden. Zu diesem Zwecke werden Freihandelszonen installiert, bi- und multilaterale Handelsabkommen geschlossen und Sachrecht vereinheitlicht.[1] Notwendig mit dem Ziel der Ermöglichung eines freien Warenaustausches einhergehen muss die Erleichterung des internationalen *Zahlungsverkehrs*, was sich zwanglos daraus erklärt, dass der angestrebte grenzüberschreitende Handel und der internationale Markt ein solcher des Austausches von Waren und Dienstleistungen ist, diese also regelmäßig gegen Geld erworben werden. Ist aber die Übermittlung von Geld nicht in ungehinderter Form möglich, so wird sich dies auf den Waren- und Dienstleistungsaustausch mittelbar negativ auswirken.

Als Zahlungsmittel in den Vordergrund gerückt ist sowohl auf nationaler wie auch auf internationaler Ebene die *Bank- oder Giroüberweisung*.[2] Ihren Siegeszug gegenüber anderen Zahlungsmitteln, wie etwa gegenüber dem

---

[1] Zu denken ist etwa an die Europäische Union, den MERCOSUR, das GATT-Übereinkommen und das Wiener UN-Übereinkommen über Verträge über den internationalen Warenkauf vom 11. April 1980 (CISG). Siehe auch die FAZ vom Montag, 26. Mai 2003, S. 13: „Banken für raschere Marktintegration. Der Abbau von Grenzschranken für Finanzdienste im europäischen Binnenmarkt könnte Wirtschaft und Verbrauchern erhebliche Einsparungen bescheren. Darauf weist die Europäische Bankenvereinigung (EBV/FBE) in einer Untersuchung zum derzeitigen Stand der Marktintegration bei Finanzdiensten hin. Sie beruft sich dabei auf Studien im Auftrag der Europäischen Kommission, wonach durch eine weitere Marktöffnung innerhalb des kommenden Jahrzehnts Wohlstandsgewinne in einer Größenordnung von jährlich 1,1 Prozent des Bruttoinlandsprodukts oder 130 Milliarden Euro zu erwarten seien."

[2] Beide Begriffe beschreiben dasselbe, insbesondere setzt die Banküberweisung nicht die Abwesenheit einer zugrundeliegenden Girobeziehung voraus, wie auch umgekehrt die Giroüberweisung eine solche nicht zwingend fordert, vgl. SCHÖNLE, Bank- und Börsenrecht, § 30 II 1. (S. 352): „Giroüberweisung ist die Übertragung von Buchgeld, nämlich die bargeldlose Zahlung, die durch Belastung auf dem Bankkonto des Überweisenden und durch Gutschrift auf dem Bankkonto des Empfängers bewirkt wird. Voraussetzung für die Giroüberweisung ist entweder, dass der Auftraggeber ein Einlagenkonto unterhält, über das er durch Überweisungsaufträge zu verfügen befugt ist, oder dass der Auftraggeber den Überweisungsbetrag bei der Bank einzahlt."

Scheck oder dem weit verbreiteten Dokumenten-Akkreditiv[3] hat die Banküberweisung ihrer schnellen, kostengünstigen und weitgehend entmaterialisierten Abwicklung zu verdanken. Damit harmoniert die Giroüberweisung insbesondere mit den modernen Formen der elektronischen Kommunikation. So haben sich schon seit einiger Zeit sowohl auf der Ebene der Nationalstaaten als auch auf internationaler Ebene so genannte Zahlungssysteme herausgebildet, die zur Aufgabe haben, Banküberweisungen abzuwickeln, und die sich hauptsächlich der modernen Kommunikationsmittel bedienen.

Leider fehlte es lange Zeit an einem *international* vereinheitlichten Regelungsregime für Banküberweisungen. Stehen für andere Zahlungsmethoden schon seit längerer Zeit supranationale Regelungen zur Verfügung[4], so ist für den Bereich der Banküberweisung erst in jüngerer Zeit eine Bewegung zu verzeichnen[5]. Im transatlantischen Rechtsverkehr sind es aber noch immer die nationalen Rechtsordnungen, die den rechtlichen Rahmen zur Vornahme von Banküberweisungen bestellen müssen.[6]

Auf der Ebene der *nationalen Rechtsordnungen* sind auf dem Gebiet der Banküberweisung Neuerungen zu verzeichnen. Im deutschen Recht wurde das materielle Recht der Banküberweisung erstmals kodifiziert und mit den §§ 676a – 676g in das Bürgerliche Gesetzbuch eingefügt. Die neu geschaffene Regelung ist in besonderem Maße auf die *Anforderungen des modernen*

[3] Ein Akkreditiv wird definiert als eine Vereinbarung, derzufolge eine auf Ersuchen und in Übereinstimmung mit den Weisungen eines Kunden (Akkreditiv-Auftraggeber) handelnde Bank (eröffnende Bank) gegen Übergabe vorgeschriebener Dokumente Zahlungen an einen Dritten (Begünstigten) zu leisten hat oder eine andere Bank zur Ausführung solcher Zahlungen ermächtigt, sofern die Akkreditivbedingungen erfüllt sind, SCHÖNLE, Bank- und Börsenrecht, § 8 VIII 1. (S. 116). Das Dokumenten-Akkreditiv wird also regelmäßig anbei weiterer Dokumente (Ladepapiere) vom Begünstigten einer Bank vorgelegt, die dann eine Auszahlung zu lasten des Auftraggebers oder der Auftraggeberbank vornimmt. Die auszahlende Bank kann dem Begünstigten gegenüber das Akkreditiv auch bestätigen und dadurch diesem gegenüber eine eigene Verpflichtung begründen. Andernfalls bleibt sie so genannte Avisbank, eingehend Palandt-SPRAU, § 783 Rn. 14 ff. Vorliegend wird nicht verkannt, dass das Akkreditiv teilweise anderen Zwecken – Sicherungszwecken - als der bloßen Zahlungsmittlung dient und damit zu der Banküberweisung nicht in direktem Konkurrenzverhältnis steht, so dass vorliegend angestellter Vergleich „hinkt“. Jedenfalls in dem Bereich, in dem das Akkreditiv zur bloßen Zahlungsmittlung eingesetzt wurde, wurde es aber nahezu vollständig von der Banküberweisung verdrängt. Siehe eingehend zum Akkreditiv auch im 4. Kapitel, III., 3., g) (3) (a) (aa), S. 275.

[4] Zu nennen sind zum einen die „Einheitlichen Richtlinien und Gebräuche für Dokumenten-Akkreditive“ und zum anderen die „Einheitlichen Richtlinien für Inkassi“, beide von der Internationalen Handelskammer in Paris.

[5] Siehe das UNCITRAL Modelgesetz für grenzüberschreitende Überweisungen und die Richtlinie 97/5/EG vom 27.1.1997 über grenzüberschreitende Überweisungen, Amstblatt Nr. L 043 vom 14.2.1997, S. 25 – 30. Aus dem Schrifttum BLAUROCK / RENNPFERDT, Internationale Initiativen zur Regelung des grenzüberschreitenden Zahlungsverkehrs, S. 517 – 549.

[6] Vgl. SCHWOLOW, Internationale Entwicklungslinien im Recht der Auslandsüberweisung, § 1 III (S. 3).

*Überweisungsverkehrs* zugeschnitten, da sie den dortigen Anforderungen in ihren Vorschriften besonders Rechnung trägt. Diese Besonderheiten liegen in der *personellen Komplexität* der Banküberweisung und der besonderen Art der Leistungserbringung – Übermittlung von Buchgeld - sowie dem im Überweisungsverkehr von allen Beteiligten verfolgten zentralen *Zweck nach effizienter und kostengünstiger Abwicklung* begründet. Hieran wurde die Rechtslage angepasst. Die personelle Komplexität bei der Banküberweisung fordert insbesondere eine konsistente Pflichtengruppierung unter den einzelnen Beteiligten, so dass sich diese einem *widerspruchsfreien Rechten- und Pflichtenregime* gegenübersehen. Betroffen von diesem Erfordernis ist insbesondere auch das der Fehlerkorrektur dienende Bereicherungsrecht, welches im deutschen Recht schon wegen der berüchtigten Mehrpersonenverhältnisse, in deren Bereich man sich bei der fehlerhaften Giroüberweisung regelmäßig befindet, traurige Berühmtheit erlangt hat.

Auf der Ebene des *Internationalen Privatrechts* ist auf deutscher Seite die Kodifikation der Verweisungsvorschriften für außervertragliche Schuldverhältnisse zu verzeichnen. Insbesondere für Ansprüche aus ungerechtfertigter Bereicherung, die im Banküberweisungsrecht von besonderer Bedeutung sind, wurde die Vorschrift des Artikels 38 EGBGB geschaffen. Da die Vorschrift jedoch allgemein Bereicherungsansprüche erfasst und daher wie auch die übrigen Verweisungsvorschriften im Bereich der außervertraglichen Schuldverhältnisse zu starr erscheinen mochte, hat der Gesetzgeber daneben in Artikel 41 EGBGB die Möglichkeit einer abweichenden Anknüpfung vorgesehen, wenn zu dem Recht eines anderen Staates eine wesentlich engere Verbindung besteht.

Eine *Vorreiterstellung* auf dem Gebiet der Giroüberweisung nehmen auf der internationalen Ebene die *Vereinigten Staaten von Amerika* ein. Weltweit werden nahezu alle Zahlungen, die in US Dollar lauten, über die internationale Finanzhauptstadt New York abgewickelt, sei es über dortige Abrechnungszentren oder aber Korrespondenzbanken. Die dort bestehende Rechtslage ist insbesondere von wirtschaftlichen Überlegungen geprägt, was auf dem Gebiet des Banküberweisungsrechtes einen rechtsvergleichenden Blick lohnenswert erscheinen lässt. Das materielle sowie auch das internationale Recht der Banküberweisung hat in den USA mit dem Modellgesetz des Artikel 4A *Uniform Commercial Code*, das nahezu in allen Bundesstaaten umgesetzt wurde, eine weitgehend einheitliche Regelung erfahren.

## II. Gegenstand und Fragestellung der Arbeit

Den Gegenstand der vorliegenden Untersuchung bilden grenzüberschreitende Giroüberweisungen. Dabei sollen jedoch nicht die reibungslosen Normalfälle, sondern die pathologischen Fälle, die *fehlerhaften Banküberweisungen*, im Mittelpunkt des Interesses stehen. Kommt es bei einer grenzüberschreitenden Überweisung zu Fehlleitungen oder anderen Störungen, etwa zu Anweisungsmängeln, so lässt sich die Rechtslage unter den Beteiligten nicht immer leicht ermitteln.[7] Den Gegenstand rechtlicher Bewertung bilden meist Fragen der Rückabwicklung. An dieser Stelle ist das Bereicherungsrecht von besonderem Interesse und damit die Frage nach dem anwendbaren Recht unter den Artikeln 38 und 41 EGBGB aufgeworfen.

Gegenstand heftiger Diskussion war dabei schon vor der Kodifikation der Verweisungsnormen für außervertragliche Schuldverhältnisse die kollisionsrechtliche Behandlung der regelmäßig von seiten der Überweisungsbank gegen den Überweisungsempfänger geltend gemachten *Direktkondiktionsansprüche*. In kollisionsrechtlicher Hinsicht wurde damit das internationale Bereicherungsrecht der Mehrpersonenverhältnisse bei Anweisungslagen nahezu erschöpfend behandelt.[8] Auffallend ist aber an der bisher geführten Diskussion, dass *isoliert bereicherungsrechtliche Argumentationen* entfaltet und nur bereicherungsspezifische Gesichtspunkte mit einbezogen werden, wie etwa die Verwirklichung des Versionsverbotes auf kollisionsrechtlicher Ebene[9] oder die Gewährung kollisionsrechtlichen Vertrauensschutzes[10] zugunsten des Bereicherten als Korrelat der aufgedrängten Bereicherung im materiellen Recht. Nahezu vollständig ausgeblendet werden damit die besonderen Gegebenheiten und *Bedürfnisse des bargeldlosen Zahlungsverkehrs* bei der Giroüberweisung, die unter Umständen zu einer abweichenden rechtlichen Behandlung führen können. Die vorliegende Untersuchung unternimmt daher den Versuch, derartige Gesichtspunkte in die Diskussion der kollisionsrechtlichen Behandlung der fehlerhaften Banküberweisung mit einzubeziehen. Aus diesem Grunde lautet die Fragestellung der vorliegenden Arbeit: *Wie sind die von der Überweisungsbank gegen den Überweisungsempfänger im Falle einer fehlerhaften Banküberweisung geltend gemachten Direktkondiktionsansprüche kollisionsrechtlich zu behandeln* und welche besonderen *bereicherungsrechtlichen Gesichtspunkte,* aber auch *welche Besonderheiten des internationalen Giroverkehrs* sind dabei zu berücksichtigen oder bedingen sogar eine abweichende Beurteilung?

Zur Beantwortung dieser Fragestellung gilt es zunächst, die auf *nationaler Ebene* bestehenden Regelungskomplexe der Banküberweisung daraufhin zu untersuchen, wie sie im Hinblick auf die Besonderheiten der Banküberweisung ausgestaltet sind. Auf materiell-rechtlicher Ebene gilt es danach zu fragen, inwiefern der *personellen Komplexität*, der besonderen Art der Leistungserbringung und dem *einheitlichen Zweckstreben* der Beteiligten nach einer schnellen und kostengünstigen Abwicklung Rechnung getragen wird, um

---

[7] So die Aussage bei HADDING, Zum grenzüberschreitenden Überweisungsverkehr nach deutschem Recht, S. 15.

[8] Siehe die Nachweise im 4. Kapitel, III, 2. Das deutsche internationale Bereicherungsrecht, f) Mehrpersonenverhältnisse bei der Giroüberweisung, S. 210 ff.

[9] REUTER / MARTINEK, Ungerechtfertigte Bereicherung, S. 792.

[10] EINSELE, Das Kollisionsrecht der ungerechtfertigten Bereicherung, JZ 1993, 1025, 1033.

daraus Rückschlüsse für das internationale Privatrecht zu ziehen. Anders als im normalen Zweipersonen-Verhältnis steht zu erwarten, dass es die Banküberweisung bedingt, die Pflichtenlage unter den Beteiligten stets multilateral auszugestalten, was es insbesondere erforderlich macht, eine widerspruchsfreie Gesamtregelung des Mehrpersonenkomplexes auf der Ebene der Primärverpflichtungen herauszubilden. Aber auch besondere wirtschaftliche Gesichtspunkte, die Eingang in die nationalen Rechtsordnungen gefunden haben, sollen identifiziert und für die Diskussion nutzbar gemacht werden.

Anschließend gilt es zu untersuchen, ob auch das materielle Bereicherungsrecht von ähnlichen Bestrebungen geprägt ist wie das Primärrecht der Banküberweisung. Geht es bei der Regelung des materiellen Primärrechts darum, Rechte und Pflichten konsistent unter mehreren Beteiligten zu verteilen, so muss sich *prima facie* auch das Bereicherungsrecht in das Gefüge einpassen. In diesem Bereich gilt es zum einen danach zu fragen, inwiefern das Bereicherungsrecht in der Lage ist, die auf Primärebene vorgenommene Risikoverteilung zwischen den Parteien nachzuvollziehen und sich daran anzupassen. Zum anderen aber ist zu untersuchen, inwieweit besondere Erwägungen des primären Überweisungsrechts durch spezifisch bereicherungsrechtliche Überlegungen verdrängt oder überlagert werden. Die Fragestellung geht damit dahin, inwieweit ähnliche Überlegungen, wie sie auf der Ebene des Primärrechts der Banküberweisung anzutreffen sind, auch in das Bereicherungsrecht Eingang finden oder ob dort andere Argumentationen und Erwägungen vorherrschen. Im ersteren Falle gestaltete sich auch eine Übertragung der Wertungen, wie sie dem primären Recht der Giroüberweisung zugrunde liegen, auf die Ebene des internationalen Bereicherunsgsrechts einfacher.

Insoferne möchte die vorliegende Arbeit zunächst eine *positive Analyse* des Rechts durchführen.[11] Es soll untersucht werden, inwiefern das geltende materielle Recht den Besonderheiten des Giroverkehrs Rechnung trägt. Das Erkenntnisinteresse dieser Arbeit geht dahin, die Rechtsordnungen der Vereinigten Staaten von Amerika und Deutschlands auf die vorgenannten Aspekte zu untersuchen. Insbesondere ein Blick auf das auf Praktikabilität und nach wirtschaftlichen Gesichtspunkten ausgerichtete US-amerikanische Recht erscheint an dieser Stelle lohnenswert. Da das Recht des Staates New York als dasjenige der internationalen Finanzhauptstadt New York auch häufig das in internationalen Fällen maßgebliche ist[12], scheint ein solcher Blick überdies sogar angezeigt.

Auf denselben Aspekt – *Konsistenz der Pflichtenlage* auf Primär- und Bereicherungsebene und Berücksichtigung der *besonderen Gegebenheiten des*

---

[11] Siehe zur positiven ökonomischen Analyse des Rechts POSNER, The new institutional economics meets law and economics, in: Journal of Institutional and Theoretical Economics, Vol. 149, 1993, S. 73 ff.

[12] Siehe nur die Nachweise im 4. Kapitel, II, 2. e), S. 186.

*Giroverkehrs* – soll das Augenmerk bei der Untersuchung des *Internationalen Privatrechts* der ungerechtfertigten Bereicherung gerichtet sein. Im deutschen IPR ist dabei das Augenmerk zum einen darauf gerichtet, wie es der personellen Komplexität verweisungstechnisch Rechnung zu tragen geeignet ist. Daneben soll untersucht werden, inwieweit es den besonderen Anforderungen und Interessenlagen des Giroverkehrs zum Durchbruch verhelfen kann. Im Sinne einer *normativen Analyse* können Gesichtspunkte, die aus der vorherigen Untersuchung der materiellen Rechte gewonnen wurden, sofern sie kollisionsrechtlich relevant sind, bei der Auslegung der deutschen Kollisionsnormen für gesetzliche Schuldverhältnisse, insbesondere auch der Ausweichklausel, herangezogen werden.[13] Zur Vornahme dieser Auslegung soll neben dem materiellen Recht auch ein Blick auf das *US-amerikanische Verweisungsrecht* geworfen werden. Dort ist neben dem Fehlen einer strikten Trennung von bereicherungs- und banküberweisungsrechtlichen Erwägungen das Bestreben auszumachen, dem *Sitzrecht der Überweisungsbank* möglichst weitreichende Geltung zu verschaffen. Dies kann dazu beitragen, auch im internationalen Verkehr die Pflichtenlage hinsichtlich der Vielzahl der an einem Überweisungsvorgang Beteiligten konsistent zu halten. Das *deutsche IPR* ist im Ansatz hingegen allgemein davon gekennzeichnet, einen Sachverhalt *aufzuspalten* und die einzelnen Rechtsverhältnisse gesondert anzuknüpfen. Insbesondere bei wirtschaftlich und personell komplexen Gestaltungen drohen auf diese Weise aber *Widersprüche in der Pflichtengruppierung* der Beteiligten aufzutreten. Auch ist die Vorhersehbarkeit des Ergebnisses für die Akteure möglicherweise nicht in dem selben Maße gewährleistet als dies nach einem einheitlichen Statut der Fall ist. Es geht in diesem Bereich also darum, die US-amerikanische Regelung zu untersuchen, sie der deutschen Regelung gegenüberzustellen und zu fragen, ob nicht der amerikanischen Regelung inherente Vorteile auch für die deutsche Rechtspraxis nutzbar gemacht werden sollten. Da es dabei um besondere wirtschaftliche Erwägungen geht, sind Überweisungen unter der Beteiligung von Verbrauchern vom Erkenntnisinteresse der vorliegenden Arbeit nicht umfasst, da dort andere, nämlich verbraucherschutzrechtliche Gesichtspunkte maßgeblich sind.[14]

Insgesamt geht das Erkenntnisinteresse dieser Untersuchung dahin, die bestehenden Regelungen in materieller und in internationaler Hinsicht daraufhin zu untersuchen, wie sie in konsistenter Weise den im Giroverkehr bestehenden Besonderheiten bei der Rückabwicklung fehlerhafter Banküberweisungen Rechnung zu tragen geeignet sind. Es steht zu erwarten, dass die Geschlossenheit der Systeme bzw. deren Widerspruchsfreiheit auf nationaler Ebene von höherem Grad ist als auf der internationalen Ebene. Dort kann es

[13] Zur normativen ökonomischen Analyse EIDENMÜLLER, Effizienz als Rechtsprinzip, S. 21.

[14] Zu den Verbraucherüberweisungen aus deutscher Sicht aber HOFFMANN, Kollisionsrechtliche Aspekte des Überweisungsgesetzes, ZBB 2000, 391 ff, aus US-amerikanischer Sicht U. SCHNEIDER, das Recht des elektronischen Zahlungsverkehrs.

bei Anwendung verschiedener Rechte auf einen wirtschaftlich einheitlichen Vorgang leicht zu Friktionen kommen. Wie derartigen Friktionen beigekommen werden kann, soll diese Untersuchung anhand eines rechtsvergleichenden Blicks zeigen.

## III. Gang der Untersuchung

Die vorliegende Arbeit ist in sechs Kapitel gegliedert. Nach der Einführung in diesem ersten Kapitel, werden im *zweiten Kapitel* die Grundstrukturen des internationalen Überweisungsverkehrs nachgezeichnet. Hierzu ist zunächst der *tatsächliche Ablauf* einer Banküberweisung zu beschreiben und die dabei anzutreffenden unterschiedlichen Gestaltungen und Abwicklungsmöglichkeiten. Im Anschluss daran werden die besonderen *Zahlungsverkehrssysteme* beschrieben, wobei insbesondere die US-amerikanischen Systeme aufgrund ihrer großen wirtschaftlichen Bedeutung und der daraus folgenden rechtlichen Relevanz einen breiten Raum einnehmen. Erforderlich ist außerdem die Darstellung des im Giroverkehr einheitlich *von allen Beteiligten verfolgten Zwecks einer effizienten Abwicklung*. Sodann werden typische *Fallgestaltungen fehlerhafter Überweisungen* vorgestellt, deren rechtlichen Behandlung im späteren Verlauf der Arbeit erhebliches Gewicht zukommt. Dabei orientiert sich die Darstellung an tatsächlichen, aus der Rechtspraxis bekannten Fällen. Am Ende des zweiten Kapitels soll schließlich kurz die Methode der *ökonomischen Analyse des Rechts*, soweit sie in diese Arbeit Eingang findet, skizziert werden.

Im *dritten Kapitel* der Arbeit werden die nationalen US-amerikanischen und deutschen Regelungen des *Rechts der Giroüberweisung* und insbesondere des *Bereicherungsrechts* untersucht. Aufgrund der Verklammerung beider Rechtsgebiete in dem US-amerikanischen *Uniform Commercial Code* kann dort eine strikte Trennung nicht erfolgen. Ein Schwerpunkt wird bei dieser Untersuchung stets darauf liegen, inwieweit die jeweilige Rechtsordnung den Besonderheiten im Überweisungsverkehr durch besondere Pflichtenlagen im Mehrpersonenverhältnis Rechnung trägt. Die Anpassung der Pflichtenlagen an die *personelle Komplexität*, des besonderen Leistungsvorganges und des *einheitlichen Zweckstrebens* soll untersucht werden. Ein Schwerpunkt liegt dabei im Bereicherungsrecht darauf, wie sich dieses an die besonderen Fallgestaltungen des Überweisungsverkehrs und an die primäre Pflichtenlage unter den Beteiligten anzupassen in der Lage ist. Im US-amerikanischen Recht ist die Besonderheit der Verzahnung von materiellem Recht und Prozessrecht anhand einer *sachlichen Zuständigkeit der Bundesgerichte* in *internationalen bankrechtlichen Streitigkeiten* auszumachen. Diese soll als Exkurs in die Untersuchung einbezogen und daran gezeigt werden, von welchem Gewicht das Anliegen ist, einen einheitlichen rechtlichen Zustand zu gewährleisten.

Das *vierte Kapitel* der Arbeit betrifft die *internationalen Aspekte* der fehlerhaften Giroüberweisung. Zunächst soll dargestellt werden, inwieweit schon auf der *Ebene des materiellen Rechts* internationale Aspekte Berücksichtigung finden, etwa durch die Anpassung der materiellen Pflichtenlage an die Regelungen in Zahlungsverkehrssystemen. Sodann wendet sich die Untersuchung dem *Internationalen Privatrecht* zu. Das US-amerikanische Recht wird, ausgehend von den Kollisionsregeln der ungerechtfertigten Bereicherung, in seinem Weg zu einem bankrechtlichen Gesamtstatut[14a] nachgezeichnet. Dem folgt die Untersuchung des deutschen Rechts. Dort werden zuerst die herkömmlichen Ansätze zur kollisionsrechtlichen Behandlung von Bereicherungsansprüchen in Mehrpersonenverhältnissen dargestellt. Danach wird das deutsche IPR auf Möglichkeiten der Auflockerung hin untersucht, womit die Ausweichklausel des Artikels 41 EGBGB in den Mittelpunkt der Untersuchung rückt. Bei deren Anwendung sollen die aus der Untersuchung der materiellen Rechte und des US-amerikanischen Verweisungsrechts gewonnenen Erkenntnisse einfließen.

In *Kapitel 5* der Arbeit wandert der Blick auf die *europäische Ebene*, wo Bestrebungen zur Vereinheitlichung des Kollisionsrechts für außervertragliche Schuldverhältnisse auszumachen sind. Die Möglichkeit einer Übertragung der Ergebnisse, die zum deutschen IPR gewonnen wurden, soll diskutiert werden.

Im *sechsten und letzten Kapitel* der Arbeit werden die wichtigsten Ergebnisse noch einmal zusammengefasst und ein Ausblick gegeben.

---

[14a] Das Verständnis des Gesamtstatuts im vorliegenden Sinne weicht vom klassischen Begriff des Gesamtstatuts dergestalt ab, als man unter letzterem die kollisionsrechtliche Behandlung einer Sache als Bestandteil einer Gesamtheit, etwa eines Vermögens erachtet, vorliegend damit jedoch die Anwendung einer Rechtsordnung auf eine Mehrzahl verbundener Rechtsverhältnisse beschrieben werden soll. Siehe hierzu VON BAR / MANKOWSKI, IPR, § 7 Rn. 43 f.

# 2. Kapitel
# Grundstrukturen des internationalen Überweisungsverkehrs

## I. Einleitung

Das alltägliche Bedürfnis zur Übermittlung von Geldwert kann auf unterschiedliche Weise befriedigt werden. Der herkömmlichste Weg, Geldwert zu übertragen, besteht in der Übereignung von Sach- oder Bargeld, also der Verschaffung staatlich garantierter Wertzeichen. Eine andere Möglichkeit besteht darin, dem intendierten Empfänger einen Anspruch gegen eine dritte Person, regelmäßig eine Bank, auf Auszahlung einer entsprechenden Summe zu verschaffen. In diesem Falle verschafft der Zahlende dem Empfänger keinen in einem Geldzeichen verkörperten, staatlich garantierten Wert, sondern ein relatives Recht gegen einen Dritten auf Verschaffung entsprechender Geldzeichen.

Unter diese zweite Art der aufgeführten Zahlungsmöglichkeiten fallen insbesondere die Zahlung per Wechsel und Scheck, das Dokumenten-Akkreditiv und die Giro- oder Banküberweisung. Zahlen- und betragsmäßig hat jedoch die Banküberweisung schon seit längerem die Spitzenrolle eingenommen, was insbesondere auf ihrem Vorzug der Entmaterialisierung beruht, die eine schnelle und kostengünstige Abwicklung erlaubt. Neben der schnelleren und kostengünstigeren Abwicklung birgt diese Zahlungsweise auch ein geringeres Verlustrisiko als solche Zahlungsmittel, die in irgendeiner Weise verkörpert sind.[15] Auch stellt die Giroüberweisung ein problemloses Mittel zur Überbrückung großer räumlicher Distanzen dar. Insgesamt weist die Banküberweisung eine erhebliche Vereinfachung und Verkürzung gegenüber der Barzahlung und anderen materialisierten Zahlungsformen auf.[16]

Einer Bank stehen zahlreiche Möglichkeiten zur Bewirkung einer Auslandsüberweisung zur Verfügung: Die herkömmliche Methode bildet der so genannte *Korrespondenzbankenverkehr.* Verfügt die Bank über eine Niederlassung oder eine Tochtergesellschaft im Zielland der Überweisung, so kann sie (1) eine so genannte *innerbetriebliche Überweisung* vornehmen. Ist dies, wie wohl in der Regel, nicht der Fall, steht (2) die zweite klassische Variante des Korrespondenzbanken-Verkehrs für die Abwicklung bereit, die *außerbetriebliche Überweisung.* Notwendig hierfür ist eine gegenseitige oder eine über eine dritte oder weitere Banken vermittelte Kontenverbindung. Die parallel zur Deckungsverschiebung der Überweisungsvaluta erfolgende Auftrags-

---

[15] Siehe beispielsweise die Artt. 1 Nr. 1 ScheckG, 1 Nr. 1 WechselG im Hinblick auf die Verkörperung dieser beiden Zahlungsmittel.

[16] Aus diesem Grunde spricht man bei nicht-dokumentären Zahlungsmethoden auch von den so genannten *clean-payments.* Siehe zur internationalen Bedeutung der Banküberweisung SCOTT / WELLONS, International Finance, S. 532; HOLZWARTH, Grenzüberschreitender interbankärer Zahlungsverkehr, S. 105.

und Informationsweiterleitung erfolgt in diesem Fall regelmäßig über ein besonderes Kommunikationssystem, bei internationalen Überweisungen nicht selten über das vorzustellende System von S.W.I.F.T. Auf innerdeutscher Ebene besteht die Möglichkeit der beleglosen Auftragsweiterleitung über standardisierte Abwicklungsverfahren.[17]

(3) Bei der Abwicklung über ein so genanntes *Automated Clearinghouse* (ACH) findet eine gebündelte Übermittlung von Zahlungsaufträgen durch eine zentrale Stelle, das *Clearinghouse*[18], an eine gleichgeartete Zentrale im Zielland statt. Die Daten der einzelnen Überweisungsaufträge werden nach Zielländern geordnet auf nationaler Ebene gesammelt und elektronisch erfasst. Sodann werden die Datenbündel an das entsprechende Abwicklungsinstitut im Ausland weitergeleitet. Insoweit nimmt das *Clearinghouse* die Funktion eines Boten ein. Das *Clearinghouse* übernimmt daneben jedoch regelmäßig auch den Abrechnungsvorgang für die Teilnehmer, es nimmt die so genannte Clearingfunktion wahr. In Deutschland kommt die Rolle eines *Clearinghouses* für Auslandsüberweisungen regelmäßig der Gesellschaft für Zahlungssysteme (GZS) zu. Regelmäßig übernehmen *Clearinghouses* jedoch nur die Übermittlung von Kleinbetragszahlungen (*low value payments*). So ist etwa über die GZS nur eine Überweisung von bis zu 2500 Euro möglich.[19]

Für die Übermittlung größerer Überweisungen kommt (4) die Beteiligung einer ausländischen Bank an einem Zahlungssystem des Ziellandes in Betracht. Dies kann einerseits über eine von ihr unterhaltene Auslandsniederlassung erfolgen oder aber im Wege des Fernzuganges von ihrem Heimatland aus. Hierfür ist einerseits aber erforderlich, dass ausländische Banken zur Teilnahme am konkreten Zahlungssystem zugelassen sind, was beispielsweise bei dem New Yorker Zahlungssystem C.H.I.P.S. nur bedingt der Fall ist. Andererseits erfordert die direkte Teilnahme die – kostspielige – Anpassung an dort geltende Anforderungen, wie etwa die Verwendung der dort geltenden Bankleitzahlen, Datensätze und Kommunikationsmedien. Aus diesem Grunde ist die Abwicklung über eine Infrastruktur, wie sie S.W.I.F.T. zur Verfügung stellt, oft angemessener.[20]

In Deutschland sorgt (5) nach § 3 BundesbankG daneben die Deutsche Bundesbank für die bankmäßige Abwicklung des Zahlungsverkehrs mit dem Ausland. Wie sich aus dem Gesetzeswortlaut aber nicht ergibt, übernimmt die Bundesbank die Zahlungsmittlung nur, wenn der Überweisungsbank keine anderweitige Möglichkeit der Abwicklung zur Verfügung steht. Zudem ist erforderlich, dass sie ein Konto bei der Bundesbank unterhält, welches zudem

[17] Siehe hierzu ausführlich im 3. Kapitel, I, 4. c) (1), S. 67.

[18] *Clearing* bedeutet zu deutsch Abrechnung, Skontrierung oder Skontration, vgl. SCHÖNLE, Bank- und Börsenrecht, § 30 I 2 (S. 351).

[19] Hierzu SCHWOLOW, Internationale Entwicklungslinien im Recht der Auslandsüberweisung, § 6 I 2. (S. 53.).

[20] SCHWOLOW, Internationale Entwicklungslinien im Recht der Auslandsüberweisung, § 6 I 2. (S. 55 f.).

stets die zur Auftragsausführung erforderliche Deckung aufweisen muss. Die Bundesbank übernimmt damit nur Brutto-Überweisungen.[21] Von deutscher Seite aus gilt es, für eine Auslandsüberweisung bestimmte Meldepflichten zu beachten.[22]

Als *Fazit* bleibt festzuhalten, dass einer Bank mehrere Möglichkeiten zur Verfügung stehen, eine Auslandsüberweisung zu bewirken. Die klassische aber aufwendige Methode ist die Abwicklung über das Korrespondenzbankennetz, sofern darüber sowohl die Deckung des Überweisungsauftrags als auch die zugehörigen Informationen weitergeleitet werden. Hierunter fällt auch die Zahlungsmittlung über die Deutsche Bundesbank. Schneller operieren oftmals so genannte Zahlungsverkehrssysteme und *Clearingcenter*, die nicht den langen Weg über die Korrespondenzverhältnisse nachvollziehen und dazuhin hoch automatisiert ausgestaltet sind. Vor allem die US-amerikanischen Systeme übernehmen dabei sowohl die Zahlungsmittlung als auch die Informationaweiterleitung. Eine Zwischenrolle nimmt dagegen das weltweit operierende System S.W.I.F.T. ein, das primär die Informationsweiterleitung besorgt. Im Folgenden sollen der Kooreespondenzbankenverkehr und die wichtigsten Zahlungssysteme kurz vorgestellt werden.

### II. Die Überweisung durch Korrespondenzbanken

Das herkömmlichste der eben beschriebenen Verfahren zur Bewerkstelligung einer Auslandsüberweisung ist dasjenige der Abwicklung über Korrespondenzbanken. Der Überweisungsbetrag wird über Intermediäre vom Start- zum Zielkonto samt der dazugehörigen Informationen verschoben.

---

[21] Würde sie Netto-Überweisungen vornehmen, d.h. ausgehende Überweisungen mit eingehenden verrechnen, so wäre eine Vorhaltung hinreichender Deckung nicht unbedingt erforderlich. Siehe hierzu und insgesamt HADDING, Zum grenzüberschreitenden Überweisungsverkehr aus deutscher Sicht, S. 31; SCHWOLOW, Internationale Entwicklungslinien im Recht der Auslandsüberweisung, § 6 I 2. (S. 56).

[22] Hierzu SCHIMANSKY / BUNTE / LWOWSKI, Bankrechtshandbuch, Bd. I, § 51 Rn. 11 ff. Grundsätzlich unterliegt der Zahlungsverkehr mit dem Ausland keinen Beschränkungen. Nach § 26 AußenwirtschaftsG i.v.m. §§ 26 Abs. 2, 59 Abs. 2 AußenwirtschaftsVO (BGBl. I 18.12.1986, S. 2671) besteht jedoch eine formularmäßige Meldepflicht bei Überweisungen von über 2500 Euro. Die Meldepflicht dient nicht devisenrechtlicher Kontrolle, sondern der Grundlage wirtschaftpolitischer Entscheidungen. Nach § 154 Abs. 2 AbgabenO gilt das Verbot der Zahlungsmittlung anhand eines Nummerkontos, vgl. hierzu BVerfG vom 23.3.1994, ZIP 1994, 610 ff. Zum Außenwirtschaftsrecht außerdem HADDING, Zum grenzüberschreitenden Überweisungsverkehr nach deutschem Recht, S. 20 f.

### 1. Die innerbetriebliche Überweisung

Die Überweisungskette ist kurz, besteht genauer gesagt aus einem Glied, wenn der Überweisende und der Empfänger der Überweisung bei demselben Kreditinstitut ein Bankkonto unterhalten. In diesem Fall instruiert der Überweisende seine Bank, etwa per Telex, *e-mail* oder traditionell schriftlich, sein Konto zu belasten und demjenigen des Empfängers einen Betrag in entsprechender Höhe gutzuschreiben, in der Terminologie der Banken zu „erkennen". Die hierfür erforderliche Deckung stellt der Überweisende seiner Bank regelmäßig in Form des Guthabens auf seinem Girokonto oder aber auch in bar zur Verfügung. Für die Bank verhält es sich mit vorliegender Überweisung wie folgt: Sie kürzt schlicht die Guthabenforderung des Überweisenden, bzw. erhöht sein Debet, und schreibt dem Empfänger einen Betrag in entsprechender Höhe gut, „erkennt" sein Konto. Es handelt sich also um einen bloßen Buchungsvorgang bei der Bank.[23] Man spricht deshalb von einer Haus-, innerbetrieblichen oder auch institutsinternen Überweisung.[24] In diese Fallgruppe gehört auch die sogenannte Filialüberweisung.[25]

### 2. Die außerbetriebliche Überweisung

Schwieriger wird es, wenn die Beteiligten Konten bei verschiedenen Banken unterhalten. Dann findet die Überweisung als überbetriebliche[26] im so genannten mehrgliedrigen Überweisungsverkehr statt. Erst in diesem Bereich tritt die Funktion der Bank richtig zu Tage. Die Bank des Überweisenden – die Überweisungs- oder Erstbank – nutzt dann ihre eigenen Bankverbindungen, um dem Auftrag ihres Kunden bei der Empfangsbank Deckung zu verschaffen, so dass diese das Konto des Empfängers in entsprechender Höhe erkennen kann. Im mehrgliedrigen Überweisungsverkehr sind drei Grundkonstellationen zu unterscheiden.

(1) Zunächst kann die Überweisungsbank ein Konto bei der Empfangsbank unterhalten. Die Überweisungsbank belastet dann das Konto des Überweisenden und instruiert die Empfangsbank, das Konto des Empfängers zu erkennen. Die notwendige Deckung wird vermittelt, indem die Empfangsbank das Guthaben, das die Überweisungsbank bei ihr unterhält, in entsprechender Höhe kürzt. Das Konto, das die Überweisungsbank bei der Empfangsbank

---

[23] Genau gesagt handelt es sich um mehrere Buchungen: Die Bank kürzt die Gutschrift des Überweisenden durch eine (deklaratorische) Belastungsbuchung und erkennt dem Empfänger durch Gutschrift.

[24] C. SCHULZ, Das neue Recht der Banküberweisung, ZBB 1999, 287, 291.

[25] Zwar unterhalten hier der Überweisende und der Empfänger ihre Konten bei verschiedenen Filialen derselben Bank. Da beide aber mit derselben juristischen Person verbunden sind, erfolgt die Überweisung ebenfalls dadurch, dass das Konto des Überweisenden belastet, dasjenige des Empfängers erkannt wird, siehe CANARIS, Bankvertragsrecht, Rn. 386. Vgl. auch die §§ 1 Abs. 7, 53 Abs. 2a KWG für die Art und Enge der Verbindung.

[26] C. SCHULZ, Das neue Recht der Banküberweisung, ZBB 1999, 287, 291.

unterhält nennt sich aus Sicht der Überweisungsbank „*Nostrokonto*“ (lat: unser Konto).[27]

(2) In der zweiten Fallkonstellation, die der ersten stark ähnelt, unterhält die Erstbank kein Konto bei der Empfangsbank, sondern umgekehrt die Empfangsbank bei der Erstbank. Dieses Konto nennt sich dann aus Sicht der Überweisungsbank „*Lorokonto*“ (lat: deren Konto).[28] Ebenfalls weist hier die Überweisungsbank die Empfangsbank an, dem Empfänger einen bestimmten Betrag zu erkennen. Um der Empfangsbank die nötige Deckung zu verschaffen, erkennt die Überweisungsbank das bei ihr unterhaltene Konto der Empfangsbank in entsprechender Höhe. Das Konto des überweisenden Kunden belastet sie in entsprechender Höhe. Für die Erstbank stellt dieser Vorgang damit eine Hausüberweisung dar.

Besteht eine derartige gegenseitige Kontenverbindung, so spricht man von einer Korrespondenzbank. Banken, die im Gebiet einer international gefragten Währung ansässig sind, unterhalten regelmäßig ein *Lorokonto* für ihre Korrespondezpartner, um Währungsschwankungen zu umgehen.[29] Die New Yorker Korrespondenzbanken sind demnach regelmäßig Kontoführer ihrer ausländischen Partnerbanken, für die sie Zahlungen in US $ vermitteln.

(3) Die nächste Variante ist komplexer. Sie steht zudem stellvertretend für eine Vielzahl noch komplizierterer Sachverhalte, die in der technischen Abwicklung und in der rechtlichen Behandlung aber der hier besprochenen folgen und sich nur durch die Anzahl der Beteiligten unterscheiden. Erneut unterhalten in dieser Gestaltung Überweisender und Empfänger ihre Konten bei verschiedenen Banken. Zudem aber stehen auch die beiden Banken – Überweisungs- und Empfangsbank – nicht in einer Girobeziehung. Notwendig wird hier also die Einschaltung einer oder mehrerer Zwischenbanken. Als Zwischenbank fungieren insbesondere die Zentralbanken, in Deutschland also die Deutsche Bundesbank und die Landeszentralbanken oder aber internationale *Clearing* – Häuser.[30] Diese Zwischenbanken bestehen oft nur zu dem Zweck, den Zahlungsverkehr zu mitteln. Regelmäßig unterhält jede Bank – wenn nicht jede Filiale, so doch die Mutterbank – ein Konto bei einer solchen Zentral- oder *Clearing*bank. Im Überweisungsvorgang wendet sich dann die angewiesene Erstbank an die Zwischenbank mit der Anweisung, den Überweisungsauftrag weiterzuleiten. Die Weiterleitung besteht darin, das Guthaben der Erstbank bei der Zwischenbank zu verringern und das Konto der Empfangsbank – oder einer weiteren Zwischenbank – das diese bei der Zwischen-

---

[27] Aus Sicht der Empfangsbank nennt es sich dagegen „*Lorokonto*“, hierzu HADDING, Zum grenzüberschreitenden Überweisungsverkehr nach deutschem Recht, S. 18.

[28] Aus Sicht der Empfangsbank „*Nostrokonto*“. HADDING, Zum grenzüberschreitenden Überweisungsverkehr nach deutschem Recht, S. 19.

[29] HOLZWARTH, Grenzüberschreitender interbankärer Zahlungsverkehr, S. 107.

[30] Für solche Institutionen findet sich beispielsweise in Deutschland auch die Bezeichnung Girozentralen, EHMANN / HADDING, EG-Überweisungs-Richtlinie und Umsetzung, WM Sonderbeilage Nr. 3 / 1999, S. 14.

bank unterhält, zu erkennen. Die Auswahl der einzuschaltenden Korrespondenzbank steht regelmäßig im pflichtgemäßen Ermessen des erstbeauftragten Kreditinstituts.[31] Für die Zwischenbank hat der Vorgang den Charakter einer Hausüberweisung. Die Empfangsbank erkennt dann das Konto des Überweisungsempfängers und die Erstbank belastet dasjenige ihres Kunden. Aus Gründen der Vereinfachung werden solche interbankären Überweisungen oft auch als Sammelüberweisungen vorgenommen.[32]

Bei der Einschaltung von Zwischenbanken sind noch weitere Konstellationen anzutreffen. So kann es etwa sein, dass nicht die Überweisungsbank ein Konto bei der Zwischenbank unterhält, sondern umgekehrt diese bei jener. Dann belastet die Überweisungsbank das Konto ihres Kunden um den Überweisungsbetrag und schreibt ihn dem Konto der Zwischenbank gut. Aus der Sicht der Erstbank handelt es sich also um eine Hausüberweisung. Die Zwischenbank schreibt dann denselben Betrag der Empfangsbank gut, die bei ihr ein Konto unterhält, und diese wiederum erkennt dem Empfänger. Die Gutschrift wird somit in der Kette weitergegeben, es findet ein so genanntes *rolling settlement* statt.[33] Unterhält die Erstbank ein Konto bei der Zwischenbank und diese ihrerseits bei der Empfangsbank, so kommt es ebenfalls zu einem *rolling settlement,* weitergegeben wird aber in diesem Fall die Kontobelastung. Die Erstbank belastet ihren Kunden und weist die Zwischenbank an, ihr Konto zu belasten. Die Zwischenbank weist die Empfangsbank an, ihr Konto zu belasten und dem Empfänger zu erkennen.

In allen Fallgruppen werden parallel zu den Buchungsvorgängen stets die zugehörigen Informationen weitergegeben. Diese bestehen regelmäßig in Angaben über die Person des Überweisenden, des Empfänger und des Verwendungszwecks. Außerdem ist regelmäßig erforderlich, die Kontonummer und Bankleitzahl zu übermitteln. Die Banküberweisung dient also der Übermittelung von Buchgeld und dazugehöriger Information.[34]

## III. Zahlungsverkehrssysteme

Es drängt sich auf, dass es aufgrund der Häufigkeit von Banküberweisungen einer besonderen Infrastruktur zu deren Abwicklung bedarf. Dabei sind zu bewerkstelligen die Übermittlung des Überweisungsauftrages und der

[31] Siehe etwa Ziffer 3 (2) der AGB Banken: In Fällen des weitergeleiteten Auftrags beschränkt sich die Haftung der Überweisungsbank auf sorgfältige Auswahl und Unterweisung des einzuschaltenden Dritten. Anderes gilt ausnahmsweise, wenn der Kunde eine bestimmte Weisung gegeben hat, vgl. HADDING, Zum grenzüberschreitenden Überweisungsverkehr nach deutschem Recht, S. 23.

[32] Dies ist in Deutschland etwa der Fall bei dem so genannten Magnetband-*Clearing* – Verfahren und in den USA bei den so genannten *batch-transfers.*

[33] SCOTT / WELLONS, International Finance, S. 536.

[34] Vgl. SCHÖNLE, Bank- und Börsenrecht, § 30 II 1 (S. 352), noch zur klassischen Abwicklungsmethode in Form der Übermittlung eines Durchschlags des Überweisungsträgers.

Überweisungsvaluta, sprich der Deckung, und der zu der Überweisung gehörigen Informationen, wie etwa Verwendungszweck, Absender- und Empfängerdaten. Zu diesem Zweck gibt es so genannte Zahlungsverkehrs- oder Zahlungssysteme, eine Abkürzung für Institutionen, Technologien und organisierte Abläufe, die dem Zweck der Zahlungsübermittlung dienen.[35] In jedem Wirtschaftsstaat haben sich solche Einrichtungen gebildet, zumeist beschränkt auf das jeweilige Staatsgebiet und die zugehörige Staatswährung. Es existieren aber auch internationale Zahlungssysteme, wie dies schon der internationale Handel bedingt. Derartige Zahlungssysteme sind im Folgenden näher zu untersuchen.

## 1. US-amerikanische Zahlungssysteme

Nicht nur aufgrund des vorliegend gewählten deutsch-amerikanischen Untersuchungsgegenstandes nehmen die US-amerikanischen Zahlungssysteme eine besondere Rolle ein. Der US Dollar ist eine international beliebte Reservewährung[36] und der Eurodollar-Markt ist ein weltweiter[37]. Zudem kommt New York City die Rolle eines internationalen *Clearing*hauses zu, so dass auch solche Zahlungsvorgänge über die US-amerikanischen Zahlungssysteme abgewickelt werden, deren zugrunde liegende Transaktion keinerlei Verbindung zu New York oder zu den USA aufweist.[38] Als Beispiel hierfür etwa der Fall eines britischen Rückversicherers, der den in US $ lautenden Versicherungsbetrag dem ebenfalls britischen Erstversicherer zukommen lässt. Um unter anderem Währungsschwankungen zu vermeiden, wählt der Rückversicherer den Weg, über seine Londoner Bank deren amerikanische Korrespondenzbank, etwa die *Chase Manhattan*, einzuschalten. Diese leitet den Betrag an die New Yorker Korrespondenzbank der Londoner Bank des Erstversicherers, etwa die *Citibank New York*, weiter. Schon dann kommt es zu einer Abwicklung über die US Zahlungssysteme.[39] Die für derartige Transaktionen auf

---

[35] Übermittelt wird entweder sowohl Deckung als auch der Zahlungsauftrag, oder aber alleine der Zahlungsauftrag und die Deckung wird dann über das Korrespondenzbankennetz verschoben, dazu sogleich im Text.

[36] Zu Konkurrenzwährungen oder so genanntem „schwarzen Geld“, das entsteht, wenn die nationale Währung an Wert und Akzeptanz verliert, TROSIEN, Die Rolle des Bargeldes im grenzüberschreitenden Zahlungsverkehr, S. 5.

[37] Ein *Eurodollar* ist ein außerhalb der USA investierter US Dollar. Siehe hierzu ROSS / WESTERFIELD / JAFFE, Corporate Finance, S. 889.

[38] Die Einschaltung einer US-amerikanischen Bank bei einer Zahlung in US $ erfolgt schon aufgrund des Währungsrisikos, vgl. ETZKORN, Das S.W.I.F.T.-Regelungswerk, S. 46 f.; SCHWOLOW, Internationale Entwicklungslinien im Recht der Auslandsüberweisung, § 3 I 1 (S. 36).

[39] Ein weiteres Beispiel findet sich bei SCOTT / WELLONS, International Finance, S. 537.

US-amerikanischen Bankkonten unterhaltenen Guthaben bewegen sich im mehrstelligen Milliardenbereich.[40]

Die zwei wesentlichsten Zahlungssysteme in den USA sind *Fedwire* und C.H.I.P.S. Über diese zwei Systeme werden 95% des weltweiten Überweisungsvolumens in US Dollar abgewickelt.[41]

**a) *Fedwire***

*Fedwire* ist ein Zahlungsverkehrssystem, das der Übermittlung von Information und der Abwicklung von Zahlungsvorgängen dient.[42] Das System wird von zwölf *Federal Reserve Banks*, den Bundeszentralbanken der USA, betrieben. Durchschnittlich werden über *Fedwire* bis zu 850 Milliarden US Dollar täglich transferiert.[43] Bei jeder Überweisung via *Fedwire* kommt es zur Einschaltung einer Bundeszentralbank. Die Erstbank weist die mit ihr verbundene Zentralbank an, den Überweisungsbetrag auf das Konto des Empfängers bei der Empfangsbank zu übermitteln. Verwaltet dieselbe Zentralbank auch das Konto der Empfangsbank, so belastet sie das Konto der Erstbank und erkennt dasjenige der Empfangsbank. Zur Weiterleitung der notwendigen Informationen dient das eigens installierte Kommunikationsnetz von *Fedwire*. Unterhalten Überweisungs- und Empfangsbank Konten bei verschiedenen Zentralbanken, so belastet die *Federal Reserve Bank* der Überweisungsbank deren Konto und übermittelt die Instruktion zur Überweisung an die *Federal Reserve Bank* der Empfangsbank weiter, welche dann deren Konto erkennt. Die zwei *Federal Reseve Banks* gleichen danach ihre Konten untereinander aus.

Regelmäßig fungieren die Zentralbanken somit als reguläre Zwischenbanken bei *nationalen Überweisungsvorgängen*. Ihr Vorteil – und somit derjenige von *Fedwire* – besteht darin, dass eine große Zahl von US Banken Konten bei Zentralbanken unterhalten und sich somit ein Rückgriff auf privatrechtlich organisierte Intermediäre erübrigt. Über 4000 Institute haben Zugang zu *Fedwire*.[44] Das System von *Fedwire* wird aber auch dann genutzt, wenn die Empfangsbank keine Bankverbindung zu einer Zentralbank unterhält. Die Überweisung wird dann über eine Korrespondenzbank der Empfangsbank abgewickelt, die ein Konto bei einer Zentralbank unterhält.[45]

*Fedwire* kommt auch bei *internationalen Überweisungen* zum Einsatz. So etwa in dem vorigen Beispiel des Londoner Erstversicherers, der eine

---

[40] Im Jahre 1988 beliefen sich die Guthaben auf 31 Milliarden US Dollar, 74 Federal Reserve Bulletin A 19 (1988), Zeile 49 f.

[41] So der Court of Appeals of New York in Banque Worms v. Bankamerica International, 77 N.Y.2d 362, 368 f.; 568 N.Y.S.2d 541, 545 (Court of Appeals of New York 1991).

[42] Es handelt sich um ein „*communication and settlement system*", SCOTT / WELLONS, International Finance, S. 538.

[43] SCOTT / WELLONS, International Finance, S. 551.

[44] SCOTT / WELLONS, International Finance, S. 551.

[45] SCOTT / WELLONS, International Finance, S. 539.

Zahlung seitens des ebenfalls in London ansässigen Rückversicherers erwartet. Der innerhalb der USA liegende Überweisungsabschnitt kann dann über *Fedwire* abgewickelt werden. In diesem Beispiel hat die Überweisung die Grenzen zweimal überschritten. Denkbar aber ist auch, dass der Erstversicherer zur Abwicklung seiner in US $ lautenden Versicherungsfälle ein Konto in New York unterhält, auf welches der Rückversicherer dann überweist.

Besonders hervorzuheben ist, dass bei *Fedwire* eine direkte und unmittelbare Wertverschiebung hinsichtlich der Deckung stattfindet. Es werden also nicht diverse Überweisungen unter den *Federal Reserve Banks* saldiert. Da die Überweisungen unter den Zentralbanken jeweils sofort weitergeleitet werden, übernimmt die jeweils erste Zentralbank das Zahlungs- und Insolvenzrisiko der Überweisungsbank. Die Zentralbanken gewährleisten auf diese Weise die Endgültigkeit der Zahlungen. Dahinter steht die Überlegung, dass es zum Funktionieren einer modernen Wirtschaftsordnung eines schnellen und sicheren Zahlungsverkehrs bedarf. Dieses Bedürfnis besteht in derselben Weise im internationalen Zahlungsverkehr. Dieser Gedanke sollte auch für das Internationale Privatrecht festgehalten werden.

### b) C.H.I.P.S.

C.H.I.P.S. steht für *Clearing House Interbank Payments System*, ein Zahlungsverkehrssystem, das von der *New York Clearing House Association* betrieben wird, eine von den gewichtigen New Yorker Banken gegründete Organisation.[46]

C.H.I.P.S. ist ebenso wie *Fedwire* ein System zur Übermittlung von Information und zur Zahlungsabwicklung. Anders als *Fedwire* aber ist C.H.I.P.S. ein so genanntes Netto-Zahlungssystem, „*nett settlement system*".[47] Dabei handelt es sich um das weltweit größte Saldierungssystem, eine Billion US Dollar wird täglich darüber bewegt.[48] Bei C.H.I.P.S. unterscheidet man zwei Arten von Nutzern, solche, die an der Nettoabrechnung teilnehmen, *settling participants*, und solche, die daran nicht teilnehmen, *non-settling participants*.[49] Auch ausländische Banken können am C.H.I.P.S.-Verfahren teilnehmen, allerdings nur als *non-settling participant*. Beide Kategorien der Nutzer von C.H.I.P.S. geben im Laufe eines Bankgeschäftstages Zahlungsanweisungen über die C.H.I.P.S.-Computerzentrale, mit der die Teilnehmer direkt verbunden sind, an andere Teilnehmer ab. Ausschließlich die *settling participants* sind an dem am Ende jeden Geschäftstages stattfindenden Abrechnungsvor-

---

[46] Die C.H.I.P.S. Regeln finden sich in den *Rules and Administrative Procedures* vom 22. Januar 2001.

[47] SCOTT / WELLONS, International Finance, S. 539.

[48] JUNCKER / SUMMERS / YOUNG, A Primer on the Settlement of Payments in the United States, 77 Federal Reserve Bulletin 847, 855 (1991). Von 1,2 Billionen sprechen SCOTT / WELLONS, International Finance, S. 552.

[49] Lediglich 21 der teilnehmenden Banken gehören zu der Gruppe der *settling participants.*

gang im eigenen Namen und auf eigene sowie auf die Rechnung anderer, *non-settling participants*, beteiligt. Bei diesem Abrechnungsvorgang wird für jede *settling* Bank eine Nettoposition ermittelt, bestehend aus dem Saldo der von ihr ausgehenden und für sie eingehenden Überweisungen. Diese Nettoposition wird dann über die *Federal Reserve Bank of New York* (FRBNY) ausgeglichen, bei der alle *settling participants* zwingend ein Konto unterhalten.

Eine Überweisung via C.H.I.P.S. läuft dergestalt ab, dass die Erstbank über das C.H.I.P.S.-Netzwerk die Empfangsbank zur Gutschrift an den Empfänger anweist. Handelt es sich dabei bei beiden Banken um *non-settling participants*, so ist erforderlich, dass der *settling partner* der Erstbank deren Konto belastet und der *settling partner* der Empfangsbank deren Konto erkennt. Die beiden *settling participants* erhalten dann im Wege der Saldierung am Ende des Geschäftstages ihren Ausgleich über die *Federal Reserve Bank of New York*. Die Zahlungsanweisung nimmt also unter Umständen den direkten Weg von Überweisungs- zu Empfangsbank, während die Deckung über mehrere Ecken besorgt wird.

Die Position der an der Nettoabrechnung teilnehmenden Banken ergibt sich aus dem so genannten *settling report*, der ihnen um 4.45 p.m. New Yorker Zeit zugeht. Aus diesem geht hervor, ob für die jeweilige Bank ein positives oder ein negatives Saldo besteht.[50] Ergibt sich danach für eine Bank eine negative Nettoposition, so weist sie die *Federal Reserve Bank of New York* via *Fedwire* an, ihr *Federal Reseve* Konto in Höhe des Negativsaldos zu belasten. Sollte ihr Guthaben dort nicht ausreichen, so muss sie entweder die *Federal Reserve Bank of New York* selbst oder andere Banken um eine Erhöhung ihrer Kreditlinie bzw. zu einer Überweisung auf ihr Konto veranlassen. Nach Eingang aller Zahlungen bei der *Federal Reserve Bank of New York* erkennt diese die Bankkonten derjenigen *settling participants*, für die sich eine positive Nettoposition ergibt. Bei der FRBNY selbst kommt es also lediglich zu einer Verschiebung von Guthaben, die in der Summe gleich Null sind. Der Ausgleich zwischen den *non-settling* und den für sie am Abrechnungsverkehr teilnehmenden *settling participants* erfolgt in deren Innenverhältnis, entweder indem der *settling participant* das bei ihm unterhaltene Konto belastet oder erkennt, oder mittels einer *Fedwire*-Überweisung.

C.H.I.P.S. ist dasjenige System, das regelmäßig bei Beteiligung ausländischer Banken zum Einsatz kommt. Die New Yorker Korrespondenzbanken ausländischer Beteiligter wählen also zur Bewirkung erteilter Aufträge in der Regel den Weg über C.H.I.P.S. 90% der über C.H.I.P.S. abgewickelten Zahlungen betreffen grenzüberschreitende oder ausländische Transaktionen.[51]

---

[50] Eine negative Nettoposition ergibt sich, wenn die von der Bank selbst und von den Banken, für die sie am Saldierungsverfahren teilnimmt, getätigten Überweisungen die für sie und diese Banken eingehenden Überweisungen dem Werte nach übersteigen. Im umgekehrten Fall ergibt sich eine positive Nettoposition.

[51] SCOTT / WELLONS, International Finance, S. 541.

### c) Gegenüberstellung

Der interbankäre Zahlungsausgleich kann – wie an den Beispielen von *Fedwire* und C.H.I.P.S. deutlich wird – entweder bei jedem Zahlungsvorgang einzeln (*gross settlement*) oder am Ende eine Bankgeschäftstages in Form einer Saldierung erfolgen (*nett settlement*). *Fedwire* ist ein *gross setllement system*, das die einzelnen Überweisungsvorgänge gesondert abwickelt. Werden, wie im Fall von C.H.I.P.S., die für die Erledigung der einzelnen Überweisungsvorgänge geschuldeten Deckungssummen saldiert, so bedeutet dies, dass die jeweils geschuldeten Summen gegeneinander verrechnet werden. Bis zum Abrechnungszeitpunkt stehen die Banken also in einer Kontokorrentverbindung.[52] Dieses Verrechnungsmodell kann entweder zwischen zwei Parteien – *bilateral netting* - oder wie bei C.H.I.P.S. zwischen mehreren Parteien – *multilateral netting* – bestehen.

Insbesondere bei einem Finanzmarkt mit einer feststehenden Gruppe von Beteiligten und bei einer Verschiebung von sehr hohen Werten bietet sich das Nettoverfahren an. Das Nettoverfahren führt dann zu einer erheblichen Effizienzsteigerung. Bis zum Abrechnungszeitpunkt sind lediglich die zur Überweisung erforderlichen Informationen zu übermitteln, nicht aber die dazugehörige Deckung. Außerdem werden Liquiditäts- und Kapitalerfordernisse erheblich reduziert, da nicht mehr erforderlich ist, für jeden einzelnen Überweisungsvorgang Deckung vorzuhalten.[53] Damit einher geht eine Verringerung des Zahlungs- und Insolvenzrisikos.[54] Die Rationalisierungen des Nettoverfahrens kommen allen Beteiligten in Form einer Effizienzsteigerung und Kostensenkung zugute.

---

[52] Vgl. für das Kontokorrent allgemein § 355 HGB.

[53] Anhand eines einfachen Beispiels wird die durch das *netting* besorgte Vereinfachung deutlich. Vier Banken, A, B, C und D sind beteiligt. A und B überweisen je 100 US $ an C und D. C und D wiederum überweisen je 95 US $ an A und B. Im Falle eines *bilateral netting* lässt sich hier die Anzahl der Übermittlungen von vier auf zwei reduzieren und die Gesamtsumme der Verschiebung schrumpft von 390 US $ auf 10 US $. Auch beim *multilateral netting* bestehen diese Vorteile. A und B überweisen je 100 US $ an C und D, sprich A an C und B an D. C überweist 100 US $ an B und D überweist 50 US $ an A. Ohne Saldierung müsste hier die Summe von 350 US $ transferiert werden, in insgesamt 4 Transaktionen. Saldiert man hingegen in diesem Mehrpersonenverhältnis, so ergibt sich eine negative Nettoposition von A in Höhe von 50 US $ und eine positive Nettoposition von D in ebendieser Höhe. B und C sind hingegen eben. In einer einzigen Transaktion – Verschiebung von 50 US $ von A an D - können also alle vier Überweisungen gedeckt werden. Der verschobene Wert beträgt einen Bruchteil (1/7) der Überweisungssumme. Auffallend ist allerdings, dass im Zuge der Saldierung A zu einer Überweisung an D verpflichtet wird, an welche sie ursprünglich keine Überweisung geplant hatte. Auch D hatte von A keine Überweisung empfangen.

[54] SCOTT / WELLONS, International Finance, S. 544.

## d) Maßnahmen zur Risikoverringerung

Mit der Abwicklung über ein *Clearingcenter* sind bestimmte *Ausfallrisiken* verbunden. Im bilateralen Verhältnis, wie es bei *Fedwire* besteht, ist dieses Risiko insoweit kalkulierbar, als eine Bank weiß, von wem sie für welche Zahlungsaufträge Deckung zu erhalten hat. Gegenüber zahlungsunsicheren Beteiligten des Zahlungsverkehrs kann sie sich demnach schützen, zum einen, indem sie von diesem Beteiligten erteilte Zahlungsaufträge nicht annimmt, oder aber, indem sie diese erst dann ausführt, wenn die dafür erforderliche Deckung bestellt ist. Im System von *Fedwire* sind aus diesem Grunde so genannte *net debit caps* vorgesehen. Ab Überschreitung eines bestimmten Debets führt die Zentralbank keine weiteren Zahlungsaufträge des jeweiligen Bankinstituts mehr aus.[55]

Mit dem *multilateralen Saldierungsverfahren* sind weitergehende *systemimmanente Risiken* verbunden. So trägt etwa jede an dem Verrechnungsverfahren beteiligte Bank das Risiko des Ausfalles der anderen Beteiligten. Das Fallieren eines Beteiligten kann den Zahlungsausfall weiterer Beteiligten nach sich ziehen.[56] Die Besonderheit besteht darin, dass eine Bank nicht weiß,

---

[55] Eine *net debit cap* stellt eine höhenmäßige Beschränkung der Gesamtverschuldung einer Bank bei einer *Federal Reserve Bank* dar. Wenngleich zwar *Fedwire* auf einem Modell von Einzelabrechnungen basiert, so kommt es doch vor, dass sich mehrere Deckungsposten addieren, wenn die jeweilige Bank nicht sofort deckt. Dabei gibt es eine *net debit cap* auf Tagesbasis, was bedeutet, dass die Verschuldung einer Bank an einem Geschäftstag eine bestimmte Summe nicht überschreiten darf. Daneben gibt es *net debit caps* für einen Zeitraum von zwei Wochen. Letzteres soll für etwas Flexibilität sorgen. Für die Ermittlung der *net debit cap* hat jede Bank eine Selbstbewertung durchzuführen. Im Jahre 1993 hat das *Board of Governors of the Federal Reserve System* umfassende Richtlinien zur Selbstbewertung aufgestellt, die am 1. Januar 1995 in Kraft getreten sind, 58 Federal Register 44677 (1993). Danach gibt es drei neue Kategorien sowohl der täglichen als auch der zweiwöchigen *net debit caps*, eine durchschnittliche, eine überdurchschnittlich und eine hohe *cap* - Kategorie. Außerdem wurden die Vorgaben zur Vornahme der Selbstbewertung weiter ausdifferenziert. Ausländische Banken werden dann als US-amerikanischen Banken gleichgestellt behandelt, wenn sie entweder in einem G-10 Staat niedergelassen sind, oder in einem Staat, der *dem Basle Capital Accord* beigetreten ist. Für eine weder in einem G-10 Staat, noch in einem Staat, der dem *Basle Capital Accord* angehört niedergelassene Bank, ist der Nachweis erforderlich, dass sie über soviel Kapital verfügt, wie es für die Niederlassung einer US Zentralbank erforderlich ist. Zusätzlich zu den Kreditlimitierungen werden bei *Fedwire* seit 14.4.1994 für Überziehungen – sprich: verzögerlicher Bereitstellung von Deckung für Überweisungsaufträge – Gebühren verlangt, siehe *Board of Governers of the Federal Reseve System, Modifikation of the Payments System Risk Reduction Program; Daylight Overdraft Pricing*, 7 Federal Register 47084 (1992). Seit Einführung dieser – stufenweise erhöhten – Überziehungszinsen ist das tägliche Volumen verzögerlicher Deckungen um 40% zurückgegangen. Die Befürchtung in der Finanzwelt ging allerdings dahin, viel an Zahlungsvolumen werde fortan über C.H.I.P.S. abgewickelt. Dies hat sich aber bis heute nicht bestätigt. Siehe zum Vorstehenden auch SCOTT / WELLONS, International Finance, S. 555.

[56] Vgl. SCOTT / WELLONS, International Finance, S. 549 ff.

von welchem anderen Abrechnungsteilnehmer die ihr am Ende eines Abrechnungtages eventuell entstehende positive Saldoposition gedeckt werden muss, sie also insofern zum einen das Zahlungsrisiko weder abschätzen noch beherrschen kann. Aus diesem Grunde sind im System von C.H.I.P.S. absolute und relative Überziehungsgrenzen installiert.[57]

### e) Rechtliche Wirksamkeit der Nettoverbindlichkeit

Nach derzeitiger Rechtslage in den USA werden Bankenkonkurse nicht nach dem *Bankruptcy Code* abgewickelt, sondern nach besonderem Bankrecht mit der *Federal Deposit Insurance Corporation* (FDIC) als Verwalter.[58] Ein Hauptanliegen des C.H.I.P.S. Systems bestand stets darin, die *Durchsetzbarkeit der Nettoverbindlichkeiten in der Insolvenz einer Bank* sicherzustellen. Die rechtliche Anerkennung der Saldierung durch die der *Federal Deposit Insurance Corporation* aber war lange zweifelhaft. So bestand für die Banken die Gefahr, mit der Ausführung eines Überweisungsauftrages der Überweisungsbank einen ungesicherten Kredit in dieser Höhe zu gewähren ohne durch

---

[57] Im Falle des Zahlungssystems C.H.I.P.S bestehen damit zweierlei Maßnahmen zur Verringerung der Zahlungsrisiken. Schon aufgrund der Erfordernisse von *Fedwire*, über das C.H.I.P.S. die Saldoposten abwickelt, ist es erforderlich, Limitierungen aufzustellen, *Board of Governers of the Federal Reseve System, Federal Reserve Policy Statement on Payment System Risk*, 57 Federal Register 40455, 40461, 40462 (1992). Danach muß jedes Zahlungssystem mit einem bestimmten Volumen, welches die netto-Abwicklungsdienste einer *Federal Reseve Bank* in Anspruch nimmt, Liquiditäts- und Insolvenzkontrollen hinsichtlich seiner Teilnehmer vorsehen, die es erwarten lassen, dass die Deckung besorgt wird. Erforderlich ist zum einen, dass ein Zahlungssystem bilaterale Überziehungsbeschränkungen unter seinen Teilnehmern vorsieht. Hierfür muss es ein System vorhalten, das es ermöglicht Zahlungsaufträge eines Teilnehmers zurückzuhalten, deren Ausführung zur Überschreitung der Kreditbeschränkung des Teilnehmers führen würde. Die bilateralen Beschränkungen wurden im C.H.I.P.S. Regelwerk in der Regel 13 übernommen, C.H.I.P.S. *Rules and Administrative Procedures, January 2001.* Bei der Festlegung der bilateralen Kreditlimitierungen muss jeder Teilnehmer des Zahlungssystems bestimmen, in welcher Höhe er bereit ist, ein negatives Saldo des anderen Teil zu akzeptieren, sprich: zu kreditieren. So soll den Teilnehmern unter anderem auch ermöglicht werden, die potentielle Belastung zu ermessen, der sie im Falle des Ausbleibens einer Saldierung unterliegen würden. Ergeht ein Zahlungsauftrag einer Bank an ein anderes Institut, der zur Überschreitung der bilateralen Beschränkung führen würde, so wird er vom System solange zurückgehalten, bis er aufgrund der Verringerung des Negativsaldos – etwa durch die Erteilung eines Auftrags der Empfängerbank an die Überweisungsbank – wieder zulässig ist, Rule 2 (b) des C.H.I.P.S. Regelwerkes. Da jedoch die einer Bank von allen anderen Teilnehmern gewährten Kreditlinien insgesamt sehr hoch sein können, bedurfte es zusätzlich noch einer netto Beschränkung, d.h. einer Höchstkreditlinie, welche die Bank insgesamt nicht überschreiten darf, so genannte *multilateral net balance*, C.H.I.P.S. Regel 13 (b) (3). Auch hier wird ein Zahlungsauftrag, der zur Überschreitung der Begrenzung führen würde, vom System solange zurückgehalten, bis sich aufgrund von Eingängen für dieses Institut das Saldo wieder verringert hat.

[58] SCOTT / WELLONS, International Finance, S. 564.

die Abgabe eigener Überweisungsaufträge dieses Risiko verringern zu können.[59] Diesem Bedenken ist der Bundesgesetzgeber im Jahre 1991 nachgekommen, indem er den *Federal Deposit Insurance Corporation Improvement Act of 1991* erlassen hat, 12 U.S.C. §§ 4401 ff. Dort sind die sogenannten *Payment System Risk Reduction Provisions* enthalten. In § 4404 (a) ist bestimmt, dass die Zahlungsverbindlichkeiten und Zahlungsansprüche eines Mitgliedes eines Saldierungsverfahrens gegenüber den anderen Mitgliedern zu saldieren sind. In den Absätzen (b) und (c) der Vorschrift wird dann die Ausschließlichkeit der Nettoverbindlichkeit nochmals ausdrücklich festgelegt.[60] Mittlerweile hat sich aufgrund der nahezu in allen Bundesstaaten der USA erfolgten Umsetzung des Artikels 4A des *Uniform Commercial Code* das Bedürfnis nach einer bundesrechtlichen Regelung erübrigt.[61]

Ein Unsicherheitsfaktor aber bleibt trotz der gesetzgeberischen Bemühungen bestehen, nämlich bei der *Teilnahme ausländischer Banken*. Die ausländische Rechtsordnung, die das Insolvenzverfahren über eine ausländische Bank beherrscht[62], muss die sich aus dem Saldo ergebende Verbindlichkeit nicht als eigenständige und einzige anerkennen.[63] Da allerdings ausländische Banken nur als *non-settling participant* am C.H.I.P.S. Verfahren teilnehmen können, wird hierdurch das System als solches nicht gefährdet. Die *settling-partner* der ausländischen Banken allerdings werden diesen Umstand in ihre Erwägungen hinsichtlich der Kreditwürdigkeit der ausländischen Bank miteinbeziehen.

---

[59] SCOTT / WELLONS, International Finance, S. 564.

[60] *§ 4404. Clearing organization netting*
*(a) General netting rule*
*Notwithstanding any other provision of law, the covered contractual payment obligations and covered contractual payment entitlements of a member of a clearing organization to and from all other members of a clearing organization shall be netted in accordance with and subject to the conditions of any applicable netting contract*
*(b) Limitation of obligation to make payment*
*The only obligation, if any, of a member of a clearing organization to make payment with respect to covered contractual payment obligations arising under a single netting contract to any other member of a clearing organization shall be equal to ist net obligation arising under that netting contract, and no such obligation shall exist if there is no net obligation.*
*(c) Limitation on right to receive Payment*
*The only right, if any, of a member of a clearing organization to receive payment with respect to a covered contractual payment entitlement arising under a single netting contract from other members of a clearing organization shall be equal to ist net entitlement arising under that netting contract, and no such right shall exist if there is no net entitlement.*

[61] Siehe hierzu sowie zum Verhältnis von einzelstaatlichem zu Bundesrecht unten,.

[62] Siehe zur *lex concursus* die Artt. 102 Abs. 1 EGInsO, 4 Abs. 1 EuInsVO.

[63] Auf europäischer Ebene gibt es in dieser Hinsicht Bestrebungen, vgl. die Richtlinie 98/26/EG über die Wirksamkeit von Abrechnungen in Zahlungs- sowie Wertpapierliefer- und –abrechnungssystemen vom 19.Mai. 1998, Abl. L 166/45.

## 2. Das internationale Zahlungssystem S.W.I.F.T.

Im internationalen Zahlungsverkehr ist besonders S.W.I.F.T. von Bedeutung. Die *Society for Worldwide Interbank Financial Telecommunication* (S.W.I.F.T.) wurde 1973 in Belgien als Genossenschaft belgischen Rechts, *société cooperative*, gegründet und betätigte sich ursprünglich in der Übermittlung von Nachrichten im internationalen Finanzverkehr unter ihren Genossen – Kreditinstitute und diesen gleichgestellte Institute, die Auslandsgeschäfte betreiben und die anteilsmäßig an S.W.I.F.T. beteiligt sind.[64] Mittlerweile ist der Zugang jedoch nicht mehr auf solche Institutionen beschränkt, die aktienmäßig an S.W.I.F.T. beteiligt sind, seit 1989 werden auch nicht an S.W.I.F.T. beteiligte Institutionen, so genannte *participants*, zugelassen. Auch nationale Clearing-Einrichtungen können sich S.W.I.F.T. bedienen. Nunmehr übermittelt S.W.I.F.T. beleglose Nachrichten im Finanzverkehr zwischen weltweit über 3000 Benutzern.[65] Die beleglose Abwicklung dient der Beschleunigung und der Risikoverringerung im internationalen Zahlungsverkehr.

In der Hauptsache übernimmt es S.W.I.F.T., internationale Finanzgeschäfte betreffende Nachrichten über das eigene weltweite Netzwerk zu übermitteln. Dieses S.W.I.F.T.-*Network* besteht aus miteinander verbundenen Schaltzentralen, den so genannten *operating* oder *swichting centers*, die ihren Sitz in Brüssel (BEL), Leiden (NL) und Virginia (USA) haben. Die beteiligten Banken sind mit diesen über nationale Rechenzentren, den so genannten Konzentratoren oder *regional processors* verbunden.[66] Grenzüberschreitende Überweisungsaufträge aus dem Ausland gelangen innerhalb Europas über die Hauptzentrale in Brüssel an die inländische Empfangsbank.[67] Das Netzwerk ist rund um die Uhr zugänglich und übermittelt so täglich rund 1,6 Millionen Nachrichten.[68]

Ein Überweisungsauftrag wird bei der Überweisungsbank in standardisierter Form in die EDV-Anlage eingegeben und über das beschriebene Leitungssystem (*regional processor – switching center*) an das für die Bank des Zahlungsempfängers zuständige Rechenzentrum und von diesem an die Empfangsbank übermittelt. Die standardisierten Nachrichten stehen für eine große Bandbreite finanztechnischer Nachrichten zur Verfügung, wie etwa Zahlungs-

---

[64] Im Jahre 1992 hatte S.W.I.F.T. 2074 Mitglieder. Besonders in den G-10 Ländern ist die Benutzung von S.W.I.F.T. weit verbreitet. Die meisten Beteiligungsaktien werden in Europa gehalten, nur 15% in den U.S.A. SCOTT / WELLONS, International Finance, S. 595.

[65] Siehe ETZKORN, Das S.W.I.F.T.-Regelungswerk, S. 460. Zum 31.12.1990 zählte S.W.I.F.T. 3049 Benutzer.

[66] ETZKORN, Das S.W.I.F.T.-Regelungswerk, S. 461.

[67] Zum Vorstehenden HADDING, Zum grenzüberschreitenden Überweisungsverkehr nach deutschem Recht, S. 24 ff; HOLZWARTH, Grenzüberschreitender interbankärer Zahlungsverkehr, S. 107 ff.

[68] In Deutschland sind es rund 100 000 pro Tag, siehe HADDING, Zum grenzüberschreitenden Überweisungsverkehr nach deutschem Recht, S. 24.

anweisungen, Devisenbestätigungen und Werpapierorder.[69] Bei der Giroüberweisung werden drei Nachrichtentypen unterschieden: Die Kundenüberweisung, die Bankübertragung und der Stornoauftrag. Um die Vertraulichkeit der übermittelten Nachrichten zu gewährleisten, werden diese automatisch verschlüsselt und mit einem Authentizitätsnachweis, dem so genannten *authenticator* versehen, womit unter anderem sichergestellt wird, dass die Nachrichten nicht nachträglich verändert werden. Der Algorhythmus zur Entschlüsselung der Nachrichten ist nur dem Absender und dem Empfänger einer Nachricht bekannt.[70] Seit 1991 ist es auch möglich, Nachrichten im Bündel, etwa in Form eines Magnetbandes, via S.W.I.F.T. zu übermitteln, was meist aus Kostengründen bei einer Sammlung von Überweisungsaufträgen kleinerer Beträge praktiziert wird.

Die Besonderheit von S.W.I.F.T. gegenüber anderen Zahlungssystemen besteht darin, dass ausschließlich die Nachrichtenübermittlung darüber erfolgt. Die Anschaffung der Deckung hat daher auf herkömmlichem Wege über das Korrespondenzbankennetz oder über ein anderes Zahlungssystem zu erfolgen. Die zur Deckungsansschaffung erforderlichen Kommunikationen können jedoch auch über S.W.I.F.T. vermittelt werden. Für eine Überweisung zwischen zwei kontenmäßig direkt verbundenen Banken via S.W.I.F.T. ergibt sich demnach folgendes: Die Überweisungsbank gibt eine S.W.I.F.T. Nachricht Typ „Kundenüberweisung“ an die Empfängerbank ab, vermittelt über die S.W.I.F.T. Konzentratoren und Schaltzentralen. Die Deckungsverschiebung erfolgt dann im bilateralen Kontenverhältnis durch Erkennung oder Belastung eines *Loro-* oder *Nostrokontos*. Besteht zwischen Überweisungs- und Empfangsbank keine direkte Kontobeziehung, so muss eine dritte Bank als Remboursbank eingeschaltet werden. In diesem Fall ergeht ebenso eine direkte S.W.I.F.T. Nachricht Typ „Kundenüberweisung“ von der Überweisungs- an die Empfangsbank. An die Remboursbank ergeht seitens der Überweisungsbank automatsich eine Nachticht vom Typ „Bankübertrag“ zugunsten der Empfangsbank. Entsprechendes gilt bei der Einschaltung weiterer Zwischenbanken. Es ergeht somit stets eine direkte Nachricht zwischen Überweisungs- und Empfangsbank vom Typ „Kundenüberweisung“, während Nachrichten vom Typ „Bankübertrag“ den Weg der Deckungsanschaffung markieren.[71]

---

[69] Dabei ist S.W.I.F.T. stets bestrebt, einen universellen Standard vorzugeben, wie etwa bei der Identifizierung von Kreditinstituten die *Bank Identifier Codes* (BIC) oder für die Auftragswährung den ISO *Currency Code*. Auch im C.H.I.P.S. Regelwerk wird dem von S.W.I.F.T. vorgegebenen Standard Bedeutung beigemessen, *Administrative Procedures C.H.I.P.S., January 2001, No. 5 (a) (1) , (2).*

[70] Hierzu ETZKORN, Das S.W.I.F.T.-Regelungswerk, S. 463.

[71] Zum Vorstehenden ETZKORN, Das S.W.I.F.T.-Regelungswerk, S. 462 ff. In der Praxis allerdings hat sich ein sogenanntes *straight-through-processing* eingebürgert, insofern als die Banken die S.W.I.F.T.-Kundennachrichten unmittelbar ausführen. Insbesondere wenn die Kontonummer des Empfängers mitgeteilt wird behandeln die Banken die Anweisung regelmäßig so, als sei Deckung vorhanden. Dieser Automatismus führt zwar dazu, dass die



FHB
GE

Die sich für eine Auslandsüberweisung anbietenden Möglichkeiten (siehe oben, I, a.E.) bündeln sich im Überweisungsverkehr mit den USA oftmals auf folgende Vorgehensweise: (1) Eine deutsche Überweisungsbank weist ihre US Korrespondenzbank via S.W.I.F.T. zur Vornahme der Überweisung an. Diese führt den Auftrag dann über die US Zahlungssysteme, meist C.H.I.P.S., aus. (2) Umgekehrt bedient sich die amerikanische Bank ebenfalls S.W.I.F.T., um ihre deutsche Korrespondentin anzuweisen. Diese führt dann innerhalb Deutschlands die Überweisung über das nationale Überweisungsnetz aus.

## IV. Die rechtlichen Verhältnisse bei der Banküberweisung

### 1. Das Valutaverhältnis

Bei einer Banküberweisung treten mehrere *rechtlich selbstständige Subjekte* miteinander in Beziehung, um in koordiniertem Zusammenwirken die Sekundärtransaktion der Zahlungsübermittlung vorzunehmen. Die Primärtransaktion ist diejenige Transaktion, durch welche die Notwendigkeit der Zahlungsübermittlung erst begründet wird. Dabei kann es sich um ein beliebiges Kausalgeschäft handeln, aus dem sich eine Zahlungsverpflichtung ergibt. Die Zahlung kann aber auch gänzlich ohne Rechtsgrund erfolgen. Jedenfalls soll regelmäßig zwischen zwei Personen ein Geldwert, die Überweisungsvaluta verschoben werden. Das zwischen diesen beiden Personen bestehende Rechtsverhältnis bezeichnet man daher als Valutaverhältnis.[72]

### 2. Das Deckungsverhältnis

Derjenige Beteiligte, von dem aus der Geldwert verschoben werden soll, muss sich zur Ausführung der Zahlungstransaktion eines Intermediärs bedienen. Dies ist dann die Person, die entweder dem Empfänger ein relatives Recht direkt einräumt oder eine weitere Person veranlasst, dem Empfänger ein solches Recht einzuräumen, regelmäßig eine Bank. Der Geldwert, der letztlich dem Empfänger zukommt, wird also über dies Intermediäre vermittelt. Die Intermediäre sind durch eine Kette von Verträgen, die bis zum Absender der Übeweisung zurückgeht, miteinander verbunden. Über diese Vertragskette wird der letztlich dem Empfänger zugute kommende Geldwert übermittelt. Das letztendlich resultierende Forderungsrecht des Empfängers gegen seine Bank wird damit über diese Verhältnisse gedeckt. Darum spricht man bei die-

---

Banken weniger Kontrolle über die Zahlungsrisiken, denen sie ausgesetzt sind, ausüben. Insbesondere aber bei internationalen Zahlungen hat sich das Verfahren aber durchgesetzt.

[72] Siehe auch Palandt-SPRAU, Vorb.v. §§ 676a – 676h, Rn. 4.

sen Verhältnissen von den Deckungsverhältnissen oder im Falle der Hausüberweisung von dem Deckungsverhältnis.[73]

### 3. Das Zuwendungsverhältnis

Das Zuwendungsverhältnis besteht zwischen dem Empfänger einer Banküberweisung und den zur Übermittlung eingesetzten Banken. Damit soll eigentlich zum Ausdruck gebracht werden, dass es sich nicht um ein Kausal- oder sonstiges verpflichtendes Verhältnis handelt. In der Regel wendet zwar nur die letzte Bank in der Kette unmittelbar einen Wert zu und gerade mit dieser ist der Empfänger in aller Regel aber vertraglich verbunden. Von der Bezeichnung umfasst wird aber gerade auch das Verhältnis der Überweisungsbank zum Empfänger, die mit dem Empfänger kein vertragliches Verhältnis verbindet. Insoweit bringt der Terminus des Zuwendungsverhältnisses zum Ausdruck, dass zwar ein Wert zugewendet wird, aber nicht in Erfüllung einer Verpflichtung gegenüber dem Empfänger.[74]

## V. Das einheitliche Zweckstreben der Beteiligten einer Banküberweisung

### 1. Einheitliche Zweckverfolgung

Das vertragliche Grundmodell des deutschen Privatrechts ist dasjenige des zweiseitigen Austauschverhältnisses. Die meisten Vertragstypen des BGB sind dadurch gekennzeichnet, dass sie einen einmaligen, zeitlich nicht gestreckten Leistungsaustausch vorsehen. Dies ist etwa der Fall beim Kaufvertrag, beim Werkvertrag, bei der Schenkung und beim Tausch, möglich auch beim Dienstvertrag. Andere Vertragstypen unterscheiden sich davon dadurch, dass sie von einem zeitlich gestreckten oder länger andauernden Leistungsaustausch ausgehen, wie etwa das Darlehen oder die Miete. Geprägt sind die Vertragstypen aber allesamt dadurch, dass bei ihnen ein Interessengegensatz der beiden Vertragspartner dahingehend besteht, den Leistungsaustausch für sich jeweils wirtschaftlich und rechtlich günstig zu gestalten. Demgegenüber sieht das BGB die Gesellschaft als diejenige Vertragsform vor, die es den Parteien ermöglicht, einen einheitlichen Zweck zu verfolgen. So formuliert etwa § 705 BGB, dass sich die Gesellschafter durch den Gesellschaftsvertrag verpflichten, „die Erreichung eines gemeinsamen Zwecks“ in der vereinbarten Weise zu fördern. Aus § 723 (1) BGB ergibt sich dabei, dass der Gesetzgeber davon ausgegangen ist, die Gesellschaft werde in der Regel wohl für einige Zeit bestehen. Es existiert im BGB also neben dem Modell des punktuellen

---

[73] Knappe Darstellung bei Palandt-SPRAU, Vorb.v. §§ 676a – 676h, Rn. 5.
[74] Siehe zum Zuwendungsverhältnis auch Palandt-SPRAU, § 812 Rn. 54.

Austauschvertrages auch dasjenige der regelmäßig, aber nicht notwendig zeitlich gestreckten gemeinsamen Interessenverwirklichung.[75]

Die vorliegende Untersuchung befasst sich mit Fragen des bargeldlosen Zahlungsverkehrs im Allgemeinen, den fehlerhaften Banküberweisungen im Besonderen. Im Falle der Banküberweisung zeigt sich, dass sich diese Transaktionsform nicht in die vorstehend skizzierte Zweiteilung der Vertragstypen einordnen lässt. Zur Ausführung einer solchen Transaktion bedarf es nämlich des *koordinierten Zusammenwirkens* einer Vielzahl von Beteiligten, die den wirtschaftlich angestrebten Enderfolg der Übermittlung von Buchgeld bewirken. Da es aber im weltweiten Zahlungsverkehr unmöglich ist, alle notwendig daran Beteiligten unter einer Organisationsform zusammenzuschließen, handelt es sich dabei stets um ein koordiniertes Zusammenwirken *rechtlich selbstständiger Leistungsträger*.[76] Diese wirken in der Weise zusammen, dass sie in Form einer Kette inhaltlich aufeinander bezogener Verträge die Leistung des Absenders an den Empfänger vermitteln.[77] Die Banküberweisung als Gesamtkonstrukt lässt sich nur durch gleichgerichtetes Zusammenwirken aller Beteiligten durchführen. Insofern ist also ein einheitliches Zweckstreben aller Beteiligten erforderlich.

Es kann aber außerdem noch in anderer Hinsicht die Verfolgung eines einheitlichen Zweckes unter den Beteiligten festgestellt werden. Im Bereich der Banküberweisung befindet man sich auf dem Gebiet des standardisierten Massenverkehrs. Insbesondere im bargeldlosen Zahlungsverkehr stehen dem an einer Zahlungsübermittlung Interessierten eine Vielzahl von Zahlungsmethoden zur Verfügung und bei der jeweiligen Zahlungsmethode gibt es wiederum zahlreiche Anbieter dieser Zahlungsform, die allesamt auf dem Markt miteinander konkurrieren. Insofern besteht im Wettbewerb der Transaktionsformen ein einheitliches Interesse von Anbietern und Nachfragern an einer effektiven und kostengünstigen Abwicklung der Zahlungsübermittlung. Dieses Interesse ist allen am Zahlungsverkehr Beteiligten gemein.[78] Insbesondere im

---

[75] Siehe hierzu LARENZ, Schuldrecht Bd. I, § 15 II (S. 209) und Palandt-HEINRICHS Einf.v. § 320 Rn. 5f. Siehe zum ganzen Komplex der einheitlichen Zweckverfolgung im bargeldlosen Zahlungsverkehr insbesondere ROHE, Netzverträge, 1 ff., passim.

[76] Dies noch aus dem anderen Grunde, dass die Funktion der Banken gerade darin besteht, in ihrem eigenen Namen rechtlich verpflichtet zu werden, da nur aufgrund ihres internationalen Kredits eine Zahlungsmittlung möglich ist, vgl. Ziff. 3 (2) AGB-Banken: „Wenn ein Auftrag seinem Inhalt nach typischerweise in der Form ausgeführt wird, dass die Bank einen Dritten mit der weiteren Erledigung betraut, erfüllt die Bank den Auftrag dadurch, dass sie ihn im eigenen Namen an den Dritten weiterleitet. ..."

[77] BGH vom 3.10.1989, BGHZ 108, 386, 388. Der BGH stellt insbesondere darauf ab, dass es keine die Kettenglieder übergreifenden Vertragsbeziehungen gibt.

[78] ROHE, Netzverträge, S. 2, 13, und passim. Selbstverständlich ist damit nur die typische Interessenlage getroffen. Dass daneben auch ein Bedürfnis nach weniger kostengünstiger, dafür aber sichererer Übermittlung bestehen kann, soll nicht geleugnet werden. Sowohl das deutsche Recht lässt aber eine dahingehende Modifikation im Wege der Privatautonomie zu, § 311 Abs. 1 BGB, als auch das US-amerikanische Überweisungsrecht ein Einfallstor für derartige Sonder-Interessenlagen bietet, § 4A-202 (c) U.C.C. Das typische Interesse

grenzüberschreitenden Bereich ist aufgrund der Vielgestaltigkeit der nationalen Rechtsordnungen noch erhebliches Rationalisierungspotential zu verzeichnen. Zahlenmäßig schätzt man etwa im Rahmen der Europäischen Union das jährliche Volumen möglicher Kostensenkungen durch höhere Marktintegration im Bankensektor auf 130 Milliarden Euro.[79] Bei dem allen Beteiligten des Giroverkehrs gemeinsamen Rationalisierungsinteresse handelt es sich also keinesfalls um ein spirituell-kryptisches psychisches Phänomen, sondern um ein zahlenmäßig belegtes, wirtschaftliches Interesse.

## 2. Rechtliche Auswirkungen

Im *rechtsgeschäftlichen Massenverkehr* korrespondieren Effizienz und Standardisierung in der Weise, als eine nur geringfügige Steigerung der Effizienz aufgrund ihrer vielfachen Wiederholung einen enormen Kostenvorteil des Anbieters oder der Zahlungsform bedeutet.[80] Eine derartige Effizienzsteigerung lässt sich in der Regel durch Standardisierung der Vorgänge erreichen. Standardisierung bedeutet aber eine Abkehr von an individuellen Bedürfnissen ausgerichteten Handlungsabläufen und einen Verlust sachgedanklichen Mitbewusstseins der Akteure und damit auch an Sorgfalt. Schon HECK hat dazu in seiner Antrittsvorlesung über Handelsprivatrecht im Jahre 1902 ausgeführt, die Bedürfnisse des auf häufige Wiederholung angelegten Massenverkehrs rufen *innere und äußere Anpassungserscheinungen* hervor.[81] Auf S. 455 führt er aus: „Es ist nun eine allbekannte Thatsache, daß die häufige Wiederholung einer menschlichen Handlung, der Massenbetrieb, (...), wichtige Wirkungen hervorruft, innere und äußere Anpassungserscheinungen. Die innere Anpas-

geht aber auf schnelle und kostengünstige Zahlungsmittlung. Vgl. zu ersterem Aspekt auch Palandt-SPRAU, § 676a Rn. 17.

79 Siehe die FAZ vom Montag, den 26. Mai 2003, S. 13: „Banken für raschere Marktintegration. Der Abbau von Grenzschranken für Finanzdienste im europäischen Binnenmarkt könnte Wirtschaft und Verbrauchern erhebliche Einsparungen bescheren. Darauf weist die Europäische Bankenvereinigung (EBV/FBE) in einer Untersuchung zum derzeitigen Stand der Marktintegration bei Finanzdiensten hin. Sie beruft sich dabei auf Studien im Auftrag der Europäischen Kommission, wonach durch eine weitere Marktöffnung innerhalb des kommenden Jahrzehnts Wohlstandsgewinne in einer Größenordnung von jährlich 1,1 Prozent des Bruttoinlandsprodukts oder 130 Milliarden Euro zu erwarten seien. (..) Die (...) Marktintegration sei nicht nur für die Binnenwirtschaft wachstumsfördernd, sondern stärke auch die internationale Wettbewerbsfähigkeit der europäischen Kapitalmärkte sowie die Rolle des Euro als international anerkannte Währung (...). Auch nach der Euro-Einführung litten die europäischen Finanzmärkte unter einer erheblichen Zersplitterung, die auf den unterschiedlichen steuer- und aufsichtsrechtlichen Auflagen und anderen abweichenden Vorschriften beruhe."

80 Zu den gesamtwirtschaftlichen Wirkungen von Kostensparungen durch Rationalisierung im bargeldlosen Überweisungsverkehr, MÖSCHEL AcP 186 (1986), S. 187, 209.

81 HECK, Weshalb besteht ein vom bürgerlichen Rechte gesondertes Handelsprivatrecht?, AcP 92, S. 438, 455. Die „Wiederbelebung" dieses großen Werkes deutscher Rechtswissenschaften ist das Verdienst von ROHE, Netzverträge, S. 204 ff..

sung zeigt sich in doppelter Weise, einmal in der Steigerung der Leistungsfähigkeit, dem Wachsen der Geschicklichkeit und zweitens in dem Zurücktreten des Bewußtseins, der Ersparnis an Aufmerksamkeit. Die Handlungen nehmen einen gleichmäßigen, gewohnheitsmäßigen, typischen Zuschnitt an, sie werden vollzogen, ohne dass man die Einzelheiten vorher überlegt. Die äußere Anpassung wird vermittelt durch neue Bedürfnisse, die sich einstellen. Der Handelnde strebt nach der Beseitigung von Hindernissen, Störungen, die bei bloß vereinzelten Handlungen ruhig hingenommen werden, bei Massenbetrieb lästig oder unerträglich erscheinen."[82] Damit bestehen nach HECK besondere Bedürfnisse in bestimmten Lebensbereichen, etwa im Handelsverkehr nach Standardisierung und Rationalisierung. Aus heutiger Sicht besteht insbesondere im internationalen Finanzverkehr ein derartiges Bedürfnis nach schneller und kostengünstiger Abwicklung, bedingt durch Wechselkursrisiken, Überziehungszinskosten und Nutzenausfälle. Man spricht daher international vom so genanntem *high volume high speed and low cost international funds transfer.*[83]

Bestehen die Hindernisse im HECK'schen Sinne äußerer Anpassungserscheinungen bei vorgenannten Beispielen zunächst auf der Ebene der *tatsächlichen Handlungsabläufe*, die dadurch überwunden werden können, dass schlicht die Handlungsabläufe optimiert werden und der beeinträchtigende Faktor umgangen oder ignoriert wird, so existieren andersartige Hindernisse, die nicht so leicht aus dem Weg zu räumen sind. *Rechtspflichten* etwa können nicht einfach ignoriert oder umgangen werden, da deren Befolgung entweder mittels Zwang durchgesetzt wird oder aber eine Schadensersatzpflicht aus deren Nichtbefolgung resultiert. Geht nun das Bestreben eines nationalen Gesetzgebers dahin, die Leichtigkeit des Handelsverkehrs zu gewährleisten und seinen Standort international wettbewerbsfähig zu halten, so muss er versuchen, nicht durch eine ineffiziente Pflichtengruppierung unter den Beteiligten das diesen gemeinsame Zweckstreben zu konterkarieren. HECK weist einen derartigen Einfluss der Bedürfnisse des rechtsgeschäftlichen Massenverkehrs insbesondere im Handelsgesetzbuch nach.[84] ROHE belegt diesen rechtlichen

[82] HECK, AcP 92, S. 438, 455. Die Richtigkeit dieser Aussage kann nicht bezweifelt werden. Beispiele derartiger Effizienzsteigerungen durch äußere Anpassungserscheinungen im Bereich der Giroüberweisung sind etwa die Abkehr vom ausgedruckten Kontoauszug und der Verzicht auf einen Empfängerdurchschlag bei einem Überweisungsauftrag. Vgl. auch ROHE, Netzverträge, S. 205.

[83] HOLZWARTH, Grenzüberschreitender interbankärer Zahlungsverkehr, S. 105.

[84] HECK, AcP 92, 438, 456 ff. Auf S. 463 betont er, der rechtsgeschäftliche Massenverkehr sei besonders empfindlich gegen Rechtsmängel. Es besteht also ein Bedürfnis für eine rechtliche Sonderregelung im Hinblick auf die Bedürfnisse des Massenverkehrs. Auch seine Ausführungen zu den internationalen Bezügen sind interessant, wenn es auf S. 466 heißt: „Ich meine das Bedürfnis nach einer internationalen Rechtseinheit. Dieses Bedürfnis ist auf dem Gebiete des Handelsrechts besonders intensiv zum Theil wegen der internationalen Ausdehnung der Rechtsbeziehungen so im See- und Wechselrecht, bei Export und Import, aber auch sonst deshalb, weil die Rechtsverschiedenheit ein schwerer Mangel ist

Aspekt im Bezug auf den modernen Zahlungsverkehr mit den Begriffen der *Außen- und der Binnenwirkung*. Die Außenwirkung besteht ihm zufolge darin, dass im bargeldlosen Zahlungsverkehr im Hinblick auf die personelle Komplexität und die wirtschaftlichen Anforderungen eine effektive Pflichtengruppierung unter den Beteiligten vorgenommen werden muss. Dies könne insbesondere dazu führen, dass Ansprüche und Pflichten auch über die bipolaren Vertragsverhältnisse hinaus gewährt würden, etwa um eine wirtschaftlich effektive Rechtsdurchsetzung direkt zwischen Schädiger und Geschädigtem zu ermöglichen und nicht lediglich den ineffektiven Weg über die Vertragskette.[85] Die Binnenwirkung besteht hingegen darin, dass sich der Inhalt der einzelnen bipolaren Vertragsbeziehungen und der dort bestehenden Rechte und Pflichten im Hinblick auf die Gesamtsituation und das wirtschaftliche Geflecht, das Zahlungsnetz, an die dort bestehenden Besonderheiten anpasst.[86]

In der folgenden Untersuchung soll in diesem Sinne gezeigt werden, in welcher Form sowohl der deutsche Gesetzgeber als auch die Verfasser des Artikels 4A des amerikanischen *Uniform Commercial Code* durch besondere Ausgestaltung der Pflichtenlagen (Außen- und Binnenwirkungen) im Bereich der Banküberweisung den aufgezeigten Interessen Rechnung getragen haben und wie sich das Bereicherungsrecht diesen Anforderungen stellt. Darauf aufbauend wird dann das internationale Bereicherungsrecht untersucht. Da im Mittelpunkt des Interesses die fehlerhafte Banküberweisung steht, sollen aber zunächst einige exemplarische Fallgestaltungen vorgestellt werden.

## VI. Fehlerquellen im Überweisungsverkehr

Das Erkenntnisinteresse der vorliegenden Arbeit bezieht sich auf die pathologischen Fälle der internationalen Banküberweisung. Treten im Überweisungsvorgang Fehler auf, so stellt sich die Frage nach deren rechtlicher Behandlung, was zunächst die Frage nach dem anwendbaren Recht auf einen bestimmten geltend gemachten Anspruch aufwirft. Eine Einschränkung dieser Fragestellung ist jedoch insoweit vorzunehmen, als sich im internationalen Überweisungsverkehr zwei Problemkreise trennen lassen. Es können zum einen in der Sphäre des Überweisenden und der Überweisungsbank Fehler auftreten, wenn etwa mehrfache oder verfälschte Überweisungsaufträge erteilt werden oder ein Auftrag widerrufen wird. Daneben gibt es die Fehlerquellen im Interbankenverkehr unter den Korrespondenzbanken. Wie zuvor gesehen, wird der Interbankenverkehr vermehrt elektronisch abgewickelt. Die für die brieflichen, fernschriftlichen oder telefonischen Übermittlungswege für Zahlungsaufträge typischen Fehler wie die doppelte, auf den falschen Betrag oder

---

und der rechtsgeschäftliche Großbetrieb gegen alle Mängel der Rechtsordnung besonders empfindlich ist."

[85] ROHE, Netzverträge, S. 6 und S. 87.

[86] ROHE, Netzverträge, S. 25 ff.

auf den falschen Begünstigten lautende oder die widerrufene Banküberweisung treten im Interbankenverkehr deutlich zurück hinter Probleme der Authentisierung und computertechnischen Problemlagen mit Hard- und Software.[87]

Von Erkenntnisinteresse sind vorliegend primär die Fehlerquellen ersterer Art, da es sich dabei um rechtsgeschäftliche Kategorien handelt. Vorwiegend bewegen sich daher die angestellten Untersuchungen in der Sphäre Überweisender – Überweisungsbank. Allerdings ist natürlich nicht ausgeschlossen, dass derart typische Fehler nicht auch im Interbankenverhältnis auftreten können. Im Folgenden dazu exemplarische Fallgestaltungen:

## 1. Widerruf einer Banküberweisung

Große Bedeutung hat in den USA der Fall *Banque Worms v. Bankamerica International* erlangt.[88] Die australische Gesellschaft Spedley stand mit der französischen Banque Worms in einer Kontokorrentverbindung. Am 31. März 1989 kündigte letztere das Kontokorrentverhältnis auf und stellte den verbleibenden Kreditbetrag zum 10. April 1989 fällig. Die Zahlung hatte in US Dollar zu erfolgen, weshalb sich Spedley an seine amerikanische Korrespondenzbank Security Pacific in New York City wandte. Am Vormittag des 10. April wies Spedley die Security Pacific per Telex an, 1,9 Millionen US $ auf das Konto der Banque Worms bei deren amerikanischen Korrespondenzbank Bankamerica International, ebenfalls in New York, zu überweisen. Kurz darauf übersandte Spedley ein zweites Telex, in dem er die erste Überweisung widerrief und eine Überweisung derselben Höhe an die National Westminster Bank USA in Auftrag gab. Erst als sein Konto im Laufe des Tages hinreichende Deckung aufwies – exakt 1,9 Millionen US Dollar - nahm Security Pacific die Überweisung vor. Entgegen des Widerrufs überwies sie jedoch sowohl der Banque Worms als auch der National Westminster jeweils 1,9 Millionen US Dollar. Die Bankamerika wurde via C.H.I.P.S. über den Eingang der Überweisung benachrichtigt und schrieb sie dem Konto der Banque Worms gut. Security Pacific verlangt daraufhin vor dem Bundes-Distriktgericht erfolglos Herausgabe der erlangten Gelder von der Banque Worms. Ausschlaggebend war für das Gericht bereicherungsrechtlicher Vertrauensschutz gepaart mit spezifischen Überlegungen des Überweisungsverkehrs.[89]

---

[87] HOLZWARTH, Grenzüberschreitender interbankärer Zahlungsverkehr, S. 108; ETZKORN, Das S.W.I.F.T.-Regelungswerk, S. 463.

[88] Die eigentliche Entscheidung erging vor dem Bundesberufungsgericht, *United States Court of Appeals, Second Circuit*, 928 F.2d 538, die am 15. März 1991 entschieden wurde. Wichtiger in materieller Hinsicht aber ist die auf Vorlage ergangene Entscheidung des *New York Court of Appeals*, die am 12. Februar 1991 erging und auf die sich die Entscheidung stützt, 77 N.Y.2d 362, 570 N.E.2d 189, 568 N.Y.S. 541.

[89] Siehe für weitere Fälle des Widerrufs: OLG Köln vom 16.9.1982, NJW 1983, 1500 (Scheckwiderruf); BGH vom 19.1.1984, BGHZ 89, 376=NJW 1984, 1348 (widerrufener

### 2. Zuvielüberweisung

Eine Zuvielüberweisung seitens der Überweisungsbank betraf ein Fall des Bundesgerichtshofes aus dem Jahre 1986.[90] Der Beklagte war Alleinvertreter einer italienischen Modefirma und erhielt von dieser Provisionen in Höhe von 10 % der durch ihn vermittelten Aufträge. Die italienische Firma wies die Klägerin, ihre Florentiner Bank, an, den Betrag von 1499, 60 DM, nämlich 10 % der vermittelten Aufträge in Höhe von 14 996 DM, auf das Konto des Beklagten in Deutschland zu überweisen. Die Klägerin überwies jedoch irrtümlich die volle Summe von 14 996 DM als Provision. Der daraufhin geltend gemachten Rückforderung der Bank hielt der Beklagte entgegen, die Auftraggeberin schulde ihm noch Provisionen in entsprechender Höhe.

### 3. Doppelte Überweisung

Um eine versehentlich zweifach ausgeführte Überweisung ging es im Fall Credit Lyonnais v. SGC International, Inc.[91] Dort beauftragte ein russischer Geschäftsmann die International Bank for Economic Cooperation (IBEC) in Moskau, 1 Million US $ an den in der Schweiz wohnhaften Empfänger zu überweisen. Da die Zahlung in US $ lautete musste sie über New York abgewickelt werden. Dazu instruierte die IBEC die Credit Lyonnais New York, auf das Konto der Swiss Bank New York Branch 1 Million US $ zugunsten des Empfängers zu überweisen, damit diesem der Betrag in der Schweiz gutgeschrieben werde. Die Überweisung wurde ausgeführt. Tags darauf erging seitens IBEC irrtümlich eine zweite Zahlungsanweisung von 1 Million US $ zugunsten desselben Empfängers an die Credit Lyonnais. Wegen technischer Schwierigkeiten konnte die Credit Lyonnais die zweite Anweisung zunächst aber nicht ausführen. Hierüber informierte sie die IBEC. Diese nahm an, die einzige von ihr in Auftrag gegebene Überweisung sei nicht erfolgt und veranlasste im zweiten Anlauf die Citibank New York zu einer Überweisung von 1 Million US $ an den Empfänger. Diesen Überweisungsbetrag suchte IBEC von dem schweizer Empfänger zurück zu erlangen.

### 4. Abgeirrte Überweisung

Der Begriff der abgeirrten Überweisung beschreibt die Überweisung an einen vom Überweisenden nicht intendierten Zahlungsempfänger. Einem klassischen Fall des BGH lag folgender Sachverhalt zugrunde: Der Beklagte war Bevollmächtigter der Bautreuhand GmbH und war ermächtigt, diese bei der Durchführung eines Wohnungsbauprojekts umfassend zu vertreten. Eine In-

---

Dauerauftrag); BGH vom 9.5.1983, BGHZ 87, 246 (schlichter Widerruf des Überweisungsauftrages).

[90] BGH vom 25.9.1986, NJW 1987, 185; IPRax 1987, 186, mit Anmerkung JAYME.

[91] District Court, E.D. of Missouri, 1996 WL 626332, 25.10.1996 (nur bei Westlaw).

kassovollmacht war unter den einzelnen Ermächtigungen jedoch nicht aufgeführt. Die Eheleute D beabsichtigten, Kaufpreisraten für Eigentumswohnungen an die Bautreuhand zu überweisen, und erteilten ihrer Bank, der Klägerin, entsprechende Überweisungsaufträge. Durch ein Versehen eines Sachbearbeiters der Klägerin wurde jedoch eine größere Summe nicht auf das Konto der Bautreuhand, sondern auf ein bei derselben Bank geführtes Konto des Beklagten überwiesen. Die Klägerin nahm eine zweite korrekte Überweisung vor und fordert den Betrag der ersten Überweisung vom Beklagten zurück.[92]

### 5. Sonstige Fälle

Die Fallgestaltungen, die zu einer fehlerhaften Banküberweisungen führen, sind mannigfach. Neben den oben aufgeführten Fällen sind typische Fallgestaltungen die Erteilung eines Überweisungsauftrages durch einen Vertreter ohne Vertretungsmacht[93], durch einen Geschäftsunfähigen oder einen nur beschränkt Geschäftsfähigen[94] und die gefälschte Überweisung[95]. Bei der Suche nach weiteren Fehlerquellen sind jedoch der Fantasie keine Grenzen gesetzt.

## VII. Ökonomische Analyse des Rechts

Wie deutlich wurde, verfolgen die zahlreichen Beteiligten des Giroverkehrs – zumindest partiell – einen einheitlichen Zweck. Schon eingangs wurde erwähnt, dass die vorliegende Untersuchung unter anderem den Versuch unternimmt, aufzuzeigen, inwiefern das einheitliche Zweckstreben der Beteiligten, beziehungsweise die besonderen wirtschaftlichen Anforderungen die geltende Rechtslage in den USA und in Deutschland beherrschen, um darauf aufbauend das deutsche Internationale Privatrecht anhand ähnlicher Maßstäbe auszulegen. Die methodische Brücke dieser Vorgehensweise bildet die *ökonomische Analyse des Rechts*.

Die ökonomische Analyse des Rechts untersucht das Recht anhand ökonomischer Maßstäbe auf seine Effizienz (positive Analyse des Rechts). Wird dabei ein Mangel an Effizienz festgestellt, so kann sich überdies eine Empfehlung ergeben, wie Rechtsnormen abweichend gestaltet werden können,

---

[92] Urteil vom 31.5. 1976 BGHZ 66, 372. Siehe zu einer parallelen Fallgestaltung aus neuerer Zeit OLG Bamberg vom 23.3.2000, NJW-RR 2001, 129.
[93] BGH vom 28.1.1980, WM 1980, 438 und OLG Düsseldorf vom 6.4.2000, ZIP 2000, 1668 (Überweisung von einem Und-Konto nur durch einen der Zeichnungsberechtigten); BGH vom 20.3.2001, NJW 2001, 1855 (Gesamtvertretung und Auftragserteilung durch nur einen der Gesamtvertreter).
[94] BGH vom 20.6.1990, BGHZ 111, 382 (geschäftsunfähiger Überweisender).
[95] BGH vom 31.5.1994, ZIP 1994, 1098; BGH vom 20.6.1990, NJW-RR 1990, 1200.

um ökonomisch zu wirken (normative Analyse des Rechts).[96] Untersuchungsmaxime ist – verkürzt[97] – die Vermögensmaximierung.

Ihren Ausgangspunkt hat die ökonomische Analyse in der Annahme des *homo oeconomicus*. Danach treffen Menschen rationale Entscheidungen, wählen von mehreren Alternativen stets diejenige aus, die ihnen relativ den größeren Nutzen bringt. Diesem Grundbestreben können – und müssen – insbesondere auch die rechtlichen Rahmenbedingungen Rechnung tragen, da das Recht Verhaltensanreize setzt und damit eine derartige Entscheidung zu beeinflussen vermag. So ist das Recht etwa dann ökonomisch interessenwidrig, wenn es die Ergreifung einer günstigen Handlungsmöglichkeit untersagt.

Bei der Untersuchung der rechtlichen Rahmenbedinungen hat sich, soweit der Gesetzgeber wie regelmäßig im gesamtwirtschaftlichen und nicht im Individualinteresse tätig wird, ein überindividueller Maßstab im Sinne der *welfare economics* eingebürgert. Maßgebend ist demnach also die gesellschaftliche Wohlfahrt und nicht die des Einzelnen. Untersucht wird eine rechtliche Materie somit danach, ob eine bestimmte Ausgestaltung der rechtlichen Rahmenbedingungen zu einer Verbesserung der Wohlfahrtspositionen aller Betroffenen führt. Ist dies der Fall, so besteht das so genannte *Pareto-Optimum*. Dieses Pareto-Optimum ist aber äußerst selten zu erreichen, da mit der Verbesserung der Rechtsstellung eines Beteiligten regelmäßig eine Beschneidung des Rechtskreises und damit eine Verschlechterung der Wohlfahrtsposition eines anderen korrespondiert. Zumindest eine *Pareto-*

[96] Siehe zu beiden Aspekten WEIGEL, Rechtsökonomik, S. XIII f., zur positiven ökonomischen Analyse POSNER, The new institutional economics meets law and economics, in: Journal of Institutional and Theoretical Economics, Vol. 149, 1993, S. 73 ff. und zur normativen Analyse EIDENMÜLLER, Effizienz als Rechtsprinzip, S. 21.

[97] Die bedeutendste Strömung ist wohl diejenige des COASE Theorems. RONALD H. COASE geht aus von der Fragestellung nach Internalisierung externer Effekte. Negative externe Effekte bestehen beispielsweise in Lärmbelästigung, Luft- und Wasserverschmutzung, COASE selbst führt das Beispiel einer Eisenbahnlinie an, die durch Funkenflug ein Weizenfeld entzündet. Positive externe Effekte sind beispielsweise das Leiten von Abwasser in einen Fluß, wodurch sich in einem ansässigen Fischereibetrieb aufgrund der Nahrungsabfälle vermehrt Fische ansammeln. COASE wendet sich nun der rechtlichen Verteilung solcher Effekte zu. Der externe Effekt wird betrachtet als Recht, Handlungen mit einer Ressource vorzunehmen, ein so genanntes *property right*. Dieses Recht an der Ressource wird nun nach dem Denkmodell von COASE solange gehandelt, bis es bei demjenigen Wirtschaftssubjekt angelangt, dem es den größten wirtschftlichen Nutzen bringt. Respektive ist es in der Lage, den höchsten Preis dafür zu bezahlen. Durch diese – ohne gesetzgeberisches Eingreifen – erfolgende Umverteilung wird ein Pareto-Optimum erreicht, der Wohlstand aller ist gehoben, es findet eine effiziente Allokation der Wirtschaftsgüter statt. Legt man dieses Modell als Maßstab der ökonomischen Analyse des Rechts zugrunde, so gilt es zu prüfen, ob der Gesetzgeber mit seiner Regelung vermag, einen ähnlich optimalen Zustand zu erreichen, oder ob er umgekehrt die effiziente Allokation der Güter verhindert. Siehe insgesamt den Aufsatz von COASE, The problem of social costs, Journal of Law and Economics, Vol. III, S. 1 ff. Vgl. auch sehr knapp zu den einzelnen Schulen, aus deren Synthese sich die in der vorliegenden Arbeit zugrundegelegte Untersuchungsmaxime ergibt WEIGEL, Rechtsökonomik, S. XIV, m.w.N.

*Verbesserung* aber kann – und soll - eintreten, wenn bestimmte Güter oder Handlungsrechte demjenigen zugesprochen werden, für den sie wirtschaftlich relativ von größtem Nutzen sind und diejenigen, die dadurch einen Nachteil erleiden, dass ihnen die besagte Position nicht zugesprochen wird, aus dem Vorteil des anderen eine gewisse Kompensation erhalten.[98] In diesem Falle ist das Bedürfnis aller beteiligten *homines oeconomici* befriedigt. Übertragen auf den standardisierten Massenverkehr muss also derjenige rechtlich begünstigt werden, der die größte Effizienzsteigerung bewirken kann, sofern die übrigen Beteiligten in einer die Beschneidung ihres Rechtskreises übersteigenden Weise kompensiert werden, etwa indem sie an der Effizienzsteigerung partizipieren.[99] Dies stellt nichts anderes dar, als die von HECK so bezeichneten Anpassungserscheinungen. Von diesen, bzw. den darauf beruhenden rechtlichen Anpassungserscheinungen soll daher auch in vorliegender Untersuchung weiterhin die Rede sein. Dabei geht es im witschaftlichen Sinne vorwiegend darum, wessen kollisionsrechtliche Besserstellung im Falle fehlerhafter Giroüberweisung nach ökonomichen Gesichtspunkten erforderlich ist. Dies soll aber nur ein Aspekt der rechtlichen Untersuchung sein und mit den klassischen Untersuchungsmethoden kombiniert werden.

Anders als in den USA hat sich die ökonomische Analyse in Deutschland noch nicht weit verbreitet.[100] Insbesondere ist es hierzulande nicht üblich, Rechtsnormen zunächst im Hinblick auf ihre makro- und mikroökonomischen Auswirkungen hin zu untersuchen. Lediglich in Teilbereichen des Verwaltungsrechts kann eine behutsame Bewegung in Richtung einer wirtschaftlichen Betrachtungsweise schon festgestellt werden[101], sowie sich auch die Executive zum Ziel gesetzt hat, künftig die Gesetzesfolgen näher zu berücksichtigen.[102] Aus diesem Grunde steuert die vorliegende Arbeit nicht auf direktem

---

[98] Zu diesem Kompensations- oder nach seinen Entdeckern benannten Kaldor-Hicks-Kriterium SCHÄFER / OTT, Lehrbuch der ökonomischen Analyse des Zivilrechts, S. 29 ff. und WEIGEL, Rechtsökonomik, S. 17.

[99] Vgl. auch POSNER, Economic Analysis of Law, S. 16, wonach Güter und Handlunsgrechte immer dorthin wandern, wo sie den größtmöglichen Nutzen stiften. Hierzu auch WEIGEL, Rechtsökonomik, S. 22.

[100] Hierzu WEIGEL, Rechtsökonomik, S. 194 ff.

[101] Siehe den Leitfaden zur Gesetzesfolgenabschätzung im Auftrag der Bundesregierung, herausgegeben vom Bundesministerium des Inneren, Juli 2000: http:// www.verwaltungsreform-bw.de.

[102] Seit 2000 heißt es in § 43 der Gemeinsamen Geschäftsordnung der Bundesministerien: „In der Begründung (der Gesetzesvorlage) sind darzustellen (...) die Gesetzesfolgen (§ 44).“, § 44 Abs. 1 lautet: „Unter Gesetzesfolgen sind die wesentlichen Auswirkungen des Gesetzes zu verstehen (...).“ Siehe insgesamt zur Gesetzesfolgenabschätzung KARPEN, Gesetzesfolgenabschätzung, ZRP 2002, 443 ff. Dort, S. 444 führt er aus: „Jede Vorschrift verursacht Kosten. (...) Die meisten Vorschriften belasten die Verwaltung mit Kostenfolgen, viele auch Gruppen von Normadressaten.“ Die Gesetzesfolgenabschätzung zielt nun als vorausschauendes Verfahren darauf ab, die Folgen abzuschätzen und gegenüber alternativen Regelungsmöglichkeiten abzuwägen. Ein starker Fokus liegt dabei auf den wirtschaftlichen Auswirkungen.

Wege auf die Untersuchung des Kollisionsrechts zu, sondern unternimmt – unter anderem - zunächst den Versuch, eine wirtschaftliche Ausrichtung des Rechts der Banküberweisung auf Ebene des materiellen Rechts nachzuweisen, um damit einen Eingang derartiger Gesichtspunkte auch bei der Anwendung des Internationalen Privatrechts zu rechtfertigen.

## 3. Kapitel
## Rechtssysteme auf nationaler Ebene

### I. Deutschland

#### 1. Einleitung

Das deutsche materielle Recht der Banküberweisung ist mit Gesetz vom 14.8.1999 neu geregelt worden. Anlaß hierzu bot die anstehende Umsetzung der EG-Richtlinie über grenzüberschreitende Überweisungen vom 27.1.1997.[103] Die Vorschriften §§ 676a – 676h wurden in das 2. Buch, 12. Titel, 2. Untertitel des Bürgerlichen Gesetzbuches eingestellt und befinden sich somit im besonderen Schuldrecht der Geschäftsbesorgungsverträge. Die Vorschriften gehen über die Vorgaben der Richtlinie hinaus und stellen eine umfassende Kodifikation - auch des nationalen – Überweisungsrechts dar.[104]

Die Neuregelung steht in völligem Bruch zum bisher geltenden Recht der Banküberweisung. Gemäß den neuen Vorschriften werden drei Vertragstypen unterschieden, der *Überweisungsvertrag*, der *Zahlungsvertrag* und der *Girovertrag*. Diese Reihenfolge entspricht dem tatsächlichen Ablauf einer Banküberweisung.[105] Nach bisherigem Recht hingegen wurde kein gesonderter Überweisungsvertrag angenommen, sondern der Überweisungsauftrag als Weisung innerhalb eines bestehenden Giroverhältnisses angesehen. Auch das zwischen Überweisungs- und Zwischenbank bestehende Verhältnis, das nun als Zahlungsvertrag gekennzeichnet ist, wies den Charakter eines Giroverhältnisses mit Einzelweisungen auf.[106]

Neben den einzelnen Zweipersonenverhältnissen wurde stets Bedarf gesehen, unter Umständen einen Haftungsdurchgriff auf eine Bank zuzulassen, mit welcher der überweisende Kunde in keiner Vertragsbeziehung stand, aber einen Schaden durch deren Fehlverhalten erlitten hatte. Teilweise wurden solche Ansprüche nunmehr kodifiziert. Daneben kann sich ein Rückgriff auf die althergebrachten dogmatischen Figuren jedoch unter Umständen weiter als erforderlich erweisen.

Besonders häufig bemüht werden müssen noch immer die Vorschriften über die Herausgabe einer ungerechtfertigten Bereicherung, die grundsätzlich eingreifen, wenn eine fehlerhafte Banküberweisung vorgenommen wird. Aufgrund der Beteiligung mehrerer Personen an dem wirtschaftlichen Vorgang befindet man sich dabei stets im Bereich der schwierigen Mehrpersonenverhältnisse.

---

[103] 97/5/EG, Abl.Nr. L 43 v. 14.2.1997, S. 25.

[104] Vgl. BYDLINSKI, Bemerkungen zum Regierungsentwurf eines Überweisungsgesetztes, WM 1999, 1046.

[105] BYDLINSKI, Bemerkungen zum Regierungsentwurf eines Überweisungsgesetztes, WM 1999, 1046, 1047 Fn. 20, RegE S. 39.

[106] CANARIS, Bankvertragsrecht, Rn. 387, EINSELE, JZ 2000, 9, 17.

## 2. Recht der Banküberweisung vor der Kodifikation

Zunächst soll die alte Rechtslage in ihren Grundzügen dargestellt und dabei aufgezeigt werden, in welcher Form den wirtschaftlichen Anforderungen und der personellen Komplexität auf der Ebene des Rechts Rechnung getragen wurde.

### a) Rechtsfragen des Valutaverhältnisses

Das Valutaverhältnis zwischen Überweisendem und Überweisungsempfänger birgt regelmäßig keine bankrechtlichen Besonderheiten, kann es sich dabei ja um einen beliebige schuldrechtliche, familienrechtliche oder sonstige Beziehung handeln. Die Banküberweisung spielt in diesem Valutaverhältnis nur insoweit eine Rolle, als es darauf ankommt, ob der Schuldner zum Zwecke der Erfüllung überhaupt den Weg einer Banküberweisung wählen darf. Der primäre Inhalt einer Geldzahlungspflicht besteht regelmäßig in der Übereignung von Bargeld.[107] Aufgrund der absoluten Üblichkeit von Banküberweisungen und deren Vereinfachungsfunktion gegenüber der Barzahlung könnte der Bezahlung mittels einer Überweisung jedoch stets Erfüllungswirkung im Sinne des § 362 Abs. 1 BGB zukommen.[108]

Das Abstellen auf die Vereinfachungsfunktion ist indes zu kurz gegriffen. Es findet nicht lediglich eine Verkürzung statt, sondern auch eine Verschiebung der Risiken. Die Sachgefahr des Bargeldes wandelt sich in Insolvenz-, Einwendungs- und Pfändungsrisiken bezüglich der Empfangsbank, die sich von der dem Bargeld innewohnenden Sachgefahr qualitativ unterscheiden. Hinzu kommt, dass hinter dem Buchgeld keine staatliche Wertgarantie steht wie hinter den Geldzeichen.[109] Aufgrund dieser Risikoverschiebung ist es einem Gläubiger nur nach seinem Einverständnis zuzumuten, eine Bezahlung im Wege der Banküberweisung als Erfüllung gelten zu lassen. Bei der Begleichung mittels Banküberweisung handelt es sich somit um eine Hingabe an Erfüllung Statt, die nach § 364 Abs. 1 BGB zu behandeln ist und damit ein Einverständnis des Gläubigers erfordert.

Allerdings kann man an das nach § 364 Abs. 1 BGB erforderliche Einverständnis des Gläubigers aufgrund der Üblichkeit von Überweisungen geringe Anforderungen stellen. So soll etwa schon die Angabe der Kontonummer auf dem Briefkopf ausreichen.[110] Da auch die erstgenannte Ansicht, wonach der Überweisung unmittelbare Erfüllungswirkung zukommt, Ausnahmen anerkennt, unterscheiden sich die Ansichten im Ergebnis kaum. So soll auch

---

[107] Zum abweichenden Rechtszustand im interbankären Verkehr, HOLZWARTH, Grenzüberschreitender interbankärer Zahlungsverkehr, S. 103.
[108] Siehe zum Streitstand CANARIS, Bankvertragsrecht, Rn. 466 ff.
[109] Siehe zu den Unterschieden von Bar- und Buchgeld auch Palandt-HEINRICHS, § 245 Rn. 2 f.
[110] Palandt-HEINRICHS, § 362 Rn. 8, m.w.N.

nach der ersten Ansicht dem Gläubiger ein Zurückweisungsrecht hinsichtlich der Überweisung zustehen, wenn er ein berechtigtes Interesse daran hat, den Betrag nicht überwiesen zu bekommen. Dies sei etwa dann der Fall, wenn sein Konto im Debet stehe oder gepfändet werde.

Ebenfalls mit der Frage der Erfüllungswirkung im Valutaverhältnis verbunden ist diejenige nach dem Rechtscharakter der Gutschrift der Empfangsbank zugunsten des Empfängers. Wie schon das Reichsgericht feststellte, tritt die Erfüllungswirkung im Valutaverhältnis mit der Gutschrift zugunsten des Empfängers ein.[111] Der Bundesgerichtshof hat daran anknüpfend herausgestellt, dass es für die Frage, ob einer Giroüberweisung die Erfüllungswirkung einer Barzahlung zukommt, entscheidend auf den Zeitpunkt ankommt, bis zu welchem ein Überweisungsauftrag wirksam widerrufen werden kann. Der Gläubiger, der die – insbesondere auch dem Schuldner zugute kommenden - Erleichterungen des Überweisungsverkehrs in Anspruch nehmen wolle, dürfe nicht wesentlich schlechter gestellt werden, als er bei einer Barzahlung stehe. Das rechtfertige den Schluss, dass ein Gläubiger sich nur unter der Voraussetzung auf eine Schuldtilgung durch Überweisung einlassen wolle, dass ihm der Schuldner einen abstrakten unwiderruflichen Anspruch verschaffen werde, wie er ihm erst durch die Gutschrift bei der Empfängerbank gewährt werde.[112] Diese Abstraktion wird hergestellt, indem der Anspruch „aus“ der Gutschrift als ein abstraktes Schuldanerkenntnis seitens der Empfangsbank zugunsten des Empfängers angesehen wird, § 780 BGB.[113] Wäre das nicht der Fall, so wäre ein Widerruf gegenüber der Empfangsbank noch solange möglich, bis sie den Überweisungsbetrag an den Empfänger ausgezahlt hätte, da sie bis dahin noch keine endgültigen Aufwendungen im Sinne des § 670 BGB getätigt hätte und zur Rückgewähr des Vorschusses verpflichtet wäre.[114] Insofern trägt die Rechtsprechung hier einem *wirtschaftlichen Bedürfnis* aller am Zahlungsverkehr Beteiligten[115] mittels der besonderen *Ausgestaltung der Pflichtenlage* innerhalb des Giroverhältnisses des Empfängers zu seiner Bank (Binnenwir-

---

[111] RG, Beschluss vom 19.3.1913, RGZ 82, 95, 97.

[112] BGH vom 15.5.1952, BGHZ 6, 121, 124.

[113] BGH vom 25.1.1988, BGHZ 103, 143, 146; CANARIS, Bankvertragsrecht Rn. 415; SCHIMANSKY in SCHIMANSKY / BUNTE / LWOWSKI; Handbuch des Bankrechts § 47 Rn. 29; KÜMPEL, Bank- und Kapitalmarktrecht, Rn. 4.16; EINSELE, Das neue Recht der Banküberweisung, JZ 2000, 9, 10. Erst durch dieses abstrakte Schuldversprechen erlangt der Empfänger eine dem Bargeld vergleichbare Rechts- und Beweisposition. Fraglich ist aber, ob dies unter dem neuen Recht noch nötig oder möglich ist, da § 780 S 2 BGB die Erteilung in elektronischer Form ausschließt und somit die elektronische Verbuchung der Bank eigentlich nicht ausreicht. Indes betrifft das Verbot des § 780 S. 2 wohl nur empfangsbedürftige Willenserklärungen. Gerade dem soll aber bei der Gutschrift der Empfängerbank zugunsten des Empfängers nicht so sein, BGHZ 103, 143, 146.

[114] CANARIS, Bankvertragsrecht, Rn. 405; EHMANN / HADDING, EG-Überweisungs-Richtlinie und Umsetzung, WM Sonderbeilage Nr. 3 / 1999, S. 10.

[115] Zur Gesamtheit aller am Giroverkehr Beteiligten als Rechtsbegriff vgl. BGH vom 12.12.1957, BGHZ 26, 167, 171.

kung) Rechnung. Die rechtliche Außenwirkung besteht in der Vorverlegung des Zeitpunktes, ab dem der Widerruf ausgeschlossen ist. Das wirtschaftliche Interesse der Gesamtheit der am Zahlungsverkehr Beteiligten entfaltet somit normative Kraft innerhalb der einzelnen bipolaren Rechtsverhältnisse.

### b) Rechtscharakter des Überweisungsauftrages

Das Giroverhältnis des Überweisenden zu seiner Bank wurde nach der alten Rechtslage als Geschäftsbesorgungsvertrag im Sinne des § 675 Abs. 1 BGB angesehen. Bei der einzelnen Überweisung handelte es sich um eine Konkretisierung der Pflichten der Bank aus diesem Giroverhältnis.[116] Rechtlich gesehen kam dem Überweisungsauftrag der Charakter einer einseitig verbindlichen Weisung im Sinne der §§ 675 Abs. 1, 665 S. 1 BGB zu, es handelte sich also um eine einseitige empfangsbedürftige Willenserklärung.[117] Hinsichtlich der Leistungswirkungen wurde einem Überweisungsauftrag die Eigenschaft einer Anweisung gemäß § 783 BGB zuerkannt, allerdings nur „im weiten Sinn", da es sich, anders als nach dem Modell des § 783 BGB, nicht um eine indirekte, durch den Anweisungsempfänger vorgelegte, sondern um eine direkt vom Anweisenden erteilte Anweisung handelt. Die Parallele zur technischen Anweisung im Sinne des § 783 BGB liegt in der Ermächtigungswirkung, die dem Überweisungsauftrag zukommt. Die Bank befreit sich also durch Vornahme der Überweisung von ihrer Auszahlungspflicht gegenüber ihrem Kunden. Aufgrund dieser Ähnlichkeit wurden die §§ 783 ff. BGB, soweit passend, auch auf die Banküberweisung angewendet.[118]

Durch den Überweisungsauftrag ergaben sich für die Überweisungsbank unterschiedliche Pflichten, je nachdem, ob es sich um eine innerbetriebliche oder eine außerbetriebliche Überweisung handelte. Im Falle einer innerbetrieblichen Überweisung, also sowohl bei der Haus- als auch bei der Filialüberweisung, hielt man die Bank für verpflichtet, dem Überweisungsempfänger den Überweisungsbetrag gutzuschreiben.[119] Geschuldet wurde dem Überweisenden insofern ein Erfolg, nämlich die Gutschrift des Betrages beim Empfänger.[120]

---

[116] JAKOBS, Gesetzgebung im Banküberweisungsrecht, JZ 2000, 641, 642.

[117] BGH ZIP 1991, 862, 863 = NJW 1991, 2210 (19.3.1991); CANARIS, Bankvertragsrecht, Rn. 320, 349; KÜMPEL, Bankrechtshandbuch, Rn. 4.43; C. SCHULZ, Das neue Recht der Banküberweisung, ZBB 1999, 287, 289; BYDLINSKI, Bemerkungen zum Regierungsentwurf eines Überweisungsgesetztes, WM 1999, 1046.

[118] Siehe nur CANARIS, Bankvertragsrecht, Rn. 322. Auch nach der neuen Rechtslage ist die Bankanweisung leistungsrechtlich als Anweisung im weiten Sinne zu verstehen, SCHNAUDER, Risikozuordnung bei unbefugter Kreditkartenzahlung, NJW 2003, 849, 850.

[119] ERMAN / EHMANN, § 665 Rn 37.

[120] Dafür, dass sich hieraus nicht unbedingt der Charakter eines Werkvertrages ergibt, EHMANN / HADDING, EG-Überweisungs-Richtlinie und Umsetzung, WM Sonderbeilage Nr. 3 / 1999, S. 13.

Bei der außerbetrieblichen Überweisung verhielt es sich anders. Dort ist es für den Gutschriftserfolg erforderlich, dass mehrere Banken zusammenwirken, also eine Überweisungskette bilden. Da es für die Erstbank faktisch unmöglich ist, den Handlungsablauf und die Organisation bei den zwischengeschalteten Banken zu übersehen, zu überwachen oder zu beeinflussen, folgerte man aus der Vertragsabrede zwischen der Bank und ihrem Kunden, das jene in den Fällen außerbetrieblicher Überweisungen nur dahingehend verpflichtet sein sollte, den Überweisungsauftrag und die dazugehörigen Informationen weiterzuleiten und die erforderliche Deckung für die nächste Bank zur Verfügung zu stellen.[121] Die Bank hatte jedoch den schnellsten und sichersten Weg für die Überweisung zu wählen. Geschuldet war somit die sorgfältige Weiterleitung der Überweisung.[122] Dass sich die Bank aber zu mehr nicht verpflichtete, folgte schon aus der vertraglichen Abrede.[123] Aus dieser Beschränkung der Primärpflicht der Bank beim außerbetrieblichen Überweisungsvorgang folgte nun auch der dientsvertraglich geprägte Charakter dieser Überweisung im Sinne des § 675 1. Alt. a.F. BGB.[124] Da aber der Girovertrag auch werkvertragliche Elemente aufwies, etwa bei der Hausüberweisung die Pflicht zur Gutschrift beim Empfänger oder im Falle des Zahlungseinganges die Pflicht zur Gutschrift auf dem Konto des Kunden, und somit erfolgsbezogene Tätigkeien umfasste, handelte es sich insgesamt um einen Geschäftsbesorgungsvertrag mit sowohl dienst- als auch werkvertraglichen Elementen, also einen gemischten Vertrag.[125]

---

[121] BGH ZIP 1991, 862, 863 = NJW 1991, 2210; CANARIS, Bankvertragsrecht Rn. 329, HEYMANN / HORN, HGB § 372 III Rn. 12; BYDLINSKI, Bemerkungen zum Regierungsentwurf eines Überweisungsgesetztes, WM 1999, 1046. Für eine Gutschriftspflicht auch in diesem Fall hingegen KÖNDGEN, Neue Entwicklungen im Bankhaftungsrecht, 1987, S. 133; U. HUBER, Grenzüberschreitender Zahlungsverkehr und Valutaverhältnis, S. 58 ff. und EINSELE, AcP 199, 145, 177 ff. Dies folgte zudem aus dem Grundsatz, dass sich niemand zu etwas unmöglichem verpflichten kann, „*ultra posse nemo obligator*"; BYDLINSKI, Bemerkungen zum Regierungsentwurf eines Überweisungsgesetztes, WM 1999, 1046, 1049.

[122] BYDLINSKI, Bemerkungen zum Regierungsentwurf eines Überweisungsgesetztes, WM 1999, 1046, 1049. Aus diesem Grunde handelte es sich bei der außerbetrieblichen Überweisung auch nicht um einen Fall zulässiger Substitution gemäß §§ 675 a.F., 664 S. 2 BGB, da hierfür erforderlich wäre, dass die Verpflichtung der Bank ursprünglich den gesamten Überweisungsweg umfasste. So vorgebracht im Regierungsentwurf S. 42; SCHMIDT-RÄNTSCH, Entwurf eines Überweisungsgesetzes, ZIP 1999, 676, 679.

[123] CANARIS, Bankvertragsrecht Rn 329; ERMAN / EHMANN § 664 Rn 7, 15, § 665 Rn 37; EHMANN / HADDING, EG-Überweisungs-Richtlinie und Umsetzung, WM Sonderbeilage Nr. 3 / 1999, S. 13; BYDLINSKI, Bemerkungen zum Regierungsentwurf eines Überweisungsgesetztes, WM 1999, 1046, 1049.

[124] BGH v. 11.12.1990, WM 1991, 317, 318.

[125] CANARIS, Bankvertragsrecht Rn. 315, SCHWINTOWSKI / SCHÄFER, Bankrecht 1997, § 4 Rn. 11.

### c) Widerruf des Überweisungsauftrages

Eine einmal erteilte Weisung in Form eines Überweisungsauftrages konnte der Kunde bis zur endgültigen Gutschrift zugunsten des Empfängers widerrufen.[126] Der Widerruf verpflichtete die Bank bei der Hausüberweisung dazu, dem Empfänger den Betrag nicht zu erkennen und bei der außerbetrieblichen Überweisung dazu, die nachgeschaltete Bank ihrerseits anzuweisen, entweder – wenn es sich dabei um die Empfängerbank handelte – den Betrag nicht gutzubringen und zurückzuleiten oder – wenn es sich um eine Zwischenbank handelt – den Widerruf weiterzuleiten.[127] Die Weiterleitung des Widerrufs erfolgte dabei entweder über die der Zwischenbank nachgeschaltete Bank oder im Rahmen des Magnetband-Clearing Verfahrens direkt von der Erstbank an die Empfangsbank. Bei diesem Verfahren ist nämlich der Widerruf in der Kette zugunsten einer Widerrufsmöglichkeit zwischen Erst- und Empfangsbank abbedungen.[128]

Rechstfolge des Widerrufs war im Falle der Hausüberweisung die als Vorschuss erhaltene Deckung zurückzugewähren, §§ 675 Abs. 1., 667 1. Alt. BGB, wenn die Bank das Konto des Kunden schon belastet hatte. Hatte im außerbetrieblichen Verkehr die Bank durch Weiterleitung des Auftrages den Betrag schon endgültig aufgewendet, so kam nur eine Abtretung eines ihr zustehenden Rückgewähranspruches in Betracht, §§ 675 Abs. 1, 667 2. Alt, BGB.[129]

### d) Schadensersatzansprüche des Überweisenden gegen Zwischenbanken

Aus der eingeschränkten Pflichtendefinition ergaben sich im außerbetrieblichen Bereich Haftungsprobleme. Da die Überweisungsbank nur die sorgfältige Weiterleitung der Überweisung schuldete, haftete sie für ein Verschulden einer zwischengeschalteten Bank nicht aus positiver Vertragsverletzung i.v.m. § 278 S. 1 BGB, da es schon an einer Pflicht fehlte, die hätte verletzt werden können.[130] Bei einer fehlgeschlagenen Überweisung hätte sich der Überweisende daher konzeptionell an die – ihm möglicherweise unbekannte – fehlerhaft handelnde Zwischenbank halten müssen, wobei er zunächst vor dem

---

[126] BGH vom 25.1.1988, BGHZ 103, 143, 145. Dort auch zur Rechtsnatur des Widerrufs als Gegenweisung im Sinne des § 665 BGB. Siehe auch CANARIS, Bankvertragsrecht Rn. 354, ERMAN / EHMANN, § 665 Rn. 19.

[127] CANARIS, Bankvertragsrecht Rn. 364; C. Schulz, Das neue Recht der Banküberweisung, ZBB 1999, 287, 289.

[128] EHMANN / HADDING, EG-Überweisungs-Richtlinie und Umsetzung, WM Sonderbeilage Nr. 3 / 1999, S. 16.

[129] CANARIS, Bankvertragsrecht, Rn. 364.

[130] BGH WM 1991, 797 (19.3.1991), 798; BYDLINSKI, Bemerkungen zum Regierungsentwurf eines Überweisungsgesetztes, WM 1999, 1046; SCHIMANSKY in SCHIMANSKY / BUNTE / LWOWSKI, Handbuch des Bankrechts, § 49 Rn. 34; U. HUBER, Grenzüberschreitender Zahlungsverkehr und Valutaverhältnis, S. 58 ff. und EINSELE, AcP 199, 145, 177 ff.

Problem der Aufklärung gestanden hätte, welches Zwischeninstitut den Fehler zu vertreten gehabt hat.[131] Für eine Haftung dieser Zwischenbank aber fehlt es mangels vertraglicher Beziehungen zu dieser an der erforderlichen Grundlage. Die einzig in Betracht kommende außervertagliche Haftungsnorm des § 826 BGB war aufgrund ihrer subjektiven Erfordernisse zu eng. Diesem als unzureichend empfundenen Rechtszustand suchte die Rechtsprechung ursprünglich mittels der Figur der Drittschadensliquidation zu begegnen.[132] Für die Annahme einer Drittschadensliquidation sprach die Nähe der Überweisung zu der Versendung einer Kaufsache und der mittelbaren Stellvertretung.[133]

Die Gesichtspunkte, die gegen eine Schadensliquidation im Drittinteresse sprachen, waren jedoch gewichtig. In dogmatischer Hinsicht war störend, dass die Drittschadensliquidation eigentlich zur Voraussetzung hatte, dass es sich um einen Fall der zufälligen Schadensverlagerung handelte, in den Fallgestaltungen der Pflichtverletzung einer Zwischenbank der Schaden aber typischerweise nur beim Auftraggeber der Überweisung entstehen konnte.[134] In pragmatischer Hinsicht wurde der Umstand als nachteilig empfunden, dass der Schadensersatzanspruch bei der Drittschadensliquidation den Umweg über das Vermögen der Überweisungsbank machte, was insbesondere im Hinblick auf deren AGB-Pfandrecht und das Kontokorrentverhältnis zwischen dieser und ihrem Kunden problematisch erschien.

Aus diesem Grunde schien es dogmatisch sauberer und den Besonderheiten der Giroüberweisung angemessener, den Auftraggeber einer Überweisung in den Schutzbereich des Vertrages zwischen Überweisungs- und Zwischenbank einzubeziehen und ihm einen eigenen Ersatzanspruch zu gewähren.[135] Das von der Rechtsprechung für eine Schutzbereichserweiterung geforderte Einstehenmüssen des unmittelbaren Vertragspartners für das Wohl und Wehe des Einzubeziehenden wurde ohnehin schon seit längerer Zeit aufgeweicht und im Bereich der Giroüberweisung durch das Vorliegen eines stan-

---

[131] BYDLINSKI, Bemerkungen zum Regierungsentwurf eines Überweisungsgesetztes, WM 1999, 1046.

[132] Im Falle einer fehlerhaft handelnden Zwischenbank sei der zum Ersatz verpflichtende Anspruch in der Hand der Überweisungsbank, da sie aber rechtmäßig das Konto ihres Auftraggebers belastet habe, der Schaden bei diesem entstanden. Die so eintretende fehlende Identität von Anspruchsinhaber und Geschädigtem dürfe aber nicht zum Vorteil des Schädigers gereichen. Demnach dürfe die Überweisungsbank den Schaden ihres Auftraggebers unter dem Gesichtspunkt der Liquidation im Drittinteresse geltend machen. So noch das OLG Köln im Jahre 1988, WM 1989, 93, 94 (11.10.1988) unter Berufung auf eine BGH Entscheidung aus dem Jahre 1958, BGH vom 12.5.1958, BGHZ 27, 241. Anders in der Revision aber der BGH, er lässt in BGH vom 3.10.1989, BGHZ 108, 386, 392 offen, woraus sich ein eventueller Schadensersatzanspruch ergeben könnte, Drittschadensliquidation oder Schutzbereichserweiterung.

[133] Vgl. SCHIMANSKY in SCHIMANSKY / BUNTE / LWOWSKI; Handbuch des Bankrechts, § 49 Rn. 36; VAN GELDER, WM 1995, 1253, 1255.

[134] Siehe die Aufbereitung bei ROHE, Netzverträge, S. 20 ff.

[135] CANARIS, Bankvertragsrecht, Rn. 395.

dardisierten Massengeschäfts ersetzt.[136] Mittlerweile setzt sich in der Rechtsprechung die Figur der Schutzbereichserweiterung gegenüber der Drittschadensliquidation durch.[137] In der Literatur wird verlangt, dass diese Figur auch dort für Abhilfe soll sorgen können, wo es um das Fehlverhalten einer dritten oder vierten Bank in der Überweisungskette geht, auch wenn diese nicht mit dem Vertragspartner des Geschädigten verbunden ist.[138]

Mit der Zuerkennung von Schadensersatzansprüchen zwischen Schädiger und Geschädigten über die unmittelbaren Vertragsbeziehungen hinweg (Außenwirkung) trägt die Rechtspraxis zum einen der *personellen Komplexität* des Überweisungsverkehrs Rechnung und zum anderen dem Interesse der Parteien an effektiver Rechtsdurchsetzung, die kostengünstiger unmittelbar zwischen den wirtschaftlich Interessierten, also dem Geschädigten und dem Schädiger erfolgt.[139] Ob für die Annahme dieser dogmatischen Figuren nach der Neuregelung des Überweisungsrechts noch Raum besteht, ist zweifelhaft.[140]

---

[136] OLG Düsseldorf, WM 1982, 575 f (11.2.1982); OLG Frankfurt, WM 1984, 726 f (9.2.1984). Hinzu kommt noch, dass es sich um ein einheitliches Verfahren handelt, bei dem typische Risiken auftreten, deren Minimierung den Parteien ohne weiteres zugemutet werden kann, vgl. ROHE, Netzverträge, S. 22 f.

[137] OLG Frankfurt WM 1995, 1179, 1180 (31.1.1995), dort sogar Zuerkennung von Schadensersatzansprüchen, obwohl es sich um das Verschulden einer nicht mit der Überweisungsbank verbundenen Zwischenbank handelte. Das Gericht, S. 1180 führte aus, mit CANARIS solle man sich von der engen Anlehnung an das Rechtsverhältnis zwischen dem Überweisenden und „seiner" Bank freimachen und statt dessen anerkennen, dass zwischen dem Überweisenden und und den eingeschalteten Zwischenbanken sowie der Empfängerbank ein – wenn auch vermittelter – rechtsgeschäftlicher Kontakt entstehe, der zur Begründung von Schutzpflichten ausreiche. Siehe außerden CANARIS, Bankvertragsrecht Rn. 395; SCHWINTOWSKI / SCHÄFER, Bankrecht, Rn. 112.

[138] Siehe hierzu CANARIS, Bankvertragsrecht Rn. 387 und 395, mit dem Hinweis, dass nach der Rechtsprechung die Zwischenschaltung eines Abrechnungszentrums oder einer Zentralbank der Annahme direkter Vertragsbeziehungen der über diese verbundenen Banken nicht entgegensteht. Die Zentralbank nimmt vielmehr die Stellung eines Boten ein, siehe BGH vom 25.1.1988, BGHZ 103, 143, 145. In diesem Sinne nunmehr das OLG Frankfurt vom 31.1.1995, WM 1995, 1179, 1180, wo sich das Gericht der Auffassung CANARIS anschließt, man solle sich freimachen von der engen Anlehnung an das Rechtsverhältnis zwischen dem Überweisenden und „seiner" Bank und statt dessen anerkennen, dass zwischen dem Überweisenden und den eingeschalteten Zwischenbanken sowie der Empfängerbank ein – wenn auch vermittelter – rechtsgeschäftlicher Kontakt entstehe, der zur Begründung von Schutzpflichten ausreiche.

[139] ROHE, Netzverträge, S. 2, 6, 87.

[140] Palandt - SPRAU, Vorb. §§ 676a – 676h, Rn. 8, m.w.N.

### 3. Recht der Banküberweisung nach der Kodifikation

#### a) Einführung

Seit 14.8.1999 gelten für inländische und inner-europäische Banküberweisungen[141] die Vorschriften des Überweisungsgesetzes vom 27.1. 1999[142], §§ 676a bis 676g BGB. Seit dem 1.Januar 2002 gelten sie auch für solche Überweisungen, die in einen Staat erfolgen, der nicht Mitglied der Europäischen Union oder des Europäischen Wirtschaftsraumes ist, Art. 228 Abs. 2 S. 1 EGBGB.[143] Die Vorschriften dienen der Umsetzung der EG Richtline über grenzüberschreitende Überweisungen vom 27.1.1997.[144] Die Regelung lässt aber sowohl die Beschränkungen der Richtlinie selbst als auch des bisher geltenden Rechts weit hinter sich.[145] Der Gesetzgeber hat den Umsetzungsbedarf vielmehr dazu genutzt, das gesamte Banküberweisungsrecht neu zu ordnen, um insbesondere auch eine Inländerdiskriminierung zu verhindern.[146] Durch die Neuregelung wurde das Recht der Banküberweisung in ein völlig neues Gewand gekleidet. Die Gesetzesverfasser gingen davon aus, eine sachgerechte Umsetzung der Richtlinie zwinge dazu, das bisherige Recht der Banküberweisung in allen wesentlichen Bereichen aufzugeben.[147] Die Neuregelung hat allerdings nur bedingt zur Verbesserung des Rechts der Banküberweisung beigetragen.[148]

---

[141] Art. 228 Abs. 1 EGBGB. Nach Art. 228 Abs. 3 EGBGB sind jedoch Rentenzahlverfahren und vergleichbare inländische Überweisungen von Sozialversicherungsträgern vom Anwendungsbereich ausgenommen, nach Art. 228 Abs. 4 EGBGB bleiben völkerrechtliche Verträge unberührt, was insbesondere das Postgiroübereinkommen und das Postanweisungsübereinkommen betrifft, vgl. zur Übergangsregelung C. SCHULZ, Das neue Recht der Banküberweisung, ZBB 1999, 287, 288.

[142] BGBl. I 1642.

[143] Zur Übergangsregelung C. SCHULZ, Das neue Recht der Banküberweisung, ZBB 1999, 287, 288.

[144] 97/5/EG, Abl. Nr. L 43 v. 14.2.1997, S. 25.

[145] BYDLINSKI, Bemerkungen zum Regierungsentwurf eines Überweisungsgesetztes, WM 1999, 1046, 1049, 1050.

[146] SCHMIDT-RÄNTSCH, Entwurf eines Überweisungsgesetzes, ZIP 1999, 676, 678; EHMANN / HADDING, EG-Überweisungs-Richtlinie und Umsetzung, WM Sonderbeilage Nr. 3 / 1999, S. 8. C. SCHULZ, Das neue Recht der Banküberweisung, ZBB 1999, 287, 288.

[147] Ref-Begr. S. 42, BR Drucks. 163/99, S. 18.

[148] KÖNDGEN, Das neue Recht der Banküberweisung ... und die heimliche Aushöhlung des AGB-Gesetzes, ZBB 1999, 103, 104, spricht von einer „kleinen Revolution", EINSELE, Das neue Recht der Banküberweisung, JZ 2000, 9, 19 von einem „besorgniserregende(n) Beispiel moderner Gesetzgebung", C. SCHULZ, Das neue Recht der Banküberweisung, ZBB 1999, 287, 301 von einer „diametralen Abkehr" vom alten Recht. EHMANN / HADDING, EG-Überweisungs-Richtlinie und Umsetzung, WM Sonderbeilage Nr. 3 / 1999, S. 10 sprechen von einem „Systembruch" und halten die neuen Vertragstypen für „völlig überflüssig", S. 11. JAKOBS, Gesetzgebung im Banküberweisungsrecht, JZ 2000, 641, 643 nennt es eine „Fehlleistung im Freud'schen Sinne".

### b) Allgemeine Kritik an der Neuregelung

Nunmehr unterscheidet das Gesetz drei gesonderte Vertragstypen: Der Überweisungsvertrag ist in den §§ 676a – 676c BGB geregelt, der Zahlungsvertrag in den §§ 676d – 676e BGB und der Girovertrag in § 676f BGB. Der Schaffung dieser drei neuen Vertragstypen wird insbesondere nachgesagt, sie dokumentiere ein mangelndes Verständnis der Privatrechtsordnung des BGB im Allgemeinen und des Geschäftsbesorgungsvertrages im Besonderen.[149] Um dem Erfordernis des Artikels 5 der Richtline gerecht zu werden, der für jede einzelne Überweisung eine bindende Zusage der Bank vorsieht, hätte es einer Vertragskonstruktion nicht bedurft, da eine einseitige Weisung gem. § 665 BGB im Geschäftsbesorgungsverhältnis ebenso bindenden Charakter aufweist.[150] Auch die nach neuer Rechtslage bestehende Pflicht der Überweisungsbank zur Gutschrift bzw. Übermittlung an die Empfangsbank wäre mit dem bisherigen Modell der Weisung innerhalb eines Geschäftsbesorgungsverhältnisses zu erreichen gewesen.[151] Für die Einbeziehung der einzelvertraglichen Überweisung in das Recht der Giroüberweisung hätte es der Umstellung auf ein generelles Vertragsmodell ebenfalls nicht bedurft[152], da dies nicht der Regelfall, sondern eine vereinzelt auftretende Gestaltung ist, für die eine Sonderregelung genügt hätte.[153] Schließlich werden durch das Vertragskonstrukt die einheitlichen Strukturen des Rechts der bargeldlosen Zahlung auseinandergerissen, da auch bei anderen Zahlungsformen, etwa dem Scheck, der Lastschrift und der EC-Kartenzahlung der die Zahlung initiierende Akt als Weisung qualifiziert wird.[154] Überdies ist auch nach der Neuregelung leistungstechnisch von einer Anweisung im weiten Sinne zu sprechen.[155] Die Einord-

---

[149] EHMANN / HADDING, EG-Überweisungs-Richtlinie und Umsetzung, WM Sonderbeilage Nr. 3 / 1999, S. 11, 12.

[150] EHMANN / HADDING, EG-Überweisungs-Richtlinie und Umsetzung, WM Sonderbeilage Nr. 3 / 1999, S. 12. Insbesondere findet § 671 BGB auf den entgeltlichen Geschäftsbesorgungsvertrag keine Anwendung.

[151] EHMANN / HADDING, EG-Überweisungs-Richtlinie und Umsetzung, WM Sonderbeilage Nr. 3 / 1999, S. 12, führen aus, dass dies sogar bei der Annahme eines überwiegend dienstvertraglichen Charakters des Überweisungsvertrages möglich gewesen wäre, da auch dort die Tätigkeit erfolgsbezogen sein könne. Auch bei der Hausüberweisung werde ja schließlich ein Gutschriftserfolg geschuldet. Unterschiedlich sei der Werkvertrag bzw. der werkvertragliche Geschäftsbesorgungsvertrag nur insoweit, als die Erreichung des Erfolgs zum Inhalt der Primärpflicht in Garantieform werde. Der Dienstschuldner hingegen hafte für das Ausbleiben des Erfolgs nur bei Verschulden.

[152] So aber BRDrucks. 163/88, S. 24.

[153] EINSELE, Das neue Recht der Banküberweisung, JZ 2000, 9, 10.

[154] EINSELE, Das neue Recht der Banküberweisung, JZ 2000, 9, 13. Gegen die Annahme eines Vertrages ebenfalls BYDLINSKI, Bemerkungen zum Regierungsentwurf eines Überweisungsgesetztes, WM 1999, 1046, 1048 und EHMANN / HADDING, EG-Überweisungs-Richtlinie und Umsetzung, WM Sonderbeilage Nr. 3 / 1999, S. 11.

[155] So ohne zu zögern SCHNAUDER, Risikozuordnung bei unbefugter Kreditkartenzahlung, NJW 2003, 849, 850.

nung des Banküberweisungsrechts in das BGB wird hingegen allgemein begrüßt.[156]

#### c) Inhalt der Regelung

Im Folgenden soll die Neuregelung in ihren wesentliche Zügen dargestellt werden. Näher eingegangen wird dabei auf die Punkte, in denen sich die gesetzgeberische Intention, ein den wirtschaftlichen Anforderungen und der personellen Komplexität angemessenes Regelungsgefüge zu erschaffen, besonders dokumentiert.

##### (1) Informationspflichten des Kreditinstituts

Nach § 675a Abs. 1 BGB haben Kreditinstitute unentgeltliche Informationen darüber zu erteilen, welche Entgelte und Auslagen bei einem Standardgeschäft, wie etwa der Überweisung, anfallen. Zusätzlich sind Informationen über Ausführungsfristen, Wertstellungszeitpunkte, Referenzkurse und weitere nach der Verordnung nach Artikel 239 EGBGB bestimmte Einzelheiten zu erteilen.[157] Ausgenommen von der Verpflichtung sind allerdings die in § 676c Abs. 3 BGB bezeichneten Überweisungen, so dass die Informationspflichten insbesondere Überweisungen in das nicht-europäische Ausland gemäß § 676c Abs. 3 Nr. 3 BGB nicht erfasst.[158]

Der Gesetzgeber gibt mit dieser Regelung zu erkennen, dass auch er davon ausgeht, dass ein starkes Interesse der Beteiligten einer Banküberweisung an der dort herrschenden Kostenstruktur besteht. Im Wettbewerb der Transaktionsformen und der Anbieter soll den Marktteilnehmern des Zahlungsverkehrs ermöglicht werden, ihr *Kostensenkungsinteresse* zu verfolgen. Dies erfordert, dass die Teilnehmer eine informierte Entscheidung zu treffen, sich also über die relativen Kosten zu informieren in der Lage sind. Anhand der Ausnahme bei Überweisungen in das nicht-europäische Ausland zeigt sich jedoch die Erkenntnis, dass dort die Kostenstruktur zu wenig einheitlich ist, um eine standardisierte Information zu erteilen. Dies stellt eine Beeinträchtigung des Rationalisierungsinteresses der Beteiligten dar.

---

[156] Siehe nur EHMANN / HADDING, EG-Überweisungs-Richtlinie und Umsetzung, WM Sonderbeilage Nr. 3 / 1999, S. 8.

[157] Verordnung über Informations- und Nachweispflichten nach bürgerlichem Recht vom 2. Januar 2002 (BGBl. I., S. 342), dort §§ 12, 13.

[158] Siehe zu den Informationspflichten C. SCHULZ, Das neue Recht der Banküberweisung, ZBB 1999, 287, 290.

### (2) Der Überweisungsvertrag

### (a) Gutschrifts- und Übermittlungspflicht der Überweisungsbank

Die vertragstypischen Pflichten des Kreditinstituts beim Überweisungsvertrag sind in § 676a Abs. 1 BGB festgelegt. In dessen Satz 1 ist bestimmt, dass durch den Überweisungsvertrag das überweisende Kreditinstitut gegenüber dem Überweisenden verpflichtet ist, dem Begünstigten einen bestimmten Geldbetrag zur Gutschrift auf dessen Konto beim überweisenden Kreditinstitut zur Verfügung zu stellen. Die umständliche Formulierung statuiert nichts anderes als die Pflicht der Bank zur Gutschrift bei der innerbetrieblichen Überweisung. Satz 2 hingegen betrifft die außerbetriebliche Überweisung und bestimmt, dass, im Falle die Gutschrift durch ein anderes Kreditinstitut zu erfolgen hat, das überweisende Kreditinstitut verpflichtet ist, den Überweisungsbetrag dem Kreditinstitut des Begünstigten unmittelbar oder unter Beteiligung zwischengeschalteter Kreditinstitute zu diesem Zweck zu übermitteln. Mit dieser Übermittlungspflicht kommt dem Überweisungsvertrag nun werkvertraglicher Charakter zu[159], was durchaus kritisch beäugt wird.[160] Dass die Pflicht der Erstbank nicht auf die Gutschrift zugunsten des Empfängers erstreckt wurde[161], hängt damit zusammen, dass diese Pflicht dem Giroverhältnis zwischen Empfänger und Empfangsbank zugeordnet wird. Der Gesetzgeber hat also darauf geachtet, innerhalb des Mehrpersonenverhältnisses eine konsistente Pflichtenlage ohne Überschneidungen herzustellen.[162]

---

[159] So der RegE S. 55 und BYDLINSKI, Bemerkungen zum Regierungsentwurf eines Überweisungsgesetztes, WM 1999, 1046, 1049, der allerdings hinzufügt, dass auch schon bisher ein Erfolgsbezug gegeben war, wie etwa das Kontrahieren mit einer Zwischenbank und die Zuverfügungstellung von Deckung. Dass es hingegen mitnichten darum gehe, ob es sich um eine werk- oder dienstvertraglich geprägte Geschäftsbesorgung handele, sondern darum, ob die der Überweisung zugrunde liegende Geldschuld eine Schickschuld oder eine Bringschuld sei betont JAKOBS, Gesetzgebung im Banküberweisungsrecht, JZ 2000, 641, 645. Der deutsche Gesetzgeber hätte sehen müssen, dass das bisherige Recht der Banküberweisung davon geprägt war, dass die Geldschuld regelmäßig Schickschuld war, aaO. Sei die Geldschuld aber Schickschuld, so bestehe überhaupt kein Interesse des Kunden daran, seiner Bank eine größere Verpflichtung abzuverlangen, als dies zur Erfüllung seiner Verbindlichkeit erforderlich ist.

[160] Kritisiert wird an der weitgehenden Pflichtendefinition der Überweisungsbank, dass die Erfüllung ihrer Verpflichtung kaum ihrer Herrschaft unterliegen dürfte. Die Erstbank habe keinen Einfluß und keine Kontrolle über die Zwischenbanken, so dass also eine Arbeitsteilung, die eine Zurechnung dieser Bereiche rechtfertigen würde, nicht vorliege, BYDLINSKI, Bemerkungen zum Regierungsentwurf eines Überweisungsgesetzes, WM 1999, 1046, 1047, 1049. Eine Ausnahme der Haftung ist lediglich bei höherer Gewalt vorgesehen, § 676 b Abs. 4 BGB.

[161] So aber die Anregung von EINSELE, Das neue Recht der Banküberweisung, JZ 2000, 9, 10.

[162] Vgl. hierzu C. SCHULZ, Das neue Recht der Banküberweisung, ZBB 1999, 287, 290.

Parallel zur Übermittlung hat die Überweisungsbank Angaben zur Person des Überweisenden und zum Verwendungszweck weiterzuleiten, § 676a Abs. 1 S. 1, 2.alt. BGB. Im Sinne des Rationalisierungsinteresses aller am Giroverkehr Beteiligten dürfen die Angaben ein übliches Maß aber nicht übersteigen aufgrund der Standardisierung im automatisierten Datenverkehr.[163] Erneut ist eine rechtliche Auswirkung der Besonderheiten der Transaktionsform im bipolaren Rechtsverhältnis festzustellen.

Dass die Rechtzeitigkeit der Übermittlung ebenso Inhalt der Verpflichtung der Überweisungsbank ist, sollte in § 676a Abs. 2 BGB eine Klarstellung erfahren.[164] Die Ausführungsfristen finden sich in Absatz 2 der Vorschrift. Vorbehaltlich einer Vereinbarung sind grenzüberschreitende Überweisungen innerhalb Europas binnen fünf Bankgeschäftstagen (Nr. 1), inländische Überweisungen innerhalb von drei Bankgeschäftstagen (Nr. 2) und Hausüberweisungen innerhalb eines Tages zu bewirken (Nr. 3). Mangels besonderer Regelung sind die Überweisungen in das nicht-europäische Ausland nach der Grundregel des Satzes 1 des Abs. 2 lediglich baldmöglichst zu bewirken. Aus einem Erst-Recht-Schluss aus Absatz 2 S.2 Nr. 1 der Vorschrift, wo für eine Auslandsüberweisung in das europäische Ausland eine Frist von fünf Bankgeschäftstagen vorgesehen ist, ergibt sich aber, dass mindestens fünf Bankgeschäftstage auch für sonstige Auslandsüberweisungen noch „baldmöglichst" im Sinne der Vorschrift sind.

Problematisch an der Einordnung des Überweisungsauftrages als Überweisungsvertrag ist der Umstand, dass aufgrund der Abschlußfreiheit das Kreditinstitut grundsätzlich keinem Kontrahierungszwang unterliegt und somit den Antrag auf Abschluss eines Überweisungsvertrages auch ablehnen kann.[165] Nach dem Modell der Weisung unter Geltung des alten Rechts war dies hingegen nicht der Fall, die Bank musste die Weisung befolgen. Es ergibt sich somit das Paradoxon[166], dass das Überweisungsgesetz zwar den Überweisenden besserstellen soll, die Frage, ob er aber in den Genuss der Vorschriften kommt, vom Willen der Bank abhängt. Es fragt sich deshalb, ob nicht die Annahme vorzugswürdig ist, eine Ausführungspflicht der Bank ergebe sich aus dem Girovertrag der Parteien und nur im Falle einer einmaligen Überweisung

---

[163] RegE BTDrucks 14/1067 S. 5 (Nr. 17) und C. SCHULZ, Das neue Recht der Banküberweisung, ZBB 1999, 287, 291.

[164] Dies hätte sich ohnehin schon aus § 271 Abs. 1 BGB ergeben.

[165] BYDLINSKI, Bemerkungen zum Regierungsentwurf eines Überweisungsgesetzes, WM 1999, 1046, 1048; C. SCHULZ, Das neue Recht der Banküberweisung, ZBB 1999, 287, 290, 291. Ein Kontrahierungszwang ergibt sich auch nicht aus der Monopolstellung der Banken aus § 1 Abs. 1 S. 2 Nr. 9 des Kreditwesengesetzes, da nur den Banken in ihrer Gesamtheit diese Monopolstellung zukommt, nicht aber einer einzelnen Bank, EINSELE, Das neue Recht der Banküberweisung, JZ 2000, 9, 10.

[166] So formuliert BYDLINSKI, Bemerkungen zum Regierungsentwurf eines Überweisungsgesetzes, WM 1999, 1046, 1048.

sei ein gesonderter Vertragsschluss erforderlich.[167] Jedenfalls kommt ein Überweisungsvertrag wohl regelmäßig über die Vorschriften der § 151 S. 1 BGB oder § 362 Abs. 1 HGB zustande.[168] Problematisch an beiden Konstruktionen ist jedoch, dass für den Bankkunden der Zeitpunkt des Zustandekommens des Vertrages schwer feststellbar ist.[169] Geht man davon aus, dass eine Verpflichtung der Bank nicht schon *eo ipso* aus dem Giroverhältnis folgt[170], sondern es eines Vertragsschlusses bedarf, so kann auch die Ausführungsfrist des § 676 a Abs. 2 BGB frühestens mit der Annahme durch die Bank zu laufen beginnen. Somit ist auch der Lauf dieser Frist für den Kunden nicht einsehbar. Insgesamt ist dem Kunden daher die Möglichkeit zu genauer Zeitkalkulation erschwert, was insbesondere im Handelsverkehr interessenwidrig ist.

#### (b) Die Kündigung des Überweisungsauftrages

##### (aa) Kündigung durch den Überweisenden

Ebenfalls Folge der Vertragskonstruktion ist, dass die Beseitigung eines Überweisungsauftrages nicht mehr einseitig durch Weisung nach §§ 675 Abs. 1, 665 S. 1 BGB erfolgen kann. Der hierfür erforderliche *actus contrarius* bestünde nunmehr in einem Aufhebungsvertrag, setzte also das Einverständnis der Bank voraus. Aus diesem Grunde sah sich der Gesetzgeber gezwungen,

---

[167] So JAKOBS, Gesetzgebung im Banküberweisungsrecht, JZ 2000, 641, 645. Er folgert aus der Kündigungsmöglichkeit des § 676a Abs. 3 BGB, die tatbestandlich schon bestehen kann, bevor die Bank das Angebot des Kunden auf Abschluss eines Überweisungsvertrages nach § 151 BGB angenommen hat, dass das Gesetz auch vor dieser Annahme von einer Ausführungsverpflichtung der Bank ausgeht. Es handele sich um eine unschädliche *falsa demonstratio* des Gesetzgebers. Dagegen EINSELE, Das neue Recht der Banküberweisung, JZ 2000, 9, 10.

[168] Nach der Begründung der Bundesregierung (BRDrucks. S. 43) soll § 151 BGB vorliegen, wenn der Kunde davon ausgehen kann, dass die Bank sein Angebot angenommen hat. Das Erfordernis der Betätigung des Annahmewillens auf seiten der Bank betont demgegenüber EINSELE, Das neue Recht der Banküberweisung, JZ 2000, 9, 11. Sowohl die Begründung eines Vertragsschlusses über § 151 BGB als auch über § 362 HGB hält JAKOBS, Gesetzgebung im Banküberweisungsrecht, JZ 2000, 641, 643 für möglich. Für § 362 HGB BYDLINSKI, Bemerkungen zum Regierungsentwurf eines Überweisungsgesetzes, WM 1999, 1046, 1049 und C. SCHULZ, Das neue Recht der Banküberweisung, ZBB 1999, 287, 291.

[169] Wann die Annahmebetätigung der Bank i.S. des § 151 BGB erfolgt ist für den Kunden nicht nachvollziehbar und wann die Antwort i.S. § 362 Abs. 1 HGB unverzüglich wäre ebensowenig, EINSELE, Das neue Recht der Banküberweisung, JZ 2000, 9, 11.

[170] Dies wäre allenfalls möglich, wenn man den Girovertrag – ähnlich dem Bierlieferungsvertrag – als einen Rahmenvertrag betrachtete, aus dem sich die Kontrahierungspflicht hinsichtlich der ausfüllenden Einzelverträge ergibt, vgl. zum Rahmenvertrag Palandt-HEINRICHS, vor § 145 Rn. 19. Dem steht jedoch der Wortlaut des § 676f S. 1 BGB entgegen, der eine Ausführungspflicht explizit unter die Prämisse eines speziell abgeschlossenen Vertrages stellt.

bei der Schaffung des Überweisungsgesetzes ein grund- und fristloses Kündigungsrecht zu gewähren.[171] Das Kündigungsrecht des Auftraggebers ist in § 676a Abs. 4 BGB geregelt. Danach kann er vor Beginn der Ausführungsfrist jederzeit, danach nur kündigen, wenn der Empfangsbank die Kündigung bis zu dem Zeitpunkt mitgeteilt wird, in dem ihr der Überweisungsbetrag endgültig zur Gutschrift auf dem Empfängerkonto zur Verfügung gestellt wurde. An dieser zweiten Kündigungsmöglichkeit zeigt sich deutlich das gesetzgeberische Bestreben, im Hinblick auf die *personelle Komplexität* des Zahlungsverbundes eine *einheitliche Pflichtenlage* herzustellen. Bis zu dem dort genannten Zeitpunkt besteht nämlich gemäß § 676d Abs. 2 BGB die Pflicht der Empfangsbank, den Überweisungsbetrag im Falle der Kündigungsmitteilung an das überweisende Kreditinstitut zurückzuleiten.[172] Ist diese Pflicht nun ausgeschlossen, so soll auch die Überweisungsbank ihrerseits nicht verpflichtet sein, infolge einer Kündigung seitens ihres Auftraggebers diesem den Überweisungsbetrag zurückzuerstatten. Aus diesem Grunde ist die Kündigungsmöglichkeit des Überweisenden gegenüber seiner Bank an das Bestehen eines Rückzahlungsanspruches dieser gegen die Empfangsbank gekoppelt.[173]

In Abweichung von der früheren Rechtslage ist der Widerruf bzw. die Kündigung des Überweisungsauftrages nicht erst dann ausgeschlossen, wenn der Betrag dem Empfänger vorbehaltlos gutgeschrieben wurde, sondern schon bei Zurverfügungstellung der Deckung an dessen Bank.[174] Es fragt sich, ob infolge dieser Vorverlagerung des Kündigungszeitpunktes die Position des Überweisungsempfängers noch der Verfestigung in Form eines abstrakten

---

[171] Allerdings hätte hierfür auch die Vorschrift des § 649 S. 1 BGB ausgereicht. Aufgrund der Selbständigkeit des Überweisungsvertrages rechtfertigt sich der Einwand, § 649 BGB beseitige das gesamte Geschäftsbesorgungsverhältnis, heute nicht mehr. Zu umgehen war jedoch die negative Kostenfolge des § 649 BGB. Siehe hierzu EINSELE, Das neue Recht der Banküberweisung, JZ 2000, 9, 13.

[172] Kündigt der Überweisende gegenüber seiner Bank, so hat diese die unverzügliche Information der Empfangsbank über die Kündigung zu veranlassen, § 676a Abs. 4 S. 3 BGB. Dieses hat dann den Überweisungsbetrag zurückzuleiten, § 676d Abs. 2 BGB. Für Kündigungen nach dem vorgegebenen Zeitpunkt entfällt die Rückleitungspflicht und die Empfangsbank hat ihrem Kunden den Betrag gutzubringen. Vgl. hierzu auch C. SCHULZ, Das neue Recht der Banküberweisung, ZBB 1999, 287, 292.

[173] Kritisch hingegen EHMANN / HADDING, EG-Überweisungs-Richtlinie und Umsetzung, WM Sonderbeilage Nr. 3 / 1999, S. 4: Die Abhängigkeit der Kündigung von der Mitteilung an einen Dritten führe dazu, dass die Parteien im Ungewissen über den Zeitpunkt der Beendigung des Überweisungsvertrages seien.

[174] Einen weitgehenden Gleichlauf mit dem bisherigen Recht sehen EHMANN / HADDING, EG-Überweisungs-Richtlinie und Umsetzung, WM Sonderbeilage Nr. 3 / 1999, S 10, 11. Für sachlich nicht gerechtfertigt halten sie aber die Wahl der Zeitpunktes der Gutschrift zugunsten der Empfangsbank im Gegensatz des Empfänger. Auch EINSELE sieht einen weitgehenden Gleichlauf, konstatiert aber ebenso die Verschiebung des Zeitpunktes, Das neue Recht der Banküberweisung, JZ 2000, 9, 12. Zur früheren Rechtslage BGH WM 1988, 321 (25.1.1988) und CANARIS, Bankvertragsrecht, Rn. 352.

Schuldverhältnisses bedarf.[175] Insofern hätte der Gesetzgeber auf ein *wirtschaftliches Bedürfnis* des bargeldlosen Zahlungsverkehrs reagiert.

### (bb) Kündigung durch die Überweisungsbank

Auch ein Kündigungsrecht der Überweisungsbank ist in der neuen Vorschrift vorgesehen. Nach § 676a Abs. 3 S. 1 BGB kann vor Beginn der Ausführungsfrist der Überweisungsvertrag seitens der Bank jederzeit gekündigt werden, also solange entweder die zur Ausführung der Überweisung erforderlichen Angaben fehlen oder eine Deckung seitens des Kunden nicht vorhanden ist, § 676a Abs. 3 S. 1, Abs. 2 S. 3 BGB. Diese Kündigungsmöglichkeit mutet wie ein Reuerecht zugunsten der Bank an, da sie sofort nach Annahme des Angebots grundlos wieder kündigen kann.[176] Dem Grundsatz des *pacta sunt servanda* ist damit jedenfalls nicht gedient.[177]

Nach Eingang der erforderlichen Angaben sowie der Deckung auf dem Konto des Kunden ist eine Kündigung nach § 676a Abs. 3 S. 1 BGB nur noch unter engen Umständen zulässig.[178] § 676b Abs. 3 S. 4 BGB gibt der Bank daneben das Recht zu kündigen, wenn ihr die Fortsetzung des Vertrages unter Abwägung der beiderseitigen Interessen nicht mehr zumutbar ist.[179] Der Bank ist es damit ermöglicht, die Eingehung unkalkulierbarer Risiken zu vermeiden, was nicht nur in ihrem eigenen, sondern im Interesse aller am Giroverkehr Beteiligten[180] sein dürfte, da so eine Sozialisierung großer Individualrisiken vermieden wird.

### (cc) Kündigungsbestimmungen in Zahlungsverkehrssystemen

Nach § 676a Abs. 4 S. 2 BGB kann ein abweichender Kündigungszeitpunkt durch ein sogenanntes Zahlungsverkehrssystem festgelegt werden. Nach derzeitiger Sachlage ist ein Ausschluss des Widerrufsrechts nur im so ge-

---

175 So begrüßt JAKOBS, Gesetzgebung im Banküberweisungsrecht, JZ 2000, 641, 644 Fn. 18, die neue Regelung, da nunmehr der in der Praxis herrschende Ausschluss des Widerrufsrechtes erst bei Gutschrift auf dem Empfängerkonto, also bei einem Anspruch „aus" Gutschrift, überholt sei. Der Widerruf sei nun schon mit Bestehen des Anspruchs „auf" Gutschrift gegen die Empfangsbank ausgeschlossen.

176 JAKOBS, Gesetzgebung im Banküberweisungsrecht, JZ 2000, 641, 643 kritisiert die nach dem Wortlaut mögliche Kündigungsmöglichkeit sogar schon vor Zustandekommen des Vertrages.

177 EINSELE, Das neue Recht der Banküberweisung, JZ 2000, 9, 12.

178 Nach § 676a Abs. 3 S. 1 BGB kann das Kreditinstitut nach Beginn der Ausführungsfrist nur noch kündigen im Falle der Eröffnung eines Insolvenzverfahrens über das Vermögen des Überweisenden oder wenn ein zur Durchführung der Überweisung erforderlicher Kredit gekündigt wurde.

179 Weitere Voraussetzung ist, dass die Bank zugleich den Garantiebetrag entrichtet. Zum Sonderkündigungsrecht näher EINSELE, Das neue Recht der Banküberweisung, JZ 2000, 9, 14.

180 Dieses Interesse hat ROHE, Netzverträge, S. 15, passim, herausgestellt.

nannten Magnetband-Clearing Verfahren vorgesehen. Als Ausgleich ist dort aber der Direktwiderruf der Überweisungsbank gegenüber der Empfangsbank gegeben.[181] Die Vorschrift des § 676a Abs. 4 S. 2 BGB ist das bislang einzige explizite Einfallstor des deutschen Überweisungsrechts für Bestimmungen in außergesetzlichen Regelwerken des Wirtschaftsverkehrs. Der im materiellen Recht enthaltene Verweis auf diese *lex mercatoria* erinnert an die im Internationalen Privatrecht geführte Diskussion um die Einbeziehung von *local* und *moral data.*[182] Das materielle Überweisungsrecht trägt damit der Internationalisierung und Rationalisierung in Form einheitlicher Abwicklungsverfahren Rechnung und erlaubt eine Anpassung der rechtlichen Pflichtenlage. Damit wahrt das materielle Recht seine *Konsistenz*, da die zwischen Banken geltenden Regelungen in Zahlungssystemen mittelbare Wirkungen gegenüber anderen am Überweisungsvorgang Beteiligten entfalten und auf diese Weise das Entstehen widersprüchlicher Verpflichtungen, insbesondere für die beteiligten Banken, verhindert wird.

### (c) Ansprüche des Überweisenden gegen seine Bank

#### (aa) Verspätungszins

In § 676b BGB sind bei nicht ordnungsgemäßer Überweisung drei verschuldensunabhängige (§ 676c Abs. 1 S. 1 BGB) Ansprüche des Überweisenden gegen seine Bank festgeschrieben. In Absatz 1 wird dem Überweisenden ein schadensunabhängiger[183] Verspätungszins[184] von 5% über dem Basiszinssatz des § 247 BGB zugesprochen, wenn er nicht selbst für die Verzögerung verantwortlich ist. Auch wenn also der Überweisende im deutschen Recht nach § 271 Abs. 1, 4 BGB die Verzögerungsgefahr grundsätzlich nicht trägt, erhält er diesen pauschalierten Zinsschadensanspruch. Zu dessen Abtretung an den Überweisungsempfänger könnte er aber aus deren Valutaverhältnis nach § 285 Abs. 1 BGB verpflichtet sein. Auch möglich wäre allerdings aufgrund

[181] EHMANN / HADDING, EG-Überweisungs-Richtlinie und Umsetzung, WM Sonderbeilage Nr. 3 / 1999, S 11.

[182] Siehe hierzu JAYME, Ausländische Rechtsregeln und Tatbestand inländischer Sachnormen, GS Ehrenzweig, S. 35 – 49. Eingehend hierzu unten, 4. Kapitel, I. 1., S. 171.

[183] BYDLINSKI, Bemerkungen zum Regierungsentwurf eines Überweisungsgesetzes, WM 1999, 1046, 1051 und EHMANN / HADDING, EG-Überweisungs-Richtlinie und Umsetzung, WM Sonderbeilage Nr. 3 / 1999, S 18, die von einem Strafzins sprechen, da er von einer Schadensersatzpflicht des Überweisenden im Valutaverhältnis unabhängig sei. Ebenso C. SCHULZ, Das neue Recht der Banküberweisung, ZBB 1999, 287, 294. Letzterer führt zudem aus, dass die Verzinsung bei den Höchstfristen der § 676 a Abs. 2 Nr 2 und 3 BGB mit dem Zeitpunkt einsetzt, zu dem die Überweisung hätte bewirkt werden müssen, bei demjenigen der Nr. 1 hingegen mir Ablauf der festzustellenden Frist.

[184] Verzug und somit Vertretenmüssen ist keine Voraussetzung des Anspruches. Es handelt sich somit um einen Garantieanspruch, C. SCHULZ, Das neue Recht der Banküberweisung, ZBB 1999, 287, 294 und EINSELE, Das neue Recht der Banküberweisung, JZ 2000, 9, 13.

dieser gesetzlichen Neuerung die Geldschuld fortan als Bringschuld anzusehen.[185]

### (bb) Einbehaltungsverbot

In § 676b Abs. 2 BGB ist der Anspruch des Überweisenden gegenüber der Überweisungsbank normiert, Beträge, die von der überweisenden oder einer zwischengeschalteten Bank entgegen dem Überweisungsvertrag einbehalten wurden, an sich selbst oder den Empfänger herauszuverlangen. Damit ist eine Garantiehaftung der Überweisungsbank ohne die Möglichkeit einer Haftungsbeschränkung statuiert, § 676c Abs. 1 S. 5 BGB. Dieses Einbehaltungsverbot weicht von der verbreiteten bisherigen Praxis ab.[186]

Auch mit dieser gesetzlichen Bestimmung trägt der Gesetzgeber den besonderen Gegebenheiten des Überweisungsverkehrs Rechnung. Die Norm soll sicherstellen, dass der *verfolgte Primärzweck* des Überweisenden, Zahlung im Valutaverhältnis zu bewirken, nicht vereitelt wird.[187] Die Binnenwirkung, die dazu führt, dass dem Überweisenden ein Anspruch gegen seine Bank zusteht, ist darauf ausgerichtet, die Überweisungsbank zur vertraglichen Weiterleitung des Abzugsverbotes zu veranlassen, was insbesondere bei einer internationalen Transaktion zu dessen Durchsetzung beitragen würde.

### (cc) *Money back guarantee*

Absatz 3 des § 676b BGB beinhaltet das kundenfreundlich intendierte Herzstück[188] des Überweisungsgesetzes, die sogenannte Geld-zurück Garantie (*money back guarantee*). Der Überweisende kann die Erstattung eines Garantiebetrages von 12 500 Euro zuzüglich entrichteter Entgelte und Auslagen verlangen, wenn die Überweisung weder bis zum Ablauf der Ausführungsfrist noch innerhalb einer Nachfrist von 14 Bankgeschäftstagen vom Erstattungsverlangen des Überweisenden an in Form der Gutschrift zugunsten des Empfängers bewirkt worden ist. Mit dem Ablauf der Nachfrist entsteht der Anspruch des Kunden, ohne dass er den Nachweis des Scheiterns der Überweisung zu erbringen hat, da ihn die Regelung gerade davon entbinden will, das sich nach außen hin von der bloßen Verzögerung nicht zu unterscheidende

---

[185] Eine reichhaltige Argumentation für die Annahme einer Bringschuld entfaltet JAKOBS, Gesetzgebung im Banküberweisungsrecht, JZ 2000, 641, 645 ff.

[186] C. SCHULZ, Das neue Recht der Banküberweisung, ZBB 1999, 287, 296. Zur bisherigen, abweichenden Bankpraxis bei Überweisungen aus dem Ausland, HADDING, Zum grenzüberschreitenden Überweisungsverkehr nach deutschem Recht, S. 27.

[187] Etwas knapp Palandt-SPRAU, Vorb.v.§§ 676a – 676h Rn. 3.

[188] So EINSELE, Das neue Recht der Banküberweisung, JZ 2000, 9, 13. Etwas nüchterner von „Kernstück“ sprechen EHMANN / HADDING, EG-Überweisungs-Richtlinie und Umsetzung, WM Sonderbeilage Nr. 3 / 1999, S. 16. Intention dieses in der EG Richtlinie vorgesehenen Anspruches ist die Verbesserung der bisherigen Haftungssituation, vgl. BYDLINSKI, Bemerkungen zum Regierungsentwurf eines Überweisungsgesetztes, WM 1999, 1046.

Scheitern beweisen zu müssen. Mit Ablauf der Nachfrist gilt die Überweisung schlicht als gescheitert.[189] Die Regelung trägt damit innerhalb des Rechtsverhältnisses zwischen Überweisendem und seiner Bank der besonderen *Form der Leistungserbringung* bei der Giroüberweisung Rechnung, die darin besteht, das eine Vielzahl von Beteiligten zusammenwirken. Für den Überweisenden gestaltet es sich aufgrund dieses Charakteristikums schwierig nachzuweisen, die Überweisung sei gescheitert. Auch soll die Vorschrift dem Überweisenden ein Vorgehen gegen Zwischenbanken ersparen.[190]

Eine Möglichkeit, den *money back*-Anspruch des Kunden auszulösen, besteht auch für die Überweisungsbank mit dem ihr zustehenden Sonderkündigungsrecht des § 676b Abs. 3 S. 4 BGB. Der Kunde ist in diesem Fall von der Entrichtung des Entgeltes befreit, § 676b Abs. 3 S. 5 BGB, erhält aber die Nichtausführungszinsen für den Zeitraum vor der Kündigung durch die Überweisungsbank.[191]

Die *money back guarantee* führt dazu, dass der Überweisende unabhängig davon, bei welcher der beteiligten Banken ein Fehler unterlaufen ist, von seiner eigenen Bank den Garantiebetrag verlangen kann und nicht mehr darauf beschränkt ist, seinem Geld in der Überweisungskette nachzuspüren. Entgegen der Absicht des Gesetz- und Richtliniengebers aber bedeutet dies nicht unbedingt eine Besserstellung des Kunden gegenüber der früheren Rechtslage. Unter dieser hatte der Überweisende im Falle der nicht bewirkten Hausüberweisung einen ebenfalls verschuldensunabhängigen Anspruch auf Rückgängigmachung der Belastungsbuchung aus §§ 675 Abs. 1, 667 1. alt. BGB.[192] Im überbetrieblichen Verkehr hatte die Überweisungsbank ihren Erstattungsanspruch gegen die Zwischenbank abzutreten, §§ 675 Abs. 1, 667 2. alt. BGB.[193] Im Gegensatz zu der *money back guarantee* aber war der Erstattungsbetrag nicht auf 12 500 Euro beschränkt. Unter der neuen Rechtslage aber scheint,

---

[189] C. SCHULZ, Das neue Recht der Banküberweisung, ZBB 1999, 287, 298.

[190] C. SCHULZ, Das neue Recht der Banküberweisung, ZBB 1999, 287, 290.

[191] Die Kündigungsmöglichkeit soll also den Kunden nicht schlechter stellen, sondern lediglich der Bank ein Lösungsrecht gewähren, C. SCHULZ, Das neue Recht der Banküberweisung, ZBB 1999, 287, 298.

[192] BGH WM 1998, 2242, 2243 (8.1.1998); auch EHMANN / HADDING, EG-Überweisungs-Richtlinie und Umsetzung, WM Sonderbeilage Nr. 3 / 1999, S. 10, 13, 14, 27. *Die money-back-guarantee* ist nach deutschem Recht somit praktisch überflüssig.

[193] CANARIS, Bankvertragsrecht Rn. 364. EHMANN / HADDING, EG-Überweisungs-Richtlinie und Umsetzung, WM Sonderbeilage Nr. 3 / 1999, S. 14 führen aus, dass die nach alter Rechtslage bestehende Beschränkung auf Abtretung des eigenen Anspruchs darauf beruhte, dass ein bloßer Vorschuss mit der Weiterleitung an die Zwischenbank nicht mehr vorlag, sondern, da der Auftrag ausgeführt war, eine Aufwendung. Der Anspruch auf Abtretung ergab sich somit aus § 667 2.alt. BGB. Nach der neuen Rechtslage aber ist der Auftrag mit der Weiterleitung noch nicht erfüllt, so dass sich nun auch aus § 667 1.alt. BGB ein Anspruch gegen die Erstbank auf Rückbuchung, und nicht lediglich auf Abtretung ergäbe, so dass die *money-back-guarantee* auch hier eigentlich keine Verbesserung gegenüber § 667 BGB bringt, sondern allenfalls eine Haftungsbeschränkung, S. 17.

dass neben bzw. über den Garantieanspruch hinaus ein Abtretungsanspruch durch § 676c Abs. 1 S. 2 BGB ausgeschlossen ist.[194] Dadurch wäre der Zweck der *money-back-guarantee*, den Kunden besser zu stellen, in sein krasses Gegenteil verkehrt. Eine vermittelnde Ansicht spricht sich dafür aus, der Intention des Gesetzgebers gemäß eine Haftungsbeschränkung der Bank nur so lange zuzulassen, als sich der Überweisungsbetrag nicht mehr bei ihr befindet. Ansonsten hafte sie voll aus §§ 675 Abs. 1, 667 1.alt. BGB, da sie dann nicht mehr schutzwürdig sei.[195] Stellt man auf die Schutzwürdigkeit der Bank ab, so ist ihr aber überdies die Abtretung ihres Anspruches gegen eine Zwischenbank zuzumuten, soweit er den Garantiebetrag von 12 500 Euro übersteigt. Bis zu diesem Betrag trägt dann die Überweisungsbank das Insolvenzrisiko der Zwischenbank, darüber hinaus der Kunde. Nach dieser Konstruktion brächte die *money back guarantee* zumindest eine teilweise Besserstellung des Kunden. Erreichen lässt sich dieses Ergebnis allerdings nur über eine teleologische Reduktion des § 676c Abs. 1 S. 2 BGB.[196]

Der Anspruch aus der *money back guarantee* ist nach § 676b Abs. 3 S. 6 BGB ausgeschlossen, wenn entweder der Überweisende eine für den Mißerfolg ursächliche fehlerhafte Weisung erteilt hat oder wenn die Nichtausführung auf einer vom Überweisenden vorgegebenen Zwischenbank beruht.[197] Im zweiten Fall steht dem Überweisenden nach S. 7 ein gesetzlicher Direktanspruch des gleichen Inhalts gegen die Zwischenbank zu, ohne dass es zwischen beiden einer vertraglichen Beziehung, gegebenenfalls über eine Schutzbereichserweiterung, bedürfte.[198] Hierbei handelt es sich um eine normierte

---

[194] So die überwiegende Anzahl der Stellungnahmen, EHMANN / HADDING, EG-Überweisungs-Richtlinie und Umsetzung, WM Sonderbeilage Nr. 3 / 1999, S. 13, 27, JAKOBS, Gesetzgebung im Banküberweisungsrecht, JZ 2000, 641, 649, EINSELE, das neue Recht der Banküberweisung, JZ 2000, 9, 16. Sie kritisiert noch den Wertungswiderspruch der sich daraus ergibt, dass der Anspruch wegen vertragswidriger Kürzung aus § 676 b Abs. 2 BGB keiner Haftungsbeschränkung unterliegt. Werde also eine Überweisung von 30 000 Euro in Höhe von 10 000 Euro bewirkt, so habe der Überweisende einen Anspruch auf 20 000 Euro. Werde sie hingegen überhaupt nicht bewirkt, so stünden ihm nur 12 500 Euro zu.

[195] C. SCHULZ, Das neue Recht der Banküberweisung, ZBB 1999, 287, 299. Er bemüht die 1. alt. des § 667 BGB, weil er als Beispiel den Fall bildet, in dem die Überweisungsbank den Überweisungsbetrag zurückerhält. Es geht dann also um Herausgabe und nicht um Abtretung eines Anspruches, der anstelle der Überweisungsvaluta getreten ist.

[196] HOFFMANN, Kollisionsrechtliche Aspekte des Überweisungsgesetzes, ZBB 2000, 391, 397 will dagegen den übersteigenden Teil aus ungerechtfertigter Bereicherung zuerkennen, da § 667 BGB durch § 676b Abs. 3 BGB ausgeschlossen sei.

[197] Anstelle des früher im Falle einer den Fehler bewirkenden Weisung herangezogenen § 254 Abs. 1 BGB tritt damit das Alles oder Nichts Prinzip, vgl. EINSELE, Das neue Recht der Banküberweisung, JZ 2000, 9, 14.

[198] Die dogmatische Einordnung des Anspruches bereitet Schwierigkeiten. Handelt es sich zwar um einen gesetzlich normierten Anspruch, so setzt er doch das Bestehen einer Vertragskette voraus, hierzu EINSELE, Das neue Recht der Banküberweisung, JZ 2000, 9, 14.

Außenwirkung, da die *personelle Komplexität* des Leistungsvorganges zur Begründung von Ansprüchen außerhalb der bipolaren Vertragsbeziehungen geführt hat. Auch hat der Gesetzgeber damit dem Anliegen der Beteiligten nach einfacher und reibungsloser Rückabwicklung Rechnung getragen und den *ökonomisch sinnvollen direkten Ausgleich* zwischen Verursacher und Geschmälertem ermöglicht.

### (dd) sonstige Ansprüche des Überweisenden

§ 676c Abs. 1 S. 1 BGB stellt zunächst klar, dass die Ansprüche aus § 676b BGB kein Verschulden voraussetzen. Ansonsten beinhaltet Absatz 1 des § 676c BGB nur Regelungen für Ansprüche, die ein Verschulden voraussetzen, und solche aus ungerechtfertigter Bereicherung. Diese Ansprüche sollen durch § 676b BGB nicht berührt werden und treten somit neben diese.[199] Für Ansprüche, die ein Verschulden voraussetzen, bestimmt § 676c Absatz 1 S. 3 BGB, dass das überweisende Kreditinstitut das Verschulden jedes[200] zwischengeschalteten Instituts wie eigenes zu vertreten hat, es sei denn, dass die wesentliche Ursache bei einem zwischengeschalteten Institut liegt, das der Überweisende vorgegeben hat.[201] Die Gehilfenhaftung kann nach Satz 4 des § 676c Abs. 1 BGB bei Überweisungen ins Ausland betragsmäßig auf 25 000 Euro beschränkt werden.[202]

---

[199] BYDLINSKI, Bemerkungen zum Regierungsentwurf eines Überweisungsgesetztes, WM 1999, 1046, 1050; C. SCHULZ, Das neue Recht der Banküberweisung, ZBB 1999, 287, 294.

[200] Darauf weist C. SCHULZ, Das neue Recht der Banküberweisung, ZBB 1999, 287, 294 hin.

[201] Der erste Teil dieser Neuregelung hätte sich wohl schon aus dem erweiterten Pflichtenumfang der Überweisungsbank in Verbindung mit § 278 S 1 BGB ergeben, vgl. BYDLINSKI, Bemerkungen zum Regierungsentwurf eines Überweisungsgesetzes, WM 1999, 1046, 1050. Die Erstbank haftet selbst dann, wenn sie die Zwischenbanken mit allergrößter Sorgfalt ausgesucht hat. Der zweite Teil der Neuerung im Sinne eines „Alles oder Nichts" Prinzips stellt gegenüber dem früher maßgeblichen § 254 Abs. 1 BGB erneut eine Verschärfung für den Kunden dar. Siehe auch EHMANN / HADDING, EG-Überweisungs-Richtlinie und Umsetzung, WM Sonderbeilage Nr. 3 / 1999, S. 10, 11, wonach für die Übernahme einer solchen „*clean hands*" Doktrin ins deutsche Recht kein Grund bestehe. Zur früheren Anwendung des § 254 Abs. 1 BGB siehe BGH WM 1998, 2242, 2243 (8.1.1998).

[202] Bei Inlandsüberweisungen bleibt nur die allgemeine Haftungsbeschränkung des § 676 c Abs. 1 S. 5 auf 12 500 **€**, EHMANN / HADDING, EG-Überweisungs-Richtlinie und Umsetzung, WM Sonderbeilage Nr. 3 / 1999, S. 13 und BYDLINSKI, Bemerkungen zum Regierungsentwurf eines Überweisungsgesetzes, WM 1999, 1046, 1051 mit Hinweis auf den Regierungsentwurf S. 56. Mit der Regelung geht eine Abweichung vom bisherigen deutschen Recht einher, vgl. die Möglichkeiten der Haftungsbeschränkungen der §§ 276 Abs. 3, 309 Nr. 7 BGB. So haben sich die Banken unter der alten Rechtslage durch Ziffer 3 Abs. 1 der AGB-Banken von einem Erstattungsanspruch nur für den Fall freigezeichnet, dass die erforderliche Sorgfalt eingehalten und ein Mitverschulden des Kunden vorgelegen hat. Darüber geht nun die Haftungsbeschränkung des § 676 c Abs. 1 S. 4 und 5 BGB hinaus und stellt somit auch in dieser Hinsicht eine Verschlechterung für den Kunden dar, EHMANN / HADDING, aaO. Die Haftungsbeschränkung ist außerdem unter Umständen entgegen der §§

Ist die Haftung der Bank nach § 676c Absatz 1 Satz 3 a.E. BGB ausgeschlossen, weil die Ursache bei einem vom Überweisenden bestimmten zwischengeschalteten Institut liegt, so besteht nach § 676c Absatz 2 BGB ein Direktanspruch des Überweisenden gegen das von ihm benannte Kreditinstitut. Auch diese Regelung trägt wiederum der *personellen Komplexität* des Überweisungsvorganges und dem Bedürfnis nach unmittelbarem Schadensausgleich Rechnung. Ob sich ein Kunde bei wirksamer Haftungsfreizeichnung seiner Bank für den übersteigenden Betrag daneben bei der Zwischenbank schadlos halten kann, ist fraglich. Da der Direktanspruch diesen Fall seinem Wortlaut nach nicht erfasst, wäre hierfür die Konstruktion eines Vertrages mit Schutzwirkung zugunsten Dritter oder eine Drittschadensliquidation erforderlich.[203]

### (d) Zwingender Charakter bestimmter Normen

Gemäß § 676c Absatz 3 darf von den Vorschriften der §§ 675 Absatz 1, 676a und 676b BGB, soweit dort nichts anderes bestimmt ist, nicht zum Nachteil des Überweisenden abgewichen werden. Dies betrifft insbesondere die Ausführungsfristen, die Kündigungsmöglichkeit des Überweisenden und die verschuldensunabhängigen Ansprüche.[204] Ein Abweichen ist lediglich dann zulässig, wenn der Überweisende ein Kreditinstitut ist (Nr. 1), die Überweisung den Betrag von 75 000 Euro übersteigt (Nr. 2), oder die Überweisung einem Konto außerhalb der Europäischen Union oder des Europäischen Wirtschaftsraumes gutgeschrieben werden soll (Nr. 3). Der Gesetzgeber gibt den Parteien einer Überweisung in das außereuropäische Ausland damit die Möglichkeit, das zu leisten, wozu er sich selbst aufgrund der Unterschiedlichkeit der Rechtsordnungen nicht durchweg im Stande gesehen hat, nämlich privatautonom ein konsistentes Pflichtengefüge unter den diversen Beteiligten zu schaffen.

Für die vorliegende Untersuchung interessanten Fälle der Banküberweisung in die Vereinigten Staaten von Amerika ist somit der Ausschluß der Garantiehaftungen möglich, so dass es insofern bei der – ebenfalls beschränkbaren – Verschuldenshaftung bleibt, bzw. bei Bereicherungsansprüchen oder solchen aus den §§ 675 Abs. 1, 667 BGB.[205] Wer allerdings zu dem Ausschluß

---

276 Abs. 3, 309 Nr. 7 BGB auch für die Fälle des Vorsatzes und grober Fahrlässigkeit auf seiten der Bank möglich. So jedenfalls, wenn man § 676 c Abs. 1 S. 4 BGB als Sonderregelung zu den anderen Normen begreift, vgl. EINSELE, Das neue Recht der Banküberweisung, JZ 2000, 9, 17.

[203] BYDLINSKI, Bemerkungen zum Regierungsentwurf eines Überweisungsgesetzes, WM 1999, 1046, 1052.

[204] So BRDrucks. 163/99 S. 58.

[205] Auf Ebene des internationalen Privatrechts würden sich die zwingenden Vorschriften ohnehin allenfalls zugunsten von Verbrauchern durchsetzen, sofern ein Verbrauchergeschäft vorläge, Art. 29 Abs. 1 EGBGB, hierzu HOFFMANN, Kollisionsrechtliche Aspekte des Überweisungsgesetzes, ZBB 2000, S. 391 ff. Auch die Anwendbarkeit von Artikel 34

von Direktansprüchen gegen eine zwischengeschaltete Bank in der Art der §§ 676b Abs. 3 S. 7, 676c Abs. 2 BGB befugt sein soll, ist unklar. Grundsätzlich kann ein Haftungsausschluss nur zwischen den Parteien eines Schuldverhältnisses erfolgen, so dass zumindest die Parteien des Zahlungsvertrages, also Erstbank und Zwischenbank, den Direktanspruch des Überweisenden gegen letztere nicht mit Wirkung gegen ihn ausschließen können.[206]

### (3) Der Zahlungsvertrag

Verpflichtet sich ein zwischengeschaltetes Kreditinstitut gegenüber einem anderen Kreditinstitut dazu, im Rahmen des Überweisungsverkehrs einen Überweisungsbetrag und die dazugehörigen Angaben an ein weiteres Kreditinstitut oder das Kreditinstitut des Begünstigten weiterzuleiten, so handelt es sich dabei um einen Zahlungsvertrag nach § 676d Abs. 1 BGB.[207] Auch hier ist also das neue Recht vom Modell der Weisung innerhalb eines Dauerschuldverhältnisses abgewichen und teilt insofern die Kritik des Überweisungsvertrages.[208] Entgegen dem Überweisungsvertrag stehen allerdings beim Zahlungsvertrag die dienstvertraglichen Elemente im Vordergrund, da die Weiterleitungspflicht der Zwischenbank überwiegend tätigkeitsbezogen ist.[209]

### (a) Rückleitungspflicht bei Kündigung

In § 676d Abs. 2 BGB ist bestimmt, dass das Kreditinstitut des Begünstigten verpflichtet ist, den Überweisungsbetrag an das überweisende Kreditinstitut – die Erstbank, § 676a Abs. 1 S. 1 BGB – zurückzuleiten, wenn ihm vor Eingang des Betrages eine entsprechende Kündigungsmitteilung durch das überweisende Kreditinstitut zugeht. Diese Regelung bringt eine Modifikation gegenüber der allgemeinen Rechtslage, wenn zwischen der Erstbank und der Empfangsbank weitere Banken zwischengeschaltet sind. In diesem Falle mußte die Empfangsbank unter der bisherigen Rechtslage den Betrag nur gemäß §§ 675 a.F., 667 1.alt. BGB an das ihr vorgeschaltete Kreditinstitut her-

---

EGBGB scheint zweifelhaft, da zum einen generell fraglich ist, ob Verbraucherinteressen solche sind, die kollisionsrechtlich das Vorliegen eines Eingriffsrechts bedingen können und andererseits der Gesetzgeber durch die partielle Dispositivität der §§ 676a ff. BGB ein vermindertes Gemeinwohlinteresse zum Ausdruck gebracht hat. Vgl. zum Eingriffsrecht SONNENBERGER, IPRax 2003, 104 ff., zu den Verbrauchernormen aaO., S. 108.

[206] Auch bei einer Freizeichnung zugunsten der Zweitbank im Vertrag zwischen Erstbank und Kunde dürfte – sofern es sich um Allgemeine Geschäftsbedingungen handelt – wegen § 305c Abs. 1 BGB als überraschende Klausel nicht Vertragsbestandteil werden. Siehe insgesamt BYDLINSKI, Bemerkungen zum Regierungsentwurf eines Überweisungsgesetzes, WM 1999, 1046, 1052.

[207] Die Bezeichnung folgt der Zahlungsrichtlinie, vgl. C. SCHULZ, Das neue Recht der Banküberweisung, ZBB 1999, 287, 292.

[208] Siehe nur EINSELE, Das neue Recht der Banküberweisung, JZ 2000, 9, 17.

[209] C. SCHULZ, Das neue Recht der Banküberweisung, ZBB 1999, 287, 292.

ausgeben. Nunmehr schuldet es die Rückführung insgesamt.[210] Der Gesetzgeber hat damit dem Interesse der Beteiligten an einfacher Rückabwicklung Rechnung getragen, es kommt nicht mehr zur Rückabwicklung über die Überweisungskette, sondern ökonomisch sinnvoll auf direktem Wege.

#### (b) Ausgleichsansprüche zwischen Banken

##### (aa) Ansprüche bei Verzögerung

In § 676e BGB sind Ausgleichsansprüche der Banken untereinander geregelt. Haftet eine Erstbank ihrem Kunden nach § 676b Abs. 1 BGB wegen Verzögerung der Überweisung und liegt die Ursache für die verspätete Ausführung im Verantwortungsbereich eines zwischengeschalteten Kreditinstituts, so hat dieses den der Erstbank entstehenden Schaden zu ersetzen, § 676e Abs. 1 BGB. Begründet wird damit eine Sphärenhaftung ohne Verschuldenserfordernis.[211] Auch hierbei handelt es sich um einen gesetzlichen Direktanspruch, da nicht vorausgesetzt ist, dass die Erstbank und das verantwortliche Institut in einer vertraglichen Beziehung stehen. Der Anspruch ist ausgeschlossen, wenn schon dem Kunden kein Anspruch gegen die Erstbank nach § 676b Abs. 1 BGB wegen höherer Gewalt zusteht, § 676b Abs. 4 BGB und § 676e Abs. 5 S. 2 BGB, oder wenn entweder der Überweisende oder der Begünstigte die Verspätung zu vertreten hat, § 676b Abs. 1 S. 1 BGB.[212] Es findet mit diesen Ausschlussgründen eine *Harmonisierung der Haftungstatbestände* von Erst- und Zwischenbank statt, der Erstbank soll der Direktanspruch dann nicht zustehen, wenn sie nicht ihrerseits dem Kunden haftet. Das Gesetz hält damit die gesetzliche Regelung im Hinblick auf mehrere Beteiligte konsistent.

##### (bb) Anspruch bei vertragswidriger Einbehaltung der Gebühren

Vertragswidrig einbehaltene Beträge hat eine Zwischenbank ohne zusätzliches Entgelt nach Wahl der Überweisungsbank entweder dieser zu erstatten oder dem Begünstigten zu überweisen, § 676e Abs. 2 BGB. Auch dies ist ein gesetzlicher Direktanspruch über die bipolaren Vertragsbeziehungen hinweg.[213] Allerdings dürften in diesem Bereich Friktionen auftreten. Steht nämlich einer Zwischenbank nach ihrem Vertrag mit der ihr vorgehenden Bank ein Recht zur Einbehaltung ihrer Gebühren zu, so hat die Erstbank dem

---

[210] Eine Rückleitungspflicht einer zwischengeschalteten Bank ist im Gesetz hingegen nicht vorgesehen, so dass in diesem Falle nur der Widerruf in der Kette und die Rückleitung des Überweisungsbetrages in eben dieser bleibt.

[211] C. SCHULZ, Das neue Recht der Banküberweisung, ZBB 1999, 287, 295 (m.w.N.).

[212] Vgl. C. SCHULZ, Das neue Recht der Banküberweisung, ZBB 1999, 287, 295.

[213] Verschuldensunabhängiger Regreßanspruch, C. SCHULZ, Das neue Recht der Banküberweisung, ZBB 1999, 287, 296.

Kunden nach § 676b Abs. 2 BGB den Betrag zu erstatten, ohne sich bei der Zwischenbank schadlos halten zu können. Sachgemäß wäre, wenn sie sich an diejenige Bank halten könnte, die dem Kürzungsrecht vertraglich zugestimmt hat, da diese den Überweisungsauftrag nicht ordnungsgemäß weitergeleitet hat. Ein anderes Resultat ergäbe sich nur, wenn sich die Vertragswidrigkeit i.S. des § 676e auf den Vertrag zwischen Überweisendem und Erstbank bezöge. Allerdings käme man damit in die Nähe eines Vertrages zu Lasten Dritter, da der Überweisungsvertrag dann die Vereinbarung eines Kürzungsrechts zwischen zwei anderen Beteiligten ausschließen würde. Steht damit im Ergebnis der Erstbank kein Anspruch gegen die Zwischenbank zu, so hat sie deren Gebühren aufgewendet und kann diese vom Überweisenden gemäß §§ 675 Abs. 1, 670 BGB ersetzt verlangen bzw. gegen dessen Erstattungsverlangen aufrechnen. Damit aber wäre der Erstattungsanspruch des Kunden aus § 676b Abs. 2 BGB wirkungslos.

Jedenfalls ist mit dem Wahlrecht der Überweisungsbank die *rechtliche Konsistenz* abgesichert, da die Bank schon ihrerseits den Einbehaltungsbetrag an den Überweisenden oder nach dessen Wahl an den Empfänger erstattet haben kann, § 676b Abs. 2 BGB.

### (cc) Ansprüche bei Ausbleiben der Überweisung

§ 676e Abs. 3 BGB schließlich behandelt die übrigen Fälle des Ausbleibens der Überweisung. Nach Satz 1 hat das Kreditinstitut, das mit dem überweisenden Institut einen Zahlungsvertrag geschlossen hat – die Zweitbank – diesem die geleisteten Zahlungen zu erstatten, zu denen dieses nach § 676b Abs. 3 BGB gegenüber dem Überweisenden verpflichtet war. Jedes andere zwischengeschaltete Institut ist verpflichtet, dem Institut, mit dem es einen Zahlungsvertrag geschlossen hat, die nach dem vorgehenden Satz geleisteten Zahlungen zu erstatten, § 676e Abs. 3 S. 2. Grundsätzlich hat also in den Fällen, in denen die Erstbank aus der *money-back-guarantee* in Anspruch genommen wird, die Rückabwicklung in der Kette zu erfolgen, so dass letztlich der Betrag bei demjenigen Kreditinstitut wiederzuerlangen ist, bei dem er steckengeblieben ist. Das Insolvenzrisiko dieses Instituts trägt damit diejenige Bank, die ihm in der Kette vorgeht und es somit selbst eingeschaltet hat.[214] Dieser Weg wurde vom Gesetzgeber aufgrund der Schwierigkeit gewählt, im Falle der nicht durchgeführten Überweisung festzustellen, wo die Überweisung hängengeblieben ist.[215] Dass dieselbe Schwierigkeit aber auch im Falle der Verzögerung besteht, hat den Gesetzgeber nicht dazu bewegen können, den Regreß dort ebenso auszugestalten, § 676e Abs. 1 BGB. Dies leuchtet

[214] Dieses hat also den „schwarzen Peter“, EINSELE, Das neue Recht der Banküberweisung, JZ 2000, 9, 18.
[215] BRDrucks. 163/99 S. 61.

nicht ein.[216] Ebenso in der Kette hat die Rückabwicklung im Falle der Kündigung des Überweisungsauftrages zu erfolgen, was zwar in § 676e Abs. 3 BGB nicht bestimmt, dafür aber vorausgesetzt wird.[217]

Wird eine Überweisung nicht bewirkt, weil ein Kreditinstitut dem von ihm zwischengeschalteten Kreditinstitut eine fehlerhafte oder unvollständige Weisung erteilt hat, so bestimmt § 676e Abs. 3 S. 3 BGB, dass ihm der eben beschriebene Anspruch auf Rückzahlung nicht zusteht. In diesem Fall bricht die Rückabwicklungskette also ab.[218] Die Bank bleibt damit auf die Rückforderung vom Empfänger nach Bereicherungsrecht beschränkt, trägt also das Rückforderungsrisiko. Dies ist sachgerecht, weil der Betrag infolge seines Fehlverhaltens abgeirrt ist.

Nach § 676e Abs. 3 S. 4 BGB hat das Kreditinstitut, das einen Fehler zu vertreten hat, der Überweisungsbank den Schaden zu ersetzten, der ihr aus der Erfüllung ihrer Schadensersatzpflichten nach § 676c Abs. 1 BGB erwächst. Auch bei diesem Anspruch handelt es sich um einen gesetzlichen Direktanspruch, der die Pflichtenlage widerspruchsfrei hält. Verschuldens- und Bereicherungsansprüche aber bleiben daneben unberührt.

Nach § 676e Abs. 4 BGB haben die an einer Überweisung beteiligten, nicht haftbaren Banken nach dem Verbleib des Überweisungsbetrages zu forschen und bei Auffinden dem Anspruchsberechtigten zu erstatten. Anspruchsinhaber des Nachforschungsanspruches sind sowohl die eingeschalteten Institute als auch der Überweisende selbst.[219] Mit dieser Vorschrift trägt der Gesetzgeber der *Komplexität des Zahlungsverkehrs* Rechnung, indem er übervertragliche Mitwirkungspflichten statuiert.

### (4) Der Girovertrag

Bleibt schließlich der in den §§ 676f und 676g BGB nur rudimentär[220] geregelte Girovertrag zu behandeln. Die gesetzliche Regelung erfasst damit das erste und das letzte Glied einer Überweisungskette, indem es das Verhältnis von Überweisungsempfänger zu seiner Bank und des Überweisenden zu dessen Bank regelt. § 676f S. 1 BGB bestimmt, dass das Kreditinstitut durch den Girovertrag verpflichtet wird, für den Kunden ein Konto einzurichten, eingehende Zahlungen auf dem Konto gutzuschreiben und abgeschlossene

---

[216] So auch EINSELE, Das neue Recht der Banküberweisung, JZ 2000, 9, 18.

[217] RefBegr S. 59; ebenso EHMANN / HADDING, EG-Überweisungs-Richtlinie und Umsetzung, WM Sonderbeilage Nr. 3 / 1999, S. 11. Für eine Analogie zu § 676 e Abs. 3 BGB hingegen C. SCHULZ, Das neue Recht der Banküberweisung, ZBB 1999, 287, 299.

[218] EINSELE, Das neue Recht der Banküberweisung, JZ 2000, 9, 18, sieht darin einen erneuten Fall des unflexiblen „Alles oder Nichts".

[219] EINSELE, Das neue Recht der Banküberweisung, JZ 2000, 9, 18.

[220] So BYDLINSKI, Bemerkungen zum Regierungsentwurf eines Überweisungsgesetzes, WM 1999, 1046, 1047 und C. SCHULZ, Das neue Recht der Banküberweisung, ZBB 1999, 287, 292.

Überweisungsverträge zu Lasten dieses Kontos abzuwickeln.[221] Überweisungen aus dem Ausland darf ein inländisches Kreditinstitut meist in deutscher Währung zur Verfügung stellen.[222] Außerdem hat die Bank dem Überweisungsempfänger weitergeleitete Angaben zu Person des Überweisenden und Verwendungszweck zu übermitteln, § 676f S. 2 BGB.

Die Regelung stellt das Gegenstück zu § 676a Abs. 1 BGB dar, da die Gutschriftspflicht der Empfängerbank genau dann einsetzt, wenn die Pflicht der Überweisungsbank endet.[223] Die Verpflichtung zur Gutschrift entfällt, wenn der Empfangsbank eine Mitteilung über die Kündigung nach § 676d Abs. 2 S. 1 BGB zugeht, § 676g Abs. 1 S. 1 a.E. BGB. Damit ist die *Pflichtenlage* der Empfangsbank *widerspruchsfrei* ausgestaltet, da mit der Kündigungsmitteilung die Rückleitungspflicht gem. § 676d Abs. 2 BGB einsetzt. Die Bank schuldet also entweder Gutschrift an ihren Kunden oder Rückleitung an die Überweisungsbank.

## 4. Anpassungserscheinungen in der Rechtsprechung

Neben der dargestellten Ausrichtung des Überweisungsgesetzes an den Besonderheiten des Zahlungsverkehrs, bestehend in dessen personeller Komplexität, der besonderen Art der Leistungserbringung sowie dem allen Beteiligten gemeinsamen Rationalisierungsinteresse, sind noch *weitere Anpassungserscheinungen* auszumachen, die durch die Rechtsprechung installiert wurden.

---

[221] JAKOBS, Gesetzgebung im Banküberweisungsrecht, JZ 2000, 641, 642, hält es für eine kuriose Aussage des Gesetzes, die bestimmt, dass eine schon übernommene Verpflichtung auch tatsächlich zu erfüllen ist. Keine Regelung erfahren hat allerdings die gewichtige Pflicht der Bank, Barauszahlungen an ihren Kunden zu leisten, wohl im Hinblick auf online-Banken, die keine Barauszahlungen vornehmen, BRDrucks 163/99 S. 63 und C. SCHULZ, Das neue Recht der Banküberweisung, ZBB 1999, 287, 292. Kritisch BYDLINSKI, Bemerkungen zum Regierungsentwurf eines Überweisungsgesetzes, WM 1999, 1046, 1049. Besser wäre gewesen, für diesen Ausnahmefall eine Sonderregelung vorzusehen als auf eine Regelung der Kardinalpflicht insgesamt zu verzichten, EINSELE, Das neue Recht der Banküberweisung, JZ 2000, 9, 19. Sie weist außerdem darauf hin, dass sich nach der Begründung im dem Fall der Empfänger kein Girokonto unterhalte die Pflicht der Bank zur Barauszahlung aber aus dem Überweisungsauftrag folge (Zit. BRDrucks 163/99 S. 63). Leider aber verpflichte der Überweisungsauftrag nur soweit, der Empfängerbank den Betrag gutzuschreiben, womit sich in diesem Fall der vom Gesetzgeber gewählte Pflichtenumfang räche.

[222] HADDING, Zum grenzüberschreitenden Überweisungsverkehr nach deutschem Recht, S. 26, es sei denn, eine abweichende Weisung wurde erteilt. Vgl. außerdem Ziffer 10 (1) und (2) AGB Banken.

[223] EINSELE, Das neue Recht der Banküberweisung, JZ 2000, 9, 18.

**a) Einschränkung von Sorgfaltspflichten**

Anhand des im bargeldlosen Zahlungsverkehr bestehenden Rationalisierungsinteresses der Beteiligten verbietet es sich, die angepasste Pflichtenlage durch zu hohe Sorgfaltsanforderungen zu überspannen. Schon HECK hat hervorgehoben, dass es im standardisierten Massenverkehr zu einer Rationalisierung dergestalt kommt, dass das sachgedankliche Mitbewußtsein der Akteure in den Hintergrund tritt und durch eine Mechanisierung und Typisierung der Handlungsabläufe ersetzt wird. Daraus folgt, dass die individuellen Umstände einzelner Transaktionen nicht in demselben Maße Berücksichtigung finden können, wie dies im Rechtsverkehr außerhalb des Massenverkehrs der Fall ist. Der Rechtsanwender muss dies bei der rechtlichen Bewertung von Fällen berücksichtigen.[224] Nur ausnahmsweise kann es daher zu einer *Individualisierung der Pflichtenlage* kommen. Zur Verdeutlichung sei ein Fall des Bundesgerichtshofs aus dem Jahr 1992 angeführt.[225]

Die Klägerin unterhielt bei der Beklagten ein Postgirokonto und besaß Scheckformulare zur Teilnahme am Postscheckverfahren. Regelmäßig reichte sie einmal monatlich einen Postbarscheck in der Höhe von ungefähr 1000 DM bei dem ihrer Wohnung benachbarten kleinen Postamt ein. Bei dem streitigen Vorfall reichte ein Mann, der nach der Behauptung der Klägerin Scheckformulare bei einem Einbruch in ihre Wohnung gestohlen hatte, innerhalb weniger Tage mehrere Postbarschecks der Klägerin in Höhe von insgesamt 5000 DM bei dem Postamt zur sofortigen Auszahlung ein. Der Schalterbeamte, obwohl er die Klägerin bei Geldabhebungen in den letzten Jahren hauptsächlich bedient hatte und sie dadurch persönlich kannte, löste die Inhaberschecks ohne Prüfung der Identität des Einreichers zu Lasten des Kontos der Klägerin ein. Die Klägerin nimmt die Beklagte auf Zahlung von 5000 DM wegen pflichtwidriger Einlösung der Schecks in Anspruch. Für die Beklagte habe sich der Verdacht der Fälschung aufdrängen müssen.

Der BGH hat in seiner Begründung ausgeführt, dass die Beklagte, soweit dies mit den Anforderungen des Scheckverkehrs als Massenverkehr vereinbar sei, dem Fälschungsverdacht hätte nachgehen müssen. Grundsätzlich gelte, dass die Postgiroteilnehmer die Möglichkeit hätten, durch Dritte Geld abheben zu lassen, und dass für sich alleine die Vorlage eines Barschecks sowie der Ausweiskarte durch einen dem Schalterbeamten Unbekannten keinen hinreichenden Fälschungsverdacht begründe. Ein solcher Verdacht könne nur aufgrund der besonderen Umstände des Einzelfalles bestehen. Eine oder mehrere auffällige Abweichungen vom Kundenverhalten könnten einen Fälschungsverdacht begründen. Im vorliegenden Fall erachtete der BGH solche Abweichungen als gegeben. Die Anzahl und Höhe der Abhebungen fielen gegenüber dem gewöhnlichen Verhalten der Klägerin derart aus dem Rahmen,

---

[224] Palandt-SPRAU, § 676a Rn. 17 spricht davon, „Warn- und Schutzpflichten bestehen wegen des Massencharakters der Überweisung nur in engsten Grenzen", m.w.N.
[225] BGH vom 3.11.1992, NJW 1993, 534 – 536.

dass auch der Einwand der Revision, diese Annahme widerspäche den Gegebenheiten des Massenverkehrs, nicht durchgriff.

An diesem Urteil des BGH wird deutlich, dass die allgemeine Schutzpflicht, sich bei der Abwicklung eines Schuldverhältnisses so zu verhalten, dass die Rechtsgüter des anderen Teils nicht verletzt werden[226], aufgrund der *Besonderheiten des standardisierten Massenverkehrs* eingeschränkt sein kann und nur in Individualisierungsfällen voll durchgreift. Die Rechtsprechung trägt damit dem *Rationalisierungsinteresse* der Beteiligten des Zahlungsverkehr Rechnung.[227]

In eben dieser Weise ist auch ein Urteil des Kammergerichts im Zusammenhang mit der internationalen Sperrmeldung einer ec-Karte zu werten. Dort führte das Gericht aus, dass es der Einrichtung eines Wochenend-Dienstes zur Ermöglichung einer internationalen Sperrmeldung nicht bedürfe. Ein Schaden in Höhe von 2600 DM rechtfertige eine solche Anforderung nicht.[228] Daran zeigt sich, dass die Vorhaltung eines Kontrollsystems als Ausfluss der allgemeinen Schutzpflicht allenfalls dann geschuldet ist, wenn die Vorhaltung nicht kostenträchtiger ist als die dadurch voraussichtlich zu verhindernden Mißbrauchsfälle. Es findet damit eine Pflichtengruppierung nach Kosten – Nutzen Gesichtspunkten statt.[229] Erneut gibt damit das Rationalisierungsinteresse die Ausgestaltung der Pflichtenlage vor.

Der Grundstein für diese Rechtsprechung wurde schon im Jahre 1978 in der berühmten Herstatt-Entscheidung des BGH gelegt.[230] Dort ging es um die Frage, ob die Bundesbank aus einer Schutz- und Warnpflicht gegenüber den übrigen Beteiligten des so genannten Skontrations- oder Abrechnungsverfahrens verpflichtet war, eine Bank, welche die Zahlungen eingestellt hatte, aus dem Abrechnungsverfahren herauszunehmen. Der BGH führte an entscheidender Stelle aus, im allgemeinen Überweisungs-, Scheckeinziehungs- oder Lastschriftverfahren würden die Banken nur zum Zwecke eines technisch einwandfreien, einfachen und schnellen Zahlungsverkehrs tätig und schon wegen dieses begrenzten Geschäftszwecks und der Massenhaftigkeit der Geschäftsvorgänge haben sie sich grundsätzlich nicht um die beteiligten Interessen ihrer Kunden zu kümmern.

### b) Besonderheiten bei der Wirksamkeitsprüfung Allgemeiner Geschäftsbedingungen

Auch im Rahmen der Prüfung allgemeiner Geschäftsbeziehungen ist festzustellen, dass die Anforderungen des Zahlungsverkehrs Berücksichtigung finden. Es wird in anderen Bereichen von seiten der Rechtsprechung schon

---

226 Siehe hierzu allgemein Palandt-HEINRICHS, § 242 Rn. 35 und § 280 Rn. 28.
227 Diese Würdigung findet sich auch bei ROHE, Netzverträge, S. 28.
228 KG WM 1992, 729 f.
229 ROHE, Netzverträge, S. 40.
230 BGH vom 12.7.1979, BGHZ 75, 120 ff.; NJW 1978, 1852.

seit längerem gebilligt, dass *übergreifende Systeminteressen* innerhalb eines Verkehrskreises mittels Allgemeiner Geschäftsbedingungen durchgesetzt werden.[231] Auch im Bereich des Giroverkehrs besteht ein Systeminteresse an der Erhaltung *effizienter Abwicklungsverfahren*. Diesem Interesse dienen insbesondere Vertragsklauseln, die es dem Geldinstitut erlauben, sich streng an die formalen Vorgaben des Überweisenden zu halten. Dazu gehört etwa, dass sich die Banken nicht um den Verwendungszweck einer Überweisung zu kümmern brauchen[232] sowie dass besondere Weisungen des Auftraggebers außerhalb des Überweisungsträgers zu erfolgen haben.[233]

Jedoch findet die Durchsetzung derartiger Verkehrsinteressen ihre Grenze in Schranken des objektiven Rechts. Zur Verdeutlichung soll eine Entscheidung des BGH aus dem Jahre 1991 dienen.[234] Darin urteilte das Gericht, dass eine Klausel in allgemeinen Geschäftsbedingungen von Kreditinstituten, die dem Kunden einen von keinem der Beteiligten verschuldeten Schaden aus einem eintretenden Mangel in der Geschäftsfähigkeit des Kunden aufbürdet[235], gegen § 9 AGBG verstößt und damit unwirksam ist. Der Kläger, der im Laufe der Girobeziehung geschäftsunfähig geworden war, klagte auf Feststellung, dass sein Kontostand nicht durch Auszahlungen an ihn und Durchführung von durch ihn erteilten Überweisungsaufträgen gemindert wurde. Das Gericht führte aus, dass die Klausel gegen den wesentlichen Grundgedanken des Haftungsrechts verstoße, wonach eine Schadensersatzpflicht regelmäßig nur bei schuldhaftem Verhalten bestehe. Nach § 9 AGBG war eine damit einhergehende unangemessene Benachteiligung allerdings nur „im Zweifel" anzunehmen, so dass die Möglichkeit bestand, dass die Klausel aufgrund besonderer Umstände trotz der Abweichung von wesentlichen Grundgedanken des Gesetzes wirksam sein konnte. Dies wäre nach den Ausführungen des Gerichts insbesondere dann der Fall gewesen, wenn die Abweichung vom dispositiven Gesetzesrecht durch höherrangige Interessen des AGB-Verwenders gerechtfertigt wäre. Seitens der Revisionsbeklagten wurde unter anderem angeführt, dass die Kreditinstitute unter den heutigen Bedingungen ohne persönliche

---

231 Jeweils mit Nachweisen, ULMER / BRANDNER / HENSEN, § 9, Rn. 83 und 124; WOLF / HORN / LINDACHER, § 9 Rn. 110.

232 CANARIS, Bankvertragsrecht, Rn. 338, 429; ROHE, Netzverträge, S. 299. Sanft einschränkend neuerdings der BGH im Interbankenverkehr, Urteil vom 14.1.2003, ZIP 2003, 384. Dort zur ganz ausnahmsweisen Maßgeblichkeit der Kontonummer im beleggebundenen Interbankenverkehr und zur Berücksichtigung des Verwendungszwecks (Leitsatz): „Ist außerdem als Überweisungsempfänger ebenfalls eine Bank ausgewiesen, kommt auch den Angaben über den Verwendungszweck Bedeutung zu, da sie der Überweisungsempfängerin Aufschluss über die weitere Behandlung der ersichtlich nicht für sie bestimmten überwiesenen Beträge geben können."

233 Siehe AGB Banken, Ziff. 11 (2) und (3), dort bezüglich des Hinweises auf besondere Eilbedürftigkeit.

234 BGH vom 25. 6. 1991, BGHZ 115, 38 – 46.

235 Die Klausel war ursprünglich in Nr. 3 Abs. 3 der AGB der Sparkassen und Nr. 23 der AGB-Banken enthalten.

Kontakte schriftlich oder durch Automaten abgewickelter Massengeschäfte in der Regel keine Möglichkeit zur ständigen Überprüfung der Geschäftsfähigkeit ihrer Kunden und daher ein berechtigtes Interesse daran hätten, die Folgen diesbezüglicher Mängel von sich abzuwenden. Der BGH entgegnete dem mit der gesetzlichen Wertung der §§ 104 ff. BGB, worin eine bewußte Entscheidung des Gesetzes zugunsten des uneingeschränkten Schutzes Geschäftsunfähiger enthalten sei. Mit dieser Regelung verbundene Härten, die jeder Teilnehmer am Rechtsverkehr hinnehmen müsse, könnten es daher nicht rechtfertigen, dass die Kreditinstitute sich ihnen durch eine Risikoverlagerung zu Lasten der betroffenen Kunden entzögen.

Das Urteil enthält damit zwei Aussagen. Zum einen existiert ein rechtlich relevantes und grundsätzlich auch durch Allgemeine Geschäftsbedingungen durchsetzbares Interesse der Banken an einer standardisierten Abwicklung im Massenverkehr. Jedoch findet dieses Interesse gewisse Beschränkung in anderen Wertungen der Rechtsordnung, wie etwa dem unbedingten Schutz Geschäftsunfähiger. Innerhalb dieser Schranken aber können die Beteiligten des Zahlungsverkehrs demnach ihr Pflichtenregime durch Allgemeine Geschäftsbedingungen in optimaler Weise ausgestalten.

### c) Normativität privater Regelungswerke des Interbankenverkehrs

Neben der in § 676a Abs. 3 S. 2 BGB normierten rechtlichen Erheblichkeit von besonderen Kündigungszeitpunkten in Zahlungsverkehrssystemen gibt es weitere rechliche Auswirkungen besonderer Abwicklungsverfahren für bargeldlose Zahlungen zu verzeichnen.

#### (1) Im beleglosen Überweisungsverkehr

Im deutschen Recht des Giroverkehrs herrscht das Prinzip des Namenskontos.[236] Das bedeutet, dass bei einer Überweisung, die hinsichtlich der Empfängerbezeichnung in Name und Kontonummer divergiert, die namentliche Bezeichnung maßgeblich ist. Daraus resultiert wiederum die Pflicht, der an einem Überweisungsvorgang beteiligten Banken, den Überweisungsauftrag im Hinblick auf die Übereinstimmung von Empfängerbezeichnung und Kontonummer zu überprüfen.[237] Eine maschinelle Bearbeitung ist daher entweder nur sehr eingeschränkt bzw. überhaupt nicht möglich, so dass eine manuelle Bearbeitung erfolgen muss. Die manuelle Bearbeitung ist jedoch erheblich kostenintensiver als eine automatisierte Bearbeitung, die erfolgen könnte, wenn alleine die Kontonummer maßgeblich wäre, da dann schon die bloße Eingabe der Kontonummer die Vornahme der Überweisung ermöglichen wür-

---

[236] Zuletzt BGH vom 14.1.2003, ZIP 2003, 384, 386, m.w.N.

[237] Vgl. CANARIS, Bankvertragsrecht, Rn. 331.

de.[238] Diese Rationalisierungmaßnahme ist aber durch das Namenskontoprinzip versperrt.[239]

Im Interbankenverkehr wurde schon seit langer Zeit das so genannte Magnetband-Clearing Verfahren eingesetzt. Dabei wurde im Überweisungsverkehr unter Banken das herkömmliche Überweisungsverfahren durch einen automatisierten Zahlungsverkehr in Form des beleglosen Datenträgeraustausches, das Magnetband-Clearing Verfahren, ersetzt. Die damit einhergehende Rationalisierung besteht nicht nur in dem Verzicht auf die Verkörperung der einzelnen Zahlungsaufträge in einem Überweisungsträger, sondern auch darin, dass eine Bündelung mehrerer Überweisungen in einer Sammelüberweisung erfolgt.[240] Zunehmend tritt die völlig entmaterielisierte, elektronische Datenübermittlung an die Stelle des Magnetband-Verfahrens. Die vertraglichen Beziehungen der am beleglosen Interbankenverkehr beteiligten Banken sind in den Richtlinien für den beleglosen Datenträgeraustausch sowie im Clearing-Abkommen geregelt.[241] Unter beiden sind bei einem Überweisungsauftrag nur die Bankleitzahl der Empfängerbank und die Kontonummer des Begünstigten zu kontrollieren, ein Namensabgleich ist nicht vorgesehen. Führt eine Bank demnach einen im beleglosen Zahlungsverkehr übermittelten Überweisungsauftrag alleine anhand der Kontonummer aus, so handelt sie, selbst wenn der Name des Empfängers mitgeteilt wurde, nicht weisungs- oder pflichtwidrig. Im beleglosen Überweisungsverkehr wird damit vom Namenskontoprinzip abgewichen.

In einem Fall des BGH[242] verlangte die klagende Stadt von der beklagten Bank Schadensersatz, weil diese an fingierte Sozialhilfeempfänger ge-

---

[238] Siehe hierzu ROHE, Netzverträge, S. 215.

[239] Hierzu MÖSCHEL, Dogmatische Strukturen, AcP 186 (1986), S. 187, 209: Er tritt dem Argument entgegen, die Banken hätten aufgrund der Vorhersehbarkeit der Risiken, die im Namenskontoprinzip begründet seien und aufgrund der von ihnen beherrschten Ausgestaltung des Überweisungsverfahrens diesen Risiken entgegenzuwirken. Zwar könnten die Banken in der Tat das Risiko durch zusätzliche Maßnahmen der Gefahrenabwehr oder durch eine Sozialisierung, d.h. durch eine Umlegung der Schadensposten auf alle am Zahlungsverkehr Beteiligten beherrschen. Damit aber seien die gesamtwirtschaftlichen Wirkungen von Kosteneinsparungen aus Rationalisierung nicht Blickfeld genommen. Knapp 90% der Personalkosten entfielen auf die Abwicklung des beleggebundenen Überweisungsverkehrs, aufgrund der dort erfolgenden manuellen Bearbeitung. Halte man an dem Namensabgleich fest, so unterbinde man Rationalisierungen, was einen Zwang zur Vergeudung von Ressourcen impliziere. Das Pflichtenregime lasse sich beschreiben als eine Art Zwangsversicherung zulasten sorgfältiger Bankkunden.

[240] Näher hierzu CANARIS, Bankvertragsrecht, Rn. 519 f.

[241] Die Vereinbarung über Richtlinien für den beleglosen Datenträgeraustausch vom 2.1.1976 ist abgedruckt bei CANARIS, Bankvertragsrecht, Rn. 527. Sie war in Geltung bis zum 6.9.1998 und wurde abgelöst durch die Vereinbarung über den beleglosen Datenaustausch in der zwischenbetrieblichen Abwicklung des Inlandszahlungsverkehrs (Clearing-Abkommen) vom 7.9.1998, abgedrucht bei SCHIMANSKY / BUNTE / LWOWSKI, Bankrechtshandbuch, Anhang zu §§ 52 – 55 (S. 1133).

[242] Urteil vom 3. 10. 1989, BGHZ 108, 386 – 393.

richtete Überweisungen auf einem Konto gutgeschrieben hat, das ein ungetreuer Stadtinspektor unterhielt. Der für die Bearbeitung von Sozialhilfeanträgen zuständige Inspektor hatte bei einer Zweigstelle der Beklagten ein Konto eröffnet und zwei fiktiven Personen Kontovollmacht erteilt. Über einen Zeitraum von drei Jahren hinweg hatte er dann insgesamt nahezu 150 000 DM auf dieses Konto überwiesen, davon rund 40 000 DM im beleglosen, den Rest im beleggebundenen Überweisungsverfahren. Als Empfänger bezeichnete er stets die von ihm erfundenen Personen. Sowohl die Überweisungsbank als auch die beklagte Empfangsbank hatten sich bei der Bearbeitung der beleglosen Überweisungsaufträge an das in den Richtlinien für den beleglosen Datenträgeraustausch vorgesehene Verfahren gehalten. Bei den beleggebundenen Überweisungen war der Beklagten die Divergenz von Kontonummer und Kontoinhaber aufgefallen, wurde aber aufgrund der Kontovollmacht der namentlich bezeichneten Empfänger nicht beanstandet. Die klagende Stadt, zu deren Lasten die Überweisungen gegangen waren, verlangte nun von der Empfangsbank Schadensersatz.[243]

Hinsichtlich der im beleglosen Verfahren übermittelten Überweisungsaufträge führte der BGH aus, im beleglosen Überweisungsverkehr bestimmten sich die Pflichten der Beteiligten im Verhältnis zueinander nach den einschlägigen – von den dazu durch die einzelnen Kreditinstitute bevollmächtigten Verbänden vereinbarten – Richtlinien. Der Inhalt der Weisung an die Empfangsbank ließe sich bei dieser Art der Übermittlung nur unter Zugrundelegung des Inhalts der maßgeblichen Richtlinie, insbesondere des darin festgelegten Prüfungsumfangs bestimmen. Soweit diese Richtlinien eine Prüfung nicht vorschreiben, stelle das Unterlassen der Prüfung keinen Verstoß gegen den im Interbank-Verhältnis erteilten Auftrag dar. Deshalb war nach Ansicht des Gerichts die Beklagte nicht zu einem Vergleich des Empfängernamens mit dem Namen des Kontoinhabers verpflichtet.[244] Von Interesse für die vorliegende Untersuchung sind die Ausführungen des BGH zur Wirkungsweise der Richtlinien. Es stehe den Kreditinstituten frei, für bestimmte Arten der technischen Abwicklung im Interbankenverkehr vertragliche Vereinbarungen zu treffen. Die Interessen der im Ergebnis davon betroffenen Bankkunden würden erst dadurch berührt, dass sich eines der beteiligten Institute des besonderen Verfahrens bediene. Habe sich aber die Bank, vorliegend die Beklagte, im Rahmen der ihr erteilten Weisung gehalten –weil die Ausführung anhand der Kontonummer pflichtgemäß war – schieden auch Ansprüche des Überweisenden aus einem etwaigen Vertrag mit Drittschutzwirkungen von vornherein aus.[245]

Die Wirkungsweise der Richtlinien über den beleglosen Überweisungsverkehr, wie sie vorliegend beschrieben wird, ist vergleichbar mit derjenigen,

---

[243] Dabei ging sie, wohl in der Annahme, es handele sich um eine Drittschadensliquidation, aus abgetretenem Recht der Überweisungsbank vor, BGHZ 108, 386, 387.

[244] BGHZ 108, 386, 389.

[245] BGHZ 108, 386, 389 f.

die Bestimmungen hinsichtlich des Kündigungszeitpunktes in Zahlungsverkehrssystemen in § 676a Abs. 4 S. 2 BGB zuerkannt wird. Damit ist nichts anderes gesagt, als dass die in Verfolgung des *Rationalisierungsinteresses* der Banken vereinbarten Maßnahmen mittelbare Wirkung gegenüber den anderen am Giroverkehr Beteiligten entfalten.

Zwingend war die Argumentation des BGH jedoch nicht, insbesondere auch nicht wegen der Relativität der Schuldverhältnisse, hätte das Gericht die vertragliche Einschränkung der Abgleichspflicht innerhalb eines zweiseitigen Schuldverhältnisses, das eine Schutzwirkung für einen Dritten entfaltet, auch als unzulässige Vereinbarung zu dessen Lasten qualifizieren können.[246]

### (2) Im beleggebundenen Überweisungsverkehr

Hinsichtlich der Aufträge, die im vorgenannten Fall des BGH der Beklagten im beleggebundenen Verfahren erteilt wurden, hielt das Gericht an dem Prinzip des Namenskontos fest. Bei Divergenz zwischen Empfängerbezeichnung und Kontonummer sei die Empfängerbezeichnung maßgebend, weil der Name eine wesentlich sicherere Individualisierung ermögliche. Die davon abweichende Regelung in den Allgemeinen Geschäftsbedingungen der Beklagten wurde aus diesem Grunde als unwirksam erachtet.[247]

Diesen Grundsatz des Namenskontos im beleggebundenen Überweisungsverkehr hat der BGH jüngst bestätigt. In seinem Urteil vom 14. Januar 2003 ging es um Überweisungen in Befolgung des Abkommens zum Überweisungsverkehr, das die beleglose Weiterleitung in Belegform erteilter Überweisungsaufträge vorsieht.[248] Nach Nr. 3 Abs. 2 S. 1 des Abkommens ist im Rahmen dieses Verfahrens ein Namensabgleich durchzuführen. Dies, so das Gericht, entspreche der gefestigten höchstrichterlichen Rechtsprechung. Lediglich in besonders gelagerten Einzelfällen könne ausnahmsweise der Kontonummer für die Auslegung der überweisungsrechtlichen Weisung zukommen.[249] Mindestvoraussetzung eines solchen Einzelfalls ist aber die Di-

---

[246] Eine derartige Argumentation hatte der BGH noch im 69. Band bezüglich der interbankären Haftungsfreizeichnung entfaltet und dieser damit im Ergebnis die Außenwirkung versagt, BGHZ 69, 82, 89.

[247] BGHZ 108, 386, 391.

[248] BGH, ZIP 2003, 384. Das Abkommen zum Überweisungsverkehr vom 16.4.1996 (EZÜ-Verfahren) ist abgedruckt bei SCHIMANSKY / BUNTE / LWOWSKI, Bankrechtshandbuch, Anhang zu §§ 52 – 55 (S. 1140).

[249] Ein solcher besonders gelagerter Einzelfall war *in casu* gegeben, da abweichend vom Regelfall ein Kreditinstitut und nicht ein Bankkunde als Auftraggeber der Überweisung ausgewiesen war. Die beklagte Empfangsbank durfte daher davon ausgehen, dass die Angabe des Kontos, auf dem die Überweisungsbeträge gutgeschrieben werden sollten, mit banküblicher Sorgfalt gemacht worden war. Hinzu kam, dass als Überweisungsempfänger die Beklagte und damit ebenfalls eine Bank ausgewiesen war. Da diese aber in keiner Geschäftsbeziehung mit der Überweisungsbank stand, habe ihr, so das Gericht, ihre Funktion als bloße Zahlstelle bewußt werden müssen. Unter diesen besonderen Umständen konnte

vergenz von Name und Kontonummer. Damit ist das Namensprinzip auch für die beleglose interbankäre Abwicklung in Belegform erteilter Überweisungsaufträge perpetuiert.

Der BGH verhindert mit dieser Rechtsprechung, dass im Bereich des beleggebundenen Überweisungsverkehrs eine entsprechende Rationalisierung Platz greifen kann. Damit widersetzt er sich nicht nur sachlichen Einwänden gegen das Prinzip des Namenskontos[250], sondern auch der ökonomischen Rationalität und damit letztlich dem Interesse aller am Giroverkehr Beteiligten.[251] Kontraproduktiv in wirtschaftlicher Hinsicht ist diese Pflichtendefinition zu Lasten der Banken insbesondere insofern, als sie eine gewisse Nachlässigkeit auf Seiten des Auftraggebers einer Überweisung zuläßt, da ihm nicht das von ihm beherrschbare Risiko der korrekten Angabe der Kontonummer auferlegt wird.[252] Damit droht die allen Beteiligten wirtschaftlich nachteilhafte Gefahr eines *moral hazard*, indem die Kunden bei der Angabe der Kontonummer zu Nachlässigkeiten neigen. Für alle Beteiligten erhöhen sich damit die Transaktionskosten, da die Banken entweder dazu verpflichtet sind, einen Abgleich vorzunehmen, oder aber ohne einen solchen das Rückforderungsrisiko hinsichtlich des durch die Kontonummer gekennzeichneten tatsächlichen Empfängers tragen. In gewisser Weise gemildert wird diese wirtschaftlich nachteilhafte Pflichtenverteilung durch die in § 11 Abs. 2 der AGB der Banken statuierte Verpflichtung der Kunden, sowohl Empfängername als auch die Kontonummer sorgfältig anzugeben.[253]

### 5. Zwischenergebnis und Würdigung

Das deutsche materielle Recht der Banküberweisung ist in besonderem Maße an den *besonderen Gegebenheiten* und der *personellen Komplexität* des *bargeldlosen Zahlungsverkehrs* ausgerichtet. Dies wird nach seiner Kodifikation noch deutlicher, als es schon davor zu Tage getreten war. Dabei handelt es sich um *rechtliche Anpassungserscheinungen* an die wirtschaftlichen Bedürfnisse des Giroverkehrs, die bald eine Verbesserung der Rechtsstellung von Überweisendem und Überweisungsempfänger, bald deren Verschlechterung herbeiführen, stets aber von *Rationalisierungsbestrebungen* getragen sind.

An erster Stelle erscheint die Annahme eines abstrakten Schuldversprechens zugunsten des Überweisungsempfängers, um dessen Position derjenigen

---

damit die Kontonummer zur Identifizierung des eigentlichen Empfängers herangezogen werden, aaO., S. 386.

250 Siehe hierzu nur MÖSCHEL, Dogmatische Strukturen, AcP 186, S. 205 ff. einerseits und CANARIS, Bankvertragsrecht, Rn. 331 andererseits. Zusammenfassend ROHE, Netzverträge, S. 271 f.

251 Vgl. zu diesem Interesse ROHE, Netzverträge, S. 15, passim.

252 ROHE, Netzverträge, S. 272.

253 Siehe insgesamt zur (In)Effizienz der herkömmlichen Pflichtengruppierung im bargeldlosen Zahlungsverkehr ROHE, Netzverträge, S. 26 – 50.

eines Empfängers von Bargeld anzugleichen. Möglicherweise hat der Gesetzgeber diesem Bedürfnis nun kodifikatorisch Rechnung getragen, indem er die Widerrufs- bzw. Kündigungsmöglichkeit schon zu einem früheren Zeitpunkt ausgeschlossen und damit die Position des Empfängers hinreichend verfestigt hat. Jedenfalls dient das Recht einem Bedürfnis des bargeldlosen Zahlungsverkehrs durch äußere Anpassungserscheinungen – der Überweisende kann nicht mehr widerrufen, weil ein Dritter eine Rechtsposition erlangt hat - und innere Anpassungserscheinungen – der Empfänger hat einen bedingungslosen Gutschriftsanspruch gegen seine Bank.

Die zweite „positive" Anpassungserscheinung ist die an der Überweisungskette vorbei erfolgende Rückleitung der Überweisungsvaluta bei Kündigung durch den Überweisenden. Er kann von seiner Bank und diese direkt von der Empfangsbank die Rückerstattung verlangen. Diesen Weg nimmt auch zuvor schon die Kündigungsmitteilung, wodurch gewährleistet wird, dass der Gutschriftserfolg unterbleibt. Ebenso kann sich der Überweisende im Falle des Scheiterns der Überweisung direkt an seine Bank halten. Im Interbankenverkehr erfolgt in diesem Falle jedoch die Rückleitung in der Kette.

Auch im Bereich der Haftung hat sich das Recht dem Bedürfnis nach effektivem Schadensausgleich gebeugt. Wurde nach alter Rechtslage mit der Figur der Schutzbereichserweiterung gearbeitet, so sieht das Überweisungsgesetz heute zahlreiche Direktansprüche vor.

Als den Beteiligten günstige Anpassungserscheinungen sind schließlich noch zu nennen die Statuierung der Pflicht zur schnellstmöglichen Ausführung einer Überweisung, das Einbehaltungsverbot bezüglich der Gebühren, womit dem Charakter der Banküberweisung als Sekundärtransaktion zur Erfüllung einer anderen Verpflichtung Rechnung getragen wird. Zuguterletzt bestehen auch verbundsweite Mitwirkungspflichten, etwa in Form einer Nachforschungspflicht bei abgeirrter Überweisung.

Als „negative" Anpassungserscheinungen im Sinne einer Reduzierung des Pflichtenkreises lassen sich einordnen die Beschränkung der Übermittlungspflicht der Überweisungsbank auf standardisierte Nachrichten, das Bestehen einer Kündigungsmöglichkeit der Überweisungsbank, um eine Sozialisierung von Individualrisiken zu vermeiden, sowie die Möglichkeit der Verschiebung des zulässigen Kündigungszeitpunktes in Zahlungssystemen, um besondere Abwicklungsverfahren im Interbankenverkehr zu ermöglichen.[254] Auch zählen hierzu die Einschränkung von Sorgfaltspflichten auf Bankenseite, die wie im Falle des internationalen Sperrdienstes anhand einer Kosten-Nutzen Analyse begründet werden, die Entspannung des Prüfungsmaßstabes für Allgemeine Geschäftsbedingungen sowie die Normativität von Zahlungs-

[254] Das Magnetband-Clearing Verfahren würde sich mit einer Widerrufsmöglichkeit nicht vertragen, da dann erforderlich wäre, aus den im Bündel via Magnetband übermittelten Überweisungsaufträgen einzelne wieder herauszufiltern, was der Rationalisierung faktisch den Garaus machen würde.

verkehrsregelungen, die einen Abgang vom Namenskontoprinzip auch mit Wirkung gegenüber dem Überweisenden zulassen.

Neben diesen Anpassungserscheinungen an die wirtschaftlichen Gegebenheiten ist das Recht der Giroüberweisung von dem Anliegen durchzogen, eine *widerspruchsfreie Rechtslage für den gesamten Mehrpersonenkomplex* zu gewährleisten. So endet etwa der Pflichtenkreis der Überweisungsbank genau dort, wo die Pflicht der Empfangsbank zur Gutschrift einsetzt. Auch ist die Kündigungsmöglichkeit des Überweisenden gegenüber seiner Bank an die Bedingung gekoppelt, dass dieser ein Rückforderungsanspruch gegenüber der Empfangsbank zusteht, was so lange der Fall ist, als letztere nicht dem Empfänger zur Gutrschrift verpflichtet ist. Damit hat das Gesetz eine harmonische Pflichtenlage im Vier- oder Mehr-Personenverhältnis installiert. Die Erweiterung oder Beschränkung der Widerrufsmöglichkeit in Zahlungssystemen wirkt nach dem Überweisungsgesetz für und gegen alle Beteiligten, so dass die eben beschriebene Konsistenz gewahrt bleibt. Ebenso besteht Konsistenz im Bereich der Haftung. Dem Überweisenden wird nur dann ein Direktanspruch gegen eine Zwischenbank gewährt, wenn Ansprüche gegen die Überweisungsbank, etwa aus der *money back guarantee* oder aus §§ 280 I, 278 BGB ausgeschlossen sind. Haftet dagegen die Überweisungsbank dem Überweisenden, so stehen ihr die Direktansprüche bzw. im Falle der *money back guarantee* ein Rückzahlungsanspruch gegen die ihr nachgeschaltete Bank zu.

Zusammenfassend kann festgehalten werden, dass das deutsche materielle Recht der Banküberweisung durchweg von dem Bestreben geprägt ist, innerhalb des bei einer Giroüberweisung bestehenden Mehrpersonenverhältnisses eine widerspruchsfreie Rechten- und Pflichtenlage zu schaffen. Ansprüche werden entweder für alle Beteiligten gewährt oder ausgeschlossen. Aufgrund der personellen Komplexität werden überdies direkte Ansprüche über die bipolaren Vertragsverhältnisse hinweg zur effektiveren Rechtsdurchsetzung gewährt und auch daran wird deutlich, dass dem Gesetzgeber an einer effektiven Pflichtengruppierung im Mehrpersonenkomplex gelegen ist.

Die normative Kraft, die von den Besonderheiten des Giroverkehrs ausgeht, ist nicht zu verkennen. Das deutsche Recht hat sich insoweit als angepasst erwiesen, als es den besonderen Gegebenheiten Rechnung zu tragen in der Lage ist. In einem nächsten Schritt gilt es zu untersuchen, inwiefern es auch das *deutsche Bereicherungsrecht* vermag, den Besonderheiten Rechnung zu tragen und gegebene Anpassungserscheinungen auf Ebene der Primärverpflichtungen bei der Rückabwicklung fehlgeschlagener Banküberweisungen nachzuvollziehen.

### 6. Bereicherungsrecht

#### a) Einleitung

Im Bereich der Banküberweisung kommt es häufig zu Fehlern. Der Überweisungsauftrag kann gefälscht, von einem Geschäftsunfähigen oder einem Vertreter ohne Vertretungsmacht erteilt oder widerrufen worden sein. Die Bank kann eine Überweisung an eine im Überweisungsauftrag nicht als Empfänger vorgesehene Person oder versehentlich doppelt oder in zu großer Höhe ausführen.[255] In all diesen Fällen stellt sich die Frage der Fehlerkorrektur. Im deutschen Bankrecht kommt diese Funktion dem Recht der ungerechtfertigten Bereicherung zu.[256] Fehlerhafte Banküberweisungen können mit seiner Hilfe rückabgewickelt werden. Wie schon mehrfach erwähnt, ist die Giroüberweisung durch ihre personelle Komplexität gekennzeichnet. Bei der Abwicklung eines Überweisungsvorganges ist mindestens ein, häufig sind mehrere Leistungsmittler eingeschaltet. Notwendigerweise befindet man sich bei Rückabwicklungsfragen daher zugleich im komplexen Bereich der Mehrpersonenverhältnisse.[257]

Dabei soll an dieser Stelle die allgemeine Entwicklung des Bereicherungsrechts, etwa von der Einheitslehre zur Trennungstheorie[258] oder von der vermögensmäßigen zur gegenständlichen Betrachtungsweise[259] nicht mehr nachgezeichnet werden. Auch ist die Rückabwicklung im Zweipersonen-Verhältnis vom Erkenntnisinteresse dieser Arbeit nicht umfasst. Die vorliegend alleine interessierende und damit entscheidende Frage im Bereich der fehlerhaften Giroüberweisungen ist vielmehr diejenige nach der Aktivlegitimation, also danach, wem von mehreren Beteiligten ein Bereicherungsan-

---

[255] Siehe die exemplarischen Fallgestaltungen aus der Rechtspraxis im 2. Kapitel unter VI., S. 30 ff.

[256] CANARIS, Bankvertragsrecht, Rn. 431.

[257] Bei deren rechtlichen Behandlung handelt es sich um eines der schwierigsten Problemfelder des Schuld-, ja des Privatrechts, so LARENZ / CANARIS, Schuldrecht II, 2, S. 199; FLUME, Der Bereicherungsausgleich im Mehrpersonenverhältnis, AcP 199 (1999), S. 1.

[258] Früher wurde in § 812 I S. 1 BGB ein einheitlicher Tatbestand erblickt, innerhalb dessen der Leistungskondiktion nur die Rolle eines besonders hervorgehobenen Beispieles zukam, so genannte Einheitstheorie. Diese wird heute nahezu einhellig abgelehnt und dagegen in Form einer Trennungstheorie die Verschiedenheit der beiden Alternativen von § 812 Abs. 1 S. 1 BGB scharf betont. Hierzu m.w.N. LARENZ / CANARIS, Schuldrecht II/2, § 67 I 2 a) (S. 129 f.).

[259] Primärer Kondiktionsgegenstand unter § 812 Abs. 1 S. 1 BGB ist das vom Bereicherten Erlangte, nicht aber dessen vermögensmäßige Bereicherung. Letzteres wurde früher insbesondere von der Rechtsprechung angenommen, stieß aber überwiegend auf Ablehnung und kann mittlerweile als nahezu überwunden gelten. Die Richtigkeit der ersten Auffassung folgt schon aus dem Wortlaut der §§ 812 Abs. 1 S. 1 und 816 Abs. 1 BGB, die beide Herausgabe des Erlangten anordnen. Die Bereicherung kommt dagegen erst im Rahmen des § 818 Abs. 3 BGB ins Spiel. Hierzu m.w.N. LARENZ / CANARIS, Schuldrecht II/2, § 71 I 1 (S. 254 f.).

spruch zusteht.[260] Eine Rückabwicklung kann zum einen zwischen dem Auftraggeber der Überweisung und dem Überweisungsempfänger, also im Valutaverhältnis stattfinden. Sie kann aber auch durch die Überweisungsbank, also im Zuwendungsverhältnis, erfolgen. Für die Frage, welcher der beiden potentiellen Bereicherungsgläubiger zur Rückforderung berechtigt ist oder, anders gewendet, das Rückforderungsrisiko trägt, wurden in Rechtsprechung und Lehre *verschiedene Kriterien* herausgearbeitet.

### b) Die Festlegung der Rückabwicklungsverhältnisse in der Rechtsprechung

Die Rechtsprechung zur Bestimmung der Aktivlegitimation im Bereicherungsrecht ist reichhaltig. Die Fragestellung geht stets dahin, ob dem Überweisenden die Überweisung als *seine* Leistung zugerechnet werden kann. Wenngleich sich in den Urteilen des Bundesgerichtshofes und der Untergerichte unentwegt der Passus findet, im Bereich der Mehrpersonenverhältnisse verbiete sich jede schematische Lösung[261], lassen sich doch bestimmte Konstanten und eine bestimmte Entwicklung ausmachen.

#### (1) vom fehlerhaften Rechtsverhältnis zu den Leistungsverhältnissen

Waren an einem Leistungsvorgang mehrere Personen beteiligt, so ging der ursprüngliche Ansatz der Rechtsprechung dahin, die Rückabwicklung in-

---

[260] Nach der Definition in BGHZ 146, 341, 348 (Urteil vom 29.1.2001) ist aktivlegitimiert derjenige, der Inhaber des geltend gemachten Anspruches ist. Insofern handelt es sich bei der vorliegenden Fragestellung nicht stringent um die Verteilung der Aktivlegitimation zwischen der angewiesenen Überweisungsbank und dem anweisenden Kontoinhaber. Der Anspruch in der Hand der Bank wäre eine Nichtleistungskondiktion, derjenige in der Hand des Kontoinhabers unter Umständen eine Leistungskondiktion. Da sich die beiden Möglichkeiten jedoch gegenseitig ausschließen – der Bank kann nur dann eine Kondiktion zustehen, wenn dem Kontoinhaber kein Recht zur Rückforderung zukommt – ist es dennoch vertretbar, von einer Verteilung der Aktivlegitimation zu sprechen. Dies findet des weiteren darin seine Berechtigung, dass es ursprünglich im Sinne der bereicherunsgrechtlichen Einheitstheorie tatsächlich um die Bestimmung der Inhaberschaft ein und desselben Anspruches ging. Die Herausbildung eines eigenen Typus der Leistungskondiktion erfolgte jedoch nicht zu dem Selbstzweck der Kreation eines eigenständigen Anspruchstyps, sondern um Schwächen des klassischen Leistungsbegriffes zu beheben. Diese bestanden darin, dass er zwar aufgrund des Unmittelbarkeitserfordernisses in der Lage war, das Versionsverbot bei Fällen der Lieferungskette zu verwirklichen, nicht aber in den Fällen der mittelbaren Leistung.

[261] Vgl. nur BGHZ 50, 227, 229 (30.5.1968); 58, 184, 187 (24.2.1972); 61, 289, 292 (18.10.1973); 66, 362, 364 (31.5.1976). Die Formel wird nahezu in jedem Gerichtsurteil zum Bereicherungsausgleich im Mehrpersonenverhältnis sklavisch wiederholt. Sie geht zurück auf VON CAEMMERER, Bereicherungsansprüche und Drittbeziehungen, JZ 1962, 385, 386.

nerhalb desjenigen Rechtsverhältnisses vorzunehmen, das keinen Bestand hatte. Verpflichtete sich etwa ein Schuldner dazu, den seinem Gläubiger geschuldeten Kaufpreis an einen Dritten zu bezahlen und stellte sich das Verhältnis zwischen Schuldner und Gläubiger als nichtig heraus, so stand dem Schuldner auch hinsichtlich des an den Dritten gezahlten Kaufpreises eine Kondiktion gegen seinen Gläubiger zu.[262] Die generelle Problematik dieses Ansatzes drängt sich auf. Liefert die Rückabwicklung innerhalb des fehlerhaften Kausalverhältnisses ein einfaches Lösungsmodell für Zweipersonen-Verhältnisse, so lässt sich gerade im schwierigen Fall mehrerer unwirksamer Rechtsverhältnisse im Mehrpersonenverhältnis mit seiner Hilfe keine Lösung erzielen.

Auch die Literatur übte Kritik am Lösungsmodell des Bundesgerichtshofes. Diese ging dahin, der BGH habe die Fortschritte in der Dogmatik der Leistungskondiktion nicht mitvollzogen. Maßgeblich sei nicht, welches Rechtsverhältnis keinen Bestand habe, sondern es komme entscheidend auf die Leistungsbeziehungen an.[263] In dem zitierten Fall des BGH habe es sich so verhalten, dass der Schuldner mit der Zahlung an den Dritten eine Schuld gegenüber seinem Gläubiger habe erfüllen wollen. Dort liege die Leistungsbeziehung und nur dort könne er auch den Bereicherungsausgleich suchen, selbst wenn die tatsächliche Zuwendung in eine andere Richtung verlaufen sei.[264] Im Fall des BGH war daher zufällig auch im Sinne der Lehre richtig entschieden worden, da die Leistung im fehlerhaften Rechtsverhältnis erfolgt war. Nur der Ansatz der Lehre aber vermochte auch im Falle mehrerer unwirksamer Rechtsverhältnisse angemessene Ergebnisse zu liefern. Wäre etwa im Fall des BGH neben der Unwirksamkeit des Hauptvertrages das Forderungsrecht des Drittbegünstigten nicht wirksam begründet worden[265], so ließe sich nur anhand der Leistungsbeziehungen die Rückabwicklung im Deckungsverhältnis be-

---

[262] So das Urteil des BGH vom 4.4.1962, NJW 1962, 1051; JZ 1962, 671.In dem Fall ging es um einen Vertrag zugunsten Dritter. Der Kläger hatte dem Beklagten versprochen, einen Teil des für US-amerikanische Militätkonserven geschuldeten Kaufpreises an ihn, den anderen Teil an die US Militärbehörde zu entrichten. Durch die Zahlung an die Militärbehörde wurde der Beklagte seinerseits von einer Erfüllungsübernahmeverpflichtung gegenüber einer weiteren Person befreit. Als sich der Vertrag zwischen Kläger und Beklagten wegen der Genußuntauglichkeit der Konserven als unwirksam herausstellte, verlangte der Kläger den gesamten Kaufpreis vom Beklagten zurück. In einem anderen Urteil findet sich der Passus, die Rückabwicklung habe in demjenigen Rechtsverhältnis zu erfolgen, in dem der zur Überweisung führende Fehler „wurzelt", BGHZ 61, 289, 293 f (18.10.1973). Auch diese Formulierung geht zurück auf VON CAEMMERER, JZ 1962, 385, 387. Dieser vertrat allerdings schon damals den modernen Leistungsbegriff, aaO, S. 385, 386.

[263] So ESSER, JZ 1962, 672, 673 in seiner Anmerkung zu dem zitierten Urteil des BGH. Schon zuvor hatte VON CAEMMERER herausgestellt, dass es auf die Leistungsbeziehungen ankomme, JZ 1962, 385, 386.

[264] ESSER, JZ 1962, 672, 673.

[265] In der Tat ist der Fall denkbar, dass nur dass Deckungsverhältnis unwirksam ist, das Forderungsrecht des Drittbegünstigten dagegen wirksam begründet wurde. Dies ergibt sich aus der Dispositivität des § 334 BGB, vgl. Palandt-HEINRICHS, § 334 Rn. 2, 3.

gründen[266], während dieses Ergebnis mit dem ursprünglichen Ansatz der Rechtsprechung schwerlich zu begründen wäre.

Aus den vorgenannten Erwägungen schloss sich auch die Rechtsprechung dem so genannten modernen Leistungsbegriff an, wonach eine Leistung in einer bewußten, zweckgerichteten Mehrung fremden Vermögens besteht.[267] Die Abkehr vom klassischen Leistungsbegriff bestand darin, das Moment der Zweckgerichtetheit aufzunehmen. Zweckgerichtet und damit zur Leistung wurde eine Zuwendung, wenn sie auf ein Kausalverhältnis bezogen wurde, etwa mittels einer Tilgungsbestimmung. Mit der Betonung der Zweckgerichtetheit trat ein anderes Tatbestandsmerkmal des Bereicherungsanspruches, die Unmittelbarkeit der Vermögensverschiebung, in den Hintergrund.[268] Eine Leistungsbeziehung konnte damit auch zwischen Personen vorliegen, zwischen denen keine unmittelbare Vermögensverschiebung stattgefunden hatte, sondern in die etwa, wie bei der Giroüberweisung, ein Leistungsmittler eingeschaltet war. Gerade bei der bereicherungsrechtlichen Abwicklung im Mehrpersonenverhältnis stellt die Rechtsprechung nunmehr entscheidend darauf ab, welchen Zweck die Beteiligten nach ihrem zum Ausdruck gekommenen Willen verfolgt haben.[269]

### (2) Maßgeblichkeit des Empfängerhorizontes

Von Erkenntnisinteresse für die vorliegende Arbeit ist die Behandlung derjenigen Fälle in der Rechtsprechung, bei denen die Zweckverfolgung den Beteiligten nicht gemeinsam ist, etwa weil einer der Beteiligten die Zuwendung nicht, nicht mehr oder nicht in der konkreten Weise herbeiführen möchte. Das sind die Fälle der Anweisungsmängel. Für die Feststellung, ob in derartigen pathologischen Fällen die Rückabwicklungsrichtung vorgebende Leistungsbeziehungen vorliegen, hat die Rechtsprechung die Maßgeblichkeit des Empfängerhorizontes herausgearbeitet. Nach diesem Modell kommt es darauf an, ob sich die Zahlung der Bank aus der objektiven Sicht des Empfängers als Leistung des Anweisenden darstellt. Ist dies der Fall, so findet eine Rückabwicklung innerhalb der Leistungsverhältnisse statt und ein Direktanspruch der Überweisungsbank ist ausgeschlossen.[270]

---

[266] Siehe etwa Palandt-SPRAU, § 812 Rn. 57 m.w.N.

[267] Vgl. zum modernen Leistungsbegriff aus jüngster Zeit das OLG Bamberg, Urteil vom 23.3.2000, NJW-RR 2001, 129. Aus der älteren Rechtsprechung des Bundesgerichtshofes BGHZ 40, 272 (31.10.1963); 58, 184, 188 (24.2.1972); 61, 289, 291 (18.10.1973);66, 362, 363 (31.5.1976).

[268] So die Bewertung von HASSOLD, Zur Leistung im Dreipersonenverhältnis, S. 54.

[269] BGH vom 30.5.1968, BGHZ 50, 227.

[270] Dies folgt aus dem Vorrang der Leistungskondiktion bzw. der Leistungsbeziehungen, vgl. Palandt-SPRAU, § 812 Rn. 43.

### (a) Ursprüngliches Fehlen einer Anweisung

Im Fall eines nicht unterschriebenen Schecks führt der BGH aus, dass die Zuwendung der Bank an den Scheckeinreicher dem scheinbaren Aussteller nicht als seine Leistung zugerechnet werden kann. Der Bankkunde habe die Zahlung nicht veranlasst. Der Empfänger könne die Zahlung aus seiner Sicht auch nicht als Leistung des Scheckausstellers ansehen, da er wisse, dass eine wirksame Anweisung des Ausstellers an seine Bank gefehlt habe.[271] Auch im Falle einer Giroüberweisung an den falschen Empfänger verneint der BGH eine Zurechnung als Leistung des Anweisenden, weil der Anweisende die Zahlung nicht veranlasst habe und sie sich deshalb nicht als eigene Leistung an den Empfänger zurechnen lassen müsse. Da der Empfänger in diesem Fall um den fehlenden Leistungswillen des Überweisenden wußte, ließ es der BGH dahinstehen, ob es sich anders verhalte, wenn sich die Zahlung aus der Sicht des Empfängers als Leistung des Anweisenden darstellte.[272]

### (b) Widerruf der Anweisung

Insbesondere in den Fällen einer widerrufenen Anweisung wird die Lehre vom Empfängerhorizont in der Rechtsprechung für die rechtliche Bewertung herangezogen. Verneint wurde die Zurechnung einer Zahlung der Bank auf einen Scheck als Leistung des Ausstellers in einem Fall, in dem der Einreicher vom Aussteller darüber informiert worden war, dass er den Scheck gesperrt hatte. Habe der Zahlungsempfänger vom Widerruf des Schecks gewußt, so konnte sich die Zuwendung aus seiner Sicht nicht als Leistung des Anweisenden darstellen und ein unmittelbarer Ausgleich zwischen Bank und Empfänger könne erfolgen.[273] Dagegen wurde der Bank ein unmittelbarer Anspruch gegen den Überweisungsempfänger versagt, wenn ein ursprünglich erteilter, später widerrufener Dauerauftrag versehentlich weiter ausgeführt wurde und der Empfänger den Widerruf nicht kannte. Die für den Bereicherungsausgleich maßgebenden Leistungsbeziehungen seien in dem durch die Anweisung begründeten Dreiecksverhältnis nach dem ursprünglich übereinstimmenden Willen aller Beteiligten festgelegt. Die Bank wolle trotz des Widerrufs mit der Überweisung lediglich eine Leistung an ihren Kunden erbringen und der Empfänger, auf dessen Sicht es ankomme, fasse das aufgrund der vom Auftraggeber mit der Erteilung des Dauerauftrages erteilten Zweckbestimmung auch so auf.[274] Die Bank müsse das Risiko nur dann alleine tragen, wenn der Kunde den Dritten von dem Widerruf in Kenntnis gesetzt und damit

[271] BGHZ 66, 362, 365.
[272] BGH vom 31.5.1976, BGHZ 66, 372, 375.
[273] OLG Köln vom 16.9.1982, NJW 1983, 1500, 1501.
[274] BGH vom 19.1.1984, BGHZ 89, 376, 380; NJW 1984, 1348, 1349. Ebenso das Urteil des BGH vom 9.5.1983, BGHZ 87, 246, 249.

alles getan habe, um die Folgen einer irrtümlichen Zahlung von sich abzuwenden.[275]

Aus dem Vorstehenden ergibt sich die Zurechnung einer Anweisungsleistung als Leistung des Anweisenden, wenn sich die Zuwendung aus der Sicht des Empfängers als dessen Leistung darstellt. Geschützt ist also der gute Glaube des Zahlungsempfängers.[276] Hieraus folgt, dass die Verteilung des Rückforderungsrisikos im Deckungsverhältnis von subjektiven Umständen in der Person eines am Deckungsverhältnis nicht beteiligten Dritten abhängt.[277]

### (3) Differenzierung zwischen Gültigkeits- und Zurechnungsmängeln

In seinen Entscheidungen hat der BGH stets ausdrücklich offen gelassen, ob die Rückabwicklung anders vorzunehmen sei, wenn sich die Zahlung der Bank aus der Sicht des Empfängers zwar als Leistung des Anweisenden darstelle, aber eine *wirksame Anweisung von vornherein gefehlt* habe.[278] Damit hat sich der BGH einer Stellungnahme zu der Lehre vom reinen Empfängerhorizont, wie sie in der Literatur vertreten wurde, bewußt enthalten.[279] In einer grundlegenden Entscheidung im Jahre 1990 konnte er jedoch nicht umhin, die Frage zumindest für einen Teilbereich zu beantworten.[280] Der geschäftsunfähige Kläger hatte bei der Rechtsvorgängerin der Beklagten ein Darlehen aufgenommen. Die Darlehensvaluta waren teils an ihn, auf seine Anweisung teils an einen Dritten ausbezahlt worden. Im dem Verfahren ging es um die Rückabwicklung des nichtigen Darlehensvertrages. Das Gericht ging davon aus, dass die Beklagte dem Rückforderungsanspruch des Klägers bezüglich seiner Tilgungsraten die an den Dritten ausbezahlten Darlehensvaluta dann entgegenhalten könne, wenn ihre Rechtsvorgängerin mit deren Auszahlung eine Leistung an den Kläger erbracht habe. Im entscheidenden Passus heißt es, bei Fehlen einer wirksamen Anweisung und Zweckbestimmung komme es nicht zu einer Leistung des Anweisenden, da ihm die Zahlung nicht zugerechnet werden könne. Bei der Überweisung von Geld sei wegen des rechtsgeschäftlichen Charakters der Anweisung und der Zweckbestimmung die Geschäftsfähigkeit des Anweisenden erforderlich. Fehle diese, so liege

---

[275] BGHZ 89, 376, 382; NJW 1984, 1348, 1350.

[276] Die Kriterien zur Feststellung des guten Glaubens wurden von der Rechtsprechung nicht weiter ausdifferenziert, es wird nur auf die positive Kenntnis abgestellt. Ein normativer Maßstab des Kennenmüssens wurde nicht installiert.

[277] In BGHZ 89, 376, 382; NJW 1984, 1348, 1350 wird ausdrücklich die Möglichkeit des Anweisenden genannt, einen vorhandenen guten Glauben auf der Seite des Empfängers zu zerstören, indem er ihn über einen Widerruf in Kenntnis setzt, und sich damit des Rückforderungsrisikos zu Lasten der Überweisungsbank zu entledigen.

[278] So in den beiden zitierten Urteilen, BGHZ 66, 362, 365; 372, 37f. Außerdem BGH vom 22.9.1983, BGHZ 88, 232, 236.

[279] Die Hauptvertreter dieser Lehre waren LARENZ, Schuldrecht, 10.A., § 68 III c 2; ERMAN / H.P. WESTERMANN, BGB 6.A., § 812 Rn. 21; PFISTER JR 1969, 48 f.

[280] BGH vom 20.6.1990, BGHZ 111, 382.

keine Leistung des Anweisenden vor und er könne weder selbst wegen Erfüllung im Valutaverhältnis bereichert sein noch einen Anspruch aus ungerechtfertigter Bereicherung gegen den Dritten erwerben. Der Bereicherungsausgleich habe zwischen dem Angewiesenen und dem Zahlungsempfänger zu erfolgen. Eine abweichende Lösung sei mit dem gesetzlichen Schutz des Geschäftsunfähigen nicht zu vereinbaren. Aus diesem Grunde könne es auch nicht auf die Sicht des Empfängers ankommen, ein etwaiger Vetrauensschutz des Empfängers müsse dem Schutz des Geschäftsunfähigen weichen.[281]

In der Literatur wurde bezweifelt, ob das Urteil des BGH tatsächlich eine Wende signalisierte und eine generelle Auflösung des Konfliktes zwischen Vertrauensschutz- und Veranlassungsprinzip vornahm oder ob es nur um den Spezialfall des Schutzes Geschäftsunfähiger gegangen war.[282] Stellungnahmen in der Rechtsprechung blieben vereinzelt.[283] Der BGH ebnete sich den Weg zu einer allgemeingültigen Stellungnahme in mehreren Entscheidungen. Im Falle einer nur von einem mehrerer Gesamtvertreter autorisierten Überweisung führte er aus, dass der in der fehlenden Vertretungsmacht bestehende Gültigkeitsmangel auch bei Unkenntnis des Zahlungsempfängers nur zu einer Rückabwicklung zwischen diesem und der Überweisungsbank führen könne. Aufgrund der Wertung des § 177 BGB könne im vorliegenden Fall dem Kontoinhaber die Zahlung nicht zugerechnet werden.[284] Es entspreche einer allgemeinen Erkenntnis der Rechtsscheinslehre, dass der gutgläubige Vertragsgegner bei fehlender Zurechenbarkeit des Rechtsscheins nicht geschützt werden könne. Der Empfängerhorizont vermöge die fehlende Tilgungs- und Zweckbestimmung des Kontoinhabers nicht zu ersetzen.[285]

Die endgültige Verfestigung seiner Position nahm der BGH im Jahre 2001 im Zusammenhang mit einer Scheckzahlung und 2002 für den Bereich der Banküberweisung vor. Im ersten Urteil geht es um die Zahlung auf einen

---

[281] BGHZ 111, 382, 386 f.

[282] Siehe LIEB in MüKo, § 812 Rn. 53 und SCHNAUDER, Delikts- und bereicherungsrechtliche Haftung bei gefälschter Giroüberweisung, ZIP 1994, 1069, 1072.

[283] Lediglich das OLG Bamberg erblickte in dem Urteil des BGH eine allgemeine Klarstellung, wie der Bereicherungsausgleich vorzunehmen sei, wenn eine wirksame Anweisung von vornherein gefehlt habe. Urteil vom 23.3.2000, NJW-RR 2001, 129, 130. In dem Fall war die Zwischenfinanzierung für ein Bauprojekt von der Finanzierungsbank entgegen der Anweisung der Bauherren direkt an den Bauträger überwiesen worden. Bei einer vom Überweisungsauftrag nicht gedeckten irrtümlichen Überweisung an einen Dritten könne es auf die Frage, ob dem Empfänger der Irrtum bekannt oder auch nur erkennbar war und ob er aufgrund seines Rechtsverhältnisses zum Anweisenden annehmen durfte, dass dieser mit der Überweisung eine Schuld begleichen wolle, nicht ankommen.

[284] BGH vom 20.3.2001, NJW 2001, 1855, 1856.

[285] BGH, NJW 2001, 1855, 1856. Das Das OLG Bamberg, NJW-RR 2001, 129, 130, hatte zu diesem Punkt ausgeführt, alleine der Irrtum auf seiten der Bank rechtfertige keinen Eingriff in das zwischen Anweisendem und Zahlungsempfänger bestehende Rechtsverhältnis dergestalt, dass nicht mehr der Zahlungsempfänger seinen Anspruch gegen den Anweisenden geltend machen müsse, sondern der Anweisende bei Bestehen etwaiger Gegenrechte im Wege der Kondiktion gegen den Empfänger vorgehen müsse.

mangels Unterzeichnung durch alle Gesamtvertreter formnichtigen Scheck[286], im Überweisungsfall um eine durch arglistige Täuschung erwirkte Überweisung.[287] Als Grundregel des BGH gilt danach: Ein unmittelbarer Bereicherungsausgleich zwischen Überweisungsbank und Zahlungsempfänger erfolgt unter Umständen auch, wenn der Empfänger das Fehlen einer Anweisung nicht kannte. Ohne eine gültige Anweisung kann die Zahlung dem vermeintlich Anweisenden nicht als seine Leistung zugerechnet werden. Eine andere Betrachtungsweise ließe den in der Rechtsscheinslehre allgemein anerkannten Grundsatz außer acht, dass der gutgläubige Vertragsgegner nur dann geschützt werden kann, wenn der andere Teil den Rechtsschein in zurechenbarer Weise hervorgerufen hat. Der so genannte Empfängerhorizont des Zahlungsempfängers vermag deshalb die fehlende Zweckbestimmung des vermeintlich Anweisenden auch dann nicht zu ersetzen, wenn dieser den gezahlten Betrag dem Zuwendungsempfänger tatsächlich schuldete.[288] Nach dieser Rechtsprechung ist also danach zu differenzieren, ob eine wirksame Anweisung von vornherein gefehlt hat oder nicht. Ersteres ist auch Fall, wenn eine Anweisung dem vermeintlich Anweisenden aufgrund absoluter Zurechnungsmängel nicht zugerechnet werden kann. Demgegenüber kann man diejenigen Anweisungsmängel, die durch Gutgläubigkeit des Anweisungsempfängers überkommen werden können, als bloße Gültigkeitsmängel bezeichnen.[289]

### (4) Fallgruppen

Gibt es demnach eine Differenzierung zwischen solchen Mängeln der Anweisung, die durch die Gutgläubigkeit des Anweisungsempfängers überkommen werden können, so genannte bloße Gültigkeitsmängel, während andere eine Zurechnung als Leistung des Anweisenden absolut ausschließen, die Zurechnungsmängel, so stellt sich die Frage nach deren Einteilung.

#### (a) Bloße Gültigkeitsmängel

Als bloßen Gültigkeitsmangel der Anweisung, der bei Unkenntnis des Zahlungsempfängers zur Zurechnung der Zuwendung als Leistung des Anweisenden führt, hat die Rechtsprechung stets den Widerruf der Anweisung erachtet. Symptomatisch war der Fall des widerrufenen Dauerauftrages, den die Bank über die Dauer von 13 Monaten weiter ausgeführt hat.[290] Auch im Falle

---

[286] BGH vom 20.3.2001, BGHZ 147, 145, die maßgebliche Passage befindet sich auf S. 151.

[287] BGH vom 5.11.2002, WM 2003, 14, 15; NJW 2003, 582.

[288] Der Zahlungsempfänger wird nach Meinung des BGH außerdem durch § 818 Abs. 3 BGB hinreichend geschützt, BGH, WM 2003, 14, 15.

[289] Diese Terminologie verwenden auch LARENZ / CANARIS, Schuldrecht II 2, § 70 IV 3 d) (S. 232).

[290] BGH vom 19.1.1984, BGHZ 89, 376; NJW 1984, 1348. An entscheidender Stelle heißt es, zwar fehle es – wie beim widerrufenen Scheck – nach dem Widerruf an einer gültigen

des einmaligen Überweisungsvorganges aber konnte die Gutgläubigkeit des Überweisungsempfängers über den Widerruf hinweghelfen.[291] Maßgeblich ist damit also nicht der Umstand einer etwaigen Duldung des Anweisenden, wie es im Falle des widerrufenen Dauerauftrages nahegelegen hätte, sondern der fortbestehende Rechtsschein der ursprünglich erteilten Anweisung.

### (b) Zurechnungsmängel

Eine Zurechnung als Leistung unbedingt ausgeschlossen erachtete die Rechtsprechung in den Fällen der Überweisung an einen anderen als im Überweisungsauftrag angegeben Empfänger. Die Bank führt in diesem Fall eine Überweisung aus, zu der ihr seitens ihres Kunden kein Auftrag erteilt wurde. Für die Zahlung an den falschen Empfänger fehlte es damit von vornherein an einer von dem Kunden erteilten Anweisung.[292] An einer solchen fehlt es nach der Rechtsprechung des BGH auch im Falle einer lediglich von einem mehrerer Inhaber eines Und-Kontos veranlassten Überweisung[293] sowie

---

Anweisung. Die für den Bereicherungsausgleich maßgebenden Leistungsbeziehungen seien in dem durch die Anweisung begründeten Dreiecksverhältnis nach dem ursprünglich übereinstimmenden Willen aller Beteiligten festgelegt. Die Bank wolle trotz Widerrufs mit der Überweisung lediglich eine Leistung an ihren Kunden erbringen und der Empfänger, auf dessen Sicht es ankomme (BGHZ 40, 272, 278 (31.10.1963); BGHZ 58, 184, 188 (24.2.1972)) fasse das aufgrund der vom Auftraggeber mit Erteilung des Dauerauftrages getroffenen Zweckbestimmung auch so auf, aaO, S. 381 bzw. 1349.

[291] BGH vom 9.5.1983, BGHZ 87, 246, 249.

[292] So schon BGH vom 31.5.1976, BGHZ 66, 372, 375. An der entscheidenden Stelle führt das Gericht aus, die irrtümliche Überweisung an einen anderen als den in der Anweisung bezeichneten Empfänger sei ein Unterfall der von vornherein fehlenden Anweisung. Er unterscheide sich nicht wesentlich vom Fall der Einlösung eines vom Aussteller nicht unterschriebenen Schecks (BGHZ 66, 362). Da die falsche Ausführung von der erteilten Anweisung nicht gedeckt ist, habe der Anweisende die Zahlung nicht veranlaßt und müsse sie sich deshalb nicht als eigene Leistung an den Empfänger zurechnen lassen. Aus neuerer Zeit OLG Bamberg vom 23.2.2000, NJW-RR 2001, 129, 130.

[293] BGH vom 28.1.1980, WM 1980, 438. Der BGH führte aus, die Verfügungen des einen der beiden Inhaber des Und-Kontos hätten das Guthaben auf dem Konto nicht geschmälert. Das Konto sei ein Gemeinschaftskonto gewesen, über das die Inhaber wirksam nur gemeinsam verfügen konnten (Und-Konto). Deshalb sei die nur von einem Kontoinhaber ausgehende Überweisung unwirksam und werde den Inhabern des Kontos nicht als Leistung zugerechnet, weil diese sie nicht veranlasst haben. Abweichend vom Urteil des BGH dagegen in jüngster Zeit das OLG Düsseldorf mit Urteil vom 6.4.2000, ZIP 2000, 1668. Dort führt das Gericht aus, dass der Rechtsprechung des BGH zu entnehmen sei, dass der Zahlungsempfänger von Störungen im Deckungsverhältnis unberührt bleiben solle. Dies müsse auch im Falle eines nur von einem mehrerer Inhaber eines Und-Kontos erteilten Überweisungsauftrages gelten, da anders als in den sonst üblichen Fällen, in denen es auf Grund mangelnder Geschäftsfähigkeit oder von Beginn an fehlender Anweisung genau genommen an der Existenz einer Weisung überhaupt fehle, allein ein Mangel in der Vollmacht vorliege, der eine Unwirksamkeit der Leistungszweckbestimmung innerhalb einer völlig ungestörten

im Falle einer nur von einem mehrerer Gesamtvertretungsberechtigter erteilten Anweisung[294]. Weiterer Fall der von vornherein fehlenden Anweisung ist die in einem gefälschten Überweisungsauftrag enthaltene.[295] An einer von vornherein fehlenden, weil rechtsgeschäftlich nicht zurechenbaren Anweisung fehlt es insbesondere im Falle der fehlenden Geschäftsfähigkeit des Anweisenden.[296] Auch in die Fallgruppe der fehlenden Anweisung dürfte die Zuvielzahlung zu rechnen sein, wenngleich der BGH in dem einschlägigen Urteil betont, auch ein objektiv denkender Empfänger hätte von einer Zuvielzahlung überzeugt sein müssen. Maßgebend aber dürfte die sich anschließende Gleichstellung mit der fehlgegangenen Leistung sein.[297] Lange Zeit offengelassen hat der BGH dagegen den Fall der arglistigen Täuschung des Überweisenden.[298] Zumindest für die arglistige Täuschung des Angewiesenen, es liege eine Anweisung des vermeintlich Anweisenden vor, hat der BGH die Frage im Sinne eines Zurechnungsmangels mit seiner Entscheidung vom 5.11.2002 entschieden.[299]

### (5) Wahrung der Konsistenz

Wie die Untersuchung der Rechtsprechung gezeigt hat, bestimmt sich der Bereicherungsausgleich in Fällen fehlerhafter Banküberweisungen nicht notwendigerweise nach der primären Risikoverteilung im Deckungsverhältnis. Nach dieser richtet sich nicht zwingend auch das Rückforderungsrisiko, da

---

Leistungsbeziehung zum Zahlungsempfänger nicht zu bewirken vermöge, jedenfalls dann nicht, wenn die Gutgläubigkeit des Zahlungsempfängers außer Frage stehe, aaO, S. 1669.

[294] BGH vom 20.3.2001, BGHZ 147, 145; NJW 2001, 1855. Dem Urteil lag allerdings ein Fall der Scheckeinlösung zugrunde. Der Scheck war nur von einem zweier Gesamtvertreter unterzeichnet worden. Ein Zurechnungsmangel liege auch in den Fällen vor, in denen die Anweisung und Tilgungs- bzw. Zweckbestimmung von einem vollmachtlosen Vertreter des Kontoinhabers abgegeben worden sei. Da die vollmachtlosen Willenserklärungen dem Kontoinhaber nach der Wertung des § 177 BGB nicht zugerechnet werden könnten gäbe es unter Zurechenbarkeitsgesichtspunkten keinen Grund, an dem eine ungerechtfertigte Bereicherung im Deckungsverhältnis zwischen Kontoinhaber und Bank anknüpfen könnte. Dabei mache es keinen Unterschied, ob für den Kontoinhaber ein vollmachtloser Einzelvertreter oder wie vorliegend nur einer von mehreren gesamtvertretungeberechtigten Vertretern gehandelt habe. Zweck sei gerade, dass der Vertretene nur durch übereinstimmende Willenserklärungen aller Vertreter berechtigt und verpflichtet werden könne, aaO, S. 151 bzw. 1856. Mit diesem Urteil hat der BGH auch die in der vorigen Note besprochene Rechtsansicht des OLG Düsseldorf verworfen.

[295] BGH vom 20.6.1990, NJW-RR 1990, 1200, 1201 und BGH vom 31.5.1994, ZIP 1994, 1098, 1099 f., mit Anmerkung von SCHNAUDER, Delikts- und bereicherungsrechtliche Haftung bei gefälschter Giroüberweisung, ZIP 1994, 1069.

[296] BGH vom 20.6.1990, BGHZ 111, 382, 386. Es ist allerdings anzunehmen, dass es sich neuerdings aufgrund des § 105a BGB für Kleinbetragsüberweisungen anders verhält.

[297] BGH vom 25.9.1987, NJW 1987, 185. Dass eine Zuvielzahlung dem Anweisenden nicht zugerechnet werden kann hat schon SCHNAUDER, Grundfragen, S. 144 herausgestrichen.

[298] Offen gelassen in BGH vom 1.6.1989, NJW 1989, 2879, 2881.

[299] BGH, WM 2003, 14, 15; NJW 2003, 582.

sich dieses daneben nach subjektiven Kriterien in der Person eines Dritten bemisst. Trägt etwa die Bank das primäre Risiko, da sie einen Widerruf missachtet hat, so kann es dennoch dazu kommen, dass ihr nicht die Rückforderung obliegt bzw. zusteht. Sie darf aufgrund des Widerrufs das Konto ihres Kunden nicht belasten, andererseits nicht vom Empfänger zurückfordern, wenn sich die Zuwendung aus dessen Sicht als Leistung des Überweisenden darstellt. Der Überweisende aber hat einen Vorteil erlangt, bestehend entweder in der Befreiung von einer Verbindlichkeit gemäß § 362 Abs. 1 BGB oder aber, indem ihm eine Leistungskondiktion gegen den Empfänger erwachsen ist. Das Bereicherungsrecht vermag es aber dennoch aufgrund seiner inhärenten Flexibilität, die Pflichtenlage konsistent zu halten, indem es der Überweisungsbank in diesen Fällen eine Nichtleistungskondiktion in Form der Rückgriffskondiktion gegen den Überweisenden zubilligt, im ersten Fall gerichtet auf Wertersatz, im zweiten Fall auf die Kondiktion der Kondiktion.[300]

Anders als im Falle des Primärrechts der Banküberweisung wird schon hieran deutlich, dass das Bereicherungsrecht weniger danach ausgerichtet ist, den *wirtschaftlichen Bedürfnissen des Giroverkehrs* Rechnung zu tragen, sondern erheblich von orginär bereicherungsrechtlichen Vertrauensschutzerwägungen bestimmt wird. Dies kann sogar, wie anhand der Rechtsprechung gezeigt wurde, zu einem Widerspruch zur Risikoverteilung auf der Primärebene führen, etwa wenn der Überweisungsempfänger der kondizierenden Bank eine vorrangige Leistungsbeziehung einwenden kann und damit – bei mangelhaftem Valutaverhältnis – der Überweisende und nicht seine Bank die Rückforderungslast trägt, obwohl er seinen Überweisungsauftrag rechtzeitig widerrufen hatte.

### c) Die Bestimmung der Rückabwicklungsverhältnisse in der Literatur

#### (1) Der moderne Leistungsbegriff der herrschenden Meinung

##### (a) Die Begriffsbildung

Der heute von Rechtsprechung und herrschender Lehre für die Bestimmung der bereicherungsrechtlichen Rückabwicklungsverhältnisse bemühte *moderne Leistungsbegriff* geht zurück auf die Ausführungen ERNST VON CAEMMERERS.[301] Ausgehend von dem Grundsatz, eine Leistungskondiktion finde im Verhältnis Leistender – Leistungsempfänger statt, suchte er eine Lösung für die Fälle mittelbarer Zuwendungen, die unter Einschaltung eines

[300] Zuletzt OLG Köln vom 7.3.2001, WM 2003, 17, dort zur Scheckeinlösung trotz Kontosperrung: Der Bank steht kein Recht zur Belastungsbuchung gegen den Kontoinhaber zu, sie kann bei ihm aber Bereicherungsausgleich suchen.

[301] Bereicherungsansprüche und Drittbeziehungen, JZ 1962, S. 385 – 389. Den Weg bereitet hat insoweit allerdings schon Wilburg, ungerechtfertigte Bereicherung, 1934.

Dritten als Leistungsmittler erfolgten. Einerseits belegt er am Beispiel der Anweisungsleistung, dass nach dem Willen der Beteiligten eine Rückabwicklung nur im Verhältnis vom Angewiesenem zum Anweisendem und von diesem zum Anweisungsempfänger erfolgen kann.[302] Andererseits aber untersagte das ursprünglich von Rechtsprechung und Lehre aufgestellte Unmittelbarkeitserfordernis ein Abgehen von der direkten Abwicklung zwischen dem tatsächlich Leistendem und dem Leistungsempfänger.[303] Aus diesem Grunde postuliert VON CAEMMERER, es komme nicht darauf an, wer tatsächlich geleistet habe, sondern wer rechtlich als Leistender und als Leistungsempfänger zu gelten habe.[304]

Im Anschluss an diese Vorarbeiten entwickelte sich der so genannte moderne Leistungsbegriff. Wurde ursprünglich die Leistung als die bewusste Mehrung fremden Vermögens definiert, so bildete sich die Definition, Leistung sei die bewusste und zweckgerichtete Mehrung fremden Vermögens.[305] Die Folge des modernen Leistungsbegriffs besteht im Abschied vom Tatbestand der unmittelbaren Vermögensverschiebung, der Befreiung vom gesetzlichen Tatbestand der Bereicherung des Schuldners aus dem Vermögen des Gläubigers. An die Stelle des gesetzlichen Tatbestands tritt die Ausrichtung der Kondiktion auf die Kausalverhältnisse. Nicht das Merkmal, welchem Vermögen die Bereicherung des Schuldners zuzurechnen ist, sondern die

---

[302] JZ 1962, 385, 387. Er führte aus, Zahlender und Zahlungsempfänger gingen davon aus, dass jeder von ihnen die Zahlung nur mit dem Anweisenden abzurechnen habe, dass die Zahlung also als Leistung des Anweisenden und als Leistung an diesen gelten solle. Um das Valutaverhältnis kümmere sich der Angewiesene grundsätzlich nicht. Von dem Zweck der Zahlung nehme etwa die Bank bei der Ausführung einer Überweisung keine Notiz. Der Zweck der Zahlung – Schuldtilgung, Kreditgewährung, Zahlung auf eine Nichtschuld – berühre die Bank nicht, sie zahle keine fremde Schuld. Das einzige, was hinsichtlich des Zwecks der tatsächlichen Leistung bestimmt sei, sei, dass es sich um eine Zahlung handele, die vom Empfänger dem Auftraggeber gutzuschreiben sei und derentwegen die Bank alleine mit diesem abzurechnen habe, aaO.

[303] Das Unmittelbarkeitserfordernis wurde im Anschluss an die Motive aufgestellt, vgl. MUGDAN II, S. 463; vgl. VON CAEMMERER, Bereicherungsansprüche und Drittbeziehungen, JZ 1962, 385.

[304] Bereicherungsansprüche und Drittbeziehungen, JZ 1962, 385.

[305] Vgl. aus der Rechtsprechung BGHZ 40, 272, 277 (31.10.1963); 43, 1, 11 (28.10.1964); 48, 70, 73 (29.5.1967); 56, 228, 239 (27.5.1971); 58, 184, 188 (24.2.1972); aus dem Schrifttum ESSER / WEYERS, Schuldrecht II, § 48 II; STAUDINGER / LORENZ, § 812 Rn. 4 ff; REUTER / MARTINEK, Ungerechtfertigte Bereicherung, S. 85 ff; SCHNAUDER, Delikts- und bereicherungsrechtliche Haftung bei gefälschter Giroüberweisung, ZIP 1994, 1069, 1073; ältere Beiträge stammen von BEUTHIEN, S. 283; KÖTTER, AcP 153 (1954), 195 f.; SCHEYHING, AcP 157 (1958-59), 371 f., 379, 383; BERG, AcP 160 (1961), 507; ROTHOEFT, AcP 163 (1963), 224 f.; VON CAEMMERER, FS Rabel I, 366; WEITNAUER, NJW 1979, 2008 f.

Zweckbestimmung der Vermögensmehrung, d.h. die Beziehung der Zuwendung des Schuldners auf eine causa personalisiert das Leistungsverhältnis.[306]

Für die Anweisungsfälle[307] ergibt sich daraus, dass die Leistungsbeziehungen zwischen Angewiesenem und Anweisendem und zwischen diesem und dem Anweisungsempfänger bestehen. Die Zahlung wird im Verhältnis des Angewiesenen zum Anweisenden, obwohl sie nicht an diesen selbst erfolgt, als Erfüllung angenommen und vom Angewiesenen zum Zweck der Erfüllung seiner Verpflichtung gegenüber dem Anweisenden bewirkt. Durch die Zweckvereinbarung zwischen dem Anweisenden und dem Empfänger wird die vom Anweisenden veranlasste Zahlung des Angewiesenen an den Empfänger so angesehen, als ob sie vom Anweisenden bewirkt wurde. Im Verhältnis des Angewiesenen zum Empfänger dagegen besteht kein Schuldverhältnis und wird demnach kein Zweck verfolgt. Die Zahlung ist daher in diesem Verhältnis abstrakt.[308] Es findet damit eine Umleitung der Leistung durch Zweckbestimmung statt.[309]

### (b) Anweisungsmängel

In der Literatur wird hervorgehoben, dass es sich bei der Zweckbestimmung, die eine Zuwendung zur Leistung qualifiziert, um einen rechtsgeschäftlichen Erklärungstatbestand handelt. Aus diesem Grunde wird durchweg gefordert, die Zweckbestimmung müsse dem vorgeblich Leistenden zuzurechnen

---

[306] WILHELM, Die Zurechnung der Leistung bei Widerruf einer Anweisung, insbesondere eines Schecks, AcP 175 (1975), S. 304, 305; eine gute Darstellung findet sich bei HASSOLD, Zur Leistung im Dreipersonenverhältnis, S. 58.

[307] Die Giroüberweisung ist keine Anweisung im engen Sinne der §§ 783 ff. BGB, sondern weicht davon in mehreren Punkten ab, insbesondere wird sie nicht, wie in § 783 BGB vorausgesetzt, indirekt, sondern direkt der angewiesenen Bank erteilt, vgl. zu den übrigen Abweichungen Hassold, Zur Leistung im Dreipersonenverhältnis, S. 33, m.w.N. Der Überweisungsauftrag enthält aber die mit der Anweisung verbundene Ermächtigung der Bank „für Rechnung" des Kunden zu leisten und ist der Anweisung des § 783 BGB insofern ähnlich. Aus diesem Grunde kann man von der Giroüberweisung als „Anweisung im weiten Sinne" sprechen, HASSOLD, Zur Leistung im Dreipersonenverhältnis, S. 34; CANARIS, FS Larenz, S. 800. Die Ausführung einer Banküberweisung stellt damit eine Leistung kraft Anweisung dar, auf die soweit passen die Regelungen der §§ 783 ff. BGB Anwendung finden, Motive II, S. 538; Palandt - SPRAU, § 783 Rn. 2; SCHNAUDER, Delikts- und bereicherungsrechtliche Haftung bei gefälschter Giroüberweisung, ZIP 1994, 1069, 1070; HASSOLD, Zur Leistung im Dreipersonenverhältnis, S. 33. Dass dies auch nach der Kodifikation des Überweisungsrechts in den §§ 676 a ff. BGB der Fall ist nimmt zu Recht SCHNAUDER, Risikozuordnung bei unbefugter Kreditkartenzahlung, NJW 2003, 849, 850 an. Das ist aus dem Grunde richtig, da die Regelungen der §§ 676a ff. BGB nur das Deckungsverhältnis zwischen Überweisungsbank und Auftraggeber der Überweisung regelt, nicht aber das Eintreten der davon abstrakten Leistungswirkungen.

[308] WEITNAUER, FS v. Caemmerer, S. 280 f.; SCHNAUDER, Grundfragen, S. 136.

[309] WEITNAUER, FS v. Caemmerer, S. 281.

sein. Eine Zurechnung wird nie angezweifelt bei bloßen Mängeln der Kausalverhältnisse.[310] Sie wird dagegen nicht vorgenommen bei der Erteilung einer gefälschten Anweisung[311] und bei der Geschäftsunfähigkeit des Anweisenden[312]. Ebenso wird plädiert für die Fälle der Zuviel- oder Doppelüberweisung.[313] Fehlt es demnach an der Zurechenbarkeit, so wird dem Angewiesenen, bei der Giroüberweisung also der Überweisungsbank, ein direkter Bereicherungsanspruch in Form einer Nichtleistungskondiktion zugesprochen.[314]

Die meiste Beachtung im Schrifttum findet der Fall der widerrufenen Anweisung. Das Recht des Anweisenden, die Anweisung dem Angewiesenen gegenüber zu widerrufen, wird durchweg angenommen. Das Widerrufsrecht wird entweder auf die Regelung des § 790 S. 1 BGB (bzw. analog)[315] oder der

---

[310] VON CAEMMERER, JZ 1962, 385, 387; MÖSCHEL, Fehlerhafte Banküberweisung und Bereicherungsausgleich, JuS 1972, S. 297, 301; HASSOLD, Zur Leistung im Dreipersonenverhältnis, S. 182; KUPISCH, Bankanweisung und Bereicherungsausgleich, WM Sonderbeilage Nr. 3 / 1979, S. 16, 17; vgl. aus der Rechtsprechung nur BGHZ 61, 289, 292, 293 (18.10.1973).

[311] VON CAEMMERER, JZ 1962, 385, 387; CANARIS, FS Larenz, S. 823; HASSOLD, Zur Leistung im Dreipersonenverhältnis, S. 143; MÖSCHEL, Fehlerhafte Banküberweisung und Bereicherungsausgleich, JuS 1972, S. 297, 302; SCHNAUDER, Delikts- und bereicherungsrechtliche Haftung bei gefälschter Giroüberweisung, ZIP 1994, 1069, 1071.

[312] VON CAEMMERER, JZ 1962, 385, 387; CANARIS, FS Larenz, S. 823; HASSOLD, Zur Leistung im Dreipersonenverhältnis, S. 141. Die Anweisung eines beschränkt Geschäftsfähigen hält HASSOLD, Zur Leistung im Dreipersonenverhältnis, S. 143 dagegen für wirksam, soweit er dadurch lediglich einen rechtlichen Vorteil erlange. Die Schuld des Angewiesenen im Deckungsverhältnis werde also nicht erfüllt, der in der Geschäftsfähigkeit beschränkte Gläubiger behalte seine Forderung gegen den Angewiesenen. Im Valutaverhältnis hingegen bringe ihm die Anweisungsleistung lediglich rechtlichen Vorteil, so dass sie dort als seine Leistung gelte; ebenso KUPISCH, Bankanweisung und Bereicherungsausgleich, WM Sonderbeilage Nr. 3 / 1979, S. 5. Anderer Ansicht hinsichtlich der Anweisung eines Geschäftsunfähigen allerdings MÖSCHEL, Fehlerhafte Banküberweisung und Bereicherungsausgleich, JuS 1972, S. 297, 301, 302. Dies ergibt sich für ihn aus einer Gleichstellung der Giroüberweisung mit der Barzahlung. Auch bei dieser stehe zwar dem Geschäftsunfähigen grundsätzlich die Vindikation des Bargeldes zu, die er aber bei Bestehen einer Schuld im Valutaverhältnis wegen § 986 Abs. 1 BGB nicht durchsetzen könne. Bei der Giroüberweisung erwerbe der Empfänger einen Anspruch gegen seine, die Empfängerbank, was unabhängig von Willensmängel des Anweisenden und somit der Erbringung tatsächlicher Leistungen des Geschäftsunfähigen gleich zu behandeln sei.

[313] VON CAEMMERER, JZ 1962, 385, 387 verneint die Zurechnung bei Zuviel- und Doppelüberweisung; ebenso MÖSCHEL, Fehlerhafte Banküberweisung und Bereicherungsausgleich, JuS 1972, S. 297, 301, 303;

[314] Siehe zur Entwicklung und zum dogmatischen Streit um die Einordnung der Kondiktion SCHNAUDER, Grundfragen, S. 140 ff, mit der Begründung, warum es sich nur um eine Nichtleistungskondiktion handeln kann. Er bezeichnet den Anspruch auf S. 143 als Eingriffskondiktion, was ebenfalls nicht vollständig zutreffend ist, da es sich mangels Eingriffs in den Zuweisungsgehalt eins fremden Rechts um eine Aufwendungskondiktion handelt, LARENZ / CANARIS, Schuldrecht II 2, § 70 IV 2 e) (S. 229).

[315] WILHELM, Die Zurechnung der Leistung bei Widerruf einer Anweisung, insbesondere eines Schecks, AcP 175 (1975), S. 304, 320 ff. Eine Analogie, wenn man die §§ 783 ff.

§§ 168 S. 3, 167 Abs. 1 BGB gestützt[316]. Da es danach nicht erforderlich ist, auch dem Anweisungsempfänger gegenüber den Widerruf zu erklären, wird daneben die Notwendigkeit eines Empfängerschutzes anerkannt. Diesbezüglich wird dem freien Argumentieren der Rechtsprechung mit allgemeinen Grundsätzen der Vertrauenshaftung vorgeworfen, sie verkenne, dass es sich bei der Zurechnung als Leistung des Anweisenden um die rechtsgeschäftliche Geltung eines Erklärungsverhaltens handele.[317] Aus diesem Grunde wird eine Analogie zu den gesetzlich geregelten Tatbeständen der Vertrauenshaftung in den §§ 170 ff. BGB vorgeschlagen. Auch bei den §§ 170 ff. BGB gehe es darum, dem Handeln einer Person rechtliche Fremdwirkung beizumessen. Aufgrund der Ähnlichkeit der Tatbestände, Erklärung mit Fremdwirkung auf der einen, Leistung für Rechnung eines anderen auf der anderen Seite, wird sogar vorgebracht, es handele sich um eine zwingende Analogie.[318]

Umstritten ist allerdings das Anwendungsergebnis der Rechtsscheinsvorschriften der §§ 170 ff. BGB auf die widerrufene Giroüberweisung. Einerseits wird vorgebracht, die Bank übermittle als Botin dem Empfänger die Empfängerdurchschrift des Überweisungsformulars, also eine für den Empfänger bestimmte Erklärung des Kunden, welche die Mitteilung des Kunden enthalte, dass er die Bank intern angewiesen habe. Insofern entspreche die Gutschrift zugunsten des Empfängers unter Vorlage des Überweisungsträgers dem Fall der Zuwendung des Vertreters im Namen des Vollmachtgebers an einen Dritten, dem die Erteilung der Innenvollmacht angezeigt worden sei, § 171 BGB.[319] Außerdem sei der Tatbestand des § 172 BGB in analoger Anwendung erfüllt, in der Übermittlung der Erklärung des Anweisenden liege ein der Vorlage einer Vollmachtsurkunde ähnlicher Fall.[320] Andererseits wird vorgebracht, im Gegensatz zu der begebenen Anweisung, also der Anweisung im Sinne des § 783 BGB oder dem Scheck, erteile der Kunde die Bankanweisung nicht dem Empfänger, sondern der Bank. Eine rechtsgeschäftliche Zurechnung könne sich allenfalls aus der Übersendung der Überweisungsdurchschrift an den Empfänger ergeben. Dazu müsste man die Anweisung als Ermächtigungsurkunde im Sinne des § 172 I BGB ansehen. Diese Einordnung aber sei zu verwerfen. Anders als bei der externen Vollmacht legitimiere sich

---

BGB auf die Anweisung im weiten Sinne, also die Giroüberweisung nicht unmittelbar anwenden wollte.

[316] Dahingestellt bei HASSOLD, Zur Leistung im Dreipersonenverhältnis, S. 133.

[317] HASSOLD, Zur Leistung im Dreipersonenverhältnis, S. 104 f. und WILHELM, Die Zurechnung der Leistung bei Widerruf einer Anweisung, insbesondere eines Schecks, AcP 175 (1975), S. 304, 314.

[318] HASSOLD, Zur Leistung im Dreipersonenverhältnis, S. 104.

[319] HASSOLD, Zur Leistung im Dreipersonenverhältnis, S. 185. Dass die Mitteilung dem Empfänger nach dem Erlöschen der Anweisung durch internen Widerruf, §§ 168 S. 3, 167 I BGB, und dass sie durch die Bank übermittelt wurde, sei ohne Bedeutung, da auch so für den Empfänger der Rechtsschein der Leistung aufgrund einer bestehenden Anweisung entstehe.

[320] HASSOLD, Zur Leistung im Dreipersonenverhältnis, S. 186.

die Bank durch die Bankanweisung dem Empfänger gegenüber nicht, sondern führe die Anweisung aus und übersende die Empfängerdurchschrift zur Kennzeichnung der Zahlung.[321] Es stellt sich die Frage, ob dieser Meinungsstreit ob der Neuerung im Giroverkehr auf die Übermittlung einer Empfängerdurchschrift zu verzichten, noch von Relevanz ist. CANARIS bejaht diese Frage, wie im folgenden erläutert werden soll.

### (2) der Ansatz von CANARIS

#### (a) Rückabwicklung innerhalb der Kausalverhältnisse

CANARIS steht einer Bestimmung der Rückabwicklungsverhältnisse anhand des modernen Leistungsbegriffes skeptisch gegenüber und propagiert dessen Aufgabe zugunsten eines anderen Modells zur Festlegung der Parteien der Rückabwicklung. Die dem Leistungsbegriff zugrundeliegende Hypothese, wonach der Angewiesene nicht Leistender, sondern lediglich Leistungsmittler sei, da er gegenüber dem Anweisungsempfänger keinen eigenständigen Zweck verfolge, versage, wenn ihn diesem gegenüber eine Rechtspflicht zur Leistung treffe. Dann verfolge er mit der Zahlungsmittlung auch einen eigenen Leistungszweck.[322] Da aber die Begründung einer Verpflichtung die Position des Empfängers stärken solle, dürfe es dort nicht zu seinen Lasten zu einer direkten Direktkondiktion der Bank kommen, während ihm ohne eine derartige Leistungspflicht unter Umständen abstrakter Vertrauensschutz zukomme. Die Rückabwicklung habe stets in derselben Weise zu erfolgen. Da sich dies nicht anhand der Leistungsbeziehungen erreichen lasse, geht CANARIS daran, sein eigenes Modell zu entwickeln. Dafür identifiziert er zunächst drei maßgebliche Wertungskriterien. Jeder Beteiligte an einem Mehrpersonenverhältnis sei bestrebt, die Einwendungen gegen seinen Partner im Kausalverhältnis zu erhalten.[323] Weiter bestehe ein Interesse, nicht mit den Einwendungen aus einem fremden Rechtsverhältnis konfrontiert zu werden.[324] Als dritter Gesichtspunkt

---

[321] WILHELM, Die Zurechnung der Leistung bei Widerruf einer Anweisung, insbesondere eines Schecks, AcP 175 (1975), S. 304, 349 f.

[322] CANARIS, Der Bereicherungsausgleich im Dreipersonenverhältnis, FS Larenz, S. 799, 805. In der Tat ist eine solche Verpflichtung der Überweisungsbank in § 676a Abs. 1 S. 1 BGB bei der Hausüberweisung vorgesehen.

[323] Im Falle des nichtigen Valutaverhältnisses bestehe ein Interesse des Anweisungsempfängers, hinsichtlich der von ihm erbrachten Gegenleistung in den Genuß eines Zurückbehaltungsrechts zu kommen, was nur bei einer Kondiktion des Anweisenden der Fall sei, aaO., S. 802.

[324] Komme es etwa im Fall eines mangelhaften Deckungsverhältnisses zu einer Direktkondiktion der Bank gegen den Zahlungsempfänger, so sei dieser von der Nichtigkeit eines Rechtsverhältnisses betroffen, dessen Partei er nicht sei und auf dessen Wirksamkeit er keinen Einfluß habe, FS Larenz, S. 799, 802 f.

erscheint die gerechte Verteilung des Insolvenzrisikos.[325] Diese Wertungen bedingen nach CANARIS grundsätzlich eine Rückabwicklung innerhalb der Kausalverhältnisse, da damit die durch die Begründung der Kausalverhältnisse geschaffenen Risiken gerecht verteilt würden.[326] Die Parteien würden damit an der von ihnen geschaffenen Risikoordnung festgehalten, da jeder die Risiken des Partners trägt, mit dem ihn das mangelhafte Kausalverhältnis verbindet.[327]

#### (b) Risikobegründende Akte

Da CANARIS die Maßgeblichkeit der Kausalverhältnisse aber gerade auch für der Fall deren Unwirksamkeit begründen will, bedarf es der Abstraktion der Risikoverteilung von der Wirksamkeit der zugrunde liegenden Beziehungen. Deshalb geht er davon aus, die Parteien würden die Risikoverteilung durch so genannte risikobegründende Akte vornehmen, die von der Begründung der Kausalverhältnisse losgelöst seien. Diese Akte bestünden auf Seiten des Anweisenden in der Erteilung der Anweisung, auf Seiten des Angewiesenen in deren Ausführung und auf Seiten des Empfängers im Einverständnis mit der Leistung vermittels des Angewiesenen.[328] Da es sich nach dem Ansatz CANARIS‘ um eine privatautonom begründete Risikoordnung handelt, ist Voraussetzung, dass den Beteiligten die risikobegründenden Akte zugerechnet werden können, anderenfalls rechtfertige sich der damit begründete abstrakte Vertrauensschutz zugunsten des Anweisungsempfängers nicht.[329] Fehle es an

---

[325] Auch dieses sei den Partnern des jeweils fehlerhaften Kausalverhältnisses aufzuerlegen. Die betreffende Vertragspartei sei am Risiko ihres Vertragspartners „näher dran“, habe sie sich diesen ja als Vertragspartner ausgesucht und damit auf dessen Kreditwürdigkeit vertraut. Auch habe sie den besseren Einblick in seine Verhältnisse und die Möglichkeit, Sicherungsmaßnahmen zu ergreifen. Wäre der Bereicherungsausgleich etwa zwischen Angewiesenem und Anweisungsbegünstigtem vorzunehmen, so sei es unbillig, ersteren mit dem Konkursrisiko des letzteren zu belasten, mit dem er einen Vertrag gar nicht geschlossen hat. Andererseits aber sei der Angewiesene in diesem Fall auch zu Unrecht vom Konkursrisiko des Anweisenden befreit, da ihm der Durchgriff auf den Anweisungsbegünstigten zustünde, FS Larenz, S. 799, 803.

[326] FS Larenz, S. 799, 803 f.

[327] FS Larenz, S. 799, 814.

[328] FS Larenz, S. 799, 815. Das Einverständnis des Empfängers könne entweder in der Angabe der Kontonummer, möglicherweise aber auch schon in der Eröffnung des Girokontos liegen.

[329] Als unproblematisch ausgeschlossen erachtet CANARIS die Zurechnung bei Fehlerhaftigkeit des Zuwendungsvorganges, wenn also etwa der dingliche Erwerbsakt unwirksam ist. Dann stehe – etwa im Bereich des Sachenrechts – dem Angewiesenen auch die Vindikation zu, so dass bei einer Direktkondiktion des Angewiesenen gegen den Empfänger Wertungskongruenz bestehe. Der komplexere Fall sei derjenige des Zurechnungsmangels in der Person des Anweisenden. Auch dann gehe es um die Zurücksetzung der Interessen des Empfängers an einer Abwicklung im Kausalverhältnis hinter diejenigen des Angewiesenen, wozu aber in dieser Gestaltung weniger Anlass bestehe da das Handeln des Angewiesenem keinem Zurechnungsmangel unterliege. Gleichwohl bestehe für diesen ein Schutzbedürfnis, da er wegen des Zurechnungsmangels auf Seiten des Anweisenden gegen diesen lediglich

der Zurechenbarkeit, so könne es zu einer anders gelagerten Rückabwicklung im Wege einer Direktkondiktion des Angewiesenen gegen den Anweisungsempfänger kommen.[330] Dann bestehe keine Rechtfertigung dafür, den Anweisungsempfänger über den konkreten Vertrauensschutz des § 818 Abs. 3 BGB hinaus zu schützen.[331]

### (c) Zurechnungskriterien bei Anweisungsmängeln

Ausgangspunkt für die Aufstellung von Zurechnungskriterien ist für CANARIS die Qualifikation der die Risikoordnung begründenden Akte als Rechtsgeschäfte oder rechtsgeschäftsähnliche Handlungen. Es gehe um die Bindung an eine im rechtsgeschäftlichen Verkehr geschaffene Risikoordnung, also um aus der Privatautonomie folgende Selbstverantwortung. Daher will er die Vorschriften über Willenserklärungen unmittelbar oder analog angewendet wissen. Die Zurechnung sei daher bei Zwang, Vertretung ohne Vertretungsmacht, Fälschung sowie fehlender oder beschränkter Geschäftsfähigkeit ausgeschlossen.[332] Ebenso möchte er für den Fall des § 123 BGB entscheiden. Für die arglistige Täuschung sei dies unproblematisch, wirke diese gemäß § 123 Abs. 2 BGB ohnehin nur gegenüber dem Bösgläubigen. Auch bei der Drohung aber habe das Gesetz den Schutz des Bedrohten über Verkehrs- und Vertrauensschutz gestellt.[333]

Für die Widerrufsfälle bei der Giroüberweisung zieht CANARIS die Vorschriften der §§ 170 ff. BGB über die Rechtsscheinshaftung heran. Im Falle

---

einen Bereicherungsanspruch innehabe, mit dessen typischen Schwächen, wie etwa bei der Kondiktion der Kondiktion die Kumulation von Einwendungs- und Insolvenzrisiken. Zudem könne der Empfänger bei fehlender Zurechnung den gesteigerten Verkehrsschutz des Abstraktionsprinzips nicht beanspruchen. Mit der Anweisung fehle zugleich die vom Angewiesenen als Boten überbrachte Zweck- und Tilgungsbestimmung des Anweisenden, die den Erwerb auf das Valutaverhältnis beziehe und somit einen Angelpunkt der Risikoverteilung darstelle. Sei damit auch für den Empfänger die Anweisung von zentraler Bedeutung, so sei er bei deren Fehlen nicht schutzwürdiger als der Angewiesene und werde über § 818 Abs. 3 BGB ausreichend geschützt, aaO. S. 821 f. Auch auf Seiten des Anweisenden ergeben sich für CANARIS keine Gesichtspunkte, die gegen die Zulassung einer Durchgriffskondiktion sprechen. Zunächst stehe diesem die Möglichkeit der Genehmigung der nicht ermächtigten Zuwendung „auf seine Rechnung" gemäß oder analog § 180 S. 2 BGB zu. Auch entstehe im Falle seiner Insolvenz kein ungerechtfertigter Nachteil für seine Gläubiger, da der Leistungsgegenstand niemals Bestandteil seines Vermögens gewesen sei. Im Gegenteil würden diese durch eine Doppelkondiktion unbegründet zu Lasten des Angewisenen begünstigt: Die Gläubiger des Anweisenden hätten den Zugriff auf die Kondiktion im Valutaverhältnis und könnten den Anweisenden im Deckungsverhältnis auf die Konkursquote beschränken, FS Larenz, S. 799, 822.

[330] FS Larenz, S. 799, 820.

[331] FS Larenz, S. 799, 818, 821 f., 825.

[332] FS Larenz, S. 799, 823.

[333] FS Larenz, S. 799, 823 f.

des widerrufenen Dauerauftrages sei die Analogie zu den §§ 170, 171 Abs. 2, 172 Abs. 2 BGB geradezu schlagend, dürfe der Zahlungsempfänger angesichts der bisherigen Ausführung des Auftrages auf dessen Fortbestand vertrauen.[334] Ebenso sei für den Widerruf eines Einzelauftrages zu entscheiden. Dort stellt er zunächst auf den Überweisungsträger ab. Dieser sei zwar im Unterschied zur Vollmachtsurkunde nicht auf eine Legitimierung der Bank gerichtet, erlaube aber den Rückschluss auf deren Befugnis zur Übermittlung der Zweckbestimmung, so dass der Überweisungsempfänger in ähnlicher Weise schutzwürdig sei wie bei dem Widerruf einer Vollmacht.[335] In Bezug auf die *Neuerung des Giroverkehrs* auf die Übermittlung eines Überweisungsträgers zu verzichten, führt CANARIS aus, dass es angesichts der Realitäten des bargeldlosen Zahlungsverkehrs wirklichkeitsfremd und angesichts der Tatsache, dass der Überweisungsauftrag wirklich erteilt wurde, ein bloßer Formalismus sei zu fordern, dass der Empfänger den Überweisungsträger im Original zu Gesicht bekommen habe.[336]

### (d) Kritik

Die Kritik an CANARIS' Ansatz bezieht sich hauptsächlich auf die darin enthaltene Abkehr von der Maßgeblichkeit der Leistungsverhältnisse für die Bestimmung der Rückabwicklungsverhältnisse.[337] Dem liegt die Überlegung zugrunde, dass es nach der Systematik des deutschen Rechts mit der Verselbstständigung des Erfüllungsgeschäftes der Leistung des Schuldners bedarf, um eine gegen ihn gerichtete Forderung zu erfüllen. Bei zweifelhafter Rechtslage ist der Schuldner in der Verteidigung, der Gläubiger muss die Leistung einklagen, wenn sie nicht freiwillig erbracht wird. Auch die Insolvenzrisiken unter den Beteiligten ändern sich erst mit Erbringung der Leistung. Der Gläubiger wird gegenüber der Vollstreckungsgemeinschaft in der Insolvenz nur durch den Akt der Leistungserbringung, die Erfüllung privilegiert, andernfalls steht ihm nur ein Anspruch *par conditio* zu. Auch ist es erst die Leistung, die für den Schuldner das Risiko begründet, eines Gegenstandes seines eigenen Vermögens verlustig zu gehen, etwa wenn er im Falle der Rückabwicklung in der Insolvenz auf einen Insolvenzanspruch beschränkt ist.[338] Hat er seine Leistung noch nicht erbracht, kann er sie zurückhalten und trägt nur das Risiko hinsichtlich des ihm vom Gläubiger aus dem Verpflichtungsge-

---

334 LARENZ / CANARIS, Schuldrecht II 2, § 70 IV 3 a) (S. 231) und Canaris, JZ 1984, 627.

335 CANARIS, Bankvertragsrecht, Rn. 439 (S. 290).

336 LARENZ / CANARIS, Schuldrecht II 2, § 70 IV 3 d) (S. 232).

337 Zur Kritik insbesondere HASSOLD, Zur Leistung im Dreipersonenverhältnis, S. 54 ff, 232 ff.

338 Dass ein Bereicherungsanspruch im Falle des Eintritts der Bereicherung vor Eröffnung des Insolvenzverfahrens ein schlichter Insolvenzanspruch ist, belegt ein Gegenschluss zu § 55 Abs. 1 Nr. 3 InsO, wonach eine Masseverbindlichkeit nur dann vorliegt, wenn die Masse ungerechtfertigt bereichert wurde.

schäft aus dessen Vermögen Geschuldeten.[339] Bis zum Zeitpunkt der Leistungsvornahme steht überdies auch noch nicht fest, ob nicht die Erfüllung ausbleibt, in anderer Form, § 364 Abs. 2 BGB, durch einen anderen, § 267 Abs. 1 BGB, oder an einen anderen erfolgt, §§ 362 Abs. 1, 185 BGB. Auch kann sie durch einen anderen übernommen werden, § 414 BGB. Trotz schuldrechtlicher Verpflichtung kommt es also unter Umständen gar nicht zu einer Leistungskondiktion oder sie entsteht zwischen anderen Personen als den Parteien des Kausalverhältnisses oder sie erhält einen anderen Inhalt als die im Verpflichtungsgeschäft vereinbarte Schuld. Erst durch die Leistung entstehen konkrete Rückabwicklungsrisiken und erst durch die Leistung wird der Inhalt und die Parteien der Rückabwicklung bestimmt.[340] Zugestanden wird CANARIS aber, dass die Kausalverhältnisse ein starkes Indiz für die Bestimmung der Leistungsverhältnisse darstellen.[341]

Weiterer Kritikpunkt ist das Verlangen CANARIS' nach einem Einverständnis des Anweisungsempfängers mit der Leistung vermittels des Angewiesenen. Könne der Empfänger nach § 267 Abs. 1 S. 2 BGB schon die Eigenleistung eines Dritten nicht ablehnen, so gelte dies erst recht für eine Anweisungsleistung.[342]

### (3) KUPISCH und LIEB

#### (a) Grundmodell bei KUPISCH

KUPISCH tritt zwar für eine Rückabwicklung innerhalb der Leistungsverhältnisse ein, möchte aber den Leistungsbegriff abweichend definieren. Im allgemeinen Schuldrecht sowie im Bereicherungsrecht bestehe eine Leistung übereinstimmend in der bewußten Mehrung fremden Vermögens. Verzichtet wird damit auf das Kriterium der Zweckgerichtetheit, Leistung und Vermögensverschiebung fallen zusammen. Dies ist der klassische Leistungsbegriff.

Bei der Anweisung leistet demnach der Angewiesene an den Anweisungsempfänger.[343] Dennoch möchte KUPISCH die Rechtsfolgen dieser Leistung in zwei anderen Rechtsverhältnissen, dem Deckungs- und dem Valutaverhältnis, eintreten lassen. Dies ergibt sich für ihn aus den Vorschriften der §§ 362 Abs. 1 und 2, 267 Abs. 1 BGB, wonach für die Befreiung des Angewiesenen gegenüber dem Anweisenden genüge, dass er die Leistung mit des-

[339] Hierzu schon WILHELM, Die Zurechnung der Leistung bei Widerruf einer Anweisung, insbesondere eines Schecks, AcP 175 (1975), S. 304, 310 ff., 318. Die Richtigkeit dieser Anschauung aus heutiger Sicht bestätigt § 103 Abs. 2 InsO.
[340] So auch HASSOLD, Zur Leistung im Dreipersonenverhältnis, S. 55.
[341] WILHELM, Die Zurechnung der Leistung bei Widerruf einer Anweisung, insbesondere eines Schecks, AcP 175 (1975), S. 304, 319, HASSOLD, Zur Leistung im Dreipersonenverhältnis, S. 55.
[342] HASSOLD, Zur Leistung im Dreipersonenverhältnis, S. 56.
[343] KUPISCH, Bankanweisung und Bereicherungsausgleich, WM Sonderbeilage Nr. 3 / 1979, S. 4.

sen Einverständnis an einen Dritten erbringe und der Anweisende dem Empfänger gegenüber befreit werde, wenn die geschuldete Leistung ungeachtet des Leistenden bewirkt werde, sofern keine schutzwürdigen Belange entgegenstünden.[344] Für den Eintritt der Leistungsfolgen in Deckungs- und Valutaverhältnis sei aber, wie § 362 Abs. 2 BGB mit seinem Verweis auf § 185 BGB belege, eine nach dem Recht der Willenserklärungen wirksame Einwilligung des Anweisenden erforderlich. Diese liege in der in der Anweisung enthaltenen Ermächtigung, durch die der Angewiesene die Befugnis erhalte, aus seinem Vermögen mit Rechtsfolgen gegen den Anweisenden an den Empfänger zu leisten. Liegt eine solche wirksame Anweisung vor, so treten nach KUPISCH die Rechtsfolgen der Leistung in Deckungs- und Valutaverhältnis ein.[345]

### (b) Bereicherungsausgleich in Deckungs- und Valutaverhältnis

Ist das Deckungs- oder Valutaverhältnis unwirksam, so gibt KUPISCH bei Wirksamkeit der davon abstrakten Anweisung im jeweiligen Verhältnis eine Leistungskondiktion. Da er aber davon ausgeht, dass nach der gesetzlichen Vorgabe des § 812 Abs. 1 S. 1 BGB die Bereicherung „auf Kosten“ des Bereicherungsgläubigers Merkmal jedes Kondiktionstyps ist[346], kann es sich dabei nur um eine Analogie zu § 812 BGB handeln, da der Anweisende nichts aus dem Vermögen des Angewiesenen und der Empfänger nichts aus dem Vermögen des Anweisenden erlangt hat.[347] Die Analogie begründet KUPISCH, indem er die Anweisungsleistung der Veräußerungskette gleichstellt, bei welcher dem Erstveräußerer die Kondiktion gegen den Zweitveräußerer und nicht gegen den Zweiterwerber zusteht.[348] Die in der Anweisungsleistung liegende Abkürzung beruhe alleine auf Rationalisierungsüberlegungen und sei daher wertungsneutral und könne deshalb nicht zu einer unterschiedlichen rechtlichen Behandlung führen.[349] Daher gelte bei wirksamer Erteilung der Anweisung: als habe der Angewiesene an den Anweisenden und dieser an den Anweisungsempfänger geleistet.[350] Das Merkmal „auf dessen Kosten“ des § 812 BGB wird dahingehend abstrahiert, der Kondiktionsgläubiger müsse dem Kondiktionsschuldner etwas aus seinem Vermögen zur Disposition gestellt haben. Dafür genüge auf seiten des Angewiesenen, dass er einen Vermögens-

---

[344] Nicht erforderlich sei, wie zum einen der Wortlaut des § 362 Abs. 1 BGB und die Vorschrift des § 267 Abs. 1 BGB zeige, dass der Schuldner selbst die Leistung erbringe. Auch § 787 Abs. 1 BGB weise in diese Richtung, WM Sonderbeilage Nr. 3 / 1979, S. 4 f.

[345] WM Sonderbeilage Nr. 3 / 1979, S. 6.

[346] WM Sonderbeilage Nr. 3 / 1979, S. 11.

[347] KUPISCH, FS Coing, S. 239, 242, 243.

[348] Der Giroüberweisung käme eine Übereignung von Bargeld seitens des Angewiesenen an den Anweisenden und von diesem an den Anweisungsempfänger gleich. Dann aber stünde dem Angewiesenen eine Kondiktion gegen den Anweisenden und diesem gegen den Empfänger zu, WM Sonderbeilage Nr. 3 / 1979, S. 7.

[349] WM Sonderbeilage Nr. 3 / 1979, S. 6 f., 15.

[350] WM Sonderbeilage Nr. 3 / 1979, S. 7.

gegenstand auf Anweisung in das Vermögen eines Dritten überführt und auf seiten des Anweisenden, dass ein Dritter auf seine Anweisung hin den Vermögensgegenstand verschafft.[351]

### (c) Anweisungsmängel

Dreh- und Angelpunkt des Eintritts der Rechtsfolgen entsprechend der Veräußerungskette ist die nach dem Recht der Willenserklärungen wirksam erteilte Anweisung. Dabei handele es sich um eine rechtlich verselbstständigte Willenserklärung, so dass der Eintritt der Leistungsfolgen entsprechend der Veräußerungskette auch bei Unwirksamkeit der Kausalverhältnisse möglich ist.[352] Da es auf die Wirksamkeit nach dem Recht der Willenserklärungen ankommt, schließt KUPISCH die Rechtsfolgenerstreckung aus, wenn der Anweisende geschäftsunfähig oder beschränkt geschäftsfähig war und der gesetzliche Vertreter nicht zustimmt. Sie scheidet auch aus, wenn der Anweisende nicht verfügungsbefugt war, eine Anweisung nicht vorlag, widerrufen oder angefochten wurde. Den Eintritt von Leistungsfolgen aufgrund Vertrauensschutzes zugunsten des Anweisungsempfängers hält KUPISCH nur für den Fall der im Scheck enthaltenen indirekten Anweisung für möglich, schließt ihn damit bei der Giroüberweisung aus.[353] Findet die Rechtsfolgenerstreckung nicht statt, so rechtfertigt sich auch die analoge Anwendung des § 812 BGB nicht, so dass es nicht entsprechend der Veräußerungskette zur Rückabwicklung in Deckungs- und Valutaverhältnis kommt. Es bleibt beim gesetzlichen Tatbestand, wonach aufgrund der bewußten Vermögensmehrung und der Erlangung des Vorteiles auf dessen Kosten eine Leistungskondiktion des Angewiesenen gegen den Empfänger gegeben ist.[354]

### (d) Das Modell von LIEB

Der Auffassung KUPISCHs sehr nahe steht diejenige von LIEB.[355] Entgegen der h.M., welche die Rückabwicklungsrichtung anhand der Zweckverfolgung festlegt, sieht er den Grund für die Rückabwicklung innerhalb der Kausalverhältnisse in der Erteilung der Anweisung und ihrer Befolgung. LIEB formuliert mit KUPISCH dahin, dass die tatsächliche Zuwendung des Angewiesenen an den Empfänger, wenn ihr eine Anweisung zugrunde liegt, bei nor-

---

[351] KUPISCH, FS Coing, S. 239, 246 f.

[352] Dies schließt KUPISCH daraus, dass es unerheblich sein müsse, ob die Anweisung zeitgleich mit dem Deckungsgeschäft, oder aber später erteilt werde. Das Verhältnis der Ermächtigung zu Grundgeschäft sei vergleichbar mit demjenigen der Vollmacht mit dem ihrer Erteilung zugrunde liegenden Rechtsgeschäft, WM Sonderbeilage Nr. 3 / 1979, S. S. 8, 14.

[353] WM Sonderbeilage Nr. 3 / 1979, S. 13.

[354] WM Sonderbeilage Nr. 3 / 1979, S. 5, 10.

[355] MüKo-LIEB, § 812.

mativer Betrachtungsweise rechtlich als Leistung des Angewiesenen an den Anweisenden und als Leistung des Anweisenden an den Empfänger anzusehen ist.[356]

Fehlt eine Anweisung, so könne auch bei Gutgläubigkeit des Empfängers nur eine Direktkondiktion erfolgen. Dazu bemüht LIEB den Satz aus der Rechtsscheinslehre, wonach selbst der Gutgläubige bei fehlender Zurechenbarkeit nicht geschützt wird.[357] Aus diesem Grunde sei es irreführend, wenn in Rechtsprechung und Literatur die Rückabwicklung über Eck als Regel und die Direktkondiktion dagegen als rechtfertigungsbedürftige Ausnahme angesehen werde. Das Gegenteil sei einleuchtender, setzte ja die Rückabwicklung innerhalb der jeweiligen Kausalverhältnisse stets voraus, dass die Zurechnung der direkten Zuwendung auf die Kausalverhältnisse möglich sei. Gelinge diese Zurechnung nicht, so bleibe es bei dem Regeltatbestand der Direktkondiktion.[358]

Ein Vertrauensschutz aus Rechtsscheinsgesichtspunkten kommt für LIEB nur im Fall der einmal erteilten, dann aber widerrufenen Anweisung in Frage.[359] Hierfür zieht LIEB zunächst das Veranlassungsprinzip als anerkannten Zurechnungsgrund heran[360], spricht sich aber aufgrund der Unschärfe dieser Figur für die Maßgeblichkeit der Schutzwürdigkeit des Empfängers aus.[361] Es gehe darum, ob sich der scheinbar Anweisende den Anschein einer von

356 MüKo-LIEB, § 812 Rn. 31. KUPISCH, FS Coing, S. 250 ff. bemerkt an der Auffassung LIEBS, dass für diesen – anders als für ihn – Probleme der Gesetzesanwendung und der Rechtsquelle nicht zu existieren scheinen und dies als Frucht der normativen „als ob-Betrachtung". Diese habe für Lieb anscheinend vor allem Auswirkungen auf den Tatbestand, mache die weisungsgemäße Zahlung des Angewiesenen an den Empfänger zur Zahlung des Angewiesenen an den Anweisenden und von diesem an den Empfänger. Die normative Betrachtungsweise „als ob" stellt damit für KUPISCH eine Fiktion im technischen Sinne dar, weil sie den Anweisungstatbestand der Zahlung des Angewiesenen an den Empfänger auf die Ebene des Tatbestandes Zahlung des Angewiesenen an den Anweisenden und von diesem an den Empfänger hebe, womit dann das Gesetz in unmittelbarer Weise Anwendung finden könne. Die Fiktion unterscheide sich von der von KUPISCH vorgeschlagenen Analogie dadurch, dass die Gleichbewertung zweier Tatbestände nicht unmittelbar, etwa durch Erstreckung der Rechtsfolgen, angeordnet werde, sondern durch die Fiktion, der zweite Tatbestand sei ein Fall des ersten Tatbestands. Insofern handele es sich bei der Fiktion um eine verdeckte Verweisung. Kritisch steht KUPISCH dem insoweit gegenüber, als zum einen durch die Fiktion verdeckt wird, dass mit ihr eigentlich die Durchbrechung des gesetzlichen Axioms – etwas erlangt auf seiten des Anweisenden und auf dessen Kosten eine Bereicherung des Empfängers – verdeckt wird. Diese Lösung aber biete sich nur an, wenn man an den Voraussetzungen des gesetzlich geregelten Tatbestandes, dem Axiom, unverbrüchlich festhalten wolle.

357 MüKo- LIEB, § 812 Rn. 54, die Gutgläubigkeit sei notwendige, nicht hinreichende Voraussetzung der Gewährung von Rechtsscheinsschutz.

358 MüKo- LIEB, § 812 Rn. 55.

359 MüKo- LIEB, § 812 Rn. 60.

360 MüKo- LIEB, § 812 Rn. 68.

361 MüKo- LIEB, § 812 Rn. 69. Vorgebracht wurde dieses Kriterium erstmals von MÖSCHEL, JuS 1972, 297, 303.

ihm gesetzten, vom Angewiesenen als Boten überbrachten Tilgungsbestimmung zurechnen lassen müsse. In Frage komme daher nur ein Schutz des Rechtsscheins hinsichtlich der Botenmacht des Angewiesenen.[362] Dennoch sprechen LIEBs Ansicht nach die besseren Argumente gegen die Rückabwicklung übers Dreieck und für die Direktkondiktion. Insbesondere erscheint ihm der Rechtsscheinstatbestand zu schwach ausgeprägt. Auch sei zu berücksichtigen, dass sich die Rückabwicklung übers Dreieck bei Fehlerhaftigkeit des Valutaverhältnisses nur im Wege der Kondiktion der Kondiktion vollziehen könne, was einen überflüssigen Umweg darstelle. Das unvermeidliche Ergebnis lasse sich im Wege der Direktkondiktion besser erreichen, zumal der Schutz des Empfängers über § 818 Abs. 3 BGB sichergestellt werden könne.[363]

Hinsichtlich der dogmatischen Einordnung der Direktkondiktion stimmt LIEB ebenfalls mit Kupisch darin überein, dass er bei der Leistungsdefinition auf das Merkmal der Zweckgerichtetheit verzichtet. Einem natürlichen Verständnis entsprechend, begreift er die Durchgriffskondiktion demnach als Leistungskondiktion.[364]

#### (4) FLUME

##### (a) Grundsatz

FLUME tritt dafür ein, den Bereicherungsausgleich bei Fehlern in den Kausalverhältnissen innerhalb derselben vorzunehmen. Entscheidend für die Zurechnung einer Leistung aufgrund einer Anweisung ist für ihn die gültige Anweisung.[365] Die rechtliche Fremdwirkung des Zuwendungsaktes erklärt er anhand einer der Stellvertretung ähnlichen Autorisationswirkung der Anweisung.[366] Mit der gültigen Anweisung übernehme der Anweisende das Leisten des Angewiesenen als Leistung. Entbehrt die Leistung im Verhältnis zum Empfänger des rechtlichen Grundes, so steht der Bereicherungsanspruch gegen den Empfänger danach dem Anweisenden zu. Entbehrt dagegen das Leisten des Angewiesenen des Rechtsgrundes gegenüber dem Anweisenden, so steht ihm ein Bereicherungsanspruch gegen den Anweisenden zu.[367]

---

[362] MüKo- LIEB, § 812 Rn. 70. Er führt die Rechtsanalogie zu den §§ 170, 171 Abs. 2, 172 Abs. 2, 173 BGB als Möglichkeit an.
[363] MüKo- LIEB, § 812 Rn. 70a.
[364] MüKo- LIEB, § 812 Rn. 51.
[365] Der Bereicherungsausgleich im Mehrpersonenverhältnis, AcP 199 (1999), S. 2 f.
[366] AcP 199 (1999), S.1, 2f.
[367] AcP 199 (1999), S.1, 35 f.

#### (b) Anweisungsmängel

Im Fall des Widerrufs einer Anweisung geht es nach FLUME alleine um die Frage, ob ein Bereicherungsanspruch dem Anweisenden oder dem Angewiesenen zustehe. Entgegen Rechtsprechung und h.L. sei dies keine Frage des Gutglaubensschutzes auf Empfängerseite. Dieser müsse nämlich in jedem Falle eine ungerechtfertigte Bereicherung herausgeben und sein Vertrauen werde bei Wegfall derselben über § 818 Abs. 3 BGB geschützt.[368] Bei einer Leistung nach widerrufener Anweisung habe der Angewiesene, wenn man seine Leistung mit dem BGH bei Gutgläubigkeit des Anweisungsempfängers dem Anweisenden zurechne, gegen den Anweisenden nur den Bereicherungsanspruch auf Abtretung dessen Bereicherungsanspruchs gegen den Empfänger. Es gehe also nur darum, wer den Prozeß gegen den Zahlungsempfänger führe. Das Problem bestehe damit alleine in der Verteilung der Risiken zwischen Anweisendem und Angewiesenem. Dies werde deutlich im Fall der Insolvenz des Anweisenden. Dann gehöre der Kondiktionsanspruch des Anweisenden gegen den Empfänger zur Insolvenzmasse und der Angewiesene ginge leer aus. Wenn also der Gutglaubensschutz des Empfängers die Zurechnung als Leistung des Anweisenden begründe, so habe dies zur Folge, dass die Konkursmasse des Anweisenden zum Schaden des Angewiesenen um den Kondiktionsanspruch gegen den Empfänger bereichert würde. Diese Wirkung aber ließe sich nicht damit begründen, dass der Anweisungsempfänger des Vertrauensschutzes bedürfe. Der Vertrauensschutz als Schutz des guten Glaubens sei bewährt als Rechtsfigur bei dem Erwerb oder der Verhinderung des Verlustes von Rechten. Es gebe aber keinen Vertrauensschutz, der begründen könnte, wem von mehreren Personen ein Bereicherungsanspruch gegen den Gutgläubigen zusteht. Ob bei Widerruf der Bereicherungsanspruch dem Anweisenden oder dem Angewiesenen zustehe, könne nur aufgrund des Verhältnisses zwischen diesen entschieden werden. Maßgeblich für diese Verteilung sei die in der Anweisung liegende Ermächtigungswirkung. Bei Fehlen der Anweisung bleibe alleine der Bereicherungsanspruch des Angewiesenen gegen den Empfänger.[369]

#### (c) Lösungsansatz über § 267 BGB

Könne in den Fällen der fehlenden, nichtigen oder widerrufenen Anweisung das Leisten des Angewiesenen dem nur vermeintlich Anweisenden nicht als seine Leistung zugerechnet werden, so bleibe aber die Leistung als das Ergebnis des Leistens eine solche des Nicht-Angewiesenen. Sie werde nicht zur „Nicht-Leistung“, so dass der Anspruch des Nicht-Angewiesenen gegen den

[368] AcP 199 (1999), S.1, 8 f.
[369] AcP 199 (1999), S.1, 9 f.

Zahlungsempfänger ein solcher aus Leistungskondiktion ist.[370] Damit stützt sich der Lösungsansatz FLUMEs auf § 267 BGB. Mit der Zahlung aufgrund einer vermeintlichen Anweisung bewirke die Bank nach § 267 BGB als Dritte die Erfüllung der im Valutaverhältnis bestehenden Schuld.[371] Dem Einwand, der Bank mangele es am Willen, auf eine etwaige Schuld des Anweisenden gegenüber dem Empfänger zu leisten[372], begegnet FLUME damit, die Bank leiste im Hinblick auf das Valutaverhältnis, das in aller Regel ein Gläubiger-Schuldner Verhältnis sei, und dieser Wille decke auch die Leistung auf eine etwaige Schuld des Anweisenden.[373] Auch den Einwand, es fehle an einer Tilgungsbestimmung hinsichtlich der Schuld im Valutaverhältnis, die notwendig sei um die Erfüllungsleistung einem bestimmten Kausalverhältnis zuzuordnen[374], lässt FLUME nicht gelten. In der Tat müsse sich für jede Leistung die Zuordnung zu der erfüllten Schuld ergeben. Es sei aber selbstverständlich, dass, wenn der Gläubiger von der Bank unter Mitteilung der Person des Anweisenden den seiner Forderung entsprechenden Betrag erhalte, die Zuordnung der Zahlung zu der Schuld außer Frage stehe.[375]

Folge der Annahme einer Drittleistung i.S. des § 267 BGB ist, dass der Angewiesene bei bestehender Schuld im Valutaverhältnis eine Rückgriffskondikton gegen den Anweisenden hat, da dieser von seiner Verbindlichkeit befreit worden ist.[376] Bei nicht bestehender Verbindlichkeit im Valutaverhältnis hat hingegen der Angewiesene die Leistungskondiktion gegen den Empfänger.

---

370 AcP 199 (1999), S.1, 6. FLUME folgt also nicht dem Einwand CANARIS', ein Mangel in der Person des Anweisenden könne das Verhalten des Angewiesenen nicht in eine „Leistung" verwandeln, vgl. LARENZ / CANARIS, Schuldrecht II, 2, § 70 VI 4.

371 AcP 199 (1999), S.1, 12.

372 So vorgebracht von WILHELM, Rechtsverletzung S. 159.

373 AcP 199 (1999), S.1, 12.

374 Vorgebracht von MüKo-LIEB, § 812 Rn. 59.

375 AcP 199 (1999), S.1, 12 f. Danach will also die Bank, gleich ob sie aufgrund wirksamer oder unwirksamer Anweisung die Leistung an den Empfänger erbringt, für ihren Kunden in Hinsicht auf dessen Verhältnis zu dem Zahlungsempfänger zahlen. So werde die Zahlung auch von dem Zahlungsempfänger verstanden. Das reiche als Tilgungsbestimmung aus, AcP 199 (1999), S.1, 12 f. Kritisch STAUDINGER / LORENZ, § 812 Rn. 53, der dies für eine lebensfremde Unterstellung hält. Unterstützend argumentiert FLUME mit dem Fall der Insolvenz des Zahlungsempfängers: Verneinte man die Erfüllungswirkung der Zahlung des vermeintlich Angewiesenen, so sei die Konkursmasse des Zahlungsempfängers, die den Anspruch im Valutaverhältnis behalte, um die Zahlung ungerechtfertigt bereichert, da sie dem Angewiesenen auf dessen Bereicherungsanspruch nur die Quote zu zahlen habe. Gegen die Heranziehung des § 267 BGB in Fällen der Anweisungsleistung explizit der BGH in seinem Urteil vom 20.3.2001, NJW 2001, 1855, 1856, bei der Giroüberweisung zahle die Bank nicht als Dritte, sondern werde ausdrücklich unter Berufung auf eine Weisung des Auftraggebers tätig.

376 AcP 199 (1999), S.1, 17.

### (5) Würdigung

Die Problematik des Auseinanderfallens von primärer und sekundärer Risikoverteilung wird auch seitens der Literaturstimmen nicht explizit aufgegriffen. Lediglich *bereicherungs-autonome Argumentationen* werden entfaltet, nicht aber der Zusammenhang mit einem wirtschaftlichen Gesamtkomplex. Entweder gehen die einzelenen Autoren im Falle des bereicherungsrechtlichen Vertrauensschutzes zugunsten des Anweisungsempfängers, wie die Rechtsprechung von einer Rückgriffskondiktion des Angewiesenen gegen den Anweisenden aus oder die Problematik des Auseinanderfallens stellt sich nicht, weil kein abstrakter Vertrauensschutz gewährt wird. Wird die Gewährung abstrakten Vertrauensschutzes abgelehnt, so ergibt sich allenfalls eine *zufällige Übereinstimmung* der sekundären mit der primären Risikoverteilung.

Insofern sind auf dem Gebiet des Bereicherungsrechts tendenziell keine ähnlich starken Anpassungserscheinungen an die Besonderheiten des Giroverkehrs auszumachen wie auf dem Gebiet des primären Banküberweisungsrechts. Jedoch finden sich auch im Bereicherungsrecht gewisse Ansätze des *Durchschlagens der wirtschaftlichen Gegebenheiten* auf die rechtliche Ebene.

### d) Anpassungserscheinungen im Bereicherungsrecht

Auch im Bereich des Bereicherungsrechts sind vereinzelt Anpassungserscheinungen im Hinblick auf die Besonderheiten des bargeldlosen Zahlungsverkehrs auszumachen. Für die Bestimmung der Aktivlegitimation eines Bereicherungsanspruches gegen den Empfänger einer fehlerhaften Überweisung belegt dies ein Beschluß des Finanzgerichtshofes Baden-Württemberg aus dem Jahre 1993.[377] Der Industrielle G. hatte in seiner Einkommenssteuererklärung vergessen anzukreuzen, dass der Steuerpflichtige nicht mit dem Kontoinhaber identisch ist. Das Finanzamt speicherte daher computermäßig die von G. auf dem Steuerformular angegebene Kontoverbindung als diejenige, auf die Steuerrückerstattungen zu überweisen waren. Tatsächlich war jedoch eine andere Person Inhaberin des benannten Bankkontos und eine früher für G. bestehende Kontovollmacht war widerrufen worden. Im Jahre 1991 reichte G. eine Steuererklärung ein, die einen Überschuß in Höhe von 20 000 DM enthielt. Als Bankverbindung war auf dieser Erklärung jedoch eine andere als die vormals angegebene aufgeführt, und außerdem hatte G. das Finanzamt besonders auf die neue Bankverbindung hingewiesen. Das Finanzamt überwies die Rückerstattung dennoch auf die gespeicherte Kontoverbindung. Die Überweisung des Finanzamtes an die Empfangsbank erfolgte im Wege des beleglosen Datenträgeraustausches.

Ein Recht zur Rückforderung gegen die tatsächliche Empfängerin konnte sich für das Finanzamt aus § 812 BGB ergeben. Habe das Finanzamt eine Steuererstattung weder auf das Konto des Steuerpflichtigen noch auf das

---

[377] Beschluß vom 19. 4. 1993, abgedruckt in WM 1993, 1279 – 1283.

eines vom Steuerpflichtigen gemäß §§ 362 Abs. 2, 185 BGB empfangsermächtigten Dritten überwiesen, so könne es grundsätzlich von dem Dritten die zu Unrecht geleisteten Erstattungen zurückfordern. Im vorliegenden Fall bestand die Besonderheit, dass der vom Finanzamt an die Empfangsbank erteilte Überweisungsauftrag ein Auseinanderfallen hinsichtlich des Inhabers des angegeben Kontos und des Empfängers enthielt.[378] Bei einer fehlenden Anweisung, der das Gericht die Überweisung an einen anderen als im Überweisungsauftrag angegebenen Empfänger gleichstellte, verhalte es sich so, dass die Zuwendung der Bank an den vermeintlichen Gläubiger dem Schuldner nicht als seine Leistung zugerechnet werden könne. Dies habe zur Folge, dass nicht dem Schuldner eine Leistungskondiktion, sondern der Bank ein Kondiktionsanspruch gegen den Empfänger zustehe. Danach stünde eine Kondiktion im vorliegenden Fall der Empfangsbank, nicht dem überweisenden Finanzamt zu. Diese Grundsätze seien aber nur im herkömmlichen Falle des beleggebundenen Überweisungsverkehrs anwendbar. Bei Überweisungen im beleglosen Datenträgeraustausch verhalte es sich dagegen anders. Dort sei lediglich die Kontonummer maßgeblich, die als Synonym für den Empfänger stehe. Die Anweisung reduziere sich auf die Bankleitzahl und die Kontonummer. Aus diesem Grunde musste sich das Finanzamt die Überweisung an die tatsächliche Empfängerin als seine Leistung zurechnen lassen und konnte somit kondizieren.[379]

Das Urteil belegt deutlich, dass die Bestimmung der Aktivlegitimation im beleglosen Verfahren anderen Kriterien folgen kann als im herkömmlichen Überweisungsverkehr. Die besondere *Art der Leistungsbewirkung* im beleglosen Datenträgeraustausch ist es an dieser Stelle, die *Anpassungserscheinungen* sowohl in Form einer Außen- als auch einer Binnenwirkung erzeugt. Die Binnenwirkung besteht im Rechtsverhältnis vom Überweisenden zur Bank darin, dass sich das Rückforderungsrisiko abweichend vom beleggebundenen Verfahren verteilt. Die Außenwirkung hingegen tritt gegenüber dem Überweisungsempfänger ein und besteht darin, dass er einer Leistungskondiktion des Überweisenden anstelle einer Nichtleistungskondiktion der Empfangsbank ausgesetzt ist.

---

[378] Der Überweisungsauftrag wurde vorliegend direkt vom überweisenden Finanzamt an die Empfangsbank erteilt. Dies rührt daher, dass zum beleglosen Verkehr nur bestimmte Beteiligte – Banken, Großkunden und der Fiskus – zugelassen sind, dann aber auch ohne Zwischenschaltung einer Überweisungsbank agieren können. Im herkömmlichen Überweisungsverkehr wäre es daher nicht um die Verteilung der Aktivlegitimation zwischen Überweisendem und Empfangsbank, sondern zwischen Überweisendem und Überweisungsbank gegangen. Die vorliegende Fallgestaltung ähnelt daher der Hausüberweisung.

[379] WM 1993, 1279, 1282. Dadurch, dass sich das Finanzamt am Verfahren des beleglosen Datenträgeraustausches beteiligt habe, habe es sich damit einverstanden erklärt, dass für die Ausführung der Überweisung lediglich die Kontonummer herangezogen würde.

### e) Die Bestimmung der Aktivlegitimation bei Fehlen einer Leistung

Kann der Zuwendungsakt des Angewiesenen nicht als Leistung des vermeintlich Anweisenden qualifiziert werden, sei es, weil ein abstrakter Vertrauensschutz zugunsten des Empfängers tatbestandlich nicht eingreift oder weil ein absoluter Zurechnungsausschluss vorliegt, so kann eine Rückabwicklung der fehlerhaften Zuwendung nur in Form der Nichtleistungskondiktion erfolgen.[380] Auch für diesen Fall der Rückabwicklung ist die Frage zu klären, welchem der potentiellen Prätendenten der Bereicherungsanspruch zusteht. Da *per definitionem* in diesem Fall Probleme des abstrakten Vertrauensschutzes zugunsten des Empfängers nicht aufgeworfen sind, kann sich die Bestimmung der Rückforderungsberechtigung ausschließlich am Deckungsverhältnis orientieren. Folgt man dem Gesetzeswortlaut des § 812 Abs. 1 S. 1, 2. Alt. BGB, so bedarf es der Feststellung, auf wessen Kosten der Zuwendungsempfänger etwas erlangt hat. Dies korrespondiert üblicherweise mit der Feststellung zu Lasten wessen Vermögen der Bereicherungsschuldner erworben hat, also wer der Entreicherte ist. Es liegt damit im Falle der fehlerhaften Banküberweisung der Schluss nahe, Bereicherungsgläubiger sei stets die Überweisungsbank, da der dem Empfänger zugewendete Vermögensvorteil zunächst aus ihrem Vermögen stammt.

Anders indes die Rechtsprechung. Sie geht zu Recht davon aus, dass es um die Risikoverteilung innerhalb des Deckungsverhältnisses geht. Im Falle eines gefälschten und damit dem Kontoinhaber nicht zurechenbaren Überweisungsauftrages führte der BGH aus, ein Bereicherungsanspruch des Kontoinhabers „in sonstiger Weise“ scheitere daran, dass der Zahlungsempfänger die in der Gutschrift liegende Bereicherung nicht „auf Kosten“ des Klägers erlangt habe. Die Bereicherung korrespondiere nicht in der gebotenen Weise mit einer Entreicherung des Kontoinhabers. Dessen vor der Durchführung der Überweisung vorhandenes Kontoguthaben wurde rechtlich nicht vermindert. Denn im Überweisungsverkehr treffe grundsätzlich die Bank und nicht den Kunden das Risiko der Fälschung des Überweisungsauftrags. Bleibe aber der belastete Kontoinhaber der Bank gegenüber Gläubiger einer ungeschmälerten Guthabenforderung aus dem Girovertrag und sei die Bank verpflichtet, die unrichtige Belastungsbuchung zu korrigieren, so sei der Überweisungsempfänger durch die Gutschrift nicht auf Kosten des Kontoinhabers bereichert, sondern allein auf Kosten der Bank. Dann aber stehe dem belasteten Kontoinhaber auch kein Bereicherungsanspruch gegen den Überweisungsmpfänger zu.[381]

---

[380] Dabei handelt es sich um eine Nichtleistungskondiktion in Form der Aufwendungskondiktion, siehe LARENZ / CANARIS, Schuldrecht II, 2, § 69 III, 3 (S. 194).

[381] BGH vom 31.5.1994, ZIP 1994, 1098, 1100. Auch die Nachteile, die den Kontoinhaber träfen, wie z.B. die Notwendigkeit gegenüber der Bank die Wiedergutschrift zu erwirken, korrespondierten nicht im kondiktionsrechtlichen Sinne mit einer Bereicherung des Gutschriftempfängers, aaO.

An anderer Stelle führte der BGH aus, dass dem Kontoinhaber aber aufgrund der rechtlichen Ausgestaltung des Innenverhältnisses zwischen ihm und seiner Bank ein Bereicherungsanspruch in sonstiger Weise zustehen könne. Dies sei bei einer echten Risikoabwälzung der Fall, die dann vorliege, wenn der Bank für den gegebenen Fall das Recht zu einer endgültigen Belastung des Kontos eingeräumt worden wäre. Stehe der Bank ein solches Recht nicht zu, so sei eine etwaige Kontobelastung nur vorläufiger Natur und könne keinen endgültigen wirtschaftlichen Nachteil für den Kontoinhaber herbeiführen.[382]

### f) Zusammenfassung und Würdigung

Das deutsche Recht der ungerechtfertigten Bereicherungsrecht hält eine differenzierte Regelung für Rückabwicklungen innerhalb von Mehrpersonenverhältnissen bereit. Die Berücksichtigung von Gesichtspunkten des Vertrauensschutzes zugunsten des Bereicherungsschuldners findet ihre Grenze in den Mindestanforderungen an das Vorliegen privatautonomer Selbstbestimmung auf seiten des vermeintlich Anweisenden. Innerhalb dieser Grenzen kann jedoch der dem Zahlungsempfänger gewährte abstrakte Vertrauensschutz dazu führen, dass eine fehlerhafte Banküberweisung nicht durch die fehlerhaft handelnde Bank, die etwa einen Widerruf übersehen hat, sondern durch den Auftraggeber der Überweisung rückabzuwickeln ist, so genanntes Durchgriffsverbot. Die darin liegende Verteilung der Aktivlegitimation unter den Beteiligten des Deckungsverhältnisses ist demnach von zwei Faktoren abhängig. Zunächst ist die Frage zu klären, ob in der Person des Anweisenden ein absoluter Zurechnungsausschlussgrund vorliegt. Ist dies der Fall, so ist die Gewährung abstrakten Vertrauensschutzes versperrt. Liegt ein solcher Zurechnungsausschluss nicht vor, so kommt es auf die subjektiven Umstände in der Person des am Deckungsverhältnis nicht beteiligten Zahlungsempfängers an. Hält dieser – und durfte er dies bei Zugrundelegung eines objektiven Empfängerhorizontes - die Zuwendung des Angewiesenen für eine Leistung des Anweisenden in Erfüllung der Valutaschuld, so handelt es sich rechtlich um eine Leistung des Anweisenden, die eine Rückforderung durch den Angewiesenen sperrt bzw. Erfüllung der Valutaschuld bewirkt. Die Zuwendung gilt selbst dann als Leistung des Anweisenden, wenn die Verbindlichkeit im Valutaverhältnis rechtlich nicht wirksam begründet wurde. In diesem Fall steht diesem dann eine Leistungskondiktion gegen den Empfänger zu. Da die Bank in diesem Fall aber die Leistung für den Anweisenden vermittelt hat, sucht sie bei ihm Ausgleich. Bei Unwirksamkeit des Deckungsverhältnisses kann er sich ihr gegenüber dadurch befreien, dass er ihr seinen Rückforderungsanspruch im Valuta-

---

382 BGH vom 20.6.1990, NJW-RR 1990, 120, 1201.

verhältnis abtritt. Es kommt also zur Kondiktion der Kondiktion.[383] Steht dem Empfänger hingegen ein Behaltensgrund gegenüber dem Überweisenden zur Seite, hat die Überweisung also Erfüllungswirkung im Sinne des § 362 Abs. 1 BGB, so ist der Überweisende von einer Verbindlichkeit befreit worden. In diesem Fall steht der Überweisungsbank ein Aufwendungsersatz- bzw. Entgeltanspruch, bei Unwirksamkeit des Deckungsverhältnisses eine Rückgriffskondiktion gegen den Überweisenden zu.

Problematisch an dieser zweispurigen Bestimmung der Aktivlegitimation ist, dass es von subjektiven Umständen in der Person eines Dritten abhängig ist, ob entweder der Angewiesene oder der Anweisende, bei der Giroüberweisung also die Bank oder der Kontoinhaber, zur Rückforderung berechtigt ist. Es lässt sich somit für die Beteiligten des Deckungsverhältnisses *ex ante* nicht bestimmen, wer das Rückforderungs- und damit das Entreicherungsrisiko des Zahlungsempfängers trägt. Die sekundäre Risikoverteilung weicht damit von der primären Risikoverteilung ab. Dies läuft, da zumindest potentiell stets ein Risiko für die Bank gegeben ist, dem *einheitlichen Kostensenkungszweck zuwider*, da die Bank das potentielle Risiko in ihre Preiskalkulation einbeziehen wird. Es fehlt ökonomisch gesprochen an einem eindeutigen rechtlichen Verhaltensanreiz für die Beteiligten.

Kommt dem Empfänger hingegen kein abstrakter Vertrauensschutz zu, so liegt keine Leistung des Überweisenden im Rechtssinne vor. Auch in diesem Fall aber stellt sich die Frage der Rückforderungsberechtigung. In diesem Fall sind die Kriterien nicht in der Person des Bereicherungsempfängers zu suchen, sondern ergeben sich aus der Risikoverteilung innerhalb des Dekkungsverhältnisses. Die Rückforderung obliegt dann demjenigen, der wirtschaftlich endgültig belastet ist. Damit ist eine eindeutige Risikokalkulation möglich, da die Beteiligten wissen, in welchem Falle sie welches Risiko tragen. So kann sich etwa die Bank gegen das Fälschungsrisiko versichern oder ihr Risiko durch eine Überprüfung der Geschäftsfähigkeit des Kontoinhabers verringern. In diesem Bereich stimmen auch primäre und sekundäre Risikoverteilung überein.

Von seiten der Literatur bringen nur die Ansätze von KUPISCH, LIEB und FLUME, die auf die Gewährung abstrakten Vertrauensschutzes weitestgehend verzichten, ein Mehr an Rechtssicherheit und damit eine Übereinstimmung von primärer und sekundärer Risikoverteilung. Die Ablehnung des Vertrauensschutzes beruht dort jedoch auf bereicherungsautonomen Erwägungen, die Verwirklichung der Interessen des Giroverkehrs ergibt sich eher zufällig. Eine Annäherung der Rechtsprechung an diese Positionen scheint überdies nicht zu verzeichnen, so dass zu erwarten steht, dass die nachgezeichnete Linie der Rechtsprechung im Sinne des Vertrauensschutzes weiterverfolgt wird.

---

[383] Kritisch gegenüber der Kondiktion der Kondiktion LARENZ/CANARIS, Schuldrecht II/2, § 70 II 2 b) (S. 205), der die Kumulation von Risiken in der Hand des Angewiesenen befürchtet.

Das allgemeine Kostensenkungsinteresse ist neben der Kalkulationsunsicherheit infolge abstrakten Vertrauensschutzes zudem insoweit beeinträchtigt, als es der Bank im beleggebundenen Überweisungsverkehr noch immer obliegt, die Übereinstimmung der angegebenen Kontonummer mit dem Namen des Empfängers zu überprüfen. Insofern ist es ihr verwehrt, den manuellen Abgleich durch eine maschinelle Bearbeitung zu ersetzen und die Kosten zu senken. Überdies droht in diesem Bereich die Gefahr eines *moral hazard*, da dem Auftraggeber der Überweisung gewisse Nachlässigkeiten bei der Angabe der Kontonummer nicht zum Nachteil gereichen und es insofern ebenfalls an einem rechtlichen Verhaltensanreiz fehlt.

Im Hinblick auf eine *widerspruchsfreie Rechtslage im Mehrpersonenkomplex* lässt das deutsche System des Bereicherungsrechts jedoch Flexibilität erkennen. Es ist insoweit anpassungsfähig, als es der Überweisungsbank für den Fall, dass die Überweisung als Leistung des Kontoinhabers gilt, eine Rückgriffskondiktion gegen diesen zuerkennt, da er durch die Anweisungsleistung von einer Verbindlichkeit befreit oder um eine Leistungskondiktion bereichert wurde. Damit ermöglicht das Bereicherungsrecht die Herstellung einer konsistenten Pflichtenlage unter den mehreren Beteiligten, da rechtlich endgültig derjenige belastet wird, der wirtschaftlich den Vorteil genießt. Außerhalb des Vertrauensschutzes wird diese Konsistenz schon auf der Ebene der primären Zuerkennung einer Kondiktion berücksichtigt.

Zusammenfassend lässt sich festhalten, dass das deutsche materielle Recht der ungerechtfertigten Bereicherung aufgrund des Eingangs von Vertrauensschutzerwägungen den *wirtschaftlichen Bedürfnissen* des Giroverkehrs *nicht in derselben Weise Rechnung tragen kann*, wie das primäre Recht der Banküberweisung. Deutlich wird hingegen im Bereicherungsrecht das Interesse an der *Wahrung einer widerspruchsfreien Pflichtenlage* im Mehrpersonenkomplex.

## II. USA - Artikel 4A Uniform Commercial Code

### 1. Einleitung

Im Anschluss an das deutsche Recht soll nun das US-amerikanische Recht der Banküberweisung auf die Gesichtspunkte der *materiellen Harmonie* und der *wirtschaftlichen Ausrichtung* hin untersucht werden. Dieses ist einschließlich des Bereicherungsrechts und des Internationalen Privatrechts in Artikel 4A des *Uniform Commercial Code* geregelt. Dieser richtet sich – wie jedes *Uniform Law* – an die US-amerikanischen Einzelstaaten und den District of Columbia und steht diesen als Umsetzungsmodell zur Verfügung.[384] Mittlerweile ist er in nahezu allen Staaten umgesetzt.[385] Zwar hätte von Verfassungs wegen gemäß Artikel III, § 8 der Verfassung, der so genannten *commerce clause,* auch die Möglichkeit einer bundesrechtlichen Regelung des Überweisungerechts bestanden.[386] Dies hätte aber zu einem dualen Regime geführt, da rein innerstaatliche Vorgänge von den Staatengesetzgebern hätten

[384] UNIFORM COMMERCIAL CODE, Copyright 1998, by the American Law Institute and National Conference of Commissioners on Uniform State Laws – Article 4A. Funds Transfers. Siehe zu Artikel 4A U.C.C. die Beiträge aus dem Schrifttum: DOLE, A Japanese Insight with Respect to the Finality of Wholesale Wire Transfers, University of Pennsylvania Journal of International Business Law, 12 U.Pa.J.Int'l Bus.L. 661 (1991); ders., Receiving Bank Liability in Wholesale Wire Transfers, 69 Tulane Law Review 877 (1995); DAVENPORT / RAPSON, The Emerged and Emerging New Uniform Commercial Code, Current Developments Under Revised Articles 3 And 4 and New Article 4A, American Law Institute, Course of Study 1995, CA08 ALI-ABA 267; SCHNEIDER, Article 4A: Developments at the Crossroad of Law and Foreign Bank Compliance (Part I), 114 Banking Law Lournal 319 (1997); ders.:Article 4A: Developments at the Crossroad of Law and Foreign Bank Compliance (Part II), 114 Banking Law Lournal 429 (1997); HARREL, Payment System Issues – UCC Article 4A; Regulations J,S, and D, 50 Consumer Finance Law Quaterly Report 49 (1996); DAVIS, Revised U.C.C. Articles 3 & 4 and new Article 4A, Comparing Article 4A with existing case law on Funds Transfers: A series of case studies, 42 Alabama Law Review 823 (1991); MOULTON, Article 4A: Erroneous Funds Transfers and the Discharge For Value Rule, 15 Annual Review of Banking Law 299 (1996); DONNELLY / DONNELLY, Survey of New York Law, Commercial Law, 43 Syracuse Law Review 157 (1992); FELSENFELD, Art. 4A des amerikanischen Uniform Commercial Code, S. 371 – 388.

[385] Siehe die Aufzählung bei DAVENPORT / RAPSON, The Emerged and Emerging New Uniform Commercial Code. Current Developments under Revised Articles 3 and 4 and new Articles 4A, American Law Institute, Course of Study 1995, CA08 ALI-ABA 267, 269 sowie HARREL, Payment system Issues – UCC Article 4A; Regulations J, S and D, 50 Consumer Finance Law Quaterly Report 49 (1996). Danach haben alle Einzelstaaten inklusive des District of Columbia, mit Ausnahme von South Carolina das Modellgesetz umgesetzt. FELSENFELD, Art. 4A des amerikanischen Uniform Commercial Code, S. 372 bezeichnet den U.C.C. aufgrund nahezu einheitlicher Geltung als das Recht der Vereinigten Staaten.

[386] Dies wird angedeutet in der Entscheidung des *Court of Appeals* des *District of Columbia* in der Sache *A.I. Trade Finance, Inc. V. Petra International Banking,* 62 F.3d 1454, 314 U.S. App. D.C. 122 (22.8.1995).

geregelt werden müssen. Aus diesem Grunde wurde, ähnlich der deutschen Entwicklung, der Weg der Sachrechtsvereinheitlichung anhand des *Uniform Commercial Code* als Umsetzungsmodell bevorzugt.

Ihrem Titel nach handelt die Regelung von *Funds-Transfers*, also Übermittlungen oder Überweisungen von Geld.[387] Mit ihr wurde auf ein praktisches Bedürfnis des Wirtschaftsverkehrs reagiert. Infolge des technischen Wandels und der unaufhaltsamen Verbreitung elektronischer Kommunikationsmittel nahm die Bedeutung der Banküberweisung, insbesondere in der Handelswelt stark zu. Der so genannte *wholesale wire transfer*, der die Überweisung hoher Summen beschreibt, wurde in der *commercial community* tägliche Praxis.[388] Mit dieser Ausbreitung der Zahlungsmethode der Giroüberweisung aber ging eine entsprechende Entwicklung des Fallrechts nicht einher, so dass es an einer konsistenten und umfassenden Regelungsmaterie bezüglich der Banküberweisungen fehlte.[389] Aus diesem Grund orientierten sich die Gerichte bei der Lösung von Fällen an der Regelung des Artikels 4 U.C.C., der die Vorlage bargeldloser Zahlungsmittel bei Banken betrifft, etwa die Einlösung von Schecks.[390] Daneben wurden ergänzend Grundsätze des *common law* herangezogen. Demgegenüber stellt nun Artikel 4A U.C.C. eine vollständige Regelung der eigenständigen Zahlungsmethode der Banküberweisung dar, die sich an der bisherigen Bankpraxis orientiert.[391] Die Verpflichtungen und Ansprüche der Beteiligten einer Banküberweisung werden darin umfassend geregelt, die jeweiligen Verantwortungsbereiche festgelegt, Haftungsgrenzen normiert und Risiken verteilt. Um die im Handelsverkehr so notwendige Rechtssicherheit und Rechtsklarheit und überdies eine einheitliche Anwendung in den Einzelstaaten zu gewährleisten, wurde versucht die Vorschriften des Artikels 4A möglichst präzise zu fassen. Den Parteien soll ermöglicht werden, ihr Verhalten im Wirtschaftsverkehr nach der Regelung auszurichten, was eine bessere Risikokalkulation und Preisgestaltung erlaubt. Neben der Bereitstellung einer Regelung für Hochgeschwindigkeits- und Großbetragszahlungen war Ziel des Artikels 4A U.C.C., ein kostengünstiges Sy-

---

[387] Vgl. Banque Worms 568 NYS 541, 546; 77 NY 2d 362, 369 (Court of Appeals of New York 1991), dort Fußnote 1, wonach der Begriff des „*funds transfer*" insofern weiter ist als derjeinge des „*wire transfer*", weil ersterer jedwede Art der Übermittlung, letzterer lediglich die elektronische erfasst.

[388] Official Comment zu § 4A-102.

[389] Dies konstatieren die Gerichte in Banque Worms 568 NYS 541; 77 NY 2d 362, 369 (Court of Appeals of New York 1991); Bank of America National Trust and Savings Association v. Sanati 11 Cal. App. 4th 1079, 1082; 14 Cal. Rptr. 2d 615, 617 (1992), dazu SCHWOLOW, Internationale Entwicklungslinien im Recht der Auslandsüberweisung, § 1 IV 1 b (S. 10) und FELSENFELD, Art. 4A des amerikanischen Uniform Commercial Code, S. 372.

[390] STONE, UCC S. 279 und 161.

[391] Es wurde also nicht versucht, den Zahlungsverkehr in eine neue rechtliche Form zu gießen, das Bankensystem in seiner existenten Realität sollte möglichst wenig belastet werden, vgl. FELSENFELD, Art. 4A des amerikanischen Uniform Commercial Code, S. 373.

stem zur Verfügung zu stellen. Sowohl die Geschwindigkeit der Ausführung als auch die entstehenden Risiken haben Auswirkungen auf die Kosten. Das Risikopotential mit dem relativ niedrigen Preisniveau bei Banküberweisungen in Einklang zu bringen, war damit ein grundlegendes Anliegen bei der Entstehung des Artikels 4A U.C.C.[392]

## 2. Abschließender Charakter

Die Regelung des Art. 4A U.C.C. ist von dem Bestreben getragen, unter den am Zahlungsverkehr Beteiligten eine ausgewogene Pflichtenlage zu kreieren. Die Regelungen sollen deshalb möglichst abschließend sein, um daneben – soweit nicht in der Vorschrift besonders bestimmt – einen Rückgriff auf das *common law* oder *equity* Grundsätze zu erübrigen. Der abschließende Charakter des Artikels 4A U.C.C. war Gegenstandes des Falles Hedged Investment Partners v. Norwest Bank Minnesota.[393] Dort ging es um ein Geschäftsbesorgungsverhältnis im Zuge dessen Hedged Investment Partners (HIP) für die Norwest Bank Investitionen tätigte. Bezüglich der Anweisung zu solchen Geschäften hatten die Beteiligten ein besonderes Verfahren verabredet, das unter anderem einen Unterschriftsvergleich und einen Abgleich mit einer Liste der zur Geschäftsführung befugten Gesellschafter Norwests vorsah. Beide Parteien hatten sich jedoch bei dem streitigen Investitionsvorgang nicht an dieses Verfahren gehalten. HIP verlangt Zahlung auf im Rahmen dieser Transaktion ausgeführte Überweisungen und geht aus Vertragsbruch und Verletzung einer Treuepflicht gegen Norwest vor. Das Gericht führt aus, dass vor Erlass des Artikels 4A U.C.C. die Rechtsmaterie zur Banküberweisung völlig unterentwickelt gewesen sei. Die Gerichte hätten sich des *common law* und der *equity*-Grundsätze bedient oder Analogien zu anderen, gesetzlich geregelten Zahlungsmethoden gezogen. Dies aber, so das Gericht, hatte eine Rechtsunsicherheit zu Folge, womit Risiken schwer zu kalkulieren und damit Preise schwierig zu berechnen waren. Nun aber stehe mit Art 4A U.C.C. eine abschließende Regelung zur Verfügung, die einen umfassenden Interessenausgleich zwischen den verschiedenen Beteiligten vornehme und ein in sich geschlossenens System der Banküberweisung schaffe. Der Rückgriff auf *principles of law* und *equity* gestalte sich daneben schwierig.

Andererseits ist Artikel 4A U.C.C. auch nur innerhalb seines unmittelbaren Anwendungsbereiches abschließend. Das Gericht führt hierzu aus:[394]
*„Artikel 4A does not preclude common law claims unless such claim is inconsistent with ist provisions. Exclusivity of 4A is restricted to situations that are covered by particular provisions of the Article and that principles of law and*

---

[392] STONE, UCC S. 279 und 161; FELSENFELD, Art. 4A des amerikanischen Uniform Commercial Code, S. 373: einfache und präzise Standards die aufgrund ihrer Klarheit einfach und sofort eingehalten werden können.

[393] 578 N.W.2d 765 (Court of Appeals of Minnesota 1998).

[394] 578 N.W.2d 765, 771 (Court of Appeals of Minnesota 1998).

*equity may be applied to disputes relating to funds transfers so long as those provisions do not create rights, duties, or liabilities inconsistent with those stated in the Article.*"

So verhielt es sich mit den geltend gemachten Ansprüchen aus Vertragsbruch und Treuepflichtverletzung, da derartige Ansprüche in Artikel 4A U.C.C. weder vorgesehen noch ausgeschlossen oder auf andere Weise geregelt waren. Damit stand die Anwendung der *common law* Regeln bezüglich Vertragsverletzungen nicht im Widerspruch zu den Regelungen des Artikels 4A U.C.C. und konnte somit erfolgen.[395]

### 3. Anwendungsbereich

#### a) Definitionen

Definitionen der grundlegenden Begriffe des Artikels 4A U.C.C. finden sich in den §§ 103 und 104. Damit wird zugleich der Anwendungsbereich von Artikel 4A abgesteckt. § 103 (a) definiert den zentralen Begriff der Zahlungsanweisung, *payment order*, während § 104 den zweiten Zentralbegriff der Banküberweisung, *funds transfer*, definiert, also den gesamten, möglicherweise aus mehreren Zahlungsanweisungen bestehenden Zahlungsvorgang beschreibt.

##### (1) Zahlungsanweisung

§ 4A-103 U.C.C. bestimmt, dass eine Zahlungsanweisung eine vom Anweisenden an die Bank direkt oder über ein Zahlungssystem erteilte, unbedingte Anweisung enthält, einen Betrag an den Empfänger auszubezahlen, oder eine andere Bank zu einer solchen Auszahlung zu veranlassen. Außerdem muss die Zahlung der Bank durch die Belastung des Kontos des Anweisenden oder in anderer Form durch diesen erfolgen. Mit dieser Definition wird der Anwendungsbereich von Artikel 4A deutlich eingegrenzt. Zunächst ist mit dem Erfordernis des Ergehens der Anweisung an eine Bank der Anwendungsbereich auf Bankgeschäfte beschränkt.[396] Mit dem Erfordernis der Bedin-

---

[395] Bestätigend sei die Entscheidung in Sheerbonnet v. American Express Bank, 905 F.Supp. 127, (Dictrict Court, S.D.N.Y. 1995), angeführt. Dort führt dasGericht aus, Artikel 4A sei kein hermetisches System, sondern könne durch andere Regelungen ergänzt und überlagert werden, etwa durch Regelungen in Zahlungsverkehrssystemen. Auch beinhalte der Artikel selbst zahlreiche Verweisungen auf Figuren des *common law*, z.B. der *ordinary care, reasonableness* und *mistake and restitution*, §§ 404 und 205, 303. Allgemein sei nur Voraussetzung, dass außerhalb Artikels 4A stehende Rechtsbehelfe nicht in Widerspruch zu dessen Regelungen stünden, 905 F.Supp. 127, 133.

[396] Ausgeschlossen sind damit insbesondere Überweisungen, die durch Nichtbanken bewirkt werden, wie etwa durch die Western Union, vgl. official Comment 2 nach § 104 und HARREL, Payment system Issues – UCC Article 4A; Regulations J, S and D, 50 Consumer

gungsfeindlichkeit soll ausgeschlossen werden, dass mit der Banküberweisung die Funktion des Dokumenten-Akkreditvs wahrgenommen wird. Dies wäre mit Funktion und Eigenschaften der Banküberweisung nicht zu vereinbaren, bestehen diese gerade in deren hohen Geschwindigkeit, dem niedrigen Preis und der standardisierten Abwicklung.[397] Mit dem Erfordernis der direkt vom Überweisenden erteilten Anweisung werden Zahlungen per Scheck und Kreditkarte aus dem Anwendungsbereich ausgenommen, womit eine Überschneidung zu den Artikeln 3 und 4 des U.C.C. vermieden wird.[398] Ebenso vom Anwendungsbereich von 4A ausgenommen ist der umgekehrte Fall der Banküberweisung, die Lastschrift. Zwar wird dort die Anweisung an die Bank direkt, nämlich vom einziehenden Gläubiger erteilt, die Bank erhält aber Zahlung nicht vom Anweisenden, sondern vom Kontoinhaber.[399]

### (2) Geldüberweisung

Nach § 4A-104 U.C.C. steht der Begriff der Banküberweisung für eine Serie von Transaktionen, beginnend mit der Zahlungsanweisung des Urhebers, *originator*, zu dem Zweck, eine Zahlung an den Anweisungsbegünstigten zu bewirken. Damit sind alle Zahlungsanweisungen, die von der Bank des Urhebers, *originator's bank*[400], oder einer zwischengeschalteten Bank[401] zum Zwecke der Ausführung der Zahlungsanweisung des Urhebers abgegeben werden, erfasst. Urheber ist nur der erste Absender einer Zahlungsanweisung, die übrigen Beteiligten der Überweisungskette sind schlichte Absender (*sen-*

Finance Law Quaterly Report 49 (1996). Siehe FELSENFELD, Art. 4A des amerikanischen Uniform Commercial Code, S. 374 f., zur rechtlichen Behandlung von Überweisungen, die teilweise durch Banken, teilweise durch Nichtbanken bewirkt werden: Regelung nur der Beziehungen unter den Banken.

[397] Weist daher eine aus einem Akkreditiv verpflichtete Bank eine andere Bank an, dem Empfänger nur gegen Vorlage bestimmter Papiere zu erkennen, so unterfällt dieser Vorgang nicht dem Artikel 4A U.C.C. Jedoch kann die Begleichung der Aufwendungen der angewiesenen Bank nach Artikel 4A erfolgen, vgl. Official Comment 3 nach § 104. Zu dem Erfordernis der Bedingungsfeindlichkeit auch Grabowski v. Bank of Boston, 997 F.Supp. 111, 121; 35 UCC Rep.Serv.2d 1 (1997), worin ausgeführt wird, dass es nur darauf ankommt, wie der Überweisungsauftrag tatsächlich erteilt wurde, nicht wie er nach einer Vereinbarung hätte erteilt werden sollen.

[398] In diesen Fällen wird die im Zahlungsmittel enthaltene Zahlungsanweisung nicht direkt vom Schuldner, sondern von seinem Gläubiger oder dessen Bank vorgelegt. Eine aus einer Banküberweisung resultierende Zahlungspflicht, etwa zum Aufwendungsersatz, kann aber mittels Scheck beglichen werden, ohne dass damit die zugrundeliegende Transaktion dem Anwendungsbereich von Artikel 4A wieder entzogen würde.

[399] Official Comment 4 nach § 104.

[400] § 4A-104 (d) U.C.C. Wenn der Urheber eine Bank ist, so ist er selbst zugleich Urheberbank.

[401] Eine Zwischenbank ist eine beteiligte Bank, die weder Bank des Urhebers, noch des Begünstigten ist, § 4A-104 (b) UCC.

*der*) einer Zahlungsanweisung.[402] Eine Überweisung ist abgeschlossen, wenn die Anweisung durch die Empfängerbank zu Gunsten des Empfängers angenommen wird.

Zwar ist Artikel 4A U.C.C. auf die Fälle der elektronisch übermittelten Zahlungsanweisungen zugeschnitten, erfasst werden von ihm aber auch Überweisungen, die auf andere Weise übermittelt werden, etwa schriftlich, fernschriftlich, mündlich oder durch sonstige Medien. Explizit unter Artikel 4A fallen Überweisungen, die über Kommunikations- oder Zahlungsverkehrssysteme wie etwa C.H.I.P.S., S.W.I.F.T. oder ein Clearinghaus übermittelt werden.[403]

### (3) Begriff der Bank

Der Begriff der Bank wird in Art. 4A § 105 (a) (2) U.C.C. definiert. Danach ist eine Bank eine „Person", die im Bankgeschäft tätig ist, einschließlich Sparkassen, Bausparkassen (*Savings and Loan Association*), Kreditgenossenschaften und Treuhandgesellschaften. Weiter ist bestimmt, das eine Zweigniederlassung als eigenständige Bank zu behandeln ist. Auch ausländische Kreditinstitute fallen unter den Begriff der Bank, wie auch die amerikanischen Bundeszentralbanken (*Federal Reseve Banks*), wobei für letztere aber unterschiedliche Regelungen gelten können, § 4A-107 U.C.C.

### (4) *Funds Transfer System*

Der Zentralbegriff des Geldüberweisungssystems (*Funds Transfer System*) findet sich in § 105 (a) (5). Jedes Banküberweisungsnetzwerk, ein *Automated Clearing House* (ACH) oder ein anderes Kommunikationssystem sowie alle anderen interbankären Einrichtungen, über die Zahlungsanweisungen unter Banken weitergeleitet werden können, fällt darunter. Die Hauptanwendungsfälle der Vorschrift sind die Systeme C.H.I.P.S., *Fedwire* und S.W.I.F.T. [404] *Automated Clearing Houses* sind Einrichtungen, die Zahlungsanweisungen zwischen Banken übermitteln und besonders die Koordinierung und Bündelung von Überweisungsaufträgen vornehmen.[405]

---

[402] § 4A-104 (c) U.C.C.

[403] Official Comment 6 nach § 104.

[404] Siehe official Comment 3 zu § 105.

[405] Beispielsweise können Banken Überweisungsaufträge im Bündel, etwa auf Magnetband abgegeben. Das Clearinghaus nimmt es dann vor, die Zahlungsanweisungen zu entbündeln und nach Empfangsbanken geordnet weiterzuleiten, gegebenenfalls erneut im Bündel mit anderen Zahlungsanweisungen an dieselbe Empfangsbank. Dieses Verfahren ist das so genannte *repackaging* und wird regelmäßig bei Überweisungen kleinerer Werte genutzt. Clearingcenter werden sowohl von Zentralbanken als auch anderen Organisationen betrieben.

## b) Bereichsausnahmen

### (1) Verbraucherüberweisungen

Nach § 4A-108 U.C.C. werden von der Regelung solche Überweisungen nicht erfasst, die dem *Electronic Funds Transfer Act* von 1978 (EFTA)[406] unterliegen. Der EFTA regelt elektronisch übermittelte Banküberweisungen von Verbrauchern, während Artikel 4A U.C.C. eher darauf ausgerichtet ist, für Überweisungen im Wirtschaftsverkehr eine Regelung bereitzustellen, also meist die Übermittlung höherer Beträge zum Gegenstand hat. Der EFTA und Art. 4A U.C.C. schließen sich in ihrem Anwendungsbereich aus. Da jedoch Artikel 4A U.C.C. eine detailliertere Regelung enthält, kann im Falle einer Verbraucherüberweisung bei Fehlen einer Vorschrift im EFTA auf den Artikel 4A zurückgegriffen werden.[407] Obwohl zwar Artikel 4A U.C.C. auf Großbetragszahlungen zugeschnitten ist, erfasst er auch Kleinbetragsüberweisungen, sofern nur der Anwendungsbereich des EFTA nicht eröffnet ist.[408]

### (2) *Federal Reserve Banks*

Nach § 4A-107 U.C.C. gehen sogenannte *Regulations* des *Board of Governors of the Federal Reseve System* und so genannte *Operating Circulars of the Federal Reseve Banks* dem Artikel 4A U.C.C. insoweit vor, als dieser den dort enthaltenen Bestimmungen entgegensteht. Da diese Regelungsakte in Ausübung einer Bundeskompetenz ergehen, statuiert § 107 lediglich den Vorrang von Bundesrecht.[409] Die wichtigste derartige Regelung ist die *Regulation J*.[410] Diese hat Überweisungen über *Fedwire* zum Gegenstand und kann schon dann anwendbar sein, wenn auch nur ein Teil einer Überweisung über *Fedwire* abgewickelt wird.[411]

---

[406] Title XX, Public Law 95-630, 92 Stat. 3728, 15 U.S.C. §§ 1693 ff.

[407] Official Comment zu § 108. Verbraucherschutzregelungen sind in Art. 4A U.C.C. nicht enthalten. Siehe hierzu und zum EFTA, FELSENFELD, Art. 4A des amerikansichen Uniform Commercial Code, S. 374.

[408] FELSENFELD, Art. 4A des amerikanischen Uniform Commercial Code, S. 374.

[409] Official Comment 3 zu § 107. Setzt ein Einzelstaat Artikel 4 A U.C.C. um, so handelt es sich um einzelstaatliches Recht. Zum Verhältnis von Bundesrecht und dem Recht der Einzelstaaten, Childs v. Federal Reseve Bank of Dallas, 719 F2d 812 (5th Circuit 1983), *rehearsal denied*, 724 F2d 127 (5th Circuit 1984).

[410] 12 CFR § 210.

[411] Die Anwendbarkeit der *Regulation J* ist eine Frage des internationalen und interlokalen Privatrechts und wird daher im Zusammenhang mit Artikel 4A § 507 U.C.C. behandelt. Siehe zum Verhältnis der *Regulation J* zur Regelung des EFTA HARREL, Payment system Issues – UCC Article 4A; Regulations J, S and D, 50 Consumer Finance Law Quaterly Report 49, 56 (1996).

## 4. Rechtlicher Ablauf einer Überweisung

### a) Die Zahlungsanweisung des Urhebers

Eine Zahlungsanweisung besteht in der Weisung des Kunden an die Überweisungsbank, entweder einen Betrag an den Empfänger auszubezahlen oder eine andere Bank zu einer solchen Auszahlung zu veranlassen.[412] Wie im deutschen Recht spielt auch innerhalb des Artikels 4A U.C.C. dabei die Frage nach der Zurechnung eine bedeutende Rolle.

#### (1) Zurechnung der Anweisung nach allgemeinen Regeln

§ 4A-202 U.C.C. enthält Bestimmungen darüber, wann eine Zahlungsanweisung dem scheinbaren Absender zuzurechnen ist, sprich, wann die Bank rechtlich gesehen eine Zahlungsanweisung vom Kunden empfangen und damit gegen diesen einen Vergütungsanspruch erworben hat. Nach § 202 (a) ist eine Zahlungsanweisung von der Person, die als Absender aus ihr hervorgeht, ermächtigt, *authorized,* wenn diese sie tatsächlich autorisiert hat oder sie sich die Anweisung nach dem Recht der Stellvertretung zurechnen lassen muss. Im Recht der Stellvertretung sind abgesehen von tatsächlich bestehender Vollmacht besonders die Figuren der *apparent authority* und des *estoppel* zu erwähnen. Erstere stellt eine der deutschen Anscheinsvollmacht ähnliche Figur dar, derjenige, dem der Rechtsschein einer Vollmacht zurechenbar ist, muss sich als Verpflichteten aus dem Vertretergeschäft behandeln lassen.[413] Die Figur des *estoppel* greift dagegen ein, wenn es jemand schuldhaft unterlässt, das Handeln eines anderen in seinem Namen zu unterbinden[414], und erinnert damit an die Duldungsvollmacht des deutschen Rechts. Neben diesen beiden Figuren des Stellvertretungsrechts besteht noch eine dritte Möglichkeit der Bank, einen Zahlungsanspruch gegen den scheinbar Anweisenden zu erhalten. Tilgt die Bank mit ihrer Zahlung eine ihm obliegende Verbindlichkeit, so kann sie unter Umständen von diesem nach den Regeln über *restitution* Ausgleich verlangen, möglicherweise erwirbt sie auch im Wege der *subrogation* die Forderung des befriedigten Dritten.[415]

---

[412] Art. 4A § 106 U.C.C. regelt dabei die Frage des Einganszeitpunkt und verweist zu dessen Bestimmung auf Artikel 1 § 201 (27) U.C.C. Er legt außerdem fest, dass eine Bank einen *cut-off* - Zeitpunkt festlegen kann, nach dessen Verstreichen sie keine Zahlungsanweisungen mehr bearbeitet. Geht danach ein Zahlungsauftrag ein, so darf die Bank ihn behandeln, als sei er am folgenden Geschäftstag eingegangen. Von Bedeutung ist das Eingangsdatum einer Zahlungsanweisung insbesondere für das Zahlungs- und Ausführungsdatum der §§ 301 und 401.

[413] Official Comment 1 nach § 203.

[414] Official Comment 1 nach § 203. Die Regelung stimmt inhaltlich mit § 8 B des *Restatement 2^nd^ Agency* überein.

[415] Zu beiden Varianten siehe Official Comment 1 nach § 203.

### (2) Zurechnung bei Befolgung eines Sicherheitsverfahrens

Für den Banküberweisungsverkehr bedeutender als die allgemeinen Zurechnungstatbestände ist § 202 (b), da dieser den besonderen Gegebenheiten des Überweisungsverkehrs Rechnung trägt. Da im Überweisungsverkehr Anweisungen regelmäßig elektronisch übermittelt werden, fehlt es für eine Zurechnung der Anweisung nach allgemeinem Stellvertretungsrecht an dem nach den *common law principles of agency* erforderlichen persönlichen Kontakt zwischen dem *falsus procurator* und dem Geschäftsgegner. Um nicht das Risiko einzugehen, einen ungedeckten Zahlungsauftrag auszuführen, müssten die Banken dann regelmäßig darauf bestehen, mit der Erteilung einer Anweisung zugleich auch die erforderliche Deckung zu erhalten.[416] Um die damit einhergehenden Erlahmung des Überweisungsverkehrs zu verhindern, haben die Verfasser des Artikels 4A U.C.C. mit § 202 (b) eine besondere Regelung geschaffen. Demgemäß gilt eine Zahlungsanweisung als von dem aus ihr hervorgehenden Absender ermächtigt, wenn zwischen der Bank und dem Kunden ein Sicherheitsverfahren zur Feststellung der Authentizität, *verification*, vereinbart wurde, das eine dem Handelsverkehr angemessene (*commercially reasonable*) Absicherung gegen nicht autorisierte Zahlungsanweisungen darstellt.[417] Zudem muss die Bank nachweisen, dass sie die Zahlungsanweisung in gutem Glauben und in Befolgung des Sicherheitsverfahrens entgegen genommen hat. Ist dies der Fall, so gelten auch gefälschte oder verfälschte Zahlungsanweisungen als vom Kunden ermächtigt.[418] Erst wenn die Anweisung dem Kunden weder nach § 202 (b) noch nach (a) zugerechnet werden kann, trägt damit die Bank das Fälschungsrisiko.[419]

---

[416] Auch dies könnte aber nicht dadurch erfolgen, dass der Auftraggeber auf eine Deckung auf seinem Konto verweist, da diesbezüglich die Ermächtigung ebenso zweifelhaft sein kann. Letztlich sicher wäre also nur die Barüberweisung.

[417] Siehe die Entscheidung des Court of Appeals of Minnesota in Hedged Investment Partners v. Norwest Bank Minnesota, 578 Nw 2d 765, 772 ff (1998). Dort werden die Begriffe des *authorized* in § 202 (a) und des *verified* des § 202 (b) gegenübergestellt. Es handle sich um zwei selbständige und unterschiedliche Begriffe. Der Begriff des *authorized* habe seinen Ursprung in der traditionellen Bankpraxis, die geprägt sei durch den persönlichen Kontakt. Die Haftung und Bindung des Kunden ergebe sich dort aus tatsächlicher oder *implied authority*. Wenn keine Vertretungsmacht gegeben sei, dann könne sich eine Bindung nur über besondere Vertretungsregeln wie etwa des *estoppel* ergeben. Der Begriff des *verified* hingegen sei auf die Situation ohne persönlichen Kontakt zugeschnitten, es sei schwer festzustellen, ob eine elektronische Nachricht tatsächlich authorisiert ist. Die allgemeinen Stellvertretungsregeln – *agency principles* - seien in diesem Fall daher nicht hilfreich. Aus diesem Grunde gebe es im Überweisungsverkehr den besonderen Begriff des *verified*. Siehe zum Ganzen außerdem official Comment 1 nach § 203. Siehe hierzu auch SCHWOLOW, Internationale Entwicklungslinien im Recht der Auslandsüberweisung, § 10 II 2 (S. 101 f.), mit einem Vergleich zum UNCITRAL Model-Gesetz.

[418] FELSENFELD, Art. 4A des amerikanischen Uniform Commercial Code, S. 378 bringt das Beispiel des *Hackers*.

[419] Official Comment 5 nach § 203.

Ein Sicherheitsverfahren im Sinne des § 202 (b) kann beispielsweise vorsehen, dass nur bestimmte Konten des Kunden für die Abwicklung angegeben werden können oder auch nur bestimmte Empfänger zulässig sind. Auch kann eine höhenmäßige Beschränkungen für einzelne Überweisungsaufträge festgelegt werden.[420] § 202 (c) legt dabei fest, welche Kriterien in die Bewertung der Angemessenheit, also der *commercial reasonableness*, einfließen. Dies sind insbesondere die der Bank bekannten Umstände der Überweisung, die Verfügbarkeit anderer Sicherheitsverfahren sowie die Feststellung, welche Sicherheitsverfahren üblicherweise in vergleichbaren Situationen eingesetzt werden. Dabei ist aber nicht das bestmögliche Sicherheitsverhahren auch stets das angemessene.[421] Der Begriff der *commercial reasonableness* ist flexibel und kann insbesondere je nach Höhe und Kosten der Überweisung variieren. So bedarf es z.B. bei der regelmäßigen Überweisung von Großbeträgen eines besseren – sprich: teureren – Verfahrens als bei der vereinzelten Überweisung kleiner Beträge. Eine Bank kann demnach unterschiedliche Sicherheitsverfahren vorhalten, die dem jeweiligen Sicherungsbedürfnis angepasst sind.[422] Auch die Art der Überweisung kann eine Rolle spielen. Im Falle der gebündelten Übermittlung von Zahlungsanweisungen an ein *Automated Clearinghouse* kann eine individuelle Überprüfung zwangsläufig nicht stattfinden, bei dem so genannten *wholesale wire-transfer*, also der größeren Einzelüberweisung jedoch schon.[423] Selbst wenn bei einer konkreten Zahlungsanweisung ein angemessenes Sicherheitsverfahren nicht befolgt wurde, gilt zugunsten der Bank das tatsächlich angewandte als angemessen, wenn sie dem Kunden ein angemessenes Verfahren angeboten, der sich aber bewußt für ein anderes entschieden hat. Dies ermöglicht es den Beteiligten, ihren individuellen *Kostensenkungsinteressen* und ihrer Risikobereitschaft im Einzelfall Rechnung zu tragen. Ausnahmen der Zurechnung sieht § 203 U.C.C. vor.[424]

---

[420] Kein im Sinnde des § 202 (b) hinreichendes Sicherheitsverfahren erkannte das Disirtiktgericht in Massachussets in der Vereinbarung, Überweisungsaufträge dürften von der Bank nur dann ausgeführt werden, wenn gleichzeitig ein entsprechender Gegenwert an Wertpapieren auf einem Depot verbucht wurde, Grabowski v. Bank of Boston, 997 F.Supp. 111, 120; 35 UCC Rep.Serv.2d 1 (1997). Siehe für weitere Ausführungen Official Comment 3 nach § 203.

[421] Official Comment 4 nach § 203.

[422] Dazu Official Comment 4 nach § 203.

[423] Official Comment 4 nach § 203.

[424] § 203 enthält Ausnahmen der Zurechnung nach § 202 (b). Zunächst ist die Vereinbarung einer Höchstgrenze der Bindung des Kunden möglich, die Bank kann also einen Teil des Risikos übernehmen, § 203 (a) (1). Überdies kann die Bank Zahlung überhaupt nicht verlangen, wenn der Kunde nachweist, dass er die Überweisung weder direkt noch indirekt veranlasst hat, noch diese durch eine Person veranlasst wurde, die vom Kunden in die Abgabe von Zahlungsanweisungen eingeschaltet wurde oder Zugang zu den Übermittlungseinrichtungen des Kunden hatte oder die erforderlichen Informationen aus einer vom Kunden beherrschten Quelle erlangt hat. Dabei ist unerheblich, ob dem Kunden ein Verschulden zur Last fällt, § 203 (a) (2). Der Kunde trägt damit das Risiko hinsichtlich der aus seinem Lager stammenden Personen. Im Falle des interbankären Verkehrs kann auch eine von

§ 4A-202 (b) U.C.C. ist von der Überlegung getragen, dass Missbrauch im Überweisungsverkehr am besten durch ein Sicherheitsverfahren zur Verifizierung unterbunden werden kann. Für die Einrichtung solcher Verfahren soll damit auch im gesamtwirtschaftlichen Interesse ein Anreiz gegeben werden. Außerdem sollen auf diese Weise sowohl die Bank als auch der Kunde geschützt werden. Die Bank muss sich im standardisierten Massenverkehr auf objektive Umstände verlassen können und dem Kunden muss die Last genommen werden, sich mit der Bank darüber auseinander zu setzen, ob eine Ermächtigung vorlag oder nicht. Auch sollen Fehlüberweisungen verhindert und damit das Rückforderungsrisiko der Beteilgten verringert werden.[425] Mit dieser Regelung ist dem *Rationalisierungsinteresse* der Beteiligten durch Kalkulationssicherheit zugunsten der Bank gedient, allerdings um den Preis einer potentiellen Haftung des Kunden ohne seine Veranlassung.[426] Die Privatautonomie tritt damit hinter die Anforderungen des Giroverkehrs zurück.

### (3) Folgen bei Fehlen der Zurechenbarkeit

Kann eine Zahlungsanweisung dem Überweisenden nicht nach § 4A-202 U.C.C. zugerechnet werden, so steht ihm nach § 204 (a) ein Rückerstattungsanspruch gegen seine Bank zu. In diesem Fall trägt also die Bank das Rückforderungrisiko hinsichtlich des Überweisungsbetrages.[427] Um der Bank die Durchsetzung eines Rückforderungsanspruches gegen den Empfänger zu erleichtern, gibt § 204 (a) dem vermeintlich Anweisenden einen Anreiz, die Bank zügig über eine nicht autorisierte Überweisung zu unterrichten. Danach droht er seines Verzinsungsanspruches hinsichtlich des Überweisungsbetrages verlustig zu gehen, wenn er nicht mit ordentlicher Sorgfalt überprüft, ob die Überweisung ermächtigt war, und im negativen Falle die Bank nicht binnen angemessener Zeit, die nicht länger als 90 Tage beträgt, benachrichtigt.[428] Die

---

den §§ 202, 203 abweichende Verlustverteilung in einem Zahlungsverkehrssystem festgelegt werden, wie sich aus § 501 ergibt. Rechte beteiligter nicht-Banken aber können damit direkt nicht beeinflusst werden. Siehe hierzu, Official Comment 7 nach § 203.

425 So sollen z.B. doppelte oder zu hohe Überweisungen oder solche an einen falschen Empfänger entdeckt werden können. Dies kann dadurch geschehen, dass eine fortlaufende Numerierung der Aufträge erfolgt, Beträge eine zusätzliche Identifizierungsnummer erhalten und bestimmte Empfänger zuvor festgelegt werden.

426 Zur damit einhergehenden Kostensenkung FELSENFELD, Art. 4A des amerikanischen Uniform Commercial Code, S. 378.

427 Official Comment 1 zu § 204.

428 Official Comment 2 zu § 204. Die angemessene Zeitspanne kann je nach den Umständen und der Höhe des Überweisungsbetrages variieren. Bei kleineren Überweisungen dürfte sie etwas länger bemessen sein als bei der Überweisung großer Summen. Auch in dem Fall der Überweisung eines Betrages der richtigen Höhe, aber an einen falschen Empfänger, muss man dem Kontoinhaber wohl mehr Zeit zubilligen, den Fehler zu entdecken. In § 4A-505 U.C.C. ist daneben eine Ausschlußfrist vorgesehen, nach deren Ablauf der scheinbare Absender eine fehlende Ermächtigung nicht mehr einwenden und eine Rückerstattung der von ihm erlangten Zahlung nicht mehr verlangen kann. Voraussetzung dafür ist allerdings,

Vorschrift möchte das typische Risiko des Abirrens der Überweisung abmildern, indem sie die Beteiligten zur Kooperation bei der Rückabwicklung anhält.

### (4) Divergenz von Empfängerbezeichnung und Kontoinhaber - Bereicherungsanspruch

Fehlbezeichnung des Überweisungsempfängers regelt § 4A-207 U.C.C. § 207 (a) regelt den Fall, dass sich sowohl Name, Kontonummer als auch eine sonstige Identifizierungsnummer auf eine inexistente oder nicht identifizierbare Person beziehen. Eine derartige Zahlungsanweisung entfaltet keine Rechtswirkungen.[429]

Ist der Empfänger sowohl namentlich als auch durch eine Kontonummer gekennzeichnet, so darf die Bank bei Unkenntnis einer Diskrepanz die Kontonummer zugrundelegen, § 207 (b) (1). Diese Regelung trägt dem automatischen Bearbeitungsverfahren Rechnung, bei dem die Identifikation anhand der Kontonummer erfolgt.[430] Die Regelungsgeber des Artikels 4A U.C.C. hielten eine Abgleichpflicht der Banken für kontraproduktiv, die Vorteile der Banküberweisung, die *economies of operation*, sollten erhalten bleiben. Außerdem würde bei menschlicher Bearbeitung die Fehlerquote eher erhöht als reduziert.[431] Die Regelung des § 207 beseitigt damit eine zuvor in der Rechtspraxis bestehende Unklarheit hinsichtlich der Maßgeblichkeit der Kontonummer.[432]

§ 207 (c) regelt die Zahlungspflicht des Absenders. Hat die Bank die Kontonummer zugrunde gelegt, so ist der Überweisende stets zahlungspflichtig, wenn es sich bei ihm um eine Bank handelt. Ist er keine Bank, so trifft ihn

---

dass der Kunde von der Belastung seines Kontos infolge der Überweisung benachrichtigt wurde und dem nicht binnen eines Jahres widersprochen hat.

429 Gemäß § 402 (c) trifft den Absender keine Zahlungspflicht, sowie jeder Absender innerhalb der Zahlungskette einen Anspruch auf Rückerstattung gegen seinen Vordermann hat, vgl. Official Comment 1 zu § 207. Im Gegensatz zu dem UNCITRAL Modell-Gesetz trifft damit die Bank keine Aufklärungspflicht, sondern behandelt den Auftrag als inexistent, hierzu SCHWOLOW, Internationale Entwicklungslinien im Recht der Auslandsüberweisung, § 10 I 4 (S. 94).

430 Zwar sind in den Standardformularen regelmäßig Namensfelder vorhanden, sie sind jedoch für die Bearbeitung irrelevant. Vgl. insgesamt FELSENFELD, Art. 4A des amerikanischen Uniform Commercial Code, S. 379, und für einen Vergleich mit dem UNCITRAL Model-Gesetz, SCHWOLOW, Internationale Entwicklungslinien im Recht der Auslandsüberweisung, § 16 III (S. 138).

431 Jedoch ist § 207 nicht auf automatische Bearbeitung beschränkt, so dass sich die Bank auch bei manueller Bearbeitung auf die Identifizierungsnummer verlassen kann. Siehe auch Official Comment 2 zu § 207.

432 Siehe die Entscheidungen in Securities Fund Services v. American National Bank, 542 F.Supp. 323 (N.D.Ill. 27.5.1982) einerseits und Bradford Trust Co. v. Texas American Bank, 790 F.2d 407 ($5^{th}$ Circuit 23.5.1986) andererseits.

die Zahlungspflicht nur, wenn die Bank nachweist, dass er von der generellen Maßgeblichkeit der Kontonummer Kenntnis hatte.[433]

§ 207 (d) regelt Rückforderungsansprüche. Wurde eine Überweisung zu Recht anhand der Kontonummer ausgeführt, so trägt der Überweisende das Rückforderungsrisiko. Ihm steht nach § 207 (d) ein Bereicherungsanspruch (*mistake and restitution*) gegen den Empfänger zu. Ist der Urheber der Bank jedoch nicht zur Zahlung verpflichtet, so ist diese Inhaberin des Rückforderungsanspruches. Die Aktivlegitimation des Bereicherungsausgleichs verteilt sich damit nach der primären Risikoverteilung im Deckungsverhältnis, die sich ihrerseits nach den besonderen *Gegebenheiten des Giroverkehrs* bestimmt.

### b) Die Annahme der Anweisung durch die Bank

Eine Zahlungsanweisung kann von einer Bank entweder angenommen oder abgelehnt werden, eine Pflicht zur Annahme besteht vorbehaltlich einer Vereinbarung nicht.[434] Die Annahme einer Zahlungsanweisung ist in § 4A-209 U.C.C. geregelt. Dabei wird unterschieden zwischen der Annahme durch die Empfangsbank und der Annahme durch eine Überweisungsbank, die nicht zugleich Empfangsbank ist.[435]

Für die Überweisungsbank bestimmt § 209 (a), dass sie eine Zahlungsanweisung durch deren Ausführung annimmt. Die Ausführung besteht darin, dass sie ihrerseits eine Zahlungsanweisung an eine Zwischenbank oder die Empfangsbank abgibt, in der Absicht, den Überweisungsauftrag des Überwei-

[433] Mehr zu der Regelung in den Official Comments 1 bis 3 zu § 207.

[434] In der Regel besteht eine solche Vereinbarung im interbankären Verkehr, vgl. Official Comment 3 zu § 209. Vgl. außerdem den Fall des United States District Court, S.D.N.Y., in Sheerbonnet v. American Express Bank, 905 F.Supp 127, 134 (24.10.1995), bezüglich dem Sinn und Zweck, der Bank die Möglichkeit einzuräumen, die Annahme zu verhindern. Die Bank soll ihr Risiko zum Zeitpunkt der Annahme kalkulieren können. Nach diesem Kenntnisstand muss sie dann ihre Annahmeentscheidung ausrichten. Nimmt sie an, so kann sie eine eventuelle Haftung nicht mehr einseitig verhindern, es treffen sie die vollen Pflichten aus Artikel 4 A U.C.C.

Die Ablehnung einer Zahlungsanweisung erfolgt dagegen nach § 4A-210 U.C.C. Nach § 210 (a) ist eine Zahlungsanweisung zurückgewiesen, wenn die Bank eine mündliche, elektronische oder schriftliche Zurückweisungsmitteilung an den Absender abgibt, sofern das zur Übermittlung eingesetzte Mittel den Umständen nach angemessen ist. Ist dies nicht der Fall, so wird die Zurückweisung erst mit Zugang beim Überweisenden wirksam. Da im Falle der Empfangsbank die Annahme unter Umständen sehr rasch erfolgen kann, ist es der Bank nach der Vorschrift ermöglicht, schon durch die Abgabe der Zurückweisungsmitteilung die Annahme zu verhindern, siehe hierzu Official Comment 2 zu § 210. Nach § 210 (c) gelten alle Zahlungsanweisungen als zurückgewiesen, wenn eine Bank alle Zahlungen eingestellt hat, also insolvent ist.

[435] Dies folgt aus der unterschiedlichen Funktion von Überweisungs- und Empfangsbank. Die Funktion jener besteht darin, Zahlungen entgegenzunehmen und die Funktion dieser in deren Übermittlung, vgl. Official Comment 4 zu § 209.

senden auszuführen § 302 (a). Die Annahme gilt demnach auch dann als erfolgt, wenn die Bank eine Zahlungsanweisung abgibt, durch die der Auftrag des Überweisenden nicht ordnungsgemäß ausgeführt wird.[436]

Für die Empfangsbank sieht § 209 (b) mehrere Möglichkeiten der Annahme vor. Nach § 209 (b) (1) nimmt sie eine Zahlungsanweisung an, wenn sie den Überweisungsbetrag an den Empfänger auszahlt. Die Zahlung kann in einer Gutschrift auf dem Empfängerkonto, verbunden mit der Benachrichtigung des Empfängers über die vorbehaltlose Gutschrift bestehen. Auch eine Verringerung des Debets des Kunden stellt eine Zahlung dar. Dem Kunden kann der Betrag aber auch in sonstiger Form zur Verfügung gestellt werden.[437] Eine automatische Annahme der Zahlungsanweisung durch die Empfangsbank ist dagegen in § 209 (b) (2) vorgesehen. Sie erfolgt, sobald die Bank Zahlung auf die Anweisung erhält. Dies ist bei Zahlungsanweisungen via *Fedwire* der Fall. Dort wird parallel zu den Zahlungsanweisungen die Deckung verschoben.[438]

Der Unterschied zwischen den beiden Möglichkeiten der Annahme wird im Falle einer Überweisung via C.H.I.P.S. deutlich. Wird die Überweisung darüber abgewickelt, so geht die Zahlungsanweisung im Laufe des Tages ein, die Deckung erfolgt jedoch erst mit dem auf das Saldierungsverfahren folgenden Ausgleich am Tagesende. Es soll der Bank dennoch ermöglicht werden, die Gutschrift zugunsten des Kunden sofort vorzunehmen, bei Ausbleiben der Deckung aber die Annahme der Zahlungsanweisung noch verhindern zu können. Nach § 209 (b) (1) kann sie dem Empfänger den Betrag gutschreiben, ohne an diesen gezahlt und damit die Zahlungsanordnung angenommen zu haben, vorausgesetzt, sie benachrichtigt ihn nicht über die Gutschrift. Erst wenn am Tagesende die Deckung eingeht, nimmt sie die Anweisung nach §

[436] Official Comment 1 zu § 209. Dort auch zu den Folgen einer solchen nicht ordnungsgemäß ausgeführten Anweisung. Siehe außerdem WHITE / SUMMERS, UCC, Vol. III, § 23-3 (S. 30), mit den Beispielen der falschen Empfangsbank oder der Betragsabweichung.

[437] Die Annahme der Zahlungsanordnung durch Zurverfügungstellung ist sehr weitgehend. So kann die Bank die Annahme auch nicht verhindern, indem sie dem Empfänger den Betrag etwa in der Form eines Darlehens oder unter Vorbehalt zur Verfügung stellt, da auch dies nach § 405 (a), (c) als Zahlung und somit als Annahme gilt. Vgl. Official Comment 5 zu § 209.

[438] In § 209 (b) (3) ist schließlich für den Fall der Untätigkeit der Empfangsbank bei einer Hausüberweisung vorgesehen, dass diese eine Zahlungsanweisung mit Beginn des Geschäftstages annimmt, der auf das Zahlungsdatum folgt, wenn zu diesem Zeitpunkt eine hinreichende Deckung auf dem Konto des Absenders vorhanden ist und die Zahlungsanweisung nicht innerhalb einer Stunde von der Bank zurückgewiesen wird. Die ratio der Vorschrift besteht darin, der Bank eine Prüfung zu ermöglichen, ob das Konto des Urhebers hinreichende Deckung aufweist. Dieser kann nämlich im Laufe des Tages mehrere Zahlungsanweisungen abgegeben haben, so dass es der Bank erst nach Tagesende möglich sein kann, die hinreichende Deckung festzustellen, official Comment 7 zu § 209. Die Zurückweisungsmöglichkeit innerhalb einer Stunde nach Beginn des nächsten Geschäftstages des Absenders besteht, um den unterschiedlichen Zeitzonen innerhalb der USA Rechnung zu tragen, vgl. official Comment 8 zu § 209.

209 (b) (2) automatisch an. Bleibt die Deckung aber aus, so erfolgt keine Annahme und die Bank trägt nicht das Risiko aus dem Saldierungsverfahren.[439]

Sollte eine Bank den Überweisungsbetrag einem falschen Empfänger auszahlen, so erfolgt die automatische Annahme bei Eingang der Deckung gleichwohl. Sie ist dem wahren Begünstigten zur Auszahlung verpflichtet, kann aber gegen den Dritten aus ungerechtfertigter Bereicherung vorgehen.[440]

In § 4A-209 (d) U.C.C. ist bestimmt, dass die Annahme eines Zahlungsauftrages durch die Empfangsbank nicht vor dem vom Absender bestimmten Zahlungsdatum und von einer Überweisungsbank nicht vor dem Ausführungsdatum angenommen werden kann.[441] Damit ist beabsichtigt, die Zahlungspflicht des Kunden, die nach § 402 (c) mit der Annahme des Überweisungsauftrages entsteht, nicht frühzeitig eintreten zu lassen. Außerdem wird dem Überweisenden damit die nach § 211 (b) nur vor der Annahme bestehende Möglichkeit, seinen Überweisungsauftrag einseitig zu widerrufen, erhalten. Führt somit eine Überweisungsbank vorzeitig aus, so geht sie zwar der von ihr beauftragten Bank gegenüber eine wirksame Verpflichtung ein, kann aber ihrerseits einem Widerruf ihres Kunden ausgesetzt sein.[442] In diesem Fall bleibt der Bank nur die Möglichkeit, aus ungerechtfertigter Bereicherung gegen den Überweisungsempfänger nach § 4A-303 U.C.C. vorzugehen. Hat die Bank damit aber eine Verbindlichkeit des Überweisenden getilgt und kann der Empfänger daher den Überweisungsbetrag nach dem Recht der ungerechtfertigten Bereicherung behalten, so geht der Anspruch des Empfängers gegen den Überweisenden auf die Bank über.[443]

---

[439] Vgl. Official Comment 5 zu § 209.

[440] Official Comment 6 zu § 209.

[441] Der zentrale Begriff des Zahlungsdatums (*payment date*) findet sich in § 4A-401 U.C.C. beschrieben. Dies ist derjenige Tag, an dem der Überweisungsbetrag dem Empfänger von der Empfangsbank zahlbar sein soll. Der Tag kann deshalb nicht vor dem Tag liegen, an dem die Anweisung der Empfangsbank zugeht. Bestimmt der Absender kein Zahlungsdatum, so ist das Zahlungsdatum derjenige Tag, an dem die Überweisung der Empfangsbank zugeht. Bei der Einschaltung eines *Automated Clearinghouse* ist das Zahlungsdatum das Datum der Feststellung und Verschiebung der Deckung (*settlement* oder *effective date*), Official Comment zu § 401. Das Ausführungsdatum (*execution date*) ist in § 301 geregelt.

[442] Sie trägt damit den zwischenzeitlichen Zinsverlust, vgl. official Comment 9 zu § 209.

[443] Bzw. sie kann Rückgriff nehmen. Vgl. Official Comment 9 zu § 209. Die Rechtsfigur der *subrogation* ist in Artikel 4 A U.C.C. selbst nicht geregelt. Der Verweis aber auf das Recht von *mistake and restitution* in den §§ 4 A-205 und 303 U.C.C. beinhaltet auch diese Rechtsfigur. Dazu näher unten, S. 113, 131, 136, 277.

### c) Widerruf des Überweisungsauftrages

#### (1) Widerruf gegenüber der Überweisungsbank

Der Absender einer Zahlungsanweisung kann diese widerrufen oder inhaltlich ändern. Unter welchen Voraussetzungen dies der Fall ist, ergibt sich aus § 4A-211 U.C.C. Dabei muss die Änderunsgmitteilungen denselben Anforderungen genügen wie die Erteilung des Überweisungsauftrages. Bei einem vereinbarten Sicherheitsverfahren zwischen den Parteien muss die Widerrufserklärung also diesem genügen, § 211 (a).

Ein Widerruf ist nach § 211 (b) nur wirksam, wenn er der Bank zu einem Zeitpunkt zugeht, zu dem es ihr noch möglich ist, die Ausführung der Überweisung zu verhindern. Zulässig ist ein Widerruf also immer, wenn die Bank den Auftrag noch nicht angenommen hat und die Annahme noch verhindern kann. Enthält der Überweisungsauftrag kein Zahlungs- oder Ausführungsdatum, so kann sich ein Widerruf allerdings schwierig gestalten, da die Bank die Anweisung in aller Regel noch am selben Tag ausführt. Auch ist sie nicht verpflichtet, nach ihrem *cut-off* Zeitpunkt einen Widerruf entgegenzunehmen.[444]

§ 211 (c) regelt den Widerruf nach Annahme einer Zahlungsanweisung. Danach ist der einseitige Widerruf grundsätzlich ausgeschlossen, es sei denn, die Überweisungsbank stimmt zu oder ein Zahlungssystem erklärt den Widerruf für zulässig. Zusätzlich zu dem Einverständnis der Bank muss ihr der Widerruf der von ihr an eine Zwischen- oder die Empfangsbank erteilten Anweisung möglich sein.[445] Im Falle des durch ein Zahlungssystem zugelassenen Widerrufs bedarf es dieses Erfordernisses nicht, da der Widerruf allen Banken in der Überweisungskette gegenüber zulässig ist, § 501.[446] Artikel 4A U.C.C. bemüht sich damit um eine *widerspruchsfreie Ausgestaltung der Pflichtenlagen* im multilateralen Zahlungsverbund: Nur wenn der Überweisungsbank ihrerseits der Widerruf möglich ist, soll ihr gegenüber der Widerruf zulässig sein.

#### (2) Widerruf gegenüber der Empfangsbank

Strengere Voraussetzungen gelten für einen Widerruf gegenüber der Empfangsbank. Selbst mit deren Einverständnis ist der Widerruf nur einge-

---

[444] Official Comment 3 zu § 211.

[445] Vgl. hierzu den Fall Aleo International, Ltd. v. Citibank, N.A., 612 N.Y.S.2d 540 (District Court S.D.N.Y. vom 10.1.1994). Die Klägerin hatte die beklagte Citibank angewiesen, die Summe von 284 563 US $ via der Dresdner Bank an die deutsche Empfängerin zu überweisen. Nachdem die Citibank den Auftrag schon an die Dresdner Bank weitergeleitet und diese das Empfängerkonto erkannt hatte, war nach zutreffender Ansicht des Gerichts ein Widerruf seitens der Klägerin nicht mehr möglich.

[446] Dazu Official Comment 3 zu § 211 und die Ausführungen zu § 4A-501 U.C.C. unten, 171 ff.

schränkt möglich, § 211 (c) (2).[447] Ein Widerruf ist zulässig, wenn die Anweisung vom Überweisenden nicht ermächtigt war, eine mehrfache Anweisung abgegeben, ein falscher Begünstigten benannt oder ein den Anspruch im Valutaverhältnis übersteigender Betrag überwiesen wurde. Die engen Voraussetzungen des Widerrufs rechtfertigen sich dadurch, dass der Begünstigte aus der Annahme der Anweisung durch die Empfangsbank Rechte herleitet und Rechtswirkungen im Valutaverhältnis eintreten.

Bei der nicht-ermächtigten Anweisung ist es unerheblich, ob die Anweisung zugunsten der Überweisungsbank nach § 202 (b) gegen ihren Kunden wirkt.[448] Der Widerruf ist zulässig und die Annahme durch die Empfangsbank wird unwirksam. Dieser steht dann ein Bereicherungsanspruch (*mistake and restitution*) gegen den Empfänger zu, § 211 (c) (2) S. 2. Bei der mehrfachen Ausführung kann die Bank insoweit kondizieren, als keine Verpflichtung im Valutaverhältnis bestand, ebenso bei der Zuvielüberweisung. Soweit die Herausgabepflicht des Empfängers nach Bereicherungsrecht ausgeschlossen ist, steht der Empfangsbank ein Schadensersatzanspruch gegen ihren Auftraggeber zu, § 211 (f).[449]

Nach § 211 (h) kann auch eine Zahlungsverkehrsregelung keine Abweichung von § 211 (c) (2) vorsehen, den Widerruf gegenüber einer Empfangsbank also nicht erleichtern. Dies folgt daraus, dass in diesem Falle unmittelbar das Valutaverhältnis betroffen ist.[450]

### (3) Kein Widerruf durch Geschäftsunfähigkeit, Tod und Insolvenz

Gemäß § 211 (g) besteht eine Zahlungsanweisung über den Tod oder die Geschäftsunfähigkeit des Anweisenden hinaus, es sei denn, die Überweisungsbank hat Kenntnis und eine angemessene Möglichkeit, danach zu handeln. Die Vorschrift stellt eine Abweichung von den Grundsätzen des *common law* dar, wonach bei Geschäftsunfähigkeit oder Tod ein Vertragsangebot erlischt. Dies wurde ohnehin als nicht mehr zeitgemäß kritisiert. So formuliert das Restatement 2$^{nd}$ of Contracts, § 48, comment a: *„the rule seems to be a relic of the obsolete view that a contract requires a ‚meeting of minds', and is*

[447] Das Einverständnis der Bank ist auch hier erforderlich, wie sich aus der systemmatischen Stellung des § 211 (c) (2) ergibt, vgl. auch Official Comment 5 zu § 211. Generell dürfte mit einer Zustimmung der Überweisungs- oder Empfangsbank aber selten zu rechnen sein, besonders die Empfangsbank würde dies in aller Regel zu Lasten ihrer Kunden tun und somit die Geschäftsbeziehungen gefährden.

[448] Official Comment 4 zu § 211.

[449] Official Comment 4 zu § 211. Zur Rechtsnatur des Schadensersatzanspruches aus § 4A-211 (f) U.C.C., Banca Commerciale Italiana, New York Branch v. Northern Trust International Banking Corporation, 160 F.3d 90; 36 UCC Rep.Serv.2d 961. 2$^{nd}$ Circuit (N.Y.), vom 26.10.1998. Es handele sich um einen neuartigen gesetzlichen Anspruch und nicht lediglich um die Kodifizierung eines schon nach *common law* anerkannten Schadensersatzanspruch. Dies zeige insbesondere das Fehlen des Verschuldenserfordernisses, aaO., S. 94.

[450] Official Comment 8 zu § 211.

*out of harmony with the modern doctrine that a manifestation of assent is effective without regard to actual mental assent*". Keine Geltung beansprucht § 211 (g) seinem Wortlaut nach allerdings im Falle der Insolvenz des Absenders. Jedoch wurde dieser Fall schon vor Erlass des Artikels 4A U.C.C. entsprechend behandelt.[451]

**d) Die Ausführung der Zahlungsanweisung durch die Überweisungsbank**

§ 4A-301 U.C.C. legt fest, worin die Ausführung einer Zahlungsanordnung besteht und welches das Ausführungsdatum ist. Nach § 301 (a) ist eine Zahlungsanweisung ausgeführt, wenn die Überweisungsbank ihrerseits eine Zahlungsanweisung zum Zwecke der Ausführung der Zahlungsanweisung abgibt.[452] Die Überweisungsbank hat die Zahlungsanweisung auch dann ausgeführt, wenn die von ihr abgegebene Zahlungsanweisung die Überweisung nicht bewirkt, beispielsweise wenn ihre Anweisung fehlerhaft war.[453]

Nach § 310 (b) ist das Ausführungsdatum derjenige Tag, an dem die Überweisungsbank die Zahlungsanweisung ordnungsgemäß ausführen darf. Mangels einer Bestimmung des Absenders ist Ausführungsdatum der Tag des Zuganges des Auftrags bei der Überweisungsbank. Wenn die Zahlungsanweisung hingegen ein Zahlungsdatum enthält, so liegt das Ausführungsdatum eine derart angemessene Zeit vorher, die erwarten lässt, dass die Zahlung beim Empfänger zum Zahlungsdatum erfolgen wird. Unter Ausnahme von Überweisungen, die unter Einschaltung eines *Automated Clearinghouse* erfolgen, ist das Ausführungsdatum bei elektronisch übermittelten Überweisungen innerhalb der USA jedoch regelmäßig das Zahlungsdatum. Bei Beteiligung eines *Automated Clearinghouse* liegt das Ausführungsdatum in der Regel ein bis zwei Tage vor dem Zahlungsdatum. Auch kann ein Ausführungsdatum in einem Zahlungsverkehrssystem festgelegt werden.[454]

§ 4A-302 U.C.C. legt die Pflichten der Überweisungsbank infolge der Annahme einer Anweisung genauer fest. Die Grundregel findet sich in Absatz (a) der Vorschrift und besagt, dass die Bank verpflichtet ist, eine Zahlungsan-

---

[451] Bank of Marin v. England, 385 U.S. 99 (1966). Auch unter der Regelung des Bankruptcy Codes in § 542 (c) scheint eine Nichtberücksichtigung der Insolvenz des Überweisenden und demnach eine Belastung seines Kontos möglich, vgl. Official Comment 6 zu § 211. Zu § 211 (g) auch SCHWOLOW, Internationale Entwicklungslinien im Recht der Auslandsüberweisung, § 10 II 3 (S. 103) mit einem Vergleich zum deutschen Recht und dem UNCITRAL Modell-Gesetz.

[452] In § 301 (a) Satz 2 wird dementsprechend bestimmt, dass eine Zahlungsanweisung an die Empfangsbank von dieser nicht ausgeführt, sondern nur angenommen werden kann.

[453] Dies stellt dann einen Fall der irrtümlichen Ausführung einer Zahlungsanweisung durch die Überweisungsbank dar, der diese zur Rückforderung vom Empfänger nach § 303 und dem Recht der ungerechtfertigter Bereicherung berechtigt. Siehe Official Comment 1 zu § 301.

[454] Official Comment 2 zu § 301.

weisung zum Zwecke der Ausführung abzugeben und dabei Weisungen des Absenders hinsichtlich einzuschaltender Zwischenbanken, Zahlungssysteme und Übermittlungsmethoden zu befolgen. Derartige Weisungen des Kunden können entweder in der Zahlungsanweisung enthalten sein, aber auch z.B. in einem Rahmenvertrag generell erteilt werden.[455] Zwischenbanken hat die Überweisungsbank entsprechend zu instruieren, so dass diese ebenfalls an die Vorgaben des Absenders gebunden sind. Die personelle Komplexität soll also nicht zu Lasten des Kunden gehen.

Nach § 302 (b) kann sich die Bank vorbehaltlich einer Weisung des Auftraggebers jedes den Umständen nach angemessenen Zahlungssystems bedienen und entweder direkt die Empfangsbank zur Gutschrift anweisen oder eine mit ordentlicher Sorgfalt ausgewählte Zwischenbank einschalten, wenn auf diese Weise die schnellstmögliche Übermittlung gewährleistet ist. Wurde vom Absender ein Zahlungssystem vorgegeben, so darf die Bank jedoch dann von der Weisung abweichen, wenn sie in gutem Glauben zu der Überzeugung gelangt, dass andernfalls die Überweisung ungebührlich verzögert würde oder die Befolgung gänzlich ungeeignet wäre. Als Grundsatz gilt entsprechend den *Interessen der Beteiligten des Giroverkehrs* stets die Pflicht zur schnellstmöglichen Ausführung.[456]

Bezüglich des Übermittlungsmediums bestimmt § 302 (c), dass die Überweisungsbank die Anweisung durch *first class mail* oder jedes sonstige den Umständen nach angemessene Mittel ausführen darf, vorbehaltlich der Pflicht zur schnellstmöglichen Übermittlung. Wurde das Mittel vom Absender vorgegeben, so kann sich die Bank auch jedes in gleicher Weise geeigneten Mittels bedienen. So kann die Bank eine Überweisung etwa telefonisch übermitteln, wenn der Kunde die Übermittlung per Telex vorgegeben hat.[457] In der Regel beschränken sich die Vorgaben des Absenders darauf, die Überweisung solle *by wire*, *wire transfer* oder *as soon as possible* erfolgen, was einen *same-day transfer* indiziert. Dann muss die Bank eine elektronische oder telefonische Übermittlung wählen und Zwischenbanken entsprechend anweisen. Wird die Übermittlung über ein *Automated Clearinghouse* vorgegeben, so ist ein *same-day transfer* nicht angestrebt.[458] In aller Regel ergibt sich aus der Zahlungsanweisung, welches das angemessene Mittel ist, etwa bei regelmäßig

---

[455] Vgl. Official Comment 1 zu § 302.

[456] Gibt der Überweisende allerdings die Einschaltung einer bestimmten Zwischenbank vor, so darf die Überweisungsbank davon nicht abweichen. Dies beruht darauf, dass der Absender ein besonderes Interesse an der Beteiligung gerade dieser Bank haben kann, etwa weil diese ihm Kredit gewährt. Die Überweisungsbank kann dann nur die Stelle in der Überweisungskette beeinflussen, die die Zwischenbank einnimmt. Dies kann erforderlich werden, wenn die Überweisungsbank entweder keine Bankbeziehung zu der vorgegebenen Bank unterhält, oder beispielsweise ein *bilateral credit limit* sie von der direkten Abgabe einer Zahlungsanweisung an diese Bank abhält, Official Comment 2 zu § 302.

[457] Bsp. Aus Official Comment 1 zu § 302. Hierzu auch knapp SCHWOLOW, Internationale Entwicklungslinien im Recht der Auslandsüberweisung, § 10 I 4 (S. 92).

[458] Official Comment 1 zu § 302.

wiederkehrenden Überweisungen die kostengünstige Abwicklung über ein *Automated Clearinghouse*. Auch steht bei kleineren Überweisungen eher die Kosten- als die Geschwindigkeitsfrage im Vordergrund, so dass hier die Angemessenheit eine andere sein kann als bei einer Großüberweisung.[459]

An dieser Vorschrift wird sehr deutlich, inwieweit die Regelungsgeber des Artikels 4A U.C.C. dem Grundbestreben der an einer Transaktion des bargeldlosen Zahlungsverkehrs Beteiligten nach schneller, effektiver und kostengünstiger Abwicklung durch die Ausgestaltung der Pflichtenlagen Rechnung getragen haben. Im Vordergrund steht danach das *Interesse an schnellstmöglicher Übermittlung*, die Angemesenheit des Mittels aber bemisst sich nach den *Kosteninteressen* des Überweisenden. Da die Bank die zur Erreichung dieser Zwecke erforderliche Sachkenntnis besitzt, wird ihr selbst bei Vorgaben des Kunden ein weiter Spielraum eingeräumt.

### g) Zahlungspflicht und *money-back-guarantee*

Nach § 4A-402 U.C.C. ist der Absender einer Zahlungsanweisung der angewiesenen Bank grundsätzlich zur Zahlung des Überweisungsbetrages verpflichtet.[460] Die Zahlungspflicht des Kunden ist jedoch ausgeschlossen, wenn die Geldüberweisung nicht in Form der Annahme durch die Empfangsbank bewirkt wird, § 402 (c) U.C.C., also die Zahlungswirkung im Valutaverhältnis nach § 406 (a) U.C.C. ausbleibt. Zahlt der Kunde, obwohl er nach dem Vorstehenden dazu nicht verpflichtet ist, so gewährt ihm § 402 (d) U.C.C. einen verzinslichen Rückzahlungsanspruch. Diese Vorschrift gewährt dem Überweisenden den starken Schutz in Form einer *money-back-guarantee*.[461]

Wird die Geldüberweisung nicht bewirkt, so trifft überdies jede eingeschaltete Bank eine Pflicht zur Rückzahlung. Bei Fehlgehen einer Überweisung kommt es damit zu einer Rückabwicklung in der Kette. Ist aber eine Bank in der Überweisungskette hierzu nicht in der Lage, entweder aus rechtlichen Gründen oder weil sie die Zahlungen eingestellt hat, so behält jeder Absender innerhalb der Überweisungskette den Zahlungsanpruch gegen seinen

---

[459] Official Comment 1 zu § 302, schnelle Übermittlungsmethoden sind regelmäßig teurer als die etwas langsameren.

[460] § 402 Absatz (b) regelt den Fall der Hausüberweisung und bestimmt, dass der Überweisende der Bank zur Zahlung verpflichtet ist. Die Zahlungspflicht wird aber erst zum Zahlungsdatum fällig. Nimmt die Bank daher die Überweisung zugunsten des Empfängers vorzeitig an, so wird sie diesem gegenüber schon zu diesem Zeitpunkt verpflichtet, § 404 (a), und trägt damit den zwischenzeitlichen Zinsverlust. Ergeht die Zahlungsanweisung im überbetrieblichen Verkehr, so entsteht die Zahlungsverpflichtung des Überweisenden gegenüber seiner Bank ebenfalls mit der Annahme der Zahlungsanweisung durch diese, wird aber schon zum Ausführungsdatum fällig.

[461] Vgl. auch Official comment 2 zu § 402. Die *mbg* stellt das Korrelat zu der beschränkten Haftung der Bank für Folgeschäden in § 4A-305 U.C.C. dar, siehe unen und SCHWOLOW, Internationale Entwicklungslinien im Recht der Auslandsüberweisung, § 13 II 2 (S. 137).

Auftraggeber. Derjenige Absender innerhalb der Zahlungskette, der die Einschaltung der ausfallenden Zwischenbank vorgegeben hat, erhält in diesem Fall einen direkten Anspruch gegen diese Bank, indem er in die Rechte der dieser Bank vorgehenden auf Rückzahlung eintritt, § 4A-402 (e) U.C.C.[462] Hat also der Absender die fehlerhaft handelnde Zwischenbank vorgegeben und fällt diese aus, so trägt er das Verlustrisiko und rückt in das Recht auf Rückerstattung gegen die Zwischenbank ein.[463] Mit der Rückabwicklungskette der *money back guarantee* hat der Regelungsgeber des Artikels 4A U.C.C. für eine *reibungslose Pflichtenlage* im Zahlungsverbund gesorgt.

### f) Erfüllung der Zahlungspflicht des Absenders

#### (1) Allgemein

Im Fall des Bewirkens der Banküberweisung entsteht für jeden Absender innerhalb der Überweisungskette gegenüber der von ihm eingeschalteten Bank die Pflicht, die Zahlungsanweisung zu bezahlen. Die allgemeingültige Zahlungsmethode ist in § 403 (a) (3) vorgesehen. Dieser enthält die Bestimmung, dass die Zahlung durch die Belastung des Kontos des Absenders bei der Überweisungsbank erfolgen kann. Die Zahlung erfolgt demgemäß, wenn das Konto eine hinreichende Deckung aufweist.[464]

Von der bisherigen Bankpraxis abweichend, bestimmt § 302 (d), dass eine Bank ihre Gebühren nicht in Form der Kürzung des Überweisungsbetrag einbehalten und hierzu auch keine Zwischenbank ermächtigen darf. Dahinter steht der Gedanke, dass in der Regel durch die Überweisung eine Zahlung im Valutaverhältnis erfolgen soll und der Absender durch Kürzung der Überweisungssumme Gefahr läuft, rechtliche Nachteile im Valutaverhältnis zu erleiden, etwa den Verlust eines Rechtes, zu dessen Erhalt ein bestimmter Betrag zu zahlen war.[465] Demselben Anliegen dient § 406 (c).

---

[462] Das Risiko des Fehlgehens einer Überweisung in der Überweisungskette trägt damit meist eine der beteiligten Banken. Die offizielle Begründung zu Artikel 4A U.C.C. begründet dies damit, dass in deren Bereich wohl auch die Ursache der Abirrung zu finden sei. Damit ist eine Risikoverteilung nach Beherrschbarkeistkriterein vorgenommen, vgl. Official comment 2 zu § 402.

[463] Nähere Ausführungen hierzu in Official Comment 2 zu § 402. Näher zu diesem so genannten *routing*, SCHWOLOW, Internationale Entwicklungslinien im Recht der Auslandsüberweisung, § 13 II 2 (S. 137).

[464] 403 (d) hingegen betrifft den eher außergewöhnlichen Fall, dass keine Kontenverbindung und auch keine Beteiligung an einem Zahlungssystem besteht. Die Zahlung bestimmt sich dann nach den allgemeinen Rechtsgrundsätzen. Diese Vorschrift erfasst etwa Fälle der Barzahlung einer Überweisung durch einen Kunden, vgl. Official Comment 5 zu § 403.

[465] Siehe die Beispiele in Official Comment 3 zu § 302 und SCHWOLOW, Internationale Entwicklungslinien im Recht der Auslandsüberweisung, § 11 IV 2 (S. 114 f.).

### (2) Zahlungen im Interbankenverkehr

In § 403 (a) Absatz (1) und (2) sind mehrere Zahlungsarten im rein interbankären Verhältnis geregelt. Ist der Absender der Zahlungsanweisung eine Bank, so erfolgt nach § 403 (a) (1) die Zahlung, wenn die Überweisungsbank endgültige Deckung, *final settlement*, durch eine *Federal Reserve Bank* oder durch ein Zahlungssystem erhält. Mit der zweiten Alternative ist klargestellt, dass eine Zahlung auch im Verfahren des (bilateralen) *Netting* erfolgen kann. Die erste Alternative der Deckungsvermittlung durch eine *Federal Reserve Bank* betrifft dagegen Zahlungsanweisungen, die über *Fedwire* abgewickelt werden, da dort die Wertverschiebung unmittelbar und endgültig erfolgt.[466]

Nach § 403 (a) (2) kann eine Bank die von ihr eingeschaltete Bank auch dadurch bezahlen, dass sie ein Konto, das diese Bank bei ihr unterhält, erkennt oder die Erkennung eines Kontos veranlasst, das die Bank bei einer dritten Bank unterhält. Diese Vorschrift ist speziell auf ausländische Banken zugeschnitten, die oftmals keinen Zugang zu einem *Federal Reseve System* oder anderen Zahlungssystemen haben.[467] Zahlungsweise ist dann die herkömmliche über Korrespondenzkonten oder eine Korrespondenzbank. § 403 (a) (2) schiebt die Zahlungswirkung im Falle der Kontogutschrift jedoch bis Mitternacht des Tages hinaus, an dem die Bank von der Gutschrift erfährt, wenn nicht die Bank zuvor das Guthaben abhebt. Dies beruht darauf, dass die Bank möglicherweise als Empfangsbank fungiert und damit nach § 209 (b) (2) eine Zahlungsanweisung automatisch mit Eingang der Zahlung annimmt. Es soll ihr in diesem Falle die Möglichkeit einer Zurückweisung erhalten bleiben.[468] Die Regelung sorgt damit für eine *konsistente Pflichtenlage* im komplexen Mehrpersonenverhältnis.

### (3) Besonderheiten im Saldierungsverfahren

In § 403 (b) finden die Zahlungsanweisungen, die durch multilateral operierende Zahlungsverkehrssysteme übermittelt werden, eine detaillierte Regelung. Die Vorschrift ist anwendbar, wenn sowohl Absender als auch Überweisungsbank Mitglied eines Zahlungssystems sind, das die Verbindlichkeiten multilateral nettiert. Nach § 403 (b) Satz 2 wird die Verpflichtung des Absenders durch Verrechnung erfüllt, soweit sich die von Absender und Überweisungsbank gegenseitig geschuldeten Beträge decken. Insofern verbleibt die Vorschrift im Gegenseitigkeitsverhältnis zweier Banken. Erst Satz 3

---

[466] Official Comment 1 zu § 403.

[467] Zu C.H.I.P.S. sind jedoch auch zahlreiche ausländische Banken zugelassen, die allerdings nicht als *settling-participant* teilnehmen können, sondern nur durch eine US-amerikanische Korrespondenzbank, die für sie am Saldierungsverfahren teilnimmt. Der Ausgleich unter diesen hat dann im Wege der Belastung oder Erkennung von Korrespondenzkonten zu erfolgen.

[468] Official Comment 2 zu § 403.

enthält eine Regelung für das multilaterale Saldierungsverfahren. Danach kann die sich aus sämtlichen Überweisungen ergebende Gesamtverpflichtung jedes Teilnehmers, soweit von den Regelungen des Systems so vorgesehen, durch Verrechnung mit dem Gesamtanspruch dieses Teilnehmers aus sämtlichen an ihn ergangenen Zahlungsanweisungen erfüllt werden. Diese Gesamtverrechnung soll erfolgen, nachdem die bilaterale Aufrechnung des Satzes 2 erfolgt ist, § 403 (b) Satz 4. Dieser Regelung stand das Überweisungssystem von C.H.I.P.S. Modell. Damit soll klargestellt werden, dass die sich aus Zahlungsanweisungen ergebenden Verpflichtungen erfüllt sind, wenn beim multilateralen Saldierungsverfahren die Nettopositionen ausgeglichen sind, bzw., sich die Verbindlichkeit auf die Nettoposition beschränkt. Nach den Grundsätzen des *common law* erfordert eine Aufrechnung Gegenseitigkeit, so dass hiernach das Nettierungsverfahren nicht zu einem Erlöschen der Verbindlichkeiten führen würde. Gerade von diesem Erfordernis sollte mit der Vorschrift dispensiert werden.[469]

In § 403 (c) ist der Fall des zweiseitigen Bankenverhältnisses außerhalb eines Zahlungssystems geregelt. Haben zwei Banken vereinbart, dass der Ausgleich der Verbindlichkeiten aus gegenseitig erteilten Zahlungsanweisungen am Ende eines Tages erfolgen soll, so werden die gegenseitig geschuldeten Summen miteinander verrechnet. Insoweit die Verrechnung erfolgt, sind die Verbindlichkeiten bezahlt und die Verpflichtung beschränkt sich auf die verbleibende Nettoposition. Deren Begleichung richtet sich dann nach Absatz (a) der Vorschrift.

Die Regelungen in § 403 (b) und § 403 (c) werden für den Fall der Insolvenz einer der beteiligten Banken als wichtig erachtet, um sicherzustellen, dass für die jeweiligen Verpflichtungen allein die Nettopositionen maßgeblich sind.[470] Dem Insolvenzverwalter soll das so genannte *cherry picking* verwehrt werden. Die vorrangige Bundesregelung der 12 U.S.C. §§ 4401 ff., die ebenso die so genannte *netting validity* betrifft, ist damit nur noch von eingeschränkter Bedeutung, geht aber als Bundesgesetz vor.

#### g) Zahlungspflicht der Empfangsbank

##### (1) Entstehen der Verpflichtung

Ist die Annahme einer Zahlungsanweisung für den Begünstigten durch die Empfangsbank nach § 4A-209 (b) erfolgt, so entsteht für diese die Verpflichtung den Überweisungsbetrag an den Empfänger auszubezahlen, § 4A-404 U.C.C.[471] Diese Pflicht entsteht nicht, wenn die Zahlungsanweisung nach

---

[469] Official Comment 4 zu § 403.

[470] Hierzu Official Comment 4 zu § 403.

[471] Eine solche Auszahlungsverpflichtung ist auch im *Expedited Funds Availability Act*, 12 U.S.C. § 4001, vorgesehen. Als Bundesregelung geht er im Konfliktfalle vor, Official Comment 1 zu § 404.

§ 211 widerrufen wird oder die Zahlung durch ein Zahlungsverkehrssystem als bloß vorläufige ausgestaltet ist, § 405 (d). Auch beim multilateralen Netting kann sich ein Recht der Bank, die Gutschrift rückgängig zu machen, ergeben, § 405 (e).

Die Zahlung ist nach § 404 (a) zum Zahlungsdatum fällig, wenn nicht die Annahme durch die Empfangsbank nach dem Schluss des Banküberweisungsgeschäftstages erfolgt. In diesem Fall ist die Zahlung erst am folgenden Tag fällig. § 404 (a) Satz 3 gibt dem Empfänger einen Schadensersatzanspruch gegen seine Bank, wenn diese ihm den Betrag trotz seiner Aufforderung und der Aufklärung über potentielle Schäden nicht zur Verfügung stellt, es sei denn, die Bank weist nach, dass sie die Zahlung wegen angebrachter Zweifel an der Berechtigung des Empfängers zurückbehalten hat.[472] Dieser eingeschränkte Pflichtenkreis (Binnenwirkung) soll der Bank eine effiziente Abwicklung durch Standardisierung möglich machen.

Nach § 404 (b) trifft die Bank die Pflicht, den Kunden über den Eingang einer Überweisung zu benachrichtigen. Kommt sie dieser Verpflichtung nicht nach, so hat sie dem Kunden den Überweisungsbetrag bis zum Zeitpunkt seiner Kenntniserlangung zu verzinsen. Einen weitergehenden Schaden kann der Empfänger nicht geltend machen. Die Vorschrift betrifft besonders die Praxis der *Automated Clearinghouses*, wonach eine Benachrichtigung in aller Regel

---

[472] Das Benachrichtigungserfordernis als Einschränkung des Schadensersatzanspruches soll die Bank davor schützen, für unvorhersehbare und unter Umständen sehr hohe Schäden haftbar zu sein. Seit dem Fall *Evra Corporation v. Swiss Bank Corporation* ist allgemein anerkannt, dass eine umfassende Haftung der Banken im Überweisungsverkehr ihrer Funktion, Zahlungen schnell und günstig zu übermitteln, nicht vereinbar wäre, 522 F.Supp 820, US District Court, N.D. Illinois, Urteil vom 12.Mai 1981. Die maßgeblichen Erwägungen finden sich in der Berufungsentscheidung, 673 F2d 951 (7th Circuit 1982). Dies zeigt sich auch daran, dass sich die Gebühren einer Überweisung nach den Kosten der Übermittlung und nicht nach dem zu übermittelnden Betrag bemessen, so die Ausführungen des Court of Appeals of New York in Banque Worms 568 NYS 541, 546; 77 NY 2d 362, 370 (1991). Hat die Bank aber Kenntnis von der Art und dem ungefähren Ausmaß der drohenden Schäden, so rechtfertigt sich diese Beschränkung nicht mehr, Official Comment 2 zu § 404.

Die Haftungsausnahme des angemessenen Zweifels an der Berechtigung des Empfängers darf nicht in dem Sinne missverstanden werden, die Zweifel könnten sich auf die Berechtigung im Valutaverhältnis beziehen. Es werden hingegen nur diejenigen Fälle erfasst, in denen entweder die Annahme der Anweisung durch die Bank zweifelhaft ist. Dies ist etwa der Fall, wenn die Annahme nur durch die Zahlung an den Empfänger erfolgt sein kann und die Voraussetzungen der § 403 (a) (1) oder (2) fraglich sind, Official Comment 3 zu § 404. Außerdem auch, wenn Identitätszweifel hinsichtlich des Begünstigten bestehen. Einreden aus dem Valutaverhältnis kann die Bank nicht geltend machen, Official Comment 3 zu § 404. Dies stellt allenfalls einen Grund zur Rückforderung durch den Urheber dar, ändert aber nichts an der Zahlungspflicht der Empfangsbank. Nur im Falle des Widerrufs des Urhebers kann die Bank die Zahlung verweigern. Zum Vorstehenden Official Comment 3 zu § 404. Siehe zu dem Kriterium der zweifelhaften Berechtigung auch DOLE, A Japanese Insight with Respect to the Finality of Wholesale Wire Transfers, University of Pennsylvania Journal of International Business Law, 12 U.Pa.J.Int'l Bus.L. 661 (1991), bei Note 270.

unterbleibt.[473] Gemäß § 404 (c) ist die Auszahlungsverpflichtung unabdingbar, lediglich die Benachrichtigungspflicht kann durch Vereinbarung oder die Regel eines Zahlungssystems geändert werden.

### (2) Erfüllung der Verpflichtung

#### (a) Allgemeine Erfüllungsmöglichkeiten

Die Art und Weise der Zahlung der Empfangsbank an den Empfänger ist in § 4A-405 U.C.C. geregelt. Die Grundregel findet sich in § 405 (a) und besagt, dass die Zahlung erfolgt, wenn die Empfangsbank das Konto des Empfängers erkennt und ihn darüber benachrichtigt oder wenn sie die Überweisungssumme mit einer Schuld des Empfängers verrechnet. Die zweite Alternative erfasst im wesentlichen zwei Fälle, zum einen die Aufrechnung durch die Bank mit einem Debet des Empfängers und die Zahlung an einen pfändenden Gläubiger des Empfängers.[474] Als Auffangregel ist in Absatz (a) (iii) außerdem bestimmt, dass die Bank das Geld auch auf andere Weise zur Verfügung stellen kann. Erfolgt die Zahlung nicht auf ein Konto, so finden die allgemeinen Rechtsregeln Anwendung, § 405 (b).

§ 405 (c) bestimmt, dass vorbehaltlich der Absätze (d) und (e) die Zahlung unter einer Bedingung oder einem Vorbehalt dennoch als unbedingte oder vorbehaltlose Zahlung gilt. Stellt die Bank dem Empfänger den Betrag zur Verfügung, bevor sie Deckung erhalten hat, so geht sie ein Risiko ein. Nach der vorliegenden Vorschrift kann sie sich aber auch nicht durch einen Vorbehalt oder eine Bedingung schützen. Ihr bleibt somit nur, die Anweisung nicht vor Eingang der Deckung anzunehmen. Die Vorschrift gilt selbst dann, wenn der Betrag dem Kunden als Darlehen zur Verfügung gestellt wird.[475]

#### (b) Besonderheiten bei Zahlungsverkehrssystemen

Die Vorschrift des § 405 (d) ist speziell auf Zahlungssysteme zugeschnitten. Sie besagt, dass die Regelung eines Zahlungssystems über dieses erfolgende Zahlungen als vorläufige ausgestalten kann. Voraussetzung dafür ist, dass in der Zahlungsregelung vorgesehen ist dass sowohl der Empfänger als auch der Überweisende vor Beginn der Überweisung über den vorläufigen Charakter der Zahlung zu unterrichten sind. Außerdem müssen der Empfänger, die Empfangsbank und die Überweisungsbank der Regelung zugestimmt haben. Nicht erforderlich ist hingegen, dass auch der Überweisende zugestimmt und damit tatsächlich Kenntnis erlangt hat. Dies folgt daraus, dass dieser Umstand im Deckungsverhältnis zwischen Überweisendem und Überweisungsbank wurzelt und für den Empfänger und dessen Bank nicht zu erkennen

[473] Official Comment 4 zu § 404.
[474] Official Comment 1 zu § 405.
[475] Official Comment 2 zu § 405 und 5 zu § 209.

ist. Eine derart vorläufige Zahlung wird aber jedenfalls zu einer endgültigen, wenn die Empfangsbank Zahlung auf die Anweisung erhält. Erfolgt jedoch keine Zahlung an die Empfangsbank, so kann sie ihre Zahlung vom Empfänger zurückverlangen, § 405 (d) Satz 3. Die Vorschrift ist auf Zahlungen unter Einschaltung eines *Automated Clearinghouse* ausgerichtet. Dort geht die Bankpraxis dahin, einem Empfänger den Überweisungsbetrag schon im Laufe des Tages zur Verfügung zu stellen, obwohl die Deckung erst am Ende des Geschäftstages verschoben wird.[476]

Eine speziell an das Zahlungssystem C.H.I.P.S. angepasste Vorschrift enthält § 405 (e). Kann bei einem multilateral nettierenden Zahlungssystem, das eine gesonderte Verlust-Teilungs-Vereinbarung (*loss sharing agreement*) vorsieht, der Ausgleich der Nettopositionen (*settlement*) nicht erfolgen, so gilt die Annahme einer Zahlungsanweisung als nicht erfolgt und die Bank hat das Recht, vom Empfänger die Zahlung zurückzuverlangen. Eine solche Verlust-Teilungs-Vereinbarung besteht bei C.H.I.P.S. mit der so genannten *Additional Loss Sharing Oblgation* (ASO). Die Vorschrift greift aber nur in dem äußerst seltenen Fall ein, wenn trotz dieser Vereinbarung ein Ausgleich der Nettoposten nicht erfolgen kann. Dann findet ein sogenanntes *unwind* statt, die Saldierung wird rückgängig gemacht.[477]

#### h) Zahlungswirkung im Valutaverhältnis

Eine bedeutsame Regelung ist § 4A-406 U.C.C., welche die Zahlungswirkung im Valutaverhältnis regelt. Nach § 406 (a) erfolgt die Zahlung des Überweisenden an den Begünstigten zu dem Zeitpunkt, zu dem die Empfangsbank die Zahlungsanweisung annimmt – vorbehaltlich der §§ 211 (e), 405 (d) und (e), also der Fälle des Widerrufs und der bloß vorläufigen Annahme durch die Empfangsbank. Die Zahlung erfolgt in der Höhe der von der Empfangsbank angenommenen Zahlungsanweisung, jedoch nicht über den Betrag des Überweisungsauftrages des Überweisenden hinaus.

Ist mit der Zahlung die Erfüllung einer Verbindlichkeit im Valutaverhältnis bezweckt, so greift § 406 (b) ein. Danach wird eine Verbindlichkeit durch eine Banküberweisung in derselben Weise erfüllt wie durch die Hingabe von Bargeld. Die Verschaffung eines Auszahlungsanspruches gegen eine Bank wird also als Bargeldsurrogat angesehen.[478] Dies ist nicht nur dem Überweisenden, sondern auch dem Empfänger in aller Regel vorteilhaft, da er schon aufgrund der höheren Geschwindigkeit einer Überweisung die Zahlung früher erhält. Die Erfüllungswirkungtritt jedoch dann nicht ein, wenn die Wahl der Überweisung vertragswidrig war und der Empfänger die Zahlung gegenüber dem Überweisenden zurückweist und über den Überweisungsbetrag nicht verfügt. Außerdem muß ihm ein Verlust durch die vertragswidrige Erfül-

[476] So Official Comment 3 zu § 405.
[477] Official Comment 4 zu § 405.
[478] Official Comment 1 zu § 406.

lungsmodalität drohen. Aus dieser Bestimmung folgt, dass bei Fehlen einer Vereinbarung über die Zahlungsmodalität immer eine Überweisung anstelle einer Barzahlung erfolgen kann.[479] Bleibt der Überweisung danach die Erfüllungswirkung versagt, so behält der Empfänger seine vertraglichen Rechte und der Überweisende tritt in den Auszahlungsanspruch des Empfängers gegen die Empfangsbank aus § 404 (a) im Wege der *subrogation*[479a] ein.[480]

Von großer Bedeutung ist auch § 406 Abs. (c). Sollten Zwischenbanken ihre Gebühren von dem Überweisungsbetrag abgezogen haben, so gilt die Zahlung des Überweisenden dennoch in der Höhe seines Überweisungsauftrages als erfolgt, vorausgesetzt, er erstattet dem Begünstigten auf dessen Verlangen die einbehaltenen Beträge. Die Vorschrift schützt den Überweisenden, indem sie die Erfüllungswirkung der Überweisung aufrecht erhält, obgleich der überwiesene Betrag durch die abgezogenen Gebühren der Zwischenbanken unter der zur Erfüllung erforderlichen Höhe liegt. Dies ist insbesondere für die Ausübung eines dem Urheber günstigen und dem Begünstigten ungünstigen Rechtes – etwa einer Option – sehr bedeutend.[481]

Die Vorschrift belegt den *dienenden Charakter der Banküberweisung.* Die Erreichung des Primärzwecks der Erfüllung im Valutaverhältnis wird besonders abgesichert. Bleibt der Überweisung die Erfüllungswirkung dennoch versagt, so gewährleistet 4A U.C.C. dennoch eine *widerspruchsfreie Pflichtenlage*, indem der Überweisende in den – erfüllungsuntauglichen – Auszahlungsanspruch gegen die Empfangsbank eintritt.

---

[479] Official Comment 2 zu § 406.

[479a] Nach der Definition der *subrogation* in Black`s Law Dictionary kommt diese einer Legazession gleich, aaO. S. 1158. Umschrieben wird der Begriff dort als Substitution einer Person durch eine andere, welche Schulden der ersteren getilgt hat.

[480] Zweck des Ausbleibens der Erfüllungswirkung bei Vertragswidrigkeit ist es, nicht dem Empfänger das Insolvenzrisiko einer Bank aufzuerlegen, wenn er sich ein Zahlungsmittel ausbedungen hatte, dem dieses Risiko nicht anhaftete. Man gehe vom Fall der insolventen Empfangsbank aus. Wenn beispielsweise eine Zahlung durch Scheck vereinbart wurde und die (hypothetisch) bezogene Bank, sprich im Falle einer Überweisung die Überweisungsbank, die Zahlungen nicht eingestellt hat. Der Urheber der Überweisung muss dann erneut bezahlen. Anders verhält es sich aber etwa, wenn Zahlung via *Fedwire* vereinbart war, die Überweisung aber über ein anderes Zahlungssystem übermittelt wurde. Bei einer Überweisung über *Fedwire* ist der Empfänger nämlich gegen das Insolvenzrisiko der Überweisungsbank, nicht aber der Empfangsbank geschützt. Dann liegt kein Verlust vor, der durch vertragsgemäße Zahlung hätte vermieden werden können und die Erfüllungswirkung tritt dennoch ein, vgl. Official Comments 3 und 4 zu § 406. Hierzu auch WHITE / SUMMERS, UCC, Vol. III, § 23-8 (S. 50 ff.).

[481] Official Comment 5 zu § 406. Hierzu SCHWOLOW, Internationale Entwicklungslinien im Recht der Auslandsüberweisung, § 11 IV 2 (S. 115), mit einem Vergleich zum UNCITRAL Modell-Gesetz.

### i) Schadensersatzansprüche

Für die Fälle des Nichtbewirkens der Überweisung sowie der Verzögerung sieht § 4A-305 U.C.C. eine Regelung für Schadensersatzansprüche vor. Danach haftet eine Bank ihrem Kunden nur für dessen Auslagen, Kosten und Zinsverluste.[482] Weitergehende Schäden sind vorbehaltlich einer Vereinbarung nicht zu ersetzen. Zweck dieser Beschränkung ist es, die Bank vor der Haftung für Folgeschäden zu bewahren, da dies unvereinbar wäre mit der *high speed* und *low price* Struktur der Banküberweisung.[483] Dieser Gedanke geht zurück auf den Fall Evra Corporation v. Swiss Bank Corporation.[484] Dort hatte eine Zwischenbank eine Anweisung in Höhe von 27 000 $ nicht sorgfältig ausgeführt. Dem Absender war deshalb ein günstiger Schiffs-Charter verloren gegangen und ein Schaden von 2,1 Millionen $ entstanden. Das Gericht führte aus, eine Haftung für Folgeschäden sei nur dann angebracht, wenn die Bank von den konkreten schadensgeeigneten Umstände wisse. Damit hat Gericht

---

482 Anstelle einer Zinszahlung wird in der amerikanischen Bankpraxis regelmäßig eine rückwirkende Wertstellung vorgenommen, vgl. SCHWOLOW, Internationale Entwicklungslinien im Recht der Auslandsüberweisung, § 12 II (S. 121), m.w.N. Neben § 4A-305 U.C.C. statuiert § 4A-210 (b) U.C.C. eine Verzinsungspflicht für den Fall der schlichten Nichtausführung einer Zahlungsanweisung durch die Überweisungsbank. Denkbar gewesen wäre auch die Fiktion der Annahme durch die Bank, wenn das Konto des Überweisenden hinreichend gedeckt ist und keine Zinsen trägt. Die Vorschrift trägt aber konsequent dem Umstand Rechnung, dass eine Bank keine Verpflichtung zur Annahme einer Zahlungsanweisung hat. Gewöhnlich wird eine Bank ihren Kunden über eine Nichtausführung benachrichtigen. Ist dies aber nicht der Fall, so geht der Kunde möglicherweise von der Ausführung aus und beläßt die Mittel auf seinem Konto ohne sie anderweitig lukrativ einzusetzen. Einen so entstehenden Verlust soll dann die Verzinsungspflicht ausgleichen, official Comments 1 und 3 zu § 210. Der Bank steht außerdem in der Zwischenzeit die Deckung des Kunden zur Verfügung, so dass sie unter Umständen Vorteile dadurch hat, den Kunden nicht über die Nichtausführung zu informieren. Dem soll die Vorschrift entgegenwirken. Die Verzinsungspflicht stellt damit die Ausnahme zu dem Artikel 4A U.C.C. zugrundeliegenden Prinzip dar, wonach sich eine Haftung der Bank nur infolge der Annahme einer Zahlungsanweisung ergeben kann. Das Risikomanagement der Bank droht aber durch eine bloße Verzinsungspflicht, die überdies nur im Falle eines zinslosen Kontos besteht, nicht ungebührlich beeinträchtigt zu werden. Siehe aber daneben den Fall Sheerbonnet v. American Express Bank, 905 F.Supp 127 (S.D.N.Y. 1995), betreffend die Anwendung anderer als in Art. 4A U.C.C. vorgesehener Haftungsnormen: Die Bank ist nicht befreit von einer Haftung wegen der Verletzung von Schutz- und Sorgfaltspflichten, wie etwa der Verletzung der Aufklärungspflicht bei Insolvenz einer nachgeschalteten Bank in der Überweisungskette.

483 FELSENFELD, Art. 4A des amerikanischen Uniform Commercial Code, S. 383 führt hierzu aus, das Volumen der über die elektronischen Überweisungssysteme abgewickelten Zahlungen sei typischerweise sehr groß und die dafür berechneten Kosten sehr niedrig. Das Risiko einer Inanspruchnahme in Millionenhöhe könne mit einer Gebühr von 15 US $ nicht abgegolten werden.

484 522 F.Supp 820, US District Court, N.D. Illinois, Urteil vom 12.Mai 1981; Berufungsentscheidung 673 F2d 951 (7$^{th}$ Circuit, 1982). Vgl. hierzu FELSENFELD, Art. 4A des amerikanischen Uniform Commercial Code, S. 382.

den Charakter der Banküberweisung als schnelles und kostengünstiges Zahlungsmittel gestärkt und dem *Rationalisierungsinteresse* Rechnung getragen.[485] Bei der Ausarbeitung des Artikels 4A U.C.C. war der Punkt der beschränkten Bankenhaftung überaus kontrovers. Am Ende aber hielten selbst die Vertreter der Wirtschaftsunternehemen, denen eine umfassende Bankenhaftung förderlich wäre, die Aufnahme einer beschränkten Haftung im Gegenzug für die Erhaltung der niedrigen Preisstrukturen bei Überweisungen für vorzugswürdig.[486]

### 5. Fehlerhafte Überweisungen

Anders als im deutschen Recht ist bei Artikel 4A U.C.C. die Rechtsmaterie der *Rückabwicklung* fehlerhafter Banküberweisungen untrennbar *mit dem primären Überweisungsrecht verklammert*. Rückabwicklungsfragen werden stets mit der jeweiligen Fehlerquelle behandelt. Als ein Beispiel wurde schon oben der Rückforderungsanspruch der Empfangsbank bei zulässigem Widerruf angeführt. Aber auch die klassischen Überweisungsfehler haben in Art. 4A U.C.C. eine Regelung erfahren.

#### a) Fehler auf Seiten des Überweisenden

Überweisungen die auf einem Fehler des Überweisenden beruhen, sind Gegenstand des § 4A-205 U.C.C. Die Vorschrift trifft eine auf den modernen Überweisungsverkehr zugeschnittene Risikoverteilung zwischen Überweisungsbank und Überweisendem. In § 205 (a) ist der Anwendungsbereich der Regelung umschrieben. Sie gilt für Überweisungsaufträge, die in Befolgung eines zur Fehlerentdeckung installierten Sicherheitsverfahrens abgegeben wurden und mit denen der Absender eine Zahlung an einen falschen Begünstigten, die Zahlung eines höheren Betrages oder eine doppelte Überweisung in Auftrag gegeben hat.[487]

Nach § 205 (a) (1) entfällt die Zahlungspflicht des Absenders, wenn er nachweist, dass er das Sicherheitsverfahren eingehalten hat und der Fehler vermieden worden wäre, wenn sich die Bank ebenfalls daran gehalten hätte. In diesem Fall trägt die Bank die Rückforderungslast. Für die Fälle des falschen Begünstigten und der doppelten Überweisung bestimmt § 205 (a) (2), dass der Überweisungsbank ein Bereicherungsanspruch gegen den Empfänger zusteht,

---

[485] So die Bewertung der Verfasser des Artikels 4A U.C.C., vgl. Official Comment 2 zu § 305.

[486] Vgl. FELSENFELD, Art. 4A des amerikanischen Uniform Commercial Code, S. 383.

[487] Ein derartiges Sicherheitsverfahren kann etwa nur bestimmte Empfangskonten vorsehen, eine zusätzliche Chiffrierung der Beträge oder eine laufende Nummerierung der Überweisungsaufträge. Auf diese Weise könnten die Fehler, die in § 205 (a) aufgezählt sind, vermieden werden. Siehe auch den Official Comment 1 zu § 205.

wenn der Absender ihr nicht zur Zahlung verpflichtet ist. Für den Umfang des Bereicherungsanspruches verweist die Vorschrift auf die Regeln von *mistake and restitution*. § 205 (a) (3) bezieht sich hingegen auf den Fall der Zuvielüberweisung und gibt der Bank hinsichtlich des überschüssigen Betrages einen Bereicherungsanspruch. Entfällt die Zahlungspflicht des Absenders nach dem Vorstehenden hingegen nicht, so steht ihm der Bereicherungsanspruch gegen den Empfänger zu.

Die Aktivlegitimation, gegen den Empfänger einer fehlerhaften Überweisung vorzugehen, richtet sich also danach, ob ein im Rationalisierungsinteresse des Wirtschaftverkehrs zur Fehlervermeidung bestehendes Sicherheitsverfahren zwischen den Parteien des Deckungsverhältnisses eingehalten wurde. Diejenige Partei wird mit dem Rückforderungsrisiko belastet, die den Fehler durch Befolgung des standardisierten Verfahrens hätte vermeiden können. Dies ist die Risikoverteilung nach der so genannten *last-clear-chance theory*[488] und zeigt die positiv-normative Auswirkung (Binnen- und Außenwirkung) wirtschaftlicher Erwägungen im Wirtschaftsrecht der USA.

Nach § 205 (b) haftet der nicht zahlungspflichtige Absender seiner Bank auf Schadensersatz bis zur Höhe des Überweisungsbetrages, wenn er von der Überweisung benachrichtigt und sein Konto belastet wurde und er bei ordnungsgemäßer Sorgfalt den Irrtum hätte entdecken und die Bank in angemessener Zeit hätte benachrichtigen können. Dieser Schadensersatzpflicht liegt ebenso der Gedanke der *last-clear-chance*[489] zugrunde, da sich bei Verstreichen einer langen Zeitspanne die Durchsetzung des Rückforderungsanspruches der Bank erheblich erschwert.

Der Anwendungsbereich des § 205 wird erweitert durch § 4A-206 U.C.C. Dieser betrifft die Übermittlung von Zahlungsanweisungen durch Zahlungs- und Kommunikationssysteme. Wird ein solches Medium benutzt, so gilt das System nach § 206 (a) als Vertreter des Absenders. Weicht der Inhalt der vom System übermittelten Zahlungsanweisung vom Überweisungsauftrag des Absenders ab, so ist er dennoch an sie gebunden. Es handelt sich damit um eine fehlerhafte Überweisung auf seiten des Absenders, die tatbestandlich dem § 205 unterfällt.[490] Bedient sich beispielsweise die Überweisungsbank zur Weiterleitung eines *Automated Clearinghouse* und übermittelt dieses eine zu hohe Anweisung, so handelt es sich um eine fehlerhafte Anweisung der Überweisungsbank, so dass sie zur Rückforderung nach § 205 berechtigt ist. Keine Anwendung findet § 206 bei Überweisungssystemen, die von *Federal Reserve* Banken betrieben werden, § 206 (a) a.E. Handelt es sich in dem genannten Beispiel also um ein *Clearingcenter*, das von einer Bundeszentralbank betrieben wird, so wird die fehlerhafte Anweisung nicht der

---

488 Official Comment 2 zu § 205.

489 Siehe zu dieser ökonomischen Betrachtungsweise die Entscheidung in Sheerbonnet v. American Express Bank, S.D.N.Y. 24.10.1995, 905 F.Supp. 127, 132, Fn. 5 (24.10.1995).

490 Official Comment 1 zu § 206.

Überweisungsbank zugerechnet und das Clearingcenter ist als fehlerhaft handelnde Bank nach § 4A-303 U.C.C. rückforderungeberechtigt.[491]

**b) Fehler der Überweisungsbank**

§ 4A-303 U.C.C. betrifft die fehlerhafte Ausführung eines Überweisungsauftrages durch die Überweisungsbank, d.h. in Abgrenzung zu § 205 handelt es sich nicht um einen Irrtum auf Seiten des Überweisenden. Erneut sind drei Fehlerquellen aufgeführt, die zu hohe Überweisung und die doppelte Ausführung werden von Absatz (a) erfasst, die Anweisung zugunsten eines falschen Begünstigten von Absatz (c). Zusätzlich regelt Absatz (b) die zu niedrige Zahlungsanweisung. In den Fällen der zu hohen und der doppelten Anweisung gibt Absatz (a) der Überweisungsbank das Recht, den überschüssigen Betrag vom Empfänger nach dem Recht der ungerechtfertigten Bereicherung (*mistake and restitution*) herauszuverlangen. Für die Anweisung zugunsten des falschen Empfängers gibt Absatz (c) dasselbe Rückforderungsrecht, ohne Beschränkung auf den überschüssigen Teil. Die Passivlegitimation des Empfängers ergibt sich daraus, dass dieser mit der Annahme der Anweisung durch die Empfangsbank einen Auszahlungsanspruch gegen diese erwirbt und damit bereichert ist. Richtige Aktivlegitimierte ist die Überweisungsbank, da diese nach § 303 (c) keinen, bzw. nach § 303 (a) nur einen teilweisen Vergütungsanspruch gegen ihren Auftraggeber hat, aber der von ihr beauftragten Bank zahlungspflichtig und damit entreichert ist. Der Bereicherungsanspruch – und damit das Rückforderungsrisiko - steht also immer derjenigen Bank innerhalb einer Überweisungskette zu, von der die fehlerhafte Anweisung ausgeht, § 303 (c) S. 1, a.E.[492] Darf der Überweisungsempfänger nach dem Recht der ungerechtfertigten Bereicherung den Überweisungsbetrag als vom Überweisenden geschuldet behalten, so hat die Bank dessen Verbindlichkeit getilgt und tritt in den Anspruch des Empfängers im Wege der *subrogation* ein.[493]

Ähnlich der Regelung des § 205 (b) statuiert § 304 eine Prüfungsobliegenheit des Absenders. Wurde dieser von der Kontobelastung benachrichtigt, so hat er unter Anwendung der ordnungsgemäßen Sorgfalt zu prüfen, ob die Überweisung fehlerhaft erfolgte und hat daraufhin die Bank in angemessener Zeit, die jedoch nicht mehr als 90 Tage beträgt, zu benachrichtigen. Anders aber als bei § 205 (b), der Fehler auf Seiten des Absenders regelt, sieht § 304 keine Schadensersatzpflicht des Kunden bei Verletzung seiner Prüfobliegenheit vor, sondern nur einen Verlust des Zinsanspruches gegen die Bank. Diese

---

[491] Siehe dazu auch den Official Comment 2 zu § 206.

[492] Official Comment 4 zu § 303. Verkürzt aus diesem Grunde SCHWOLOW, Internationale Entwicklungslinien im Recht der Auslandsüberweisung, § 16 II 2a (S. 195), der nur von der Rückforderungsberechtigung der Empfangsbank spricht.

[493] Official Comment 2 zu § 303.

schuldet ihm nämlich Rückerstattung der für die gescheiterte Überweisung erhaltenen Zahlung, § 402 (d), *money back guarantee.*[494]

**c) Rechtsnatur der Bereicherungsansprüche**

Die Vorschriften § 205 und § 303 beinhalten bezüglich der Rückforderung fehlerhaft überwiesener Beträge jeweils die folgende Anordnung, etwa § 303 (a) Satz 2:

*„The bank is entitled to recover ... to the extent allowed by the law governing mistake and restitution."*

Damit ist die Frage nach der Rechtsnatur der Rückforderungsansprüche aufgeworfen. Es könnte sich dabei entweder um statutarische Ansprüche handeln, die durch den im Einzelstaat umgesetzten Artikel 4A U.C.C. erst gewährt werden, es könnte sich aber auch lediglich um einen Verweis auf das außerhalb des Artikels 4A U.C.C. stehende *common law* handeln. Zutreffend ist indes beides, wie sich aus der Entscheidung Southtrust Bank of Alabama v. Turkiye Ithalat Ve Ihracat Bankasi[495] ergibt. In diesem Fall ging es um die Rückforderung einer abgeirrten Überweisung. Die Frage war, ob der Klägerin möglicherweise *common law* -Ansprüche wegen fehlerhaften Handlens einer Zwischenbank zustünden. Das Gericht führte aus, dass alle im Fall aufgeworfenen Fragen abschließend in Artikel 4A U.C.C. geregelt seien. Demnach könne die Klägerin ihre *common law* Ansprüche nicht weiter verfolgen und sei auf ihren gesetzlichen Anspruch (*statutory claim*) aus § 4A-303 aus ungerechtfertigter Bereicherung (*mistake and restitution*) gegen den ungewollten Empfänger beschränkt.[496] Die Ausführungen des Gerichts sind möglicherweise etwas zu pauschal. Zutreffend ist allerdings, dass die Bestimmungen der §§ 205 und 303 des Artikels 4A U.C.C. eine eigenständige Regelung dahingehend treffen, wem von mehreren Beteiligten ein Bereicherungsanspruch zusteht. Damit begründen sie zumindest in der Hand des Betroffenen einen Bereicherungsanspruch. Da aber ein Bereicherungsanspruch als solcher ohnehin nur möglicherweise in der Hand eines anderen Beteiligten bestünde, betrifft die Regelung des Artikels 4A primär die Verteilung der Aktivlegitimation. Insofern handelt es sich um gesetztes Recht. Einen Verweis auf Rechtsmaterie außerhalb des Artikels 4A U.C.C. enthalten dessen Bestimmungen hingegen insofern, als sie dem Inhaber des Bereicherungsanspruch diesen in dem Umfang zusprechen, wie er nach allgemeinem Bereicherungsrecht (*mistake and restitution*) besteht. Damit ist die Beurteilung zulässig, die anspruchsbegründenden Umstände ergeben sich aus positivem Gesetzesrecht, der Inhalt und

---

[494] Vgl. hierzu Official Comment zu § 304.
[495] No. 116581/94 (NY Sup. Ct., 19.1.1995) und No. 116581/94 (NY Sup. Ct., 27.11.1995).
[496] AaO.

Umfang dagegen bestimmt sich nach allgemeinen Rechtsgrundsätzen, also einschließlich des *common law*.[497]

### 6. Zusammenfassung und Würdigung

Die Ausrichtung der Rechtslage an den *besonderen Bedürfnissen des Giroverkehrs* tritt in Artikel 4A U.C.C. noch deutlicher zu Tage als im deutschen Recht. Schon im Rahmen des Anwendungsbereichs wird anhand der Ausklammerung bedingter Zahlungsanweisungen das Bestreben nach *standardisierter und rationalisierter Abwicklung* belegt. Den Besonderheiten des automatisierten Überweisungsverkehrs wird auch mit einer besonderen Regelung für die Zurechnung der Anweisung zu Lasten des Überweisenden Rechnung getragen. Innerhalb dieser Regelung finden sich wiederum Abstufungen nach der exakten Art der automatisierten Bearbeitung, der rechtliche Standard der Angemessenheit eines Sicherheitsverfahrens variiert mit dem Abwicklungsmodus. Auch Ausführungsfristen und Zahlungsmodi im Interbankenverkehr variieren je nach Abwicklungsverfahren – *wholesale wire transfer* gegenüber *Automated Clearinghouse*. Insofern erfolgt auch ein exakter Zuschnitt auf die Zahlungssysteme von C.H.I.P.S. und *Fedwire*. Ebenso nach Abwicklungsverfahren variiert die Annahme einer Zahlungsanweisung durch die Empfangsbank zugunsten des Empfängers. Die *besondere Art der Leistungserbringung* zeitigt also im US-amerikanischen Bankrecht erhebliche rechtliche *Anpassungserscheinungen* äußerer und innerer Art.

Ebenso im Sinne einer standardisierten Abwicklung liegt die Maßgeblichkeit der Kontonummer anstelle des Empfängernamens. In diesem Zusammenhang wird auch die im Rahmen des Artikels 4A U.C.C. bestehende *Parallelität von primärem und sekundärem Risko* deutlich: Darf die Bank die Kontonummer zugrunde legen, so legt Art. 4A U.C.C. dem Überweisenden die Rückforderungslast auf.

Eine entscheidende Binnenwirkung besteht in der Anordnung der Zahlungswirkung im Valutaverhältnis durch die Banküberweisung. Die Erfüllungswirkung wird selbst dann angeordnet, wenn ein Glied der Überweisungskette den Überweisungsbetrag um seine Gebühren gekürzt hat. Daran zeigt sich der dem Zweck der Beteiligten dienende Charakter der Banküberweisung.

Auf eine *widerspruchsfreie Pflichtenlage im Mehrpersonenverhältnis* bedacht sind die Regelungen des Widerrufs und der *money back guarantee*. Der Widerruf ist dem Überweisenden nur solange möglich, als er auch der Überweisungsbank möglich ist. Er ist erst ab dem Zeitpunkt ausgeschlossen, ab dem der Empfänger einen Gutschriftsanspruch gegen die Empfangsbank

---

[497] Mit der Rechtsnatur der Bereicherungsansprüche setzt sich SCHNEIDER näher auseinander, Article 4A: developments at the Crossroad of Law and Foreign Bank Compliance (Part I), 114 Banking Law Journal 319, 329.

durch deren Annahme zu seinen Gunsten erworben hat. Ende der Widerrufsmöglichkeit und Entstehen des Gutschriftsanspruches harmonieren demnach. Ein Zahlungssystem kann mit Wirkung für alle Beteiligten den Zeitpunkt modifizieren. Diese *im multilateralen Überweisungsgeflecht auf alle Beteiligten gleichermaßen ausstrahlenden rechtlichen Wirkungen* werden im US-amerikanischen Schrifftum mit den Begriffen der *sender finality*, der *receiver finality* und der *settlement finality* belegt.[498] Die damit beschriebene Endgültigkeit besteht darin, im Hinblick auf alle Beteiligten eine rechtlich gesicherte Position zu schaffen. Auf diese Weise wird das Pflichtenregime harmonisch ausgestaltet, da entweder alle Zahlungspflichten entfallen oder aber Bestand haben.

Ist der Widerruf zulässig, so gibt Art. 4A U.C.C. der Empfangsbank einen Bereicherungsanspruch gegen den Empfänger und der Überweisungsbank gegen diese einen Rückerstattungsanspruch. Kann der Empfänger das Erlangte nach Bereicherungsrecht behalten, so sieht 4A U.C.C. einen Schadensersatzanspruch der Empfangsbank gegenüber ihrem Auftraggeber vor. Ist dem Überweisenden trotz eines Überweisungsfehlers ein Widerruf nicht mehr möglich, so gibt dagegen das Gesetz ihm oder seiner Bank ein Rückforderungsrecht, je nachdem ob ein Sicherheitsverfahren installiert und befolgt wurde, ohne dass es dabei auf kalkulatorisch nachteilhafte Vertrauensschutzerwägungen zugunsten des Empfängers ankäme. Bei Überweisungsfehlern lehnt sich die Rückforderungslast damit konsistent an die nach den besonderen Anforderungen des Überweisungsverkehrs getroffene Risikoverteilung an. Stets besteht unter diesem Regime eine harmonisierte Rechte- und Pflichtenlage.

Zusammenfassend lässt sich festhalten, dass mit Artikel 4A U.C.C. der Banküberweisung eine Regelung auf den Leib geschneidert wurde. Maßangefertigt wurde neben der primären Pflichtenlage auch stets die Frage der *Rückabwicklung*, die diesbezügliche Risikoverteilung ist *an die primäre Riskolage angepasst*. Das Regelungsgefüge des Artikels 4A U.C.C. ist durchweg danach ausgerichtet, der *personellen Komplexität* im Überweisungsvorgang, der *besonderen Art der Leistungserbringung* und den allen am Überweisungsverkehr Beteiligten *gemeinsamen Interessen an Rationalisierung* und effektiver Aufgabenbewältigung Rechnung zu tragen. Explizit finden Regelungen in Zahlungssystemen, multilaterale Verrechnungsverfahren und *Clearinghouses* Eingang in die rechtliche Regelung. Deutlicher als im deutschen Überweisungsrecht ist damit die rechtliche Berücksichtigung von Regelungswerken der Geldwirtschaft ausgestaltet.

---

[498] DOLE, A Japanese Insight with Respect to the Finality of Wholesale Wire Transfers, University of Pennsylvania Journal of International Business Law, 12 U.Pa.J.Int'l Bus.L. 661 (1991), vor Note 34.

### 7. Besonderheiten des Bereicherungsrechts - die *discharge for value rule*

In der vorangehenden Darstellung der einzelnen Regelungen des Artikels 4A U.C.C. wurde deutlich, dass dieser stets eine angemessene Risikoverteilung unter den mehreren Beteiligten eines bargeldlosen Zahlungsvorganges trifft. Diese Risikoverteilung findet auch im Hinblick auf das Rückforderungsrisiko bei fehlerhaften Überweisungen statt, wie eben gezeigt wurde. Bei der Verteilung des Rückforderungsrisikos handelt es sich um einen Fragenkreis, der den Giroverkehr unmittelbar betrifft, da sich nach dieser Risikoverteilung die Preiskalkulation, das Risikomanagement und die Verhaltensausrichtung der Parteien bemisst. Die Frage aber, welchen von mehreren Beteiligten das Rückforderungsrisiko trifft, ist nur die Frage danach, wer Inhaber, also Aktivlegitimierter des Rückforderungsanspruches ist. Der Inhalt und Umfang des Anspruches sowie die Passivlegitimation sind damit aber noch nicht vorgegeben. Diese Fragenkreise stellen die genauen Bestandteile des Rückforderungsrisikos dar und betreffen originär das Bereicherungsrecht. Sie sind von anderen Erwägungen getragen, wie etwa des Vertrauensschutzes oder des bereicherunsgrechtlichen Schädigungsverbotes. Aus diesem Grunde wurden diese Fragen auch von den Verfassern des Artikels 4A U.C.C. dem Bereicherungsrecht überantwortet. Vorgegeben wurde nur, wen die Rückforderungslast trifft.

#### a) Begriff und Anwendbarkeit der *discharge for value rule*

Im Falle einer fehlerhaften Banküberweisung verhält es sich häufig dergestalt, dass dem Empfänger tatsächlich ein Anspruch gegen denjenigen zusteht, der die Überweisung vermeintlich veranlasst hat. Auch im US-amerikanischen Bereicherungsrecht der Einzelstaaten findet dieser Umstand Berücksichtigung. Dem Empfänger kann gegen den Bereicherungsanspruch des Kondiktionsgläubigers eine Einrede zustehen. Diese Einrede wird regelmäßig als *die discharge for value rule* bezeichnet. Daneben gibt es noch den ebenso geläufigen Fall, dass sich die Vermögenssituation des Bereicherungsschuldners nach Empfang der Bereicherung in der Weise verschlechtert hat, dass er nicht mehr bereichert ist. Diese Situation wird ebenfalls berücksichtigt und die entsprechende Einrede als *mistake of fact doctrine* oder als *detrimental reliance* gekennzeichnet.[499]

---

[499] Dass es sich bei beiden Figuren, also sowohl der *discharge for value rule* als auch bei der *mistake of fact doctrine* lediglich um Einreden gegen den Bereicherungsanspruch eines anderen, nicht aber um eigenständige Anspruchsgrundlagen handelt, wird in der Judikatur mehrfach klargestellt. Bank of America National Trust and Savings Association v. Fatane Sanati, Babak Sanati and Haleh Sanati, 11 Cal.App.4th 1079, 1084; 14 Cal.Rptr.2d 615, 618 (15.12.1992). Ebenso Banca Commerciale Italiana, New York Branch v. Northern Trust International Banking Corp. 160 F.3d 90; 36 UCC Rep.Serv.2d 961. 2nd Circuit (N.Y.), vom 26.10.1998.

Große Bedeutung erlangt hat in diesem Zusammenhang der Fall Banque Worms v. Bankamerica International.[500] Der Fall betrifft eine widerrufene Banküberweisung. Zum Sachverhalt: Die australische Gesellschaft Spedley stand mit der französischen Banque Worms in einer Kontokorrentverbindung. Am 31. März 1989 kündigte letztere das Kontokorrentverhältnis auf und stellte den verbleibenden Kreditbetrag bis zum 10.April 1989 fällig. Die Zahlung hatte in US Dollar zu erfolgen, weshalb sich Spedley an seine amerikanische Korrespondenzbank Security Pacific in New York City wandte. Am Vormittag des 10. April wies Spedley die Security Pacific per Telex an, 1,9 Millionen US $ auf das Konto der Banque Worms bei deren amerikanischen Korrespondenzbank Bankamerica International, ebenfalls New York, zu überweisen. Kurz darauf sandte Spedley ein zweites Telex, in dem er die erste Überweisung widerrief und eine Überweisung derselben Höhe an die National Westminster Bank USA anwies. Erst als sein Konto im Laufe des Tages hinreichende Deckung aufwies – exakt 1,9 Millionen US $ - nahm Security Pacific die Überweisung vor. Entgegen des Widerrufs überwies sie jedoch sowohl der Banque Worms als auch der National Westminster jeweils 1,9 Millionen US $. Die Bankamerika wurde via C.H.I.P.S. über den Eingang der Überweisung benachrichtigt und erkannte das Konto der Banque Worms. Security Pacific verlangt nun vor dem Bundes-Distriktgericht Herausgabe der erlangten Gelder von der Banque Worms.

Vor dem Distriktgericht konnte die Banque Worms einen Sieg verbuchen[501], woraufhin die Berufung an den *US Court of Appeals Second Circuit* folgte. Dieser stellte fest, dass es bezüglich des anwendbaren New Yorker Rechts an einer klaren judikativen Vorgabe fehlte. Beide Parteien hatten sich zur Begründung ihrer Position auf dieselbe Passage desselben Urteils bezogen. Es handelte sich um die Entscheidung in Ball v. Shepard[502] aus dem Jahre 1911, die maßgebliche Passage lautet:

„*in order to justify a recovery ..., it must appear that the defendant was not, in the first instance, entitled to receive the money; and that his circumstances have not been so changed through its receipt as to render it unjust to compel him to refund.*“[503]

Aus dem ersten Halbsatz, auf den sich die Banque Worms stützte, hatten zahlreiche Gerichte die Anerkennung der so genannten *discharge for value rule* in

500 Die eigentliche Entscheidung erging vor dem Bundesberufungsgericht, United States Court of Appeals, Second Circuit, 928 F.2d 538, die am 15. März 1991 entschieden wurde. Wichtiger in materieller Hinsicht aber ist die auf Vorlage ergangene Entscheidung des New York Court of Appeals des Staates New York, die am 12. Februar 1991 erging und auf die sich die Entscheidung stützt, 77 N.Y.2d 362, 570 N.E.2d 189, 568 N.Y.S. 541.

501 726 F.Supp. 940 (S.D.N.Y. 1989).

502 202 N.Y. 247; 95 N.E. 719.

503 202 N.Y. 247, 253; 95 N.E. 719, 722.

New York gelesen.[504] Die *discharge for value rule* entstammt dem Restatement of the Law of Restitution[505] und findet sich in dessen § 14. Dieser lautet:

*§ 14. Discharge for Value.*

*(1) A creditor of another or one having a lien on another's property who has received from a third person any benefit in discharge of the debt or lien, is under no duty to make restitution therefor, although the discharge was given by mistake of the transferor as to his interests or duties, if the transferee made no misrepresentation and did not have notice of the transferor's mistake.*

Mit derselben Häufigkeit, wie der Entscheidung in Ball v. Shepard die Anerkennung der *discharge*-Regel entnommen wurde, sah man in ihrem zweiten Halbsatz die Zugrundelegung der so genannten *mistake of fact doctrine*. Nach dieser Doktrin kann irrtümlich hingegebenes Geld nur zurückgefordert werden soweit sich nicht die Vermögenslage des Empfängers infolge der Zahlung in einer Weise verändert hat, die eine Rückforderung ungerecht erscheinen lässt. Erforderlich ist, dass der Empfänger vermögensmäßig auf das Behaltendürfen vertraut hat.[506] Für die Anwendung der *mistake of fact doctrine* plädierte die Security Pacific, da es dann möglich gewesen wäre, den Überweisungsbetrag von der Banque Worms zurückzuverlangen. Bis zu dem vorliegenden Streitfall hatten die Gerichte New Yorks noch in keiner Entscheidung ausdrücklich zu der Frage Stellung genommen, welcher der beiden bereicherungsrechtlichen Theorien der Vorrang gebührte. Das zur Entscheidung berufene Bundesgericht hatte aufgrund seiner sachlichen Zuständigkeit in Form der *diversity jurisdiction* das Recht des Staates New Yorks anzuwenden, wie es vor dessen Gerichten angewendet werden würde. Um den damit angestrebten vertikalen Entscheidungseinklang zu gewährleisten sowie aufgrund der immensen Wichtigkeit dieser Rechtsfrage für den Finanzplatz New

---

[504] Banque Worms v. Bankamerica International, 568 N.Y.S. 541 (Court of Appeals of New York 1991); Carlisle v. Norris 215 N.Y. 400, 415; 109 N.E. 564, 569 (1915); Commercial Ins. Co. v. Scalamandre 56 Misc. 2d 628; 289 N.Y.S. 2d 489 (New York Circuit Court 1967).

[505] Restatement of the Law of Restitution, Quasi Contracts and Constructive Trusts, as adopted and promulgated by the American Law Institute, May 8, 1936. Das American Law Institute ist derzeit dabei, ein neues *Restatement of Restitution* auf den Weg zu bringen. Zu diesem Zweck hat es schon zwei Entwürfe vorgelegt, *Tentative Draft No. 1* vom 6. April 2001 und den *Tentative Draft No. 2* vom 1. April 2002. In letzterem ist die *discharge for value* rule in § 68 unter der Überschrift *Bona fide creditor* vorgesehen, die Einrede der *detrimental reliance* findet sich in § 66 und ist mit *Change of position* überschrieben. Inhaltlich sind dort aber jeweils keine Änderungen vorgesehen.

[506] Die *mistake of fact doctrine* hat eine lange Tradition im amerkanischen Fallrecht. Vgl. nur die Entscheidungen in Hathaway v. County of Delaware 185 N.Y. 368, 370 f.; 78 N.E. 153, 154 (12.6.1906); Mayer v. Mayor of New York 63 N.Y. 455, 457 (1875); National Bank of Commerce v. National Mechanics Banking Association 55 N.Y. 211, 213 (1873).

York sah sich das Bundesgericht dazu veranlasst, dem höchsten Gericht des Staates New Yorks, dem *New York Court of Appeals*, die Frage zur Vorabentscheidung vorzulegen.[507] Das New Yorker Gericht führte aus, dass die Rückforderung nach dem Recht von New York schon immer dann ausgeschlossen war, wenn sich die Vermögensposition des Empfängers in einer ihm nachteiligen Weise aufgrund des Vertrauens auf den Bestand der erhaltenen Zahlung derartig verändert habe, dass eine Rückerstattungspflicht ungerecht erschiene.[508] Es galt also jedenfalls die *mistake of fact doctrine*.[509]

Für das Gericht von besonderer Bedeutung war jedoch der Umstand, dass es sich im Streitfall um die Rückforderung einer Zahlung handelte, die durch eine elektronische Banküberweisung übermittelt worden war. Aufgrund der Stellung New Yorks als internationales *Clearingcenter*[510] sowie der zunehmenden Bedeutung der Giroüberweisung im Wirtschaftverkehr müsse dieser Umstand bei der rechtlichen Bewertung besondere Beachtung finden. So ergebe sich aus Artikel 4A U.C.C., dass es im Überweisungswesen erforderlich sei, eine angemessene Risikoverteilung zwischen den an einer Banküberweisung Beteiligten zu treffen, so wie auch der Erhalt der *high speed and low price* – Struktur der Giroüberweisung ein wichtiges Ziel sei. Giroüberweisungen sollten Barzahlungen gleichstehen und damit grundsätzlich beständig und unwiderruflich sein. Das Bestreben um Endgültigkeit bei wirtschaftlichen Transaktionen sei in New York schon lange ein wichtiges Anliegen gewesen.[511] Müsse der Empfänger einer Überweisung mit Einwendungen seitens der Zahlstelle rechnen, so belaste dies seinen Geschäftsbetrieb und bringe eine unerträgliche Unsicherheit sowie ein gesteigertes Risiko mit sich. Diese Überlegungen hätten schon früher dazu geführt, dass man dem Empfänger von Bargeld, das er im ordentlichen Geschäftsgagng für einen vermögenswerten Gegenwert erhalten habe, gegenüber Dritten das Recht zum Behalten zuerkannt habe.[512] Diese Doktrin stütze sich auf Erwägungen der Rechtssicherheit, die zur Belebung des Handelsverkehrs erforderlich sei und somit auf Gesichtspunkte der öffentlichen Ordnung. Mit diesem Ziel stünde die *discharge for value rule* in Einklang, sie fördere sogar das Bestreben um Finalität von Zahlungen. Aus diesem Grunde finde sie bei elektronischen Geldüberweisungen Anwendung. Wenn der Empfänger einen Anspruch auf Zahlung habe und

---

[507] Das Vorlageverfahren ist in § 500.17 der *New York Rules of Court* geregelt.

[508] Eine irrtümlich erfolgte Zahlung konnte in New York grundsätzlich mittels einer *action for money had and received*, einem Anspruch aus *unjust enrichment or restitution*, oder einem *quasi contract* zurückgefordert werden, wie das Gericht in Banque Worms v. Bankamerica International ausführt, 77 N.Y.2d 362, 366; 568 N.Y.S.2d 541, 544 (Court of Appeals of New York 1991). Zahlreiche Nachweise dort.

[509] Banque Worms v. Bankamerica International, 77 N.Y.2d 362, 367; 568 N.Y.S.2d 541, 544 (Court of Appeals of New York 1991).

[510] 77 N.Y.2d 362, 368 f.; 568 N.Y.S.2d 541, 545: 95% aller Überweisungen weltweit, die in US $ lauten, werden über C.H.I.P.S. und Fedwire abgewickelt.

[511] AaO., S. 547 bzw. 372.

[512] AaO., S. 548 bzw. 373.

von dem der Zahlung zugrunde liegenden Irrtum keine Kenntnis habe, so sollte er sicher sein, die Zahlung behalten zu dürfen.[513] Diese rechtliche Wertung stimme insbesondere mit den Wertungen des Artikels 4A U.C.C. überein.[514] Somit durfte die Banque Worms im vorliegenden Fall die Zahlung behalten.[515]

### b) Voraussetzungen

#### (1) Objektiv bestehender Anspruch

Die genauen Voraussetzungen der *discharge for value rule* waren Gegenstand der Entscheidung Credit Lyonnais New York Branch v. Koval.[516] Alfred R. Koval hatte Spareinlagen von 86 986 $ bei der Luxemburger Niederlassung der Bank of Credit and Commerce International (BCCI). Infolge deren Insolvenz stand Koval ein Anspruch gegen das luxenburger Einlagensicherungssystem DPS (Deposit Protection Scheme) in Höhe von 14 459 $ zu, wie ihm von DPS mitgeteilt wurde. Die Summe wurde ihm von DPS unter Einschaltung der Banque et Caisse d'Epargne de l'Etat, die ihrerseits die New Yorker Korrespondenzbank Credit Lyonnais New York einschaltete, auf sein Konto bei der Hancock Bank New York überwiesen. Irrtümlicherweise frührte die Credit Lyonnais die Überweisung zweifach aus. Hinsichtlich der zweiten Überweisung verlangt die Credit Lyonnais von Koval Rückerstattung.

Das Gericht befasste sich mit dem Bereicherungsanspruch der Bank aus § 4A-205 U.C.C.[517] Zunächst stellte sich dabei die Frage, ob die *discharge for value rule* anzuwenden war oder die engere *mistake of fact rule* des *common law*. Im Anschluss an die New Yorker Vorgabe in Banque Worms und den dort angestellten Erwägungen sowie aus dem Bestreben horizontaler Rechtsvereinheitlichung heraus entschied sich das Gericht für die Anwendung der *discharge for value rule*.[518] Diese setzte zunächst voraus, dass der Bereicherungsschuldner Geld oder einen anderen Vermögensvorteil in Begleichung einer Verbindlichkeit empfangen habe, nicht notwendigerweise von seinem Schuldner, und auf diese Zuwendung müsse er einen objektiv bestehenden Anspruch innehaben.

---

[513] Banque Worms v. Bankamerica International, 77 N.Y.2d 362, 372 f.3; 568 N.Y.S.2d 541, 548 (Court of Appeals of New York 1991).

[514] Die Anwendung der *discharge for value rule* hätten auch die Verfasser des Artikels 4A U.C.C. für möglich gehalten, Banque Worms v. Bankamerica International, 77 N.Y.2d 362, 374; 568 N.Y.S.2d 541, 548 f (Court of Appeals of New York 1991).

[515] Dies brauchte der United States Court of Appeals, Second Circuit dann nur noch anzuwenden, 928 F.2d 538, 541 f (15.3.1991).

[516] 745 So.2d 837; 39 UCC Rep.Serv.2d 205 (Supreme Court vom 5.8.1999).

[517] 745 So.2d 837, 839. Auch nahegelegen hätte die Anwendung des § 303. Da jedoch im Verhältnis zu der Hancock Bank die Credit Lyonnais die Rolle des Überweisenden einnahm, kann auch die Heranziehung des § 205 als vertretbar erachtet werden.

[518] 745 So.2d 837, 839, 840.

Das Erfordernis des objektiv bestehenden Anspruches wurde in einer anderen Entscheidung besonders hervorgehoben. In Bank of America National Trust and Savings Association v. Sanati ging es ebenfalls um eine fehlerhafte Überweisung, welche die Bank versuchte rückabzuwickeln. Der Einwand der Beklagten, ihr werde in Zukunft ein Unterhaltsanspruch gegen den Kontoinhaber, ihren Ehemann, gegen den sie die Scheidung eingereicht habe, zustehen, wurde vom Gericht mit der Begründung zurückgewiesen, zur Geltendmachung der *discharge for value* Einrede müsse es sich um einen objektiv bestehenden, nicht bloß künftigen Anspruch handeln. Ein bloß wahrscheinlicher, aber noch unbestimmter Anspruch genüge nicht.[519]

Aufgrund der Voraussetzung eines objektiv bestehenden Anspruches kann die aus dem deutschen Recht bekannte Problematik des Doppelmangels nicht auftreten. Die Kondiktion der Kondiktion steht daher unter Artikel 4A U.C.C. nicht zur Diskussion. Als weiteres Erfordernis bezeichnet das Gericht in Credit Lyonnais New York Branch v. Koval die Gutgläubigkeit des Empfängers.[520] Im Streitfall sah das Gericht alle Voraussetzungen als gegeben.[521]

**(2) Hingabe eines Vermögenswertes**

Eine wesentlich Frage bei der Anwendung der *discharge for value rule* und für deren Abgrenzung von der *mistake of fact doctrine* besteht darin, in welcher Form der Empfänger auf den Erhalt der Zuwendung vertraut haben muss. Diese Fragestellung war Gegenstand der Entscheidung des US Distrikt Court N.D. Illinois in dem Fall NBase Communications v. American National Bank & Trust Company of Chicago.[522] Die American National Bank (ANB) hatte Darlehensforderungen gegen die Illinois Computer Cable (ICC). Zu deren Absicherung war eine *lock box*, ein Postschließfach installiert, an welches die Schuldner der ICC ihre Scheckzahlungen zu übermitteln hatten, die dann von der ANB dann dem Darlehenskonto der ICC gutgebracht wurden. ICC betrieb Geschäfte im eigenen Namen, aber auch als Stellvertreterin der NBase Communications. Nur die Forderungen, die im eigenen Namen begründet wurden, sollten über die *lock box* der ANB eingezogen werden. Einer der

---

[519] Bank of America National Trust and Savings Association v. Fatane Sanati, Babak Sanati and Haleh Sanati, 11 Cal.App.4th 1079, 1088; 14 Cal.Rptr.2d 615, 621 (15.12.1992).

[520] Der Begriff der Gutgläubigkeit sei derselbe wie beim gutgläubigen Erwerb. Es genüge Kenntnis und Kennenmüssen. Kennenmüssen liege vor, wenn Tatsachen bekannt sind, die einen vernünftigen Dritten zu Nachforschungen veranlasst hätten, welche die fragliche Tatsache ans Licht gebracht hätten, 745 So.2d 837, 841.

[521] 745 So.2d 837, 842 f. nach der *dissenting oppinion* fehlte es gleich an zwei Voraussetzungen der Einrede. Zum einen habe Koval gegen das DPS kein Anspruch auf den Betrag der zweiten Überweisung zugestanden und zum anderen sei er aufgrund der Benachrichtigung über die Höhe der zu erwartenden Überweisung nicht gutgläubig. 745 So.2d 837, 843, 844.

[522] 8 F.Supp.2d 1071 (8. 6. 1998).

Schuldner der NBase Communications aber zahlte irrtümlich an die *lock box*.[523]

Bezüglich dieser Zahlung ging die NBase Communications gegen die ANB aus ungerechtfertigter Bereicherung vor, diese erhob den *discharge for value* Einwand. Da die streitige Schecksumme seitens ANB noch nicht zugunsten der ICC verbucht worden war, hatte das Gericht zu prüfen, ob schon ein schutzwürdiges Vertrauen des Zahlungsempfängers im Sinne der *discharge for value rule* gegeben war. Fraglich war, ob der Empfänger einen Vermögenswert hingegeben haben musste oder ob genügte, dass er die Zuwendung auf eine Schuld erhielt. Das Gericht führte aus, mit dem Wort „*discharge*" sei auf die Anrechnung auf eine Schuld abgestellt und nicht bloß auf den Erhalt der Zahlung.[524] Im Falle einer Zahlung sei dies der Fall, wenn der Empfänger eine Forderung gegen den vermeintlichen Initiator der Zahlung verliere oder aufgebe, also dann, wenn er dessen Konto erkenne.[525]

Damit steht die Entscheidung in Widerspruch zu der Entscheidung in Banque Worms, worin es heißt „*without the necessity of demonstrating a detrimental reliance*". Der Unterschied rechtfertige sich aber anhand der unterschiedlichen Erwägungen im elektronischen Zahlungsverkehr gegenüber dem Scheckverkehr. Das dortige Bestreben nach Finalität verlange, dass ein Gläubiger scheinbar auf eine Schuld erhaltene Gelder als unwiderruflich behalten dürfe. Anderenfalls werde das bargeldose Zahlungssystem lahmgelegt.[526] Um dieses Zieles willen sei die Entscheidung in Banque Worms sachgerecht. Anders verhalte es sich bei einer Bezahlung per Scheck. Dort müsse der Gläubiger infolge der Zahlung einen Vermögenswert hingegeben, etwa das Debet des scheinbar Zahlenden verringert haben.[527]

Die aufgeführten Entscheidungen belegen, dass die *besonderen Gegebenheiten des Giroverkehrs* auch im Bereicherungsrecht eine entscheidende

[523] Da ihm versehentlich seitens ICC diese Zahlungsverbindung angegeben worden war, wurde er damit von seiner Verpflichtung gegenüber der NBase Communications frei, da sich diese das Vertreterhandeln der ICC zurechnen lassen musste.

[524] 8 F. Supp 2d 1071, 1074, 1075. Unter Berufung auf PALMER, The Law of Restitution, § 16.5 Fn. 1. Das Gericht führt weiter aus, dies folge auch aus der Natur der *discharge*-Regel als Unterfall des gutgläubigen Erwerbes, für den § 13 des *Restatements of Restitution* verlangt, dass er für einen Gegenwert erfolgt ist, 8 F. Supp 2d 1071, 1075. Vgl. hierzu auch Comment a zu § 13, Comment a zu § 14 des Restatements of Restitution.

[525] 8 F. Supp 2d 1071, 1075.

[526] 8 F. Supp 2d 1071, 1076. Vgl. auch General Electric Capital Corporation v. Central Bank 49 F3d 280, 284 (22.2.1995). Obwohl dies in keiner der Entscheidungen näher ausgeführt wird, rührt die unterschiedliche Bahndlung von Banküberweisungen daher, dass die Rückabwicklung einzelner Zahlungen als misslich erachtet wird, da stets die Gefahr eines *recast* oder *unwind* droht. Das besondere Verfahren des Nettierens also wäre bei häufigen Rückabwicklungen gefährdet. Mit der Anwendung der stärkeren Version der *discharge for value rule* – sprich: im Sinne der Entscheidung in Banque Worms – wird das systemimmanete Risiko des Saldierungsverfahrens zusätzlich verringert.

[527] 8 F. Supp 2d 1071, 1076, 1077.

Rolle spielen. Isolierte bereicherungsrechtliche Erwägungen, wie sie sich im deutschen Recht finden, werden nicht angestellt. Es könnte allerdings der Eindruck entstehen, durch die Gewährung der *discharge for value* Einrede könnte das Bestreben, die Verteilung des Rückforderungsrisikos unabhängig von subjektiven Kriterien in der Person eines Dritten zu verteilen, unterlaufen werden. Dem ist jedoch nicht so. Da Voraussetzung der Einrede das objektive Bestehen eines Anspruches ist, kann nur die Situation eintreten, dass die primär rückfordrungslastige Bank anstelle des Überweisungsempfängers den Überweisenden in Anspruch zu nehmen hat. Dies ist jedoch eine Verschiebung der Passiv-, nicht der Aktivlegitimation, die überdies dem Kalkulationsinteresse der Bank entgegenkommen dürfte, da sie sich anstelle des Überweisungsempfängers nun an ihren Vertragspartner halten kann.

Es bleibt damit die Feststellung, dass sich die für den Giroverkehr maßgeschneiderte Regelung des Rückforderungsrisikos auf der Ebene des Bereicherungsrechts, dem Inhalt und Umfang der Rückforderung überantwortet werden, konsequent fortsetzt.

## 8. Exkurs: Sachliche Zuständigkeit der US Bundesgerichte in bankrechtlichen Streitigkeiten

Nicht nur auf Ebene des materiellen Rechts, sondern auch auf *prozessualer Ebene* sind im US-amerikanischen Recht *bankrechtliche Besonderheiten* auszumachen. Dem materiell-rechtlichen Interesse an wirtschaftlich angepasster Rechtslage entspricht das Bestreben eines einheitlichen Rechtsprechungsregimes im Zivilpozessrecht. Dieses sieht unter anderem für internationale bankrechtliche Verfahren besondere sachliche Zuständigkeiten vor.

### a) Sachliche Zuständigkeit von Bundesgerichten aufgrund von *diversity of citizenship* und *federal question jurisdiction*

Das föderale System der Vereinigten Staaten von Amerika spiegelt sich auch in dessen Gerichtswesen wider. Es bestehen zwei parallele und voneinander unabhängige Gerichtssysteme, dasjenige der Einzelstaaten und das des Bundes. Aus Artikel III der Verfassung der Vereinigten Staaten von Amerika ergibt sich, dass Bundesgerichten nur in genau bestimmten Fällen sachliche Zuständigkeit eingeräumt werden kann.[528] Artikel III, § 2 der U.S. Constitution lautet:

*The judicial power shall extend to all cases, in law and equity, arising under this constitution, the laws of the United States, and treaties made, ... , - between citizens of different states; - between ... a state, or the citizens thereof, and foreign states, citizens or subjects.*[529]

Ausgefüllt wird die Verfassung durch den *Judiciary Act of 1789*[530], in dem der Bundesgesetzgeber die sachlichen Zuständigkeiten der Bundesgerichte geregelt hat. Dabei hat er den vorgegebenen Rahmen der Verfassung nicht voll ausgeschöpft. Eine Ausdehnung der positiven Zuständigkeiten aber durch die Bundesgerichte ist nicht zulässig, es obliegt alleine dem Gesetzgeber, sachliche Zuständigkeiten innerhalb der Verfassungsgrenzen zu schaffen.[531] Regelmäßig konkurrieren die sachliche Zuständigkeit von Bundes- und einzelstaat-

---

[528] Siehe hierzu und zum Folgenden FRIEDENTHAL/ KANE/ MILLER, Civil Procedure, S. 8 – 13.

[529] Die Aufzählung der Zuständigkeiten in Artikel III der Verfassung ist abschließend und jede Ausdehnung wäre verfassungswidrig, siehe Hodgson v. Bowerbank, 9 U.S. (5 Cranch) 303, 3 L.Ed. 108 (1809): Da die Verfassung nur eine Zuständigkeit für Streitigkeiten zwischen US Staatsangehörigen und Ausländern ermächtigt, nicht aber für Streitigkeiten nur zwischen Ausländern, war die Gewährung einer solchen verfassungswidrig.

[530] Act of September 24th, 1789, 1 Stat. 73, c. 20.

[531] Hierzu die Fälle, die bis 1799 zurückgehen: *Turner v. Bank of North America*, 4 U.S. (4 Doll) 8, 1 L.Ed. 718 (1799); *Sheldon v. Sill*, 49 U.S. (8 How) 441, 12 L.Ed. 1147 (1850); *Kline v. Burke Construction Co.*, 260 U.S. 226, 43 S.Ct. 79, 67 L.Ed. 226 (1922) und aus jüngerer Zeit *Palmore v. U.S.*, 411 U.S. 389, 93 S.Ct. 1670, 36 L.Ed. 2d. 342 (1973).

lichen Gerichten. Eine Streitigkeit, die in die sachliche Kompetenz der Bundesgerichte fällt, kann daher auch vor dem Gericht eines Einzelstaates verhandelt werden. Im Wege eines so genannten *removal* kann der Beklagte aber die Verweisung an das örtlich zuständige Bundes-Distriktgericht beantragen.[532] Die zentralen Zuständigkeiten der Bundesgerichte sind in den Paragraphen 28 U.S.C. § 1331 und § 1332 festgelegt, *federal question jurisdiction* und *diversity of citizenship jurisdiction.*

### (1) *Federal question jurisdiction*

Wie in der Verfassung vorgesehen, können Bundesgerichte seit dem *Act of March 3, 1875*[533] in bundesrechtlichen Fragen entscheiden. Dahinter steht der Gedanke, dass nur durch Bundesgerichte die einheitliche Anwendung von Bundesrecht gewährleistet werden kann. Heute ist 28 U.S.C. § 1331 die allgemeine Zuständigkeitsnorm für Streitigkeiten, die Bundesrecht betreffen, und setzt voraus, dass sich der Klagegegenstand aus Bundesrecht ergibt, *„arsing under federal law"*.[534] Diese Voraussetzung dient der Einhaltung des durch die Verfassung vorgegebenen Rahmens, führt aber zu Abgrenzungsschwierigkeiten.[535] Ein Mindeststreitwert ist hingegen nicht erforderlich.[536]

Auf dem Gebiet des Bankrechts wurde vor Erlass des 28 U.S.C. § 1331 davon ausgegangen, dass bei Beteiligung einer nach Bundesrecht gegründeten Bank stets *federal question jurisdiction* gegeben sei, so im Präzedenzfall *Osborn v. Bank of United States.*[537] Grund dieser Annahme war die bundesrechtliche Regelung der Gründungsvoraussetzungen und internen Angelegenheiten derartiger Bankgesellschaften, weshalb bei der Frage der Parteifähigkeit stets Bundesrecht zu prüfen war.[538] Mit dem späteren Erlass des 28 U.S.C. § 1331,

---

[532] Das Verfahren hierfür ist in 28 U.S.C. § 1441 vorgesehen. Gemäß § 1441 ist eine Verweisung nur zulässig, wenn keiner der Beklagten Angehöriger des Forumstaates ist, § 1441 (b). Hinsichtlich dieses Erfordenisses gilt aber bei bankrechtlichen Streitigkeiten, die nach 12 U.S.C. § 632 verwiesen werden können, eine Ausnahme, *Citibank, N.A. v. Andrew Benkoczy and Geraldine Benkoczy*, 561 F.Supp. 184 (United States District Court, S.D. Florida vom 24.3.1983).

[533] § 1, 18. Stat. 470. Zur Entwicklung FRIEDENTHAL/ KANE/ MILLER, Civil Procedure, S. 13 f.

[534] Neben 28 U.S.C. § 1331 bestehen noch weitere Bundeszuständigkeiten für spezifische Fragen des Bundesrechts, eine Auflistung geben FRIEDENTHAL/ KANE/ MILLER, Civil Procedure, S. 14 f.

[535] Nicht jede Streitigkeit die eine bundesrechtliche Frage aufwirft erwächst zugleich aus dieser, vgl. *Romero v. Int'l Terminal Operating Co.*, 358 U.S. 354, 379, 79 S.Ct. 468, 484, 3 L.Ed. 2d. 368 (1959).

[536] Für die *federal question jurisdiction* ist seit 1981 kein Mindeststreitwert mehr erforderlich, *Act of December 1st*, 1980, Pub.L. 96 – 486, 94 Stat. 2369.

[537] 22. U.S. (9 Wheat) 738, 6 L.Ed. 204 (1824).

[538] Heute finden sich solche Regelungen im *National Banking Act* und dem so genannten *Edge Act*, 12. U.S.C. §§ 611 ff., welcher die Gründung von Gesellschaften zur Betreibung internationalen Bankgewerbes nach Bundesrecht vorsieht. Die Gesetzgebungskompetenz

der die verengende Voraussetzung des *„arising under federal law"* aufstellt, war es jedoch nicht mehr möglich, allein aufgrund der Frage nach der Parteifähigkeit einer Gesellschaft die sachliche Zuständigkeit der Bundesgerichte zu begründen.[539] Daraus erklärt sich die Schaffung der Zuständigkeit für Bundesgerichte innerhalb des *Edge Acts* im Jahre 1927 für Verfahren bei internationalen Bankgeschäften unter Beteiligung einer nach Bundesrecht gegründeten Gesellschaft. Damit wurde angestrebt, die unter Geltung von *Osborn v. Bank of United States* ausgeübte vereinheitlichende Funktion der Rechtsprechung der Bundesgerichte im Bereich des internationalen Bankrechts wieder herzustellen. Da bundesrechtliche Quellen des materiellen Bankrechts selten sind, dürfte eine Zuständigkeit in Form der *federal question jurisdiction* in Bankstreitigkeiten die Ausnahme bleiben. Insbesondere Banküberweisungen sind durch die Umsetzung des Artikels 4A U.C.C. regelmäßig einzelstaatliche Materie und somit der Zuständigkeitsnorm des § 1331 entzogen.

### (2) *Diversity of citizenship jurisdiction*

### (a) Anwendungsvoraussetzungen

28 U.S.C. § 1332 bestimmt in Einklang mit Artikel III § 2 der Verfassung der Vereinigten Staaten, dass Bundesdistriktgerichte (*District Courts*) in erster Instanz sachlich zuständig sind für Zivilsachen mit Streitwert von über 75 000 US $.[540] [541] Dabei muss es sich um eine Streitigkeit zwischen Angehö-

---

hierzu ergibt sich aus Artikel I § 8 der Verfassung, der so genannten *commerce clause*. Diese lautet: *„The Congress shall have power ... to regulate commerce with foreign nations, and among the several states, and with the Indian tribes."* Diese Kompetenznorm hätte wohl auch eine umfassende Regelung der intra- und internationalen Bankgeschäfte getragen. Damit aber hätte man innerstaatliche und intra- bzw. internationale Vorgänge *a priori* einem zweispurigen System unterstellt. Der Bundesgesetzgeber hat sich deshalb einer Regelung enthalten und insofern auf Sachrechtsvereinheitlichung durch die Einzelstaaten gesetzt. Diesen steht mit dem *Uniform Commercial Code* ein Umsetzungsmodell zur Verfügung, so dass auf diese Weise ein einheitliches bankrechtliches Regime geschaffen werden kann.

[539] Siehe nur FRIEDENTHAL/ KANE/ MILLER, Civil Procedure, S. 16: *Now it is well-settled that not every case in which a question of federal law forms an ingedient is covered by the „arising under" language of the jurisdictional statute.*

[540] Die Verfassung selbst fordert keinen Mindeststreitwert. Angefangen mit 500 $ im Jahre 1789 wurde der Betrag fortlaufend erhöht und beträgt seit 1996 75 000 $ (*Federal Courts Improvement Act of 1996, Act of October 19th*, 1996, Pub.L. 104 – 317, § 205, 110 Stat. 3874, 3850). Die Höhe des Mindeststreitwertes soll so bemessen sein, dass die Bundesgerichte zwar nicht lediglich als Foren des *„big business"* dienen, andererseits aber ihre Zeit nicht mit Geringfügigkeiten zubringen (Sen.Rep. No. 1830, 85 Cong., 2d Sess. 4 (1958), 1958 U.S. Code Cong. & Admin. News 3099, 3101). Wie der Wortlaut von § 1332 deutlich macht, muss der Streitwert die Summe von 75 000 $ übersteigen. Zinsen und Kosten sind bei der Berechnung außen vor zu lassen.

rigen verschiedener Einzelstaaten, zwischen Angehörigen eines Einzelstaates und Angehörigen eines ausländischen Staates oder zwischen einem ausländischen Staat als Kläger und Angehörigen eines Einzelstaates handeln.[542] Die Staatsangehörigkeit eines Einzelstaates ergibt sich aus dem ständigen Wohnsitz einer Person, dem *domicile,* innerhalb eines Staates. Früher war außerdem erforderlich, dass die Person daneben die Staatsangehörigkeit der USA besitzt.[543] Seit 1988 bestimmt jedoch § 1332 (a) (2), dass ein Ausländer mit ständigem rechtmäßigem Wohnsitz in den Vereinigten Staaten als Angehöriger desjenigen Einzelstaates gilt, in dem er wohnt.[544] Damit hat sich die Zugangsmöglichkeit zu den Bundesgerichten für in den USA sesshafte Ausländer verschoben. Früher stand ihnen die so genannte *alienage jurisdiction,* die ebenfalls in § 1332 (a) (2) vorgesehen ist, offen. Ein Ausländer kann danach einen amerikanischen Staatsbürger vor einem Bundesgericht verklagen. Ein sesshafter Ausländer stand damit jedoch besser als ein in demselben Bundesstaat wohnhafter amerikanischer Staatsbürger, da er Zugang zu einem Bundesgericht auch bei Beteiligung Angehöriger seines eigenen Domizilstaates hatte. Mit der Neuregelung ist er diesen aber gleichgestellt, so dass er nur dann

---

[541] Über die Motivation der Verfassungsväter zur Aufnahme des Gerichtsstandes der *diversity jurisdiction* herrscht keine Einigkeit. Das geläufigere Verständnis geht dahin, man habe Benachteiligungen von nicht aus dem Forumstaat stammenden Beteiligten, insbesondere Beklagten, unterbinden wollen (so Chief Justice MARSHALL in *Bank of United States v. Deveaux*, 9 U.S. (5 Cranch) 61, 3 L.Ed. 38 (1809). Siehe auch BROWN, The Jurisdiction of the Federal Courts Based on Diversity of Citizenship, 78 U.Pal.Rev. 179 (1928) und MOORE/ WECKSTEIN, Diversity Jurisdiction: Past, Present, and Future, 43 Texas L.Rev. 1, 16 (1964)) Subtiler erscheint aber der Ansatz, man habe die Klasse der Handeltreibenden der Rechtsprechungsgewalt der protektionistisch ausgerichteten Organe der Einzelstaaten entziehen wollen, FRANK, Historical Bases of the Federal Judicial System, 13 Law & Contemp.Prob. 3, 22 – 28 (1948), m.w.N. Im Zuge der zunehmend erfolgenden Sachrechtsvereinheitlichung insbesondere von handelsrechtlicher Materie auf der Ebene der Einzelstaaten, bilden die Bundesgerichte mitsamt ihren gut ausgebildeten Richtern und gesamtstaatlichen Ansätzen außerdem ein Forum zur Konsolidierung und Fortentwicklung solch übergreifender Materie, WRIGHT, The Federal Courts and the Nature and Quality of State Law, 13 Wayne L. Rev. 317 (1967).

[542] Für das Vorliegen von *diversity jurisdiction* ist erforderlich, dass es sich um eine *complete diversity* in dem Sinne handelt, als kein Beteiligter dieselbe Staatszugehörigkeit besitzen darf wie ein Beteiligter auf der Gegenseite. Dabei kann das Gericht mittels eines so genannten *realignments* die Beteiligten gemäß ihren tatsächlichen Interessen an der Streitigkeit odnen, ist also nicht an die von den Parteien gewählte Rollenverteilung gebunden. Auf diese Weise kann eine künstliche Schaffung von *diversity of citizenship* unterbunden werden, vgl. FRIEDENTHAL / KANE / MILLER, Civil Procedure, S, 28, m.w.N.

[543] So schon früh das Distriktgericht in *Scott v. Sanford*, 60 U.S. (19 How) 393, 15 L.Ed. 691 (1856).

[544] 1988 Acts. House Report No. 100 – 889, 1988 U.S. Code Cong. & Admin. News, S. 5982.

vor ein Bundesgericht ziehen darf, wenn die anderen Beteiligten Angehörige anderer Bundesstaaten sind.[545]

### (b) Anwendbarkeit auf Gesellschaften

Der im Jahre 1958 hinzugefügte Absatz (c) des § 1332 bestimmt, dass eine Gesellschaft sowohl als Angehörige des Gründungsstaates als auch ihres Sitzstaates gilt.[546] Damit besteht eine doppelte Zugehörigkeit, es sei denn, beide Orte fallen in das Gebiet desselben Einzelstaates. Diese Bestimmung verengt den Anwendungsbereich der *diversity jurisdiction.*[547] Sie verhindert aber auch, dass eine lokal tätige Gesellschaft sich den einzelstaatlichen Gerichten vor Ort entzieht, indem sie sich in einem anderen Staat neu gründet, ohne auch ihren Sitz zu verlegen. § 1332 (c) findet keine Anwendung auf im Ausland gegründete Gesellschaften, dort kommt es nur auf den Gründungsstaat an.[548] Ausländische Gesellschaften sind somit stets Ausländer im Sinne der *diversity of citizenship* und *alienage jurisdiction.*

### (c) Bankrechtliche Streitigkeiten und *diversity jurisdiction*

Fraglich ist das Vorliegen von *diversity of citizenship jurisdiction* im Falle der Beteiligung einer nach US Bundesrecht gegründeten Gesellschaft. In einem solchen Fall kann tatbestandlich daneben die Zuständigkeitsnorm des 12 U.S.C. § 632 für internationale Bankgeschäfte vorliegen, die eine nach Bundesrecht gegründete Gesellschaft voraussetzt. In der Entscheidung *Bankers Trust Co. v. Texas & Pacific Railway Co.* aus dem Jahre 1916 hat der *Supreme Court* ausgeführt, dass eine nach einem Bundesgesetz gegründete Gesellschaft nicht Angehörige eines Einzelstaates im Sinne der *diversity jurisdiction* sein könne.[549] Danach stünden die *diversity jurisdiction* des 28 U.S.C. § 1332 und die Zuständigkeit für Bankstreitigkeiten nach 12 U.S.C. § 632 in einem tatbestandlichen Exclusivitätsverhältnis.[550] Im Jahre 1958 aber wurde

---

545 Vgl. FRIEDENTHAL / KANE / MILLER, Civil Procedure, S. 32. Stets erforderlich ist, dass zumindest einer der Beteiligten US-amerikanischer Staatsbürger ist. Eine Zuständigkeit für Streitigkeiten lediglich unter ausländischen Staatsbürgern sieht § 1332 nicht vor.

546 28 U.S.C. § 1332 (c) as amended by Act of July 25th, 1958, § 2, 72 Stat. 415.

547 Beispiel aus FRIEDENTHAL/ KANE/ MILLER, Civil Procedure, S. 34, Fn. 46: Eine in New Jersey inkorporierte Gesellschaft mit Hauptsitz in New York (New York State) kann vor Bundesgerichten weder klagen noch verklagt werden, wenn die Gegenseite entweder dem Staat New Jersey oder dem Staat New York angehört.

548 Leitentscheidung *Eisenberg v. Commercial Union Assurance Co.*, 189 F.Supp. 500 (S.D.N.Y. 19.12.1960), jünger: *Corporacion Venezolana de Fomento v. Vintero Sales Corporation, Security Pacific International Bank v. Venezolana De Cruceros del Caribe, C,* 629 F.2d 786, 798 (United States Court of Appeals, Second Circuit vom 28.7.1980).

549 241 U.S. 295, 309 – 310, 36 S.Ct. 569, 572 – 573, 60 L.Ed. 1010 (1916).

550 Die pauschale Aussage in *Caribon Four Corners, Inc. v. American Oil Company, et.al.* 628 F.Supp. 363 (18.11.1985) des District Court, District of Utah, wonach bei gleichzeiti-

der besagte Absatz (c) (1) hinzugefügt, welcher neben der Zugehörigkeit einer Gesellschaft zum Gründungsstaat auch diejenige zum Staat ihres Hauptgeschäftssitzes fingiert. Im Lichte dieser gesetzgeberischen Bestimmung fragt sich nun, ob die Entscheidung in *Bankers Trust* noch Geltungskraft besitzt.[551] Diese Frage wurde ausdrücklich noch nicht entschieden. Die meisten Gerichte taten sich schwer, nach Bundesrecht gegründete Gesellschaften generell vom Anwendungsbereich der *diversity juridiction* auszunehmen und legten ein restriktives Verständnis von *Bankers Trust* zugrunde.[552] Danach galt eine bundesrechtlich gegründete Gesellschaft als Angehörige eines Bundesstaates im Sinne der *diversity jurisdiction*, wenn sich ihre Aktivitäten entweder statutarisch oder tatsächlich auf das Gebiet dieses Bundesstaates beschränkten.[553] Ohne zu zögern nahm das Distriktgericht in *Bank of America National Trust and Savings Association v. Envases Venezolanos, S.A.*[554] das gleichzeitige Vorliegen von *diversity jurisdiction* und Zuständigkeit nach 12 U.S.C. § 632 an, ebenso, allerdings weniger deutlich auch der *Supreme Court* in *Wells Fargo Asia Limted v. Citibank, N.A.*[555] Andere Gerichte hingegen erwähnten bei Vorliegen von 12 U.S.C. § 632 die *diversity jurisdiction* mit keinem Wort,

---

gem Vorliegen von sowohl diversity jurisdiction als auch spezieller Zuständigkeitsermächtigungen des Bundes *diversity jurisdiction* nicht herangezogen werden könne (AaO. S. 377), ist wohl auf § 632 nicht übertragbar. Denn anders als die Zuständigkeitsnorm in diesem Fall stellt § 632 keine speziellen Anforderungen die den Zugang zu Bundesgerichten gegenüber der *diversity juridiction* erschweren sollen, sondern zielt darauf ab, die Zuständigkeit der Bundesgerichte zu erweitern.

[551] *A.I. Trade Finance, Inc. v. Petra International Banking Corporation*, 62 F.3d 1454, 1458, 314 U.S. App. D.C. 122, 126 (22.8.1995). Zu überlegen ist auch, ob nicht die Erschaffung des 12 U.S.C. § 632 gerade eine Reaktion auf Bankers Trust darstellt, woraus sich dann im Umkehrschluss ergäbe, dass auch der Gesetzgeber *diversity jurisdiction* als nicht gegeben erachtete. Die Frage nach der Auswirkung der noch späteren Ergänzung des 28 U.S.C. § 1332 aber beantwortet dies nicht.

[552] *Rice v. Disabled American Veterans,* 295 F.Supp. 131, 133 (D.D.C. 18.11.1968*), Little League Baseball, Inc. v. Welsh Publishing Group, Inc.*, 874 F.Supp. 648, 651 (US District Court, Middle District of Pennsylvania, 1995).

[553] *Little League Baseball, Inc. v. Welsh Publishing Group, Inc.*, 874 F.Supp. 648, 651 (US District Court, Middle District of Pennsylvania, 1995), mit weiteren Nachweisen. Auf Seite 651 führt das Gericht aus: *„(1) Normally, for diversity purposes, a corporation is a citizen both of the state of its incorporation and the state in which ist principle place of business is located. ... However, when the corporation is federally chartered, citizenship depends upon the language of the statute and the activities authorized by the statute. If the activities of a federally chartered corporation are limited to a single state, either factually or by charter, then the corporation is a citizen of that state.*
*(2, 3) Conversely, if the corporation is organized to do business in several states, and in fact does so, it has national citizenship only. A federally chartered corporation with widespread activities, authorized and actual, may not be subject to diversity jurisdiction absent specific statutory language providing for citizenship in a particular state or incorporating the entity as a „body corporate" of a particular state."*

[554] 740 F.Supp. 260 (US District Court, S.D.N.Y. vom 23.6.1990).

[555] 495 U.S. 660, 110 S.Ct. 2034 (29.5.1990).

obwohl sie tatbestandlich zumindest nicht fern lag.[556] Die unklare Rechtslage muss wohl im Sinne des *Supreme Courts* dahingehend aufgelöst werden, als die beiden Arten sachlicher Zuständigkeit gleichzeitig vorliegen können. Somit kann in internationalen Bankangelegenheiten eine sachliche Zuständigkeit der US Bundesgerichte gegeben sein, beispielsweise wenn sich eine nach Bundesrecht gegründete Bankgesellschaft und ein Ausländer gegenüberstehen.

### (d) Kollisionsrechtlicher Gehalt der *diversity of citizenship jurisdiction*

Ist ein Bundesgericht aufgrund von *federal question jurisdiction* sachlich zuständig, so ist die Frage des anwendbaren Rechts nicht aufgeworfen, da das Bundesrecht, aus dem die Streitigkeit erwächst, die Lösung in der Sache selbst liefert. Ist hingegen ein Bundesgericht aufgrund von *diversity jurisdiction* sachlich zuständig, so stellt sich die Frage des anwendbaren Rechts.[557] Zu deren Beantwortung muss zunächst § 34 des *Judiciary Acts of 1789* herangezogen werden[558], bekannt als der *Rules of Decision Act*:

*„The laws of the several states, except where the Constitution or treaties of the United States or Acts of Congress otherwise require or provide, shall be regarded as rules of decision in civil actions in the courts of the United States, in cases where they apply."*

In ihrer ursprünglichen Fassung enthielt die Vorschrift den Passus *„in trials at common law"* anstelle der *„civil actions"*, was die Trennung von *law* und *equity* bedingte, die mit der Neufassung beseitigt werden sollte. Auch das Verständnis der Worte *„the laws of the several states"* drehte sich im Zuge mehrerer Entscheidungen, ihre Reichweite wurde zunächst als auf Gesetzesrecht beschränkt angesehen. Die Kehrtwende wurde in der berühmten Entscheidung *Erie Railroad v. Tompkins* eingeleitet und fand ihren kollisionsrechtlichen Abschluss in dem ebenfalls berühmten Verdikt in *Klaxon Company v. Stantor Electric Manufacturing Co.* Diese Entwicklung soll im folgenden nachgezeichnet werden.

---

[556] *Alaska Textile Co. v. Lloyd Williams Fashions*, 777 F.Supp. 1139 (US District Court, S.D.N.Y. vom 1.11.1991); *Spectra – Physics, Inc. v. Chase Manhattan Bank, N.A*, 654 F.Supp. 311 (US District Court, N.D. California vom 8.1.1987); *Citibank, N.A. v. Andrew Benkoczy and Geraldine Benkoczy*, 561 F.Supp. 184 (US District Court, S.D. Florida vom 24.3.1983); *Travis v. National City Bank of New York*, 23 F.Supp. 363 (District Court, E.D. New York vom 12.5.1938).

[557] Siehe hierzu MARKUS/ QUIGLEY, Conflict of Laws – which State Rules Govern? American Bankruptcy Institute Journal November 1999, S. 18 ff.

[558] Die Vorschrift ist heute in 28 U.S.C. § 1652 verortet.

### (aa) Vertikaler Entscheidungseinklang bei *diversity jurisdiction*

#### (aaa) Ausgangslage

Zunächst soll das vormalige Verständnis anhand der Entscheidung im Falle *Swift v. Tyson*[559] aus dem Jahre 1842 verdeutlicht werden. Swift klagte gegen Tyson aus einem indossierten Ladepapier (*bill of exchange)* auf Zahlung von 1540,30 $. Tyson machte Einwendungen gegen das Papier geltend, die ihm nur im Falle eines gutgläubigen Erwerbs seitens Swift abgeschnitten gewesen wären. Es fragte sich, ob sich das Vorliegen eines gutgläubigen Erwerbs nach dem Recht New Yorks beantwortete, wonach die Hingabe einer vermögenswerten Gegenleistung vorausgesetzt war, oder ob sich die Frage nach allgemeinen Grundsätzen des Handelsrechtes der Bundesgerichte bestimmte, wonach auch die Erfüllung einer bestehenden Verbindlichkeit ausreichte. Zur Anwendung der damaligen Fassung des § 34 des *Judiciary Acts* führte das Bundesgericht aus, dass die Bestimmung so zu verstehen sei, als schließe das Wort *„laws"* nicht auch die Gerichtsentscheide der Staatengerichte mit ein. Schon der normale Sprachgebrauch stehe dem entgegen, Entscheidungen seien nicht selbst Gesetze. Das Gericht aber ging mit seiner Einschränkung des § 34 noch weiter. Der Anwendungsbereich beziehe sich nur auf solche Gesetze, die einen permanenten örtlichen Bezug aufwiesen, so genannte *local laws*[560], etwa dingliche Rechte betreffend. Nicht erfasst seien Materien von allgemeiner Bedeutung, etwa die Auslegung von Verträgen, das Recht der Wertpapiere und das allgemeine Handelsrecht. Letzteres sei nicht das Recht eines einzelnen Staates, sondern das Recht der gesamten Handelswelt.[561] Das in dieser Entscheidung kundgetane Verständnis von Föderalismus ging damit dahin, einzelstaatliches Recht auf Fälle mit starkem lokalen Bezug zu beschränken, insbesondere im Falle von Handelsmaterie aber die durch Bundesgerichte formulierten Regeln oder gesetztes Bundesrecht anzuwenden. Schon damals bestand also ein starkes Interesse, Handelssachen einem einheitlichen Regime zu unterwerfen.

---

[559] 41 U.S. 1.

[560] Zum konträren Begriff des allgemeinen Gesetzes wird in Black's Law Dictionary, 7. A., S. 713 ausgeführt: *„General Law: 1. Law that is neither local nor confined in application to particular persons. 2. A statute that relates to a subject of a broad nature."*

[561] Justice STORY zitiert zum Beleg dieser *lex mercatoria*-Theorie unter anderem CICERO. Vgl. auch LOWENFELD, Conflict of Laws, S. 441.

### (bbb) Die Umkehr hin zum vertikalen Entscheidungseinklang

### (α) Allgemein

Die kopernikanische Wende[562] leitete 1938 die Entscheidung des Supreme Courts im Falle *Erie Railroad Co. v. Tompkins*[563] ein, welche fortgesetzt wurde mit dem Erlass der *Federal Rules of Civil Procedure* (FRCP) im selben Jahr.[564] Kläger Tompkins war von der ausladenden Waggontür eines vorbeifahrenden Zuges der Erie Railroad verletzt worden. Er verklagte Erie vor dem Distriktgericht im *Southern District New York.* Für dieses stellte sich die Frage, ob der Fall nach dem Recht des Deliktsortes Pennsylvania oder nach *general federal law* zu entscheiden war. Nach dem Recht Pennsylvanias galt das Entlanglaufen der Bahnstrecke als unbefugtes Betreten von Grundbesitz und die Eisenbahn war für fahrlässig verursachte Verletzungen nicht haftbar. Tompkins hielt der Anwendbarkeit dieses Rechts entgegen, dass es an einer positiven Gesetzgebung des Einzelstaates fehlte und sich die Haftungsvoraussetzungen somit aus den allgemeinen Rechtsgrundsätzen des Bundesrechts ergeben würden. Diesem auf *Swift v. Tyson* gestützten Postulat war das Untergericht gefolgt. Der *Supreme Court* hob das Urteil auf und legte, angeregt durch die Literatur[565], ein abweichendes Verständnis der *diversity jurisdiction* zugrunde. Deren Zweck bestehe darin, in allen Angelegenheiten vor Bundesgerichten die Anwendung des Rechts des Sitzstaates zu gewährleisten, ausgenommen ausdrücklich durch Bundesrecht geregelter Fragen. Mit der bisherigen Praxis sei der Zweck der *diversity jurisdiction*, Benachteiligungen nicht dem Sitzstaat Angehöriger zu verhindern[566] in sein Gegenteil verkehrt worden. Umgekehrt sei eine Benachteiligung der Angehörigen des Sitzstaates

---

[562] So plastisch: LOWENFELD, Conflict of Laws, S. 454.

[563] Erie Railroad Company v. Tompkins 304 U.S. 64, 58 S.Ct. 817 (1938).

[564] Vor der Erschaffung der FRCP unterlag das Verfahren vor Bundesgerichten dem Conformity Act of 1872 (ch. 255, § 5, 17, stat. 197, aufgehoben 1934), welcher vorsah, dass ein Bundesgericht die Verfahrensvorschriften des Staates anzuwenden hatte, in dem es seinen Sitz hatte. Dies hatte sich jedoch in mehrfacher Hinsicht als problematisch erwiesen. Die angestrebte Vereinheitlichung der Verfahren vor Gerichten des Bundes und des Staates innerhalb desselben Einzelstaates erwies sich als lückenhaft, da der Akt seerechtliche Verfahren und solche in *equity* nicht erfasste. Dies verhinderte eine vollständige Vereinheitlichung und perpetuierte die schon von vielen Staatengerichten aufgegebene Trennung von *law* und *equity*. Außerdem wurden die gut ausgestatteten Bundesgerichte von der Fortbildung des Prozessrechts ausgeschlossen. Angesichts dieser Unzulänglichkeiten wurde der Supreme Court im Jahre 1934 durch den *Rules Enabling Act* (Act of June 19th, 1934, ch. 651, 48 Stat. 1064, heute verortet in 28 U.S.C. § 2072) ermächtigt, sich seine eigenen Verfahrensregeln zu geben. Unter sachkundiger Mithilfe aus Lehre und Praxis erschuf dann eine Kommission des *Supreme Court* die *Federal Rules of Civil Procedure* (FRCP), die am 1. September 1938 in Kraft getreten sind.

[565] Das Gericht zitiert WARREN, New Light on the History of the Federal Judiciary Act of 1789, 37 Harv.L.Rev. 49, 51 f., 81 – 88, 108 (1923).

[566] So genannte „*home town justice*“, vgl. LOWENFELD, Conflict of Laws, S. 451.

der Fall, da die Rechte der Parteien variierten, je nach dem vor welchem Gericht gestritten werde, ein Wahlrecht hinsichtlich des Forums aber nur den Außerstaatlichen zustand. Die Abgrenzung von *local* und *general law* habe außerdem zu neuen Unklarheiten geführt. Schließlich führte das Gericht aus, dass es ein *federal common law* überhaupt nicht geben könne, da es hierfür an einer Bundeskompetenz fehle. Abgesehen von Streitigkeiten über die Verfassung oder über gesetztes Bundesrecht hätten die Bundesgerichte somit das Recht der Einzelstaaten anzuwenden, bestehend sowohl aus deren legislativen als auch judikativen Elementen. *Swift v. Tyson* sei eine verfassungswidrige Kompetenzausübung gewesen.[567]

### (β) Kollisionsrecht im Besonderen

Eine aufschlussreiche Entscheidung auf dem Weg zum föderalen status quo ist diejenige des US Court of Appeals, First Circuit, in der Sache *Sampson v. Channel* aus dem Jahre 1940.[568] In dem *diversity* - Fall ging es um die Beweislast hinsichtlich eines Mitverschuldens des Geschädigten eines Autounfalls. Es warben um Anwendung das Recht des Gerichtsstaates Massachusetts, welches die Beweislast für ein Mitverschulden dem Beklagten zuwies, und dasjenige des Staates Maine, in dem sich der Unfall ereignet hatte, wonach der Kläger das Fehlen eines Mitverschuldens zu beweisen hatte. Nach dem Postulat der Entscheidung in *Erie* hatte ein Bundesgericht grundsätzlich das Recht des Sitzstaates anzuwenden, lediglich in Verfahrensfragen konnte es gemäß dem *Rules Enabling Act* Bundesrecht anwenden.[569] Es war demnach zu entscheiden, ob es sich bei der Verteilung der Beweislast um eine Frage des materiellen oder des Verfahrensrechts handelte. Diese Unterscheidung nahm das Gericht im Lichte der Entscheidung in *Erie Railroad Co. v. Tompkins* vor. Deren Grundaussage gehe dahin, eine Beeinflussung der Sachentscheidung

---

[567] Der Entscheidung anzumerken bleibt, dass Justice BRANDEIS es schuldig blieb, die verletzte Verfassungsbestimmung zu benennen. Es wird allgemein angenommen, er habe sich auf den zehnten Zusatz zur Verfassung bezogen, welcher die Kompetenzgrenzen des Bundes festlegt: Amendment X: „*The powers not delegated to the United States by the Constitution, nor prohibited by it to the States, are reserved to the States, respectively, or to the people.*" Die Kritik an der Entscheidung bezog sich darauf, dass nun Bundesgerichte von der Rechtsfortbildung erneut weitgehend ausgenommen seien sowie auch, dass es nun wieder Rechtsquellen verschiedener Qualität – ähnlich der aufgegebenen Unterscheidung von *law and equity* – gebe, nämlich das gesetzte und das lediglich gesprochene Bundesrecht, Nachweise bei LOWENFELD, Conflict of Laws, S. 443. Selbst wo der Bundesgesetzgeber tätig werden könnte, bisher aber nicht tätig wurde, können die Bundesgerichte kein Recht schöpfen.

[568] 110 F.2d. 754. Das Urteil war so wegweisend, dass im Fall *Klaxon*, der ein Jahr später dem *Supreme Court* vorlag, ein Mitglied des Gerichts den Revisionsantrag ablehnen wollte, da es glaubte, nicht in der Lage zu sein, ein ebenso brilliantes Urteil zu erstellen wie Judge MAGRUDER es getan hatte. Siehe FREUND, Federal – State Relations in the Opinions of Judge Magruder, 72 Harv.L.Rev. 1204, 1206 (1959).

[569] 28 U.S.C. §§ 723 b, 723 c.

durch das zufällige Vorhandensein von *diversity of citizenship* zu unterbinden. Je größer die Wahrscheinlichkeit, dass ein Urteil einen anderen Inhalt bei Nichtanwendung einer einzelstaatlichen Regelung erlange als bei ihrer Anwendung, desto größer das Mandat aus *Erie Railroad Co. v. Tompkins,* die betreffende Regelung nicht als verfahrens-, sondern als materiellrechtliche Vorschrift zu qualifizieren. Für den Fall der Beweislastverteilung war danach zu prüfen, ob sich diese auf den Ausgang des Falles auswirken konnte, der so genannte *outcome determinative – test.* Dies war nach Auffassung des Gerichts der Fall, es handelte sich also um materielles Recht, so dass das Recht des Forumsstaates und nicht die FRCP anzuwenden war. Problematisch war nun, dass das Forumsrecht Massachusetts selbst aber die Beweislastverteilung als verfahrensrechtlich einstufte. Das Bundesgericht musste darum klären, ob es an diese Qualifikation gebunden war, ob sich die Maßgeblichkeit des Forumsrechtes also auch auf das Kollisionsrecht erstreckte. In Fortführung des Gedankens aus *Erie* wurde die Frage bejaht, da anderenfalls wiederum die Zufälligkeit unterschiedlicher Staatsangehörigkeit die Sachentscheidung beeinflussen konnte. Die Qualifikation seitens der Gerichte Massachusetts als verfahrensrechtlich war somit verbindlich, so dass sich die Beweislast nach dem Recht Massachusetts verteilte.

Die höchstrichterliche Bestätigung von *Sampson v. Channel* war die Entscheidung des *Supreme Court* in *Klaxon Company v. Stantor Electric Manufacturing Co.*[570] Auch hier war Kernfrage des Falles, ob Bundesgerichte, die aufgrund von *diversity of citizenship* sachlich zuständig waren, auch den Kollisionsnormen ihres Sitzstaates zu folgen hatten. Der Kläger hatte dem Beklagten sein Unternehmen übertragen und sich im Gegenzug eine Gewinnbeteiligung versprechen lassen, wobei der Beklagte sich verpflichtete, das Unternehmen nach seinen besten Kräften fortzuführen. Der Kläger hatte im *District Court of Delaware* aus Verletzung dieser Pflicht geklagt und Recht bekommen. Im Wege einer Nachforderungsklage suchte er nun Zinsen ab Rechtshängigkeit zu erlangen, gestützt auf § 480 des *New York Civil Practice Acts*, da sich die Rechte der Parteien nach New Yorker Recht bestimmten[571] und die Bemessung der Schadenshöhe keine Frage des Verfahrens, sondern des materiellen Rechts sei. Der Supreme Court führte aus, das in *Erie* aufgestellte Verbot, eigenständige rechtliche Überlegungen anzustellen, erstrecke sich auch auf das Kollisionsrecht. Die Kollisionsnormen der Bundesgerichte mit Sitz in Delaware seien dieselben wie diejenigen der staatlichen Gerichte Delawares. Anderenfalls führe wiederum die Zufälligkeit unterschiedlicher Staatsangehörigkeit zu divergierenden Ergebnissen innerhalb desselben Staates. Divergenzen zwischen verschiedenen Staaten hingegen seien durch das föderale System bedingt, welches es gerade den einzelnen Staaten überlasse, ihre eigenen Rechtsvorstellungen durchzusetzen. Da das Untergericht keine

---

[570] 313 U.S. 487.

[571] New York war Erfüllungsort der Verpflichtung gewesen und dessen Recht somit in Anwendung der §§ 413, 418 des *Restatement of Conflict of Laws (2$^{nd}$)* maßgeblich.

Feststellungen über das Kollisionsrecht Delawares getroffen hatte, wurde der Fall zurückverwiesen.

#### (bb) Ergebnis

Zusammenfassend lässt sich sagen, dass Bundesgerichte die aufgrund von *diversity of citizenship* sachlich zuständig sind, das materielle Recht ihres Sitzstaates anzuwenden haben. Zum materiellen Recht in diesem Sinne gehören auch die Kollisionsnormen des Sitzstaates sowie alle sonstigen Vorschriften, die das Ergebnis des Falles nicht nur unwesentlich beeinflussen können. Diese Qualifikation nach Prozess- und materiellem Recht hat das Bundesgericht selbst vorzunehmen. Hat es eine Norm als dem materiellen Bereich zugehörig identifiziert, so ist es an die Vorgabe der staatlichen Gerichte gebunden.

### b) Sachliche Zuständigkeit von Bundesgerichten in internationalen Bankstreitigkeiten, 12 U.S.C. § 632

Von besonderer Relevanz für die vorliegende Untersuchung ist die sachliche Zuständigkeit von Bundesgerichten in bestimmten Fällen internationaler Bank- und Finanztransaktionen, niedergelegt in 12 U.S.C. § 632 – *Jurisdiction of United States Courts*:[572]

*Notwithstanding any other provision of law, all suits of a civil nature at common law or in equity to which any corporation organized under the laws of the United States shall be a party, arising out of transactions involving international or foreign banking, or banking in a dependency or insular possession of the United States, or out of other international or foreign financial operations, either directly or through the agency, ownership or control of branches or local institutions in dependencies or insular possessions of the United States or in foreign countries, shall be deemed to arise under the laws of the United States, and the district courts of the United States shall have original jurisdiction of all such suits; and any defendant in any such suit may, at any time before the trial thereof, remove such suits from a State court into the district court of the United States for the proper district by following the procedure for the removal of causes otherwise provided by law. Such removal shall not cause undue delay in the trial of such case and a case so removed shall have a place on the calendar of the United States court to which it is removed relative to that which it held on the State court from which it was removed.*

---

[572] *Title 12. Banks and Banking, Chapter 6 – Foreign banking, Subchapter II – Organization of corporations to do foreign banking, § 632 – Jurisdiction of United States Courts.*

*Notwithstanding any other provision of law, all suits of a civil nature at common law or in equity to which any Federal Reserve bank shall be a party shall be deemed to arise under the laws of the United States, and the district courts of the United States shall have original jurisdiction of all such suits; and any Federal Reserve bank which is a defendant in any such suit may, at any time before the trial thereof, remove such suit from a State court into the district court of the United States for the proper disctrict by following the procedure for the removal of causes otherwise provided by law. No attachment or execution shall be issued against any Federal Reseve bank or its property before final judgment in any suit, action or proceeding in any State, county, municipal, or United States court. (...)*

### (1) Voraussetzungen der sachlichen Zuständigkeit nach 12 U.S.C. § 632

#### (a) Kein Mindesstreitwert

Im Gegensatz zu der *diversity jurisdiction* erfordert § 632 keinen Mindeststreitwert, so dass auch die Geltendmachung eines nominalen Schadens ausreicht.[573] Hieraus lässt sich schliessen, dass dem Bundesgesetzgeber auf diesem Gebiet die Herstellung eines *einheitlichen gerichtlichen Regimes in internationalen Bankangelegenheiten* zu bedeutend war, um Fälle davon auszunehmen.

#### (b) Beteiligung einer nach Bundesrecht gegründeten Gesellschaft

Schon aus dem Wortlaut von 12 U.S.C. § 632 ergibt sich, dass eine Beteiligte des Verfahrens eine nach US Bundesrecht gegründete Gesellschaft (erster Absatz) oder eine US Bundeszentralbank (zweiter Absatz) sein muss. Probleme ergeben sich dabei daraus, dass die Zuständigkeitsnorm Teil des so genannten *Edge Acts* ist, 12 U.S.C. §§ 611 ff., welcher in § 611 die Gründung von Gesellschaften zu dem Zweck vorsieht, im internationalen Bankgewerbe tätig zu werden. Es fragt sich somit, ob nicht die Zuständigkeitsnorm nur nach dieser Vorschrift gegründete Gesellschaften erfasst. Diese Frage stellte sich dem *District Court* in New York in dem Fall *Travis v. National City Bank of New York.*[574] Die wegen der Verletzung einer treuhänderischen Verpflichtung verklagte National City Bank of New York beantragte, die nach § 632 an das Distriktgericht erfolgte Verweisung wieder rückgängig zu machen und die Sache an das zuständige Staatengericht abzugeben. Sie wandte ein, dass es sich bei ihr nicht um eine nach dem *Edge Act* gegründete Gesellschaft handelte und somit § 632 nicht anwendbar sei. Das Gericht hielt das für ein Fehlverständnis

[573] *British – American Tobacco Co., Limited v. Federal Reseve Bank of New York*, 105 F.2d 935 (Circuit Court of Appeals, Second Circuit vom 6.7.1939).
[574] 23 F.Supp. 363 (12.5.1938).

des § 632. Dieser sei vierzehn Jahre nach Erlass des *Edge Acts* hinzugefügt worden und erfasse jede nach Bundesrecht gegründete Gesellschaft. Der *Edge Act* verfolge das Ziel, das internationale Bankgewerbe über die Nationalbanken hinaus, die schon zuvor der Rechtsprechungsgewalt der Bundesgerichte unterstellt waren[575], weiteren Wettbewerbern zugänglich zu machen, so dass er eine Erweiterung des ursprünglich auf Nationalbanken beschränkten Bereichs anstrebe, nicht hingegen eine Beschränkung auf die darin vorgesehenen Gesellschaften.[576] Daraus folge, dass die Beteiligung jeder nach einem Bundesgesetz gegründeten Gesellschaft die Zuständigkeit nach § 632 auslösen kann.[577]

Weitere Voraussetzung der Zuständigkeit ist allerdings, dass die nach Bundesrecht gegründete Gesellschaft tatsächlich und nicht nur nominell Beteiligte des Verfahrens ist. Hinsichtlich dieser Feststellung nehmen die Gerichte, ähnlich den doppelrelevanten Tatsachen[578], eine Prüfung dahingehend vor, ob für die Bank ein potentielles Haftungsrisiko besteht.[579] Im Bereich der

[575] *National Banking Act*, 12 U.S.C. § 21.

[576] 23 F.Supp. 363, 367 (12.5.1938).

[577] Dass insofern eine rein wörtliche Auslegung erfolgt, bestätigt DAVID J. OLIVEIRI, Jurisdiction of Federal Courts over Actions Arising out of International or Foreign Banking or Financial Operations, or Banking in a Dependency or Insular Possession of the United States, under § 25 (B) of the Federal Reseve Act (12 U.S.C. § 632), Annotation, in: American Law Reports, ALR Federal, Volume 64 (1983), S. 262 ff. (64 A.L.R. Fed. 262).

[578] Erforderlich ist nur, dass der Kläger hinreichende Tatsachen vorträgt, *The Conjugal Society composed of Juvenal Rosa, et.al., v. Chicago Title Insurance Company, et.al*, 690 F.2d 1, 4 (US Court of Appeals, First Circuit vom 22.6.1982).

[579] Siehe die Entscheidungen *Corporacion Venezolana de Fomento, Vintero Sales Corporation, Security Pacific International Bank v. Venezolana De Cruceros del Caribe, C.*, 629 F.2d 786 (US Court of Appeals, Second Circuit vom 28.7.1980) und *Philip Papadopoulos and United General Tourist S.A. v. Chase Manhattan Bank, N.A., Bankers Trust Company, Genozentralbank Stuttgart – Genossenschaftliche Zentralbank AG, Volksbank Zuffenhausen EG, and National Westminster Bank*, 791 F.Supp. 72 (US District Court, S.D.N.Y. vom 12.7.1990). Im letzten Fall ging es um die Grundlage einer derartigen potentiellen Haftung. Der Kläger benötigte zum Schiffskauf in Griechenland eine Bankgarantie in Höhe von 750 000 $. Er bat seine deutsche Handelspartnerin, die ihm fehlenden 150 000 $ via Wechsel zur Verfügung zu stellen. Diese stellte einen Wechsel auf ihr Konto bei der Chase Manhattan Bank in New York aus, den diese aber zurückwies, als er ihr zur Einlösung vorgelegt wurde. Grund hierfür war die Vereinbarung der Chase Manhattan mit ihrer deutschen Auftraggeberin, generell Wechsel von über 25 000 $ nur nach Rücksprache und Autorisierung einzulösen, was vorliegend fehlte. Der Schiffskauf scheiterte, da dem Kläger die Mittel fehlten, die Bankgarantie beizubringen. Er verlangte nun Schadensersatz vor den Bundesgerichten. Einzige Grundlage deren sachlicher Zuständigkeit konnte 12 U.S.C. § 632 sein, welcher aber eine zumindest potentielle Haftung der nach Bundesrecht gegründeten Chase Manhattan erforderte. Das Gericht zog zu dieser Feststellung § 3 – 409 des Uniform Commercial Code heran, welcher die Haftung einer Bank aus übertragbaren Wertpapieren von deren Annahme durch die Bank abhängig macht. Chase aber habe den Wechsel vorliegend nicht angenommen, so dass keine Haftungsmöglichkeit gegeben sei. Die Bundesgerichte waren somit sachlich unzuständig, aaO., S. 74. Siehe allgemein zu diesem Erfordernis des § 632 DAVID J. OLIVEIRI, vorige Fußnote, § 4 (b), der von einem „*mere stakeholder and*

Banküberweisung kann also insbesondere eine potentielle Haftung der Bank aus Artikel 4A U.C.C. den Anwendungsbereich von 12 U.S.C. § 632 eröffnen. Die Voraussetzung der Beteiligung einer nach Bundesrecht gegründeten Gesellschaft ist auch nicht erfüllt, wenn eine andere Gesellschaft, welche die Voraussetzung nicht selbst erfüllt, Gesamtrechtsnachfolgerin einer derartigen Bank geworden ist.[580] Wenn eine nach Bundesrecht gegründete Gesellschaft des internationalen Bankgewerbes Partei eines Verfahrens ist, die Zuständigkeit nach 12 U.S.C. § 632 also besteht, so entfällt diese aber nicht dadurch, dass die Gesellschaft später aus dem Verfahren ausscheidet.[581]

### (c) Vorliegen eines Bankgeschäftes oder einer Finanztransaktion

Weiteres Zuständigkeitserfordernis des 12 U.S.C. § 632 ist, dass der geltend gemachte Anspruch aus einer internationalen oder ausländischen Banktransaktion oder einem sonstigen internationalen oder ausländischen Finanzgeschäft erwächst. Es stellt sich die Frage der Reichweite dieses Erfordernisses. Für die vorliegende Untersuchung ist bedeutsam, ob auch Streitigkeiten, die aus Banküberweisungen erwachsen oder solche involvieren, von der Zuständigkeit erfasst sind. Ausgangspunkt kann hier der ebenfalls im *Edge Act* enthaltene 12 U.S.C. § 615 sein. Unter den dort aufgeführten Bankgeschäften befindet sich auch der *cable transfer*, der die Banküberweisung beschreibt.[582] Allerdings ist § 632 nicht auf die Gegenstände des § 615 be-

---

*escrow agent*" spricht. Allgemein zur Einschaltung einer Strohmann – Partei FRIEDENTHAL / KANE / MILLER, Civil Procedure, S. 38 ff. und das gesetzliche Mittel gegen Manipulationen in 28 U.S.C. § 1359.

[580] So die Entscheidung des U.S. Court of Appeals, Second Circuit aus dem Jahre 2000, *Creaciones con idea, S.A. De C.V. et. al., v. Mashreqbank PSC and Mashreqbank New York*, 232 F.3d 79, 82 f (8.11.2000). Dort wird unrichtig von *federal question jurisdiction* in Bezug auf 12 U.S.C. § 632 gesprochen.

[581] Eine solche, in der deutschen Praxis als *perpetuatio fori* bezeichnete, Ausklammerung veränderter prozessualer Umstände nahm das Gericht ebenfalls in *Corporacion Venezolana* vor. Die Security Pacific International Bank war durch Vergleich aus dem Verfahren ausgeschieden, was aber die Zuständigkeit des Bundesgerichts nicht wieder entfallen lies, 629 F.2d 786, 793 (28.7.1980). Das Gericht erteilte aber der etwas anderen Begründung sachlicher Bundeszuständigkeit seitens des Untergerichts eine Absage. Dieses hatte auf die Streitintervention zweier nach Bundesrecht gegründeter Banken abgestellt. Durch Intervention aber könne keine Zuständigkeit begründet werden: „*Intervention will not be permitted to breath life into a non existent law suit*", 629 F.2d 786, 792. Generell zur perpetuatio fori im US-amerikanischen Prozessrecht, FRIEDENTAHL / KANE / MILLER, Civil Procedure, S. 27.

[582] „*§ 615. Powers of corporation*

...

*(a) Dealings in drafts, checks, bills of exchange, acceptances, and other evidences of indebtness; purchase and sale of securities; letters of credit; ...; borrowing and loaning money; issue of debentures, bonds, and notes; deposits; ...*

*To purchase, sell, discount, and negotiate, with or without indorsement or guaranty, notes, drafts, checks, bills of exchange, acceptances, including bankers' acceptances, cable transfers, and other evidences of indebtness; ...* "

schränkt, wie ebenfalls in der oben zitierte Entscheidung in Travis v. National City Bank of New York ausgeführt wird. Somit stellen die in § 615 aufgeführten Kredit- und Finanzierungsgeschäfte nicht die äußere Grenze der Zuständigkeit dar. Diese umfasst vielmehr das gesamte Bank- und Finanzgewerbe.[583]

Bei einer Zuständigkeit nach dem zweiten Absatz des § 632 aufgrund der Beteiligung einer Bundeszentralbank ist das Vorliegen eines Bankgeschäftes hingegen nicht erforderlich, Bundeszentralbanken unterliegen voller bundesgerichtlicher Kontrolle.[584]

### (d) Von der Zuständigkeit erfasste Anspruchsgrundlagen

Im Rahmen des 12 U.S.C. § 632 stellt sich die weitere Frage, auf welche Anspruchsgrundlage der Kläger seinen Anspruch stützen kann. Dies beinhaltet zum einen, ob nur dem Bankrecht entstammende Anspruchsgrundlagen herangezogen werden können, und zum anderen, ob der Wortlaut des § 632 *„suits of a civil nature at common law or in equity"* Anspruchsgrundlagen kodifizierten Rechts ausschließt. Die erste Frage beantwortet die Entscheidung *In re Lloyd's American Trust Fund Litigation.*[585] Die dort geltend gemachten Schadensersatzansprüche wegen Verletzung eines Treuhandverhältnisses ergaben sich nicht aus spezifisch bankrechtlichen Anspruchsgrundlagen. Die Beklagten beantragten, die Zuständigkeit abzulehnen, und stützten sich auf die Ent-

[583] 23 F.Supp. 363, 367 (District Court, E.D. New York vom 12.5.1938). Treuhandfonds, Versicherungen und Sicherungskonstellationen sind Bank- oder zumindest Finanztransaktionen im Sinne des § 632, entschied das Distriktgericht des Southern District New York in In re Lloyd's American Trust Fund Litigation (928 F.Supp. 333 (US District Court, S.D.N.Y. vom 7.6.1996)). In The Conjugal Society composed of Juvenal Rosa, et.al., v. Chicago Title Insurance Company, et.al. (US Court of Appeals, First Circuit, 650 F.2d 1, 4 (1982)) konnte auch der Bestand einer Vertragserfüllungsgarantie als Bestandteil einer Hypothekenvereinbarung unter der Zuständigkeit des § 632 verhandelt werden.

[584] Federal Reserve Bank of Richmond v. Kalin, 77 F.2d 50 (Circuit Court of Appeals, Fourth Circuit vom 24.4.1935). Siehe außerdem die Entscheidungen Julio A. Mercado Garcia, et.al., v. Ponce Federal Bank, F.S.B., et.al.( U.S. District Court, District of Puerto Rico, 779 F.Supp. 620 (16.10.1991)) und Federal Reserve Bank of Atlanta v. Robert R. Thomas (U.S. Court of Appeals, Eleventh Circuit, 220 F.3d 1235 (31.7.2000)). In beiden Fällen ging es um rein arbeitsrechtliche Streitigkeiten ohne Bezug zu einem Bankgeschäft. Im ersten Fall rügte der bei der Beklagten angestellte Kläger eine Vertragsverletzung im Rahmen eines Arbeitnehmerkredites und im zweiten Fall suchte der Kläger Schadensersatz wegen einer im Dienst erlittenen Rückenverletzung zu erlangen. Beide Male wurde die Zuständigkeit angenommen. Dem liegt jedoch kein extensives Inhaltsverständnis von Bankgeschäften zugrunde, sondern es handelte sich um Zuständigkeiten nach dem zweiten Absatz des § 632, welcher bei der Beteiligung von Bundeszentralbanken (Federal Reserve Banks) kein Vorliegen einer Banktransaktion fordert. Über Bundeszentralbanken besteht nämlich in Form des § 632 eine allumfassende bundesgerichtliche Kontrolle.

[585] 928 F.Supp. 333 (US District Court, S.D.N.Y. vom 7.6.1996).

scheidungen *Telecredit Service Center v. First National Bank*[586] und *Bank of New York v. Bank of America*[587], die vertragliche Ansprüche zum Gegenstand hatten, welche nur lose Verbindungen zum Bankrecht, wie etwa die Bezahlung mittels Kreditkarte, aufwiesen, und dementsprechend eine Zuständigkeit ablehnten. Das Gericht in *In re Lloyd's American Trust Fund Litigation* führte aus, dass § 632 regelmäßig so interpretiert worden sei, als könnten darunter auch Ansprüche, die sich nicht aus bankrechtlichen Vorschriften ergeben, geltend gemacht werden.[588] Erforderlich sei nur, dass die Banktransaktion im jeweiligen Fall überhaupt von rechtlicher Bedeutung sei. Diese Rechtsprechung hat sich weitgehend durchgesetzt. In *The Conjugal Society composed of Juvenal Rosa, et.al., v. Chicago Title Insurance Company, et.al.*[589] wurden deliktische Ansprüche wegen arglistiger Täuschung im Zusammenhang mit einer Hypothekenabrede geltend gemacht. Ob Ansprüche aus Delikt und Vertrag geltend gemacht würden, sei unerheblich, so das Gericht, sie würden jedenfalls aus dem Bankgeschäft erwachsen.[590] Unter anderem Bereicherungsansprüche wurden in *Aaron Ferer & Sons Limited v. Chase Manhattan Bank, National Association* geltend gemacht, die Beklagte Chase Manhattan Bank hatte fremde Forderungen eingezogen. Damit wurde klargestellt, dass auch gesetzliche bzw. quasi – vertragliche Ansprüche aus ungerechtfertigter Bereicherung der Zuständigkeit des § 632 unterfallen können.[591]

Eine grundlegende Entscheidung ist jüngst bezüglich der zweiten Frage ergangen. In *Federal Reserve Bank of Atlanta v. Robert R. Thomas* ging es um die Geltendmachung kodifizierter Schadensersatzansprüche.[592] *Diversity jurisdiction* schied mangels Erreichens des Mindeststreitwertes aus, einzig mögliche Grundlage sachlicher Bundeszuständigkeit war 12 U.S.C. § 632. Das Untergericht hatte die Klage wegen sachlicher Unzuständigkeit zurückgewiesen, da die Ansprüche auf einzelstaatliches Gesetzesrecht gestützt seien und deshalb keine *„suits of a civil nature at common law or in equity"* darstellten.[593] Das Berufungsgericht führte zunächst aus, dass der Passus nur dazu dienen sollte, Verfahrensgegenstände militärischer, seerechtlicher oder kirch-

---

586 679 F.Supp. 1101, 1104, Southern District of Florida (1988).

587 861 F.Supp. 225, Southern District of New York (1994).

588 Zum Beleg führte das Gericht einige Entscheidungen an, aaO, S. 339: *Travis v. National City Bank* (s.o.), worin es um ein Treuhandverhältnis ging, *Aaron Ferer & Sons Ltd., v. Chase Manhattan Bank*, 731 F.2d 112 (US Court of Appeals, Second Circuit vom 14.3.1984), die eine Sicherungskonstruktion und Delikts- und Bereicherungsansprüche zum Gegenstand hatte, sowie *Corporacion Venezolana de Fomento v. Vintero Sales Corp.* (s.o.), worin es um eine Garantie ging.

589 US Court of Appeals, First Circuit, 650 F.2d 1 (1982).

590 650 F.2d 1, 4.

591 U.S. Court of Appeals, Second Circuit, 731 F.2d 112, 125 f. (14.3.1984).

592 *U.S. Court of Appeals, Eleventh Circuit,* 220 F.3d 1235 (31.7.2000).

593 Derartige *workers' compensation statutes* sind gesetzliche Regelungen der Einzelstaaten. Ohne Zweifel wäre ein Bundesgericht bei einer Streitigkeit über Gesetzesrecht des Bundes zuständig gewesen, es hätte ein Fall von *federal question jurisdiction* vorgelegen.

licher Art vom Anwendungsbereich auszunehmen.[594] Aufschlussreich sind die anschließenden Ausführungen zur Gesetzgebungsgeschichte. Früher, so das Gericht, habe die Auffassung gegolten, bei Beteiligung einer bundesrechtlichen Körperschaft sei stets die sachliche Bundeszuständigkeit eröffnet. Dies sei damit begründet worden, dass aufgrund der Fragen nach Rechts- und Parteifähigkeit stets bundesrechtliche Fragen aufgeworfen gewesen seien und somit *federal question jurisdiction* angenommen wurde.[595] Der damit einhergehenden Flut von Verfahren habe der Bundesgesetzgeber im Jahre 1925 Einhalt zu gebieten versucht, indem er die Bundeszuständigkeit versagte, wenn es neben dem Umstand bundesrechtlicher Gründung keine weitere Grundlage einer Bundeszuständigkeit gab.[596] Damit seien aber auch die Bundeszentralbanken aus der Bundeszuständigkeit herausgefallen, für die es keine andere Zuständigkeitsgrundlage gab. Für diese habe dann 1932 mit § 632 unter Einschluss weiterer Gesellschaften im Bankbereich die Zuständigkeit wieder eröffnet werden sollen. § 632 verfolge also nicht das Ziel, die sachliche Zuständigkeit von Bundesgerichten hinsichtlich bestimmter Klageansprüche zu beschränken, sondern für die aufgeführten Gesellschaften den *status quo ante* wieder herzustellen.[597] Abschließend definierte das Gericht den Zweck des § 632 wie folgt: Die bankrechtliche Bundeszuständigkeit habe den Zweck, nationalen Entscheidungseinklang herstellen und sich widersprechende Entscheidungen der Staatengerichte zu verhindern. Dieser Zweck werde verfehlt, wenn man kodifiziertes Recht davon ausnehme, insbesondere da weite Teile des Bankrechtes im *Uniform Commercial Code* geregelt seien, der sich aber

---

[594] 220 F.3d 1235, 1239 (31.7.2000). Auf diese Weise sei derselbe Satz auch interpretiert worden, als er noch in 28 U.S.C. § 1332, der *diversity jurisdiction* enthalten war. Das Gericht gestand aber zu, dass sich gerade aus dem Zusammenhang mit der diversity jurisdiction ein Argument für den Beklagten ableiten ließe. Kurz nach Erlass des § 632 seien die Federal Rules of Civil Procedure promulgiert worden, welche in Regel 2 den Unterschied zwischen law und equity aufgegeben hatten: „*Rule 2. One Form of Action*
*There shall be one form of action to be known as ‚civil action'.*" Im Jahre 1948 dann hatte der Bundesgesetzgeber eine Generalüberholung vorgenommen, indem er in zahlreichen Zuständigkeitsnormen die Worte „*all suits of a civil nature at common law or in equity*" durch den Passus „*all civil actions*" ersetzt hatte, um sie mit den FRCP in Einklang zu bringen. § 632 aber wurde nicht geändert, was man unter Umständen so verstehen konnte, als habe der Gesetzgeber dort die Unterscheidung von *common law* und *equity* einerseits und Gesetzesrecht andererseits, beibehalten wollen. Das Gericht in vorliegender Sache führt aber aus, da § 632 schon immer den zusätzlichen Passus „*of a civil nature*" beinhaltet habe, könnte der Gesetzgeber eine Änderung des § 632 auch für überflüssig gehalten haben, 220 F.3d 1235, 1242 Fn. 4. Überzeugender scheint, dass der Gesetzgeber im Jahre 1948 wohl noch nicht davon ausgegangen war, das Bankrecht werde einmal aus vereinheitlichtem einzelstaatlichen Gesetzesrecht bestehen.

[595] *Osborn v. Bank of United States,* 22. U.S. 738 (9 Wheat), 6 L.Ed. 204 (1824).

[596] Heute verortet in 28 U.S.C. § 1349: „*No district court shall have jurisdiction of any action or suit by or against any corporation upon the ground that it was incorporated by or under an act of congress; ... .*"

[597] 220 F.3d 1235, 1242 (31.7.2000).

qua Umsetzung in nahezu allen Staaten als einzelstaatliche Kodifikation präsentiere.[598]

### (e) Zusammenfassung

Zusammenfassend lässt sich damit festhalten, dass 12 U.S.C. § 632 eine sachliche Zuständigkeit der US Bundesgerichte für Streitigkeiten eröffnet, die aus einer internationalen Banktransaktion unter Beteiligung einer nach einem US Bundesgesetz gegründeten Gesellschaft erwachsen. Die geltend gemachten Ansprüche können sich sowohl aus kodifiziertem als auch aus Richterrecht ergeben und müssen nicht bankrechtlicher Natur sein, solange bankrechtliche Materie nur überhaupt für die rechtliche Beurteilung von Relevanz ist. Da die meisten New Yorker Banken nach einem derartigen Bundesgesetz gegründet sind, ist die Zuständigkeitsnorm in amerikanisch – deutschen Fällen von großer Bedeutung.

### (2) Ermessensmäßige Nichtausübung der sachlichen Zuständigkeit nach 12 U.S.C. § 632

Ähnlich der Figur des *forum non conveniens* bei Fragen der örtlichen Zuständigkeit kann ein eigentlich sachlich zuständiges US Bundesgericht unter Umständen auf die Ausübung der Zuständigkeit verzichten. Eine solche Ermessensentscheidung kann nach der Leitentscheidung des *Supreme Court* in *Great Lakes Dredge & Dock Co. Huffman* ergehen, wenn die zugrundeliegende Streitigkeit auf einzelstaatliches Recht zurückgeht und ein adäquater Rechtsbehelf vor den Gerichten der Einzelstaaten bzw. des Einzelstaates zur Verfügung steht. Föderales Entgegenkommen und *Comitas* können eine derartige Enthaltung erfordern.[599] Das Distriktgericht im Fall *Federal Reserve Bank of Atlanta v. Robert R. Thomas* hatte die Ablehnung seiner sachlichen Zuständigkeit hilfsweise auf diese Doktrin gestützt.[600] Das Berufungsgericht rügte die Anwendung der Doktrin im Rahmen des 12 U.S.C. § 632. Die Entscheidung in *Great Lakes* sei auf das Steuerrecht beschränkt gewesen. Außerdem erlaube § 632 dem Beklagten ausdrücklich, den Verweis an ein Bundesgericht zu erwirken, so dass es im Sinne von *Great Lakes* an einem adäquaten staatlichen Rechtsbehelf fehle. Überdies hätten Überlegungen föderalen Entgegenkommens hinter das bundesstaatliche Interesse an einem einheitlichen Regime der Bundesgerichte in Banksachen zurückzutreten.[601] Ein nach § 632

---

[598] 220 F.3d 1235, 1243. Siehe außerdem den Fall A.I. Trade Finance, Inc. V. Petra International Banking Corporation, 62 F.3d 1454, 314 U.S. App. D.C. 122 des U.S. Court of Appeals, District of Columbia (22.8.1995).

[599] 319 U.S. 293, 63 S.Ct. 1070, 87 L.Ed. 1407 (1943).

[600] *U.S. Court of Appeals, Eleventh Circuit,* 220 F.3d 1235 (31.7.2000).

[601] 220 F.3d 1235, 1245 (US Court of Appeals, Eleventh Circuit vom 31.7.2000). Siehe auch S. 1247, wo darauf abgestellt wird, dass der Bundesgesetzgeber schlicht von seiner

sachlich zuständiges Bundesgericht kann demnach nicht zugunsten eines staatlichen Gerichts auf die Ausübung seiner Zuständigkeit verzichten.

### (3) Verfassungsmäßigkeit von 12 U.S.C. § 632

Wie ausgeführt, kann der Bundesgesetzgeber nur bestimmte in der Verfassung vorgesehene Zuständigkeiten schaffen. Artikel III, § 2 der Verfassung ermächtigt Zuständigkeiten für Verfahren über die Verfassung, Bundesrecht oder in *diversity* – Fällen. Die Zuständigkeit des 12 U.S.C. § 632 geht jedoch über diese Beschränkungen hinaus, da danach auch Streitigkeiten über einzelstaatliches Recht vor Bundesgerichten ausgetragen werden können. Es stellt sich die Frage seiner Verfassungsmäßigkeit. Die Rechtsprechung des *US Supreme Court* geht dahin, eine Zuständigkeit nur dann als verfassungswidrig zu verwerfen, wenn die Regelung alleine zur Begründung einer Zuständigkeit dient und nicht zugleich die Rechtsprechungsgewalt über ein Bundesgesetz sichern soll. Letzteres wird aber schon bei der bloßen Möglichkeit des Auftretens bundesrechtlicher Fragen angenommen.[602] Diese Rechtsprechung wurde vom *Court of Appeals* des *District of Columbia* in der Sache *A.I. Trade Finance, Inc. v. Petra International Banking Corporation* auf 12 U.S.C. § 632 übertragen.[603] Das möglicherweise einschlägige Bundesrecht wurde in den Regelungen des *Edge Acts*, 12 U.S.C. §§ 611 ff. sowie anderen Bundesgesetzen, welche die Gründung von Gesellschaften zum Bankgewerbe vorsehen, gefunden.[604] 12 U.S.C. § 632 hält somit einer Verfassungsprüfung stand.

### (4) Kollisionsrechtlicher Gehalt des 12 U.S.C. § 632

Ebenso wie bei der *diversity of citizenship jurisdiction* stellt sich nach 12 U.S.C. § 632 die Frage nach dem anwendbaren Kollisions- und Sachrecht. Zwar wird schon aufgrund des Verfassungserfordernisses eine Bundesregelung involviert sein, diese muss aber nicht auch die Entscheidung in der Sache liefern. Die Anspruchsgrundlage kann sich beispielsweise aus der einzelstaatlichen Umsetzung des Artikels 4A *Uniform Commercial Code* ergeben. Nicht ohne weiteres übertragbar sind die Gesichtspunkte, die in der Entscheidung *Erie Railroad v. Tompkins* angeführt wurden und in *Klaxon Company v. Stantor Electric Manufactoring Co.* die Anwendung auch einzelstaatlichen Kollisionsrechtes vor den Bundesgerichten bedingten. Der *diversity jurisdiction* liegt das Bestreben nach der Vermeidung einer Benachteiligung von In-

---

Kompetenz zur Schaffung eines Gerichtsstandes Gebrauch gemacht hat und dies respektiert werden müsse.

[602] *Verlinden B.V. v. Central Bank of Nigeria*, 461 U.S. 480, 103 S.Ct. 1962, 76 L.Ed.2d 81 (1983) und *Mesa v. California*, 489 U.S. 121, 136 – 139, 109 S.Ct. 959, 968 – 970, 103 L.Ed. 2d 99 (1989).

[603] 62 F.3d 1454; 314 U.S. App. D.C. 122 (22.8.1995).

[604] 62 F.3d 1454, 1461; 314 U.S. App. D.C. 122, 129 (22.8.1995).

ländern zugrunde, was vertikalen Entscheidungseinklang, also vor den Gerichten innerhalb desselben Staates, bedingt. 12 U.S.C. § 632 tragen hingegen Gesichtspunkte, die nach horizontalem Entscheidungseinklang, also vor allen Gerichten des Bundes, verlangen: Es ist ein einheitliches Rechtsprechungsregime in internationalen Bankbereich angestrebt.

**(a) Ausschließliche Zuständigkeit nach 12 U.S.C. § 632**

Ergibt sich die sachliche Bundeszuständigkeit alleine aus 12 U.S.C. § 632, so ist denkbar, dass das Gericht die Kollisionsregeln des Sitzstaates oder solche die dem Bundesrecht entstammen, anwendet. Beide Ansätze sind in der Gerichtspraxis zu finden. Das Bundesberufungsgericht in *A.I. Trade Finance, Inc. v. Petra International Banking Co.* fand keinen Anlass, von dem in *Erie* und *Klaxon* postulierten Grundsatz abzuweichen, wonach das Recht des Forumstaates inklusive dessen Kollisionsrechts anzuwenden ist. Der Bundesgesetzgeber sei mit dem *Edge Act* bewußt nur partiell regelnd tätig geworden. Außerhalb der dort geregelten Gegenstände der internen Gesellschaftsangelegenheiten finde das Recht der Einzelstaaten Anwendung. Anderenfalls würde der von *Erie* und *Klaxon* geforderte vertikale Entscheidungseinklang vor Bundes- und staatlichen Gerichten in demselben Staat aufgegeben. Dieser Einklang habe auch im internationalen Bankrecht keinem horizontalem Einklang zu weichen. Da die meisten Bankgeschäfte einzelstaatlichem Recht unterstünden, müssten sich die Beteiligten anderenfalls stets über das Gründungsstatut der beteiligten Banken informieren, um das anwendbare Recht zu ermitteln, was eine zu große Rechtsunsicherheit darstelle.[605]

Eine abweichende Entscheidung war fünfzehn Jahre zuvor in *Corporacion Venezolana de Fomento v. Vintero Sales Corporation, Security Pacific International Bank v. Venezolana De Cruceros del Caribe, C.* ergangen. Nach Diskussion von *Erie* und *Klaxon* befand das Gericht dort, dass es in Fällen unter 12 U.S.C. § 632 angebracht sei, Bundeskollisionsrecht anzuwenden, da es insbesondere um die Herstellung eines bundesweit einheitlichen Regimes ging.[606] An der Entscheidung ist hervorzuheben, dass es das Gericht nur hin-

---

605 62 F.3d 1454, 1464 ff.; 314 U.S. App. D.C. 122, 132 ff. (District of Columbia (22.8.1995)). Das Gericht hatte demnach das Kollisionsrecht des *District of Columbia* anzuwenden. Dieses berief hinsichtlich der streitigen Verjährung von Garantieansprüchen sein eigenes Recht zur Anwendung, nach welchem die Ansprüche verjährt waren. A.I. Trade Finance unterlag demnach.

606 Court of Appeals, Second Circuit, 629 F.2d 786, 795 (28.7.1980). Der Fall lag wie folgt: Venezolana de Cruceros de Caribe (Cariven) hatte sich mit der Vintero Sales Corporation (Vintero) über den Kauf zweier Schiffe geeinigt. Finanziert wurde der Kaufpreis mittels Akkreditiven einer schweizer Bank. Diese waren versehen mit einer Zahlungsgarantie seitens der Corporacion Venezolana de Fomento (CVF), einer staatlichen Einrichtung Venezuelas mit der Aufgabe, wirtschaftliche Unternehmungen zu stimulieren. Bei Fälligkeit leistete Cariven keine Zahlungen. CVF strengte Klage auf Feststellung der Unwirksamkeit der Garantien im *Southern District of New York*, an. Zur Begründung führte sie an, sie sei

sichtlich bestimmter Fragen für erforderlich hielt, das maßgebliche Kollisionsrecht zu ermitteln. Die streitgegenständlichen Finanzierungs- und Garantieabsprachen unterstanden jedenfalls dem Recht New Yorks aufgrund dessen Interesse an der Regelung des internationalen Geschäftsverkehrs. Lediglich die Frage nach dem Vorliegen einer arglistigen Täuschung sei für New York ohne Belang und konnte deshalb im Wege einer *dépeçage* einem anderen Recht unterstellt werden.[607] Die Entscheidung in *Corporacion Venezolana* hat eine große Gefolgschaft gefunden, aus der sich bislang keines der Bundesgerichte wieder gelöst hat.[608] Es erscheint deshalb fraglich, ob sich der Ansatz in *A.I. Trade Finance, Inc. v. Petra International Banking Co.* durchsetzen wird.

### (b) Gleichzeitiges Vorliegen von *diversity jurisdiction* und 12 U.S.C. § 632

Die beiden obigen Bestrebungen nach vertikalem und horizontalem Entscheidungseinklang können in Konflikt geraten, wenn die Voraussetzungen beider Zuständigkeitsnormen erfüllt sind. Dies war der Fall in *Bank of America National Trust and Savings Association v. Envases Venezolanos, S.A.*[609] Die Bank of America klagte aus einer Umschuldungsvereinbarung, die eine Rechtswahl zugunsten des Rechts von New York enthielt. Das Bundesgericht im Southern District New York befand sich aufgrund von *diversity jurisdiction* und 12 U.S.C. § 632 für sachlich zuständig. Kernfrage des Falles war, ob die Rechtswahl wirksam vereinbart wurde. Deren Wirksamkeit konnte sich aus § 5-1409 *New York General Obligations Law* ergeben, wonach die Parteien einer 250 000 $ übersteigenden Transaktion das Recht New Yorks vereinbaren können, auch wenn die Transaktion keinen wesentlichen Bezug (*reasonable relation*) zu New York aufweist.[610] Das Gericht führte aus, dass

---

arglistig getäuscht worden sowie auch bestimmte Voraussetzungen der Garantie nicht eingetreten seien, etwa die Bestellung einer Schiffshypothek zu ihren Gunsten.

[607] 629 F.2d 786, 794 (28.7.1980).

[608] Vgl. die Entscheidungen *Alaska Textile Co. v. Lloyd Williams Fashions,* 777 F.Supp. 1139 District Court, Southern District of New York (1.11.1991); *Citibank, N.A. v. Andrew Benkoczy and Geraldine Benkoczy,* 561 F.Supp. 184, District Court, Southern District of Florida (24.3.1983), auf S. 186 findet sich der Hinweis auf die Grundsatzentscheidung des Supreme Court in *Lauritzen v. Larsen*, 345 U.S. 571, 73 S.Ct. 921, 97 L.Ed. 1254 (1953), wo im Rahmen einer seerechtlichen Streitigkeit Bundeskollisionsrecht angewendet wurde. Siehe weiter *Aaron Ferer & Sons Limited v. Chase Manhattan Bank, National Association,* U.S. Court of Appeals, Second Circuit, 731 F.2d 112 (14.3.1984); *Julio A. Mercado Garcia, Maria Del Carmen, et.al. v. Ponce Federal bank, F.s.B., et.al.*, 779 F.Supp. 620 (US District Court, District of Puerto Rico vom 16.10.1991).

[609] District Court, Southern District New York, 740 F.Supp. 260 (23.6.1990).

[610] McKinney's Consolidated Laws of New York Annotated, General Obligations Law, Chapter 24A of the Consolidated Laws, Article 5 – Creation, Definition and Enforcement of Contractual Obligations, Title 14. Enforceability of Clauses Respecting Choice of Law and Choice of Forum in Certain Transactions. Durch diese Vorschrift wurde der vormals geltende *contacts-test* verdrängt, der danach fragte, ob eine Transaktion einen hinreichen Bezug zu New York aufwies, vgl. zu diesem vormaligen und jetzt auf Streitigkeiten mit

sich die Wirksamkeit der Rechtswahl nach der New Yorker Vorschrift bestimme, da ein Bundesgericht in *diversity*–Fällen die Kollisionsnormen des Forumstaates anzuwenden habe. Zwar habe das Distriktgericht des *Second Circuit* in *Corporacion Venezolana* bei einer Zuständigkeit nach § 632 *federal common law choice of law rules* herangezogen, doch sei § 632 dort alleinige Grundlage sachlicher Zuständigkeit gewesen. Liege in einem Fall daneben *diversity jurisdiction* vor, so sei das Kollisionsrecht des Sitzstaates nach dem anwendbaren Recht zu befragen.[611]

Nach dieser Rechtsprechung wird das Spannungsverhältnis zwischen vertikaler und horizontaler Rechtsprechungseinheit zugunsten ersterer aufgelöst. Es kommt somit darauf an, die genaue Art der sachlichen Zuständigkeit zu bestimmen.[612] Im Bereich des Artikels 4A U.C.C. ist der Vorrang des vertikalen Einklanges aber auch dem horizontalen Einklang aufgrund der weitgehenden Sachrechtsvereinheitlichung nicht zu sehr abträglich. Der *Supreme Court* hat die Möglichkeit, die Frage nach dem maßgeblichen Kollisionsrecht zu klären, die sich ihm in der Sache Sache *Wells Fargo Asia Limited v. Citibank, N.A.* bot, leider ungenutzt verstreichen lassen.[613]

---

kleinerem Streitwert anwendbaren Erfordernis: MICHAEL GRUSON, Contractual Choice of Law and Choice of Forum: Unresolved Issues, in: Commercial Law and Practice Course Handbook Series, 635 PLI/Comm 349 (1992).

611 740 F.Supp. 260, 265 (23.6.1990).

612 So auch das Berufungsgericht des District of Columbia *in A.I. Trade Finance, Inc. v. Petra International Banking Corporation*, 62 F.3d 1454, 314 U.S. App. D.C. 122 (22.8.1995).

613 Es ging um die Frage, nach welchem Recht sich die Befreiung von der Rückzahlungspflicht einer Bankeinlage im Ausland aufgrund eines Zahlungsverbotes der philippinischen Behörden an eine dortige Niederlassung einer US-amerikanischen Bank richtete. Vereinbarter Rückzahlungsort war New York. Die Untergerichte gründeten die sachliche Zuständigkeit sowohl auf *diversity jurisdiction* als auch auf § 632. Grundsätzlich sei in *diversity*-Fällen das Kollisionsrecht des Forums, unter § 632 dagegen das des Bundes anzuwenden (Das Distriktgericht, Southern District New York, 695 F.Supp. 1450, 1454 (22.4.1988), zitiert die Entscheidungen in *Erie* und *Klaxon* zum einen und in *Corporation Venezolana* zum anderen. Die Entscheidung des Berufungsgerichts ist in 852 F.2d 657 abgedruckt.). Die Gerichte umgingen die Schwierigkeit, den Konflikt aufzulösen, indem sie die Anwendbarkeit des Rechts von New York sowohl aus dessen, wie auch aus Bundeskollisionsrecht herleiteten (695 F.Supp. 1450, 1454 (22.4.1988). Die Maßgeblichkeit des Erfüllungsortes New York bei Anwendung des Bundeskollisionsrechts folgte insbesondere aus den §§ 186, 188 des *Restatement Second of Conflict of Laws.* Nach dem Kollisionsrecht New Yorks war das besondere Interesse des Staates New York an der Regelung dort abgewickelter finanzieller Angelegenheiten ausschlaggebend. Wenn die Transaktion in US $ laute, über New Yorker Korrespondenzbanken abgewickelt werde, die Beklagte ihren Hauptsitz in New York habe, so dürfe man die gerechtfertigten Parteierwartungen nicht enttäuschen, wolle man nicht die Vorrangstellung New Yorks im internationalen Finanzverkehr gefährden. Auch könne es den Beteiligten an so genannten Eurodollar–Transaktionen, welche regelmäßig über New York abgewickelt würden, nicht zugemutet werden sich über die Inhalte zahlreicher ausländischer Rechte Kenntnis zu verschaffen). Der *Supreme Court* verabsäumte es, in seiner Entscheidung eine klare Richtlinie hinsichtlich des maßgeblichen Kol-

## III. Würdigung

Die besondere sachliche Zuständigkeit der US Bundesgerichte in internationalen bankrechtlichen Streitigkeiten ist von dem Bestreben geprägt, einen bundesweit *einheitlichen Rechtszustand für internationale Bankgeschäfte* zu gewährleisten. Die Vorschrift ist wesentlich älter als der sachrechtsvereinheitlichende Artikel 4A U.C.C., der einschließlich der nationalen Rechtsvereinheitlichung dasselbe Ziel auf anderem Wege zu erreichen sucht. Eine – möglicherweise unbeabsichtigte – Synergie ergibt sich aber aus dem Zusammenspiel beider Komplexe: Die in einer bankrechtlichen Streitigkeit sachlich zuständigen Bundesgerichte können für eine *bundesweit einheitliche Auslegung des Artikels 4A* – und den anderen Bankrechtsmaterien des U.C.C. – sorgen. Insofern wird verhindert, dass sich trotz möglicherweise wortlautgetreuer Umsetzung des Art. 4A U.C.C. in den Einzelstaaten eine unterschiedliche Anwendung in der Praxis etabliert. Dies erinnert an die Funktion des EuGH innerhalb der Europäischen Union. Auf diese Weise ist ein *rechtssicherer Zustand für den nationalen und internationalen Finanzverkehr* gewährleistet, vorausgesetzt, die Gerichte der USA sind auch örtlich international zuständig.

Das einheitliche internationale bankrechtliche Rechtsprechungsregime war dem US Bundesgesetzgeber derart wichtig, dass er sogar auf das Erfordernis eines Mindeststreitwertes verzichtet hat. Ähnlich dem Delaware-Effekt im Gesellschaftrecht wollen die USA damit als *internationaler Finanzplatz mit einem gut ausgebildeten Gerichtswesen* und einer gut ausgebildeten Rechtsmaterie in Bankangelegenheiten werben. Zu untersuchen ist nun im Folgenden das von den Bundesgerichten in diesen Fällen angewandte Kollisionsrecht.

---

lisionsrechts bei doppelter sachlicher Zuständigkeit vorzugeben. Zwar ließ er die Grundaussagen, wonach bei reiner *diversity jurisdiction* das Recht des Forumsstaates, bei Zuständigkeit nach 12 U.S.C. § 632 dagegen Kollisionsrecht des Bundes anzuwenden war, unangetastet. Zur Klärung der Frage aber, aus welchen Regeln sich im vorliegenden Fall die Anwendbarkeit des Rechts von New York ergab, verwies er den Fall an das Berufungsgericht zurück (495 U.S. 660, 673; 110 S.Ct. 2034, 2042 (29.5.1990)). Dieses gelangte erneut zum Sachrecht New Yorks, da dieses nicht im Widerspruch zu Bundesrecht stand, konnte seine Anwendbarkeit aus New Yorker Kollisionsrecht gewonnen werden. Daneben prüfte das Gericht erneut Bundeskollisionsrecht und kam zu demselben Ergebnis, 936 F.2d 723 (26.6.1991).

# 4. Kapitel
# Internationale Sachverhalte

Nachdem die US-amerikanische und die deutsche Rechtsordnung auf Ebene des materiellen Rechts untersucht wurden und dort ein *erhebliches Bestreben nach materieller Harmonie* der Pflichtenlagen im mehrgliedrigen Zahlungsverbund und eine besonders starke *Ausrichtung des Rechts an den wirtschaftlichen Anforderungen des Giroverkehrs* festgestellt wurde, abgestützt im amerikanischen Recht durch eine vereinheitlichende bundesgerichtliche Zuständigkeit, sollen nun die Internationalen Privatrechte der beiden Rechtsordnungen daraufhin untersucht werden, ob sie, dem dienenden Charakter des IPR[614] entsprechend, diese *Interessen auch auf kollisionsrechtlicher Ebene* durchzusetzen vermögen.

Das Augenmerk liegt hierbei darauf, wie offen das Kollisionsrecht für besondere Interessenlagen ist und in welchem Maße es den materiellrechtlichen Anforderungen Rechnung zu tragen in der Lage ist. Wie schon die Existenz eines gesonderten Zuständigkeitsregimes vermuten lässt, erweist sich das US-amerikanische Kollisionsrecht hier als anpassungsfreudiger. Daher soll zunächst – abweichend von der klassischen Vorgehensweise der Rechtsvergleichung – das ausländische Recht einer Untersuchung unterzogen werden. Vorab sollen jedoch kurz die Einfallstore für internationale Elemente auf der Ebene des materiellen Rechts erörtert werden.

## I. Internationalisierung auf materiellrechtlicher Ebene

Nicht nur das Zuständigkeitsrecht der USA trägt in besonderer Weise den internationalen Bezügen des Bankwesens Rechnung, auch auf Ebene des materiellen Rechts sind Einfallstore internationaler Besonderheiten zu entdekken. Im deutschen Recht lässt sich hierzu eine – wenngleich bescheidenere – Parallele ausmachen.

### 1. USA

In den USA finden internationale Aspekte Eingang in das materielle Recht, indem Regelungen in Zahlungsverkehrssystemen durch materiellrechtlichen Verweis Wirksamkeit zuerkannt wird. Innerhalb des *Uniform Commercial Code* trifft § 4A-501 Bestimmungen hinsichtlich abweichender Parteivereinbarungen, Absatz (a), und abweichender Regelungen durch Zahlungs-

---

[614] Dienend ist hier in dem Sinne zu verstehen, als es nicht Aufgabe des IPR ist, eine Entscheidung in der Sache selbst zu liefern. Da jedoch das Endziel jedes Rechtsfindungsprozesses das Auffinden der materiellen Entscheidungsregel ist, kommt dem IPR insoweit eine Hilfsfunktion zu. Vgl. auch VON BAR / MANKOWSKI, IPR, § 4 Rn. 1 ff.

verkehrssysteme, Absatz (b).[615] Als eine *funds-transfer system rule* im Sinne des § 4A-501 (b) gilt eine von einer Bankenorganisation aufgestellte Regelung, welche die Übermittlung von Zahlungsanweisungen durch diese Organisation sowie die Rechte und Pflichten der daran Beteiligten betrifft. Erfasst werden damit auch Regelungen betreffend eine Geldüberweisung, bei der eine *Federal Reserve Bank* als Zwischenbank fungiert, also Überweisungen via *Fedwire.* Zugeschnitten ist sie aber auf die Zahlungsabwicklung über private Clearinghäuser.[616] Erfasst sind davon insbesondere die Systeme von C.H.I.P.S. und S.W.I.F.T.[617]

Sofern nicht innerhalb des Artikels 4A U.C.C. ausdrücklich etwas anderes bestimmt ist, ist eine Regelung innerhalb eines Zahlungsverkehrssystems, soweit sie nur die Rechte und Pflichten der an einem Überweisungsvorgang beteiligten Banken festlegt, selbst dann wirksam, wenn sie zu den Vorschriften des Artikels 4A U.C.C. in Widerspruch steht und Rechte an der Überweisung beteiligter Dritter, die der Zahlungsverkehrsregelung nicht zugestimmt haben, nur mittelbar berührt.[618] Die Rechte und Pflichten beteiligter nicht-Banken können in einem Zahlungssystem direkt nur insoweit geregelt werden, als dies in den §§ 404 (c), 405 (d) und 507 (c) vorgesehen ist.[619]

Durch diese Zulassung ergänzender und sogar widersprechender Regelungen in Zahlungsverkehrssystemen ist Artikel 4A sehr flexibel ausgestaltet. Direkte rechtliche Auswirkungen aber sind nur für Banken zulässig. Eine Regelung darf somit also nicht darauf abzielen, die Rechte beteiligter nicht-Banken zu modifizieren. Indirekt können diese aber dennoch betroffen sein, beispielsweise durch Erweiterungen oder Beschränkungen der Widerrufsmöglichkeit unter den beteiligten Banken oder hinsichtlich der Ausführungsmodalitäten.[620] Inhaltlich enthalten derartige Regelungen meist Bestimmungen hinsichtlich der Form und des Inhalts von Zahlungsanweisungen, des bei ihrer Erteilung zu befolgenden Sicherheitsverfahrens, des Widerrufsrechts, Schadensersatzregelungen, der Bereitstellung von Deckung für die Ausführung von Überweisungsaufträgen, Kreditbeschränkungen (*net debit caps, bilateral credit limits*) sowie hinsichtlich der Risikoverteilung unter den Banken.

---

[615] Zu dieser Vorschrift insgesamt SCHNEIDER, 114 Banking Law Journal 429, 445.

[616] Vgl. zu der Regelung den Official Comment 2 zu § 501.

[617] Vgl. FELSENFELD, Art. 4A des amerikanischen Uniform Commercial Code, S. 386 f.

[618] Etwas anderes bestimmt ist insbesondere in den folgenden Regelungen: § 211 (h) betreffend die die eingeschränkte Widerrufsmöglichkeit gegenüber der Empfängerbank, § 211 (c) (2) bezüglich des Auszahlungsanspruches des Empfängers und 406 (a) hinsichtlich der Zahlungswirkung im Valutaverhältnis. Diese Normen sind nicht dispositiv.

[619] In § 405 (d) ist vorgesehen, dass Zahlungen an den Empfänger unter Umständen als vorläufig ausgestaltet werde können. Nach § 404 (c) ist es möglich, dass eine Zahlungsverkehrsregel die Empfängerbank von ihrer Pflicht befreit, den Empfänger von eingehenden Überweisungen zu benachrichtigen. Zu § 507 (c) unten.

[620] Official Comment 1 zu § 501.

## 2. Deutschland

Im deutschen Recht ist eine Flexibilität vom Ausmaß des § 4A-501 U.C.C. nicht auszumachen. An einer Stelle jedoch erkennt auch das deutsche materielle Recht der Banküberweiung einer Regelung aus einem Zahlungssystem rechtliche Relevanz zu. In § 676a Abs. 4 S. 2 BGB ist vorgesehen, dass ein vom gesetzlichen abweichender Kündigungszeitpunkt in einem Zahlungsverkehrssystem bestimmt werden kann. Die Pflichtenlage ändert sich damit für alle an einem Überweisungsvorgang Beteiligten. Insofern entfaltet auch hier die besondere Art der Leistungserbringung – Einschaltung eines bestimmten Zahlungssystems – normative Kraft im plurilateralen Verhältnis. Die Pflichtenlage wird damit widerspruchsfrei gehalten, da sich der Widerrufszeitpunkt einheitlich für alle Beteiligten verschiebt.

In der Manier der Datum-Theorie[621] erkennen damit das deutsche und das US-amerikanische Banküberweisungsrecht nationalen und internationalen Regelungswerken, die sich auch unter den Begriff der *lex mercatoria*[622] fassen ließen, rechtliche Relevanz zu. Selbst wenn man dem Konzept einer *lex mercatoria* kritisch gegenübersteht, so ist zumindest die Anerkennung eines internationalen Handelsbrauchs durch die ständige Verwendung internationaler AGB möglich.[623] Indem sich jedenfalls durch diesen materiellrechtlichen Verweis die Pflichtenlage unter den verschiedenen Beteiligten eines Überweisungsvorganges modifiziert – angesprochen ist insbesondere die mittelbare Modifikation der Rechte und Pflichten beteiligter nicht-Banken – wird der Internationalität, der personellen Komplexität und der besonderen Art der Lei-

---

621 Die Datum-Theorie wurde von EHRENZWEIG begründet und bildet den Schlussstein seines kollisionsrechtlichen Systems. JAYME, GS Ehrenzweig, S. 37, 39 bringt sie auf die einfache Formel: Nach der Datum-Theorie bedarf „(d)ie Anwendung gewisser Regeln – inländischer oder ausländischer – (...) keiner theoretischen Überlegung. Ihre Anwendbarkeit versteht sich sozusagen von selbst; das Kollisionsrecht befasst sich lediglich mit ‚rules of decision'. Dabei ist zwischen ‚moral data' und ‚local data' zu unterscheiden. Die ersteren betreffen Sitte, Brauch, Anstand und alle ‚equitable defences'; (...). Die ‚local data' dagegen sind ortsgebundene Regeln, die Teil eines zu beurteilenden Sachverhaltes sind wie andere Fakten auch. Geht es um Ersatzansprüche aus einem Unfall, so sind die am Unfallort geltenden Verkehrsvorschriften zu berücksichtigen, welches Land auch immer die ‚rules of decision' stellt." M.w.N. zu EHRENZWEIGs Werk. Zur kollisionsrechtlichen Stellung der Datum-Theorie in Ehrenzweigs System, JAYME, aaO., S. 41 f.

622 Als *lex mercatoria* wird übernationales Handels-Privatrecht bezeichnet, das neben dem klassischen internationalen Recht und dem Völkerrecht steht, vgl. ETZKORN, Das S.W.I.F.T.-Regelungswerk, S. 487. Genau an diesem Punkt setzt auch die Kritik an. Rechtsbeziehungen unterstünden notwendigerweise nationalem Privatrecht, es gebe kein Privatrecht auf internationaler Ebene, vgl. hierzu VON HOFFMANN, Grundsätzliches zur Anwendung der „lex mercatoria" durch internationale Schiedsgerichte, in: FS Kegel 1987, S. 215 – 233 (217).

623 HEYMANN / HORN, Einl. III Rn. 16.

stungsbewirkung im internationalen Rechtsverkehr in normativer Weise Rechnung getragen.

## II. Internationales Privatrecht der USA

### 1. Einleitung

Trotz der Berücksichtigung internationaler Bezüge auf materiellrechtlicher Ebene kommt auch das Recht der Banküberweisung nicht ohne ein Kollisionsrecht aus. *Untersuchungsgegenstand* soll, dem Arbeitsthema enstprechend, das *Kollisionsrecht der fehlerhaften Banküberweisung* sein. Damit ist insbesondere das internationale Bereicherungsrecht angesprochen.

Den Gegenstand der Untersuchung bildet dabei im Hinblick auf das *US-amerikanische internationale Bereicherungsrecht* die Regelung des *Restatement 2$^{nd}$ of Conflict of Laws*. Dies rechtfertigt sich einerseits aus dem Gesichtspunkt, dass viele Einzelstaaten dem *Restatement* kollisionsrechtlich folgen und selbständige Ansätze eines internationalen Bereicherungsrechts vereinzelt bleiben, da vor US Gerichten die Frage der ungerechtferigten Bereicherung meist nur hilfsweise behandelt wird. Überdies aber ist das Kollisionsrecht des *Restatement* dasjenige, welches vor Bundesgerichten zur Ermittlung des anwendbaren Rechts herangezogen wird, sofern sich die Zuständigkeit auf 12 U.S.C. § 632 gründet. In internationalen Bankstreitigkeiten wird eine derartige Zuständigkeit regelmäßig gegeben sein. Daneben wird die besondere *Kollisionsnorm des Art. 4A U.C.C.* relevant, die unter Umständen die bereicherungsautonome Kollisionsnorm des *Restatement* verdrängen oder modifizieren kann.

Im *deutschen Recht* ist eine besondere Kollisionsnorm für Banküberweisungen nicht vorhanden. Es bleibt daher hauptsächlich bei der Untersuchung der Verweisungsvorschriften für die ungerechtfertigte Bereicherung. Neben Art. 38 EGBGB, der die Regelanknüpfungen enthält, kann aber die Ausweichklausel des Art. 41 EGBGB eine besondere Rolle einnehmen, wenn es aufgrund der Besonderheiten des Giroverkehrs einer Abweichung von den Regelanknüpfungen bedarf. Bei den so genannten Anweisungsfällen kann überdies auf eine intersiv geführte Diskussion zurückgegriffen werden, die sich beinahe als eine lange Tradition des internationalen Bereicherungsrechts bezeichnen lässt.

Im Rahmen der Untersuchung der einzelnen Regelungen soll der Blick, wie auf Ebene des materiellen Rechts, in besonderem Maße darauf gerichtet sein, welche Besonderheiten sich aufgrund der *personellen Komplexität* und den *wirtschaftlichen Anforderungen* des Giroverkehrs ergeben.

## 2. Internationales Bereicherungsrecht

### a) Einführung

Dem internationalen Bereicherungsrecht kommt im anglo-amerikanischen Rechtskreis aufgrund der geringeren Bedeutung des materiellen Bereicherungsrechts ein nicht sehr großer Stellenwert zu. Aus der US-amerikanischen Gerichtspraxis sind nur wenige Entscheidungen überliefert und die Stellungnahmen im Schrifttum bewegen sich zahlenmäßig in kleinem Rahmen.[624] Wie oben bei der Darstellung der sachlichen Zuständigkeit US-amerikanischer Bundesgerichte deutlich wurde, kann es in internationalen Bereicherungsfällen infolge fehlerhafter Banküberweisungen sowohl zur Anwendung von Kollisionsnormen des Bundes als auch der Einzelstaaten kommen. Sowohl der kollisionsrechtliche Ansatz des Bundes als auch derjenige vieler Einzelstaaten ist in den *Restatements of Conflict of Laws* verkörpert, deren es zwei an der Zahl gab.[625] Das *Restatement 1st of Conflict of Laws*[626] war gekennzeichnet durch starre, territorial geprägte Anknüpfungen, was dem Umstand zuzuschreiben sein dürfte, dass der Verfasser des ersten *Restatement*, JOSEPH. H. BEALE, der Begründer *der vested rights theory* war.[627] Im Grunde ging es damit im gesamten *Restatement 1st* ausschließlich um die rechtliche Anerkennung von in einem anderen Hoheitsgebiet erworbener Rechte. Demgemäß wurden Rechtsgeschäfte und andere Handlungen dem Recht ihres Vornahmeortes unterstellt.[628] Der Bereich der ungerechtfertigten Bereicherung war in den §§ 452 und 453 des *Restatement 1st* geregelt, ersterer war überschrieben mit *„rights resulting from conferring benefit“* und unterstellte Ansprüche aus Vermögensverschiebungen dem Recht des Ortes, an dem die Verschiebung stattgefunden hatte. Die allgemeine Regel dagegen fand sich in § 453:

---

[624] Siehe hierzu BENNETT, Choice of Law in Claims of Unjust Enrichment, 39 Int'l and Comp Law Quarterly, S. 136, 139.

[625] Dabei ist anzumerken, dass es sich bei den *Restatement of Laws* nicht um Gesetze, somit also auch nicht um Bundesgesetze handelt. Die *Restatements* werden vielmehr von der privaten Organisation des American Law Institute (ALI) herausgegeben. Zu dieser Organisation, ihrer Rolle und Bedeutung, siehe HAZARD, The American Law Institute, What it Is and What it Does, in: Centro di Studi e Ricerche die Diritto Comparato e Stranieri, Rom 1994. Mit den *Restatements* soll, wie schon ihr Name vermuten lässt, die in den USA geltende Rechtslage einheitlich wiedergegeben werden. Da in den 51 Bundesstaaten der USA bei Weitem kein einheitlicher Rechtszustand besteht, weisen die *Restatements of Law* neben ihrer darstellenden Funktion Vereinheitlichungstendenzen auf, indem sie neuere Entwicklungen aufgreifen und nicht mehr zeitgemäße Regelungen entweder als solche kennzeichnen oder durch neuere Tendenzen ersetzen.

[626] *Restatement (First), Conflict of Laws*, 1934.

[627] Siehe zur *vested rights doctrine* BEALE, Treatise on The Conflict of Laws (1935), Vol. 3, S. 1964 ff.

[628] Vgl. BENNETT, Choice of Law Rules in Claims of Unjust Enrichment, 39 Int'l and Comp Law Quarterly, S. 136, 152.

*„When a person is alleged to have been unjustly enriched, the law of the place of enrichment determines whether he is under a duty to repay the amount by which he has been enriched."*

Demnach unterstanden Rückabwicklungsansprüche aus ungerechtfertigter Bereicherung dem Recht am Ort des Eintritts der Bereicherung.[629]

Insgesamt erwiesen sich die mechanischen Anknüpfungsregeln des *Restatement 1st* jedoch als zu starr und unflexibel. Das Ergebnis der Verweisungsnormen führte oftmals zu der Anwendung eines Rechtes, das zu dem zu regelnden Sachverhalt keine wesentliche Verbindung aufwies.[630] Die Gerichte bedienten sich in derartigen Situationen der so genannten *escape devices*[631] der Qualifikation und des *renvoi*, um als unangemessen empfundene Ergebnisse zu vermeiden und ein sachnahes Recht zur Anwendung zu bringen.[632]

Aus demselben Grunde wurde bei der Erstellung des *Restatement 2nd* (1971) ein anderer, fexiblerer Ansatz[633] gewählt. Dort geht die Grundregel dahin, ein Rechtsverhältnis seinem *proper law* zu unterstellen, derjeingen Rechtsordnung, zu der die engste Verbindung, *the most significant relationship*, besteht.[634] In § 6 des *Restatement 2nd of Conflict of Laws* sind eine Reihe allgemeiner Kriterien aufgeführt, anhand derer die engste Verbindung zu ermitteln ist. Auch CURRIEs *interest analysis* hat dort ihren Eingang gefunden.[635] Selbst die aufgeführten Faktoren aber werden nicht als abschließende Auf-

---

[629] Hierzu finden sich Anwendungsbeispiele aus der Rechtsprechung, etwa Wilson & Co., Inc. v. Douredoure, 154 F.2d 442 (15.3.1946) und Bond v. Oak Manufactoring Co., 293 F.2d 752 (14.8.1961). Zu der Regelung des § 453 *Restatement 1st* insgesamt, BENNETT, Choice of Law Rules in Claims of Unjust Enrichment, 39 Int'l and Comp Law Quarterly, S. 136, 146 ff.

[630] Zur Kritik an dem starren Ansatz des Restatement 1st, HAY, Ungerechtfertigte Bereicherung im internationalen Privatrecht, S. 64 m.w.N.; BENNETT, Choice of Law Rules in Claims of Unjust Enrichment, 39 Int'l and Comp Law Quarterly, S. 136, 147 spricht von *„arbitrary"*.

[631] Ausweichmöglichkeiten oder plastischer übersetzt Hintertüren.

[632] Zu diesen *escape devices* die umfassenden Nachweise bei LOWENFELD, Conflict of Laws, § 2.01 (S. 41 - 66).

[633] Man spricht nicht mehr von einer *rule*, sondern von einem *approach*, da feste Anknüpfungsregeln nicht gegeben werden, siehe BENNETT, Choice of Law Rules in Claims of Unjust Enrichment, 39 Int'l and Comp Law Quarterly, S. 136, 153, 154: *„A rule orientation can be defined as a formula which, once applied, will lead the court to a conclusion. The approach orientation consists of a statement of the factors to be considered in arriving at the conclusion in a particular case."*

[634] Zu dem *proper law approach* im Bereicherungsrecht BENNETT, Choice of Law Rules in Claims of Unjust Enrichment, 39 Int'l and Comp Law Quarterly, S. 136, 145, 152 ff.

[635] Vgl. hierzu BENNETT, Choice of Law Rules in Claims of Unjust Enrichment, 39 Int'l and Comp Law Quarterly, S. 136, 153, 153 mit Nachweisen zur *interest analysis*.

zählung zu berücksichtigender Gesichtspunkte angesehen. Dem Rechtsanwender kommt so ein breiter Spielraum zu.[636]

Für die besonderen Rechtsbereiche finden sich zusätzlich besondere Kollisionsnormen, die weitere Kriterien für den speziellen Bereich bereithalten. Damit ist an die Stelle der territorialen, starren Anknüpfung des ersten *Restatement* die flexible, kasuistische, nach vielen Faktoren bestimmte Gewichtung verschiedener Kriterien getreten. Es stellt sich die Frage, ob das American Law Institute mit dieser diamtralen Abkehr von starren Regeln hin zu einer freien Gewichtung nicht zuviel an Rechtssicherheit preisgegeben hat.[637]

### b) § 221 des *Restatement 2^nd^ of Conflict of Laws*

Ausgangspunkt der Anknüpfung bereicherungsrechtlicher Ansprüche ist § 221 des *Restatement 2^nd^ of Conflict of Laws*. Die Vorschrift lautet:

*§ 221 Restitution*

*(1) In actions for restitution, the rights and liabilities of the parties with respect to the particular issue are determined by the local law of the state which, with respect to that issue, has the most significant relationship to the occurrence and the parties under the principles stated in section 6.*

*(2) Contacts to be taken into account in applying the principles of section 6 to determine the law applicable to an issue include:*

*(a) the place where a relationship between the parties was centered, provided that the receipt of enrichment was substantially related to the relationship,*

*(b) the place where the benefit or enrichment was received,*

*(c) the place where the act conferring the benefit or enrichment was done,*

*(d) the domicil, residence, nationality, plce of incorporation and place of business of the parties, and*

*(e) the place where a physical thing, such as a land or a chattel, which was substantially related to the enrichment, was situated at the time of the enrichment.*

*These contacts are to be evaluated according to their relative importance with respect to the particular issue.*

Ausgangspunkt der Ermittlung des anwendbaren Rechts sind damit gemäß § 221 (1) des Restatements die Kriterien des § 6. Dieser lautet:

---

636 BENNETT, Choice of Law Rules in Claims of Unjust Enrichment, 39 Int'l and Comp Law Quarterly, S. 136, 153, 155.

637 Siehe zur Kritik nur BENNETT, Choice of Law Rules in Claims of Unjust Enrichment, 39 Int'l and Comp Law Quarterly, S. 136, 153, 158.

*§ 6. Choice of Law Principles*

*(1) A court, subject to constitutional restrictions, will follow a statutory directive of ist own state on choice of law.*

*(2) When there is no such directive, the factors relevant to the choice of the applicable rule of law include:*

*(a) the needs of the interstate and international systems,*

*(b) the relevant policies of the forum,*

*(c) the relevant policies of other interested states and the relative interests of those states in the determination in the particular issue,*

*(d) the protection of justified expectations,*

*(e) the basic policies underlying the particular field of law,*

*(f) certainty, predictability and uniformity of result, and*

*(g) ease in the determination and application of the law to be applied.*

Mit den *needs of the interstate and international system* hebt das *Restatement* auf den äußeren Entscheidungseinklang ab, impliziert aber auch das Bestreben nach reibungsloser Abwicklung grenzüberschreitender Transaktionen.[638] Die Rechtsanwendungsinteressen der beteiligten Rechtsordnungen gilt es zu berücksichtigen, wenn von den *relevant policies of the state of the forum and other states* die Rede ist. Weiter ist der Zweck der Sachnormen in die kollisionsrechtliche Überlegung einzubeziehen, *basic policies underlying the particular field of law*. Außerdem werden aufgezählt die Parteiinteressen, *protection of justified expectations*, und die Vorhersehbarkeit der Rechtsanwendung, *predictability and uniformity of result*. Diese Faktoren sind also bei Auffindung des anwendbaren Rechts neben den speziell in § 221 genannten gegeneinander abzuwägen.

Nach § 221 (2) (a) ist eine Anknüpfung an die *lex causae* oder ein anderes mit der Bereicherung im Zusammenhang stehendes Rechtsverhältnis möglich. Anzuknüpfen ist an den Schwerpunkt des zwischen den Parteien bestehenden Verhältnisses. § 221 (2) (b) bis (e) hingegen behandeln Fälle von Bereicherungen ohne Zusammenhang mit einem Schuldverhältnis zwischen den Parteien. Problematisch hieran ist das Fehlen einer Richtschnur für den Rechtsanwender, da ihm überantwortet ist, die Kriterien im Einzelfall gegeneinander abzuwägen. Insofern induziert das *Restatement* eine erhebliche Rechtsunsicherheit und stellt zugleich ein Blankett zugunsten freier Rechtsfindung aus.[639] Gewisse Anhaltspunkte bieten allenfalls die offiziellen Anmerkungen zu § 221 und die darin gebildeten Beispielsfälle. Das Verdienst des flexiblen Ansatzes des *Restatement 2nd* besteht jedoch darin, Qualifiaktionsprobleme zu umgehen. Dies ist insbesondere auf dem Gebiet des Bereiche-

[638] So auch PLAßMEIER, Ungerechtfertigte Bereicherung im Internationalen Privatrecht, S. 220.

[639] Kritisch auch PLAßMEIER, Ungerechtfertigte Bereicherung im Internationalen Privatrecht, S. 222 und BENNETT, oben Note .

rungsrechts, das als einheitliches Rechtsgebiet im *common law* kaum existiert, von Vorteil.[640]

### c) *Lex fori* Theorie EHRENZWEIGS

Noch vor der Fertigstellung des *Restatement 2nd of Conflict of Laws* entfaltete EHRENZWEIG seine Kritik gegen die Aufnahme einer Kollisionsregel für die ungerechtfertigte Bereicherung in das neue Regelwerk.[641] Er plädierte vehement dafür, Bereicherungsansprüche grundsätzlich der *lex fori* zu unterstellen. Zur Begründung führte er aus, dass es eine Rechtsfigur der ungerechtfertigten Bereicherung, der *unjust enrichment*, als solche nicht gebe. Es gebe lediglich den Rechtsbehelf der *restitution*, welcher in einer Bandbreite von Fallgestaltungen gewährt werde. Dazu gehörten etwa die *quasi-contracts*, die bei irrtumsbehafteten oder erzwungenen Zahlungen entstünden oder dem Ausgleich infolge der Leistung von Nothilfe dienten; der Ausgleich bei *conversion*, also dem Eingriff in fremde Rechtsgüter[642], erfolge durch *restitution*; auch sei diese die Rechtsfolge der so genannten *equitable remedies*, Billigkeitsinstitute, wie etwa der *constructive trust*[643] oder das *equitable lien*[644]. Ohne dass all diese Rechtsinstitute auf eine einheitliche Anspruchsgrundlage zurückgeführt werden könnten, sei ihnen die Rechtsfolge der *restitution* gemein.[645] Wenn diesbezüglich übergreifend von *unjust enrichment* gesprochen werde, so werde damit allenfalls das den einzelnen Rechtsinstituten zugrunde liegende

---

640 Hierzu BENNETT, Choice of Law Rules in Claims of Unjust Enrichment, 39 Int'l and Comp Law Quarterly, S. 136, 166.

641 EHRENZWEIG, Restitution in the Conflict of Laws, 36 N.Y.U.L.Rev. 1298.

642 Black's Law Dictionary definiert *conversion* als „*The wrongful possession or disposition of another's property as if it were one's own; an act or series of acts of willful interference, without lawful justification, with an item of property in a manner inconsistent with another's right, whereby that other person is deprived of the use and possession of the property.*", S. 269, rechte Spalte.

643 Black's Law Dictionary, S. 1226, linke Spalte: „*constructive trust. A trust imposed by a court on equitable grounds against one who has obtained property by wrongdoing, thereby preventing the wrongful holder from being unjustly enriched.*"

644 Black's Law Dictionary, S. 746, rechte Spalte: „ *equitable lien. A right, enforceable only in equity, to have a demand satisfied from a particular fund or specific property, without having possession of the fund or property. It arises mainly in four circumstances: (1) when an occupant of land, believing in good faith to be the owner of that land, makes improvements, repairs, or other expenditures that permanently increase tha land's value, (2) when one of two or more joint owners makes expenditures of that kind, (3) when a tenant for life completes permanent and beneficial improvements to the estate begun earlier by the testator, and (4) when land or other property is transferred subject to the payment of debts, legacies, portions, or annuities to third persons.*"

645 36 N.Y.U.L.Rev., S. 1298, 1299. EHRENZWEIG gesteht allerdings zu, dass mittlerweile in § 1 des *Restatement of Restitiution* (1937) von einem einheitlichen Anspruch aus *unjust enrichment* ausgegangen werde. Dieser lautet: „*a person who has been unjustly enriched at the expense of another is required to make restitution to the other.*" Hierzu PALMER, The Law of Restitution, Vol. 1, S. 2.

Prinzip beschrieben.[646] EHRENZWEIG legt damit eine prozessuale Qualifikation der Bereicherungsansprüche als bloße Rechtsbehelfe, resultierend aus verschiedenen Anspruchsgrundlagen, zugrunde.[647] Aufgrund der Unterschiedlichkeit der vielen zugrunde liegenden Rechtsinstitute hielt es EHRENZWEIG nicht für angebracht, diese unter eine einheitliche Kollisionsnorm zu fassen, wie es schon das *Restatement 1st* getan hatte und das *Restatement 2nd* beabsichtigte.[648]

Überdies fänden die in § 221 des *Restatement 2nd* vorgesehenen Anknüpfungen keine Bestätigung in der Gerichtspraxis. Dieser lasse sich eher die Neigung der Anwendung der *lex fori* entnehmen.[649] Deren Anwendung hält EHRENZWEIG im Bezug auf das Bereicherungsrecht auch methodisch für vorzugswürdig, da jede Anwendung der *lex causae* die Missachtung der Gerechtigkeitsvorstellungen des Forums mit sich bringe, was bei einem Rechtsgebiet, das im höchsten Maße durch Billigkeit geprägt sei, besonders misslich sei. EHRENZWEIG formuliert: *„if ‚justice' (...) is the common rationale of restitutionary rules, the forum's conceptions of this justice must prevail (...).“*[650]

---

[646] 36 N.Y.U.L.Rev., S. 1298, 1300. Andernfalls würde es sich auch dem Plädoyer Karl Marx, die Unternehmergewinne auf Kosten der Arbeiter seien ungerechtfertigt, um einen Anspruch aus ungerechtfertigter Bereicherung handeln.

[647] Insoweit besteht Ähnlichkeit mit den römisch-rechtlichen Ursprüngen des Bereicherunsgrechts. Dort standen mit den so genannten *condictiones* ebenso spezielle Rechtsbehelfe bzw. Klageformen für besondere Fälle der Bereicherung zur Verfügung, hierzu BENNETT, Choice of Law Rules in Claims of Unjust Enrichment, 39 Int'l and Comp Law Quarterly, S. 136, 144.

[648] 36 N.Y.U.L.Rev., S. 1298, 1300. Dort führt EHRENZWEIG folgendes aus: *„Statutes and conventions which state as a general rule that all obligations arising without contract are governed by the law of the place where the act creating the obligation is done are ‚either trite or wrong', and other theories based on the parties' nationality or domicile or the place where restitution is to be made must be equally discounted.“* Allerdings, so merkt BENNETT an, sollte der flexible Ansatz des *Restatement 2nd of Conflict of Laws* gerade in EHRENZWEIGS Sinne sein, da er aufgrund seiner Flexibilität geeignet wäre, die unterschiedlichen bereicherungsrechtlichen Rechtsfiguren zu erfassen, Choice of Law Rules in Claims of Unjust Enrichment, 39 Int'l and Comp Law Quarterly, S. 136, 155.

[649] Hierfür bringt EHRENZWEIG zahlreiche Beispiele aus der Rechtsprechung, 36 N.Y.U.L.Rev. S. 1298, 1305 f. HAY, Ungerechtfertigte Bereicherung im internationalen Privatrecht, S. 22 und insbesondere S. 49 findet die Belege EHRENZWEIGS zweifelhaft. Zum einen könne der bloße Nachweis aus der Rechtsprechung nicht das theoretische Fundament der *lex fori* Theorie EHRENZWEIGS ersetzen und zum anderen lägen den Gerichtsentscheidungen oftmals keine kollisionsrechtlichen Erwägungen zugrunde. Auch könnten sich die Parteien der *lex fori* unterworfen oder die Gerichte die Identität des fremden Rechts mit dem eigenen angenommen und dann aufgrund eines *false conflicts* die *lex fori* herangezogen haben. Ähnlich PLAßMEIER, Ungerechtfertigte Bereicherung im Internationalen Privatrecht, S. 227, es könne sich auch um schlichtes Heimwärtsstreben handeln.

[650] 36 N.Y.U.L.Rev., S. 1298, 1305. Hierin spiegelt sich wohl die von EHRENZWEIG getroffene Unterscheidung von *moral* und *local data* wider. Keineswegs verfolgt er nämlich einen generellen *lex-fori* Ansatz, wie sein Schüler JAYME in gewohnter Schärfe nachweist, GS Ehrenzweig, S. 37 ff. Sehr wohl spricht sich EHRENZWEIG für die Beachtlichkeit aus-

Einschränkungen seiner *lex fori* Theorie lässt EHRENZWEIG nur in zweifacher Hinsicht zu. Zum einen seien manche Voraussetzungen eines Anspruches aus *restitution* einem anderen Recht zu entnehmen, wie etwa bei der Feststellung, ob auf einen unwirksamen Vertrag gezahlt wurde, die Frage nach der Unwirksamkeit der vertraglichen Verpflichtung. Er befürwortet in derartigen Fällen also die Entstehung einer *dépeçage*.[651] Eine wirkliche Ausnahme vom *lex fori* Grundsatz hingegen soll dann zulässig sein, wenn beide Parteien auf die Anwendung eines anderen Rechts vertraut hätten.[652] Insgesamt aber hält EHRENZWEIG an seiner Forderung nach grundsätzlicher Anwendung der *lex fori* fest. Insofern kommt ihm zumindest das Verdienst einer vorhersehbaren und rechtssicheren Anknüpfungsregel zu. Ob dies allerdings der kollisionsrechtlichen Gerechtigkeit dient, steht auf einem anderen Blatt.[653] Viele Anhänger konnte EHRENZWEIG mit seinem Ansatz jedenfalls nicht gewinnen.[654]

#### d) Systematisierungsversuche

Das Bedürfnis nach vorhersehbaren und rechtssicheren Anknüpfungen liegt auch Systematisierungsversuchen in der neueren Literatur zum internationalen Bereicherungsrecht zugrunde. Entgegen dem pauschalen Ansatz von EHRENZWEIG aber wird in der neueren Literatur versucht, eine nach Fallgruppen differenzierende Anknüpfung herauszuarbeiten. Seinem Wortlaut nach verlangt § 221 des *Restatements* eine Abwägung der darin vorgesehenen Anknüpfungsmerkmale nach ihrer jeweiligen Bedeutung im konkreten zur Entscheidung stehenden Fall. Damit wird die konkret-individuelle Rechtsfindung in den Vordergrund gestellt. Besonders von SCOLES / HAY / BORCHERS / SYMEONIDES wird aber dennoch der Versuch unternommen, in abstrakt typisierender Weise bestimmte Fallgruppen herauszubilden, in welchen typi-

---

ländischen Rechts vor inländischen Gerichten aus, er unterscheidet jedoch unterschiedliche Stufen. Auf einer ersten Stufe werden dabei die so genannten *moral data*, betreffend Sitte, Brauch und Anstand sowie alle *equitable remedies* der *lex fori* unterstellt, JAYME, GS Ehrenzweig, S. 39, 41. Hierzu rechnen auch die verschiedenen Tatbestände die zu einem Bereicherungsausgleich führen, die EHRENZWEIG als auf Billigkeitsrecht beruhend einstuft. Auf den folgenden Stufen spricht er sich jedoch zwanglos für die Beachtlichkeit ausländischen Rechts aus, JAYME, aaO., S. 42.

[651] 36 N.Y.U.L.Rev., S. 1298, 1306.

[652] 36 N.Y.U.L.Rev., S. 1298, 1307.

[653] HAY, Ungerechtfertigte Bereicherung im internationalen Privatrecht, S. 23 führt aus, dass die generelle Anknüpfung an die *lex fori* zur Enttäuschung der Parteierwartungen führen kann. Ebenso BENNETT, Choice of Law Rules in Claims of Unjust Enrichment, 39 Int'l and Comp Law Quarterly, S. 136, 151. Siehe daneben zur Anknüpfungsgerechtigkeit PLAßMEIER, Ungerechtfertigte Bereicherung im Internationalen Privatrecht, S. 229.

[654] Kritik und Nachweise anderer Stellungnahmen zu dem *lex fori approach* bei BENNETT, Choice of Law Rules in Claims of Unjust Enrichment, 39 Int'l and Comp Law Quarterly, S. 136, 151.

scherweise eines der in § 221 vorgesehenen Anknüpfungsmerkmale von ausschlaggebendem oder zumindest starkem Gewicht ist.[655]

### (1) Bereicherungen im Zusammenhang mit einem anderen Rechtsverhältnis

An erster Stelle stehen dabei die Fälle, in denen eine zugrunde liegende oder mit der Bereicherung im Zusammenhang stehende Rechtsbeziehung zwischen den Beteiligten besteht. Kollisionsrechtlich maßgebend soll dann regelmäßig die *lex causae* sein, § 221 (2) (a). Nicht erforderlich ist, dass es sich dabei um eine Rechtsbeziehung vertraglicher Natur handelt, es genügt jede rechtlich relevante Beziehung.[656] Zu ermitteln ist der jeweilige *center of gravity* der zugrunde liegenden Rechtsbeziehung unter objektiver Abwägung aller in Betracht kommenden Umstände, Tatsachen und Interessen.[657] Handelt es sich dabei um eine vertragliche Beziehung, so sei Voraussetzung einer kollisionsrechtlichen Anlehnung an dieses Verhältnis, dass zumindest eine der Parteien auf die Anwendung der *lex causae* vertraut habe.[658] Obwohl nach dem Wortlaut des § 221 (2) (a) nicht ganz eindeutig, ist an das Recht, welches eine zugrunde liegende Vertragsbeziehung beherrscht, aber auch dann anzuknüpfen, wenn dort eine Rechtswahl vorlag, auch wenn sich bei einer objektiven Ermittlung des *center of gravity* etwas anderes ergeben hätte.[659] Neben Leistungen auf einen ungültigen Vertrag gehören in diese Fallgruppe auch Zuviel- und Mehrfachzahlungen.[660]

Als problematisch innerhalb dieser Fallgruppe werden diejenigen Fälle erkannt, an denen mehrere Personen beteiligt sind. Genannt werden Fälle der Abtretung (*assignment*), des gesetzlichen Forderungsübergangs (*subrogation*), des Ausgleichs zwischen mehreren Schuldnern, Ansprüche wegen Bezahlung einer fremden Schuld sowie Ansprüche gegen Drittbegünstigte aus einem Hauptvertrag.[661] Macht jemand eine Aufwendung – indem er etwa auf eine fremde Schuld zahlt - aufgrund eines oder im Zusammenhang mit einem

---

[655] Siehe hierzu SCOLES / HAY / BORCHERS / SYMEONIDES, Conflict of Laws, 3.A., 2000, § 18.43 ff. (S. 928 ff.). Für ein derartiges Vorgehen plädiert auch BENNETT, Choice of Law Rules in Claims of Unjust Enrichment, 39 Int'l and Comp Law Quarterly, S. 136, 158, der die Rückkehr zu etwas mechanischeren Regeln fordert.

[656] SCOLES / HAY / BORCHERS / SYMEONIDES, aaO, § 18.44 (S. 930).

[657] Hierzu HAY, Ungerechtfertigte Bereicherung im internationalen Privatrecht, S. 27.

[658] SCOLES / HAY / BORCHERS / SYMEONIDES, aaO, § 18.44 (S. 932).

[659] Comment (d) zu § 221 erläutert: „*When the enrichment was received in the course of the performance of a contract between the parties, the law selected by the application of the rules of §§ 187 – 188 will presumably govern one party's rights in restitution against the other.*" Siehe hierzu HAY, Ungerechtfertigte Bereicherung im internationalen Privatrecht, S. 18 f; PLAßMEIER, Ungerechtfertigte Bereicherung im Internationalen Privatrecht, S. 221.

[660] BENNETT, Choice of Law Rules in Claims of Unjust Enrichment, 39 Int'l and Comp Law Quarterly, S. 136, 157.

[661] HAY, Ungerechtfertigte Bereicherung im internationalen Privatrecht, S. 15 und 32 ff.

Rechtsverhältnis, so wird das dort geltende Recht auch dasjenige sein, zu dem im Sinne des *Restatements* die *most significant relationship* besteht. Bei der Begleichung einer fremden Schuld bestimmt also das Deckungsverhältnis über einen Rückgriff gegen den befreiten Schuldner.[662] Ohne eine solche Verbindung zwischen Schuldner und Zahler soll der Ausgleich dagegen dem Recht der bezahlten Schuld unterstehen.[663] Ansprüche gegen außerhalb der Vertragsbeziehung stehende Dritte werden in den Erläuterungen zu § 221 nicht aufgeführt. In der Literatur werden die Fälle des Vertrages zugunsten Dritter behandelt. Die zentrale Bedeutung des Hauptvertrages lege es nahe, das auf ihn anwendbare Recht auch als maßgebend für Ansprüche gegen den Dritten anzusehen, einschließlich der Frage eines Durchgriffs.[664] Da für diese Anknüpfung an das Deckungsstatut entscheidend auch auf die Kenntnis des Dritten vom Hauptvertrag abgestellt wird, werden sich diese Ausführungen wohl nicht auch auf die Anweisungsfälle übertragen lassen. Es steht daher zu erwarten, dass es nach dem Ansatz der Literatur dort wohl nicht zu einer Anwendung des Deckungsstatuts kommen wird. Es bliebe damit eine räumliche Anknüpfung an den Ort des Eintritts der Bereicherung. Für Verfolgungsansprüche der Art des § 822 BGB soll schließlich das Recht der Vermögensverschiebung gelten.[665]

### (2) Freiwillige Vermögenszuwendungen

Das *Restatement* selbst in seinen offiziellen Anmerkungen unterscheidet von den Bereicherungsfällen im Zusammenhang mit einer anderen Rechtsbeziehung nur ganz allgemein diejenigen Fälle, in denen es an einer solchen Rechtsbeziehung fehlt.[666] In der Literatur wird dagegen eine Differenzierung vorgeschlagen, die sich an den einzelnen Faktoren des § 221 (2) orientiert. Demnach wird einerseits unterschieden zwischen Bereicherungen, die auf der freiwilligen Zuwendung von Vorteilen beruhen, § 221 (2) (b) und (e), andererseits solchen, die im Zusammenhang mit einer unerlaubten Handlung stehen, §

[662] Illustration 8 zu § 221 bringt den Fall einer wertsteigernden Verwendung innerhalb einer bestehenden Vertragsbeziehung. Deren Recht soll dann auch für den Ausgleich maßgeblich sein, nicht etwa das Ortsrecht der Verwendung. Zur Intervention HAY, Ungerechtfertigte Bereicherung im internationalen Privatrecht, S. 32.

[663] HAY, Ungerechtfertigte Bereicherung im internationalen Privatrecht, S. 33. Die Frage der Bereicherung sei davon abhängig, welche Wirkung der Drittzahlung zukomme, und diese Frage unterliege dem für die Schuld maßgebenden Recht. Daraus ergebe sich dann die engste Verbindung im Sinne des Restatements. Siehe auch SCOLES / HAY / BORCHERS / SYMEONIDES, aaO, § 18.45 (S. 934).

[664] HAY, Ungerechtfertigte Bereicherung im internationalen Privatrecht, S. 36, 67 f.

[665] HAY, Ungerechtfertigte Bereicherung im internationalen Privatrecht, S. 67.

[666] So finden sich etwa in den Illustrations zu § 221 Fälle der Bereicherung durch Eingriff und solche durch Aufwendungen unterschiedslos nebeneinander.

221 (2) (c). Schließlich bedürfen auch die so genannten *equitable wrongs* einer Einstufung.[667]

Als zweite Fallgruppe des § 221 erscheint demgemäß diejenige der freiwilligen Vermögensmehrungen.[668] Dort wird die akzessorische Anknüpfung an ein anderes Rechtsverhältnis als weniger zwingend angesehen, womit der Ort, an dem die Bereicherung eingetreten ist, an Bedeutung gewinnt. Dies erfasst beispielsweise Fälle der Verwendungen auf fremde Gegenstände.[669] Aufwendungen zugunsten eines fremden Grundstücks sollen demgemäß der *lex rei sitae* unterstehen.[670] Bestandteil dieser Fallgruppe ist auch die schon im Zusammenhang mit den Mehrpersonenverhältnissen angesprochene Begleichung einer fremden Verbindlichkeit, sofern dies nicht durch ein Rechtsverhältnis veranlasst war oder damit in Zusammenhang stand. Anwendbar soll das Statut der getilgten Verbindlichkeit sein.[671] Allgemein gehören in diese Fallgruppe auch Gestaltungen, die nach deutschem Verständnis der Geschäftsführung ohne Auftrag zuzuordnen wären, da das Institut der *negotiorum gestio* im US-amerikanischen Recht unbekannt ist.[672]

### (3) Deliktsähnliche Bereicherungen

Als dritte Fallgruppe wird diejenige deliktsähnlicher Bereicherungen angeführt, bei welcher der Ort des Eingriffes in den Vordergrund tritt, § 221 (2) (c).[673] Unproblematisch ist dies in Fällen der Beeinträchtigung fremden Eigentums.[674] Auch darunter behandelt werden Freistellungs- und Aus-

[667] Zu diesbezüglichen Systematisierungsbemühungen HAY, Ungerechtfertigte Bereicherung, S. 37.

[668] SCOLES / HAY / BORCHERS / SYMEONIDES, aaO, § 18.45 (S. 933).

[669] Als Gegenbeispiel aber Illustration 9 zu § 221, wo es um die wertsteigernde Verwendung auf einen PKW geht. Der verwendende Vorerbe soll einen Ausgleichsanspruch gegen den Nacherben nach dem Erbstatut als Sonderverbindung geltend machen können. HAY, Ungerechtfertigte Bereicherung im internationalen Privatrecht, S. 39 weist aber darauf hin, die Unterscheidung könne auch aus dem Grunde getroffen sein, dass bei Grundstücken die Belegenheit eine stärkere Beziehung zu dem Ortsrecht demonstriere als bei beweglichen Sachen. Bei letzteren sei deshalb möglicherweise der Rückgabeort ausschlaggebend.

[670] Illustration 14 zu § 221: „*A will leaves A a life estate in land located in state X with a remainder in fee to B. A is domiciled in state Y. On these facts, X is presumably the state of most significant relationship to the question whether B is liable to A's estate for the value of any improvements A may have placed upon the land.*" Hierzu HAY, Ungerechtfertigte Bereicherung im internationalen Privatrecht, S. 39.

[671] SCOLES / HAY / BORCHERS / SYMEONIDES, § 18.46 (S. 934).

[672] SCOLES / HAY / BORCHERS / SYMEONIDES, aaO, § 18.46 (S. 933) und HAY, Ungerechtfertigte Bereicherung im internationalen Privatrecht, S. 37 und 33 mit zahlreichen Nachweisen in Fußnote 99; BENNETT, Choice of Law Rules in Claims of Unjust Enrichment, 39 Int'l and Comp Law Quarterly, S. 136, 157.

[673] SCOLES / HAY / BORCHERS / SYMEONIDES, aaO, § 18.46 (S. 936) und HAY, Ungerechtfertigte Bereicherung im internationalen Privatrecht, S. 48.

[674] HAY, Ungerechtfertigte Bereicherung im internationalen Privatrecht, S. 16.

gleichsansprüche unter mehreren Deliktsschuldnern. Bei Fehlen einer zwischen diesen bestehenden Rechtsbeziehung soll dafür das Recht der unerlaubten Handlung maßgeblich sein.[675] Probleme ergeben sich bei der Einordnung derjenigen Ansprüche, die der Geschmälerte aufgrund seines Rechtes *to waive the tort and sue in contract* innehat, wonach er den Bereicherten also dergestalt in Anspruch nehmen kann, als bestünde zwischen ihnen eine vertragliche Beziehung. HAY führt hierzu aus, die in diesem Wahlrecht bestehende Besonderheit des amerikanischen Rechts solle keinen Einfluß auf die kollisionsrechtliche Behandlung haben und somit keine unterschiedliche Anknüpfung als andere Deliktsansprüche auslösen.[676]

### (4) *Equity* Rechtsbehelfe

Neben den so genannten *legal remedies* des *common law* existieren die Billigkeitsinstitute der *equity jurisprudence*. Dabei handelt es sich stets um Institute, die dem Anspruchsinhaber ein dingliches Recht an einer Sache einräumen, wie etwa ein *equitable lien* an einer Sache des Schädigers anstelle eines Schadensersatzanspruches oder *ein constructive trust* im Falle der Beeinträchtigung oder Verarbeitung des Eigentums.[677] Um zu vermeiden, dass das Ergebnis der Rechtsanwendung durch Unterscheidungen nach Art und Ursprung der Rechtsbehelfe verzerrt wird, soll sich das anwendbare Recht an dem zugrundeliegenden Bereicherungsanspruch orientieren.[678]

### (5) Reichweite des Bereicherungsstatuts

Außerdem treten SCOLES / HAY / BORCHERS / SYMEONIDES ebenso in Abkehr von EHRENZWEIG dafür ein, den Bereicherungsanspruch insgesamt der zur Anwendung berufenen Rechtsordnung zu unterstellen und nicht etwa aufgrund der prozessualen Qualifikation des Rechtsbehelfs Art und Umfang des Anspruches der *lex fori* zu überantworten. Nur ausnahmsweise wird die Möglichkeit einer derartigen *dépeçage* eingeräumt, wenn der von der *lex causae* gewährte Rechtsbehelf der *lex fori* unbekannt ist. In diesem Fall trete ein Rechtsbehelf des Forums an Stelle desjenigen der *lex causae*.[679]

---

[675] HAY, Ungerechtfertigte Bereicherung im internationalen Privatrecht, S. 50.

[676] HAY, Ungerechtfertigte Bereicherung im internationalen Privatrecht, S. 47 f.

[677] Zu diesen Instituten HAY, Ungerechtfertigte Bereicherung im internationalen Privatrecht, S. 52 ff. und BENNETT, Choice of Law Rules in Claims of Unjust Enrichment, 39 Int'l and Comp Law Quarterly, S. 136, 157 f., der die alternative Behandlung nach der *lex rei sitae* des resultierenden dinglichen Rechts anführt, sich aber im Ergebnis HAY anschließt. Das resultierende Recht sei nur das *remedy*, also der Rechtsbehelf, ungeachtet der zugrunde liegenden Situation.

[678] HAY, Ungerechtfertigte Bereicherung im internationalen Privatrecht, S. 56.

[679] SCOLES / HAY / BORCHERS / SYMEONIDES, aaO, § 18.48 (S. 938 f.); HAY, Ungerechtfertigte Bereicherung im internationalen Privatrecht, S. 58 f., 71; BENNETT, Choice of Law Rules in Claims of Unjust Enrichment, 39 Int'l and Comp Law Quarterly, S. 136, 145.

Bleibt noch festzuhalten, dass ein Verweis durch § 221 *Restatement 2^nd^* nur auf die Sachvorschriften der berufenen Rechtsordnung erfolgt, was der US-amerikanischen Tendenz gegen die Zulassung eines *renvoi* entspricht.[680]

Die im deutschen Recht eine zentrale Rolle einehmenden *Anweisungsfälle* spielen im US-amerikanischen Schrifttum, wie gezeigt wurde, keine Rolle. Es steht aber zu vermuten, dass die angeführten Vertreter eine Einordnung in die Fallgruppe der freiwilligen Vermögensmehrungen vornehmen würden, womit das Ortsrecht des Bereicherungseintritts maßgeblich wäre. Bei einem Gerichtsstand des Beklagtenwohnsitzes würde dies auch oftmals zu einer Übereinstimmung mit der *lex fori* Theorie EHRENZWEIGS führen. Damit finden auch in die literarische Behandlung des internationalen Bereicherungsrechts die besonderen *Gegebenheiten des Giroverkehrs* keinen Eingang. Aber auch die Problematik der komplexen Mehrpersonenverhältnisse mit dem damit einhergehenden Bedürfnis nach *materiell harmonischer Rechtslage* wird nur gestreift, ohne aber das wahre Problem zu benennen. Dies rührt wohl daher, dass es bei dem derzeitigen Stand des US-amerikanischen internationalen Bereicherungsrechts noch darum geht, überhaupt eine Unterteilung in Fallgruppen zu begründen, bevor eine derart differenzierte Behandlung erfolgen kann.

Die in der Literatur gebildeten Fallgruppen bemühen jeweils eines der Kriterien des § 221 des *Restatements*. Daneben können aber auch die Kriterien des § 6, wie etwa die staatlichen Rechtsanwendungsinteressen, eine Rolle spielen. In der Literatur werden diese Kriterien nicht oder nur vereinzelt am Rande bemüht. Gerade das Kriterium des staatlichen Interesses aber nimmt in der *Rechtsprechung* und insbesondere im *Bereich der internationalen Bankgeschäfte* eine zentrale Rolle ein.[681]

---

680 HAY, Ungerechtfertigte Bereicherung im internationalen Privatrecht, S. 21, 30, 70. Dies ergibt sich zum einen aus dem Zusammenspiel der §§ 4 und 8 des *Restatement 2^nd^ of Conflict of Laws*. Nach § 4 sind mit dem Begriff des *local law* die jeweiligen Sachvorschriften gemeint, nach § 8 Abs. 1 bezieht sich ein Verweis regelmäßig auf das *local law*. § 8 Abs. 2 erlaubt die Berücksichtigung ausländischen Kollisionsrechtes nur, wenn es der internationalen Entscheidungsharmonie dient. Eine eingeschränkte Berücksichtigung fremder Kollisionsnormen hält HAY dann für möglich, wenn es der zur Anwendung berufenen Rechtsordnung am Anwendungswillen fehlt. In diesem Fall sei unter Umständen ein Rückverweis beachtlich. Allerdings bestehe damit wieder die Gefahr, dass sich die Gerichte häufig auf ein derartiges „Desinteresse" der fremden Rechtsordnung beriefen und die *lex fori* anwendeten. Siehe zu der Verweisung auf die Sachvorschriften auch Comment (e) zu § 221. Zur generellen *renvoi*-Problematik im amerikanischen IPR, LOWENFELD, Conflict of Laws, § 2.01 (A) (S. 41 ff.).

681 HAY, Ungerechtfertigte Bereicherung im internationalen Privatrecht, S. 26 führt aus, die Berücksichtigung staatlicher Interessen sei ein Gesichtspunkt, auf den im amerikanischen IPR leider zuviel Gewicht gelegt werde. Dort, Fn. 75 auch Nachweise zu der so genannten *governmental interest analysis*. Zu einzelnen Gerichtsentscheidungen, siehe sogleich.

## e) Die Anwendung des § 221 in der Rechtsprechung

Dass die Bundesgerichte, aber auch zahlreiche Gerichte der Einzelstaaten in bereicherungsrechtlichen Fragen das *Restatement of Conflict of Laws* als kollisionsrechtlich maßgeblich erachten, ist in mehreren Fällen deutlich geworden.[682] Wichtigster bereicherungsrechtlicher Präzedenzfall im Bereich des Bankrechts ist die Entscheidung in *Aaron Ferer & Sons Limited v. The Chase Manhattan Bank National Association.*[683] Dort wurde die Anwendung New Yorker Rechts auf die bereicherungsrechliche Klage der *action for money had*

---

[682] Um einen *constructive trust* als bereicherungsrechtliche Figur ging es in Columbia Nastri & Carta Carbone v. Columbia R & C Co., 367 F2d 308 (US Court of Appeals 2nd Circuit 19.10.1966). Dort wurde anhand des *grouping of contacts* die New Yorker *lex fori* zur Anwendung berufen. McAdams, Inc. v. Boggs, 439 F.Supp 738 (US District Court, E.D. Illinois, 3.11. 1977) behandelte eine Klage des Arbeitgebers gegen einen ehemaligen Angestellten wegen *diversion of corporate opportunity*, der Beklagte habe eine Geschäftsmöglichkeit des Klägers zu seinen Gunsten genutzt. Das Bundesgericht war aufgrund *diversity jurisdiction* zuständig und hatte das Kollisionsrecht Pennsylvanias anzuwenden. Dies bestand in § 221 des *Restatements*, wonach für den Anspruch aus ungerechtfertigter Bereicherung das Statut des ehemaligen Arbeitsvertrages maßgeblich war, demnach das Recht von Arkansas. In Overseas Development Disc Corp. v. Sangamo Construction Co., Inc., 686 F2d 498 (US Court of Appeals 7th Circuit 10.8.1982) empfiehlt das Bundesgericht bei der Zurückverweisung an das Untergericht die Anwendung des § 221 des *Restatements 2nd* als Kollisionsregel, da es im Staat Illionois, dessen IPR maßgeblich war, an einer Verweisungsnorm für Bereicherungsansprüche fehlte. Um die Rückabwicklung eines Vertragverhältnisses ging es in Phoenix Canada Oil Co. Ltd. v. Texaco Inc., 506 F.Supp 1372, 1383 (US District Court, District of Delaware 8.4.1983). Auch hier wurde das Verfahren der *grouping of contacts* verwandt. Der Zahlungsort New York fiel aber nicht entscheidend ins Gewicht. In First Wisconsin Trust Company v. Schroud, 916 F2d 394 (US Court of Appeals, 7th Circuit 18.10.1990) klagte der Verkäufer eines Grundstückes gegen die Käufer, weil er sich bei der Berechnung des Preises – die Käufer sollten Hypothekenraten tilgen, die vom Kaufpreis abgezogen wurden – verrechnet hatte. Das Belegenheitsrecht des Grundstückes gab bei der Anwendung des § 221 des *Restatements* als Kollisionsrecht von Illinois den Ausschlag. In Alaska Airlines, Inc. v. United Airlines, Inc., 902 F2d 1400 (US Court of Appeals 9th Circuit 7.5.1990) erstreckte das Gericht das Vertragsstatut auf Bereicherungsansprüche in Anwendung des Kollisiosnrechts von Illinois. Hurst v. Central Dynamics Corp, 583 A2d 1334 (Chancery Court of Delaware 11.5.1990) betraf eine Aktionärsklage. Der unter anderem geltend gemachte Bereicherungsanspruch unterstand nach dem IPR von Delaware, bestehend in § 221 des Restatements, dem Recht der Börse, an dem die Gesellschaft notiert war, dies war das Recht Kanadas. Eine vertragsakzessorische Anknüpfung von Bereicherungsansprüchen nahm auch der US Court of Appeals in Micro Data Base Systems, Inc. v. Dharma Systems, Inc., 148 F3d 649 (29.5.1998) vor. Das Kollisonsrecht berief das Recht von New Hampshire, unter anderem mit dem Argument, dass es dann wahrscheinlicher sei, dass die Klage dem Artikel 2 U.C.C. unterstünde, aaO, S. 654. Der jüngste berichtete Fall betraf eine Klage auf Zahlung von Anwaltshonorar, hilfsweise gestützt auf den Bereicherungsanspruch *quantum meruit*, Morris B. Chapman & Associates, Ltd. v. Kitzman, 307 Ill.App 3192 (Supreme Court of Illinois 16.11.2000). Dort war es die *underlying policy*, die den kollisionsrechtlichen Ausschlag gab.

[683] 731 F 2d 112, US Court of Appeals, Second Circuit, Urteil vom 14.3. 1984.

*and received* anhand der Kriterien des § 221 des *Restatements* ermittelt.[684] In dem Fall hatte die beklagte Bank Forderungen eingezogen, die von einer vereinbarten Sicherungsabtretung nicht erfasst waren. Das Gericht führte aus, die Bankbeziehung der Beteiligten sei in New York begründet worden. Dort befinde sich auch die Hauptniederlassung der beklagten Chase Manhattan Bank. Zudem habe die Beklagte die streitgegenständlichen Gelder in New York entgegengenommen. Als von besonderem Gewicht für die Anwendung New Yorker Rechts wurde schließlich das Interesse des Staates New York erachtet, Bankgeschäfte (*banking practices*) innerhalb seines Gebietes rechtlich zu regeln.[685]

In der Entscheidung eines anderen Bundesgerichts kam es dagegen nicht zur Anwendung New Yorker Rechts. In *Trinh v. Citibank* ging es um die Rückforderung von im Ausland – Vietnam – getätigten Einlagen bei der Niederlassung der US-amerikanischen Citibank.[686] Hinsichtlich des anwendbaren Rechts führte das Gericht aus, die gewichtigeren Kontakte bestünden zu Vietnam, nicht zum Staate New York. Die Bankbeziehung sei dort eingegangen, die maßgeblichen Transaktionen dort vorgenommen und das zurückgeforderte Geld von der Beklagten dort empfangen worden. Der Umstand, dass sich die Hauptniederlassung der beklagten Bank in New York befand, fiel dagegen nicht entscheidend ins Gewicht.[687] Da es sich auch nicht um ein innerhalb New Yorks vorgenommenes Bankgeschäft handelte, konnte die Anwendung New Yorker Rechts auch nicht auf diesen Gesichtspunkt gestützt werden. Das Interesse New Yorks, seine Banken einem einheitlichen Regime zu unterstellen schlägt also nicht zwangsläufig durch.

Aus den Entscheidungen der beiden Bundesgerichte ergibt sich, dass durchaus mehrere Faktoren in die Ermittlung des Bereicherungsstatuts einfließen können. Die erste Entscheidung belegt, dass es im Bereich des Bankrechtes im Sinne einer *gouvernmental interest analysis* zur Anwendung des Sitzrechtes der Bank kommen kann und bereicherungsautonome Erwägungen dahinter zurücktreten. Eine derartige Berücksichtigung der Rechtsanwendungsinteressen der beteiligten Rechtsordnungen ist in den §§ 221 (1), 6 (2) (c) des *Restatements 2nd of Conflict of Laws* sanktioniert. Beide dargestellten Entscheidungen belegen darüber hinaus, dass eine systematische Einordnung nach dem Tatbestand des Bereicherungsvorganges, wie er in der Literatur anzutreffen ist, nicht vorgenommen wird. Dies erklärt sich möglicherweise daraus,

---

[684] Die Zuständigkeit der Bundesgerichte gründete sich auf die bankrechtliche Zuständigkeitsnorm des 12 U.S.C. § 632, was die Anwendung von Bundeskollisionsrecht bedingte, 731 F 2d 112, 120, US Court of Appeals, Second Circuit, Urteil vom 14.3. 1984.

[685] 731 F 2d 112, 121, US Court of Appeals, Second Circuit, Urteil vom 14.3. 1984.

[686] Ngoc Quang Trinh v. Citibank, US District Court, E.D. Michigan, Southern Division, 623 F.Supp 1526, 1531 (20.12.1985). Dort gründete sich die Zuständigkeit des Bundesgerichts auf *diversity* und *federal question jurisiction* sowie auf 12 U.S.C. § 632.

[687] 623 F.Supp 1526, 1531 (US District Court, E.D. Michigan, Southern Division vom 20.12.1985).

dass ohnehin das Rechtsanwendungsinteresse den Ausschlag gegeben hat und eine dogmatische Einordnung sich daneben als überflüssig erwiesen hätte.

Dass sich insbesondere auch die *Frage des Vertrauensschutzes* nach dem Bereicherungsstatut, also möglicherweise nach dem Sitzrecht der Überweisungsbank und nicht dem Ortsrecht des Empfängers bestimmt, belegt die Entscheidung im Fall *Credit Lyonnais v. SGC International, Inc.*[688] Dort beauftragte ein russischer Geschäftsmann die International Bank for Economic Cooperation (IBEC) in Moskau, 1 Million US $ an den in der Schweiz wohnhaften Empfänger zu überweisen. Da die Zahlung in US $ lautete, musste sie über New York abgewickelt werden. Dazu instruierte die IBEC die Credit Lyonnais New York, auf das Konto der Swiss Bank New York Branch 1 Million US $ zugunsten des Empfängers zu überweisen, damit diesem der Betrag in der Schweiz gutgeschrieben werde. Die Überweisung wurde ausgeführt. Tags darauf erfolgte seitens der IBEC irrtümlich eine zweite Überweisung von 1 Million $ an den Empfänger.[689] Das Gericht hatte sich mit dem Bereicherungsanspruch der Moskauer Bank, der hier die Rolle des Überweisenden zukam, gegen den Schweizer Empfänger zu befassen. Dieser wendete ein, ihm stehe ein vertraglicher Anspruch in entsprechender Höhe gegen den Absender zu und er sei berechtigt, auch die zweite Überweisung zu behalten. Um das anwendbare Recht zu ermitteln, wandte das US-Distriktgericht das IPR von Missouri an, das dem *Restatement 2$^{nd}$ of Conflicts of Laws* folgt. Dies führte zu dem Recht New Yorks, da die Geldüberweisung dort abgewickelt worden war und sowohl die Swiss Bank als auch die Citibank dort einen Sitz hatten. Für die Frage des Vertrauensschutzes zugunsten des Bereicherten wurde also weder auf das Valutaverhältnis noch auf den Ort der Bereicherung, der in der Schweiz lag, abgestellt.[690]

Aus dieser Entscheidung wird deutlich, dass im Kollisionsrecht der ungerechtfertigten Bereicherung in Fällen fehlerhafter Banküberweisungen *autonome bereicherungsrechtliche Gesichtspunkte*, wie etwa des Empfängerschutzes, *hinter die besonderen Anforderungen des Bankrechts zurücktreten*. In eine kollisionsrechtliche Gesamtabwägung werden sämtliche Gesichtspunkte eingestellt, die häufig, aber nicht zwingend zur Anwendung des Sitz-

---

[688] District Court, E.D. of Missouri, 1996 WL 626332, 25.10.1996 (nur bei Westlaw).

[689] Das erstaunliche an dem Fall besteht darin, dass die Credit Lyonnais die zweite Anweisung zunächst wegen technischer Schwierigkeiten nicht ausführen konnte. Hierüber informierte sie die IBEC. Diese nahm an, die einzige von ihr in Auftrag gegebene Überweisung sei nicht erfolgt und veranlasste im zweiten Anlauf die Citibank New York zu einer Überweisung von 1 Million an den Empfänger.

[690] Nach dem Recht von New York konnte die IBEC aus ungerechtfertigter Bereicherung mit einer *action for money had and received* vorgehen. Die *discharge for value* Einrede stand dem schweizer Empfänger der Überweisung nicht zu, da der vorgebrachte vertragliche Anspruch aus einem nach der Fehlüberweisung abgeschlossenen Vertrag stammen sollte. Ein solcher späterer Bezug einer Zuwendung auf einen Anspruch aber könne das Recht zur Rückforderung der Überweisungsbank nicht berühren.

rechtes der Überweisungsbank führen. Sind mehrere Banken in den Überweisungsvorgang eingeschaltet, so gilt als Überweisungsbank diejenige, welche die den Gesamtvorgang prägende, also die charakteristische Leistung erbringt. Dies ist regelmäßig die Überweisungsbank im Währungsstaat der Überweisung.

### 3. Gesamtstatut für Bankgeschäfte

Schon anhand der soeben dargestellten Rechtsprechung wird deutlich, dass autonom bereicherungsrechtliche Erwägungen im Kollisionsrecht hinter andere Erwägungen – *Rechtsanwendungsinteresse des Staates New York in Bankangelegenheiten* – zurücktreten können. Auch wird dabei das Interesse an einem einheitlichen Regime in Bankstreitigkeiten deutlich, da das ermittelte Statut auf den gesamten Sachverhalt angewandt wird. Dies steht im Zusammenhang mit der allgemein in den USA auszumachenden Tendenz der Annahme eines *Gesamtstatuts des Sitzrechtes der Bank* bei Bankangelegenheiten.[691]

#### a) Die Vorarbeit der Rechtsprechung

Der Grundstein für ein Gesamtstatut bei Banktransaktionen wurde in der Entscheidung *EVRA Corporation v. Swiss Bank Corporation v. Continental Illinois National Bank and Trust Company of Chicago* gelegt.[692] Das Schiffahrtsunternehmen EVRA Corporation[693] hatte von der Pandora Shipping Company ein Frachtschiff gechartert. Die Raten waren halbmonatlich im Voraus zu entrichten. Zur Ausführung der Zahlungen bediente sich EVRA der Continental Illinois National Bank. Da die Zahlungen auf ein Konto bei der Banque de Paris et des Pays-Bas zu erfolgen hatten, schaltete Continental die Schweizer Bank Swiss Bank Corporation als Zwischenbank ein. Als Übermittlungsmedium wurde regelmäßig Telex eingesetzt. Im April 1973 konnte die Überweisung nicht bewirkt werden, weil das üblicherweise angesteuerte Telex der Swiss Bank nicht empfangsbereit und die an einen anderen Telexapparat derselben Niederlassung der Swiss Bank gesandte Ausfertigung verloren ging. Die Rate wurde damit nicht rechtzeitig gezahlt, woraufhin die Pandorra Shipping Company den Charter rechtmäßig aufkündigte. Der EVRA Corporation entstand ein Millionenschaden, den sie bei der Swiss Bank zu liquidieren suchte.

---

[691] Dabei ist, wie schon erwähnt, der Begriff des Gesamtstatuts in dem Sinne der Erfassung einer Mehrzahl von Rechtsverhältnissen zu verstehen.

[692] 522 F.Supp 820, US District Court, N.D. Illinois, Urteil vom 12. Mai 1981; Die Berufungsentscheidung findet sich in 673 F2d 951 (7th Circuit, 1982).

[693] Die EVRA Corporation war Rechtsnachfolgerin von Hyman-Michaels. Aus Vereinfachungsgründen wird an dieser Stelle einheitlich von EVRA Corporation gesprochen.

Für das Gericht stellte sich Frage, ob der Sachverhalt nach dem Recht von Illinois oder der Schweiz zu behandeln war. Da es sich um eine Zuständigkeit nach *diversity jurisdiction* handelte, waren die Kollisionsnormen des Forumstaates anzuwenden. Im Falle des Staates Illinois war damit der *most significant relationship test* vorzunehmen.[694] Das Gericht befand, dass das Recht von Illinois auf alle Fragen des Sachverhaltes anzuwenden war. Zwar war sowohl die Verletzungshandlung in der Schweiz erfolgt sowie auch der Geschäftssitz der Beklagten dort belegen war. Andere Gesichtspunkte aber führten zur Anwendung des Rechts von Illinois. Sowohl die EVRA Corporation als auch die Continental Illinois National Bank waren dort niedergelassen und geschäftstätig. Außerdem befand sich nach Ansicht des Gerichts der Schwerpunkt der Beziehungen unter den Beteiligten in Illinois. Die Hauptniederlassung der EVRA Corporation hatte die Continental Bank in Illinois zur Ausführung der Überweisung beauftragt. Dass die eingeschaltete Zwischenbank aus Gründen des Zahlungserfolges in der Schweiz saß, war nach Auffassung des Gerichts nicht von entscheidendem Gewicht, ebensowenig der Ort der Verletzungshandlung.[695] Anwendung fand damit auf den gesamten Überweisungsvorgang das die Überweisungsbank einbindende Recht.[696]

Es verwundert nicht, dass der vorsitzende Richter in dieser Sache der Begründer der *ökonomischen Analyse des Rechts*, Judge POSNER war. Materiellrechtlich stand für ihn im Vordergrund, dass die Bank aus Gründen der Kalkulationssicherheit und um die niedrige *Kostenstruktur des Giroverkehrs* zu erhalten, nur für Schäden haftbar sein sollte, die sie voraussehen konnte. Eben diese *wirtschaftliche Erwägung* dürfte wohl auch für die kollisionsrechtliche Maßgeblichkeit des *der Bank vertrauten Sitzrechtes* ausschlaggebend gewesen sein. Beide Überlegungen, Erhaltung der Preisstruktur und Anwendung des vertrauten Rechts liegen auch dem Artikel 4A U.C.C. zugrunde. Im Bezug auf die Preisstruktur wurde dies bei der Untersuchung des § 4A-305 U.C.C. schon belegt. Im Folgenden soll der Eingang des zweiten Gesichtspunktes – Anwendbarkeit des vertrauten Rechts – in die Kollisionsnorm des Artikels 4A U.C.C. nachgezeichnet werden.

---

[694] 522 F.Supp 820, 826 (US District Court, N.D. Illinois, Urteil vom 12. Mai 1981). Zur Feststellung der wesentlichsten Verbindung hat das Gericht nach diesem Test zu berücksichtigen (1) den Ort der Verletzung, (2) den Ort der Verletzungshandlung, (3) das Domozil, den Ort der Inkorporation und der Geschäftstätigkeit der Parteien, (4) den Schwerpunkt der Beziehung zwischen den Parteien. Das Gericht merkte aber an, „*The contacts test is not an end in itself to be applied mechanically, but rather is a means reliably calculated to insure that the interests of the state with the most significant relationship to the occurrence will be protected.*"

[695] 522 F.Supp 820, 828 (US District Court, N.D. Illinois, Urteil vom 12. Mai 1981).

[696] Die Entscheidung hat noch in anderer Hinsicht große Bedeutung erlangt. In der Berufungsentscheidung wurde der Grundsatz der beschränkten Bankenhaftung auf für sie vorhersehbare Schäden statuiert, 673 F2d 951 (7th Circuit, 1982).

## b) § 4A-507 Uniform Commercial Code

Artikel 4A U.C.C. enthält mit § 507 seine eigene Kollisionsnorm. Dies trägt dem Umstand Rechnung, dass Banküberweisungen oft grenzüberschreitender Natur sind. Die Kollisionsnorm ist sehr weit gefasst und führt in Fortführung der EVRA-Rechtsprechung zur weitreichenden Geltung eines einheitlichen Rechts. Mit der Unterstellung des gesamten Überweisungsvorganges unter eine Rechtsordnung ist beabsichtigt, das Ergebnis für die daran Beteiligten vorhersehbarer zu gestalten.[697] Gleichzeitig wird die weitgefasste Kollisionsnorm als Grund dafür angesehen, dass sich Artikel 4A U.C.C. innerhalb der USA so rapide durchgesetzt hat, obgleich er nicht durchweg unmittelbar von allen Bundesstaaten umgesetzt wurde.[698] In der bisherigen Gerichtspraxis unter Artikel 4A U.C.C. wurden Fragen des anwendbaren Rechts allerdings selten aufgeworfen.[699]

### (1) Objektive Anknüpfung

In § 507 (a) wird zunächst der Vorrang der Parteivereinbarung als Grundprinzip verlautbart. Daneben enthält der Absatz auch die anzuwendenden Verweisungsregeln für den Fall des Fehlens einer Parteivereinbarung. Gemäß §507 (a) (1) bestimmen sich die Rechte und Pflichten zwischen dem Absender einer Zahlungsanweisung und der Überweisungsbank nach dem Recht des Ortes, an dem die Überweisungsbank ihren Sitz hat.[700] Die Rechte und Pflichten zwischen der Empfangsbank und dem Empfänger unterliegen nach § 507 (a) (2) ebenso dem Recht des Ortes, an dem die Empfangsbank belegen ist. Nach § 507 (a) (3) unterliegt die Frage der Erfüllungswirkung im Valutaverhältnis ebenso dem Recht des Ortes, an dem die Empfangsbank ihren Sitz hat. Aus den vorgenannten Regelungen ergibt sich ein alle Beteiligten einbindendes Gesamtstatut bei der Hausüberweisung. Befindet sich beispielsweise der Urheber einer Überweisung in Kanada, die Überweisungsbank, die zugleich Empfangsbank ist, in einem US Bundesstaat, der Artikel 4A U.C.C. umgesetzt hat, und der Empfänger in England, so bestimmen sich alle Rechtsverhältnisse nach Artikel 4A. Die Zahlungswirkung im Valutaverhältnis nach

---

[697] Official Comment 1 zu § 507.

[698] HARREL, Payment system Issues – UCC Article 4A; Regulations J, S and D, 50 Consumer Finance Law Quaterly Report, S. 49, 54.

[699] SCHNEIDER, Article 4A: Developments at the Crossroad of Law and Foreign Bank Compliance (Part I), 114 Banking Law Journal 319, 333 Fn. 67. Er konstatiert das Fehlen von Präzedenzfällen hinsichtlich des anwendbaren Rechts auf Banküberweisungen. Es scheint eher so, als wendeten die Gerichte Artikel 4A U.C.C. nahezu freimütig an. Zu den internationalen Aspekten der Banküberweisung auch ders., Article 4A: developments at the Crossroad of Law and Foreign Bank Compliance (Part II), 114 Banking Law Journal 429.

[700] Sitzrecht der Überweisungsbank, vgl. aus der Rechtsprechung Grabowski v. Bank of Boston, 997 F.Supp. 111; 35 UCC Rep.Serv.2d 1 (7.8.1997).

dem Sitzrecht der Empfangsbank zu bestimmen, wird damit gerechtfertigt, dies sei leichter auszumachen und stelle somit eine sicherere Regel dar.[701]

### (2) Parteiautonomie

Schon mit dem ersten Satz der Vorschrift über die objektive Anknüpfung wird der Stellenwert der Parteiautonomie im Rahmen des Artikels 4A U.C.C. deutlich, § 507 (a) S. 1. Die Vorschrift des § 507 (b) betreffend die Rechtswahl bestimmt, dass das Recht, hinsichtlich dessen sich die Parteien geeinigt haben, selbst dann Anwendung findet, wenn die Zahlungsanweisung oder die Geldüberweisung keine hinreichende Beziehung (*reasonable relationship*) zu der gewählten Rechtsordnung aufweist. Damit wird den Parteien ein Maximum an Rechtswahlfreiheit eingeräumt.[702] Es ist beabsichtigt, auch den Beteiligten solcher Zahlungsvorgänge, die keinerlei Verbindung zu einem Staat aufweisen, in dem Artikel 4A U.C.C. Anwendung findet, die Möglichkeit zu gewähren, ihre Transaktion dennoch Artikel 4A zu unterstellen. Trotz der spärlichen Entwicklung des *common law* im Bereich der Banküberweisung kann damit ein rechtssicherer Zustand begründet und die im Handelsverkehr erforderliche Rechtsklarheit gewährleistet werden.[703] Die Vorschrift geht auf die Rechtswahlvorschriften New Yorks[704] und Kaliforniens[705] zurück. Sie setzt sich mit dem Verzicht auf eine hinreichende Beziehung über die zurückhaltendere Vorschrift des § 187 (b) des *Restatement 2$^{nd}$ of Conflict of Laws* hinweg, die eine substantielle Beziehung oder sonstige angemessene Grundlage der Rechtswahl verlangt. Außerdem enthält die Regelung des *Restatement* einen Vorbehalt zugunsten der öffentlichen Ordnung, der in § 507 (b) nicht vorgesehen ist.[706] Da eine Rechtswahl zugunsten Artikel 4A U.C.C. daneben in den meisten Zahlungsverkehrsregelungen enthalten ist, ergibt sich, dass nahe-

---

701 Siehe Official Comment 2 zu § 507.

702 HARREL, Payment system Issues – UCC Article 4A; Regulations J, S and D, 50 Consumer Finance Law Quaterly Report 49, 55.

703 Siehe HARREL, Payment system Issues – UCC Article 4A; Regulations J, S and D, 50 Consumer Finance Law Quaterly Report, S. 49, 54, 55. Erforderlich seien „*clear-cut choice of law rules suitable to multi-jurisdictional funds transfers*", 55; ROBERT LEFLAR, American Conflicts Law, § 185 (1977) schreibt: „*uniformity and predictability based upon commercial convenience are the prime considerations in making the choice of governing law.*"

704 NY General Obligations Law § 5-1401, McKinney's 1989 Supplement. Die Vorschrift lautet an entscheidender Stelle:

„*Choice of Law*

*1. The parties to any contract, agreement or undertaking, contingent or otherwise, in consideration of, or relating to any obligation arising out of a transaction covering in the aggregate not less than two hundred fifty thousand dollars, including a transaction otherwise covered by subsection one of section 1-105 of the uniform commercial code, may agree that the law of this state shall govern their rights and duties in whole or part, whether or not such contract, agreement or undertaking bears a reasonable relation to this state. ...*"

705 California Civil Code § 1646.5.

706 Vgl. Official Comment 3 zu § 507.

zu jeder inner US-amerikanische und ein Großteil der grenzüberschreitenden Überweisungsvorgänge den Regelungen des Artikels 4A U.C.C. untersteht.

**(3) Rechtswahl durch Zahlungsverkehrssyteme**

§ 507 (c) betrifft Bestimmungen des anwendbaren Rechts in Regelungen von Zahlungsverkehrssystemen und stellt damit nach Ansicht seiner Verfasser die *wichtigste Vorschrift zur Rechtsvereinheitlichung* dar.[707] Eine Zahlungsverkehrsregelung kann danach das auf die Rechte und Pflichten der an einem über dieses Zahlungssystem abgewickelten Überweisungsvorgang beteiligten Banken festlegen. Eine derartige – durch einen Dritten getroffene - Rechtswahl[708] bindet also zunächst nur die beteiligten Banken. Darüber hinaus kann eine Regelung aber auch das anwendbare Recht bezüglich aller Beteiligten einer Geldüberweisung vorgeben. Mindestvoraussetzung ist auch hier, dass die Überweisung wenigstens teilweise über das Zahlungssystem abgewickelt wurde. Eine derartige Rechtswahl bindet den Überweisenden, Zwischenbanken und die Empfangsbank, sofern diese bei der Abgabe bzw. Annahme einer Zahlungsanweisung um die Möglichkeit der Abwicklung über dieses System sowie um die darin getroffene Rechtswahl wußten. Der Empfänger ist an die Rechtswahl gebunden, wenn die entsprechende Kenntnis zu Beginn des Überweisungsvorganges gegeben war. Das gewählte Recht findet dann Anwendung, ungeachtet ob es eine angemessene Beziehung zu dem konkreten Geschäftsvorfall aufweist. Mit dieser Regelung soll die Rechtssicherheit bei kommerziellen Transaktionen erhöht werden. Ermöglicht wird dies, indem sich eine Zahlungsverkehrsregelung über die bipolaren Parteiverhältnisse hinwegsetzen und eine Rechtswahl einheitlich für alle Beteiligten des plurilateralen Zahlungsvorganges treffen kann. Dies soll zudem die Parteien davon entlasten, selbst Rechtswahlvereinbarungen treffen zu müssen, um zu konsistenten Ergebnissen zu gelangen.[709] Mit dieser Regelung trägt Artikel 4A U.C.C. zum einen der personellen Komplexität, dem Interesse der Beteiligten eines multilateralen Vorganges an konsistenter Pflichtenlage und der besonderen Art der Leistungserbringung – standardisierte, kostengünstige Abwicklung über ein Zahlungssystem - Rechnung. Zum anderen wird aber daneben explizit angestrebt, den Parteien einen ökonomischen Vorteil durch die zentralisierte Rechtswahl und damit einhergehende Senkung der Transaktionskosten durch

---

[707] So Official Comment 4 zu § 507.

[708] Da es sich um die Bestimmung durch einen Dritten handelt, ist der Begriff der Rechtswahl allerdings nicht ganz treffend. Da es sich jedoch nicht um eine objektive Rechtsfindung bzw. -setzung durch ein Gericht bzw. eine Rechtsordnung handelt, kennzeichnet der Begriff das Phänomen besser, als der insofern irreführende Begriff der Kollisionsnorm.

[709] Official Comment 4 zu § 507. Im Umkehrschluss zur Regelung des § 507 U.C.C. wird es als ausgeschlossen erachtet, dass außerhalb eines Zahlungssystems eine Rechtswahl mit Drittwirkung vorgenommen werden kann, dazu SCHNEIDER, 114 Banking Law Journal 429, 446.

Erübrigung einer Verhandlungslösung zukommen zu lassen. Dem einheitlichen Kostensenkungsinteresse wird damit rechtliche Relevanz attestiert.

§ 507 (d) enthält eine Regelung, die sich als interne Kollisionsregel bezeichnen ließe, da sie das Verhältnis von Parteivereinbarung zu Rechtswahlbestimmungen in Zahlungssystemen betrifft. Ganz im Sinne der Parteiautonomie wird ersteren der Vorrang eingeräumt. Die Parteien sind also nicht gezwungen, die standardisierte Rechtswahl zu akzeptieren, können über die Durchsetzung ihres Rationalisierungsinteresses also selbst befinden. In § 507 (e) ist der weitere Fall geregelt, dass eine Überweisung über mehrere Zahlungssysteme abgewickelt wird. Treffen diese jeweils eine unterschiedliche Rechtswahl, so unterliegt der Regelungsgegenstand derjenigen der gewählten Rechtsordnungen, zu der die engste Verbindung (*most significant relationship*) besteht. Eine der Rechtswahlmöglichkeit für Zahlungssysteme ähnliche Bestimmungsmöglichkeit des anwendbaren Rechts sieht § 4A-107 U.C.C. für *Federal Reserve* Banken vor.

Wie eingangs der Untersuchung deutlich wurde, können im Rahmen eines Überweisungsvorganges sowohl das System von C.H.I.P.S. als auch dasjenige von *Fedwire* zum Einsatz gelangen.[710] Aufgrund deren immensen Bedeutung kann sich somit die Frage des anwendbaren Rechts nur unter Hinzuziehung dieser Zahlungsverkehrssysteme beantworten.

### (a) Rechtswahl bei *Fedwire*

*Fedwire* ist das von zwölf *Federal Reserve* Banken betriebene Zahlungssystem zur Abwicklung von Überweisungsvorgängen zwischen Zentralbanken. Als Regelungsregime besteht für die über Fedwire abgewickelten Vorgänge die so genannte *Regulation J* des *Board of Governors of the Federal Reserve System.*[711] Unterabschnitt (*subpart*) B dieser Regulierung befasst sich mit Banküberweisungen via *Fedwire* und gibt den Wortlaut von Artikel 4A U.C.C. wieder.[712] Eine besondere Stellung bei einer Überweisung mittels

---

[710] Siehe unten, . So werden etwa die Nettoposten nach der C.H.I.P.S. Saldierung über *Fedwire* verschoben.

[711] Regulation J, 12 CFR Part 210 (1996); hierzu SCHNEIDER, Article 4A: Developments at the Crossroad of Law and Foreign Bank Compliane (Part I), 114 Banking Law Journal 319, 320.

[712] 12 CFR §§ 210.25 - 210.32. Grundsätzlich stimmt die Regelung der *Regulation J* mit denjenigen des Artikels 4A U.C.C. überein. Es bestehen aber einzelne Abweichungen. Zu diesen HARREL, Payment system Issues – UCC Article 4A; Regulations J, S and D, 50 Consumer Finance Law Quaterly Report 49, 56. So ist etwa die Zeitspanne binnen deren ein Absender die Überweisungsbank über nicht-autorisierte Zahlungsanweisungen zu benachrichtigen hat von den 90 Tagen des § 4A-204 (a) auf 30 Tage verkürzt, 12 CFR § 210.28. Neben der *Regulation J* erlässt außerdem jede *Federal Reseve Bank* so genannte *operating circulars* in denen Einzelheiten wie etwa *cut-off hours* oder Sicherheitsverfahren festgelegt werden. Siehe auch SCHNEIDER, 114 Banking Law Journal 429, 437, insbesonde-

*Fedwire* nimmt die Frage nach dem anwendbaren Recht ein. Regelungen des *Board of Governors of the Federal Reseve System* kommt die Qualität vorrangigen Bundesrechts zu, so dass sich die Anwendbarkeit der *Regulation J* schon aus diesem Charakter ergeben könnte.[713] Wenngleich die Kompetenzgrundlage des § 4A-107 U.C.C. eine umfassende Geltungsanordnung der *Regulation J* auf Zahlungsvorgänge, deren nur ein Teil über *Fedwire* abgewickelt wurde, getragen hätte - so genannte *end to end coverage*[714] - verhält es sich etwas diffiziler. Die *Regulation J* genießt nicht ausnahmslos Vorrang gegenüber einzelstaatlichem Recht. Dies würde nämlich für das System von *Fedwire* gegenüber privaten Betreibern von Zahlungssystemen einen Wettbewerbsvorteil bedeuten, der sich nach Auffassung der Verfasser des Artikels 4A U.C.C. nicht alleine durch die Einschaltung von Zentralbanken in den Überweisungsvorgang rechtfertigen ließe. Aus diesem Grunde unterscheidet die *Regulation J* zwischen zwei Tatbeständen. Die Regelung genießt absoluten bundesrechtlichen Vorrang bezüglich derjenigen Beteiligten eines Zahlungsvorganges, die direkt mit einer Bundeszentralbank in rechtlicher Beziehung stehen.[715] Es finden dann die in der *Regulation J* wiedergegebenen materiellen Regelungen des Artikels 4A U.C.C. unmittelbar Anwendung.[716] Bezüglich solcher Beteiligter eines Zahlungsvorganges dagegen, die nicht in unmittelbarer Beziehung zu einer Bundeszentralbank stehen, so genannte *remote parties*, kommt der *Regulation J* der Charakter einer normalen Zahlungsverkehrsregelung zu.[717] Da der Verantwortungs- und Funktionsbereich der Bundeszentralbanken in diesem Fall nicht direkt betroffen ist, etwa durch Insolvenzrisiken anderer Banken, hat das *Board of Governors of the Federal Reseve System* von seiner umfassenden Regelungskompetenz zugunsten eines freien Wettbe-

re Fn. 25 zur Frage einer statischen oder dynamischen Verweisung bzw. Aufnahme von Änderungen des Artikels 4A U.C.C.

[713] 12 CFR § 210.25 (a) besagt „*Subpart B has the force and effect of federal law*“. Als Kompetenzgrundlage zum Erlass dieser Bundes-Regelung wird § 4A-107 U.C.C. genannt, vgl. die Anmerkung zu Regulation J, 55 Fed.Reg. 40, 791-40, 794, 798 vom 5.10.1990. Hierzu insgesamt SCHNEIDER, Article 4A: Developments at the Crossroad of Law and Foreign Bank Compliance (Part II), 114 Banking Law Journal 429, 433 ff. und HARREL, Payment system Issues – UCC Article 4A; Regulations J, S and D, 50 Consumer Finance Law Quaterly Report 49, 56.

[714] SCHNEIDER, 114 Banking Law Journal 429, 433, 435, m.w.N.

[715] 12 CFR § 210.25 (b) (2) (iii), dies sind Beteiligte, zu denen die Zentralbank *in privity of contract* steht, 55 Fed. Reg. 40, 791-40, 793 vom 5.10.1990.

[716] Es findet also nicht zunächst eine Befragung der dort ebenfalls enthaltenen Kollisionsnorm des § 4A-507 U.C.C. statt. Vgl. SCHNEIDER, 114 Banking Law Journal 429, 437. Anders dagegen HARREL, Payment system Issues – UCC Article 4A; Regulations J, S and D, 50 Consumer Finance Law Quaterly Report 49, 57. Er geht davon aus, dass zur Anwendung der *Regulation J* zunächst stets die dort enthaltene Kollisionsregel befragt werden muss.

[717] 12 CFR § 210.25 (b) (2) (v), 55 Fed. Reg. 40, 791-40, 792, 794 vom 5.10.1990.

werbs der Anbieter nicht Gebrauch gemacht.[718] In diesem Falle muss für die Ermittlung des anwendbaren Rechts zunächst die im Einzelstaat umgesetzte maßgebliche Kollisionsnorm des § 4A-507 U.C.C. nach dem Zahlungssystem befragt werden, dessen Regelungen anzuwenden sind.

### (b) Rechtswahl im Zahlungssystem C.H.I.P.S.

Neben der *Regulation J* stehen die Regelungen im Zahlungssystem von C.H.I.P.S. Diese beinhalten in Regel 3 eine Bestimmung zur Wahl des anwendbaren Rechts:

„*3. Choice of Law*
*The rights and obligations of Participants and all other parties to a funds transfer of which a CHIPS Payment message is a part, arising from the funds transfer or from these rules, shall be governed by the law of the State of New York.*"[719]

Nach dieser Regelung in C.H.I.P.S. findet also die in New York umgesetzte Version des Artikels 4A U.C.C. (N.Y.-U.C.C.)[720] umfassend Anwendung, wenn auch nur ein Teil der Banküberweisung über C.H.I.P.S. erfolgt.

### (c) Konfliktfälle

Es kann durch den janusköpfigen Charakter der *Regulation J* zur Anwendung unterschiedlicher Rechte auf einen Überweisungsvorgang kommen. Man nehme den Fall einer teilweise über *Fedwire* abgewickelten Überweisung, bei der die Empfängerbank in unmittelbarer Rechtsbeziehung mit *der Federal Reseve Bank* steht. Die Frage betrifft das anwendbare Recht auf den Überweisungsabschnitt zwischen Empfängerbank und Empfänger. Eine *remote party* ist hier nur der Empfänger.[721] Die Rechte und Pflichten der Empfängerbank unterstünden der *Regulation J* kraft deren bundesrechtlichen Vorrangs.[722] Dies würde aber nicht das Rechtsverhältnis zum Empfänger mit einschließen.[723] Diese Rechtsbeziehung könnte aber dennoch der *Regulation J*

[718] In der Anmerkung zu *Regulation J* findet sich die Aussage, dass dort, wo finanzielle Interessen der Zentralbanken nicht unmittelbar berührt sind, eine zwingende Anwendung der Regulation J nicht erforderlich ist, 55 Fed. Reg. 40, 791-40, 794, 801. Dazu und zum Vorstehenden SCHNEIDER, 114 Banking Law Journal 429, 436.
[719] CHIPS Rules and Administrative Procedures, January 2001.
[720] New York hat Artikel 4A *Uniform Commercial Code* wortlautgetreu umgesetzt, *New York Laws of 1990, Chapter 208, effective January 1st, 1991*, siehe New York Uniform Commercial Law, Matthew Bender 2002.
[721] Beispiel von SCHNEIDER, 114 Banking Law Journal 429, 438.
[722] 12 CFR § 210.25 (b) (2) (iii).
[723] Dies nimmt SCHNEIDER vorsichtig an, 114 Banking Law Journal 429, 438: „*presumably, this would not include ist rights and obligations vis-a-vis the beneficiary*".

infolge ihres Charakters als normaler Zahlungsregelung unterstehen.[724] Dafür käme es auf die Voraussetzungen des § 4A-507 (c) U.C.C. an. Der Empfänger müßte dann zu Beginn der Überweisung von der Möglichkeit der Überweisung via *Fedwire* gewußt haben sowie um die darin vorgesehene Rechtswahl zugunsten der *Regulation J*. Dann unterstünde der gesamte Überweisungsvorgang der *Regulation J* und somit der bundesrechtlichen Version des Artikels 4A U.C.C.

Anderes könnte sich bei der Einschaltung einer Zwischenbank ergeben. *Remote parties* wären dann sowohl die Empfängerbank als auch der Empfänger. Das Rechtsverhältnis zwischen der *Federal Reserve Bank* und der Zwischenbank unterstünde der *Regulation J* als bundesrechtlicher Regelung. Für das Rechtsverhältnis zwischen Zwischen- und Empfangsbank könnte sich die Geltung der *Regulation J* nur aus deren Charakter als Rechtswahlregelung ergeben. In diesem Falle könnte sich eine Überschneidung ergeben, wenn die Zwischenbank die Überweisung via C.H.I.P.S. an die Empfängerbank weitergeleitet hätte, da beide Zahlungssysteme eine Rechtswahl beinhalten. Es wäre dann die interne Kollisionsnorm des § 507 (e) zu bemühen, wonach das Recht anzuwenden ist, zu dem der Sachverhalt die engste Verbindung aufweist. Dies bedeutet wohl zumindest die Anwendung der jeweiligen Regelung auf den direkt über das entsprechende System abgewickelten Teilabschnitt.[725] Da sich aber Artikel 4A N.Y.-U.C.C. und die Bundesversion in Form der *Regulation J* weitestgehend decken und nur Abweichungen in Nuancen enthalten, besteht nur eine geringe Gefahr von Friktionen.

### 4. Ergebnis: Anwendbares Recht auf Bereicherungsansprüche

Für Direktkondiktionsansprüche der Überweisungsbank infolge fehlerhafter Banküberweisung ergibt sich nach dem dargestellten US-amerikanischen Rechtszustand, dass diese sich entweder aus der New Yorker Version des Artikels 4A U.C.C. ergeben, sofern bei einer Überweisung via C.H.I.P.S. die dort vorgesehene Rechtswahl dem bereicherten Empfänger gegenüber wirksam ist, was nur dann der Fall sein dürfte, wenn es sich um eine Zuviel- oder Mehrfachüberweisung handelt, nicht aber im Falle der abgeirrten

---

[724] 12 CFR § 210.25 (2) (v ). Von einer Metamorphose spricht SCHNEIDER 114 Banking Law Journal 429, 438 Fn. 48.

[725] Die offizielle Anmerkung zu *Regulation J* spricht sich in dieser Situation dafür aus, die C.H.I.P.S. Regelung solle zumindest insoweit Anwendung finden, als die Überweisung über dieses System abgewickelt werde. Im übrigen solle sich die *Regulation J* aufgrund ihres bundesrechtlichen Charakters durchsetzten. Appendix A zu Regulation J, Commentary (b) (3) zu § 210.25, bestätigend SCHNEIDER, 114 Banking Law Journal 429, 440. Dies scheint jedoch insoweit inkonsequent, als in diesem Falle die *Regulation J* gerade neben den privaten Zahlungsverkehrsregelungen stehen soll. Die anwendbare Regelung müsste sich also § 507 (e) bestimmen. Gleiches müsste im Verhältnis Empfängerbank – Empfänger gelten.

Überweisung. Dann kann der Empfänger schwerlich Kenntnis davon haben, die Überweisung würde über C.H.I.P.S. abgewickelt, es sei denn, man ließe das Wissen um die Üblichkeit oder die abstrakte Möglichkeit ausreichen. Dem so ermittelten *Bankstatut* unterstünde dann auch die Frage des Vertrauensschutzes zugunsten des Empfängers. Die *Regulation J* fände hingegen ohne weiteres Anwendung, wenn der Empfänger in direkter Rechtsbeziehung, sprich: Kontenbeziehung, zu der überweisenden *Federal Reseve Bank* stünde. Auf seine Kenntnis käme es nur dann an, wenn es sich bei ihm um eine *remote party* handelte, die nicht in direkter Bezeihung zu einer Bundeszentralbank steht.

Gilt dem Empfänger gegenüber die Zahlungsverkehrsregelung dagegen nicht, weil er zum einen nicht in direkter Rechtsbeziehung zu einer Bundesbank steht und zum anderen keine Kenntnis von einer durch ein Zahlungssystem getroffenen Rechtswahl hat, so verhält es sich wie im Falle des Fehlens einer Rechtswahl. Bei einem in New York verhandelten Fall müsste also New Yorker Kollisionsrecht befragt werden, welchem Recht ein Rückforderungsanspruch unterliegt. Die New Yorker Kollisionsregel ist diejenige des § 507 N.Y.-U.C.C. Danach ergäbe sich jedenfalls bei einer Hausüberweisung die vollständige Anwendung des Sitzrechtes der Bank. Ansonsten enthielte § 507 nur eine Bestimmung des anwendbaren Rechts im Deckungsverhältnis, nicht aber im Zuwendungsverhältnis. Es ergäbe sich damit zumindest für die Verteilung des Rückforderungsrisikos im Deckungsverhältnis das Recht am Sitz der Überweisungsbank. Im Übrigen bliebe es bei der allgemeinen Kollisionsregel des § 221 des *Restatement 2$^{nd}$ of Conflict of Laws*. Wie der Gerichtspraxis zu entnehmen ist, bedeutet dies dennoch nicht zwingend die Anwendung des Ortsrechts der Bereicherung, sondern gegenteilig des Sitzrechtes der Überweisungsbank, wenn die Überweisung dort abgewicklet wurde.

## III. Internationales Privatrecht in Deutschland

Ein ähnlich großes Einfallstor für internationale Fallbezüge auf materiellrechtlicher Ebene, wie es innerhalb des Artikels 4A U.C.C. gefunden werden konnte, existiert im deutschen Recht nicht. Verbindungen eines Sachverhalts zu dem Recht einer fremden Rechtsordnung finden daher primär im Rahmen des Kollisionsrechts Berücksichtigung, Art. 3 Abs. 1 EGBGB. In den Fällen fehlerhafter Banküberweisungen ist im deutschen Recht der Systembereich des Bereicherungsrechts eröffnet. Eine Einordnung in ein irgendwie geartetes Gesamtstatut[726] der Banküberweisung findet damit *a priori* nicht statt. Für das Bereicherungsrecht finden sich die kodifizierten Regelanknüpfungen in den Artikeln 32 Abs. 1 Nr. 5 und 38 EGBGB. Um ein Abgehen von den Regelanknüpfungen zu ermöglichen, besteht daneben die Ausweichklausel des Artikels 41 EGBGB, die bei einer wesentlich engeren Verbindung zu dem Recht eines anderen Staates eingreift. Unter Umständen können ähnliche *Erwägungen, wie sie im US-amerikanischen Kollisionsrecht zur Herausbildung eines Gesamtstatuts geführt haben*, über die *Ausweichklausel* Eingang in das deutsche IPR der fehlerhaften Banküberweisung finden. Zunächst aber sollen die Regelanknüpfungen untersucht werden.

### 1. Gesamtstatut der Primärbeziehungen bei der Banküberweisung – die Lehre vom Netzvertrag

Eine weitgehende Parallele zum US-amerikanischen Kollisionsrecht wäre zu verzeichnen, wenn die primären und sekundären (sprich: bereicherungsrechtlichen) Beziehungen der Beteiligten einer Banküberweisung in einem *Gesamtstatut der Banküberweisung* aufgehen würden. Eine solche Möglichkeit des kollisionsrechtlichen Gleichlaufes der Rückabwicklung mit der Primärbeziehung lässt sich anhand des Artikels 41 Abs. 1, 2 Nr. 1, 1.alt. EGBGB erzielen, der die akzessorische Anknüpfung des Bereicherungsausgleichs an eine zwischen den Beteiligten bestehende rechtliche Beziehung vorsieht. Um anhand dieser Vorschrift eine umfassende Verweisung für das gesamte Mehrpersonenverhältnis vorzunehmen wäre aber Voraussetzung, dass ein solch einheitliches Statut auf der Ebene der Primärverhältnisse existiert.

Dies wäre der Fall, wenn neben der rechtlichen Verbindung zwischen Überweisungsbank und Überweisendem und diesem und dem Empfänger auch die Überweisungsbank und der Überweisungsempfänger durch ein vertragliches Band verbunden wären. Das Sitzrecht der Bank wäre dann gemäß Artikel 28 Abs. 2 EGBG für dieses Vertragsverhältnis und bei akzessorischer Anknüpfung nach Artikel 41 Abs. 1 und 2 Nr. 1, 1.alt. EGBGB auch für den Be-

[726] Gesamtstatut ist hier, wie schon erläutert, nicht im Sinne der Einordnung einer Sache in eine Gesamtheit, etwa ein Vermögen, zu verstehen, sondern kennzeichnet die einheitliche kollisionsrechtliche Behandlung mehrerer Rechtsverhältnisse.

reicherungsausgleich maßgeblich. Außer im Fall der Hausüberweisung stehen jedoch nach dem vorherrschenden Verständnis im deutschen Recht der Überweisungsempfänger und die Überweisungsbank nicht in einer vertraglichen Beziehung zueinander, da die einzelnen Glieder der Überweisungskette als rechtlich selbständig angesehen werden.[727]

Etwas anderes ergibt sich jedoch nach der von MÖSCHEL begründeten *Lehre vom Netzvertrag.*[728] Danach stehen alle Beteiligten des Zahlungsvorgangs in einem vertraglichen Verhältnis. MÖSCHEL möchte aus den das Gesamtsystem bildenden rechtlich selbständigen Einzelverträgen eine neue dogmatische Kategorie des Netzvertrages bilden. Die im bargeldlosen Zahlungsverkehr bestehenden Einzelverträge konstituierten aufgrund ihrer wechselseitigen Aufeinanderbezogenheit und ihres einheitlichen Zwecks der Zahlungsdurchführung ein System. Die individualistischen Vertragsstrukturen würden durch ihre Einbettung in das Gesamtsystem des bargeldlosen Zahlungsverkehrs überlagert.[729] Durch diesen – unterhalb der Schwelle der Gesellschaft stehenden – Interessengleichlauf entstehe neben den Grundformen der Interessengegensätze, der Interessenwahrung und der Interessenverbindung eine vierte dogmatische Kategorie des Netzvertrages.[730]

Die sich daraus zwanglos ergebenden *rechtlichen Konsequenzen* weist MÖSCHEL in der vom bilateralen Modell ausgehenden Rechtspraxis als ebenfalls existent, aber mit erhöhtem Aufwand an Begründung nach. Es handelt sich zum einen um die Zurückdrängung von Warnpflichten aufgrund des einheitlichen (Netz)Vertragszwecks der schnellen und effektiven Zahlungsmittlung.[731] Für den Netzvertrag folgt die Verneinung derartiger Schutz- oder auch von Warnpflichten bei Zahlungsunfähigkeit aus der inhaltlichen Überlagerung der Einzelverträge in Richtung Zweckbegrenzung zur Zahlungsmittlung und

---

[727] Vgl. statt aller CANARIS, Bankvertragsrecht, Rn. 315, 393, m.w.N. Dies ergibt sich mittelbar auch aus den §§ 676a ff. BGB, die eine derartige vertragliche Beziehung nicht vorsehen. Die tatsächlichen Beziehungen, die nach Art. 41 Abs. 2 Nr. 1 EGBGB ebenfalls zu einer akzessorischen Anknüpfung führen können, fallen in den originären Anwendungsbereich der Ausweichklausel, ohne dass es zuvor der Konstruktion eines vertraglichen Bandes zwischen den Beteiligten bedürfte. Daher wird auf die tatsächlichen Bande an entsprechender Stelle eingegangen.

[728] MÖSCHEL, Dogmatische Strukturen des bargeldlosen Zahlungsverkehrs, AcP 186 (1986), S. 187 – 236. Der Ansatz wird erneut aufgegriffen von ROHE, Netzverträge.

[729] MÖSCHEL, AcP 186, 187, 222.

[730] MÖSCHEL, AcP 186, 187, 223.

[731] Paradigma ist die Herstatt-Entscheidung, worin der BGH hinsichtlich der Frage, ob die Bundesbank eine zahlungsunfähige Bank aus dem Abrechnungsverfahren hätte herausnehmen sollen ausführt, dass die Banken nur zum Zwecke des technisch einwandfreien, einfachen und schnellen Zahlungsverkehrs tätig werden und schon wegen dieses begrenzten Geschäftszwecks und der Massenhaftigkeit der Geschäftsvorgänge sich grundsätzlich nicht um die Interessen ihrer Kunden zu kümmern haben. Die Pflicht zur Herausnahme wurde somit verneint; BGH NJW 1978, 1852.

Durchführungsneutralität.[732] Andererseits erklärt die Annahme eines Netzvertrages die Überwindung der Mehrgliedrigkeit in Haftungsfragen. Erleidet der Überweisende einen Schaden durch das Fehlverhalten einer Zwischenbank, so steht ihm nach derzeitiger Rechtslage unter Umständen ein Anspruch aus Vertrag mit Schutzwirkung zu seinen Gunsten aus dem Verhältnis dieser Bank mit ihrem Auftraggeber oder ein gesetzlicher Direktanspruch zu. Mit der Lehre vom Netzvertrag ist es dagegen ohne weiteres möglich, dem wirtschaftlich Geschädigten einen Schadensersatzanspruch zu gewähren und die herkömmliche Vertragskette zu überspringen.[733] Ebenso lässt sich aus dem Netzvertrag die im Ergebnis auch nach derzeitiger Rechtslage beschränkte Möglichkeit von Haftungsbeschränkungen im Zweipersonenverhältnis zu Lasten des die Haftung ableitenden Dritten erklären. Haftungsbeschränkungen sind dann eben nur insoweit möglich, als es nach dem Vertragsverhältnis zu dem Schutzdestinatär, also dem Bankkunden, möglich ist.[734] Schließlich vermag der Netzvertrag problemlos die Möglichkeit eines Direktwiderrufs seitens des Überweisenden an die Empfangsbank über die Überweisungskette hinweg zu erklären.[735]

Die dogmatische Erklärung für das Zustandekommen des Netzvertrages liefert ROHE. Der Anschluß an den Netzverbund erfolgt demgemäß mit der institutionellen Anbindung an das bargeldlose Zahlungsnetz, etwa der Eröffnung eines Girokontos oder aber auch durch die Vornahme der jeweiligen Einzeltransaktion. Damit einher geht die konkludente Bevollmächtigung der

---

[732] MÖSCHEL, Dogmatische Strukturen, AcP 186, 187, 216. Ausnahmsweise greift diese Restriktion nicht ein, wenn sich ein Massenvorgang zu einem Einzelvorgang individualisiert hat, aaO, S. 217.

[733] MÖSCHEL, Dogmatische Strukturen, AcP 186, 187, 217 ff. Dadurch werden nach MÖSCHEL keine neuen Pflichten begründet, sondern die Identität von Pflichtenkreis und Schutzberechtigung hergestellt, indem dem Geschädigten die Aktivlegitimation zur Geltendmachung seines Schadens direkt gegen den Schädiger zuerkannt und die sinnlose Abwicklung über Eck vermieden wird. MÖSCHEL, aaO, S. 222 f. bemerkt selbst die Ähnlichkeit zu dem von Canaris postulierten einheitlichen gesetzlichen Begleitschuldverhältnis, Canaris, Schutzgesetze – Verkehrspflichten – Schutzpflichten, FS Larenz 1983, S. 27, 102 ff.

[734] MÖSCHEL, Dogmatische Strukturen, AcP 186, 187, 227. Aus der Rechtsprechung führt MÖSCHEL BGHZ 69, 82, 89 an, wo eine Haftungsfreizeichnung im Interbankenverhälntis nicht zu Lasten des Anspruchs des Kunden aus Einbeziehung in den Schutzbereich wirkte. Abgestellt wurde schlicht auf ein anderes Schuldverhältnis, in das der Dritte einbezogen sein sollte. Das OLG Frankfurt, WM 1984, 726, 728 nimmt in seiner Lösung den Tatbestand der Haftungsbeschränkung als nicht gegeben an, indem es der Bank grobe Fahrlässigkeit vorwirft. Das OLG Düsseldorf, WM 1982, 575, 577 hingegen erweitert den Blick der interbankären AGB-Kontroll auf den geschützten Dritten.

[735] Auch nach derzeitiger Rechtslage bestehen Bestrebungen, die zeitlich nachteilhafte und umständliche Weiterleitung des Widerrufs über die Zahlungskette zu überwinden, etwa anhand der Möglichkeit einer direkten Widerrufsankündigung; CANARIS, Bankvertragsrecht, Rn. 362, 365.

kontoführenden Bank mit den ständig wechselnden, gegenwärtigen und zukünftigen Netzbeteiligten zu kontrahieren.[736]

Jedoch wird die Annahme eines Netzvertrages schon auf der Ebene des materiellen Rechts zu Recht abgelehnt. Zum einen ist dem Netzvertrag vorzuwerfen, ebenso wie die schon bestehenden Modelle nur zweckgerichtet dahin zu gehen, Abwicklungsschwierigkeiten, die sich aus der personellen Komplexität ergeben, vermeiden zu wollen. Dies zeigt sich daran, dass es auch nach der Lehre vom Netzvertrag nur darum geht, Sekundäransprüche gegen alle Netzbeteiligten zuzulassen, Primäransprüche dagegen auf den direkten Vertragspartner zu beschränken.[737] Dem Anliegen, den Haftungsproblemen über ein konstruiertes Vertragsmodell Abhilfe zu schaffen dürfte überdies durch die detaillierte Regelung der §§ 676a BGB ff. und der dort vereinzelt vorgesehenen Direktansprüche des Geschädigten gegen den Schädiger der Boden entzogen worden sein.[738] In konstruktiver Hinsicht wird dem Netzvertrag vorgeworfen, er sei nicht mit der deutschen Rechtsgeschäftslehre zu vereinbaren, da nicht davon ausgegangen werden könne, die einzelnen Beteiligten wollten mit einer Vielzahl von Unbekannten kontrahieren.[739] Auch wird ein unmittelbares Weisungs- und Widerrufsrecht des Überweisenden wegen der damit verbundenen Identifizierungsprobleme als nicht sachgerecht empfunden.[740] Insoweit scheint es nicht angezeigt, diese auf materiellrechtlicher Ebene nicht durchsetzungsfähige Figur auf der Ebene des internationalen Privatrechts fortzusetzen.

Ein einheitliches, alle Fragen der Primär- und Sekundärrechtsverhältnisse umfassendes Staut der Banküberweisung, wie es im US-amerikanischen Recht weitgehend besteht, lässt sich über das deutsche IPR nicht so zwanglos begründen, da es auf Primärebene an einem plurilateralen Statut fehlt. Die bereicherungsrechtliche Rückabwicklung folgt damit – wie auf Ebene des materiellen Rechts – zunächst ihren eigenen kollisionsrechtlichen Regeln.

## 2. Das deutsche internationale Bereicherungsrecht

Bei der Abhandlung des materiellen deutschen Banküberweisungsrechts wurde ausgeführt, dass die Rückabwicklung fehlerhafter Banküberweisungen funktional dem Recht der ungerechtfertigten Bereicherung zukommt. An dieser Stelle soll das deutsche *Internationale Bereicherungsrecht* nach dem anwendbaren Recht befragt werden. Im deutschen Internationalen Bereicherungsrecht hat sich spätestens seit den grundlegenden Ausführungen von ZWEIGERT die Auffassung durchgesetzt, dass nicht alle Arten von Bereiche-

[736] ROHE, Netzverträge, S. 170 f.
[737] Siehe ROHE, Netzverträge, S. 171.
[738] Vgl. hierzu Palandt-SPRAU, Vorbemerkung vor §§ 676a-676h, Rn. 8.
[739] EINSELE, Haftung der Kreditinstitute bei nationalen und grenzüberschreitenden Banküberweisungen, AcP 198 (1998), 145, 173.
[740] CANARIS, Bankvertragsrecht, Rn. 393.

rungsansprüchen in gleicher Weise anzuknüpfen sind, sondern dass es einer typologisch untergliederten Kollisionsnorm für die einzelnen Bereicherungsansprüche bedarf.[741] Somit wurden im Hinblick auf die Leistungs-, die Eingriffs- und die Kondiktionen aufgrund Bereicherung in sonstiger Weise gesonderte Anknüpfungen ausgebildet.[742] Diese Einteilung liegt auch der mit dem Gesetz zum internationalen Privatrecht der außervertraglichen Schuldverhältnisse und Sachen vom 21. Mai 1999 erstmals in Artikel 38 EGBGB kodifizierten Kollisionsnorm für Bereicherungsansprüche zugrunde.[743] Der neu geschaffene Artikel 38 EGBGB enthält drei Anknüpfungstatbestände für Bereicherungsansprüche. Bereicherungsansprüche wegen erbrachter Leistung unterliegen nach Absatz 1 der Vorschrift dem Recht, das auf das Rechtsverhältnis, auf das die Leistung bezogen ist, Anwendung findet. Für Ansprüche wegen Eingriffs in ein geschütztes Interesse sieht Absatz 2 die Anwendung des Rechts des Eingriffsortes vor. Artikel 38 Absatz 3 unterstellt Ansprüche in sonstigen Fällen der Bereicherung dem Recht des Ortes, an dem die Bereicherung eingetreten ist.

Die Kodifikation gibt im Wesentlichen den Stand der zuvor bestehenden Rechtsprechung und herrschenden Meinung im Schrifttum wieder.[744] Allerdings hat der Gesetzgeber von einer expliziten Regelung der Mehrperso-

---

[741] ZWEIGERT, Bereicherungsansprüche im internationalen Privatrecht, SJZ 1947, Spalten 248 – 253. Aus einem rechtsvergleichenden Blickwinkel gewinnt ZWEIGERT die Einsicht, dass die Funktion des Bereicherungsrechts, rechtsgrundlose Wertverschiebungen rückabzuwicklen, in anderen Rechtsordnungen von anderen Instituten, etwa sachenrechtlichen, deliktischen oder vertraglichen wahrgenommen wird. Zur Wahrung der internationalen Entscheidungsharmonie will er aus diesem Grunde für Bereicherungsansprüche das Statut entscheiden lassen, das das Schicksal der Wertverschiebung vom Geschmälerten zum Bereicherten beherrscht. Isolierte dingliche Wertverschiebungen sollen somit dem Sachstatut, die im Rahmen einer obligatorischen Beziehung erfolgt sind nach deren Statut behandelt werden, aaO, Spalten 252, 253. In einem späteren Aufsatz mit MÜLLER-GINDULLIS verfeinert ZWEIGERT seinen Ansatz um weitere Differenzierungen, siehe ZWEIGERT / MÜLLER-GINDULLIS, Quasi-Contracts, International Encyclopedia of Comparative Law, Vol. III, Ch. 30. Siehe insgesamt zum deutschen internationalen Bereicherungsrecht die jüngste Untersuchung von EILINGHOFF, Das Kollisionsrecht der ungerechtfertigten Bereicherung nach dem IPR-Reformgesetz von 1999.

[742] Einen geschichtlichen Überblick gibt VON BAR, Internationales Privatrecht, Band II, Rn. 730 – 732; ausführlich PLAßMEIER, Ungerechtfertigte Bereicherung im Internationalen Privatrecht, S. 26 - 73.

[743] BGBl. I S. 1026. BT Drucks. 14 / 343, Gesetzentwurf des Bundestages; BR Drucks. 759 / 98, Gesetzentwurf der Bundesregierung. Siehe zur Kodifikation KREUZER, Die Vollendung der Kodifikation des deutschen Internationalen Privatrechts durch das Gesetz zum Internationalen Privatrecht der außervertraglichen Schuldverhältnisse und Sachen vom 21.5.1999, RabelsZ 65 (2001) S. 348 ff.

[744] LORENZ, Fehlerhafte Banküberweisung mit Auslandsberührung, NJW 1990, S. 607, 609, im Hinblick auf den zugrunde liegenden Vorschlag des Deutschen Rates für IPR; VON BAR, Internationales Privatrecht, Band II, Rn. 732; EINSELE, Das Kollisionsrecht der ungerechtfertigten Bereicherung, JZ 1993, S. 1025, 1026.

nenverhältnisse abgesehen.[745] Er hat lediglich darauf hingewiesen, dass auch sie von der Neuregelung angemessen erfasst werden könnten. Der um ebendiese angemessene Anknüpfung geführte Streit ist jedoch kein neuer, sondern stellt sich als Fortsetzung einer schon vor der Kodifikation geführten Kontroverse dar, die aber durch die gesetzliche Regelung erneut angeheizt wurde. Zunächst aber sollen die Regelanknüpfungen kurz dargestellt werden, um anschließend eine Einordnung der Mehrpersonenverhältnisse vorzunehmen.

### a) Anknüpfung der Leistungskondiktion

#### (1) Anknüpfungsregel

Nach Artikel 38 Abs. 1 EGBGB unterliegen Bereicherungsansprüche wegen erbrachter Leistung dem Recht, das auf das Rechtsverhältnis Anwendung findet, auf das die Leistung bezogen ist. Damit ist die schon zuvor von der h.M. vertretene akzessorische Anknüpfung der Leistungskondiktion an das zugrunde liegende Schuldverhältnis Gesetz geworden.[746] Mit der Kodifikation der anlehnenden Anknüpfung an das zugrunde liegende Kausalverhältnis ist insbesondere solchen Ansätzen der Boden entzogen worden, die für eine Vorgeblichkeit entweder des Statuts des Verfügungsgeschäftes oder des Vernichtungsstatuts eingetreten sind.[747] Für einen wesentlichen Bereich ergibt sich die akzessorische Anknüpfung der Leistungskondiktion allerdings schon aus dem auf Artikel 10 Abs. 1 lit. e) EVÜ beruhenden Artikel 32 Abs. 1 Nr. 5 EGBGB. Danach ist das auf einen Schuldvertrag anzuwendende Recht auch maßgebend für die Folgen der Nichtigkeit des Vertrages, wozu auch dessen bereicherungsrechtliche Rückabwicklung zählt.[748] Außerhalb der Fälle der Nichtigkeit von Schuldverträgen oder bei Eingreifen einer der Bereichsausnahmen des Artikels 37 EGBGB bedarf es des Rückgriffs auf Artikel 38 Abs. 1 EGBGB. Praktikabilitätserwägungen sprechen dafür, jedwede Leistungskondiktion unter den weiteren Anwendungsbereich von Artikel 38 Abs. 1 EGBGB zu fassen.[749] Lediglich bei der Frage nach der Beachtlichkeit einer Rück- oder Wei-

[745] BR Drucks. 759 / 98, Gesetzentwurf der Bundesregierung, S. 15. BT Drucks. 14 / 343, Gesetzentwurf des Bundestages, S. 8, rechte Spalte.

[746] Siehe für die akzessorische Anknüpfung nur EINSELE, Das Kollisionsrecht der ungerechtfertigten Bereicherung, JZ 93, 1025; SCHLECHTRIEM, Internationales Bereicherungsrecht, IPRax 1995, S. 65; PLAßMEIER, Ungerechtfertigte Bereicherung im Internationalen Privatrecht, S. 333.

[747] Vgl. zu ersterem VON BAR, IPR, Band II, Rn. 735. Das Verfügungsstatut entscheide nicht über das „Ob“ einer Rückleistungspflicht, sondern nur über das „Wie“. Das Vernichtungsstatut heranziehen will BYDLINSKI, Anmerkung zu OGH vom 24.6.1959, ZfVR 1961, 22, 30 f. Dagegen schon vor der Kodifikation LORENZ, FS Zweigert, S. 206.

[748] Siehe VON BAR, Internationales Privatrecht, Band II, Rn. 733 und EINSELE, Das Kollisionsrecht der ungerechtfertigten Bereicherung, JZ 1993, S. 1025, außerdem den Bericht von GUILIANO / LAGARDE, BT Drucks. 10/503, S. 33, 65.

[749] A.A. Palandt-HEINRICHS, EG 38 Rn. 2, m.w.N. auch zur Gegenauffassung.

terverweisung kann unter Umständen eine genaue Abgrenzung erforderlich werden, da sie für Artikel 32 Abs. 1 Nr. 5 EGBGB durch Artikel 35 EGBGB ausgeschlossen, ansonsten nach Artikel 4 Abs. 1 S. 1 EGBGB grundsätzlich zu beachten ist.[750] Überwiegend wird die Beachtlichkeit eines *renvoi* bei akzessorischer Anknüpfung der Leistungskondiktion jedoch ohnehin als ausgeschlossen erachtet.[751]

Als sachliche Rechtfertigung der akzessorischen Anknüpfung von Leistungskondiktionen erscheinen mehrere Gesichtspunkte. Früh führte das Reichsgericht aus, die Frage nach dem Rechtsgrund sei entscheidende Vorfrage der Rückabwicklung, weshalb diese insgesamt nach dem dort geltenden Recht zu beurteilen sei.[752] In der Literatur wird auf das einheitliche Rückabwicklungsregime vertraglicher und bereicherungsrechtlicher Ansprüche verwiesen, das es nicht durch unterschiedliche Anknüpfung zu zerreißen gelte. Bei gemeinsamem Statut würden Qualifikations- und Anpassungsprobleme vermieden.[753] Auf Genese und Funktion wird außerdem rekurriert, der Bereicherungsanspruch erwachse aus dem Schuldverhältnis und diene dazu, das gescheiterte Schuldverhältnis rückabzuwickeln.[754] Schließlich findet sich der Hinweis auf die Parteierwartungen, die aufgrund der Zuordnung der Zuwendung zu einem Schuldverhältnis dahingingen, das dort anwendbare Recht gelte einheitlich für damit zusammenhängende Fragen.[755]

---

[750] Abgrenzungsbeispiele bei BUSSE, Internationales Bereicherungsrecht, S. 88 f. Artikel 32 Abs. 1 Nr. 5 EGBGB greift nicht bei wirksamem Vertrag, aus dem sich aber kein Behaltensgrund ergibt, etwa bei Zuviel- oder Falschlieferung. Ebenso unterfallen Artikel 38 Abs. 1 EGBGB die *condictio ob rem*, wenn ein wirksamer Vertrag nicht zustande gekommen ist, die *condictio ob turpem vel inustam causam*, wenn lediglich der Zuwendungsakt von der Sittenwidrigkeit erfasst ist, Fälle der dauernden Einreden im Sinne des § 813 Abs. 1 BGB sowie die sonstigen Fälle, in denen es an einem wirksamen Vertrag nicht aufgrund dessen Nichtigkeit fehlt und schließlich die Fälle der Leistung auf eine Schuld, die nicht aus einem Schuldvertrag, sondern etwa aus Delikt resultiert. Weitere Fälle bei VON BAR, Internationales Privatrecht, Band II, Rn. 734.

[751] SCHLECHTRIEM, Gutachten, S. 43; ders., Internationales Bereicherungsrecht, IPRax 1995, S. 65, 70; VON BAR, Internationales Privatrecht, Band II, Rn. 744; MüKo-KREUZER, I vor Art. 38 EGBGB Rn. 6; PLAẞMEIER, Ungerechtfertigte Bereicherung im Internationalen Privatrecht, S. 329; BUSSE, Internationales Bereicherungsrecht, S. 211.

[752] Urteil vom 4.5.1932, SeuffA 86, 257 = IPRspr. 1932 Nr. 38. Dass es sich kollisionsrechtlich um eine Hauptfrage handelt streicht LORENZ, FS Zweigert, S. 204 heraus. Vgl. hierzu den (unten vorgestellten) Ansatz PLAẞMEIERS, der ebenfalls von einer – allerdings kollisionsrechtlich von der Hauptfrage untrennbaren – Vorfrage ausgeht, PLAẞMEIER, Ungerechtfertigte Bereicherung im Internationalen Privatrecht, S. 306 ff.

[753] EINSELE, Das Kollisionsrecht der ungerechtfertigten Bereicherung, JZ 93, 1025 und HAY, Ungerechtfertigte Bereicherung im internationalen Privatrecht, S. 64; PLAẞMEIER, Ungerechtfertigte Bereicherung im Internationalen Privatrecht, S. 334.

[754] VON HOFFMANN, IPR, § 11 Rn. 3.

[755] BUSSE, Internationales Bereicherungsrecht, S. 96.

### (2) Qualifikation

Damit eine akzessorische Anknüpfung nach Art. 32 Abs. 1 Nr. 5 oder 38 Abs. 1 EGBGB erfolgen kann, muss der geltend gemachte Anspruch als Leistungskondiktion zu qualifizieren sein. Auslegungsstatut der Kollisionsnormen des EGBGB ist deutsches Recht als *lex fori*[756], was jedoch nicht die Vorgeblichkeit der materiell-rechtlichen Begriffe des deutschen Zivilrechts bedingt, da das IPR vom Sachrecht unabhängige, autonome Begriffe verwendet.[757] Bei funktionaler Qualifikation sind Ansprüche aus Leistungskondiktion solche, die der Rückabwicklung einer auf ein Rechtsverhältnis bezogenen Zuwendung dienen, ohne vertraglicher Natur zu sein.[758] Bei der Zuwendung muss es sich um eine dem Anspruchsteller zurechenbare Vermögensmehrung auf seiten des Empfängers handeln. Woraus sich diese Zurechnung ergibt, ist umstritten und wird insbesondere in den sogleich zu besprechenden Mehrpersonenverhältnissen virulent. Als Grundsatz kann an dieser Stelle für das bipolare Verhältnis festgehalten werden, dass sich die Zurechnung als Zuwendung nach dem Forderungsstatut als Bereicherungsstatut richtet. Für die Einordnung in die Kollisionsnorm für Leistungskondiktionen ist ausreichend, dass der Anspruchsteller geltend macht, er habe eine Zuwendung erbracht, etwa indem er darlegt, die Vermögensmehrung des Empfängers beruhe auf seiner bewußten Handlung.[759]

Das zweite Merkmal der Bezogenheit auf ein Schuldverhältnis gliedert sich in zwei Fragestellungen. Die erste geht dahin, ob es sich um ein beiderseits angestrebtes Schuldverhältnis handeln muss oder ob genügt, dass der Zuwendende auf ein von ihm angenommenes Schuldverhältnis leistet. BUSSE tritt dafür ein, beide Parteien müssten ein Schuldverhältnis angestrebt haben,

---

[756] MüKo-SONNENBERGER, Einleitung IPR, Rn. 355; VON BAR, IPR, Band I, Rn. 600 (S. 515); VON BAR / MANKOWSKI, IPR, Band I, § 7 Rn. 138 (S. 637), 173 (S. 658); Palandt-HELDRICH, Einleitung von Art. 3 EGBGB, Rn. 27; aus der Rechtsprechung nur BGH vom 19.12.1958, BGHZ 29, 137, 139 (Handschuhehe als Formvorschrift), weitere Nachweise aus der Rechtsprechung bei HELDRICH, aaO.

[757] VON BAR, IPR, Band I, Rn. 600 (S. 515), VON BAR / MANKOWSKI, IPR, Band I,§ 7 Rn. 173 (S. 658); Palandt-HELDRICH, Einleitung von Art. 3 EGBGB, Rn. 27; LORENZ, IPRax 1985, S. 328, 329 führt aus, der im internen Recht erarbeiteten Typologie der Bereicherungsansprüche könne für das IPR nicht mehr als eine Indizwirkung zukommen.

[758] BUSSE, Internationales Bereicherungsrecht, S. 216; LORENZ, FS Zweigert, S. 202 f. bleibt näher am Begriff des deutschen materiellen Bereicherungsrechts, indem er definiert es gehe um die Rückabwicklung bewußter und zweckgerichteter, schuldrechtlich fehlgeschlagener Vermögensbewegungen. BUSSE, aaO, wirft daneben die interessante Frage auf, ob eine unmittelbare Qualifikation und Zuordnung zu den einzelnen Kondiktionstypen erfolgen kann, oder ob zunächst festzustellen ist, ob es sich um einen Anspruch aus ungerechtfertigter Bereicherung handelt, um erst dann die Feinzuordnung innerhalb der Verweisungsvorschrift für Bereicherungsansprüche vorzunehmen. Auch die unmittelbare Zuordnung erfordert aber die Einordnung als Anspruch bereicherungsrechtlicher Art, so dass sie aus Gründen der Rationalisierung des Rechtsfindungsprozesses vorzuziehen ist.

[759] So auch BUSSE, Internationales Bereicherungsrecht, S. 101 f.

andernfalls rechtfertige sich dem Zuwendungsempfänger gegenüber die Anwendung eines ihm fremden Rechts nicht. Entsprechend dem Gedanken des Artikels 31 Abs. 2 EGBGB dürfe es dem Zuwendenden nicht möglich sein, dem Empfänger eine Rechtsordnung aufzudrängen.[760] Indes kann dem so pauschal nicht gefolgt werden. Artikel 31 Abs. 2 EGBGB schließt die Anwendung des fremden Rechts nur dann aus, wenn es der materiell-rechtlichen Wertung des Umweltrechts des Empfängers widerspricht.[761] Auch SCHLECHTRIEM geht in dem Artikel 38 EGBGB zugrunde liegenden Gutachten davon aus, ein einseitiger Bezug zu einem Schuldverhältnis genüge.[762] Auch in der Rechtsprechung findet sich diese Ansicht.[763] Dennoch ist aus Erwägungen des international- privatrechtlichen Vertrauensschutzes bei den so genannten abgeirrten Leistungen die Anknüpfung an das Umweltrecht des Bereicherten wohl vorherrschend.[764] Die zweite Fragestellung betrifft die Zuordnung der Zuwendung zu dem Rechtsverhältnis, also die Frage, nach welchem Recht sich bemisst, ob die Zuwendung auf das Schuldverhältnis „bezogen"

---

[760] BUSSE, Internationales Bereicherungsrecht, S. 102. Für ihn ergibt sich daraus, dass im Falle der Leistung an einen falschen Empfänger, etwa aufgrund Namensverwechslung, kollisionsrechtlich keine Leistung vorliegt, auch wenn dies unter Umständen nach materiellem Bereicherungsrecht der Fall sei. Auch LORENZ, FS Zweigert, S. 203 spricht von einer Leistungskondiktion nur, wenn es sich um eine von den Parteien übereinstimmend angenommene Leistungspflicht handelt.

[761] Für das deutsche Recht ergibt sich etwa, dass der Empfänger einer Zuwendung vor den negativen Folgen einer Leistungskondiktion auch dann nicht verschont bleibt, wenn nur der Zuwendende davon ausgeht, er sei dem Empfänger verpflichtet, etwa weil dieser denselben Namen trägt wie der tatsächliche Gläubiger. Bestätigt findet sich diese Wertung positiv in § 241a Abs. 2 BGB, wonach der generelle Anspruchsausschluss infolge der Zusendung unbestellter Waren dann nicht eingreift, wenn der Leistende irrig von einer Bestellung des Empfängers ausgegangen ist. Nur dem „bösgläubigen" Leistenden ist damit eine Kondiktion verwehrt.

[762] SCHLECHTRIEM, Gutachten, S. 40.

[763] OLG Köln vom 16.10.1992, IPRax 1994, 210, 213. In dem Fall war der französische Empfänger von der Zuwendung eines in Deutschland ansässigen Dritten in Erfüllung eines vermeintlich mit diesem bestehenden Vertrag ausgegangen. Der ebenfalls in Deutschland befindliche tatsächlich Zuwendende war aber von einer eigenen Verbindlichkeit ausgegangen. Auf den Bereicherungsanspruch des Zuwendenden wandte das Gericht das deutsche Recht des putativ-Verkäufers an, obwohl es im kollisionsrechtlichen Sinne an einem beiderseits angestrebten Rechtsverhältnis fehlte. Allenfalls die Überlegung, auch das Verhältnis zu dem Dritten hätte bei seinem Zustandegekommen deutschem Recht unterstanden und darin liege eine wesentlich engere Verbindung zum deutschen Recht auch des Verhältnisses von Empfänger zu Zuwendendem hätte eine akzessorische Anknüpfung bei Festhalten an dem Erfordernis des beidseitigen Anstrebens des Schuldverhältnisses gerechtfertigt. Diese Überlegung stellt das Gericht aber nicht an. Zu dieser Überlegung, im Ergebnis ablehnend, LORENZ, FS Zweigert, S. 212 f. Er plädiert für die Anwendung des Ortsrechts des Erwerbstatbestandes. Siehe auch dens., IPRax 1985, S. 328, 329.

[764] LORENZ, FS Zweigert, S. 211 f. und 214 für die Intervention im Sinne des § 267 Abs. 1 BGB; ebenso ders., IPRax 1985, S. 328, 329; EINSELE, Das Kollisionsrecht der ungerechtfertigten Bereicherung, JZ 1993, S. 1025, 1032.

wurde. Praktisch stellt sich die Frage im bipolaren Verhältnis etwa bei Bestehen mehrerer Kaulsaverhältnisse, auf die eine Zuwendung erfolgt sein könnte. Kollisionsrechtlich besteht in diesem Erfordernis das Bindeglied zwischen Vermögensverschiebung und Schuldverhältnis, das die Erstreckung des auf dieses anwendbaren Rechts auf die Rückabwicklung jener rechtfertigt. Nach herrschender Meinung ist diese Zurechnung nach dem Forderungsstatut zu beurteilen. Untersteht die Zurechnung einer Zuwendung als Erfüllung gemäß Artikel 32 Abs. 1 Nr. 2 EGBGB diesem Statut, so kann bei Unwirksamkeit des Vertrages für das Bereicherungsrecht nicht anders entschieden werden.[765]

### b) Qualifikation und Anknüpfung der Eingriffskondiktion

Unter Artikel 38 Abs. 2 EGBGB fallen die Ansprüche wegen Bereicherung durch Eingriff. Danach sind Ansprüche, die aus dem Eingriff in ein rechtlich geschütztes Interesse erfolgen dem Recht des Staates zu unterstellen, in dem der Eingriff geschehen ist. Damit ist der vor der Kodifikation vorhandenen Strömung, solche Ansprüche nach dem die Vermögensverschiebung beherrschenden Recht zu behandeln, eine Absage erteilt.[766] Mit der Anknüpfung an den Eingriffsort ist insbesondere der wünschenswerte Gleichlauf mit deliktischen Ansprüchen sichergestellt, die nach Artikel 40 Abs. 1 S. 1 EGBGB grundsätzlich dem Recht des Handlungsortes unterstehen. Auf diese Weise werden Qualifikations- und Anpassungsschwierigkeiten reduziert.[767] Dem Statut der Eingriffskondiktion untersteht insbesondere die Frage danach, ob die betreffende Rechtsposition gegen schuldlose Eingriffe geschützt ist, ob ihr also – nach deutscher Terminologie – ein Zuweisungsgehalt zukommt.[768] Abzugrenzen sind die beiden Normen funktionell. Bereicherungsrechtliche Ansprüche wegen Eingriffs dienen nicht der Verhaltenssteuerung sondern der Abschöpfung einer Vermögensmehrung und sind deshalb zum einen verschuldensunabhängig und richten sich zudem nicht unbedingt gegen den Handeln-

---

[765] Siehe nur SCHLECHTRIEM, Gutachten, S. 39; BUSSE, Internationales Bereicherungsrecht, S. 105.

[766] Auch in der Rechtsprechung des BGH waren derartige Tendenzen auszumachen, Urteil vom 4.2.1960, NJW 1960, 774, 775. Siehe aus der Literatur EINSELE, Das Kollisionsrecht der ungerechtfertigten Bereicherung, JZ 93, 1025, 1030, 1033. Unterschiede ergeben sich hauptsächlich im Bereich nicht-körperlicher Gegenstände, etwa bei Forderungen, siehe hierzu SCHLECHTRIEM, Internationales Bereicherungsrecht, IPRax 1995, S. 65, 67.

[767] VON BAR, IPR, Band II, Rn. 739; SCHLECHTRIEM, Internationales Bereicherungsrecht, IPRax 1995, S. 65, 68 f.; kritisch EINSELE, Das Kollisionsrecht der ungerechtfertigten Bereicherung, JZ 93, 1025, 1028 f. Gänzlich ist der Gleichlauf allerdings nicht zu wahren, da der Deliktsgeschädigte nach Artikel 40 Abs. 1 S. 2 EGBGB bei Distanzdelikten auch das Recht des Erfolgsortes wählen kann. Dafür ist jedoch zum einen die Bestimmung des Geschädigten erforderlich, die zum anderen zeitlich beschränkt ist, vgl. Artikel 40 Abs. 1 S. 3 EGBGB. VON BAR, aaO, plädiert aus diesem Grunde für eine Übernahme der Ubiquitätsregel in das Bereicherungsrecht.

[768] SCHLECHTRIEM, Internationales Bereicherungsrecht, IPRax 1995, S. 65, 69; ders., Gutachten, S. 51 f.

den, sondern gegen denjenigen, dem der Vermögensvorteil zugeflossen ist.[769] Deliktische Ansprüche dagegen beruhen auf einem Fehlverhalten und dienen der Schadenskompensation.

### c) Anknüpfung der sonstigen Kondiktionen

Die sonstigen Fälle der Ansprüche aus ungerechtfertigter Bereicherung sind Gegenstand der Auffangregel des Artikels 38 Abs. 3 EGBGB und unterstehen dem Recht des Staates, in dem die Bereicherung eingetreten ist. Ein klar konturierter Begriff der Bereicherung im sonstigen Fall existiert nicht, womit nur eine Negativabgrenzung zu den Fällen der Leistungs- und der Eingriffskondiktion bleibt. Damit fallen unter diese Vorschrift insbesondere Zuwendungen, die keinem zugrunde liegenden Rechtsverhältnis zugeordnet werden können[770] und nicht durch Eingriff des Bereicherten eingetreten sind[771]. Die räumliche Anknüpfung solcher Ansprüche stellt das kollisionsrechtliche Korrelat des Schutzes vor aufgedrängter Bereicherung dar.[772]

Vor der Kodifikation war umstritten, welchem Recht die Fälle der sonstigen Bereicherung zu unterstellen sein sollten. Vorgebracht wurde neben der Anknüpfung an den Ort des Eintritts der Bereicherung[773] die Anwendung der *lex rei sitae*[774], des die Vermögensverschiebung beherrschenden Rechts[775] sowie des Umweltrechts des Bereicherten[776]. Das Gesetz hat den Streit zwar im Sinne des Ortsrechts des Bereicherungseintritts aufgelöst, doch dürfte dies in der Regel mit dem Wohnsitz des Bereicherten übereinstimmen.[777] Eine Abweichung ergibt sich, wenn die Bereicherung nicht im Wohnsitzstaat des Schuldners eintritt, beispielsweise bei einer Überweisung auf ein im Ausland unterhaltenes Bankkonto. Für diesen Fall aber galt schon für die alte Kontroverse der von LORENZ geprägte Satz, wer Bankkonten im Ausland unterhalte, müsse sich auf die Anwendung fremden Ortsrechts einstellen.[778]

---

769 Siehe hierzu in materieller Hinsicht LARENZ / CANARIS, Schuldrecht II, 2, § 69 I 1 b) (S. 170). Anders dagegen REUTER / MARTINEK, Ungerechtfertigte Bereicherung, § 7 II 2 (S. 245), die in der Eingriffskondiktion einen quasideliktischen Anspruch erblicken.

770 Vgl. zu den darunter zu fassenden Fällen LORENZ, FS Zweigert, S. 228.

771 EINSELE, Das Kollisionsrecht der ungerechtfertigten Bereicherung, JZ 1993, S. 1025, 1030.

772 BUSSE, Internationales Bereicherungsrecht, S. 165.

773 VON BAR, IPR, Band II, Rn. 741; SCHLECHTRIEM, Gutachten, S. 57 f. und Internationales Bereicherungsrecht, IPRax 1995, S. 65, 69.

774 Für die Verwendungskondiktion REUTER / MARTINEK, Ungerechtfertigte Bereicherung, S. 786; allgemein hierzu und zu angebrachten Ausnahmen die Ausführungen bei LORENZ, FS Zweigert, S. 199, 228 ff. Kritischer ders., IPRax 1985, S. 328 f.

775 EINSELE, Das Kollisionsrecht der ungerechtfertigten Bereicherung, JZ 93, 1025, 1033.

776 BGH vom 25.9.1986, IPRax 1987, 186.

777 So schon EINSELE, Das Kollisionsrecht der ungerechtfertigten Bereicherung, JZ 1993, 1025, 1031.

778 IPRax 1985, 328, 329. Dieses Ergebnis bestätigt FISCHER, Die Neuregelung des Kollisionsrechts der ungerechtfertigten Bereicherung und der Geschäftsführung ohne Auftrag im

## d) Ausweichklausel

Artikel 41 Abs. 1 EGBGB bestimmt, dass im Falle einer wesentlich engeren Verbindung zu dem Recht eines anderen Staates als nach Artikel 38 EGBGB maßgeblich, das Recht dieses Staates Anwendung finden soll. In Artikel 41 Abs. 2 EGBGB finden sich Regelbeispiele einer solch engeren Verbindung.

An eine von der räumlichen Anknüpfung in Fällen der Eingriffs- oder sonstigen Kondiktion abweichende Anknüpfung ist insbesondere bei einem Zusammenhang des bereichernden Vorganges mit einer zwischen den Parteien bestehenden Rechtsbeziehung zu denken. LORENZ verweist auf den Fall der Versteigerung eines deutschen Schiffes in einem ausländischen Hafen. Ist bei der nach ausländischem Ortsrecht erfolgten Erlösverteilung ein nach deutschem Recht vorrangiges Schiffsgläubigerrecht nicht berücksichtigt worden oder hat ein Gläubiger mehr erhalten als ihm zustand, so erfolgt der Bereicherungsausgleich nach deutschem Recht.[779] Remedium dieser von der Grundregel abweichenden Anknüpfung ist Artikel 41 Abs. 1 und 2 Nr. 1, 1. alt. EGBGB. Neben der Berücksichtigung einer zwischen den Parteien bestehenden rechtlichen Beziehung erlaubt Art. 41 Abs. 2 Nr. 1, 2. alt. EGBGB auch die Berücksichtigung einer bloß tatsächlichen Beziehung zwischen den Beteiligten. Paradebeispiel für letztere ist im Bereich des Deliktsrechts die im Ausland befindliche Reisegesellschaft.[780] Eine wesentlich engere tatsächliche oder rechtliche Verbindung kann nach Artikel 41 Abs. 2 Nr. 1 EGBGB auch die *lex causae* im Falle der Leistungskondiktion verdrängen.

Nach Art. 41 Abs. 2 Nr. 2 EGBGB ist auch die Anknüpfung an das Recht des gemeinsamen gewöhnlichen Aufenthaltes der Parteien möglich. Ein Abweichen ist dort allerdings ausgeschlossen im Falle der Leistungskondiktion.

## e) Reichweite des Bereicherungsstatuts

Das berufene Bereicherungsstatut herrscht grundsätzlich über Voraussetzungen, Inhalt und Umfang des Bereicherungsanspruches, über Kondikti-

---

IPR-Reformgesetz von 1999, IPRax 2002, 1, 6 für die Rechtslage unter dem neuen Art. 38 Abs. 3 EGBGB. Anders für die alte Rechtslage SCHLECHTRIEM, der diese Fälle dem Recht des Ortes unterstellen wollte, an dem entweder die Kontoführung erfolgte, oder die Dispositionsmöglichkeit des Empfängers gegeben war, Internationales Bereicherungsrecht, IPRax 1995, S. 65, 68.

[779] LORENZ, IPRax 1985, S. 328 mit zahlreichen Nachweisen; ders., FS Zweigert, S. 227 f. Ein anderes Beispiel findet sich bei EINSELE, Das Kollisionsrecht der ungerechtfertigten Bereicherung, JZ 1993, S. 1025, 1031: Verwendungen im Zusammenhang mit einem Vertragsverhältnis, etwa Miet- oder Werkvertrag. SCHLECHTRIEM, Internationales Bereicherungsrecht, IPRax 1995, S. 65, 70 nennt die Anlehnung der Rückgriffskondiktion an eine Sonderverbindung.

[780] Palandt-HELDRICH, Art. 41 EGBGB, Rn. 4.

onssperren, den Wegfall der Bereicherung und den Vorrang einer Leistungskondiktion gegenüber der Nichtleistungskondiktion.[781]

### f) Mehrpersonenverhältnis bei der Giroüberweisung[782] - die Anweisungslagen

#### (1) Einleitung

Im Falle der fehlerhaften Banküberweisung befindet man sich notwendigerweise im Bereich der bereicherunsgrechtlichen Mehrpersonenverhältnisse. Eine besondere Problematik hierbei besteht wie auf der Ebene des materiellen Rechts in der *personellen Komplexität*. Geht eine Banküberweisung fehl, so sind mit dem Anweisenden und der Überweisungsbank potentiell zwei Rückforderungsprätendenten vorhanden. Die zu klärenden Fragen bestehen darin, innerhalb welcher Rechtsverhältnisse rückabzuwickeln ist und, vorgeschaltet, aus welchem Recht sich die Rückforderungsansprüche ergeben. Es stellt sich damit die Frage nach der Einordnung der Rückforderungsansprüche in die Kollisionsnorm des Artikels 38 EGBGB. Explizit hat der Gesetzgeber bei dem Erlass des Artikels 38 EGBGB von einer Regelung der Mehrpersonenverhältnisse abgesehen. Er hat lediglich darauf hingewiesen, dass auch sie von der Neuregelung angemessen erfasst werden könnten.[783] Es verwundert somit nicht, dass die schon vor der Kodifikation geführte Kontroverse um die Anknüpfung von Bereicherungsansprüchen in Anweisungsfällen wieder auflebt und die früher vertretenen Meinungen wiederkehren.

#### (2) Fehlerhafte Kausalverhältnisse

Vorweg können diejenigen Fälle als unproblematisch abgeschichtet werden, bei denen sich die Fehlerhaftigkeit der Banküberweisung in einem Mangel innerhalb eines der Kausalverhältnisse manifestiert. Die ganz herrschende Meinung geht in diesen Fällen dahin, die Rückabwicklung innerhalb des jeweils fehlerhaften Kausalverhältnisses vorzunehmen, Artt. 38 Abs. 1 im

---

[781] SCHLECHTRIEM, IPRax 1995, S. 65, 70; EINSELE, Das Kollisionsrecht der ungerechtfertigten Bereichrung, JZ 1993, S. 1025, 1026; IPR, Band II, Rn. 745.

[782] Siehe zu den übrigen Mehrpersonenverhältnissen LORENZ, FS Zweigert, S. 213 ff.; EINSELE, Kollisionsrecht der ungerechtfertigten Bereicherung, JZ 1993, S. 1025, 1026 ff.

[783] BR Drucks. 759 / 98, Gesetzentwurf der Bundesregierung, S. 15. BT Drucks. 14 / 343, Gesetzentwurf des Bundestages, S. 8, rechte Spalte. Hierzu BUSSE, Die geplante Kodifikation des Internationalen Bereicherungsrechts in Deutschland, RIW 1999, 16, 20; und KREUZER, Die Vollendung der Kodifikation des deutschen Internationalen Privatrechts durch das Gesetz zum Internationalen Privatrecht der außervertraglichen Schuldverhältnisse und Sachen vom 21.5.1999, RabelsZ 65 (2001) S. 348, 404.

Falle einer Leistung oder 41 Abs. 1, 2 Nr. 1, 1.alt EGBGB im Falle der Nichtleistung.[784]

**(3) Anweisungsmängel**

Problematisch und Gegenstand heftiger Kontroverse in Literatur und Rechtsprechung ist jedoch die kollisionsrechtliche Behandlung derjenigen Fälle, in denen ein bloßer *Anweisungsmangel* vorliegt, wie etwa die Ausführung einer Überweisung, die zuvor vom Auftraggeber rechtzeitig widerrufen wurde.[785] Paradigmatisch und für die Diskussion auf diesem Gebiet anregend war ein Fall des Bundesgerichtshofes aus dem Jahre 1986.[786] Der Fall hatte eine Zuvielüberweisung zum Gegenstand. Der Beklagte war Handelsvertreter einer italienischen Modefirma und erhielt Provisionen in Höhe von 10% für die von ihm vermittelten Aufträge. Die italienische Firma wies ihre Florentiner Bank an, DM 1499, 60 auf das Konto des Beklagten in Deutschland zu überweisen. Diese Summe entsprach 10% des Wertes der vermittelten Aufträge. Die Bank überwies jedoch irrtümlich die volle Summe von 14 996 DM als Provision. Dem Rückforderungsverlangen der italienischen Bank hielt der Beklagte entgegen, die Auftraggeberin sei ihm in dieser Höhe noch Provisionszahlungen schuldig.

Zur kollisionsrechtlichen Behandlung derartiger Fälle werden zahlreiche Möglichkeiten vorgeschlagen. In *methodischer Hinsicht* sind dabei *zwei Hauptströmungen* auszumachen. Eine Möglichkeit der rechtlichen Beurteilung besteht darin, den von dem gegen den Bereicherungsempfänger vorgehenden Prätendenten geltend gemachten Anspruch zu qualifizieren und ihn dann, gegebenenfalls unter speziellen kollisionsrechtlichen Erwägungen, einer Kollisionsnorm zuzuweisen. Diese Vorgehensweise entspricht der im Kollisionsrecht üblichen. Der Kläger trägt einen Sachverhalt vor und behauptet, aus diesem erwüchsen ihm Ansprüche gegen den Beklagten. Der Richter nimmt eine funktionale Qualifikation der vom Kläger geltend gemachten Ansprüche vor und knüpft sie nach der dafür geltenden Verweisungsnorm an. Diese Vorgehensweise ließe sich als die klassische beschreiben. Im Folgenden soll zunächst diese *klassische Methode* untersucht werden, um im Anschluß *besondere Ansätze* für die Mehrpersonenverhältnisse vorzustellen.

---

[784] Siehe LORENZ, Bereicherungsausgleich, FS Zweigert, S. 199, 221; SCHLECHTRIEM, Gutachten, S. 74 f.; REUTER / MARTINEK, Ungerechtfertigte Bereicherung, § 26 IV 3. (S. 792); EINSELE, Kollisionsrecht der ungerechtfertigten Bereicherung, JZ 1993, S. 1025, 1027; MüKo-KREUZER, I vor Art. 38 EGBGB Rn. 21; PLAßMEIER, Ungerechtfertigte Bereicherung im Internationalen Privatrecht, S. 344.

[785] Eine Differenzierung zwischen bloßen Gültigkeitsmängeln und absoluten Zurechnungsmängeln wird dabei nicht getroffen. Dies ist aus dem Grunde richtig, da auch diese Frage, welchen Gewichts ein Anweisungsmangel ist, dem anwedbaren Recht überantwortet werden muss.

[786] BGH vom 25.9.1986, NJW 1987, 185; IPRax 1987, 186, mit Anmerkung JAYME.

Typischerweise ist Gegenstand der rechtlichen Beurteilung das Rückforderungsbegehren der Überweisungsbank, was damit zusammenhängt, dass regelmäßig in ihrer Sphäre der zur irrtümlichen Überweisung führende Fehler, wie etwa die Mißachtung eines Widerrufs zu finden ist. Die Bank darf dann das Konto ihres Kunden nicht belasten und ist damit die primär wirtschaftlich Belastete. Zur Fehlerkorrektur stehen ihr dann zwei Möglichkeiten zur Verfügung und zwar entweder gegen den Empfänger vorzugehen oder gegen ihren Auftraggeber, gegen den sie in aller Regel aber aufgrund ihres Versäumnisses keinen vertraglichen, sondern allenfalls einen gesetzlichen Rückgriffsanspruch innehat. Zu dessen Begründung müsste sie aber in aller Regel vortragen, dass ihre Zuwendung an den Empfänger dem Auftraggeber als Leistung zuzurechnen sei. Damit müsste sie etwas zu einem Rechtsverhältnis vortragen, in welches sie keinen Einblick hat. Zudem ist das Vorgehen gegen den Überweisungsempfänger kundenfreundlicher.

Macht die Bank einen Direktanspruch gegen den Empfänger geltend, kommen die unterschiedlichen Haltungen der Rechtsordnungen zur Frage der Direktkondiktion in voller Schärfe zum Tragen.

### (a) Die klassische Vorgehensweise

#### (aa) Qualifikation

Nach der klassischen kollisionsrechtlichen Vorgehensweise ist zunächst der geltend gemachte Anspruch zu qualifizieren. Maßstab ist das System der Sachnormen der *lex fori*. Da die Bank mit ihrer Inanspruchnahme des Überweisungsempfängers nicht geltend macht, dieser habe in eines ihrer geschützten Interessen eingegriffen, kann es nur darum gehen, ob der von ihr geltend gemachte Anspruch ein solcher aus Leistungs- oder aus sonstiger Kondiktion ist. Eine Leistung wäre gegeben bei einer auf ein Rechtsverhältnis bezogenen Zuwendung. Auf der Ebene des materiellen Rechts hatte der BGH lange Zeit offen gelassen, ob es sich bei dem Bereicherungsanspruch der Überweisungsbank um eine Leistungs- oder Nichtleistungskondiktion handelt, hat sich aber schießlich dogmatisch sauber für letzteres entschieden, da die Bank dem Empfänger gegenüber keinen eigenen Leistungszweck verfolgt.[787] Damit ist insbesondere dem klassischen Leistungsbegriff, wie er von KUPISCH und LIEB vertreten wird, eine Absage erteilt worden. Auch der Ansatz FLUMEs aber, die Zuwendung der Bank als Drittleistung nach § 267 Abs. 1 BGB anzusehen, wurde vom BGH ausdrücklich verworfen.[788] Da auch das internationale Bereicherungsrecht einen Bezug der Zuwendung zu einem Schuldverhältnis erfordert, und ein solches zwischen Überweisungsbank und Empfänger in aller Regel nicht besteht, ist dieselbe Einstufung für das Kollisionsrecht vorzuneh-

[787] BGH vom 31.5.1994, NJW 1994, 2357, 2358 und vom 20.3.2001, NJW 2001, 1855, 1856. Aus dem Schrifttum LARENZ / CANARIS, Schuldrecht II/2, § 70 IV 2 e) (S. 228).
[788] BGH, NJW 2001, 1855, 1856.

men.[789] Gerade in dem Erfordernis des Bezuges auf das Schuldverhältnis liegt, wie ausgeführt, die innere Rechtfertigung der kollisionsrechtlichen Anlehnung der Rückabwicklung der Zuwendung an dieses.

Nach vorgenommener Qualifikation erfolgt bei klassischer Vorgehensweise die Anknüpfung des Bereicherungsanspruches der Bank. Dem so aufgefundenen Recht wäre dann auch zu entnehmen, ob einer Nichtleistungskonditkion der Bank eine vorrangige Leistungsbeziehung, wie etwa im deutschen Recht möglich, entgegenstünde.[790] Seit der Kodifikation der Verweisungsnormen für außervertragliche Schuldverhältnisse findet sich die Regelanknüpfung für sonstige Kondiktionen in Artikel 38 Abs. 3 EGBGB, worin die räumliche Anknüpfung an das Ortsrecht des Eintritts der Bereicherung angeordnet wird. In dieser Abstraktheit war auch schon vor der Kodifikation für Aufwendungskonditkionen die räumliche Anknüpfung herrschend. Für die speziellen Fälle der fehlerhaften Giroüberweisungen bzw. der Mehrpersonenverhältnisse in Anweisungslagen haben sich aber schon nach alter Rechtslage verschiedene Meinungen herausgebildet, die teilweise eine Abkehr von der räumlichen Regelanknüpfung vorsahen. Diese Ansätze sind durch das gesetzgeberische Blankett neu belebt worden und haben durch das Deputat sogar an Legitimation hinzugewonnen. Teilweise wären diese Ansätze nach aktueller Rechtslage innerhalb des Artikels 38, andernfalls über Artikel 41 EGBGB zu verwirklichen.

**(bb) Anknüpfung des Direktkondiktionsanspruches der Bank an das Valutaverhältnis**

Eine Art *Versionsverbot auf kollisionsrechtlicher Ebene* wollen REUTER / MARTINEK installieren und sprechen sich für die Anwendbarkeit des Valutaverhältnisses auf den Direktanspruch der angewiesenen Bank gegen den Anweisungsempfänger aus.[791] Den Leitgedanken des materiellen deutschen Rechts, bestehend im Grundsatzverbot der Versionsklage, dürfe auch das internationale Privatrecht nicht vernachlässigen. Dessen Grundanliegen des Schutzes des Leistungsempfängers vor Inanspruchnahme seitens außerhalb der Leistungsbeziehung stehender Dritter müsse sich auch im internationalen Privatrecht auswirken.[792] Im Anweisungsfall entscheide daher das Recht der Rechtsbeziehung zwischen dem Zuwendungsempfänger und seinem Vertrags-

---

[789] So schon LORENZ, Fehlerhafte Banküberweisungen mit Auslandsberührung, NJW 1990, S. 607, 608; JAYME / MANSEL, Internationales Bankrecht und Doppelbesteuereung, IPRax 1992, S. 126, 128.

[790] Siehe die im 4. Kapitel, III., 2 e) Genannten, S. 210.

[791] REUTER / MARTINEK, Ungerechtfertigte Bereicherung, S. 792.

[792] AaO, S. 792, ihnen zustimmend insoweit EINSELE, Das Kollisionsrecht der ungerechtfertigten Bereicherung, JZ 1993, 1025, 1027.

partner, also das Valutaverhältnis, über die Frage, ob eine Kondiktion im Durchgriff gegeben ist.[793]

Ebenfalls für die Maßgeblichkeit des Rechts des Valutaverhältnisses für die Direktkondiktion der Bank im Falle der Zuviel- oder Mehrfachüberweisung plädiert JAYME.[794] Im Fall einer Zuvielüberweisung lasse sich das Vorliegen eines Mehrbetrages nicht ohne Bezugnahme auf das Valutaverhältnis feststellen. Die Direktkondiktion aufgrund einer Zuvielleistung bei wirksamer, aber missverstandener Anweisung betreffe keine isolierte Wertverschiebung, sondern stehe mit dem Rechtsverhältnis zwischen dem Anweisenden und dem Leistungsempfänger in *engem Zusammenhang*. Wolle man anders entscheiden, so müsse man die Leistung der angewiesenen Summe und die irrtümliche Mehrleistung kollisionsrechtlich spalten. Diese Lösung sei nicht sachgerecht.[795] Nach der Kodifikation ist dieser Ansatz innerhalb des Artikels 41 Abs. 1, 2 Nr. 1, 2.alt. EGBGB zu verorten.[796]

### (cc) Differenzierende Ansätze

Eine *Aufspaltung nach Maßgabe des Valutaverhältnisses* erfolgt nach dem Ansatz von LÜDERITZ. Bestehe ein wirksamer Vertrag, so rechtfertige er zwar nicht Zuviel- oder Falschlieferungen, genüge aber um das für die Rückabwicklung maßgebliche Statut zu bestimmen. Ob ein Dritter, der die tatsächliche Leistung erbracht hat, vom Scheingläubiger Rückerstattung verlangen könne, entscheide das Staut der sonstigen Bereicherung, soweit nicht das Vertragsstatut die Leistung dem Vertragspartner zurechne und ihm die Rückforderung vorbehalte.[797] Eine kollisionsrechtliche Aufspaltung findet damit insoweit statt, als die Frage der Zurechnung als Leistung dem Valutastatut überantwortet, bei Nichtzurechnung eine Direktkondiktion dem Recht des Ortes des Bereicherungseintrittes unterstellt wird. Eine ähnliche Aufspaltung nimmt KREUZER vor. Soweit die Zuwendung des Angewiesenen aus der Sicht des Empfängers als Leistung auf das Valutaverhältnis erscheine, bestimme sich die Rückforderung nach dem dort maßgeblichen Recht, im Übrigen nach der Auffangregel für sonstige Kondiktionen.[798]

---

[793] AaO, S. 792.

[794] JAYME, Anmerkung zu BGH vom 25.9.1986, IPRax 1987, 186. Ebenso JAYME / MANSEL, Internationales Bankrecht und Doppelbesteuerung, IPRax 1992, 126, 127 f.

[795] IPRax 1987, 186, 187.

[796] JAYME, FS Lorenz, S. 318.

[797] SOERGEL – LÜDERITZ, Art. 38 EGBGB, Anh. I Rn. 36.

[798] MüKo – KREUZER, I vor Art. 38 EGBGB, Rn. 21.

### (dd) Anknüpfung an das Deckungsverhältnis

Für eine Anknüpfung des Direktanspruches des die Leistung vermittelnden Dritten sprach sich vor der Kodifikation schon SCHLECHTRIEM aus.[799] Bei Zuwendungen aufgrund einer Anweisung müsse grundsätzlich das für das Deckungsverhältnis zwischen dem Anweisenden und dem Angewiesenen maßgebende Recht darüber bestimmen, ob die vom Angewiesenen in Befolgung der Anweisung erfolgte Zuwendung vom Zuwendungsempfänger oder vom Anweisenden zu kondizieren sei. Da der Empfänger von der *Abhängigkeit seiner Rechtsstellung von dieser Rechtsbeziehung* ausgehen müsse, werde er dadurch nicht unbillig benachteiligt.[800]

Allerdings gelangt SCHLECHTRIEM zu diesem Ergebnis auf der Grundlage einer von der dargestellten abweichenden Qualifikation. Er spricht sich für die Anwendbarkeit des Deckungsverhältnisses nur dann aus, wenn es sich um eine Leistungskondiktion handelt.[801] In dem von ihm besprochenen Fall der Anweisung einer deutschen Bank durch eine französischen Bank[802] qualifizierte er offenbar den von der deutschen Überweisungsbank gegen den Überweisungsempfänger geltend gemachten Anspruch als Leistungskondiktion, weil die Bank ihre Zuwendung auf das Deckungsverhältnis mit der französischen Bank bezogen hatte. Damit lässt SCHLECHTRIEM ausreichen, dass nur überhaupt eine Leistung des Anspruchstellers vorlag, um die akzessorische Anknüpfung an das Schuldverhältnis, auf das die Leistung bezogen ist vorzunehmen. Dieses Recht ist aber auch dann maßgeblich, wenn der Leistende gegen den tatsächlichen Leistungsempfänger vorgeht.[803]

Ebendiese Konzeption verfolgt SCHLECHTRIEM auch bei seinem dem neuen Artikel 38 EGBGB zugrunde liegenden Gutachten. Demnach ist schon die Grundanknüpfung des Art. 38 Abs. 1 EGBGB insoweit offen formuliert, als in die Auslegung des Begriffes „bezogen" die Zuordnungsgesichtspunkte der in Betracht kommenden Rechtsordnungen einfließen können.[804] Für die

---

[799] Zur Rückabwicklung fehlerhafter Banküberweisungen im IPR, IPRax 1987, 356. Verhalten zustimmend MARTINY, in: REITHMANN / MARTINY, Internationales Vertragsrecht, 1996, Rn. 355. Ebenso für die Maßgeblichkeit des Deckungsverhältnisses, HAY, Ungerechtfertigte Bereicherung im internationalen Privatrecht, S. 68.

[800] IPRax 1987, S. 356, 357.

[801] IPRax 1987, S. 356, 357 und IPRax 1995, 65, 66.

[802] BGH vom 9.3.1987, IPRax 1987, 372; WM 1987, 530.

[803] IPRax 1987, 356, 357. Allerdings gesteht SCHLECHTRIEM an anderer Stelle zu: „Sieht man eine Leistung bereits bei einseitiger Zweckbestimmung als gegeben an, dann wäre (...) das Statut der vermeintlichen Schuldbeziehung, auf das der Zuwendende mit seiner einseitigen Zweckbestimmung die Zuwendung als Leistung bezogen hat, maßgebend. Sieht man dagegen in solchen Fällen die Bereicherung nicht mehr als durch Leistung erfolgt an, dann müßte die (...) Auffangregel zur Anwendung des Rechts des Empfängerortes führen." Internationales Bereicherungsrecht, IPRax 1995, S. 65, 66.

[804] SCHLECHTRIEM, Bereicherungsansprüche im internationalen Privatrecht, in: Gutachten zur Reform des deutschen internationalen Privatrechts der außervertraglichen Schuldverhältnisse, 1983, S. 40 und ders., IPRax 1995, S. 65, 66.

Zuordnung einer rückabzuwickelnden Leistung zu einem Schuldverhältnis sei auch im internationalen Privatrecht den übereinstimmenden Absichten der Parteien Rechnung zu tragen und bei deren Fehlen sollte die *Bestimmung desjenigen* maßgeblich sein, *der faktisch geleistet hat.*[805] Die bloße Erwartung des Empfängers, er habe die Leistung auf ein bestimmtes Schuldverhältnis erhalten, könne im materiellen Recht kein Behaltensgrund sein und auch im Kollisionsrecht nicht die Maßgeblichkeit des vom Empfänger für anwendbar gehaltenen Rechts bewirken.[806] Bei den Anweisungsfällen müsse demnach die das Deckungsverhältnis beherrschende Rechtsordnung auch über Ansprüche des Angewiesenen gegen den Empfänger entscheiden. Die Leistung bleibe auch bei Mängeln der Schuldverhältnisse auf das Deckungsverhältnis bezogen und somit müsse diese Rechtsordnung auch über die Rückabwicklung entscheiden.[807] Dem Leistungsempfänger werde damit kein Unrecht getan, selbst wenn er auf die Anwendbarkeit des Valutastatuts vertraut habe, müsse er davon ausgehen, dass der Angewiesene aufgrund seines Verhältnisses zum Anweisenden geleistet habe. Dies müsse selbst dann gelten, wenn nicht nur das Deckungsverhältnis, sondern auch die Anweisung selbst ungültig sei, da der vermeintlich Angewiesene noch immer auf das Deckungsverhältnis leisten wolle.[808] Im Ergebnis würde SCHLECHTRIEM nach der Kodifikation die Anwendbarkeit des Deckungsstatuts direkt über Artikel 38 Abs. 1 EGBGB begründen, ohne dafür die Ausweichklausel des Artikels 41 Abs. 1 EGBGB zu bemühen.

#### (ee) Räumliche Anknüpfung

Der BGH führte in obigem Fall der Zuvielüberweisung aus, dass auf den Bereicherungsanspruch der klagenden Bank deutsches Recht anzuwenden sei. Zwischen den Parteien habe keine schuldrechtliche Beziehung bestanden,

---

[805] Wie schon zuvor angedeutet gründet dieser Vorschlag der Anknüpfung im Rahmen des Abs. 1 des Art. 38 EGBGB auf dem besonderen Leistungsbegriff des Gutachters. Schon die einseitige Zweckbestimmung des Zuwendenden auf das Deckungsverhältnis macht danach die Zuwendung zur Leistung und somit zum Anwendungsfall des ersten Absatzes. Sehe man hingegen die Bereicherung in solchen Fällen nicht mehr als durch Leistung erfolgt an, so will auch SCHLECHTRIEM den Absatz 3 anwenden, so schon in seinem Aufsatz Internationales Bereicherungsrecht, IPRax 1995, 65, 66. Zur Frage der Anknüpfung nach der Ausweichklausel des Art. 41 Abs. 2 Nr. 1 EGBGB nimmt er hingegen keine Stellung.

[806] SCHLECHTRIEM, Bereicherungsansprüche im internationalen Privatrecht, in: Gutachten zur Reform des deutschen internationalen Privatrechts der außervertraglichen Schuldverhältnisse, 1983, S 41.

[807] Dahinter könnte der Gedanke stehen, dass eine Versionsklage nur nach dem Recht eröffnet werden kann, das auch die Leistung des Bereicherungsgläubigers beherrscht. In diesem Sinne EINSELE, Das Kollisionsrecht der ungerechtfertigten Bereicherung, JZ 1993, 1025, 1027.

[808] SCHLECHTRIEM, Bereicherungsansprüche im internationalen Privatrecht, in: Gutachten zur Reform des deutschen internationalen Privatrechts der außervertraglichen Schuldverhältnisse, 1983, S 75.

die von der italienischen Rechtsordnung hätte beherrscht werden können. Vielmehr liege ein Fall der *fehlgegangenen Leistung* vor, der nach dem Ortsrecht des Empfängers, also nach deutschem Recht zu beurteilen sei. Da ein objektiv denkender Empfänger von einer Zuvielzahlung hätte überzeugt sein müssen, habe der Beklagte auch nicht darauf vertrauen dürfen, dass es sich bei der Zuvielzahlung um Provisionszahlungen gehandelt habe. Eine wirksame Anweisung habe von vornherein nur in Höhe von 1499, 60 DM vorgelegen. Damit lag auch keine Leistung der italienischen Auftraggeberin vor, die eine Rückforderung der Bank hätte sperren können.[809] Die Vorgehensweise des BGH ist damit die oben beschriebene. Zunächst qualifiziert das Gericht den Anspruch als einen Fall fehlgegangener Leistung, womit es sich gegenüber dem tatsächlichen Empfänger um eine Nichtleistung handelt.[810] Diesen Anspruch ordnet es dann problemlos in die dreiteilige Kollisionsnorm, die freilich damals noch nicht kodifiziert war, ein.[811] Nach der neuen Gesetzeslage würde dieser Ansatz die Regelanknüpfung des Artikels 38 Abs. 3 EGBGB bemühen.

Eine zweifelhafte Qualifikation, aber im obigen Sinne des BGH dennoch richtige Anknüpfung nimmt das LG Hamburg in einem anderen Fall vor. Mangels Organstellung konnten der Klägerin weder Überweisungsauftrag an die Bank noch Rechtsgrundabrede mit der Beklagten Empfängerin zugerechnet werden. Da es damit an einem einvernehmlich gesetzten Rechtsgrund fehlte, hätte das LG anstatt zu einer Einstufung als Leistungskondiktion zu einer Nichtleistungskondiktion gelangen müssen. Aufgrund besonderer Erwägungen gelangte es aber im Ergebnis dennoch richtig zu einer räumlichen Anknüpfung der Direktkondiktion der Überweisungsbank.[812]

Auch LORENZ kommt für Fälle der Anweisungsmängel zu einer Anknüpfung an das Recht des Ortes, an welchem sich der Erwerbstatbestand des Bereicherten verwirklicht hat.[813] Er stellt zunächst fest, dass es sich bei dem Anspruch der Bank nur um eine Kondiktion aufgrund Bereicherung in sonsti-

---

809 BGH IPRax 1987, 186, 187.

810 Kritisch gegenüber dieser Terminologie LORENZ, NJW 1990, 607, 609. Der Angewiesene erbringe keine Leistung, weshalb auch nicht von einer fehlgegangenen Leistung gesprochen werden sollte. Er selbst setzt den Begriff in Gänsefüßchen, FS Zweigert, S. 222.

811 Dazu LORENZ, NJW 1990, 607 ff.

812 LG Hamburg vom 7.11.1984, IPRax 1985, 343; hierzu LORENZ, IPRax 1985, 329 f.

813 LORENZ, Der Bereicherungsausgleich im deutschen internationalen Privatrecht und in rechtsvergleichender Sicht, Festschrift Zweigert, 1981, 199 und ders., Die Anknüpfung von Bereicherungsansprüchen bei fehlendem Einverständnis über den Rechtsgrund einer Vermögensbewegung, IPRax 1985, 328, 329 und ders., Fehlerhafte Banküberweisungen mit Auslandsberührung, NJW 1990, 607. Im Hinblick auf die Zurechnungsfrage führt LORENZ aus, dass es dann an einer Weisung fehlt, wenn eine irrtümliche Doppelausführung, eine Gutschrift für den falschen Empfänger, die Ausführung eines gefälschten Überweisungsauftrages, Überweisung trotz rechtzeitigen Widerrufs oder seitens eines Geschäftsunfähigen vorliegt. Ob eine zurechenbare Anweisung vorliegt ergebe sich meist aus dem Tatsächlichen. Die rechtliche Wirkung eines Widerrufs beurteile sich nach dem Recht des Deckungsverhältnisses, die Geschäftsfähigkeit nach dem Personalstatut, aaO, S. 222 in Fn. 58.

ger Weise handeln kann.[814] Anschließend stellt er Überlegungen hinsichtlich der Anknüpfung dieses Anspruches an. Die vom materiellen Recht vorgegebene *Abstraktion des Deckungs- und des Valutaverhältnisses* wirke sich auch kollisionsrechtlich aus. Auf eine Direktkondiktion könne das Valutaverhältnis keine Anwendung finden, da der Angewiesene dieses Verhältnis kollisionsrechtlich ignorieren dürfe, setze er mangels eigenständiger Verpflichtung gegenüber dem Dritten keine eigene Tilgungsbestimmung. Auch auf das Deckungsverhältnis könne nicht abgestellt werden. Bei der Ausführung einer fehlerhaften Anweisung fehle es an einem einverständlich gesetzten Rechtsgrund. Die Zuwendung sei eine kausalrechtlich farblose, *isolierte Wertverschiebung*. Deshalb könne sie auch nicht nach den für die Leistungskondiktionen entwikkelten Grundsätzen akzessorisch angeknüpft werden, sondern eine räumliche Anknüpfung entsprechend den abgeirrten Leistungen sei geboten. Dies führe zur Anwendung des Rechts des Zahlungsortes.[815]

Dieses Ergebnis fand in der Literatur Zustimmung.[816] Bei Mehrpersonenverhältnissen entfalte sich im Kollisionsrecht ein *Vertrauensschutz* dahingehend, als keine Partei mit der Anwendung eines Rechts konfrontiert werden dürfe, mit deren Anwendbarkeit sie zuvor nicht rechnen musste und auf die sie sich nicht einstellen konnte.[817] Der Angewiesene bei einer Überweisung aber habe in das Valutaverhältnis und der Anweisungsempfänger in das Deckungsverhältnis keinen Einblick, so dass sie mit der Anwendung des jeweiligen Rechtes nicht rechnen mussten.[818]

**(b) Kritik**

Die angestellten kollisionsrechtlichen Erwägungen der angeführten Stellungnahmen sind nahezu durchweg beachtlich.[819] Ungeachtet der im ein-

---

[814] LORENZ, Fehlerhafte Banküberweisungen mit Auslandsberührung, NJW 1990, 607, 608 und FS Zweigert, 1981, 199, 222.

[815] LORENZ, Der Bereicherungsausgleich im deutschen internationalen Privatrecht und in rechtsvergleichender Sicht, FS Zweigert, 1981, 199, 221 f. und Fehlerhafte Banküberweisungen mit Auslandsberührung, NJW 1990, 607, 610. Die Befürchtung von JAYME, es komme zu einer kollisionsrechtlichen Spaltung, wenn bei einer Zuvielzahlung ein Teil auf das Valutaverhältnis angerechnet werden müsse lässt Lorenz nicht durchgreifen. Die Feststellung, wieviel der angewiesen und der Angewiesene zugewendet habe, belaufe sich auf eine einfache Subtraktion.

[816] VON BAR, IPR, Bd. II, Rn. 736; EINSELE, das Kollisionsrecht der ungerechtfertigten Bereicherung, JZ 1993, 1025, 1027, 1033.

[817] EINSELE, Das Kollisionsrecht der ungerechtfertigten Bereicherung, JZ 1993, 1025, 1033.

[818] EINSELE, Das Kollisionsrecht der ungerechtfertigten Bereicherung, JZ 1993, 1025, 1027.

[819] Zumindest dem Hauptargument von REUTER / MARTINEK ist aber zu widersprechen. Das Verdikt der Versionsklage richtet sich primär an den Leistenden. Diesem soll es verwehrt sein, einen Dritten, dem der Vermögensvorteil vom Leistungsempfänger weitrgegeben wurde, in Anspruch zu nehmen. Abgestellt wird damit also auf die Perspektive des Leistenden. Ob diesem eine Versionsklage offen stehen soll, müsste somit eigentlich das ihn einbindende Recht, also das Deckungsstatut beantworten. Der Gedanke von REUTER /

zelnen bevorzugten Anknüpfung ist an dieser so genannten klassischen Vorgehensweise jedoch der Umstand problematisch, dass sie die *auf das Zweipersonenverhältnis zugeschnittenen Kollisionsnormen* auf die Mehrpersonenverhältnisse überträgt. Deren *Besonderheit* besteht darin, dass es aufgrund der mehreren Beteiligten potentiell auch *mehrere Rückabwicklungsverhältnisse* gibt. Bedient man sich nun der klassischen Methode und betrachtet das jeweils anhängige Zweipersonenverhältnis aus dem Mehrpersonenkomplex isoliert, so vernachlässigt man damit notwendigerweise die anderen Verhältnisse. Dies kann sich dann aber in der Form negativ auswirken, als bei jeweils isolierter kollisionsrechtlicher Betrachtung unterschiedliche Rechte auf die jeweiligen bipolaren Verhältnisse Anwendung finden. Die jeweiligen Rechtsordnungen können sich aber hinsichtlich der Frage der Rückabwicklung widersprechen. Auf diese Weise kann es zu *Normwidersprüchen* kommen.

Diese Gefahr von Normwidersprüchen erkennen JAYME und SCHLECHTRIEM. JAYME hält aus diesem Grunde in seiner Stellungnahme zu Artikel 38 EGBGB an seinem für den Rechtszustand vor der Kodifikation vertretenen Standpunkt fest, begründet das Ergebnis aber nach neuer Rechtslage anhand der Ausweichklausel des Artikels 41 EGBGB.[820] Er stützt diese Anknüpfung mit dem Bestreben, Normwidersprüche vermeiden zu wollen. Bestehe eine Vertragsbeziehung, welcher die Zahlung zugeordnet werden könne, so liege es nahe, die Rückabwicklung fehlerhafter Zahlungen dem Statut zu unterstellen, dem auch diese Vertragsbeziehung unterliege. Ein solcher Gleichlauf vermeide Widersprüche zwischen dem Vertragsstatut und dem Bereicherungsstatut. Es wäre misslich, würde das Vertragsstatut einen Bereicherungsanspruch des Vertragspartners, das Bereicherungsstatut zusätzlich eine Direktkondiktion der Bank vorsehen.[821] SCHLECHTRIEM dagegen befürchtet den umgekehrten Fall eines Normenmangels, wenn das Deckungsstatut eine Abwicklung über Eck, das Valutastatut hingegen eine Direktkondiktion vorsehe.[822] Allerdings beschränkt JAYME seine Lösung auf Fälle, in denen eine Zuwendung einem Vertrag zugeordnet werden kann. Ob der Ver-

MARTINEK bezieht sich dagegen wohl eher auf den Vorrang der Leistungsbeziehungen, wie er in den §§ 816, 822 BGB zum Ausdruck kommt. Mit dieser Überlegung ist auf die Perspektive des Leistungsempfängers abgestellt, was dann in der Tat zur Maßgeblichkeit des ihn einbindenden Valutastatuts führen müste. Dass beide Überlegungen aber nicht die Kehrseite ein und derselben Medaille sind, wird deutlich, wenn der Letztempfänger den Gegenstand vom Erstbereicherten nicht durch Leistung erhalten hat: Das Versionsverbot untersagt dem Leistenden dann dennoch ein Vorgehen gegen den Letztempfänger, wohingegen dieser den Vorrang einer Leistungsbeziehung nicht einwenden kann.

[820] Grenzüberschreitende Banküberweisungen und Bereicherungsausgleich nach der IPR-Novelle von 1999 – eine Skizze, in: FS Lorenz, 2001, S. 317, 320. Beigepflichtet wird ihm von FISCHER, Die Neuregelung des Kollisionsrechts der ungerechtfertigten Bereicherung und der Geschäftsführung ohne Auftrag im IPR-Reformgesetz von 1999, IPRax 2002, 1, 7.

[821] JAYME, FS Lorenz, 2001, S. 317, 320.

[822] SCHLECHTRIEM, Zur Rückabwicklung fehlerhafter Banküberweisungen im IPR, IPRax 1987, 356, 357.

tragspartner selbst zahle oder eine Bank einschalte, sei unerheblich, entscheidend bleibe stets das für die Beurteilung der Zahlung bestehende Schuldverhältnis. Art. 41 Abs. 2 Nr. 1 EGBGB berücksichtige auch eine tatsächliche Beziehung der Beteiligten zu einem Schuldverhältnis. Die Vermeidung einer *dépeçage* erscheine damit als wichtiges gesetzgeberisches Ziel. Die so genannte farblose Zuwendung erhalte dann eben doch eine Tönung durch ein bestehendes Vertragsverhältnis.[823]

JAYME ist in seinem Bestreben beizupflichten, Widersprüche zu vermeiden. Es wäre misslich, würde das Vertragsstatut einen Bereicherungsanspruch des Vertragspartners, das Bereicherungsstatut eine Direktkondiktion der Bank vorsehen. Allerdings vermag die akzessorische Anknüpfung an das Valutaverhältnis die Entstehung von Normwidersprüchen im Ergebnis ebensowenig zu verhindern wie eine räumliche Anknüpfung oder eine akzessorische Anknüpfung an das Deckungsverhältnis.

Als Beispielsfall möge eine Banküberweisung von New York nach Frankfurt a.M. dienen. Hat der New Yorker Auftraggeber der Überweisung seinen an die Citibank New York in Befolgung eines Sicherheitsverfahrens erteilten Überweisungsauftrag nachträglich ebenfalls in Befolgung des Sicherheitsverfahrens betragsmäßig nach unten abgeändert, die Bank aber irrtümlicherweise dennoch den ursprünglichen Betrag überwiesen, so trifft nach der Risikoverteilung im Deckungsverhältnis nach Artikel 4A U.C.C. die Überweisungsbank das Rückforderungsrisiko. Dementsprechend erkennt ihr § 4A-303 U.C.C. einen Bereicherungsanspruch gegen den Empfänger zu. Risikoverteilung im Deckungsverhältnis und Rückforderungsbefugnis sind also im materiellen Recht des Artikels 4A U.C.C. verklammert. Knüpft man aber den Direktanspruch der Bank nach *Artikel 38 Abs. 3 EGBGB* räumlich an den Ort des Eintritts der Bereicherung an, da es sich um eine Nichtleistungskondiktion in Form der Aufwendungskondiktion handelt, so ist bei einem deutschen Empfänger nach § 812 Abs. 1 S. 1 2. alt. BGB zu prüfen, ob nicht eine vorrangige Leistungsbeziehung besteht. War die Zuvielüberweisung im Valutaverhältnis geschuldet oder war dort zumindest ein Kausalverhältniss zwischen den Parteien angestrebt und lag ursprünglich eine wirksame Anweisung vor, so kann die Bank bei Gutgläubigkeit des Empfängers nicht kondizieren. Sie hat aber grundsätzlich auch keinen Anspruch im Deckungsverhältnis, da Artikel 4A U.C.C. ihr das Rückforderungsrisiko zuweist, so dass ein *Normenmangel* resultiert.[824]

Dieselbe Gefahr von Normwidersprüchen ergibt sich auch bei einer *Anknüpfung* des Direktanspruches *an das Valutaverhältnis*, das ebenso wie das Bereicherungsstatut eine vom Deckungsverhältnis abweichende Risikoverteilung und damit Bestimmung der Aktivlegitimation vorsehen kann. So kann

---

823 JAYME, FS Lorenz, 2001, S. 317, 320.

824 Diesen kann allenfalls das flexible materielle Bereicherungsrecht durch Gewährung eines Rückgriffsanspruches beheben.

etwa auf das Valutaverhältnis nach Artikel 28 Abs. 2 EGBGB deutsches Recht anwendbar sein, wenn der Zahlungsempfänger im Valutaverhältnis charakteristisch geleistet hat, das Deckungsverhältnis aber von Art. 4A U.C.C. regiert werden.

Aber auch eine akzessorische *Anknüpfung an das Deckungsverhältnis* vermag nicht zu helfen. Es kann dann der Fall eintreten, dass das Deckungsstatut, wie etwa Artikel 4A U.C.C., dem Angewiesenen die Kondiktion gibt, das Valutastatut sie aber daneben dem Anweisenden zuspricht und sich der Empfänger zwei Rückforderungsbegehren ausgesetzt sieht.[825]

Aus dem Vorstehenden wird deutlich, dass selbst mit einer akzessorischen Anknüpfung des Direktanspruches der Bank an ein anderes Rechtsverhältnis nicht viel zur *Vermeidung von Normwidersprüchen* beigetragen ist, da es daneben noch immer ein weiteres Rechtsverhältnis gibt, das von einer anderen Rechtsordnung beherrscht werden und zu der Regelung in dem anderen Rechtsverhältnis, an welches der Direktanspruch akzessorisch angeknüpft wird, im Widerspruch stehen kann. Aus diesem Grunde werden in der Literatur zum internationalen Bereicherungsrecht *besondere Ansätze für Mehrpersonenverhältnisse* herausgebildet.

### (c) Besondere Ansätze

Andere Autoren sind zu der Einsicht gelangt, die bereicherungsrechtlichen Kollisionsnormen gingen vom Zweipersonenverhältnis aus und seien aus diesem Grunde nicht in der Lage, eine angemessene Behandlung der Mehrpersonenverhältnisse zu gewährleisten. Sie wollen daher zunächst einheitlich für das *gesamte Mehrpersonenverhältnis* die Rückabwicklungsverhältnisse bestimmen.

#### (aa) Gesondertes Statut der Rückabwicklungsrichtung

BUSSE erkennt, dass es aufgrund der Gefahr von Normwidersprüchen im Mehrpersonenverhältnis zunächst einer für das gesamte Verhältnis einheitlichen Bestimmung der Rückabwicklungsverhältnisse bedarf.[826] Aus diesem Grunde zieht er ein bestimmtes Rechtsverhältnis alleine zu dem Zweck heran, einen mehrpoligen Sachverhalt in zweipolige Rechtsverhältnisse aufzuteilen. Mittels einer eigenen, dem auf dieses Rechtsverhältnis anwendbaren Recht zu entnehmenden Kollisionsnorm soll dann einer bestimmten Rechtsordnung die Entscheidung übertragen werden, innerhalb welcher Rechtsverhältnisse der

---

[825] Siehe zur abstrakten Einteilung der Normwidersprüche im Sinne der kollisionsrechtlichen Anpassungslehre unten, 4. Kapitel, III, 3., d) (3) (b), S. 259.

[826] BUSSE, Internationales Bereicherungsrecht, S. 176.

Bereicherungsausgleich erfolgen soll.[827] Anstelle einer Qualifikation der Bereicherungsansprüche nach der *lex fori* und der demnach erfolgenden Anknüpfung will BUSSE damit die *Frage der Rückabwicklungsrichtung zunächst einheitlich für das gesamte Mehrpersonenverhältnis klären*[828] und auf diese Weise Anpassungsprobleme vermeiden.[829] Die vorgeschlagene Vorgehensweise kommt einem Gesamtverweis gleich. Zunächst wird auf ein bestimmtes Statut verwiesen, welches dann die Kollisionsnorm für die Rückabwicklung vorgeben soll. Die damit entstehende *dépeçage*[830] scheint dem Autor selbst umständlich, sie überwiege aber nicht die Vorteile, die sich aus einer für das gesamte komplexe Rechtsverhältnis erfolgenden einheitlichen Bestimmung des Abwicklungsmodells ergeben würden.[831]

Eine Interessenabwägung führt BUSSE dabei in Anweisungsfällen zu dem Valutaverhältnis. Der Empfänger habe sich nur mit dem Anweisenden auf ein Rechtsverhältnis eingelassen, vielleicht sogar eine Rechtswahl durchgesetzt. Er könne sich darauf verlassen, dass Ansprüche aus diesem Rechtsverhältnis auch diesem Recht unterstünden. Dass sich der Anweisende dafür entscheide, den gegen ihn gerichteten Anspruch des Empfängers nicht durch eigene Zuwendung, sondern durch die Veranlassung einer Drittzuwendung zu erfüllen, dürfe die kollisionsrechtliche Rechtsposition des Empfängers nicht beeinträchtigen.[832] Der zuwendende Dritte sei dagegen nicht in gleicher Weise schutzwürdig. Er habe sich bewusst in eine Situation mit Auslandsberührung begeben. Wer es übernehme, eine Sache ins Ausland zu versenden, dem sei die Anwendung ausländischen Rechts eher zuzumuten als dem Empfänger, der nur eine vertragsgemäße Leistung seines Vertragspartners erwarte.[833]

Die damit maßgebliche Valutarechtsordnung wird von BUSSE nun danach befragt, ob sie bei einem Fehler der aufgetretenen Art eine Direktkondiktion der Bank oder eine Rückabwicklung innerhalb der Kausal- bzw. Leistungsverhältnisse anordnet und welches Recht auf den gegebenen Kondiktionsanspruch anzuwenden ist.[834] Im Falle der Geltung deutschen Rechts im

---

827 BUSSE, Internationales Bereicherungsrecht, S. 177.

828 BUSSE, Internationales Bereicherungsrecht, S. 178, 179.

829 BUSSE, Internationales Bereicherungsrecht, S. 184, Fn. 41.

830 Gemeint ist damit das Auseinanderfallen der Fragen der Entscheidung über die Rückabwicklungsverhältnisse einerseits und der innerhalb der einzelnen Beziehungen maßgeblichen Rechtsordnung andererseits.

831 BUSSE, Internationales Bereicherungsrecht, S. 184. BUSSE weist noch darauf hin, dass die Prüfung derjenigen bei Vorfragen ähnlich sei und das Valutaverhältnis bei Dreipersonenverhältnissen ohnehin eine Rolle spiele und somit jedenfalls befragt werden müsse.

832 BUSSE, Internationales Bereicherungsrecht, S. 182.

833 BUSSE, Internationales Bereicherungsrecht, S. 183. Das den Bereicherungsempfänger mit dem Überweisenden verbindende Rechtsverhältnis ist unter Umständen nur eines von mehreren Valutaverhältnissen z.B. im Falle eines Vierpersonenverhältnisses. Es gelten dort aber nach BUSSE die selben Gerechtigkeitserwägungen, so dass auch bei mehr als drei Beteiligten dieses Valutaverhältnis das Rückabwicklungsmodell bestimmen soll, BUSSE, Internationales Bereicherungsrecht, S. 194.

834 BUSSE, Internationales Bereicherungsrecht, S.183, 188, 189.

Valutaverhältnis sei eine direkte Rückabwicklung dann vorzunehmen, wenn die Zuwendung aus dem Empfängerhorizont nicht als Leistung des Anweisenden erscheine.[835] Hat sich die Valutaordnung für einen Durchgriff ausgesprochen, so muss sie noch über das auf die Direktkondiktion anwendbare Recht entscheiden. Für das deutsche internationale Privatrecht schließt sich Busse der Ansicht von JAYME an und plädiert für die Anwendbarkeit des die Valutabeziehung beherrschenden Rechts auf die Direktkondiktion der Bank.[836]

### (bb) Vorfragenakzessorische Anknüpfung

Eine Theorie der vorfragenakzessorischen Anknüpfung von Bereicherungsansprüchen begründet PLAßMEIER.[837] Auch diese Theorie überantwortet im *Mehrpersonenverhältnis* einer einzigen Rechtsordnung die *Festlegung der Rückabwicklungsverhältnisse.* Als Vorfrage jedes Bereicherungsanspruches erscheine die Frage nach dem Rechtsgrund einer Bereicherung. Diese Frage hänge aber mit der übrigen Beurteilung des Bereicherungsanspruches aufs engste zusammen, was den kollisionsrechtlichen Gleichlauf beider Fragen erfordere. Dieser könne entweder durch die unselbstständige Anknüpfung der Vorfrage oder aber durch die vorfragenakzessorische Anknüpfung der Hauptfrage hergestellt werden. Da maßgebliches Element jedes Bereicherungsanspruches und identisch mit der Frage nach seinem Bestehen überhaupt die fehlende Rechtfertigung der Vermögensverschiebung sei, müsse die Vorfrage nach dem Rechtsgrund den kollisionsrechtlichen Ausschlag geben. Der selbstständigen Vorfrage nach dem Rechtsgrund folgt kollisionsrechtlich unselbstständig die Hauptfrage.[838] Für die Leistungskondiktion ergibt sich daraus zwanglos die Geltung der *lex causae* für die Nichtleistungskondiktionen derjenigen Rechtsordnung, die über die Rechtfertigung der eingetretenen Vermögensmehrung entscheidet.[839] Insgesamt weise diese Anknüpfungsmethode die Vorteile der Anwendung der sachnächsten Rechtsordnung und der Vermeidung einer *dépeçage* von Rechtsgrund und Bereicherungsanspruch auf.

Im Fall der Anweisungsmängel im Mehrpersonenverhältnis läuft die vorfragenakzessorische Anknüpfung auf das Valutaverhältnis hinaus. Im Mehrpersonenverhältnis muss dabei zunächst diejenige Rechtsordnung identifiziert werden, aus der sich die Vorfrage beantwortet, ob der Empfänger eine eingetretene Vermögensmehrung behalten darf. Diese Rechtsordnung ermittelt PLAßMEIER anhand der kollisionsrechtlichen Interessenlage. Da sich Parteiin-

---

[835] BUSSE, Internationales Bereicherungsrecht, S. 184.

[836] BUSSE, Internationales Bereicherungsrecht, S. 189.

[837] PLAßMEIER, Ungerechtfertigte Bereicherung im Internationalen Privatrecht, 1996.

[838] PLAßMEIER, Ungerechtfertigte Bereicherung im Internationalen Privatrecht, S. 308 ff.

[839] Für Verwendungskonditkionen handelt es sich dabei um die Rechtsordnung, die bei sachenrechtlichen Vorgängen die neue güterrechtliche Zuordnung herbeigeführt hat, bei Eingriffskondiktionen diejenige, die den Zuweisungsgehalt eines Rechts definiert, PLAßMEIER, Ungerechtfertigte Bereicherung im Internationalen Privatrecht, S. 312.

teresse von Kondiktionsgläubiger und Kondiktionsschuldner diamteral gegenüberstehen, greift er auf objektive Gesichtspunkte zurück. Ergebe sich, was regelmäßig der Fall sei, aus dem objektiven Empfängerhorizont, dass der Anweisungsempfänger die Zuwendung für eine Leistung seines Partners im Valutaverhältnis halten darf, so sei deren Heranziehung zur Beurteilung des rechtlichen Grundes gerechtfertigt. Außerdem spreche der sachrechtliche Gedanke des Schutzes vor der Inanspruchnahme seitens außerhalb der Vertragsbeziehung stehender Dritter für die Anwendung des Valutaverhältnisses. Nur nach dessen Maßgabe dürfe ein Durchgriff erfolgen. Auch resultiere aus dem Valutaverhältnis ein etwaiger Anspruch des Anweisungsempfängers. Somit lässt sich die Vorfrage danach, ob der Anweisungsempfänger eine eingetretene Vermögensmehrung behalten darf, PLAßMEIER zufolge nur nach dem Valutaverhältnis beantworten.[840] Diesem untersteht dann der Bereicherungsausgleich insgesamt, insbesondere die Frage, ob ein Durchgriff oder eine Rückabwicklung über Eck erfolgt.[841]

**(cc) Würdigung**

Den beiden vorgestellten Ansätzen von BUSSE und PLAßMEIER ist gemein, dass sie eine *einheitliche Regelung für das gesamte Mehrpersonenverhältnis* gewährleisten. Ungeachtet der Nachteile der *dépeçage* einerseits und der kompliziert anmutenden Suche nach der Vorfrage im Mehrpersonenverhältnis andererseits ist ihnen das Verdienst zuzusprechen, *Normwidersprüche im Mehrpersonenverhältnis vermeiden* zu wollen. Diese Erwägung greift auch im Bereich der fehlerhaften Banküberweisung. Dort treten jedoch noch weitere Erwägungen hinzu, die es sogleich zu besprechen gilt und die möglicherweise eine andere Anknüpfung als an das Valutastatut bedingen. Zu der regelmäßigen *Vorgeblichkeit des Valutaverhältnisses* scheinen die beiden Autoren außerdem aus einer anderen – von ihnen allerdings nicht benannten – Notwendigkeit zu gelangen. Beide Stellungnahmen sind aus der Zeit vor der Regelung des internationalen Bereicherungsrechts. Vor der Kodifikation der Artt. 38 und 41 EGBGB aber war einhellige Meinung, dass es eine abweichende Anknüpfung infolge wesentlich engerer Verbindung im Falle der Leistungskondiktion, die schon akzessorisch der *lex causa* unterstand, nicht geben könne.[842] Insofern bestand also selbst bei dem Versuch einer einheitlichen

[840] PLAßMEIER, Ungerechtfertigte Bereicherung im Internationalen Privatrecht, S. 345, 346. Dass damit die Systematik des materiellen Rechts mißachtet werde – die Direktkondiktion ist Nichtleistungskondiktion – spiele keine Rolle, sei im internationalen Privatrecht die sachrechtliche Systematik nicht in jedem Fall nachzuvollziehen.

[841] PLAßMEIER argumentiert, dem Statut des Valutaverhältnisses solle zur Vermeidung einer *dépeçage* der Bereicherungsanspruch im Ganzen unterworfen werden, selbst wenn sich der Bereicherte nur hinsichtlich eines Teiles der erlangten Bereicherung darauf verlassen konnte, dass die Vermögensmehrung von seinem Verhältnis zum Anweisenden gedeckt sei, Ungerechtfertigte Bereicherung im Internationalen Privatrecht, S. 347.

[842] Siehe nur VON BAR, IPR, Band II, Rn. 742.

Anknüpfung des Bereicherungsausgleichs im Mehrpersonenverhältnis stets die unausweichliche Gefahr, dass das Valutastatut als *lex causae* das Vorliegen einer Leistung annahm und damit eine Leistungskondiktion im Valutaverhältnis zusprach. Diese Gefahr ließ sich – von BUSSE und PLAßMEIER getan – bannen, indem man von vornherein nur auf das Valutastatut rekurrierte. Eine unabhängige, an den Interessen orientierte kollisionsrechtliche Wertung aber stört sich an einer solch zwingenden Vorgabe. Da nunmehr nach der Kodifikation Artikel 41 Abs. 2 Nr. 1 EGBGB ausdrücklich auch die Abweichung von der akzessorischen Anknüpfung der Leistungskondiktion an das Grundverhältnis bei Vorliegen einer wesentlich engeren Verbindung zu dem Recht eines anderen Staates erlaubt, besteht dieser einengende Sachzwang nicht mehr.[843] Der Weg zu einer Unterstellung des gesamten Mehrpersonenverhältnisses unter ein einheitliches Statut ist damit frei. Zunächst aber soll noch ein Blick darauf geworfen werden, welche Anknüpfungen für die so genannten abgeirrten Leistungen vorgeschlagen werden.

### (d) Abgeirrte Überweisungen

Weitgehende Einigkeit in der Literatur zum internationalen Bereicherungsrecht besteht bezüglich der Frage der Anknüpfung eines Direktanspruches infolge abgeirrter Überweisung, also einer Überweisung an eine nicht als Empfänger intendierte Person. Da in diesem Fall die Zuwendung einem Rechtsverhältnis nicht zugeordnet werden könne, etwa aufgrund der Eingabe der falschen Kontonummer oder wegen des Versagens technischer Einrichtungen, könne nur an den Ort der Bereicherung angeknüpft werden.[844] Insofern besteht auch nach der Kodifikation des internationalen Bereicherungsrechts weitgehende Einigkeit.

Lediglich nach der Theorie der vorfragenakzessorischen Anknüpfung ergibt sich etwas anderes. Für die Fälle abgeirrter Leistungen, die also aus dem objektiven Empfängerhorizont keiner der Kausalbeziehungen zugerechnet werden können, kommt sie zur Maßgeblichkeit des Deckungsverhältnisses. Eine räumliche Anknüpfung lasse hier das einzig bestehende Rechtsverhältnis, die Deckungsbeziehung, außer Betracht. Auf dieses Verhältnis beziehe der Zahlende objektiv seine Leistung und daraus ergebe sich, ob die Vermögensmehrung beim Empfänger zurecht eingetreten sei. Der Anwendbarkeit dieses Statuts stünden auch keine schützenswerten Belange des Zahlungsemp-

[843] Siehe Palandt-HELDRICH, EG 38 Rn. 2. Nach der Gesetzesbegründung soll die Anwendung der Ausweichklausel nur „in der Regel" ausscheiden, BT Drucks. 14/343, S. 13.

[844] SCHLECHTRIEM, Bereicherungsansprüche im internationalen Privatrecht, in: Gutachten zur Reform des deutschen internationalen Privatrechts der außervertraglichen Schuldverhältnisse, 1983, S 57; ders., Internationales Bereicherungsrecht, IPRax 1995, 65, 70; ders., Zur bereicherungsrechtlichen Rückabwicklung fehlerhafter Banküberweisungen im IPR, IPRax 1987, 356, 357; BUSSE, Internationales Bereicherungsrecht, S. 189.

fängers entgegen. Es fehle von vornherein an einem schützenswerten Vertrauen des Empfängers auf den Bestand der Vermögensmehrung. Er wisse um seine Herausgabepflicht und ein solches Wissen führe schon nach materiellrechtlicher Wertung zu einer Haftungsverschärfung und nicht zu einem Haftungsprivileg. Andererseits bestehe ein Interesse des Bereicherungsgläubigers, seinen Anspruch nach dem Recht des Deckungsverhältnisses geltend zu machen. Ihm sei an der Vorhersehbarkeit des anwendbaren Rechts auf eine Herausgabepflicht gelegen.[845]

**e) Zusammenfassung und Zwischenergebnis**

Zusammenfassend lässt sich für das internationale Bereicherungsrecht der Mehrpersonenverhältnisse in Anweisungslagen festhalten, dass ein *einheitliches Rückabwicklungsstatut für den gesamten Mehrpersonenkomplex* angezeigt ist, um Normwidersprüche zu vermeiden. Im Gegensatz zur alten Rechtslage hat der Gesetzgeber den Rechtsanwender von dem Sachzwang befreit, im Falle einer Leistungskondiktion die *lex causae* anzuwenden, da auch ein Abgang von dieser nach Artikel 41 EGBGB möglich ist. Somit steht der ungebundenen kollisionsrechtlichen Beurteilung nichts im Wege. Ob dies auch für Fälle der abgeirrten Leistungen gelten kann, hängt davon ab, inwieweit sich auch gegenüber dem Empfänger einer solchen Zuwendung ein von der Regelanknüpfung abweichendes Statut rechtfertigt.

[845] PLAßMEIER, Ungerechtfertigte Bereicherung im Internationalen Privatrecht, S. 350.

### 3. Lösung der Mehrpersonenverhältnisse über die Ausweichklausel des Artikels 41 EGBGB

Mein Vorschlag der kollisionsrechtlichen Behandlung bereicherungsrechtlicher Mehrpersonenverhältnisse geht dahin, im Falle von Anweisungsmängeln das gesamte Mehrpersonenverhältnis anhand der Ausweichklausel des Artikels 41 Abs. 1 EGBGB einer Rechtsordnung zu unterstellen. Der Vorschlag einer akzessorischen Anknüpfung der von der Überweisungsbank geltend gemachten Direktkondiktion an eines der anderen Rechtsverhältnisse beruht zwar auf kollisionsrechtlich tragfähigen Überlegungen und ist insbesondere von dem begrüßenswerten Bestreben getragen, Normwidersprüche zu vermeiden, greift aber dennoch in personeller Hinsicht zu kurz, als dadurch stets nur das bipolare Rückabwicklungsverhältnis zwischen Angewiesenem und Anweisungsempfänger an ein weiteres der drei Rechtsverhältnisse gekoppelt wird, das dritte Rechtsverhältnis aber außen vor bleibt. Im Verhältnis zu diesem Rechtsverhältnis kann es daher potentiell noch immer zu Normwidersprüchen kommen. Um für alle Beteiligten eine konsistente Pflichtenlage zu kreieren, bedarf es der Zuweisung des gesamten Mehrpersonenverhältnisses an eine Rechtsordnung, die über Rückabwicklungsfragen entscheidet.

Für dieses bislang gefundene Ergebnis des Bedürfnisses eines einheitlichen Rückabwicklungsstatuts war die *personelle Komplexität* in Anweisungslagen ausschlaggebend und das Bestreben, Normwidersprüche zu vermeiden. Bei der Suche nach der anwendbaren Rechtsordnung aber können nunmehr auch *besondere Erwägungen des internationalen Giroverkehrs* Berücksichtigung finden. Die Plattform der kollisionsrechtlichen Diskussion bildet dabei die Ausweichklausel des Art. 41 Abs. 1 EGBGB, da nur über sie eine einheitliche Anknüpfung des Mehrpersonenverhältnisses möglich ist. Geht man davon aus, dass Art. 38 Abs. 3 EGBGB die Regelanknüpfung für die Anweisungsfälle darstellt, so kommt Art. 41 Abs. 1 EGBGB in seiner orginären Funktion als Ausweichklausel zum tragen. Geht man hingegen – in Anbetracht der Gesetzesbegründung – davon aus, Artikel 38 treffe überhaupt keine Regelung der Mehrpersonenverhältnisse, so kommt ebenfalls Artikel 41 Abs. 1 EGBGB, diesmal in seiner Funktion als Instrument der Lückenfüllung, zur Anwendung.[846] Jedenfalls bedarf es zunächst der Klärung der Anwendungsvoraussetzungen dieser Vorschrift, um dann die besondere Interessenlage im Rahmen seiner Anwendung – soweit danach möglich – zu verwirklichen.

---

[846] Zur Lückenfüllungsfunktion KREUZER, ZfRV 1992, 168, 191 und SCHREIBER, Ausweichklauseln, S. 226. Die Funktion der Lückenfüllung kommt der Ausweichklausel zu, wenn eine zu korrigierende Regelanknüpfung nicht besteht. Genau genommen wird dann aber nicht die Ausnahmeklausel, sondern das in ihr besonders annunzierte Prinzip der engsten Verbindung herangezogen, SCHREIBER, Ausweichklauseln, S. 247.

### a) Die Ausweichklausel des Artikels 41 Abs. 1 EGBGB

#### (1) Einführung

Ausweichklauseln sind Kollisionsnormen, die es ermöglichen, unter dem Aspekt der wesentlich engeren Verbindung des Sachverhalts zu einer anderen Rechtsordnung als der nach der Regelanknüpfung berufenen, von eben dieser Regelanknüpfung zugunsten der anderen Rechtsordnung abzuweichen.[847] Im deutschen Internationalen Privatrecht stellen die Artikel 41 und 46 EGBGB die ersten Ausweichklauseln dar, die nicht auf einer völkerrechtlichen Verpflichtung beruhen. Im deutschen internationalen Schuldvertragsrecht findet sich Artikel 28 Abs. 5 EGBGB, der auf das Römische EWG-Übereinkommen über das auf vertragliche Schuldverhältnisse anzuwendende Recht zurück geht.

Die Entstehung der Ausweichklauseln erklärt sich ähnlich der Entwicklung des Kollisionsrechts in den USA vom *Restatement 1st* hin zu dem *Restatement 2nd of Conflict of Laws*. Dem klassischen europäischen IPR wurde die mangelnde Flexibilität und Einzelfallgerechtigkeit aufgrund zu starrer Anknüpfungsregeln vorgeworfen, die oftmals zu zufälligen Anknüpfungsergebnissen führten, ohne dass darin notwendigerweise die engste Verbindung gelegen hätte.[848] In der Praxis wurde dem mit besonderen Ausweichmanövern entgegenzuwirken versucht, wie etwa der abweichenden Qualifikation, der Anpassung, dem *ordre public* oder dem *renvoi*.[849] Will der Gesetzgeber derartige Auflockerungen oder Flexibilisierungen sanktionieren, so bietet sich aus kontinental-europäischer Sicht die Statuierung einer Ausweichklausel an, da diese einerseits Flexibilität gewährleistet, andererseits ein Festhalten am kollisionsrechtlichen System der generell-abstrakten Regelungsmethode ermöglicht.[850] Die statuierten Regelanknüpfungen, die *rules*, gegen einen *approach* zu ersetzten, wie es das US-amerikanische *Restatement 2nd of Conflict of Laws* getan hat, scheint dagegen in einer kodifikatorischen Tradition kein gangbarer Weg.

Generell lassen sich Ausweichklauseln einteilen in allgemeine und spezielle. Der Anwendungsbereich allgemeiner Ausweichklauseln erstreckt sich prinzipiell auf sämtliche Verweisungsnormen, derjenige spezieller Berichti-

---

[847] Ähnliche Definition bei SCHREIBER, S. 7. Zu Ausweichklauseln allgemein KREUZER, ZfRV 1992, S. 168 - 192 und in FS Zajtay 1982, S. 295 - 331, ferner DASSER und VISCHER, jeweils in FS Heini 1995, S. 103 - 122 bzw. S. 479 - 495. Zur unterschiedlichen Terminologie: Ausnahmeklausel, Ausnahmegeneralklausel, Ausnahmebestimmung, Auslegungsklausel, Ausweichanknüpfung, Berichtigungsklausel, Ersatzanknüpfung, Härteklausel, Vorbehaltsklausel siehe SCHREIBER, S. 5 f. Eine andere Konzeption verfolgt VON BAR, IPR, Bd. I Rn. 555 f., der jede Kollisionsnorm, die auf die engste Verbindung abstellt als Ausweichklausel bezeichnet.

[848] Zu dieser Kritik JOERGES, Zum Funktionswandel im IPR, S. 159.

[849] Siehe hierzu STAUDINGER – F. STURM / G. STURM, Einl. Rn. 62.

[850] Vgl. KREUZER, FS Zajtay, S. 295, 296.

gungsklauseln jeweils nur auf einen bestimmten Bereich, beispielsweise das internationale Delikstrecht.[851] Alleine in der Heimat der Ausweichklausel, der Schweiz[852], ist mit § 15 IPRG eine allgemeine Ausweichklausel vorgesehen.[853] Im österreichischen IPRG ist dagegen eine spezielle Ausweichklausel für das Deliktsrecht enthalten, § 48 Abs. 1 S. 2 IPRG. Auch der deutsche Gesetzgeber erkennt an, dass es im Einzelfall ein Bedürfnis gibt, die Anknüpfung zu flexibilisieren. Neben der Ausweichklausel für Schuldverträge in Art. 28 Abs. 5 EGBGB hat er durch das am 1.6.1999 in Kraft getretene Gesetz für außervertragliche Schuldverhältnisse und für Sachen[854] zwei weitere besondere Ausweichklauseln kodifiziert, Art. 41 Abs. 1 EGBGB für das außervetragliche Schuldrecht und Art. 46 EGBGB für das Sachenrecht. Da Artikel 41 Abs. 1 EGBGB nicht ausschließlich auf einen bestimmten Sachbereich, wie etwa das internationale Deliktsrecht Anwendung findet, sondern vielmehr das außervertragliche Schuldrecht insgesamt erfasst, ließe sich bei ihm auch von einer bereichsspezifischen allgemeinen Ausweichklausel sprechen. Sprachlich klarer und weniger irreführend ist aber dennoch die Bezeichnung als besondere Ausweichklausel.[855] In den Stellungnahmen zu Artikel 41 EGBGB findet sich der Hinweis, er stelle für die Bereiche der Geschäftsführung ohne Auftrag und des Bereicherungsrechts eine echte Neuerung dar.[856] Dies ist indes allenfalls für das internationale Bereicherungsrecht zutreffend, im Bereich der Ge-

---

[851] KREUZER, ZfRV 1992, 172 und FS Zajtay, 296; DASSER FS Heini 1995, S. 103, 112 f. und VISCHER, FS Heini 1995, S. 479, 485. KREUZER nimmt darüber hinaus noch die weitere Einteilung in sachgebietsbezogene und anknüpfungspunktbezogene Ausweichklauseln vor, FS Zajtay, S. 295, 303. Eine anknüpfungspunktbezogene Ausweichklausel ist auf die Korrektur eines besonderen Anknüpfungspunktes ausgerichtet, wenn etwa ein starres Anknüpfungsmerkmal im Einzelfall durch ein anderes ersetzt wird, etwa die starre Anknüpfung an die deutsche Staatsangehörigkeit in Art. 5 Abs. 1 S. 2 EGBGB durch den gewöhnlichen Aufenthalt bei Mehrstaatern, vgl. hierzu MüKo-SONNENBERGER, einl. Rn. 630 a.E. Den Regelfall bildet dagegen die sachgebietsbezogene Ausweichklausel, wie etwa Art. 41 Abs. 1 EGBGB die Korrektur der Verweisung im Bereich der außervertraglichen Schuldverhältnisse ermöglicht.

[852] So bezeichnet von JAYME, Richterliche Rechtsfortbildung im IPR, FS Ruprecht-Karls-Universität Heidelberg, S. 567, 573. Zur Rechtslage in der Schweiz siehe nur die Autoren SCHNITZER, Gegenentwurf für ein schweizer IPR-Gesetz, SchwJZ 1980, 309; VISCHER, Das Problem der Kodifikation des schweizerischen IPR, ZSR 1971, 1; DIETZI, Zur Einführung einer generellen Ausweichklausel im schweizerischen IPR; Bucher, Grundfragen der Anknüpfungsgerechtigkeit im IPR; DUBLER, Les clauses d'exeption en droit international privé.

[853] § 15 schweizer IPRG lautet: „Das Recht, auf das dieses Gesetz verweist, ist ausnahmsweise nicht anwendbar, wenn nach den gesamten Umständen offensichtlich ist, dass der Sachverhalt mit diesem Recht in nur geringem, mit einem anderen Recht jedoch in viel engerem Zusammenhang steht. Diese Bestimmung ist nicht anwendbar, wenn eine Rechtswahl vorliegt."

[854] Gesetz vom 21.5.1999, BGBl. I, S. 1026.

[855] SPICKHOFF, NJW 1999, 2209, 2210 fragt, ob nicht überhaupt eine allgemeine Ausweichklausel die bessere Lösung gewesen wäre.

[856] So KREUZER, RabelsZ 65 (2001), S. 432.

schäftsführung ohne Auftrag aber finden sich schon in der Rechtsprechung vor der Kodifikation Ausweichmöglichkeiten.[857]

### (2) Allgemeine Kritik an der Regelungstechnik der Ausweichklausel

Kritisch an den Ausweichklauseln im Allgemeinen wird die Verminderung der Vorhersehbarkeit und damit die Gefährdung der Rechtssicherheit beäugt.[858] So stand auch der deutsche Gesetzgeber der Aufnahme einer allgemeinen Ausweichklausel schon stets abgeneigt gegenüber. Im Zuge der IPR-Reform im Jahre 1986 lehnte er aus Gründen der Rechtssicherheit, insbesondere im Bereich des Familienrechts, die Aufnahme einer allgemeinen Ausweichklausel ab.[859] In den besonderen Bereichen des internationalen Schuld- und Sachenrechts steht der Gesetzgeber einer abweichenden Anknüpfung, wie die Kodifikation der Artikel 41 und 46 EGBGB zeigt, dagegen aufgeschlossener gegenüber.

Gegen eine Kodifikation von Ausweichklauseln überhaupt hat sich KEGEL ausgesprochen. Zum einen erachtet er das Abstellen auf die engste Verbindung als eine Formel ohne Inhalt, die Ausweichklausel sei damit eine *non-rule*, sich der Terminologie EHRENZWEIGs bedienend. Dabei stellt er sich jedoch nicht dagegen, im Falle einer engeren Verbindung oder einer rechtspolitisch verfehlten Anknüpfung von der Regelanknüpfung überhaupt abzuweichen, sondern gegen die Normierung dieser Möglichkeit durch den Gesetzgeber, der dadurch abdanke.[860] In ähnlicher Weise lehnt SONNENBERGER die Normierung einer Ausweichklausel aus Gründen der Rechtssicherheit ab, hält aber eine Korrektur der Verweisungsnormen im Einzelfall durch teleologische Reduktion für zulässig.[861] Die Idee der Kodifikation durch Aufnahme einer

---

[857] So formulierte etwa das OLG Koblenz in seinem Urteil vom 20.6.1991, IPRax 1992, 383, bezüglich der Anknüpfung eines Anspruches aus Geschäftsführung ohne Auftrag, dass eine vom Vornahmeort abweichende Anknüpfung geboten sein könne, „wenn eine wesentlich engere Beziehung zu einem anderen Rechtskreis besteht. Diese kann sich aus einer besonderen rechtlichen oder tatsächlichen Beziehung zwischen den Beteiligten oder aus deren gewöhnlichen Aufenthalt in dem selben Staat ergeben." Gegenstand des Falles war die Haftung eines in Deutschland lebenden Türken für die Behandlungskosten seiner Mutter, die ihn in Deutschland besucht und dort einen Herzinfarkt erlitten hatte. Angewendet wurde deutsches Recht.

[858] Insbesondere MüKo-SONNENBERGER, Einl.IPR, Rn. 631.

[859] BT Drucks. 10/504, S. 29. Außerdem legt die Gesetzesbegründung zu Art. 46 EGBGB dies nahe. In BT-Drucks. 14/343, S. 19 führt der Bundestag aus, ohne die Einführung einer Ausweichklausel im internationalen Sachenrecht könnte sich der Gegenschluss zu der Regelung im Schuldrecht aufdrängen, im Sachenrecht sei die Entwicklung von Sonderanknüpfungen ausgeschlossen. Daraus folgt, dass der Gesetzgeber davon ausgeht, außer bei besonderer Anordnung sei ein Abweichen von der Regelanknüpfung unzulässig. Dies legt insbesondere für das Familien- und Erbrecht den Ausschluss einer abweichenden Anknüpfung nahe, vgl. SCHREIBER, Ausweichklauseln, S. 14.

[860] KEGEL, IPR § 6 I 4 b.

[861] MüKo-SONNENBERGER, Einleitung zum IPR, Rn. 631.

Berichtigungsklausel überhaupt in Frage gestellt sieht LÜDERITZ, allerdings ohne daneben die Möglichkeit anzuerkennen, *extra legem* von den Regelanknüpfungen abzuweichen.[862]

Indes ist die Befürchtung einer Derogation des kodifizierten IPR zugunsten eines Richterkollisionsrechts nicht begründet. In der Gerichtspraxis ist große Zurückhaltung gegenüber der Anwendung von Ausweichklauseln und die damit einhergehende Bestätigung der Regelanknüpfungen auszumachen, so dass schon aus diesem Grunde wenig Anlass besteht, eine Gefährdung der Rechtssicherheit zu befürchten.[863] Dem Bestreben nach Rechtssicherheit ist zudem mit einer kodifizierten Möglichkeit zur Abweichung wohl eher gedient als durch die Annahme einer impliziten Möglichkeit zur Abweichung. Besteht ein anerkanntes Bedürfnis zur Abweichung von der Regelanknüpfung, so ist die normative Verankerung der freien Methodenlehre vorzuziehen. Auf diese Weise wird auch der Rechtsanwender davon enthoben, Rechtsinstitute des allgemeinen Teils des IPR, wie etwa des *ordre public*, quasi ihrem Zweck nach zu entfremden. Er kann das Ergebnis offen auf die engere Verbindung zu einer anderen Rechtsordnung stützen. Dadurch wird zum einen die so genannte Methodenehrlichkeit gefördert und zum anderen die Herausbildung von Fallgruppen erleichtert, da eine offene Begründung gegeben wird.[864] Überdies liegt es am Gesetzgeber, durch interessengerechte und ausdifferenzierte Regelanknüpfungen den Anwendungsbedarf der Ausweichklausel gering zu halten. Ist dies aufgrund des notwendig hohen Abstraktionsgrades im IPR jedoch nicht durchweg möglich, so stellt die Ausweichklausel das notwendige Korrelat dar.[865] Erlaubt man außerdem über die Ausweichklausel die Herausbildung typischer Fallgruppen, so stellt dies einen zusätzlichen Beitrag zur Rechtssicherheit dar.

Versteht man die Rechtssicherheit überdies nicht allein als abstraktes Gut, sondern auch im Sinne der Vorhersehbarkeit der Rechtslage für die Parteien, so wird sie durch die Ausweichklausel sogar gefördert. Durch sie ist es dem Rechtsanwender möglich, auf die konkreten Umstände des Falles abzustellen. Zwar impliziert dies primär eine Zurückstellung der Rechtsicherheit. Jedoch ist aufgrund des Erfordernisses der engeren Verbindung eine gewisse Vorhersehbarkeit für die Parteien garantiert. Gerade die wertende Betrachtung des Einzelfalls und die Abstimmung auf die konkrete Interessenlage misst nur solchen Umständen Relevanz zu, die im zu entscheidenden Fall von Gewicht

---

[862] LÜDERITZ, IPR Rn 28, 30.

[863] Siehe zu dieser Wertung mit gründlicher Untersuchung der deutsch, schweizerischen und österreichischen Rechtsprechung SCHREIBER, Ausweichklauseln, S. 57 – 198, insbesondere 196.

[864] SCHREIBER, Ausweichklauseln, S. 54 f., 250 f. Beispiele aus der Rechtsprechung zur „Zweckentfremdung“ sind etwa die Heilung einer unwirksamen Eheschließung durch Anknüpfung an das erst zukünftig anwendbare Recht, KG vom 27.1.1986, IPRax 1987, 33; die unselbständige Anknüpfung von Vorfragen, etwa der Frage nach der Wirksamkeit der Ehe an das Legitimationsstatut, BayObLG vom 11.01.1990, IPRspr. 1990 Nr. 137.

[865] Ähnlich SCHREIBER, Ausweichklauseln, S. 162, 200 ff.

sind. Im Gegenteil wäre für die Parteien eher das Resultat der Regelanknüpfung überraschend, weil dazu nur eine geringe Verbindung bestünde.[866] Damit stellt die Ausweichklausel die Verwirklichung der kollisionsrechtlichen Einzelfallgerechtigkeit durch Berufung eines für die Parteien zu erwartenden Rechts dar.

Ein weiteres Bedenken gegen die Figur der Berichtigungsklauseln besteht in der Gefahr des Heimwärtsstrebens, der Derogation der Regelanknüpfungen zugunsten der *lex fori*.[867] Doch auch diese Befürchtung lässt sich anhand der Rechtsprechung erschüttern. Bei der aufgelockerten Anknüpfungsregel für Verkehrsunfälle an den gemeinsamen gewöhnlichen Aufenthalt kamen die Gerichte auch dann zum Recht des gemeinsamen gewöhnlichen Aufenthalts, wenn dieser nicht in Deutschland begründet war.[868] Doch selbst wenn sich eine vermehrte Anwendung des Rechts des Gerichtsortes feststellen ließe, wäre nicht zwingend die Motivation des Heimwärtsstrebens nachgewiesen. Denn schon aufgrund der Erfordernisse der internationalen örtlichen Zuständigkeit müssen Mindestkontakte mit dem Forum vorhanden sein, die auch für die kollisionsrechtliche Bewertung gewichtig sein können, wie etwa der Wohnsitz einer Partei oder der Erfüllungs- oder Handlungsort.[869]

Von den Befürwortern der Ausweichklausel im Allgemeinen wird ins Feld geführt, sie fördere die Einzelfall- und Systemgerechtigkeit. Ermächtigt sie den Richter im Einzelfall, in dem die Regelanknüpfung nicht mehr das Prinzip der engsten Verbindung verwirklicht, zur abweichenden Anknüpfung, so sichert sie die Durchsetzung des SAVIGNY'schen Anknüpfungsprinzips und damit die Einzelfallgerechtigkeit.[870] Als weiterer Vorzug erscheint die Flexibilisierung des Kollisionsrechts. Der Rechtsanwender kann, sofern man die Ausweichklausel nicht alleine als Billigkeitskorrektiv im Einzelfall begreift, anhand ihrer das IPR weiterentwickeln und spezielle Kollisionsnormen für typisch Fallgestaltungen schaffen, die in der Regelverweisung nicht differenziert werden. Insbesondere im Bereich der bereicherungsrechtlichen Mehrpersonenverhältnisse hat der Gesetzgeber dem Rechtsanwender ausdrücklich das

[866] Vgl. SCHREIBER, Ausweichklauseln, S. 215 f.

[867] KREUZER, ZfRV 1992, 168, 182, 183, 189, 191.

[868] OLG Karlsruhe vom 7.12.1978, IPRspr. 1978, Nr. 29: Anwendung französischen Rechts auf einen Verkehrsunfall zweier Franzosen in Deutschland. Das Gericht ging sogar von einer Sachnormverweisung aus, so dass auch kein *renvoi* auf deutsches Recht erfolgen konnte.

[869] Dies wird insbesondere anhand des in § 23 ZPO vorgesehenen internationalen Vermögensgerichtsstandes deutlich. Zu dessen Anwendung ist neben der Vermögensbelegenheit als ungeschriebenes Merkmal ein hinreichender Inlandsbezug des Rechtsstreites erforderlich, BGHZ 115, 94. Auch im internationalen Delikstrecht der Verkehrsunfälle stellt sich die anzutreffende Abkehr vom Deliktsort hin zum gemeinsamen gewöhnlichen Aufenthalt der Parteien oft als zufällige Übereinstimmung des Anknüpfungsmoments mit dem die Gerichtzuständigkeit begründenden Faktor des Beklagtenwohnsitzes dar.

[870] KREUZER, Lausanner Kolloquium, S. 3, 14 f.

Deputat übertragen, sachgemäße Regeln anhand des Artikels 41 EGBGB zu entwickeln.

Die allgemein gegen Ausweichklauseln vorgebrachte Kritik ist ohnehin weniger vehement im Zusammenhang mit speziellen Ausweichklauseln.[871] Neben dem Schuldvertragsrecht sprachen sich vor der Kodifikation des Artikels 41 EGBGB insbesondere im internationalen Deliktsrecht zahlreiche Autoren über die Auflockerung des Deliktsstatuts und die der Herausbildung spezieller Anknüpfungen für einzelne Deliktstypen hinaus für eine Ausweichklausel aus.[872] Folglich wird die Einführung von Art. 41 EGBGB generell begrüßt.[873] Geteilte Meinungen stehen dagegen der Ausweichklausel des Art. 46 EGBGB gegenüber.[874] Dessen Aufnahme in das EGBGB ist ohnehin mit einem Überraschungsmoment verbunden, hatte sich die Kommission des Deutschen Rates für IPR in ihrer Stellungnahme zur Kodifikation unter anderem aus Gründen der Rechtssicherheit noch gegen die Aufnahme einer Berichtigungsklausel in das internationale Sachenrecht ausgesprochen.[875]

Insgesamt kann festgehalten werden, dass mit der Einführung der speziellen Ausweichklauseln der Artikel 41 und 46 EGBGB ein Fortschritt zu verzeichnen ist. Durchgreifende Bedenken gegen sie bestehen nicht. Insbesondere die Gefährdung der Rechtssicherheit und des Heimwärtsstrebens sind eher Scheingefahren. Wie jede Generalklausel enthalten auch die Ausweichklauseln unbestimmte Rechtsbegriffe. Auf deren sachgerechte Auslegung und Anwendung durch den Rechtsanwender, den Richter, ist aber genauso zu vertrauen wie im Rahmen der übrigen Generalklauseln auch, man denke insbesondere an § 242 BGB. Sollte sich im Einzelfall eine Anwendung als unsachgemäß erweisen, so bleibt noch stets das Korrektiv der revisionsgerichtlichen Überwachung. Vorliegend geht es um die Anwendung des Artikels 41 EGBGB. Dessen Anwendungsvoraussetzungen sollen im Folgenden nachvollzogen werden.

**b) Funktion der Ausweichklausel**

Geht es in der vorliegenden Untersuchung unter anderem auch darum, durch die Unterstellung des gesamten Mehrpersonenkomplexes in Rückabwicklungsfragen Normwidersprüche zu vermeiden, so kann dies nur dann an-

[871] Die von KEGEL, SONNENBERGER und LÜDERITZ angemeldeten Bedenken richten sich jedoch auch gegen die besonderen Ausweichklauseln.
[872] Vgl. nur Palandt-HELDRICH, EG 40 Rn. 5, m.w.N.
[873] BUSSE, RIW 1999, 16, 19; SPICKHOFF, NJW 1999, 2209, 2210.
[874] Begrüßend STOLL, IPRax 2000, 259, 264 f. und 269 f., mit Bedenken dagegen JUNKER, IPR Rn. 473. Er führt gegen die Ausweichklausel im Sachenrecht dieselben Bedenken, die gegen die Zulassung einer Rechtswahl sprechen, an. Ein kleiner Gewinn an Einzelfallgerechtigkeit werde mit einem großen Verlust an Rechtssicherheit erkauft, die im internationalen Sachenrecht aber einen überragenden Stellenwert haben sollte.
[875] HENRICH, Vorschläge und Gutachten zur Reform des deutschen internationalen Sachenrechts und Immaterialgüterrechts 1991, S. 11.

hand der Ausweichklausel des Artikels 41 EGBGB erfolgen, wenn dieser zur Verwirklichung eines derartigen Interesses an *materieller Harmonie* überhaupt funktional herangezogen werden kann. Darum ist zunächst die Reichweite der Ausweichklausel im Hinblick auf die kollisionsrechtlichen Interessen zu klären.

Besteht zu dem Recht eines Staates eine wesentlich engere Verbindung als zu dem Recht, das nach den Artikeln 38 bis 40 Absatz 2 EGBGB maßgebend wäre, so ist gemäß Artikel 41 Absatz 1 EGBGB das Recht jenes Staates anzuwenden. Mit dem Begriff der wesentlich engeren Verbindung enthält das Gesetz einen unbestimmten Rechtsbegriff, der der Auslegung bedarf. Konkretisiert wird das Vorliegen einer solchen engeren Verbindung in Artikel 41 Absatz 2 EGBGB anhand von Regelbeispielen. So kann sich eine wesentlich engere Verbindung insbesondere aus einer besonderen rechtlichen oder tatsächlichen Beziehung zwischen den Beteiligten im Zusammenhang mit dem Schuldverhältnis ergeben (Nr. 1) oder nach Nr. 2 aus dem gewöhnlichen Aufenthalt der Beteiligten in demselben Staat zum Zeitpunkt des rechtserheblichen Geschehens. Das Regelbeispiel des Artikels 41 Abs. 2 Nr. 2 nimmt allerdings die Anknüpfung von Leistungskondiktionen nach Artikel 38 Absatz 1 EGBGB vom Anwendungsbereich des Artikels 41 EGBGB aus. Die Formulierung der Vorschrift ist nicht ohne Parallelen in der Rechtsprechung.[876] Um die Anwendungsvoraussetzungen dieser Generalklausel zu ermitteln, bedarf es eines Blickes hinter die Kulissen des Wortlautes auf die dahinter stehenden Prinzipien und den Zweck des Gesetzes.

### (1) Grundsätzliches Anknüpfungsprinzip

Als Anknüpfungsprinzip liegt dem deutschen Internationalen Privatrecht wie auch zahlreichen anderen kontinentalen Rechtsordnungen das Prinzip der engsten Verbindung zugrunde. Seinen Ursprung hat dieses Anknüpfungsprinzip in der von FRIEDRICH CARL VON SAVIGNY postulierten Suche nach dem Sitz des Rechtsverhältnisses. In dessen 8. Band des Systems des heutigen Römischen Rechts aus dem Jahre 1849 findet sich die Passage, *„dass bei jedem Rechtsverhältnis dasjenige Rechtsgebiet aufgesucht werde, welchem dieses Rechtsverhältniß seiner eigentümlichen Natur nach angehört oder unterworfen ist, ...“.*[877] Anknüpfungsmaxime dieses Systems ist es, das räumlich

---

[876] So formulierte etwa das OLG Koblenz in seinem Urteil vom 20.6.1991, IPRax 1992, 383, bezüglich der Anknüpfung eines Anspruches aus Geschäftsführung ohne Auftrag, dass eine vom Vornahmeort abweichende Anknüpfung geboten sein könne, „wenn eine wesentlich engere Beziehung zu einem anderen Rechtskreis besteht. Diese kann sich aus einer besonderen rechtlichen oder tatsächlichen Beziehung zwischen den Beteiligten oder aus deren gewöhnlichen Aufenthalt in dem selben Staat ergeben.“ Gegenstand des Falles war die Haftung eines in Deutschland lebenden Türken für die Behandlungskosten seiner Mutter, die ihn in Deutschland besucht und dort einen Herzinfarkt erlitten hatte. Abgewendet wurde deutsches Recht.

[877] Band VIII, S. 120 f. Siehe außerdem die Seiten 28, 108.

beste Recht zur Anwendung zu bringen oder, nach modernem Sprachgebrauch, diejenige Rechtsordnung aufzufinden, zu welcher der Sachverhalt die engste Beziehung aufweist.[878] Im deutschen sowie in anderen Kollisionsrechten stellt aber die Suche nach der engsten Verbindung nur das Anknüpfungsprinzip dar, bildet aber regelmäßig nicht auch die Anknüpfungsmethode. Betrachtet man die Kollisionsnormen des EGBGB, so fällt auf, dass diese nahezu durchgehend durch präzise und feste Anknüpfungspunkte gekennzeichnet sind.[879] Das allgemeine Prinzip der räumlich besten Rechtsordnung wurde damit in verschiedenen Kollisionsnormen für unterschiedliche Sachverhaltsklassen unterschiedlich konkretisiert und in bestimmten Anknüpfungspunkten zum Ausdruck gebracht.[880] Der Gesetzgeber ist damit bei der Erschaffung der besonderen Kollisionsnormen jeweils von einer typischen kollisionsrechtlichen Interessenlage in dem jeweils zu regelnden Sachgebiet ausgegangen, wobei sich in dem jeweils gewählten Anknüpfungspunkt für den jeweiligen Anknüpfungsgegenstand die räumliche Nähe mit der zur Anwendung berufenen Rechtsordnung widerspiegeln soll.[881] Auch SAVIGNY selbst war schon davon ausgegangen, dass die Suche nach dem Sitz des Rechtsverhältnisses nur Leitprinzip, nicht aber auch stets Anknüpfungsmethode sein sollte, wie die Herausbildung besonderer Anknüpfungsregeln für bestimmte Bereiche belegt.[882]

Die abstrakt-generelle Methode des deutschen Gesetzgebers durch *ex ante* Festlegung typischer Anknüpfungspunkte soll zum einen den Richter im konkreten Rechtsfindungsprozess davon entlasten, individuell das räumlich beste Recht zu ermitteln und ist damit vom Gedanken der Ökonomie des Rechtsfindungsprozesses und damit von Rationalisierungsbestreben getragen.[883] Zum anderen soll auf diese Weise auch die Rechtssicherheit im Hinblick auf das anwendbare Recht gefördert werden. Wäre die Suche nach der engsten Verbindung Anknüpfungsmethode, so müsste der Rechtsanwender den Sachverhalt gleichsam *ex post* unter Abwägung aller Umstände des konkreten Falles einer Rechtsordnung zuweisen, was an den im US-amerikanischen *approach* erinnert. Auch im Sinne der Vorhersehbarkeit und damit der Rechtssicherheit ist der deutsche Gesetzgeber daher der aprioristi-

---

878 KREUZER, FS Zajtay, S. 295; MüKo-SONNENBERGER, Einleitung zum IPR, Rn. 13.

879 Lediglich vereinzelt bestimmt eine Kollisionsnorm, der Rechtsanwender solle die engste Verbindung ermitteln, beispielsweise die Artt. 5 Abs. 1 S. 1; 14 Abs. 1 Nr. 3; 28 Abs. 1 S. 1 und § 1051 Abs. 1 ZPO.

880 Die Regelungsbereiche decken sich weitgehend mit denjenigen des BGB: Artt. 13 ff EGBGB regeln das Familienrecht, Artt. 25 ff. Das Erbrecht, die Artt. 27 ff. Das vertragliche und die Artt. 38 ff. das außervertragliche Schuldrecht und die Artt. 43 ff. knüpfen sachenrechtliche Rechtsverhältnisse an.

881 Vgl. KREUZER, FS Zajtay, 295 und ZfRV 1992, 170.

882 So wollte er etwa im Sachenrecht die *lex rei sitae* maßgeblich sein lassen (Band VIII., S. 169), bei vertraglichen Verbindlichkeiten den Erfüllungsort (S. 205 ff., 246 ff.), den letzten Wohnsitz des Erblassers im Erbrecht (S. 295 ff.).

883 KREUZER, ZfRV 1992, S. 168, 170.

schen Methode gefolgt.[884] Exemplarisch für beide Gesichtpunkte ist die Ersetzung des Aufsuchens des Vertragsschwerpunktes im Einzelfall durch vorgegebene Anknüpfungen in den Artt. 27 ff. EGBGB.

In der Rechtspraxis zeigt sich jedoch, dass diese generell-abstrakte Regelungstechnik nicht stets dazu führt, das kollisionsrechtlich gewichtigste Interesse bei der Anknüpfung durchschlagen zu lassen. Die als Ausdruck der typischen Interessenlagen gefundenen Verweisungsnormen erfassen eben auch nur den kollisionsrechtlichen Regelfall. Daneben gibt es jedoch auch diejenigen Fallgestaltungen, in denen die typisierte Interessenlage nicht besteht und es deshalb bei der Anwendung der Regelanknüpfung zu Verweisungen kommt, die nicht der engsten Verbindung entsprechen.[885] Um aber auch diese Fallgestaltungen interessengerecht zu erfassen, bedarf es die Regelanknüpfung einer Auflockerung zugänglich zu machen. Diese Funktion kommt der Ausweichklausel zu.

**(2) Durchsetzung der engsten Verbindung**

Nach den vorstehenden Ausführungen stellt sich die Frage, welche Reichweite eine Ausweichklausel wie die des Artikels 41 EGBGB hat. Folgt der Gesetzgeber dem SAVIGNY'schen Anknüpfungsprinzip der engsten Verbindung und bildet zu dessen Umsetzung spezielle Anknüpfungsregeln heraus, stellt aber daneben eine Ausweichklausel zur Verfügung, so fragt sich, ob diese nicht ausschließlich dazu herangezogen werden kann, das SAVIGNY'sche Prinzip der engsten Verbindung im Einzelfall durchzusetzen. Die Kodifikation einer Ausweichklausel zugunsten der wesentlich engeren Verbindung stellte dann nichts weiteres dar, als die festgeschriebene teleologische Reduktion der Regelanknüpfungen, da diese ihrem Zweck, die engste Verbindung zu ermitteln, im konkreten Fall nicht gerecht würden.[886]

Genau diese eingeschränkte Reichweite misst heute KREUZER den Ausweichklauseln bei, die auf eine engere Verbindung abstellen. Ihm zufolge kommt den Berichtigungsklauseln ausschließlich die Funktion zu, das SAVIGNY'sche Anknüpfungssystem durchzusetzen, also einen Sachverhalt derjenigen Rechtsordnung zur Beurteilung zuzuweisen, zu der die stärksten Beziehungen im klassischen räumlichen Sinne bestehen. Zur Verwirklichung anderer kollisionsrechtlicher Interessen soll sie aber nicht herangezogen werden können. Dies gewinnt er aus einer Betrachtung des Normzwecks der Regelanknüpfungen, der deren Anwendung zugleich begrenze. Stimme die Anwendung einer Norm mit ihrem Normzweck nicht mehr überein, so entstehe eine Ausnahmelücke, die durch teleologische Reduktion der Vorschrift ge-

---

[884] Im Gegensatz zur so genannten posterioristischen Methode, also der nachträglichen rechtlichen Beurteilung, siehe hierzu DASSER, FS Heini, S. 121.

[885] KREUZER, ZfRV 1992, S. 168, 184.

[886] VON HOFFMANN, IPR, § 2 RN. 54.

schlossen werden könne.[887] Insbesondere gehöre die Verwirklichung des inneren Entscheidungseinklanges nicht mehr zum Aufgabengebiet der Ausweichklausel, sondern sei dem Aufgabenbereich der Anpassung, der Vorfragenanknüpfung oder der akzessorischen Anknüpfung zuzuweisen, da es bei der Herstellung innerer Entscheidungsharmonie um die Verwirklichung eines materiellen Interesses gehe.[888] Auch den Bezug auf die subjektiven Parteierwartungen nimmt KREUZER weitgehend vom Anwendungsbereich der Ausweichklausel aus.[889]

### (3) Verwirklichung anderer kollisionsrechtlicher Interessen

In der Tat geht es bei dem Bestreben nach innerem Entscheidungseinklang nicht um die Durchsetzung der räumlich engsten Verbindung, sondern um das andersartige kollisionsrechtliche Interesse an widerspruchsfreier Rechtslage. Ob derartige kollisionsrechtliche Interessen über eine Ausweichklausel, welche die Durchsetzung der engsten Verbindung verlangt, verwirklicht werden können, gilt es zu untersuchen.

Zur Klärung der Reichweite des Artikels 41 EGBGB kann ein Blick auf den Gesetzeswortlaut und die Gesetzesbegründung dienen. In der Begründung der Regelanknüpfung des Artikels 38 EGBGB für das internationale Bereicherungsrecht findet sich die Aussage, anhand der Regelungen der Artikel 38 und 41 des Entwurfes könnten auch umfassende bereicherungsrechtliche Vorgänge

---

[887] FS Zajtay, S. 295, 317.

[888] ZfRV 1992, S. 168, 183 ff. Anders hatte KREUZER selbst dies noch zehn Jahre zuvor gesehen, FS Zajtay, 322 ff. Damals trat er dafür ein, eine Ausweichklausel könne der Verwirklichung aller kollisionsrechtlichen Interessen und aller Anknüpfungsmaximen dienen. Jede Kollisionsnorm treffe einen Ausgleich der sich widerstreitenden Interessen zugunsten bestimmter Anknüpfungsmaximen. In Anwendung der Ausweichklausel seien dann diejenigen Anknüpfungsmaximen herauszuarbeiten, die unter den besonderen Umständen für die Abweichung von der regulären Kollisionsnorm sprächen. Als der Berücksichtigung zugängliche kollisionsrechtliche Interessen erscheinen der innere und äußere Entscheidungseinklang, auch wenn sie nicht das Vorliegen einer engeren Verbindung ausdrücken, das Interesse der Beteiligten an Vorhersehbarkeit und Durchsetzbarkeit der Entscheidung, die Natur der Sache und der Sachzusammenhang, die Rechtsanwendungsgleichheit, die Effektivität des Rechtsschutzes sowie die Ökonomie des kollisionsrechtlichen Rechtsfindungsprozesses, FS Zajtay, 323. Hinsichtlich des inneren Entscheidungseinklangs führt KREUZER aus, dass einheitliche Lebensverhältnisse insgesamt nach einem Recht beurteilt werden müssten, *una causa, una lex*, aaO, 325. Insoweit würde dann die Problematik der Anpassung und der Vorfragenanknüpfung entfallen. Bezüglich Fragen, bei denen das Kollisionsrecht denselben tatsächlichen Vorgang einer Doppelbeurteilung durch zwei verschiedene Rechtsordnungen unterstellt ermögliche die Ausweichklausel eine einheitliche Beurteilung des Gesamtsachverhaltes nach einer einzigen Rechtsordnung in Form einer akzessorischen Anknüpfung. Ebenso verhielte es sich mit zwar formal getrennten, aber dennoch konnexen Lebensverhältnissen, wie etwa eine wirtschaftliche Einheit bildende Schuldverträge oder ein Vertragsgeflecht, FS Zajtay, S. 325 ff.

[889] Lausanner Kolloquium, S. 18 f.

wie etwa im Rahmen von Dreipersonenverhältnissen zufriedenstellend gelöst werden und soweit erforderlich ein Anknüpfungsgleichlauf mit konkurrierenden Ansprüchen aus Delikt oder Geschäftsführung ohne Auftrag erzielt werden.[890] Es zeigt sich damit, dass der Gesetzgeber selbst von der Möglichkeit der Vornahme einer akzessorischen Anknüpfung anhand der Ausweichklausel ausgegangen ist, da er den Gleichlauf bereicherungsrechtlicher Ansprüche mit solchen aus Delikt oder Geschäftsführung sowie die angemessene Lösung von Mehrpersonenverhältnissen propagiert. In der Gesetzesfassung findet sich die akzessorische Anknüpfung in Artikel 41 Abs. 2 Nr. 1 EGBGB. Ein derartiger Anknüpfungsgleichlauf aber verwirklicht zunächst das Ordnungsinteresse bzw. das Konsistenzinteresse der Parteien am inneren Entscheidungseinklang[891], nicht aber notwendigerweise das Prinzip der engsten räumlichen Verbindung im Sinne des SAVIGNY'schen Anknüpfungssystems. Die akzessorische Anknüpfung stellt somit aus Sicht des Gesetzgebers keine eigenständige, speziell verortete Anknüpfungsregel dar, sondern einen Unterfall der Ausweichklausel.[892] Auch nach dem BGH stehen sich die Anknüpfung an die engste Verbindung und die Herstellung einer widerspruchsfreien Rechtslage nicht als hermetisch getrennte Bereiche gegenüber. So nimmt er etwa eine Abweichung von der Regelanknüpfung bei der Geschäftsführung ohne Auftrag an den Vornahmeort dann vor, wenn die Fremdgeschäftsführung durch ein zwischen den Parteien bestehendes Rechtsverhältnis veranlasst oder ausgelöst wurde, und begründet die anstelle vorgenommene akzessorische Anknüpfung sowohl mit der Sachnähe als auch mit der drohenden Widerspruchsgefahr.[893] Auch im Rahmen des Artikels 28 Abs. 5 EGBGB, welcher dem Gesetzgeber als Vorbild für die Regelung des Artikels 41 EGBGB diente und deshalb auch zu dessen Auslegung herangezogen werden kann[894], wird die akzessorische Anknüpfung vorgenommen.[895]

Der Bezug des Gesetzgebers des Artikels 41 EGBGB auf Artikel 28 Abs. 5 EGBGB legt aber noch ein anderes nahe. Auch die Berücksichtigung

---

[890] Deutscher Bundestag Drucksache 14/343 vom 1.Februar 1999, S. 8. Als Beispiel des Dreipersonenverhältnisses zitiert der Entwurf den Fall des BGH in NJW 1987, 185 mit den Anmerkungen von JAYME in IPRax 1987, 186 und LORENZ, FS Zweigert, 1981, S. 199, 213 ff.

[891] Siehe zu diesen Interessen KEGEL, FS Lewald, S. 276 f. und VON DER SEIPEN, Akzessorische Anknüpfung und engste Verbindung im Kollisionsrecht der komplexen Vertragsverhältnisse, S. 163 – 185.

[892] So auch SCHREIBER, Ausweichklauseln, S. 79, 85.

[893] BGH vom 25.9.1998, RIW 1998, 318, 319.

[894] BT Drucks. 14/343, S. 13.

[895] So unterstellte das OLG Düsseldorf einen Untermaklervertrag in akzessorischer Anknüpfung dem Statut des Hauptmaklervertrages, um der engen Verbindung zwischen Hauptvertrag und Hilfsgeschäft Rechnung zu tragen, OLG Düsseldorf vom 20.6.1997, RIW 1997, 780, 781. Siehe zu Artikel 28 Abs. 5 EGBGB allgemein VON DER SEIPEN, Akzessorische Anknüpfung und engste Verbindung im Kollisionsrecht der komplexen Vertragsverhältnisse, insbesondere S. 147.

der Parteiinteressen ist unter der Ausweichklausel möglich. Bis zur Regelung der Anknüpfung für Schuldverträge im Jahre 1986 stellte der BGH auf die objektive Bestimmung des hypothetischen Parteiwillens ab. Dafür waren nach dem BGH die Interessen der Parteien auf objektiver Grundlage gegeneinander abzuwägen und zu ermitteln, ob der Schwerpunkt des Vertrages auf eine bestimmte Rechtsordnung hinweist.[896] Anliegen dieser Vorgehensweise war auch, die Spaltung, die nach der bis dato herrschenden Maßgeblichkeit des Erfüllungsortes für die jeweilige Verpflichtung eintrat, zu verhindern. Dabei bestimmte die Rechtsprechung den Schwerpunkt des Vertrages anhand einer freien Würdigung aller Umstände.[897] Dies stellte selbst nach KREUZER nichts anderes dar als die Ermittlung der engsten Verbindung des Sachverhaltes zu einer Rechtsordnung.[898] Aus diesem Grunde sind umgekehrt die Parteiinteressen nicht aus der Suche nach der engsten Verbindung auszuklammern.

Nach dem Vorstehenden ist davon auszugehen, dass der Gesetzgeber *jede von der Regelanknüpfung abweichende Verweisung der Ausweichklausel des Artikels 41 EGBGB zuweisen* wollte. Eine Unterscheidung danach, ob es um die Verwirklichung des SAVIGNY'schen Prinzips oder um die Berücksichtigung andersartiger kollisionsrechtlicher Rechtsanwendungsinteressen geht, scheint sowohl im Hinblick auf die Rechtssicherheit als auch aus pragmatischen Gesichtspunkten problematisch. Im Ergebnis ist damit jede Art der auflockernden Anknüpfung über Artikel 41 EGBGB vorzunehmen. Dies scheint speziell für Artikel 41 EGBGB nunmehr auch KREUZER für möglich zu halten. Er sagt Artikel 41 EGBGB gerade im Bereicherungsrecht der Mehrpersonenverhältnisse besondere Bedeutung voraus. Sie beinhalte das flexible Mittel des Richters, komplexen Fallgestaltungen, die kaum einer abstrakt-generellen Regelung zugänglich sind, oder unvorhersehbaren Entwicklungen Rechnung zu tragen.[899] Damit aber erkennt er das Bedürfnis an einer widerspruchsfreien Rechtslage als der Ausweichklausel zugewiesen an.

Gegen eine derart weites Anwendungsfeld der Ausweichklausel könnte allenfalls das auch gegen eine allgemeine Vorbehaltsklausel, in welcher neben dem *ordre public* auch eine Härteklausel untergebracht ist, vorgebrachte Argument angeführt werden, dass dies zu einer undifferenzierten Anwendung der in ihr enthaltenen Rechtsinstitute führen würde.[900] Gerade das Hauptargument, materiellrechtliche Interessen würden den Ausschlag geben, greift aber dann nicht durch, wenn man rein materiellrechtlich geprägte Institute wie den

---

[896] Siehe nur BGH vom 9.10.1986, NJW 1987, 1141, 1142.

[897] LG Zweibrücken vom 1.2.1983, RIW 1983, 454, Unterstellung eines Kaufvertrages unter US-amerikanisches Recht bei in Deutschland ansässigem Verkäufer.

[898] So die Würdigung von KREUZER, FS Zajtay, S. 303.

[899] KREUZER, Die Vollendung der Kodifikation des deutschen Internationalen Privatrechts durch das Gesetz zum Internationalen Privatrecht der außervertraglichen Schuldverhältnisse und Sachen vom 21.5.1999, RabelsZ Bd. 65 (2001), S. 383 – 462, S. 431 f. Demgegenüber verbleibe dem SAVIGNY'schen Ansatz nur eine Kontrollfunktion.

[900] Vgl. SCHREIBER, Ausweichklauseln, S. 244.

*ordre public* oder eine Härteklausel außen vor lässt. Die Vereinbarung mehrerer kollisionsrechtlicher Funktionen – Vermeidung von Normwidersprüchen, Durchsetzung der räumlich engsten Verbindung – erscheint dagegen unbedenklich, da ihnen allen ausschließlich kollisionsrechtliche Erwägungen zugrunde liegen, die bei ihrer Einschlägigkeit in ein und demselben Fall ohnehin gegeneinander abgewogen werden müssten. Dann scheint es aber besser, dies institutionalisiert im Rahmen des Artikels 41 EGBGB zu tun.

Eine neue Funktionsmöglichkeit der Ausweichklauseln hat PFEIFFER entdeckt. Er sieht die besondere Funktion solcher Vorschriften auch darin, Kollisionsnormen umzubilden, um den Vorgaben höherrangiger Rechtsquellen zu entsprechen, etwa nicht umgesetzten EG-Richtlinien. Insofern stellt die Ausweichklausel eine „Reservesicherung" zur richtlinienkonformen Rechtslage dar.[901]

Im Ergebnis kann damit festgehalten werden, dass neben dem Interesse an der Unterstellung eines Sachverhaltes unter die räumlich engste Verbindung auch das Interesse am inneren Entscheidungeinklang über Artikel 41 EGBGB verwirklicht werden kann. Dies ist insbesondere für die vorliegend untersuchten Anweisungslagen mit mehreren Beteiligten von Interesse, bei denen, wie gezeigt, die erhöhte Gefahr von Normwidersprüchen besteht und damit das Interesse am inneren Entscheidungseinklang virulent wird.

**(4) Die Verwirklichung materiellrechtlicher Interessen**

Wurden schon Abstriche dahingehend gemacht, das eigentlich materiellrechtlich fundierte Interesse am inneren Entscheidungseinklang über die Ausweichklausel zu verwirklichen, so fragt, sich, ob nicht die Ausweichklausel generell ein Einfallstor für materiellrechtliche Erwägungen im Rahmen des Kollisionsrecht bietet. So stellt sich im vorliegenden Zusammenhang etwa die Frage, ob die relative Eignung der um Anwendung werbenden Sachrechte für die zu regelnde Rechtsfrage für die Anknüpfung von Bedeutung sein kann. Sitzt etwa die Überweisungsbank in New York und verklagt sie den Bereicherungsempfänger auf Herausgabe, so könnte die größere Rechtsklarheit und Unabhängigkeit von Kriterien in der Person eines Dritten für die Anwendung des Artikels 4A U.C.C. auf die Frage der Rückforderungsberechtigung sprechen. Aus der Perspektive des Überweisungsempfängers könnte dagegen die Anwendung des deutschen Rechts mit seinem gesteigerten Vertrauensschutz günstiger erscheinen.

---

[901] IPRax 2000, 270, 275.

### (a) Der *better law approach* von LEFLAR

Im US-amerikanischen Kollisionsrecht hat ROBERT A. LEFLAR den *better law approach* begründet.[902] Damit wandte er sich gegen die starren Regelanknüpfungen des ersten *Restatement of Conflict of Laws*. Er sprach sich dafür aus, den kollisionsrechtlichen Ansatz flexibler auszugestalten und die tragenden Gründe einer Entscheidung ausdrücklich zu benennen und nicht durch vorgeschobene kollisionsrechtliche Erwägungen zu verdecken.[903] Die Anwendung des besser geeigneten Sachrechts ist zwar nur einer von fünf zu berücksichtigenden kollisionsrechtlichen Gesichtspunkten[904], hat es aber vermocht, die kollisionsrechtliche Welt zu spalten[905].

Das Verdienst des *better law* Ansatzes besteht darin, ein Einfallstor für moderne Strömungen zu bieten und dem zeitgemäßeren oder fortschrittlicheren Recht zur Anwendung zu verhelfen.[906] Für die vorliegende Untersuchung ist der Ansatz von besonderem Interesse. Es war schon zuvor die Rede von dem gemeinsamen Interesse der am Giroverkehr Beteiligten nach einer ko-

---

[902] LEFLAR, American Conflicts Law, 1968, 254 ff., aus deutscher Sicht MÜHL, Die Lehre vom „besseren" und „günstigeren" Recht im Internationalen Privatrecht 1982.

[903] LEFLAR, Conflicts of Law: More on Choice-Influencing Considerations, 54 Calif. L. Rev. (1966) 1584, 1585.

[904] Der Richter soll nach folgenden fünf Gesichtspunkten das anwendbare Recht ermitteln. (1) Die Vorhersehbarkeit des Ergebnisses, (2) die Wahrung der interstaatlichen und internationalen Ordnung, (3) die Vereinfachung des Rechtsfindungsprozesses, (4) die Förderung der staatlichen Interessen des Forums und schließlich (5) die Anwendung der besseren Rechtsregel. Es handlet sich dabei um *a set of flexible choice influencing considerations,* die in keiner Hierarchie zueinander stehen. Je nach Einzelfall kann das eine oder das andere Kriterium eine tragende Rolle einnehmen. Siehe hierzu die zwei Folgeaufsätze LEFLARS: Choice-Influencing Considerations in Conflicts Law, 41 NYU L. Rev. 367 (1966) und Conflicts of Law: More on Choice-Influencing Considerations, 54 Calif. L. Rev. 1584 (1966).

[905] Siehe die Nachweise zu Jubel und Kritik bei SCOLES / HAY / BORCHERS / SYMEONIDES, Conflict of Laws, § 2.13, Fn. 6 (S. 52). Die übrigen Kriterien des *better law approach* dekken sich großteils mit denjenigen anderer Ansätze, einige davon finden sich in dem konsensfähigen § 6 des *Restatement 2nd of Conflict of Laws* wieder. In der Rechtsprechung ist LEFLAR mit seinem materiellrechtlichen Ansatz auf offenere Ohren gestoßen, war dort schon immer ein Drang zur Anwendung des eigenen Rechts festzustellen, der sich nun mit der Begründung, dasselbe stelle das *better law* dar, leichter rechtfertigen ließ. Heutzutage folgen dem *better law approach* die Bundesstaaten Wisconsin, Minnesota, New Hampshire, Rhode Island und der Heimatstaat LEFLARS Arkansas. Nur die ersten beiden legen den Ansatz sowohl in vertragsrechtlichen als auch in deliktsrechtlichen Streitigkeiten zugrunde, die übrigen nur in Deliktsfällen. Siehe die Nachweise bei JAYME, Rechtsvergleichung – Ideengeschichte und Grundlagen von Emerico Amari zur Postmoderne, Gesammelte Schriften Band 2, S. 25 f. Ebenso SCOLES / HAY / BORCHERS / SYMEONIDES, Conflict of Laws, § 2.13 (S. 52).

[906] Siehe JAYME, Rechtsvergleichung – Ideengeschichte und Grundlagen von Emerico Amari zur Postmoderne, Gesammelte Schriften Band 2, S. 25 f. Von der Verhinderung einer *legal retrogression* spricht der Supreme Court, vgl. Conklin v. Horner, 157 N.W. 2d 579 (1968).

stengünstigen und effizienten Abwicklung des Zahlungsvorganges. Damit korrespondiert das Interesse, nicht durch ineffiziente Pflichtengruppierungen unter Beteiligten des Zahlungsnetzes den einheitlichen Zweck zu konterkarieren. Bei Zugrundelegung des *better law approach* für die Anknüpfung von Rückforderungsansprüchen infolge fehlerhafter Giroüberweisung sind die Kriterien zur Bestimmung der Aktivlegitimation gegenüberzustellen. Die im deutschen Recht relevanten subjektiven Umstände in der Person eines an der Initiierung des Zahlungsvorganges unbeteiligten Dritten bringt Kalkulationsunsicherheit mit sich. Das Risikomanagement der Bank ist nicht passgenau möglich, da es trotz Prüfung aller der Bank zugänglichen Umstände nicht möglich ist vorherzusagen, ob sie gegen ihren Auftraggeber oder den im Ausland ansässigen Zahlungsempfänger im Wege der Rückforderung vorgehen muss.[907] Sie muss stets mit dem Risiko rechnen, gegen einen im Ausland befindlichen Empfänger vorzugehen, dessen Vermögensverhältnisse sie nicht kennt. Dieses Risiko findet bei der Bemessung der Transaktionskosten Berücksichtigung, die dem Auftraggeber in Rechnung gestellt werden. Da Artikel 4A U.C.C. für die Bank leichter vorhersehbare Kriterien bietet, sie ist von einem Rückforderungsrisiko befreit, wenn sie die installierten Sicherungsverfahren einhält, könnte es, da es die Kostensenkung zugunsten aller ermöglicht, das dem bargeldlosen Zahlungsverkehr im Sinne des *better law approach* angemessenere Recht darstellen.

### (b) Das bessere Recht in den kontinentalen Rechtsordnungen

Fraglich ist, ob im deutschen Kollisionsrecht derartige Überlegungen anzustellen sind, sprich: ob die Ausweichklausel ein Einfallstor für derartige materiellrechtliche Gesichtspunkte sein kann. Der Begriff des *better law* kann zum einen die offene Suche nach dem materiell günstigeren Recht bedeuten, zum anderen im Sinne einer Härteklausel verstanden werden und zuletzt die lediglich latente Mitberücksichtigung des materiellrechtlichen Ergebnisses zum Ausdruck bringen.[908]

Dem erstgenannten Verständnis am nächsten kommt die Auffassung von SCHWIND. Er vertritt für das österreichische Recht, dass die Ausweichklausel zur Realisierung materiellrechtlicher Wertungen herangezogen werden könne. Er diskutiert den Grundsatz der stärksten Verbindung wie auch die

---

[907] Zum Begriff des Risikomanagements ALBRECHT / MAURER, Investment- und Risikomanagement, Teil 1, 1.5 (S. 41): „Ein modernes Investment- und Risikomanagement (...) beinhaltet dabei die Anwendung modell- und methodenbasierter quantitativer Ansätze zur Analyse, Evaluation und Steuerung von Investmentpositionen. Modernes Investment- und Risikomanagement beinhaltet ebenso eine Rationalisierung des Investment-Entscheidungsprozesses. Dies umfasst die Explizierung der Investmentziele und –restriktionen sowie die adäquate Berücksichtigung der Rendite- und Risikopositionen (...). Zentral hierfür sind eine Performanceorientierung mit expliziter Kontrolle des eingegangenen Risikos, die Quantifizierung der Risiken (...).“

[908] So die Einteilung bei SCHREIBER, Ausweichklauseln, S. 208 f.

Ausweichklausel stets unter dem Blickwinkel der Funktionalität des Rechts. Für ihn ist die stärkste Beziehung nicht lediglich die räumlich engste, sondern die nach Abwägung aller Umstände funktionalste.[909] Da er aber eine Trennung von materiellrechtlicher und kollisionsrechtlicher Gerechtigkeit generell ablehnt, ist bei dieser Untersuchung auch das materiellrechtliche Ergebnis in den kollisionsrechtlichen Vorgang zur Auffindung des anwendbaren Rechts mit einzubeziehen.[910] Auch BUCHER zufolge beinhaltet die Feststellung des engsten Zusammenhangs im Sinne der allgemeinen Ausweichklausel des § 15 des schweizerischen IPRG die Berücksichtigung des Inhalts und des Zwecks der von dem anzuknüpfenden internationalen Sachverhalt berührten Rechtsordnungen. Dem Zweck der ausländischen Sachnormen müsse unter Berücksichtigung des Rechtsanwendungsinteresses dieser Normen und unter Wahrung des Bedürfnisses nach homogenen Lösungen im Rahmen der Ausnahmeklausel Rechnung getragen werden.[911]

Zurückhaltender gegenüber der Berücksichtigung materieller Gesichtspunkte sind dagegen die Vorschläge, die Ausweichklausel als Härteklausel zu begreifen bzw. auszugestalten. Im Hinblick auf § 15 schweizer IPRG vertritt VISCHER die Auffassung, die Ausweichklausel diene nicht nur der kollisionsrechtlichen Korrektur, sondern könne auch zur Korrektur unbefriedigender materiellrechtlicher Ergebnisse und zur Durchsetzung subjektiver Erwartungen herangezogen werden. Im Gegensatz zur Figur des *ordre public* ermöglicht dieser Ansatz auch ein Abweichen von der *lex fori*, wenn diese unbefriedigende Resultate liefert.[912] Damit will VISCHER die Ausweichklausel des § 15 schw. IPRG als allgemeine Härteklausel herangezogen wissen.[913] Für das deutsche Recht plädierten NEUHAUS und KROPHOLLER in ihrem Entwurf für die eingeschränkte Berücksichtigung des materiell-rechtlichen Ergebnisses im Sinne einer Härteklausel, die sie in einer allgemeinen Vorbehaltsklausel aufgehen lassen wollten.[914] Mit ihrem Vorschlag konnten sie sich jedoch nicht durchsetzen.[915]

---

909 SCHWIND, Das österreichische IPRG im deutschsprachigen Rechtskreis, RabelsZ 54 (1990), 251, 267.

910 SCHWIND, Recht und Gesetz im Rahmen der EU, ZfRV 1997, 237, 242 ff.

911 BUCHER, Auslegungsregeln in der neuen Gesetzgebung des Schweizerischen IPR, FS Meier-Hayoz, 1982, 52 ff.

912 FS Heini, S. 479, 486 ff.

913 AaO, S. 488 f. Er rechtfertigt diese Annahme *de lege lata*, indem er auf die allgemein akzeptierte Verwirklichung der Parteierwartung über § 15 IPRG verweist. Bei nicht mit den subtilen Fragestellungen des IPR vertrauten Parteien seien die Erwartungen aber auf das materielle Ergebnis gerichtet, nicht auf die Anwendbarkeit eines bestimmten Rechts.

914 So lautete der Vorschlag von NEUHAUS und KROPHOLLER, Entwurf eines IPR-Gesetzes, RablesZ 44 (1980), S. 326 – 343, 337: „Art. 30. – Die Bestimmungen der Artikel 6 bis 29 sind nicht anzuwenden, soweit die Anwendung der danach maßgebenden oder die Nichtanwendung anderer Vorschriften zu einem Ergebnis führen würde, das wesentliche Grundsätze des inländischen Rechts oder besonders schutzwürdige Belange in unerträglicher Weise verletzt.“ Die Möglichkeit der abweichenden Anknüpfung bei wesentlich engerem Zusammenhang mit einer anderen Rechtsordnung würde nicht in den Wortlaut aufge-

Einzig die latente Berücksichtigung materiellrechtlicher Aspekte bei der Auffindung des anwendbaren Rechts ist ansatzweise in der deutschen Rechtsprechung auszumachen.[916] Die Anwendung des sachlich besseren Rechts hat sich jedoch im kontinentalen Kollisionsrecht nicht als offene Methode durchsetzen können. Zwar ist die Feststellung richtig, auch im IPR fänden an vielen Stellen materielle Belange Berücksichtigung, so dass sich der Einwand gegen die Anwendung des besseren Rechts im Rahmen der Ausweichklausel nur gegen die schwächere demokratische Legitimation richten könne.[917] Dies verkennt aber den Unterschied zwischen materiellrechtlicher und kollisionsrechtlicher Gerechtigkeit. Das Kollisionsrecht geht von der Gleichwertigkeit der Rechtsordnungen aus und ist bestrebt, das örtlich, nicht das sachlich beste Recht zur Anwendung zu berufen. Der Auflösung eines materiellrechtlichen Konflikts darf das IPR hingegen nicht dienen, außer der Gesetzgeber hat die Berücksichtigung materieller Interessen explizit angeordnet.[918]

Überdies ist die Suche nach dem besseren Recht aus pragmatischen Gründen abzulehnen. Versteht man die Suche nach dem besseren Recht im Sinne eines abstrakten Gesamtvergleichs des Regelungskomplexes, so stellt dies einerseits eine umfassende Aufgabe mit großem Ermittlungsaufwand und überdies eine unlösbare Aufgabe für den Rechtsanwender dar.[919] Versteht man

---

nommen, da dies den Verfassern als selbstverständlich erschien, aaO. S. 337. Eingeschränkt dagegen heute KROPHOLLER, IPR, § 4 II, III, wonach das materiellrechtliche Ergebnis in aller Regel nicht entscheidend sein soll, in § 13 II befürchtet er, materiellrechtliche Erwägungen würden die Entscheidungsgleichheit beeinträchtigen.

[915] Vgl. VON BAR / MANKOWSKI, IPR, Band I, § 7 Rn. 258 (S. 714 f.), aus deren Einschränkung des *ordre public* sich ergibt, dass eine unter der Schwelle des untragbaren Widerspruchs stehende materiellrechtliche Abweichung nicht ausreichend ist, um die gefunde Anknüpfung zu korrigieren.

[916] Siehe die Herausbildung von Fallgruppen bei SCHREIBER, Ausweichklauseln, S. 57 – 116. Zur Unterscheidung der offenen von der latenten Berücksichtigung des materiellrechtlichen Ergebnisses, aaO., S. 208 ff.

[917] Als Beispiele aus dem deutschen IPR sind die Artikel 11 Abs. 1; 17 Abs. 1 S. 2; 26 Abs. 2 S. 2 und 40 Abs. 1 S. 2 EGBGB zu nennen. Siehe zu der Überlegung anhand der demokratischen Legitimation SCOLES / HAY / BORCHERS / SYMEONIDES, Conflict of Laws, § 2.13 (S. 56 f.). Als Beispiel für Einfallstore des materiellen Rechts erscheinen dort aus US-amerikanischer Sicht der *favor negotii*, der *favor testamentis*, der *favor legitimatis* und der *favor divorcionis* sowie die oft anzutreffende Begünstigung bestimmter Personen, wie etwa des Deliktsopfers oder des Verbrauchers. Der maßgebliche Unterschied dieser Einfallstore des materiellen Rechts zum Ansatz des besseren Rechts besteht nach den Autoren darin, dass es sich bei den aufgeführten Figuren stets um tatbestandlich begrenzte, nur in bestimmten Fällen greifende Normen handelt, die zudem oft noch die Erreichung eines bestimmten materiellen Ergebnisses vorgeben. Vgl. aus dem deutschen IPR etwa die Artikel 6, 11 Abs.1, 17 Abs. 3, 18 Abs. 2 EGBGB.

[918] KEGEL, FS Lewald, S. 270 f. und KREUZER, ZfRV 1992, 185 mit zahlreichen Nachweisen in Fn. 140.

[919] Auf die Unlösbarkeit der Aufgabe, das bessere Recht zu ermitteln, weist VON BAR hin, Band I, Rn. 502 (S. 428 f.), 567 (S. 489), Band II, Rn. 449.

dagegen unter dem besseren Recht das für die Parteien günstigere, so ist daran zum einen problematisch, dass der Zustand des den Interessen aller Beteiligten besser entsprechenden Rechts selten bestehen dürfte. Damit stellt sich die Folgefrage, wessen Interesse der Vorzug zu geben ist.[920] Ohne eine Vorgabe des Gesetzgebers, etwa die schwächere Partei oder das Deliktsopfer zu schützen, kann diese Wertung ohne Willkür nicht getroffen werden.[921] Eine weitere Schwierigkeit besteht zum anderen dann, wenn in einem komplexen Sachverhalt mehrere Fragen zu entscheiden sind. Bei der Lösung der einzelnen Rechtsfragen kann sich nach einer Rechtsordnung bald die Bevorzugung der einen, bald der anderen Partei ergeben. Konsequent müsste dann zugunsten der zu bevorzugenden Partei jede Frage einem anderen Recht unterstellt werden, was jedem Gebot der Rechtssicherheit und materiellen Entscheidungsharmonie widerspricht.[922] Doch auch ohne eine derartige Aufspaltung wäre der Rechtssicherheit im Sinne der Vorhersehbarkeit für die Parteien Abbruch getan, würde man zwar das inhaltlich bessere Recht, nicht aber dasjenige, auf dessen Anwendung sich die Parteien einstellen konnten, anwenden, da das anwendbare Recht von der gutgemeinten Subjektivität des Rechtsanwenders abhinge.[923] Mit der Anwendung des besseren Rechts ist dem Begünstigten aber nur dann gedient, wenn er zuvor die Möglichkeit hatte, sein Verhalten danach auszurichten.[924] In praktischer Hinsicht besteht zudem das Bedenken, dass es bei der Anwendung der *better law* Doktrin schlicht zum so genannten Heimwärtsstreben kommt, da als besseres Recht die *lex fori* ermittelt wird.[925]

Auch aus der Existenz des Artikels 6 EGBGB ergibt sich, dass der *ordre public* auch im deutschen IPR die äußere Grenze der Beachtlichkeit materiellrechtlicher Interessen darstellt. Daneben ist weder Raum für einen *better law* Ansatz noch für eine Härteklausel, da beides letztlich dazu führen würde, dass der *ordre public* durch einen *better law approach* verdrängt würde.[926] Ebendies gilt auch im Verhältnis zu den Regelanknüpfungen, deren Anwendungsbereich aufgehoben wäre durch eine offene Suche nach dem besseren

---

920 SCHREIBER, Ausweichklauseln, S. 209.

921 Selbst das Kriterium der schwächeren Partei ist aber, wie ein Rückschluss aus Art. 29a EGBGB zeigt kritisch zu beurteilen. Selbst der verbraucherschützende Art. 29a EGBGB setzt nach seinem Absatz 2 für sein Eingreifen einen engen Zusammenhang voraus, damit also ein zusätzliches Kriterium zur Verbrauchereigenschaft.

922 Siehe auch SCHREIBER, Ausweichklauseln, S. 233.

923 KROPHOLLER, IPR, § 11 IV 6.

924 So auch SCHREIBER, Ausweichklauseln, S. 236, das Interesse an der Anwendung einer vertrauten Rechtsordnung sei vor allem darauf begründet, dass die Parteien in dieser die Freiräume kennen, Gestaltungsmöglichkeiten ausnutzen und sich vor Risiken und Gefahren absichern können.

925 Beispielsweise kam es im Staat Minnesota lediglich in zwei Fällen zur Anwendung nicht des eigenen Rechts, Bigelow v. Halloran, 313 N.W. 2d 10 (1981) und Jepson v. General Cas. Co. of Wisconsin, 513 N.W. 2d 467 (1994).

926 KREUZER, FS Zajtay, S. 321.

Recht.[927] Insbesondere schafft das materiell bessere Recht auch keine engere Verbindung im Sinne der Ausweichklausel.[928]

### (c) Übertragung auf Artikel 41 EGBGB

Für die Ausweichklausel des Artikels 41 EGBGB ergibt sich daraus, dass in die Ermittlung des anwendbaren Rechts *keine materiellrechtlichen Erwägungen* einzustellen sind. Es sind ausschließlich räumliche Kriterien oder andersartige kollisionsrechtliche Interessen zu berücksichtigen. Auch stellt Artikel 41 EGBGB keine Härteklausel im oben beschriebenen Sinne dar. Ein Bedürfnis für eine solche ergibt sich überdies dann nicht, wenn eine interessengerechte Anknüpfung, abgesichert durch den *ordre public*, vorgenommen wird.[929]

Dass unter Umständen durch die Rechtsprechung eine *latente Mitberücksichtigung* materiellrechtlicher Gesichtpunkte erfolgt, kann kein Argument sein, solche nun innerhalb des Artikels 41 EGBGB offen zu berücksichtigen. Dieser teilt insoweit allenfalls den auch anderen Kollisionsnormen anhaftenden Nachteil, als diese Art der Berücksichtigung des Inhalts der materiellen Rechte nicht zu unterbinden ist. Eine regelgerechte Anwendung der Ausweichklausel aber vorausgesetzt, steht die Berücksichtigung materiellrechtlicher Interessen zumindest nicht mehr zu erwarten, als sie auch in anderen Gebieten des IPR Eingang findet. Ob damit das Recht des Artikels 4A U.C.C. entweder einem bestimmten Beteiligten einer Banküberweisung günstiger oder auch abstrakt für den Bereich des bargeldlosen Zahlungsverkehr besser geeignet ist, spielt für die Ermittlung des anwendbaren Rechts keine Rolle.

Für die Ausweichklausel ergibt sich damit eine Einteilung der Interessen auf zwei Ebenen. (1) Dies sind zum einen die kollisionsrechtlichen Interessen, die auf die Anwendung eines bestimmten Rechts gerichtet sind und deren Verwirklichung bzw. Ausgleich die international-privatrechtliche Gerechtigkeit und damit auch die Ausweichklausel dient. Diese ist nicht darauf beschränkt, ausschließlich dem kollisionsrechtliche Interesse der räumlich engsten Verbindung zum Durchbruch zu verhelfen, sondern auch anderen international-privatrechtlichen Interessen. (2) Zum anderen die materiellrechtlichen Interessen, zu deren Verwirklichung das internationale Privatrecht und damit die Ausweichklausel nicht herangezogen werden kann.[930]

---

[927] SCHREIBER, Ausweichklauseln, S. 209.
[928] KREUZER, ZfRV 1992, 168, 192.
[929] SCHREIBER, Ausweichklauseln, S. 243.
[930] Zum Ausschluss materiell-rechtlicher Gesichtpunkte aus der international-privatrechtlichen Gerechtigkeit eingehend KEGEL, Begriffs- und Interessenjurisprudenz im Internationalen Privatrecht, in: FS Lewald, S. 259, 270 ff.

### c) Kollisionsrechtliche Interessen unter der Ausweichklausel

Hat sich herausgestellt, dass die Ausweichklausel nicht lediglich zur Verwirklichung des SAVIGNY'schen Anknüpfungsprinzips im Sinne der Durchsetzung der räumlich engsten Verbindung dient, sondern auch anderen kollisionsrechtlichen Interessen zum Durchbruch verhelfen kann, so gilt es, diese kollisionsrechtlichen Interessen zu identifizieren. Erst dies ermöglicht deren Durchsetzung bei der Anknüpfung. Sind die der Berücksichtigung fähigen Interessen abstrakt identifiziert, so gilt es zu untersuchen, welche davon im Falle der fehlerhaften Banküberweisung einschlägig sind. Stehen sich dann mehrere Interessen gegenüber, so ist eine Abwägung vorzunehmen.

Schon früh hat sich das deutsche Schrifttum zum internationalen Privatrecht daran gemacht, sich den kollisionsrechtlichen Maximen und Interessen zuzuwenden, um daraus Rückschlüsse für die Anknüpfung zu gewinnen.[931] Es war zunächst HECK, der den überkommenen und begriffsjuristischen Theorien den Kampf ansagte und für eine Jurisprudenz entlang der Interessenlage eintrat.[932] Erst die Arbeit WENGLERs vermochte aber die Entwicklung nachhaltig zu beeinflussen.[933]

#### (1) Die Vorarbeiten von WENGLER

WENGLER unternahm es erstmals, allgemeine Rechtsprinzipien und Maximen zu identifizieren, an denen sich die Rechtsfindung bei neu auftretenden Sachlagen orientieren könne, wenn eine Analogie oder ein Gegenschluss nicht weiterhelfe.[934] Im IPR hat er sechs derartiger Maximen ausgemacht. Der erste Grundsatz sei derjeinge des *ordre public* und führe zur Nichtanwendung inhaltlich missbilligter ausländischer Sachnormen.[935] Als zweiten Grundsatz stellt er denjenigen der materiellen Harmonie heraus. Der Anwendung einer Mehrzahl von Rechtsordnungen auf denselben Sachverhalt stehe die Forderung nach Familieneinheit, Nachlasseinheit und der einheitlichen Anknüpfung von Schuldverträgen entgegen.[936] Der dritte Grundsatz bestehe in der am

---

[931] Die moderne Theorie trete an, SAVIGNYs Augenbinde abzunehmen, RAAPE/STURM, 6.A. 1977, I S. 8, LÜDERITZ, FS Kegel, S. 31.

[932] ZHR 38, 305 ff, insbesondere S. 306 und 311 f. Dort führt HECK aus, entgegen der Formulierung allgemeiner Prinzipien und der Unterstellung bis dahin noch nicht geregelter Fragen unter diese Prinzipien könne nur die Methode der Interessenprüfung im IPR zum Ziel der Auffindung des angemessenen Rechtes führen.

[933] ZÖR 1944, 473 – 509.

[934] ZÖR 1944, 473 f. Wie von WENGLER selbst vorgetragen, bedeutete dieses Verfahren der Suche nach allgemeinen Grundsätzen zum einen die Suche nach dem Gesetzeszweck im Sinne einer hinter einer Norm stehenden allgemeineren Wertung, oder aber eine nicht Norm-orientierte, freie Wertfindung im naturrechtlichen Sinne, ZÖR 1944, 473, 474.

[935] ZÖR 1944, 473, 476 f.

[936] ZÖR 1944, 473, 477 ff.

Zweck der Sachnormen orientierten Anknüpfung.[937] Als vierter Grundsatz wird der des Konfliktminimums angeführt, der heute unter der Bezeichnung des äußeren Entscheidungseinklangs geführt wird.[938] Als fünfter Grundsatz erscheint derjenige der faktischen Durchsetzbarkeit der Verweisung, derunter anderem auf die Anerkennungsfähigkeit von Entscheidungen abzielt.[939] Als letzten Grundsatz führt WENGLER den des politischen Interesses auf, wonach diejenigen Normen des nationalen Rechts, denen ein politisches Interesse zugrunde liege, angewendet, ausländische, die derartigen Interessen widersprächen, unangewendet bleiben.[940] Unter den sechs Grundsätzen nimmt WENGLER eine Reihung nach ihrer grundsätzlichen Bedeutung vor.[941]

**(2) Die Interessenanalyse von KEGEL**

Die maßgebliche Einteilung internationalprivatrechtlich relevanter Interessen stammt von KEGEL.[942] Treffe die typisierte Interessenlage der Regelanküpfungen nicht zu, so dürfe man nicht dabei stehen bleiben, sondern müsse die Weiterentwicklung der Kollisionsnormen durch Differenzierung vorantreiben. Die der Regelanknüpfung zugrunde liegenden Interessen könn-

---

[937] Vorzuziehen ist danach diejenige Anknüpfung, die dem jeweiligen Zweck der Sachnormen am besten entspricht, wie etwa die Anknüpfung an das Heimatrecht den Zweck der Normen des Minderjährigenschutzes verwirkliche, ZÖR 1944, 473,480 f.

[938] ZÖR 1944, 473, 483 ff., siehe dazu KEGEL, IPR, § 2 II, 3.a) (S. 122).

[939] ZÖR 1944, 473, 485; diese Erwägung liege zumindest teilweise auch der Anknüpfung an den Belegenheitsort bei Sachen zugrunde.

[940] ZÖR 1944, 473, 486 ff.

[941] Danach geht der *ordre public* und das politische Interesse den anderen Grundsätzen vor. Die materielle Harmonie geht dem Konfliktsminimum, der Durchsetzbarkeit und dem Zweck der Sachnormen voran, wobei letzterer wiederum den anderen beiden vorangehe. Konfliktminimum und Durchsetzbarkeit stehen also auf der untersten Stufe, aaO, S. 494 ff. Dabei fällt auf, dass WENGLER unter denjenigen Interessen, die sich nicht wie der *ordre public* und das politische Interesse unter den Oberbegriff eines öffentlichen Interesses fassen lassen, diejenigen voranstellt, die materiellrechtlich fundiert sind, während er die kollisionsrechtlich fundierten hintanstellt. Das private Interesse an der Widerspruchsfreiheit des eigenen Rechten- und Pflichtenregimes in Form der materiellen Harmonie geht dem äußeren Entscheidungseinklanges (Konfliktminimum) und dem Anerkennungsinteresse vor. Es stehen damit die Parteiinteressen im Vordergrund. Das Zusammenspiel der einzelnen Grundsätze für besondere Kollisionsnormen zu ordnen, also eine Gewichtung unter den einzelnen Grundsätzen für die verschiedenen Sachbereiche des IPR zu unternehmen, unterlässt WENGLER dagegen. Er stellt aber unter den Grundsätzen gewisse Symmetrien fest, so deuteten etwa der Zweck der Sachnormen und das politische Interesse beide auf ein bestimmtes anwendbares Recht hin, während den *ordre public*, die materielle Harmonie und den Zweck der Sachnormen die Ausrichtung am Inhalt des materiellen Rechts verbinde, ZÖR 1944, 473, 490 f.

[942] KEGEL, Begriffs- und Interessenjurisprudenz im Internationalen Privatrecht, in: FS Lewald, S. 259 – 288.

ten durch stärkere Interessen verdrängt werden. Ob und wieweit das geschehe, will KEGEL durch Interessenforschung klären.[943]

Zu diesem Zweck unternimmt es KEGEL, den von WENGLER herausgearbeiteten Interessenkatalog einerseits zu vereinfachen, ihn aber andererseits weiterzuentwickeln. Zunächst streicht er die zweckorientierte Anknüpfung und die Durchsetzbarkeit der Entscheidung sowie das politische Interesse aus der Liste zu berücksichtigender Interessen. Ersterer sei wenig tragfähig und werde nur bedeutsam als Gegenstand bestimmter anderer Interessen. Der Grundsatz der Durchsetzbarkeit gehe im äußeren Entscheidungseinklang auf. Das politische Interesse sei im Rahmen des *ordre public* zu berücksichtigen. Von den ursprünglich sechs Interessen will KEGEL nur das der materiellen Harmonie, des Konfliktminimums und als Bestandteil des *ordre public* das des politischen Interesses aufrechterhalten.[944]

Seine Einteilung kollisionsrechtlicher Interessen gliedert sich in Partei-, Verkers- und Ordnunginteressen. Das Parteiinteresse geht dahin, seine persönlichen Verhältnisse einem Recht zu unterstellen, mit dem die Person eng verbunden ist.[945] Das Verkehrsinteresse erscheint als Bedürfnis nach Rechtssicherheit und Rechtsklarheit.[946] Abzugrenzen ist dieses kollisionsrechtliche Verkehrsinteresse im Sinne einer Erleichterung des Rechtsverkehrs allerdings vom materiell-sachenrechtlichen Verkehrsinteresse im Sinne einer nach außen hin eindeutigen Rechtslage. Das kollisionsrechtliche Ordnungsinteresse teilt sich in den inneren und den äußeren Entscheidungseinklang.[947] Das Ord-

---

[943] FS Lewald, S. 259, 288.

[944] FS Lewald, S. 259, 268 f.

[945] Diesem Interessen dient zum einen das Personalstatut, aber auch die Regel des *locus regit actum*. KEGEL deklariert dieses Interesse als internationales Bequemlichkeitsinteresse, FS Lewald, S. 259, 274.

[946] Der Grundsatz des *locus regit actum* dient nach KEGEL auch dem so genannten Verkehrsinteresse. Die Zulässigkeit der Ortsform begünstige den Verkehr im Abschlussstaat, womit zugleich der Weltverkehr als solcher begünstigt werde, weil man in jedem Staat formgerecht abschließen könne. Am meisten diene dem Verkehr der *favor negotii*. Weiter sei Verkehrsschutz gewährleistet durch Klarheit der Rechtsverhältnisse. Da mit einer Sache der Verkehr des Belegenheitsstaates am meisten in Berührung kommt, werde dieser durch die Anwendung der *lex rei sitae* geschützt, FS Lewald, S. 259, 274 f. Ebenda zu den anderen Interessen, die der *lex rei sitae* zugrunde liegen. Der Verkehr werde außerdem geschützt durch Beschränkungen von Einwendungen, wie dies auch aus dem materiellen Recht, etwa beim gutgläubigen Erwerb der Fall sei. So werde internationalprivatrechtlich etwa der Inlandsverkehr gegen überhöhte ausländische Erfordernisse an die Geschäftsfähigkeit geschützt, KEGEL, FS Lewald, S. 259, 275 nennt hier nur das Volljährigkeitsalter und benennt Artikel 7 III EGBGB a.F. Heute findet sich dieser Gedanke allgemein in Artikel 12 EGBGB. Das Parteiinteresse des Geschäftsunfähigen tritt nach KEGEL hier also hinter den Schutz des Verkehrsinteresses. Ebendies gelte auch bei der Vollmacht, bei Beschränkungen, die zwar das Recht des Vollmachtgebers, nicht aber des Gebrauchslandes kennen und deshalb unbeachtet blieben, FS Lewald, S. 259, 276.

[947] Bei dem inneren Entscheidungseinklang handelt es sich nach KEGEL um das Interesse an der Verhinderung von Normenmangel, Normenhäufung und Normenwiderspruch als Folge der Anwendung von Ausschnitten verschiedener materieller Privatrechte auf denselben

nungsinteresse am inneren Entscheidungsinteresse rührt daher, dass im materiellen Privatrecht die einzelnen Rechtssätze verklammert sind. Der eine Rechtssatz gilt unter der Voraussetzung, dass auch die anderen gelten.[948] Dieses System von Verklammerungen innerhalb des materiellen Rechts begreift KEGEL als ein von den individuellen Parteiinteressen unabhängiges sachliches Kollisionsrecht, welches es mit Hilfe des IPR zu verwirklichen gelte. Im Schrifttum wird dagegen vorgebracht, auch der innere Entscheidungseinklang liege nur im Interesse der beteiligten Parteien.[949] Einigkeit besteht jedenfalls insofern, als eine widerspruchsfreie Pflichtenlage kollisionsrechtliches Ziel ist. Normative Anerkennung hat dieses Interesse beispielsweise in Artikel 28 Abs. 3 EuGVVO gefunden.[950]

### (3) Ausdifferenzierung der Parteiinteressen durch LÜDERITZ

Nach KEGEL besteht das Parteiinteresse in dem Interesse einer Person, ihre persönlichen Verhältnisse einem Recht zu unterstellen, mit dem sie eng verbunden ist. Die Parteiinteressen weiter ausdifferenziert hat LÜDERITZ.[951] Er unterteilt das von KEGEL einheitlich konzipierte Parteiinteresse an der Anwen-

---

Sachverhalt. Als Regel gelte, dass nicht durch das Zusammenstellen von Teilen verschiedener Rechtsordnungen Ergebnisse herauskommen dürfen, die nach jeder der beteiligten Rechtsordnungen unmöglich sind. Nur mittelbar liegt nach KEGEL die Erreichung des inneren Entscheidungseinklanges auch im Partei- und Verkehrsinteresse, ähnlich der Einheit der Rechtsordnung, FS Lewald, S. 259, 276 f. Bei dem äußeren Entscheidungseinklang bestehe das Interesse daran, die Nachteile, die aus der Verschiedenheit der internationalen Privatrechte entstehen, zu beschränken. Diese Nachteile bestünden in der Entstehung hinkender Rechtsverhältnisse. Dieses Interesse trage insbesondere die Wahl international gebräuchlicher Anknüpfungen sowie auch den *renvoi* oder den Schutz wohlerworbener Rechte, FS Lewald, S. 259, 277.

[948] KEGEL, FS Lewald, S. 259, 284. Dies verdeutlicht er anhand des Ehegattenerbrechts des § 1931 BGB, das nur dadurch bedingt erhöht ist, dass der überlebende Ehegatte von Güterrechts wegen leer ausgeht. Diese Korrelation sei aber aufgehoben, wenn ein ausländisches Erbrecht Anwendung findet, dass dem überlebenden Ehegatten keine erbrechtliche Abfindung gewährt.

[949] Insbesondere MüKo-SONNENBERGER, Einleitung zum IPR Rn. 62. Internationale Disharmonien berührten die Einheit der internen Rechtsordnungen nicht und für Harmonie auf internationaler Ebene habe der einzelne nationale Gesetzgeber nicht zu sorgen. Dazu auch VON DER SEIPEN, Akzessorische Anknüpfung und engste Verbindung im Kollisionsrecht der komplexen Vertragsverhältnisse, S. 163 ff., der ebenfalls nicht davon ausgeht, bei dem inneren Entscheidungseinklang handele es sich um ein reines Ordnungsinteresse. Er stellt dem überindividuellen Interesse das Parteiinteresse der Konsistenz, so genanntes Konsistenzinteresse, gegenüber.

[950] Zur Vorgängernorm des Artikels 22 Abs. 3 EuGVÜ, VON DER SEIPEN, Akzessorische Anknüpfung und engste Verbindung im Kollisionsrecht der komplexen Vertragsverhältnisse, S. 40.

[951] Anknüpfung im Parteiinteresse, FS Kegel 1977, S. 31 – 54. Dort, S. 31 ff. zur Entwicklungsgeschichte der kollisionsrechtlichen Wertungen bis hin zu den Parteiinteressen.

dung eines vertrauten Rechts in das Ermittlungsinteresse, das materielle Anpassungsinteresse und das Kontinuitätsinteresse.

Das Ermittlunginteresse besteht demnach in dem Interesse der Parteien an der Anwendung eines Rechts, über dessen Inhalt sie sich leicht informieren können. Sich etwa über ein dem Aufenthaltsland fremdes Recht zu informieren sei schwieriger, als sich dem dort geltenden Recht zu unterwerfen. Es handelt sich danach um ein Interesse an einfacher Information über den Inhalt des anwendbaren Rechts.[952] Ein solches Interesse ist insbesondere im Bereich der Bankgeschäfte auszumachen.[953]

Am Beispiel des Namensrechts belegt LÜDERITZ das materielle Anpassungsinteresse. Es werde ein berechtigtes Interesse von Ehegatten anerkannt, sich namensrechtlich der Umwelt anzupassen. Generell bestehe ein Interesse daran, sich der Rechtslage im Staat des gewöhnlichen Aufenthalts anzupassen.[954]

In die Zukunft gerichtet besteht das Kontinuitätsinteresse in dem Vertrauen auf die Geltung eines bestimmten Rechts einschließlich der Erwartung, dass ein unter früherem Recht erlangter Status erhalten bleibt, früher vorgenommene Rechtsgeschäfte wirksam bleiben.[955] Das kollisionsrechtliche Vertrauensinteresse deckt sich hier mit dem materiellen Erfolgsinteresse an der rechtlichen Wirksamkeit. Insbesondere soll ein einmal erlangter Wirksamkeitsstatus auch über die Grenzen hinweg erhalten bleiben.[956] Überdies erlaubt eine gleichbleibende Anknüpfung die Standardisierung und Rationalisierung von Handlungsabläufen.[957]

Mit dem Erfordernis des Kontinuitätsinteresses nach gleichbleibender Anknüpfung ergibt sich ein Widerspruch zum Anpassungsinteresse.[958] Bei der erforderlichen Abwägung der sich kreuzenden Kontinuitäts- und Anpassungsinteressen können nach LÜDERITZ matereiellrechtliche Erfolgsinteressen den Ausschlag geben. Notwendig sei aber, die Abwägung typisiert vorzunehmen und Fallgruppen typischer Interessenlagen zu bilden.[959] Nur im Falle der

---

[952] FS Kegel 1977, S. 31, 36.

[953] JAYME, Kollisionsrecht und Bankgeschäfte mit Auslandsberührung, S. 35.

[954] LÜDERITZ beruft sich auf die Entscheidung des BGH in BGHZ 56, 193. Siehe auch JAYME, Bankgeschäfte mit Auslandsberührung, S. 36 f.

[955] FS Kegel 1977, S. 31, 38, mit Hinweis auf Artikel 7 Abs. 2 EGBGB. Zu dem internationalprivatrechtlichen Vertrauensprinzip auch VON DER SEIPEN, Akzessorische Anknüpfung und engste Verbindung im Kollisionsrecht der komplexen Vertragsverhältnisse, S. 64.

[956] Dies zu gewährleisten sei zwar schwierig, bedürfe es dazu der Vorhersage, ob die einmal zuerkannte Wirksamkeit in zahlreichen anderen Staaten anerkannt würde, FS Kegel 1977, S. 31, 39.

[957] VON DER SEIPEN, Akzessorische Anknüpfung und engste Verbindung im Kollisionsrecht der komplexen Vertragsverhältnisse, S. 185.

[958] FS Kegel 1977, S. 31, 39. Dort führt LÜDERITZ aus, dass diese Kontinuität am besten durch die Anknüpfung an die Staatsangehörigkeit gewahrt werden könne, da sie einem geringeren Wechsel unterliege als der gewöhnliche Aufenthalt.

[959] FS Kegel 1977, S. 31, 40.

Rechtswahl durch die Parteien bedürfe es der Durchschlagung des gordischen (Interessen-)Knotens nicht mehr.[960]

### (4) Verhältnis der Interessen zueinander

Alle aufgefundenen Interessen können *a priori* im kollisionsrechtlichen Anknüpfungsprozess eine Rolle spielen und auf die Anwendung eines bestimmten Rechts hindeuten. Dabei können sich Interessen entgegenstehen oder aber auch decken. Überdies können die Interessen so gelagert sein, dass zwar nicht ein bestimmtes, aber doch nur ein Recht angewendet werde. Primär sind unter der Ausweichklausel alle Interessen von demselben Gewicht. Regelmäßig ist aber der Regelanknüpfung zu entnehmen, welches Interesse ursprünglich im Vordergrund steht. In den Anweisungslagen wurde die von dem Angewiesenen geltend gemachte Direktkondiktion dem Art. 38 Abs. 3 EGBGB zugeordnet. Demnach steht das Ermittlungsinteresse des Bereicherten im Vordergrund, nicht mit einem für ihn unvorhersehbaren Recht konfrontiert zu werden.[961]

Stehen sich mehrere kollisionsrechtliche Rechtsanwendungsinteressen gegenüber, so bedarf es der *Abwägung*. Allgemeingültige Kriterien für die Auflösung eines derartigen Konflikts stehen nicht zur Verfügung, es handelt sich um ein offenes Wertungsproblem.[962] Methodisch hat der Rechtsanwender alle relevanten Anknüpfungskriterien gewichtend in Bezug auf ihre Bedeutung hinsichtlich der zu korrigierenden Regelanknüpfung gegenüberzustellen. Dabei kommt es jedoch nicht auf ein rein zahlenmäßiges Überwiegen an.[963] Je nach Sachgebiet kann den einzelnen kollisionsrechtlichen Interessen ein unterschiedliches Gewicht zukommen. Dieser Gesichtspunkt soll unter der Überschrift der Stärke der engeren Verbindung behandelt werden.

Nach Möglichkeit ist außerdem ein *Ausgleich der Interessen* anzustreben. Der Abwägungsvorgang kann sich somit an dem aus dem Verfassungsrecht bekannten Verfahren zur Herstellung einer praktischen Konkordanz ori-

---

[960] FS Kegel 1977, S. 31, 48 f.

[961] Sieht man hingegen die Mehrpersonenverhältnisse als vollständig aus der Regelkollisionsnorm ausgenommen an, und kommt die Ausweichklausel daher in ihrer Funktion zur Lückenfüllung zum Tagen, so rangiert das Vertrauensinteresse des Bereicherten nicht kraft Vermutung an ersten Stelle, sondern erklingt nur als eine Stimme im Konzert der übrigen Interessen.

[962] JAYME, Bankgeschäfte, S. 35 und VON DER SEIPEN, Akzessorische Anknüpfung und engste Verbindung im Kollisionsrecht der komplexen Vertragsverhältnisse, S. 223.

[963] Vgl. VON BAR, IPR, Bd I, Rn. 559 (S. 483 f.). MANKOWSKI bildet die Metapher der Waage: Auf die eine Waagschale kommen alle Momente, die zu Gunsten der Regelanknüpfung sprechen, auf die andere Waagschale alle Anknüpfungsmomente, die kumuliert zu einer anderen Rechtsordnung weisen. Allerdings sei das Bild von der Waage etwas schief, auf einer dritten,vierten usw. Seite seien auch diejenigen Momente einzubeziehen, die zwar von der Regelanknüpfung wegführen, aber zu einer dritten oder vierten Rechtsordnung hinwiesen, wodurch tendentiell die Regelanknüpfung bestärkt würde, ZEuP 2002, 812.

entieren. Demgemäß wäre jedes kollisionsrechtliche Interesse soweit zu verwirklichen, als das gegenläufige Interesse nicht beeinträchtigt wird. Erst bei unauflösbarer Kollision ist schließlich einem der Interessen der Vorzug zu geben. Schließlich ist gerade im Bereich des internationalen Bankrechts auch die Internationalisierungsfähigkeit der Lösung bedeutsam, da dies zur Vermeidung von Disharmonien beiträgt.[964]

Auszuschließen aus dem Abwägungsvorgang unter der Ausweichklausel des Artikels 41 EGBGB ist jedoch das Interesse an Herstellung des internationalen Entscheidungseinklangs, da dessen Verwirklichung dem Anwendungsbereich des *renvoi* zuzuordnen ist.[965]

### d) Verhältnis der Ausweichklausel zu anderen Instituten des IPR

Hat die Untersuchung bisher ergeben, dass zwar prinzipiell jedes kollisionsrechtliche Interesse – ausgenommen das des internationalen Entscheidungseinklanges – anhand der Ausweichklausel zu verwirklichen ist, so kann sich doch ein Konkurrenzproblem zu anderen Instituten des Internationalen Privatrechts ergeben. Die aufgeführten Normwidersprüche im Bereich der Anweisungsfälle etwa könnten auch dem Institut der Anpassung zur Lösung zuzuweisen sein.

#### (1) *Ordre public*

Keine Überschneidung der Anwendungsbereiche ergibt sich nach den obigen Ausführungen zwischen der Ausweichklausel und dem *ordre public*. Die Abgrenzung der Ausweichklausel zum *ordre public* besteht darin, dass obwohl beide die Abweichung vom regulär gefundenen Ergebnis zum Erfolg haben, Tatbestand und Rechtsfolge aber verschieden sind. Voraussetzung des Eingreifens des *ordre public* ist, dass die Anwendung des berufenen fremden Rechts zu untragbaren materiell-rechtlichen Ergebnissen führt, Rechtsfolge ist die Nichtanwendung des fremden Rechts.[966] Voraussetzung der Ausweichklausel ist hingegen, dass zu einem anderen als dem berufenen Recht – sei es fremd oder heimisch – eine engere Verbindung besteht. Rechtsfolge ist die Anwendung der Rechtsordnung, zu der die engere Verbindung besteht.[967]

---

[964] JAYME, aaO, S. 35.

[965] KROPHOLLER, IPR, § 24 I 3 (S. 160) und schon WENGLER, ZÖR 1944, S. 473, 484.

[966] Pointiert SONNENBERGER, IPRax 2003, 107, der *ordre public* korrigiere inakzeptable Ergebnisse der Anwendung ausländischen Rechts, nicht aber eine inländische Kollisionsnorm.

[967] SCHREIBER, Ausweichklauseln, S, 8.

**(2) Eingriffsrecht**

Abzugrenzen ist der Anwendungsbereich der Ausweichklausel auch von dem so genannten Eingriffsrecht oder *positiven ordre public.*[968] Dabei geht es um die Anwendbarkeit bestimmter zwingender Normen der *lex fori* durch eine Sonderanknüpfung. Vom *negativen ordre public* i.S. des Art. 6 EGBGB unterscheidet sich das Eingriffsrecht dadurch, dass eine Korrektur nicht auf der Ebene des materiellrechtlichen Ergebnisses, sondern auf Ebene der Verweisungsvorschriften stattfindet, da es sich um die Durchsetzung zwingender Normen mit internationalem Geltungswillen handelt. Rechtsfolge ist damit – nicht nur residual[969] – die Anwendung der *lex fori.* Bedeutendstes Einfallstor im deutschen IPR ist Artikel 34 EGBGB. Das Eingriffsrecht ist jedoch nicht, wie dieser nahelegen könnte, auf das vertragliche Schuldrecht beschränkt,

[968] Die Frage, ob man sich von dem Begriff des Eingriffsrechts nicht trennen sollte, dagegen lieber von zwingenden Normen mit internationalem Geltungswillen sprechen sollte, muss einer anderen Instanz überlassen bleiben. Hier wird aus Gründen der Verkürzung vom Eingriffsrecht gesprochen. Vgl. JAYME / KOHLER, Europäisches Kollisionsrecht 2000, IPRax 2000, 454, 455 und insbesondere JAYME, Zum internationalen Geltungswillen der europäischen Regeln über den Handelsvertreterausgleich, IPRax 2001, 190 f., wo er ausführt, dass Gegenstand rechtlicher Betrachtung nicht Artikel 34 EGBGB bzw. 7 EVÜ ist, sondern die anzuwendende Sachnorm und aus diesem Grunde besser von international zwingenden Normen zu sprechen und der „voreuropäische" Begriff der Eingriffsnorm aufzugeben sei. Siehe zum Themenkomplex insgesamt SONNENBERGER, Eingriffsrecht – Das trojanische Pferd im IPR oder notwendige Ergänzung? IPRax 2003, S. 104 ff., zur positiven Funktion dort S. 111. Zur weiteren Voraussetzung der Sondernaknüpfung neben dem Vorliegen einer Eingriffsnorm in Form eines Inlandsbezuges Palandt-HELDRICH, EGBGB 34, Rn. 3. Die eigentlich unzutreffende Bezeichnung des Eingriffsrechts als *positiver ordre public* ist wohl der parallelen Genese beider Institute – Eingriffsrecht und *ordre public* – zu verdanken. So führt etwa WENGLER, ZÖR 1944, 473, 476 zum *ordre public* aus: die „zur Anwendung berufene Sachnorm ist nicht anzuwenden, wenn ihre Anwendung angesichts der vorhandenen Anknüpfung des Rechtsverhältnisses zur *lex fori* der öffentlichen Ordnung oder den guten Sitten, oder gewissen besonders wichtigen zwingenden Sachnormen oder allgemeinen Rechtsgrundsätzen der *lex fori* widersprechen würde (...)". Nach diesem älteren Verständnis gehen also die Tatbestände des Eingriffsrechts und des *ordre public* in letzterem auf. Doch auch hinsichtlich der Rechtsfolgen hat sich der *ordre public* erst später auf eine rein negativen Funktion beschränkt, so dass auch hier lange ein Überschneidungsbereich vorlag. WENGLER, aaO, etwa formuliert: „Der negative Teil der *ordre-public* Klausel muss notwendig durch einen positiven Teil ergänzt werden, der zum Ausdruck bringt, welche Sachnormen an Stelle des ausgeschalteten ausländischen Rechts zur Anwendung kommen sollen."

[969] Die residuale Anwendung der deutschen *lex fori* wäre Rechtsfolge des negativen *ordre public* i.S. Art. 6 EGBGB, im Falle durch die Nichtanwendung der ausländischen Norm eine Lücke entstünde, die nicht primär aus dem Geiste des ausländischen Rechts heraus geschlossen werden könnte, VON HOFFMANN, IPR, § 6 Rn. 142 (S. 247).

sondern erstreckt sich auf das gesamte IPR[970], kann also auch im außervertraglichen Schuldrecht bestimmten Normen zum Durchbruch verhelfen.[971]

Die mittels Eingriffsrecht durchgesetzten Normen sind Eingriffsnormen.[972] Dabei handelt es sich um Vorschriften, die unmittelbar wirkende Ge- und Verbote aussprechen, durch die der Staat bestimmte Interessen verfolgt. Diese Interessen sind so gelagert, dass der Staat auf deren Durchsetzung nicht verzichten kann und weswegen er sie mittels Eingriffsnormen auch bei Sachverhalten, die kraft Auslandsverbindung einem fremden Recht unterstehen, durchsetzt. Bei diesen Interessen handelt es sich um staats-, sozial- und wirtschaftspolitische Interessen überindividueller Art, verkürzt: Gemeininteressen.[973] Zwar sind daneben Strömungen vorhanden, auch rein private Interessen mittels Eingriffsrechts zu verwirklichen[974], diese konnten sich aber bislang nicht durchsetzen.[975]

Schwierigkeiten bereitet alleine die Feststellung, wann abseits einer expliziten gesetzgeberischen Anordnung[976] eine Eingriffsnorm vorliegt, da die Verfolgung von Gemeininteressen die parallele Verwirklichung von Parteiinteressen nicht ausschließt und es daher Normen gibt, die sowohl Gemein- als auch Privatinteressen verwirklichen.[977] Jedenfalls liegt keine Eingriffsnorm vor, wenn eine Vorschrift alleine der Gewährleistung von Privatinteressen dient. Insbesondere gehören dazu auch Normen, die zwar einen sozialen Anstrich haben, aber alleine die Funktion innehaben, gemäß dem *aequitas*-Prinzip private Interessen, vor allem vermögensrechtlicher Art, sozialverträglich zum Ausgleich zu bringen.[978]

Im vorliegenden Gebiet der ungerechtfertigten Bereicherung dürften nach diesem Verständnis Eingriffsnormen selten zu finden sein. Das Bereicherungsrecht ist in höchstem Maße davon geprägt, einen billigen Ausgleich zwischen den Parteien herbeizuführen, nicht aber, übergeordneten staatlichen Interessen zu dienen.[979] Die Realisierung der damit alleine involvierten Partei-

---

[970] SONNENBERGER, IPRax 2003, S. 104.

[971] Als Beispiele derartiger Eingriffsnormen erscheinen § 3 Abs. 2 und 3 Kriegswaffengesetz (vom 22.11.1990, BGBl. I, 2506) und § 61 BörsenG a.F.

[972] Zur Definition und Begriffsbildung Palandt-HELDRICH, EGBGB 34, Rn. 1.

[973] SONNENBERGER, IPRax 2003, S. 105.

[974] Insbesondere VON HOFFMANN, IPR, § 10 Rn. 93, 96.

[975] Palandt-HEDLRICH, EGBGB 34 Rn. 3a, 3b, dort zur Unanwendbarkeit des Eingriffsrechts auf zwingende Normen des Verbraucher- und Arbeitnehmerschutzes; SONNENBERGER, IPRax 2003, S. 105 f., m.w.N., insbesondere aus der Rechtsprechung.

[976] Derartige parlamentarische Äußerungen können im Gesetz selbst – so oftmals im Falle einseitiger Kollisionsnormen - oder in der Gesetzesbegründung enthalten sein.

[977] Beispielsweise sind solche Normen in Bereichen des Datenschutzrechts, des sozialen Mietrechts, des Arbeitsrechts zu finden, vgl. hierzu SONNENBERGER, IPRax 2003, S. 110.

[978] SONNENBERGER, IPRax 2003, S. 112.

[979] Das Bereicherungsrecht ist Bestandteil der ausgleichenden Gerechtigkeit, der *iustitia commutativa*, vgl. LARENZ / CANARIS, Schuldrecht II/2, § 67 I 1. d) (S. 129). Dort (m.w.N.) allerdings auch zur Kritik an dem von der Rechtsprechung geprägten Satz, das Bereicherunsgrecht sein in besonderem Maße Billigkeitsrecht. Näher am BGH dagegen Palandt-

interessen muss daher dem anwendbaren Recht, das es über das IPR zu ermitteln gilt, überlassen werden. Zu der Ausweichklausel ergibt sich damit die folgende Abgrenzung: Das Eingriffsrecht dient der Durchsetzung staatlicher Interessen, die Ausweichklausel dagegen der Verwirklichung kollisionsrechtlicher Parteiinteressen. Auch in den Rechtsfolgen unterscheiden sich beide, da das Eingriffsrecht regelmäßig zur *lex fori*[980] führt, die Ausweichklausel dagegen zum räumlich besten Recht.

### (3) Anpassung

#### (a) Einführung

Stellt man einen Normwiderspruch, der sich anhand der Anwendung der Regelverweisungen auf einen Sachverhalt ergibt, fest, so bietet sich zu dessen Auflösung neben der akzessorischen Anknüpfung auch das Instrument der Anpassung als Remedium an. Mit der Anpassung hat sich KROPHOLLER eindringlich auseinander gesetzt.[981] Beruft das IPR nach erfolgter Qualifikation in einem Fall mehrere Rechtsordnungen zur Anwendung, so müssen diese Rechte ebenso zu einer harmonischen Einheit gebracht werden wie in rein innerstaatlichen Fällen einander widerstreitende Teile der eigenen Rechtsordnung. Die Anpassung korrigiert konzeptionell nicht die Kollisionsnormen als solche, sondern erst auf einer zweiten Stufe das widersprüchliche Ergebnis deren Anwendung im Einzelfall.[982]

Die Fälle der Normwidersprüche lassen sich nach ihrer Art einteilen in die Fälle der Normenhäufung, des Normenmangels und der qualitativen Normendiskrepanz.[983] Für die Lösung der Anpassungsprobleme haben sich bislang keine festen Regeln herausgebildet. KROPHOLLER bietet drei Lösungsmöglichkeiten an. Ein Normwiderspruch könne behoben werden durch (1) die

---

SPRAU, Einf. V. § 812 Rn. 2, Ziel des Bereicherungsanspruches sei, allgemein dort einen gerechten und billigen Ausgleich zu schaffen, wo das Recht zunächst einen wirksamen Vermögenserwerb herbeiführt, obwohl dieser mit den Anforderungen materieller Gerechtigkeit nicht übereinstimmt. Es handele sich mithin bei den Bereicherungsvorschriften des BGB um eine dem Billigkeitsrecht angehörende Auslegungsordnung, deren Auslegung und Anwendung im Einzelfall in besonderem Maße unter dem Gebot von Treu und Glauben stehe. Deutlicher lässt sich der Zweck der §§ 812 ff. BGB nicht beschreiben.

[980] Überwiegend wird die Verwirklichung ausländischer Gemeininteressen mittels inländischen Eingriffsrechts abgelehnt, vgl. zu dem Streitstand SONNENBERGER, IPRax 2003, S. 113 f. Zur Diskussion, ob ausländische Eingriffsnormen nicht sogar bei kollisionsrechtlicher Anwendbarkeit des ausländischen Rechts ausgeklammert werden sollten vgl. Palandt-HELDRICH, EGBGB 34 Rn. 6.

[981] Die Anpassung im Kollisionsrecht, FS Ferid, 1978, S. 279 – 289.

[982] FS Ferid, S. 279.

[983] KROPHOLLER, FS Ferid, S. 279, 280 mit Beispielen, etwa das gängigste, wonach das Ehegüterstatut der Ehefrau nur einen erbrechtlichen Ausgleich, das Erbstatut dagegen einen güterrechtlichen Ausgleich vorsieht. Es handelt sich nach KROPHOLLER um einen Fall des versteckten Normenmangels.

Bevorzugung einer der konkurrierenden Regelungen, sei es aus materiellrechtlichen, kollisionsrechtlichen oder faktischen Erwägungen; im Ergebnis bedeute diese eine Ignorierung der jeweils anderen kollisionsrechtlichen Verweisung; (2) die Erstreckung des Anwendungsbereichs einer Kollisionsnorm auf eine sonst offen bleibende Frage; (3) die modifizierte Anwendung des Sachrechts, z.B. Einschränkung, Ergänzung oder Umbildung einer Regelung.[984] Die Normenhäufung werde in aller Regel dadurch beseitigt, dass einer der beiden Sachregelungen der Vorzug gegeben werde.[985] Auch bei Normenmangel sei häufig einer der beiden Rechtsordnungen die Lösung zu entnehmen. Denn der Normenmangel entstehe in der Regel nicht dadurch, dass die beiden widerstreitenden Rechtsordnungen eine für den konkreten Fall adäquate Regelung überhaupt nicht bereithielten, sondern dadurch, dass diese Regelungen in einem von der anzuwendenden Kollisionsnorm nicht berufenen Teil der Rechtsordnung angesiedelt sind. Deshalb werde *in casu* die Verweisung einer der beiden Kollisionsnormen regelwidrig auf die offene Frage erstreckt.[986] Bei qualtitativen Normendiskrepanzen sei dagegen mit einer Korrektur im materiellen Recht zu helfen.[987]

### (b) Normwidersprüche in den Fällen fehlerhafter Banküberweisung

Die im vorliegenden Bereich der fehlerhaften Banküberweisung auftretenden Normwidersprüche können entweder als Normenhäufung oder als Normenmangel auftreten. Eine Normenhäufung ist gegeben, wenn beide den Überweisungsempfänger einbindende Rechtsverhältnisse, also sowohl Valuta- als auch Zuwendungsverhältnis nach dem jeweils dort maßgeblichen Recht das Gegenüber dieses Verhältnisses als rückforderungsberechtigt ansehen. Eine Normenhäufung liegt auch vor, wenn die Bank nach dem Deckungsverhältnis vom Überweisenden Vergütung verlangen kann, ihr das Zuwendungsstatut zudem eine Kondiktion gegen den Empfänger gibt. Dem korrespondiert regelmäßig ein Normenmangel auf Seiten des Überweisenden, wenn er laut Deckungsstatut an die Bank bezahlen muss, das Valutastatut ihm aber die Rückforderung verwehrt. Ein Normenmangel resultiert auch, wenn Valuta- und Zuwendungsstatut jeweils das Gegenüber des anderen Verhältnisses als rückforderungsberechtigt ansehen und deshalb selbst keine Kondiktion gewäh-

---

[984] FS Ferid, S. 279, 282. Als weniger bedeutsame Möglichkeiten der Auflösung eines Normenwiderspruchs erscheinen die Ersetzung beider widerstreitender Rechtsordnungen durch eine dritte, etwa die *lex fori*, oder aber die völlige Neuregelung durch den Richter, aaO, S. 283. Die erste Variante erscheint als unangemessen, da eine bislang ohne Bezug zum Fall stehende Rechtsordnung zur Anwendung berufen wird. Die zweite Variante empfindet KROPHOLLER als zu dezisionistisch und durch subjektive Elemente geprägt.

[985] FS Ferid, S. 279, 283.

[986] FS Ferid, S. 279, 284.

[987] FS Ferid, S. 279, 285, als Beispiel wird die Anpassung im Falle eines der *lex rei sitae* unbekannten ausländischen Sachenrechts durch Gewährung eines dem ausländischen nahekommendes inländisches Sachenrecht angeführt.

ren. Ein weiterer Normenmangel ergibt sich dann, wenn das Deckungsstatut der Überweisungsbank keinen Aufwendungsersatz- oder Vergütungsanspruch gegen den Überweisenden, das Zuwendungsstaut aber auch keine Kondiktion gegen den Empfänger gibt.[988]

Nach den von KROPHOLLER gefundenen Lösungen wären diese Normwidersprüche durch regelwidrige Erweiterung einer Verweisung auf die offene Frage zu beheben. So könnte etwa die Kollisionsnorm, die das anwendbare Vertragsrecht auf das Deckungsverhältnis bestimmt, auch auf die Frage der Rückforderung erstreckt werden. Im anderen Fall könnte das Valutastatut auf die Frage der Rückforderrungsberechtigung ausgedehnt werden. Das Zuwendungsverhältnis schließlich könnte neben der Frage der Rückforderung die Risikoverteilung im Deckungsverhältnis miteinbeziehen.

### (c) Verhältnis der Anpassung zur Ausweichklausel

Hat sich ergeben, dass die bei der fehlerhaften Banküberweisung drohenden Normwidersprüche einer Lösung durch die Anpassung zugänglich sind, so muss die Frage beantwortet werden, wie sich das Institut der Anpassung zu der Lösung über die Ausweichklausel verhält. Für die Auflösung von Normwidersprüchen über die Ausweichklausel sprechen zwei Gesichtspunkte. Zum einen steht mit Artikel 41 EGBGB eine *gesetzliche Grundlage* zur Verfügung. Zum anderen könnte die Ausweichklausel durch ein Erfordernis verfeinerter Regelbildung *modo legislatoris* gegenüber der Ergebniskorrektur im konkreten Einzelfall bei der Anpassung ein Mehr an Rechtssicherheit gewährleisten. Selbst wenn anhand der Anpassung sachliche Widersprüche behoben werden können, bleibt das konkrete Ergebnis für die Beteiligten unvorhersehbar, da eine Wertentscheidung des Richters vorgeschaltet ist.[989] Im den oben gebildeten Beispielsfällen etwa ist unvorhersehbar und mangels Kriterien auch willkürlich, welches Statut auf welche Frage erstreckt wird. Die Lösung derartig komplexer Fälle nach einer kodifizierten Regelung, die unter Umständen sogar durch Bildung von Fallgruppen konkretisiert wird, scheint daher allgemein und insbesondere im Handelsverkehr vorzugswürdig. Ein weiterer Nachteil der Anpassungslösung besteht auch in deren geringeren Eignung zur Rechtsfortbildung, da eine derartige Korrektur *per definitionem* nicht verallgemeinerbar ist.[990] Es ist aus diesem Grunde angezeigt, drohende Widersprüche schon auf der Ebene der Primäranknüpfung zu berücksichtigen und wirtschaftlich einheitliche Vorgänge anhand der Ausweichklausel einem Recht zu unterstellen. Dem Einzelfallinstrumentarium der Anpassung ist die rechtssi-

[988] Siehe für einen konkreten Beispielsfall oben, 4. Kapitel, III., 2., f) (3) (b), S. 219.
[989] VON DER SEIPEN, Akzessorische Anknüpfung und engste Verbindung im Kollisionsrecht der komplexen Vertragsverhältnisse, S. 84.
[990] Vgl. auch SCHREIBER, Ausweichklauseln, S. 222.

chere Unterstellung unter ein einheitliches Statut von vornherein vorzuziehen.[991]

Im Hinblick auf die drohenden Normwidersprüche im Bereich der fehlgegangenen Giroüberweisungen bedeutet dies, dass deren Eintreten schon von vornherein durch eine korrigierende bzw. akzessorische Anknüpfung anhand der Ausweichklausel zu vermeiden und nicht erst im Falle deren tatsächlichen Auftretens der Anpassung zu überweisen ist.

### (4) Verhältnis zu den Regelkollisionsnormen

Zunächst ist klarzustellen, dass es sich bei solchen Verweisungsnormen, die für die primäre Anknüpfung auf die engste Verbindung rekurrieren, wie etwa die Artt. 5 Abs. 1 S. 1, 14 Abs. 1 Nr. 3, 28 Abs. 1 EGBGB oder § 1051 Abs. 2 ZPO nicht um Ausweichklauseln handelt.[992] Ausweichklauseln sind nur solche Verweisungsnormen, die eine Regelanknüpfung korrigieren. Folglich ist für die Einstufung als Ausweichklausel zunächst eine Regelanknüpfung auszumachen. Diese besteht im Falle des Artikels 41 EGBGB mehrfach, da er für den gesamten Bereich der Artikel 38 bis 40 EGBGB Anwendung findet.

Schon aus dem Wortlaut des Artikels 41 Abs. 1 EGBGB ergibt sich, das dieser erst nach einer Prüfung der Regelanknüpfungen der Artikel 38 bis 40 EGBGB, die typisierte Anknüpfungspunkte bereitstellen und nicht auf die engste Verbindung verweisen, herangezogen werden soll. Das Verhältnis der Ausweichklausel des Artikels 41 Abs. 1 EGBGB zu den Regelanknüpfungen der Artikel 38 – 40 EGBGB ist damit zunächst durch ein Regel- Ausnahmeverhältnis gekennzeichnet. Zuerst ist daher der Verweis der Regelanknüpfung daraufhin zu untersuchen, ob er im zu entscheidenden Fall der kollisionsrechtlichen Interessenlage enstpricht. Ist dies nicht der Fall und besteht eine wesentlich engere Verbindung zu einer anderen Rechtsordnung kann diese anhand der Ausweichklausel berufen werden.

### e) Verfeinerte Regelbildung

Ungeachtet dessen, welche Interessen man unter die Ausweichklausel des Artikels 41 EGBGB fasst, stellt sich die Frage, ob die Norm die Möglichkeit zur Rechtsfortbildung durch die Herausbildung typischer Fallgruppen bietet oder ob sie nicht alleine dazu herangezogen werden darf, unsachgemäße Ergebnisse im Einzelfall zu berichtigen. Abstrakt gesprochen stehen sich zur

---

991 So auch VON DER SEIPEN, Akzessorische Anknüpfung und engste Verbindung im Kollisionsrecht der komplexen Vertragsverhältnisse, S. 86. Für einen Vorrang der Lösung über die Ausweichklausel vor der Anpassung auch KREUZER, RabelsZ 65 (2001), S. 434.

992 A.A. VON BAR, Band I, Rn. 555 f., der jede Verweisungsnorm, die auf die engste Verbindung abstellt als Ausweichklausel begreift. Noch immer in diesem Sinne VON BAR / MANKOWSKI, IPR, Band I, § 7 Rn. 93 (S. 606).

Handhabung der Ausweichklausel damit die am Einzelfall orientierte kasuistische Anwendung und das Vorgehen im Sinne einer verallgemeinernden, abstrahierenden Betrachtungsweise, wie sie auch der Gesetzgeber anstellen würde - *modo legislatoris*, gegenüber.[993] Für die vorliegende Untersuchung ist diese Frage aus dem Grunde von Relevanz, da es sich um die kollisionsrechtliche Behandlung typisierbarer Fallgestaltungen – eben der Anweisungslagen bei der Giroüberweisung – handelt. Wäre es unter Artikel 41 EGBGB nicht möglich, eine generell-abstrakte Aussage zu treffen, so wäre auch in der vorliegenden Untersuchung eine abstrahierende Argumentation mit der typischen Interessenlage verwehrt.

### (1) Einzelfallinstrument

Im Sinne bloßer Einzelfallkorrektur handelte es sich um eine Berichtigungsklausel in Form eines Billigkeitskorrektivs. Für dieses Verständnis würde die aus dem Gewaltenteilungsprinzip resultierende Abneigung gegen judikative Regelbildung sprechen. Es könne nicht die Funktion der Ausweichklausel sein, diejenigen Regeln zu bilden, die der Gesetzgeber verabsäumt hat zu statuieren. So etwa plädiert SCHWIND im Zusammenhang mit dem österreichischen Recht dafür, die Ausweichklausel ausschließlich zur Durchsetzung der Einzelfallgerechtigkeit heranzuziehen.[994] Auch MANKOWSKI spricht sich im Zusammenhang mit Artikel 4 Abs. 5 EVÜ für eine Heranziehung der Ausweichklausel nur im Einzelfall aus. Neben anderen Erwägungen[995] steht dahinter jedoch die in Artikel 23 EVÜ getroffene staatsvertragliche Kompetenzverteilung. Danach kann der nationale Gesetzgeber nicht einseitig neue Kollisionsnormen für vertragliche Schuldverhältnisse bilden, etwa um das Kollisionsrecht weiter auszudifferenzieren, sondern muss ein bestimmtes Konsultations- bzw. Notifizierungsverfahren durchlaufen. Kann also schon der Gesetzgeber einseitig keine neuen Kollisionsnormen schaffen, so soll es auch dem Rechtsanwender im Rahmen der Ausweichklausel verwehrt sein, *modo legislatoris* generelle Anknüpfungsregeln über den Einzelfall hinaus zu entwikkeln.[996] Da Artikel 41 EGBGB rein nationalen Ursprungs ist, lässt sich für seine Handhabung daraus nur ableiten, dass dieses Bedenken nicht entgegensteht, und zum anderen alle generell für eine restriktive Handhabung im bloßen Einzelfall plädierenden Stellungnahmen danach hinterfragt werden müssen, inwiefern sie durch ähnliche Überlegungen geprägt sind.

[993] Dieselbe Fragestellung im Hinblick auf Artikel 28 Abs. 5 EGBGB bei VON DER SEIPEN, Akzessorische Anknüpfung und engste Verbindung im Kollisionsrecht der komplexen Vertragsverhältnisse, S. 152.
[994] SCHWIND, Recht und Gesetz im Rahmen der EU, ZfRV 1997, 237, 243.
[995] Siehe zu diesen im 4. Kapitel unter III., 3. f) (2), S. 269.
[996] ZEuP 2002, 814 f.

## (2) Typenbildung

Die überwiegende Anzahl der Stellungnahmen zur Ausweichklausel tritt dagegen für die Möglichkeit der Typisierung und die Herausbildung von Fallgruppen, also für ein Vorgehen *modo legislatoris* ein.[997] Ähnlich der Erschaffung der Generalklauseln des bürgerlichen Rechts kann sich der Gesetzgeber außerstande gesehen haben, alle möglichen Interessenlagen in typisierender Weise selbst vorwegzunehmen, und daher eine verfeinerte Regelbildung der Jurisprudenz überlassen haben. In diesem Sinne wird der Normanwender gleichsam zum Normgeber, indem er die Ausweichklausel durch die Formulierung von speziellen Regeln für typisierbare Sachverhalte fortbildet. Dem Richter wird eine Norm an die Hand gegeben, anhand derer er das Kollisionsrecht weiterentwickeln und den veränderten Umständen anpassen kann und welche die Bildung spezieller Anknüpfungen dort erlaubt, wo die Regelkollisionsnorm nicht differenziert genug ist, um selbst alle typischen Fallgestaltungen interessengerecht zu erfassen.[998] Diese Vorgehensweise kann für sich in Anspruch nehmen, dem generell gegen Ausweichklauseln erhobenen Einwand drohender Rechtsunsicherheit den Boden zu entziehen. Aus diesem Grunde spricht sich auch JAYME dagegen aus, die Einzelfallgerechtigkeit zum Parameter der Ausweichklausel zu machen. Er möchte diese lieber dazu verwendet wissen, eine verfeinerte Regelbildung zu ermöglichen.[999]

Im besonderen Fall der Ausweichklausel des Artikels 41 EGBGB findet sich der entsprechende Hinweis in der Gesetzesbegründung. Danach wurde die mit der Norm gegebene Möglichkeit zur Abweichung von den Regelanknüpfungen auch aus dem Grunde gewährt, weil derzeit nicht allen Fallgestaltungen durch Sonderanknüpfungen Rechnung getragen werden konnte und eine gewisse Anpassungsfähigkeit für noch nicht vorhersehbare Interessenlagen bestehen sollte.[1000] Damit überträgt der Gesetzgeber dem Richter explizit das Deputat der Rechtsfortbildung. Diese hat aber regelmäßig abstrakt-generellen Charakter.

Die Befürworter einer abstrahierenden Vorgehensweise können außerdem auf eine gefestigte Vorgehensweise der Rechtsprechung verweisen. Vor der Kodifikation des internationalen Privatrechts der außervertraglichen Schuldverhältnisse hatte sich im internationalen Deliktsrecht die Regelanknüpfung an den Deliktsort herausgebildet.[1001] Für die typische Fallgruppe der Verkehrsunfälle im Ausland aber erwies sich diese Anknüpfung für die Fahrzeuginsassen als nicht sachgerecht, da der Tatort nicht stets die engste Verbindung dokumentierte und damit oftmals rein zufälliger Natur war. Aus diesem

---

997 Siehe nur KREUZER, ZfRV 1992, S. 190 f. sowie FS Zajtay, 298 und JAYME FS Ruprecht-Karls-Universität Heidelberg, S. 574.

998 KREUZER, ZfRV 1992, 172.

999 FS Ruprecht-Karls-Universität Heidelberg, S. 574 Fn. 34.

1000 BT Drucks. 14/343, S. 13.

1001 So genanntes Tatortprinzip, siehe nur BGH vom 8.1.1981, BGHZ 80, 1,3.

Grunde wurde die Anknüpfung „aufgelockert“ und eine spezielle Regelanknüpfung an das Recht des gemeinsamen gewöhnlichen Aufenthaltsortes herausgebildet.[1002]

Dieser Rechtsprechung lag nicht die kasuistische Korrektur einer grundsätzlich interessengerechten Anknüpfung im Einzelfall zugrunde, sondern es ging um die Korrektur einer für eine typisierbare Fallgruppe grundsätzlich nicht mehr angemessenen Regelanknüpfung. Diese in der Rechtsprechung herausgebildete Ausweichklausel[1003] des internationalen Deliktsrechts findet sich nunmehr in Art. 40 Abs. 2 S. 1 EGBGB wieder. Konnte der Gesetzgeber bei dessen Kodifikation auf diese gesicherte Rechtsprechung zurückgreifen, so war dies, wie er selbst verlautbarte, in anderen Bereichen des außervertraglichen Schuldrechts, etwa bei den bereicherungsrechtlichen Mehrpersonenverhältnissen, nicht der Fall. Aus diesem Grunde hat er den Gerichten mit Artikel 41 EGBGB die Möglichkeit eröffnet, die Rechtslage in ähnlicher Weise fortzubilden.[1004] Faktisch gesehen wird sich die Bildung von Fallgruppen in der Rechtspraxis ohnehin nicht vermeiden lassen.[1005]

Nach diesem Verständnis der Ausweichklausel kann die Betonung des Abweichens von der Regelanknüpfung „nur im Einzelfall“ nur dazu dienen, das Regel - Ausnahmeverhältnis zu beschreiben. Die Ausweichklausel soll nicht dazu führen, dass die Regelanknüpfungen völlig ausgehöhlt werden. Damit ist aber der Prüfungspunkt der Stärke der engeren Verbindung als Tatbestandsmerkmal angesprochen.

#### (3) Typenbildung und Einzelfallkorrektiv

KREUZER geht indes noch einen Schritt weiter. Er bezieht neben dem Mandat einer verfeinerten Regelbildung auch die Anpassung an Bedürfnisse konkreter Einzelfälle in den Anwendungsbereich der Ausweichklausel mit ein.[1006] In der Tat dürfte anhand der Ausweichklausel auch eine abweichende Anknüpfung im nicht verallgemeinerungsfähigen Einzelfall möglich sein. Nur aus dem Grunde mangelnder Abstraktionsmöglichkeit auf das Eingreifen der Ausweichklausel zu verzichten, hieße die Methode der Einzelfallgerechtigkeit zu opfern.[1007]

---

[1002] Siehe die umfassende Aufbereitung dieser Rechtsprechung bei SCHREIBER, Ausweichklauseln, S. 64 – 75.

[1003] So explizit benannt von KREUZER, FS Zajty, S. 307.

[1004] Artikel 41 EGBGB soll aber daneben auch die Möglichkeit zur Fortführung anderweitiger, schon bestehender Rechtsprechungslinien bieten, etwa im internationalen Wettbewerbsrecht. Zu dessen Entwicklung siehe SCHREIBER, Ausweichklauseln, S. 76 ff.

[1005] Zu der parallelen Problematik bei Artikel 28 Abs. 5 EGBGB VON DER SEIPEN, Akzessorische Anknüpfung und engste Verbindung im Kollisionsrecht der komplexen Vertragsverhältnisse, S. 153 ff.

[1006] RabelsZ 65 (2001), S. 432.

[1007] Ähnlich SCHREIBER, Ausweichklauseln, S. 263 ff., der sogar soweit gehen möchte, das Regel-Ausnahmeverhältnis umzukehren und den Richter primär zur Verwirklichung der

### (4) Ergebnis

Im Ergebnis ist damit festzuhalten, dass die Ausweichklausel des Artikels 41 EGBGB sowohl eine *verfeinerte Regelbildung* für *typische Fallkonstellationen* als auch der Behandlung atypischer Einzelfälle ermöglicht. Damit kommt ihr neben der Korrektur des Einzelfalls eine so genannte regelbildende Funktion zu.[1008] Lässt sich daher in der vorliegenden Untersuchung eine *typische kollisionsrechtliche Interessenlage bei der fehlerhaften Banküberweisung* im internationalen Giroverkehr feststellen, so kann in typisierender Weise eine Anknüpfung für deren Rückabwicklung vorgeschlagen werden.

## f) Stärke der engeren Verbindung

Stellt man in einer Sachverhaltskonstellation – sei diese verallgemeinerbar oder bleibt sie auch nur vereinzelt – das Bestehen anderer kollisionsrechtlicher Interessen neben denjenigen, die schon in der Regelanknüpfung Berücksichtigung gefunden haben, so stellt sich die Frage, wie stark das Interesse an einer abweichenden Anknüpfung ausgeprägt, sprich: *wie stark die Verbindung zu einer anderen Rechtsordnung sein muss.*

### (1) Allgemeiner Maßstab

Der Wortlaut des Artikels 41 Abs. 1 EGBGB verlangt für sein Eingreifen das Vorliegen einer wesentlich engeren Verbindung. Bei dem Begriff der wesentlich engeren Verbindung handelt es sich um einen ausfüllungsbedürftigen unbestimmten Rechtsbegriff. Dies erfordert vom Rechtsanwender eine Wertung.[1009] Anhand des qualifizierenden Kriteriums des „wesentlich" wird der Ausnahmecharakter der Ausweichanknüpfung unterstrichen. Die Regelanknüpfungen der Artikel 38 bis 40 EGBGB sind – anders als bei Artikel 28 EGBGB – nicht lediglich widerlegliche Vermutungen, sondern genießen gegenüber Artikel 41 EGBGB einen Anwendungsvorrang. Nicht schon bei Vorliegen einer engeren Verbindung zu einem anderen Recht ist ein Abweichen zulässig, erforderlich ist, dass es sich um eine wesentlich engere Verbindung handelt. Die Korrektur unterliegt daher einem besonderen Begründungs-

---

Einzelfallgerechtigkeit zu verpflichten und nur wenn es daneben möglich ist, eine abstrakt-generelle Regel herauszubilden. Schließlich ermächtige und verpflichte die Ausweichklausel den Richter, im Einzelfall unter Beachtung der Gesamtheit der Umstände, eine Entscheidung zu treffen. Durch die rein gesetzgeberische Methode werde dem Richter genau diese Ermächtigung / Verpflichtung wieder genommen, denn dann könne er gerade nicht auf die Gesamtheit der Umstände, sondern allenfalls auf die Gesamtheit der typischen Umstände abstellen, aaO, S. 265.

[1008] Zum Begriff SCHREIBER, Ausweichklauseln, S. 161, 197, 246.

[1009] KAISER, Bürgerliches Recht, I. 4. (S. 15).

zwang.[1010] Auf diese Weise wird einer Aushöhlung der Regelanknüpfungen vorgebeugt, bei deren Maßgeblichkeit es selbst bei geringem Übergewicht der Verbindung zu einem anderen Recht bleibt. Dies ist das von SCHWIND so genannte Trägheitsprinzip.[1011]

Diesem steht SCHWIND allerdings kritisch gegenüber. Allgemein befürwortet er ein Eingreifen der Ausweichklausel schon dann, wenn die gesetzliche Kollisionsnorm im Einzelfall die Interessenkonstellation nicht mehr deckt. Er bezweifelt, dass die durch das Trägheitsprinzip gewährleistete Rechtssicherheit wichtiger einzustufen sei als eine der Falllage angemessene Entscheidung. Schließlich treffe die Norm in diesem Fall den zu entscheidenden Sachverhalt gar nicht, so dass sich die Frage stelle, ob der Wortlaut wichtiger sei als das, was „gemeint ist".[1012] Damit verlangt er vom Rechtsanwender stets eine der konkreten Fallsituation angemessene Entscheidung.

Als Einwand gegen eine derart großzügige Handhabung der Ausweichklauseln wird die drohende Rechtsunsicherheit vorgebracht.[1013] So will KROPHOLLER die Ausweichklausel nur als äußerstes Notventil einsetzen. Auch die Prozessökonomie stehe einer Interessenabwägung in jedem Einzelfall entgegen.[1014] Ebenso argumentiert das schweizerische Bundesgericht im Bezug auf § 15 schweizer IPRG, wonach dieser eine strikte, nur im Notfall anzuwendende Ausnahmeklausel enthalte.[1015]

Allgemein dürfte die Schwelle der Korrekturmöglichkeit gleichsam in der Mitte liegen. Weder ist nur in Notfällen noch bei jeder anders gelagerten Interessenkonstellation die Regelanknüpfung zugunsten der anderen Verbindung aufzugeben. Für eine Korrektur ist demnach erforderlich, dass unter wertenden Gesichtspunkten die Regelanknüpfung im konkreten Fall nicht mehr sachgerecht ist. Nicht mehr sachgerecht ist sie dann, wenn die Verbindung mit einer anderen Rechtsordnung deutlich überwiegt.[1016] Nicht vorausgesetzt ist damit, wie es etwa § 15 schweizer IPRG nahezulegen scheint, dass der Anknüpfungspunkt der auf das Regelstatut verweist, den Beziehungen zu der

---

1010 Vgl. zu dem Verhältnis von Regel und Ausnahme auch SCHREIBER, Ausweichklauseln, S. 255 f. und 280.

1011 Siehe zum Trägheitsprinzip auch KEGEL / SCHURIG, § 6 III a.E und MANKOWSKI, ZEuP 2002, 813. Zu SCHWIND sogleich im Text.

1012 SCHWIND, Recht und Gesetz im Rahmen der EU, ZfRV 1997, 237, 243.

1013 Vgl. KREUZER, FS Zajtay, 299. LÜDERITZ, FS Kegel 1977, S. 40 warnt, man solle nicht hinter jeder neuen Differenzierung den Unhold mangelnder Rechtssicherheit wittern, unter Berufung auf FERID, IPR 1973, Rn. 1-128 (S. 24).

1014 IPR § 14 II a.E.

1015 Schweizer Bundesgericht vom 27.1.1992, BGE 118 II 79, der Fall ging um die Scheidung und den nachehelichen Unterhalt zweier US-Amerikaner in der Schweiz. Weiter dagegen VISCHER. Er plädiert für die Anwendung der allgemeinen Ausweichklausel des § 15 IPRG schon dann, wenn die nach der Regelanknüpfung ermittelte Rechtsordnung aus kollisions- oder materiellrechtlichen Gründen unter wertenden Gesichtspunkten nicht mehr sachgerecht erscheint, FS Heini, S. 494.

1016 SCHREIBER, S. 256.

anderen Rechtsordnung isoliert gegenübersteht. Dies würde den Anwendungsbereich der Ausweichklausel erheblich einengen, da in vielen Fällen noch weitere Verbindungen zu der Regelanknüpfung bestehen können, eine Abweichung aber aufgrund einer Gesamtbeurteilung dennoch angezeigt ist. Es ist vielmehr aus der Gesamtheit der Umstände die wesentlich engere Verbindung zu ermitteln unter Heranziehung aller anknüpfungsrelevanten Gesichtspunkte.[1017] Ist nach diesem Maßstab ein häufiges Abgehen von der Regelanknüpfung angezeigt, so rührt dies nicht aus einer zu großzügigen Handhabung der Ausweichklausel, sondern daher, dass die Regelanknüpfungen nicht hinreichend differenziert ausgestaltet sind.

### (2) Besondere Interessen des konkreten Sachgebiets

Welches Gewicht aber den einzelnen anknüpfungsrelevanten Gesichtpunkten und Interessen zukommt, kann nicht allgemein beantwortet werden, sondern muss unter Berücksichtigung der *Besonderheiten des jeweiligen Sachgebietes* und der dort maßgeblichen Grundprinzipien ermittelt werden. Deutlich wird dies anhand der beiden, dem Wortlaut nach identischen Ausweichklauseln der Artikel 41 und 46 EGBGB. Trotz wortgleicher Formulierung kann sich ergeben, dass zur abweichenden Anknüpfung im Bereich des internationalen Sachenrechts ein stärkerer Bezug zu einer anderen Rechtsordnung erforderlich ist als im außervertraglichen Schuldrecht.[1018]

Im *internationalen Sachenrecht* ist nach wie vor der Belegenheitsort maßgeblicher Anknüpfungspunkt, *lex rei sitae*. Vor der Kodifikation der Artikel 43 bis 46 EGBGB hatte sich eine Ausweichklausel in der Rechtsprechung nicht herausgebildet. Die Einführung einer solchen wurde vom Deutschen Rat für IPR als die Rechtssicherheit gefährdend abgelehnt. Lediglich wenige abweichende Anknüpfungen wurden zugelassen.[1019] Dass es im internationalen Sachenrecht wesentlich auf Gesichtspunkte des Verkehrsschutzes ankommt, macht ein Fall des BGH deutlich, in dem ausnahmsweise keine Verkehrsschutzaspekte berührt waren und deshalb eine Auflockerung zugelassen wurde. In der Entscheidung aus dem Jahre 1966 beurteilte der BGH die Wirksamkeit eines Eigentumsvorbehalts an einer Strickmaschine nach deutschem Recht, obwohl sie sich zum Zeitpunkt der Übereignung in Italien befand. Um nach italienischem Recht absolute Wirkung zu erlangen, wäre die Einhaltung

---

[1017] JAYME, Nation und Staat, S. 360, ähnlich SCHREIBER, Ausweichklauseln, S. 257.

[1018] Daneben steht beispielsweise auch noch das internationale Familienrecht, in dessen Bereich eine abweichende Anknüpfung kaum zulässig ist, vgl. hierzu SCHREIBER, Ausweichklauseln, S. 253.

[1019] So wurde etwa angeknüpft an den Bestimmungsort bei auf dem Transport befindlichen Sachen, *res in transitu*, LG Hamburg vom 28.6.1978, IPRspr. 1978, Nr. 42 und bei nicht eingetragenen Seeschiffen an den Heimathafen, BGH vom 6.3.1995, NJW 1995, 2097. Grundsätzlich aber hielt die Rechtsprechung an der Geltung der *Situs*-Regel fest, BGH vom 25.9.1996, IPRax 1997, 422 betreffend eine Sicherungsübereignung unter in Polen lagernder Konserven zwischen deutschen Staatsangehörigen.

einer bestimmten Form oder eine Registrierung erforderlich gewesen.[1020] Ausschlaggebend für die Anwendung deutschen Rechts war, dass von vornherein die Lieferung der Maschine nach Deutschland beabsichtigt war. Mit dieser Begründung entnahm der BGH der Parteivereinbarung die Geltung deutschen Rechts. Danach sollte der Eigentumsvorbehalt wirksam sein, sobald der deutsche Käufer in den Besitz der Maschine kommen würde.[1021] Da in diesem Fall die Gefährdung italienischer Verkehrsinteressen nicht zu befürchten stand, war eine Abweichung von der strikten Geltung der *lex rei sitae* möglich. Eine ähnlich einschränkende Interpretation steht nunmehr auch bei Artikel 46 EGBGB zu erwarten.

Anders kann es sich dagegen im *internationalen Schuldrecht* verhalten. Dass dort aufgrund der Abwesenheit von Verkehrsinteressen ein großzügigerer Maßstab angelegt werden kann als im Sachenrecht, beweist schon die von der Regelanknüpfung des Artikels 28 Abs. 3 EGBGB an den Belegenheitsort vorgenommene abweichende Anküpfung von Grundstückskaufverträgen an das gemeinsame Heimatrecht der Parteien.[1022] Allgemein kann gesagt werden, dass das auf einen gerechten Interessenausgleich unter den konkret Beteiligten ausgerichtete Schuldrecht Korrekturen offener gegenübersteht als das im Wesentlichen auf Rechtssicherheit und Verkehrsschutz ausgerichtete Sachenrecht.[1023] Dies zeigt sich etwa im materiellen Recht daran, dass ersteres weitgehend dispositiv, letzteres dagegen überwiegend zwingend ausgestaltet ist.

Anderer Ansicht ist insoweit MANKOWSKI. Er will die Ausweichklausel des Artikels 4 Abs. 5 EVÜ nur sehr restriktiv angewendet wissen, da er anderenfalls eine Sprenung des Regelsystems des Artikels 4 Absätze 2 bis 4 EVÜ befürchtet.[1024] Seine Ansicht stützt er im wesentlichen auf das Vorhersehbarkeitsinteresse der Parteien, welches durch jede Anknüpfungsflexibilität gestört werde. Die Parteien wollten möglichst schnell, unkompliziert und kostengünstig Klarheit über das auf ihren Vertrag anwendbare Recht haben. Dieses Interesse habe in Artikel 4 Abs. 2 EVÜ Anerkennung gefunden, wonach das

---

[1020] Art. 1524 Codice Civile Italiano bestimmt: „*1524. Opponibilità della riserva di proprietà nei confronti di terzi. - La riserva della proprietà è opponibile ai creitori del compratore, solo se risulta da atto scritto avente data certa (2704) anertiore al pignoramento. Se la vendita ha per oggetto machine e il prezzo è superiore alle lire trentamila, la riserva della proprietà è opponibile anche al terzo acquirente (1153), purché il patto di riservato dominio sia trascritto in apposito registro tenuto nella cancelleria del tribunale nella giurisdizione del quale è collocata la macchina, ...*".

[1021] BGH vom 2.2.1966, BGHZ 45, 95.

[1022] Siehe nur OLG Schleswig-Holstein vom 5.2.1992, VIZ 1993, 34; OLG Hamm vom 13.11.1995, NJW-RR 1996, 1145. Eine Abweichung von Art. 28 Abs. 3 EGBGB über Abs. 5 leg.cit. fand statt, wenn beide Vertragsparteien ihren Wohnsitz in Deutschland hatten sowie die Vertragsabwicklung hier stattfinden sollte und über die Belegenheit des Grundstücks keine weiteren Beziehungen zur lex rei sitae bestanden.

[1023] So auch SCHREIBER, Ausweichklauseln, S. 201.

[1024] ZEuP 2002, 804 ff., mit auszugsweisem Abdruck zweier interessanter englischer Entscheidungen zu diesem Themenkomplex.

Recht der vertragscharakteristisch leistenden Partei zur Anwendung komme und damit den *repeat player* begünstige, indem diesem eine Standardisierung und Rationalisierung ermöglicht wird, da alle objektiv gleichartigen Verträge demselben Recht unterstünden.[1025] Diese Position sieht MANKOWSKI durch zu großzügige Handhabung der Ausweichklausel gefährdet. Allerdings schlägt diese im Bereich der schuldvertraglichen Primärverhältnisse zutreffende Argumentation im *außervertraglichen Bereich* in die andere Richtung aus: Wie schon Artikel 38 Abs. 1 EGBGB belegt, geht dort das Interesse dahin, auch die Rückabwicklung fehlgeschlagener Primärverhältnisse nach dem auf das diese anwendbaren Recht vorzunehmen. Das Vorhersehbarkeitsinteresse, wie es in Artikel 4 Abs. 2 EVÜ, respektive 28 Abs. 2 EGBGB niedergelegt ist, erstreckt sich auch auf die sekundäre Ebene der Rückabwicklung. Daher steht im außervertraglichen Bereich die Argumentation MANKOWSKIs einer Flexibilisierung nicht entgegen, sondern – im Gegenteil – stützt sie sogar, da sie zur Anwendung des im Vorhersehbarkeitsinteresse liegenden Rechts der Primärverbindlichlkeiten führen kann.

Im Bereich der außervertraglichen Schuldverhältnisse nimmt auch der BGH des öfteren eine akzessorische Anknüpfung vor, etwa im Bereich der Geschäftsführung ohne Auftrag.[1026] Regelmäßig erfolgt sie sogar im Falle der Leistungskondiktion. Auch der Gesetzgeber aber zeigt in Artikel 41 Abs. 2 Nr. 1 EGBGB, dass ein wichtiges Ziel der Anknüpfungsgleichlauf zur Vermeidung von Normwidersprüchen sein kann. Dem kollsionsrechtlichen Interesse am inneren Entscheidungseinklang kommt also im Bereich des außervertraglichen Schuldrechts besonderes Gewicht zu, während der anlehnenden Anknüpfung entgegenstehende Verkehrsinteressen eher in den Hintergrund treten. Damit erweist sich das *außervertragliche Schuldrecht als weitgehend offen* für abweichende Anknüpfungen, so dass unter Umständen schon ein geringes Interessenübergewicht die Anknüpfung an eine andere Rechtsordnung bedingen kann. Im Bereich der bereicherungsrechtlichen Rückabwicklung fehlerhafter Anweisungsleistungen kann jedenfalls aufgrund der großen Gefahr von Normwidersprüchen eine einheitliche Anknüpfung erfolgen.

### g) Anwendung der Ausweichklausel auf die fehlerhafte Banküberweisung

Im folgenden sind die angestellten Überlegungen zur Ausweichklausel auf den Bereicherungsausgleich im Mehrpersonenverhältnis infolge fehlerhafter Banküberweisung zu übertragen. Wie schon mehrfach deutlich wurde, kann zur Verwirklichung des *inneren Entscheidungseinklanges* im Bereich der Banküberweisung unter Umständen für die Direktkondiktion der Bank ein Abweichen von der Regelanknüpfung des Artikels 38 Abs. 3 EGBGB geboten

---

[1025] ZEuP 2002, 812 ff., 817.

[1026] Nachweise und Aufbereitung der Rechtsprechung bei SCHREIBER, Ausweichklauseln, S. 82 – 85.

sein. Es stellt sich allerdings die weitere Frage, ob das Interesse am inneren Entscheidungseinklang auch im Mehrpersonenverhältnis eine einheitliche kollisionsrechtliche Behandlung bedingen kann. Gerade aber erst durch die personelle Komplexität und damit einher gehende Berührung zu mehreren Rechtsordnungen entsteht oftmals erst eine Normdiskrepanz. Die Gefahr einer disharmonischen Rechtslage ist also umso größer, je höher die Anzahl der Beteiligten.[1027] Dies hat auch der Gesetzgeber gesehen, als er die Mehrpersonenverhältnisse der Ausweichklausel überantwortete. Insbesondere Artikel 41 EGBGB erlaubt es, auf eine bloß tatsächliche Beziehung unter den Beteiligten abzustellen, die auch in der Beteiligung an einem wirtschaftlich komplexen Vorgang bestehen kann, ohne mit jedem anderen Beteiligten rechtlich verbunden zu sein.[1028]

Dies erfordert im Rahmen des Artikels 41 EGBGB festzustellen, ob das Mehrpersonenverhältnis zu einer der berührten Rechtsordnungen eine *wesentlich engere Verbindung* als zum Ort des Eintrittes der Bereicherung aufweist.[1029] In Frage kommen für eine solche engere Verbindung das Deckungs- und das Valutaverhältnis. Für diese Beurteilung sind die kollisionsrechtlichen Interessen der Beteiligten zu identifizieren und, sollten diese nicht gleichgerichtet auf die Anwendung eines Rechts hindeuten, im obigen Sinne gegeneinander abzuwägen. Bei dieser Abwägung gilt es, einerseits das gewichtigste Interesse durchschlagen zu lassen, andererseits alle Interessen so weit wie möglich zu wahren.

### (1) Interesse des Überweisungsempfängers an der Anwendung des Bereicherungsstatuts

Das in der Regelanknüpfung des Artikels 38 Abs. 3 EGBGB zum Ausdruck kommende *typische Interesse* des Bereicherungsschuldners einer Aufwendungskondiktion geht dahin, sich mit dem Bereicherungsgläubiger nach dem für ihn *vorhersehbaren Recht* am Ort des Bereicherungseintritts auseinander zu setzen. Gegen die kollisionsrechtliche Anlehnung des Direktanspruches der Überweisungsbank an das Deckungsverhältnis spricht damit *prima facie* das Ermittlungs- und Anpassungsinteresse des Überweisungsempfängers. Dieser hat ein Interesse daran, in Fragen des Vertrauensschutzes oder der

[1027] Zur parallelen Problematik unter Artikel 28 Abs. 5 EGBGB, VON DER SEIPEN, Akzessorische Anknüpfung und engste Verbindung im Kollisionsrecht der komplexen Vertragsverhältnisse, S. 170.

[1028] Dies legt insbesondere die Gesetzesbegründung zu Artt. 38 ff. EGBGB nahe, wenn sie die Lösung der Mehrpersonenverhältnisse der Ausweichklausel überantwortet. Siehe auch JAYME, Komplexe Langzeitverträge und Internationales Privatrecht, IPRax 1987, S. 63 f.

[1029] Für die prinzipielle Berücksichtigung eines anderen Rechtsverhältnisses unter der Ausweichklausel auch BUSSE, Die geplante Kodifikation des Internationalen Bereicherungsrechts in Deutschland, RIW 1999, 16, 20 und FISCHER, Die Neuregelung des Kollisionsrechts der ungerechtfertigten Bereicherung und der Geschäftsführung ohne Auftrag im IPR-Reformgesetz von 1999, IPRax 2002, 1, 7.

Entreicherung nach dem für ihn vorhersehbaren Recht behandelt zu werden.[1030] Dementsprechend wird für den Fall der fehlerhaften Banküberweisung angeführt, gegen eine akzessorische Anknüpfung der Direktkondiktion der Bank an das Deckungsverhältnis spreche, dass der Zuwendungsempfänger das *Statut des Deckungsverhältnisses nicht kenne.*[1031] Selbst wenn der Überweisungsempfänger aber wisse, dass die angewiesene Bank auf ein Deckungsverhältnis leiste, genüge dieses bloße Wissen nicht, um eine tatsächliche Beziehung im Sinne des Art. 41 Abs. 2 Nr. 1 EGBGB zu begründen.[1032]

### (2) Interessen an der Anlehnung des Bereicherungsausgleichs an das Valutastatut

Die gegen ein Abgehen zugunsten des Deckungsstatuts vorgebrachten Bedenken werden nicht gegen eine Anlehnung des Bereicherungsausgleichs an das Valutastatut vorgebracht, sondern im Gegenteil sogar eine akzessorische Anknüpfung an dieses vorgeschlagen. So hält etwa JAYME an seinem für den Rechtszustand vor der Kodifikation vertretenen Standpunkt fest und begründet das Ergebnis anhand der Ausweichklausel des Artikels 41 EGBGB. Bestehe eine Vertragsbeziehung, welcher die Zahlung zugeordnet werden könne, so liege es, um unter anderem Normwidersprüche zu vermeiden nahe, die Rückabwicklung fehlerhafter Zahlungen dem Statut zu unterstellen, dem auch diese Vertragsbeziehung unterliege. Die so genannte farblose Zuwendung erhalte im Falle von Anweisungsmängeln eine Tönung durch das im Valutaverhältnis bestehende Vertragsverhältnis.[1033]

Zugunsten der Anlehnung des Bereicherungsausgleichs an das Valutastatut stellt FISCHER eine Interessenanalyse an. Die Interessen des Überweisungsempfängers überwögen diejenigen der Überweisungsbank. Der Zuwendungsempfänger müsse nach vielen Rechtsordnungen eine Drittleistung akzeptieren, während der Zuwendende bei Situationen mit Auslandsberührung seine Leistung meist auch mit befreiender Wirkung an den Anweisenden er-

[1030] PLAßMEIER, Ungerechtfertigte Bereicherung im Internationalen Privatrecht, S. 341 führt für die Mehrpersonenverhältnisse das generelle Interesse jeder Partei an, nicht mit einer Rechtsordnung konfrontiert zu werden, die für sie nicht vorhersehbar war. VON DER SEIPEN bemerkt allgemein, das Interesse der Anwendung des eigenen Rechts laufe dem Bestreben nach einem einheitlichen Statut diametral zuwider, aaO, S. 137.

[1031] JAYME / MANSEL, IPRax 1992, 128.

[1032] FISCHER, IPRax 2002, 1, 7.

[1033] Grenzüberschreitende Banküberweisungen und Bereicherungsausgleich nach der IPR-Novelle von 1999 – eine Skizze, in: Festschrift für Werner Lorenz, 2001, S. 317, 320. Allerdings beschränkt JAYME diese Lösung auf Fälle, in denen eine Zuwendung einem Vertrag zugeordnet werden kann. Ob der Vertragspartner selbst zahle oder eine Bank einschalte sei unerheblich, entscheidend bleibe stets das für die Beurteilung der Zahlung bestehende Schuldverhältnis.

bringen könne.[1034] Anders verhalte es sich hingegen mit dem Valutaverhältnis. Mit dessen Geltung müsse der Zuwendungsempfänger schon wegen der akzessorischen Anknüpfung einer Leistungskondiktion des Anweisenden rechnen.[1035] Auch für den Angewiesenen sei die Anwendung dieses Statuts zumutbar. Er werde kraft eigener Entscheidung in einem fremden Rechtsverhältnis tätig. Dann sei es ihm auch zuzumuten, sich diesem fremden Rechtsverhältnis kollisionsrechtlich unterzuordnen.[1036] Über die Frage, wer kondizieren kann, solle demnach die Rechtsordnung befinden, die auch auf das Valutaverhältnis Anwendung finde.[1037]

An beiden Stellungnahmen gilt es Kritik zu üben. JAYME ist in seinem Bestreben beizupflichten, Widersprüche zu vermeiden. Sein Vorschlag vermag es jedoch nicht zu verhindern, Widersprüche zu der Risikoverteilung im Deckungsverhältnis zu unterbinden, und greift aus diesem Grunde zu kurz. Der gegen die Anlehnung an das Deckungsstatut vorgebrachte Einwand FISCHERs, das bloße Wissen des Zahlungsempfängers, der Angewiesene leiste auf diese Zahlung, genüge nicht, um eine tatsächliche Beziehung im Sinne des Artikels 41 Abs. 2 Nr. 1, 2. Alt EGBGB zu begründen, geht ebenso fehl. Es ist nicht notwendigerweise auf sein Wissen, sondern möglicherweise auf seine tatsächliche *Beteiligung am Zahlungsverkehr* oder dem konkreten Zahlungsvorgang abzustellen. Sein weiteres Vorbringen, der Empfänger müsse eine Drittleistung regelmäßig akzeptieren, ist schon aus deutscher Sicht unzutreffend: Zum einen leistet die Bank nicht als Dritte, zum anderen ist das Einverständnis des Gläubigers mit der bargeldlosen Zahlung erforderlich.

Das Argument FISCHERs für die Anwendung des Valutastatuts, die Bank werde kraft freiwilliger Entscheidung in einem fremden Rechtsverhältnis tätig, ist zwar richtig, verkennt aber, dass alle Beteiligten die *Vorteile der bargeldlosen Zahlung* genießen und allen, einschließlich des Empfängers regelmäßig *an der Einschaltung der Bank gelegen* ist, da ohne sie eine Auslandszahlung in der Regel überhaupt nicht oder nur unter extremem Aufwand möglich wäre.[1038] Die für die Maßgeblichkeit des Valutastatuts angeführte Möglichkeit des Angewiesenen, er könne meist auch befreiend an den Anweisenden leisten, führte im Ergbenis zur *Erlahmung des internationalen Zahlungsverkehrs*. Die Funktion der Banken besteht dort gerade darin, dass sie eben gerade nicht befreiend an den Kontoinhaber oder sonstigen Auftraggeber leisten, sondern der Anweisung zu Überweisung ins Ausland Folge leisten.

---

[1034] So neben FISCHER auch BUSSE, Die geplante Kodifikation des Internationalen Bereicherungsrechts in Deutschland, RIW 1999, 16, 20, allerdings ohne dabei auf Artikel 41 EGBGB bzw. des Entwurfes zurückzugreifen.

[1035] FISCHER, IPRax 2002, 1, 7.

[1036] FISCHER, IPRax 2002, 1, 7, ebenso BUSSE, Internationales Bereicherungsrecht, S. 183.

[1037] FISCHER, IPRax 2002, 1, 7.

[1038] Man denke etwa an der reitenden Boten, den sich heute wohl niemand mehr so richtig leisten kann, zumindest nicht das Gros der Teilnehmer des Zahlungsverkehrs.

### (3) Anlehnung an das Deckungsstatut

Aus den vorstehenden Stellungnahmen zugunsten einer Anlehnung des Bereicherungsausgleichs an das Bereicherungs- oder das Valutastatut ergibt sich eine *Bevorzugung des Überweisungsempfängers im Sinne seines Ermittlungsinteresses*. Durch Anlehnung an das *Valutastatut* wird versucht, dieses mit dem Ordnungsinteresse am inneren Entscheidungseinklang zu kombinieren. Auch zugunsten des *Deckungsstatutes* aber können *Parteiinteressen* angeführt werden so wie auch eine Anlehnung an dieses zur Vermeidung von Normwidersprüchen geeignet ist. Zu deren Vermeidung kommt es nämlich nur auf die einheitliche Anknüpfung überhaupt an, nicht entscheidend ist das vorgebende Statut.

### (a) Innerer Entscheidungseinklang - Konsistenzinteresse

Im Bereich der Bankgeschäfte wurden schon früher Vorschläge einer akzessorischen Anknüpfung unterbreitet. Ausgangspunkt der Diskussion ist die grundsätzliche Anknüpfung an das *Sitzrecht der Bank.*[1039] Problematisch wird es, wenn an einer Transaktion mehrere Banken beteiligt sind. Grundsätzlich ist dann jede Bank nach ihrem Sitzrecht zu beurteilen, was aber die *Aufspaltung eines wirtschaftlich einheitlichen Vorganges* zur Folge haben kann. Bei der Giroüberweisung unter Einschaltung mehrerer Zwischenbanken beurteilt sich daher die Pflichtenlage der jeweiligen Zwischenbanken grundsätzlich nach deren Sitzrecht.[1040] Auch im Falle einer Überweisung via S.W.I.F.T. gilt nichts anderes.[1041] Da es sich aber um einen einzigen Leistungsvorgang han-

---

[1039] VON DER SEIPEN, Das anwendbare Recht beim grenzüberschreitenden Überweisungsverkehr aus deutscher Sicht, S. 79, 83 f; HADDING in SCHIMANSKY / BUNTE / LWOWSKI, Bankrechts-Handbuch, Band I, § 51 Rn. 2; MARTINY in REITHMANN / MARTINY, Internationales Vertragsrecht, S. 873 ff.; MüKo-MARTINY, Art. 28 EGBGB Rn. 239a; HOFFMANN, Kollisionsrechtliche Aspekte des Überweisungsgesetzes, ZBB 2000, S. 391 ff., der zum neuen Recht der Banküberweisung ausführt, der einzelne Überweisungsvertrag sei akzessorisch an den als Rahmenvertrag bestehenden Girovertrag anzuknüpfen, im Ergbenis also ebenso an das Sitzrecht der Bank.

[1040] BGHZ 25, 127; MüKo-MARTINY, Art. 28 EGBGB Rn. 239a; HOLZWARTH, Grenzüberschreitender interbankärer Zahlungsverkehr, S. 110 f.

[1041] Den Vorschlag der Unterstellung der Interbankenverhältnisse unter die S.W.I.F.T.-Regeln bzw. belgisches Recht unterbreitet jedoch ETZKORN, Das S.W.I.F.T.-Regelungswerk, S. 468. Er führt aus, dass für die Rechtsverhältnisse der Genossen von S.W.I.F.T. zu S.W.I.F.T. selbst die im *Userhandbook* und den *By-Laws* festgeschriebenen Regeln gelten und die Verhältnisse im übrigen belgischem Recht untertstellt seien. A priori gelte dieses zwar nicht auch für die bilateralen Korrespondenzbankbeziehungen innerhalb einer Überweisungskette, aaO. S. 479. In den *By-laws* und dem *Userhandbook* von S.W.I.F.T. seien aber die Rechte und Pflichten von S.W.I.F.T. zu den einzelnen Genossen ausführlich geregelt und dies müsse sich auf das Verhältnis von Sender und Empfänger einer S.W.I.F.T.-Nachricht auswirken. Dies erfolge im Wege einer stillschweigenden Einbeziehung dieser Regelungen in das bilaterale Korrespondenzbankverhältnis. Werde eine delt, drohen Normdiskrepanzen, wenn die Leistung im Hinblick auf jede Bank nach einem unterschiedlichen Recht beurteilt wird.[1042]

### (aa) Die Diskussion im Akkreditivverkehr

Die Vermeidung von Normwidersprüchen durch akzessorischen Anknüpfung wird häufig im Zusammenhang mit dem Zahlungsmittel des *Akkreditivs* diskutiert. Möchte etwa der Käufer bei einem grenzüberschreitenden Warenkauf *Zahlung leisten* oder eine *Sicherheit bestellen*, so kann er dies durch ein Akkreditiv tun. Er veranlasst eine Bank in seinem Heimatstaat, ein Akkreditiv zu eröffnen. Dieses Akkreditiv kann dann von einer Bank im Heimatland des Verkäufers bestätigt werden, wodurch für diese eine einwendungsunabhängige Auszahlungsverpflichtung und damit eine Sicherung zugunsten des Verkäufers entsteht. Findet sich keine Bank bereit, das Akkreditiv zu bestätigen, etwa weil die Deckungszahlung seitens der eröffnenden Bank im Innenverhältnis unsicher scheint, so kann sie dennoch als Avisbank, also als Zahlstelle fungieren.[1043]

---

Bank S.W.I.F.T.-Mitglied, so verpflichte sie sich durch die vorherige Anerkennung der *General Terms and Conditions* und der damit verbundenen Annahme der im *Userhandbook* enthaltenen Regeln bedingungslos dazu, Nachrichten anderer Mitglieder – wozu auch ihre Korrespondenzbanken gehören könnten – zu empfangen und zu verarbeiten, aaO, S. 482 f. Diese unbedingte Bereitschaft, Nachrichten zu empfangen und andererseits die Entscheidung, eine Nachricht via S.W.I.F.T. zu übermitteln stelle zugleich die Einigung zweier Korrespondenzpartner dar, die S.W.I.F.T. Regeln auch für ihr bilaterales Korrespondenzverhältnis anzuerkennen und in dieses einzubeziehen. Der Umfang der Einbeziehung der S.W.I.F.T.-Regeln gehe soweit, als sich aus den Bestimmungen auch für das Verhältnis der Korrespondenzpartner untereinander abschließende Regelungen entnehemen ließen, wie dies der Fall sei für Haftungstatbestände in sämtlichen Phasen der Durchführung, den Haftungsumfang die zeitliche Begrenzung der Widerrufsmöglichkeit sowie die Vereinbarung eines Schiedsgerichts, aaO, S. 484 ff. Allerdings gesteht auch ETZKORN zu, soweit eine Überweisung über ein nationales Clearingsystem abgewickelt werde, gingen dessen Regelungen denjenigen von S.W.I.F.T. vor. Der BGH allerdings hat dem Ansatz ETZKORNs eine Absage erteilt. In seinem Urteil vom 9.3.1987 (WM 1987, 530f.) ging es um eine Überweisung via S.W.I.F.T. Der BGH ging strikt von dem deutschen Sitzrecht der beauftragten Bank als anwendbares Recht aus, aaO, 531.

[1042] Siehe zur grundsätzlichen Anknüpfung und zum Problem der Beteiligung mehrere Banken VON DER SEIPEN, Akzessorische Anknüpfung und engste Verbindung im Kollisionsrecht der komplexen Vertragsverhältnisse, S. 280 ff. und ERNST STEINDORFF, Das Akkreditiv im internationalen Privatrecht der Schuldverträge, in : FS von Caemmerer, 1978, S. 761 – 781, 761 f.

[1043] STEINDORFF, FS von Caemmerer, S. 761, 764. Eine solche Unsicherheit ist insbesondere bei Exporten in Entwicklungsländer ein Hinderungsgrund für Inlandsbanken des Exportstaates, ein Akkreditiv zu bestätigen. Als Zahlstelle fungiert eine Bank, wenn sie sich von der eröffnenden Bank, die etwa ein Konto bei ihr unterhält, zur Auszahlung ermächtigen lässt, ohne jedoch dem Akkreditivbegünstigten gegenüber eine eigenständige Verpflichtung einzugehen.

Nach dem oben dargestellten Grundsatz wäre auf die jeweiligen Verpflichtungen der beteiligten Banken ihr Sitzrecht anzuwenden.[1044] Für ein *einheitliches Akkreditivstatut* wird dagegen von STEINDORFF vorgebracht, dieses ermögliche es, das Interbankenverhältnis nach demselben Statut zu behandeln, dem auch die Verpflichtungen gegenüber dem Akkreditivbegünstigten unterlägen. Man erreiche so eine einheitliche Rechtsanwendung auf ein Dreiecksverhältnis und vermeide Abwicklungskonflikte. Bestimmten sich die Verpflichtungen der Banken nach unterschiedlichen Rechten, so sei möglicherweise der Ausgleich im Innenverhältnis gefährdet, so könne etwa die eröffnende Bank nach ihrem Recht die Zahlung verweigern, nicht aber die bestätigende Bank nach ihrem Statut. Derartige Problemlagen vermeide die akzessorische Anknüpfung.[1045] Auch JAYME spricht sich für eine akzessorische Anknüpfung des Akkreditivs aus, um Funktionsstörungen und Normwidersprüche zu vermeiden.[1046]

### (bb) Anknüpfung der Direktansprüche

Von dem Bestreben nach Vermeidung von Normwidersprüchen im Bereich der Giroüberweisung ist der Vorschlag getragen, die *Direktansprüche* der §§ 676b Abs. 3 S. 7, 676c Abs. 2 BGB des geschädigten Überweisenden gegen eine Zwischenbank als vertragliche Ansprüche zu qualifizieren und damit gemäß Artikel 28 Abs. 2 EGBGB *dem Sitzrecht der Zwischenbank zu unterstellen*. Würde man sie – etwa deliktisch – an den Ort des Schadenseintritts knüpfen, so drohten Anpassungsprobleme, wenn zwar deutsches Recht, nicht aber das Sitzrecht der Zwischenbank solche Ansprüche kennt. Dann würde das deutsche Recht den Geschädigten auf die Zwischenbank verweisen, deren Recht aber unter Umständen einen anderen Ausgleichsmodus, etwa über die Überweisungskette, vorsehen. Mit der Anwendung des Sitzrechtes schließt man somit die konfliggierende Anwendung deutschen Rechts aus.[1047]

Ohne diesem Anliegen nach konsistenter Rechtslage die Berechtigung absprechen zu wollen, wäre es doch *methodenehrlicher*, das Problem nicht

---

[1044] Siehe ERNST STEINDORFF, Das Akkreditiv im internationalen Privatrecht der Schuldverträge, FS von Caemmerer, S. 761, 761 f.

[1045] Vgl. STEINDORFF, FS von Caemmerer, S. 761, 771.

[1046] Kollisionsrecht und Bankgeschäfte mit Auslandsberührung, 1977, S. 13 f.

[1047] Der Vorschlag stammt von EINSELE, Das neue Recht der Banküberweisung, JZ 2000, 9, 14. Sie verneint zunächst die Qualifikation der Ansprüche als solche aus einem Vertrag zugunsten Dritter. Dann nämlich sei der Inhalt der Haftung vom Hauptvertrag abhängig und habe nicht wie in den §§ 676 b Abs. 3, 676 c Abs. 2 BGB einen selbständigen Haftungsinhalt. Auch sprächen die Vorschriften von einer Haftung „anstelle". Die Haftung sei außerdem insofern weiter als beim Vertrag mit Schutzwirkung, als die Ansprüche nicht auf Vertragspartner der beauftragenden Bank beschränkt seien. Da diese Ansprüche aber allesamt das Bestehen einer Kette wirksamer Überweisungs- bzw. Zahlungsverträge bis hin zur in Anspruch genommenen Bank voraussetzten, sei eine vertragliche Qualifikation vorzunehmen.

über die Qualifikation, sondern über die Ausweichklausel zu lösen. Qualifiziert man die Ansprüche als gesetzliche Ansprüche eigener Art, fehlt es zugleich an einer Regelkollisionsnorm. In diesem Fall kann die Ausweichklausel des Artikels 41 Abs. 1 EGBGB in ihrer Funktion der Lückenfüllung herangezogen werden.[1048] Die engste Verbindung kann dann noch immer zu dem die Zwischenbank einbindenden Deckungsverhältnis gesehen werden, um Normwidersprüche zu vermeiden.[1049]

### (cc) Normwidersprüche in Rückabwicklungsfragen bei der Giroüberweisung

Auch im Bereich der Banküberweisung drohen, wie mehrfach aufgezeigt, *Funktionsstörungen* bzw. *Normwidersprüche*, wenn etwa nach dem Deckungsverhältnis die Bank, nach dem Bereicherungsstatut der Überweisende als rückforderungsberechtigt angesehen werden. Oftmals kann zwar das flexible materielle Bereicherungsrecht Schlimmeres verhindern, wenn es etwa durch die Figur der *subrogation*, die Artikel 1-§ 103 U.C.C. gewährt, zu einer *cessio legis* kommt, da die Überweisungsbank eine Verpflichtung des Überweisenden erfüllt hat. Voraussetzung wäre hierfür, dass das Deckungsverhältnis die Erfüllungswirkung entweder als *Datum* akzeptiert oder als Vorfrage selbständig anknüpft. Allerdings versagt auch diese Lösung, wenn die Valutaschuld nicht bestand, da dann im Sinne der *discharge for value rule* keine Verpflichtung des Überweisenden erfüllt wurde und der Bank somit keine Möglichkeit eröffnet ist, auf die Leistungskondiktion des Überweisenden zuzugreifen.[1050]

---

1048 Zur Lückenfüllungsfunktion KREUZER, ZfRV 1992, 168, 191 und SCHREIBER, Ausweichklauseln, S. 226. Die Funktion der Lückenfüllung kommt der Ausweichklausel zu, wenn eine zu korrigierende Regelanknüpfung nicht besteht. Genau genommen wird dann aber nicht die Ausnahmeklausel, sondern das in ihr besonders annunzierte Prinzip der engsten Verbindung herangezogen, SCHREIBER, Ausweichklauseln, S. 247.

1049 Für eine außervertragliche Qualifikation und akzessorische Anknüpfung der Direktansprüche auch HOFFMANN, Kollisionsrechtliche Aspekte des Überweisungsgesetzes, ZBB 2000, S. 391, 397 f., der davon ausgeht, die Direktansprüche bewegten sich im Rahmen eines gesetzlichen Schuldverhältnisses eigener Art, womit sich die akzessorische Anknüpfung an das die Bank einbindende Vertragsverhältnis aus Art. 41 Abs. 1, 2 Nr. 1 EGBGB ergebe. HOFFMANN gibt neben den Direktansprüchen ein weiteres Beispiel akzessorischer Anknüpfung, aaO, S. 397. Gibt man, wie er, ab einem Überweisungsbetrag der die Garantiesumme des § 676b Abs. 3 BGB von 12500 € **übersteigt dem Kunden einen Bereiche**rungsanspruch des Kunden gegen die Überweisungsbank, so stellt sich die Frage nach dessen Anknüpfung. Aufgrund der engen wirtschaftlichen Verknüpfung der *money back guarantee* und diesem Bereicherungsanspruch sei letzterer nach Artikel 41 Abs. 1, 2 Nr. 1 EGBGB akzessorisch anzuknüpfen.

1050 Als anpassungsfähiger erweist sich hier zwar das deutsche Recht, das in jedem Fall eine Kondiktion gewähren würde: Bei Nichtbestehen der Valutaschuld würde das deutsche Recht die Kondiktion der Kondiktion einräumen. Bei Bestehen der Valutaschuld würde es

Die Normwidersprüche der aufgezeigten Art würden dem auf Ebene des materiellen Recht so stark hervorgetretenen *gesetzgeberischen Interesse* an Bestellung eines *widerspruchsfreien Pflichtenregimes* im Mehrpersonenverhältnis diametral zuwiderlaufen. Die dort durch gesetzgeberische Kunstgriffe hergestellte abgestimmte Pflichtenlage würde zerrissen, nähme man aufgrund einer kollisionsrechtlichen Sonderbehandlung einen der Beteiligten aus dem Normensystem heraus. Zwar ließe sich entgegnen, dass eine Rechtsordnung auf nationaler Ebene stets eine harmonische Rechtslage bestellt. Dies berücksichtigt aber nicht hinreichend, dass es bei den hier vorgestellten Rechtsmaterien nicht um die üblicherweise bestehende rechtliche Stringenz des Gesetzgebers geht, sondern um ein sehr deutlich gewordenes *Sonderinteresse*, eine ausdifferenzierte Feinabstimmung im Mehrpersonenkomplex vorzunehmen. Die rechtliche Koordinierung geht hier etwa weit über das funktionelle Synallagma hinaus[1051] und überlässt es ebensowenig dem Anwendungsbereich von Generalklauseln, eine reibungslose Rechtslage zu gewährleisten.[1052]

Gerade das amerikanische Recht des Artikels 4A U.C.C. hat an dieser Stelle gezeigt, dass auch auf *kollisionsrechtlicher Ebene* das *besondere Konsistenz- bzw. Ordnungsinteresse* an einer widerspruchsfreien Rechtslage ausschlaggebend sein und ein Gesamtstatut des Mehrpersonenkomplexes bedingen kann. Auch der deutsche Gesetzgeber aber hat dieses Interesse kundgetan. Wenngleich nicht ebenso deutlich wie auf materiellrechtlicher Ebene, so zeigt doch Artikel 41 Abs. 2 Nr. 1 EGBGB, dass die Vermeidung von Widersprüchen ein wichtiges gesetzgeberisches Anliegen auch auf kollisionsrechtlicher Ebene darstellt.[1053] Selbst wenn man mit JAYME grundsätzlich davon ausgeht, eine differenzierte Anknüpfung könne die Internationalität eines Sachverhaltes besser ausschöpfen, so darf dies wohl nicht so weit gehen, gesetzgeberischen Absichten Gewalt an zu tun. Aus diesem Grund ist im internationalen Bereicherungsrecht der fehlerhaften Banküberweisung das *Interesse nach differenzierter Anknüpfung* dem *Interesse an innerem Entscheidungseinklang* unterzuordnen.

Aus den vorstehenden Ausführungen wird deutlich, dass ein starkes Interesse daran besteht, *Rückabwicklungs- und Regressfragen* im Mehrperso-

---

nicht wie das amerikanische Recht einen Forderungsübergang vorsehen, sondern eine Rückgriffskondiktion gewähren.

[1051] Dort besteht eine Abhängigkeit von Leistung und Gegenleistung im Hinblick auf Fortbestand und Durchsetzung. Die genaue Ausgestaltung dieses Prinzips aber hat der Gesetzgeber nicht in derart ausdifferenzierter Weise vorgenommen, wie im Recht der Banküberweisung. Insbesondere sind die §§ 320 Abs. 1, 323 Abs. 1, 326 Abs. 1 S. 1 BGB auf ein bipolares Verhältnis beschränkt und daher Modifikationen zugänglicher, da es stets nur eine Anpassung in einer Richtung bedarf.

[1052] Als Beispiel dient der so genannte Bau auf fremdem Boden. Gibt der BGH dem Verwender keinen Verwendungsersatzanspruch nach den §§ 994 ff. BGB, so behilft er sich mit einem Anspruch aus Treu und Glauben, § 242, um dem wirtschaftlich Belasteten einen Anspruch gegen den Begünstigten zuzusprechen, BGHZ 41, 157.

[1053] JAYME, FS Lorenz, S. 318.

nenkomplex konsistent zu regeln. Wie ebenso gezeigt wurde, drohen nicht nur rein theoretische Normwidersprüche, sondern gerade im Falle der fehlerhaften Banküberweisung droht eine widersprüchliche Rechtslage im Mehrpersonenverhältnis. Diejenigen Autoren, die sich mit den aufgezeigten Problemlagen des Akkreditivs und der Direktansprüche beschäftigt haben, plädierten zur Auflösung der Konfliktlagen durchweg für eine Heranziehung des *Sitzrechtes* derjenigen *Bank*, die dem komplexen Vorgang das *charakteristische Gepräge* gibt, etwa des Rechts der Zahlstelle. Die Überlegungen, die jeweils hierzu geführt haben, sind jedoch nicht zwingende Folgerung aus der Feststellung einer Konfliktlage. Die hier aufgezeigten Normenkonflikte bedingen nur die einheitliche Anknüpfung des gesamten Mehrpersonenverhältnisses in Rückabwicklungsfragen überhaupt. Welches Statut dafür maßgeblich sein soll, ergibt sich hieraus aber noch nicht.

**(b) Ermittlungs- und Anpassungsinteresse**

Aus dem Interesse am inneren Entscheidungseinklang ließ sich bislang nur so viel ableiten, dass eine einheitliche kollisionsrechtliche Behandlung des gesamten Mehrpersonenverhältnisses in Rückabwicklungsfragen überhaupt erforderlich ist. Welches Recht aber dafür maßgeblich sein soll, hat sich daraus noch nicht ergeben. Eine einheitliche Beurteilung nach dem *Statut des Deckungsverhältnisses* kann sich möglicherweise aus dem internationalprivatrechtlichen *Ermittlungs- und Anpassungsinteresse der Überweisungsbank* rechtfertigen.

Mit der grundsätzlich bei Bankgeschäften vorgenommenen Anknüpfung an das *Sitzrecht der Bank* wird zum einen dem Umstand Rechnung getragen, dass Bankgeschäfte unter Umständen mehrere Vertragsverhältnisse beinhalten und insofern eine einheitliche Beurteilung nach einem Recht angemessen ist. Dies ist das oben beschriebene Konsistenzinteresse. Handelt es sich bei diesem einheitlichen Recht aber um das Sitzrecht der Bank, so kann diese überdies ihre Abläufe gemessen an diesem Recht *standardisieren* und *rationalisieren*. Auf derselben Überlegung beruht auch die regelmäßig von der Bank implementierte Rechtswahl zugunsten ihres Sitzrechtes.[1054]

Viele Anregungen hierzu wurden erneut in der Diskussion um ein einheitliches Akkreditivstatut gegeben. Zugunsten einer akzessorischen Anknüpfung der Verpflichtung der eröffnenden Bank an das Recht der Zahlstelle wird von STEINDORFF vorgebracht, dies entspreche der Funktion des Akkreditivs, dem Verkäufer Zahlung zu vermitteln und Sicherheit zu bieten.[1055] Dafür spre-

[1054] Siehe beispielsweise Ziffer 6 (1) der AGB Banken, hierzu HOFFMANN, Kollisionsrechtliche Aspekte des Überweisungsgesetzes, ZBB 2000, S. 391.

[1055] STEINDORFF, FS von Caemmerer, S. 761, 769. Wenn das Akkreditiv dem Verkäufer Sicherheit durch ein Zug-um-Zug Geschäft vermitteln soll und die Zahlstelle der Ort sei, an welchem die Dokumente gegen Zahlung auszutauschen sind, so sei es angemessen, das che auch eine gerechte kollisionsrechtliche Lastenverteilung. Akkreditivbanken seien häufig in der Lage, sich für den Verkehr mit einem Kontinent auf eine oder zwei Banken als Zahlstelle zu konzentrieren, während der normale Exporteur in eine Vielzahl von Ländern liefere und von Banken aus dieser Vielzahl von Ländern Akkreditive hereinnehme. Dies spreche dafür, das *Zahlstellenrecht* zum Akkreditivstatut zu machen, die eröffnenden Banken seien nur geringfügig belastet, der Exporteur wesentlich entlastet.[1056] Zu demselben Ergebnis im Sinne des Sitzrechts der Bank im Staat des Akkreditivbegünstigten gelangt auch JAYME.[1057] Nach VON DER SEIPEN kann dieselbe Lösung aus dem Gedanken des Artikels 28 Abs. 2 EGBGB gewonnen werden. Maßgeblich sei das Recht desjenigen Beteiligten, der die das wirtschaftliche Gesamtkonstrukt prägende Leistung erbringt. Im Falle des Akkreditivs diejenige Bank, welche die Auszahlung vornimmt.[1058]

Das Plädoyer für die Anwendung des Sitzrechtes der als Zahlstelle fungierenden Bank im Falle des Akkreditiv-Verkehrs kann verallgemeinert werden. Die Anwendung des Zahlstellenrechts als Akkreditivstatut wurde unter anderem mit der kollisionsrechtlichen Lastenverteilung gerechtfertigt. Allgemein gesprochen verhält es sich so, dass das Recht einen Verhaltensanreiz für die ihm Unterworfenen darstellen soll. Nur einer Rechtspflicht, die dem Rechtssubjekt bekannt ist, kann es auch nachkommen. Will umgekehrt das Rechtssubjekt, etwa aus Gründen der Risikokalkulation genaue Kenntnis über seine rechtliche Position erlangen, erfordert dies zunächst eine *Information* hinsichtlich des Inhalts des anwendbaren Rechts. Damit trägt derjenige, der sein Handeln an den rechtlich gegebenen Voraussetzungen ausrichten will, die Informationslast bezüglich des Inhalts des Rechts. Hat er sich dann über den Inhalt des maßgeblichen Rechts informiert, so trägt er zudem die Last, sein Verhalten an die darin enthaltenen Vorgaben *anzupassen*. Er trägt damit neben der Informations- auch die Anpassungslast.[1059]

Beide Momente – Informations- und Anpassungslast - sind von erheblichem Gewicht im Bereich der *Massengeschäfte*. Eine Bank, deren Schwerpunkt in der Zahlungsmittlung ins Ausland liegt, müsste sich, bestimmten sich ihre Rechte und Pflichten nach dem jeweiligen ausländischen Recht, über eine Vielzahl von Rechten Kenntnis verschaffen. Die damit einhergehende Ermitt-

---

ganze Maß der Sicherheit, einschließlich deren rechtlichen Rahmen, nach den für die Zahlstelle gültigen Normen zu bemessen.

1056 STEINDORFF, FS von Caemmerer, S. 761, 769 ff.

1057 Bankgeschäfte mit Auslandsberührung, S. 36. Ebenso LORENZ, FS Zweigert, S. 223.

1058 Diese funktionale Analyse findet sich bei VON DER SEIPEN, Akzessorische Anknüpfung und engste Verbindung im Kollisionsrecht der komplexen Vertragsverhältnisse, S. 302 ff. Zu den so genannten *string-contracts*, internationalen Kettenverträgen mit Zurückhaltung gegenüber einer kollisionsrechtlichen Gesamtbetrachtung VISCHER, Internationales Vertragsrecht, 1962, S. 139 f. Die Zurückhaltung rührt aber daher, dem einzelnen Beteiligten möge der wirtschaftliche Zusammenhang nicht einsichtig sein, was aber bei Zahlungsvorgängen nicht typisch scheint.

1059 Vgl. hierzu STEINDORFF, aaO, S. 774 ff.

lungs- und Anpassungslast würde einer Standardisierung und damit Rationalisierung aber entgegenstehen. Damit wäre nicht nur das Interesse der Bank, sondern all derjenigen verletzt, die an einer Rationalisierung etwa aufgrund eines Interesses an kostengünstiger Zahlungsmittlung interessiert sind. Übertragen auf die internationale Banküberweisung spricht dies für eine Anwendung des Statuts der Überweisungsbank. Dass damit das Ermittlungsinteresse anderer zurückgestellt würde, stellt nichts anderes dar als die im materiellen Recht festgestellten Beschneidungen der Rechtspositionen aufgrund der Standardisierung im bargeldlosen Massenverkehr. Im HECK'schen Sinne[1060] ließe sich die Anwendung des Sitzrechtes der Überweisungsbank auf das gesamte Mehrpersonenverhältnis als Anpassungserscheinung qualifizieren.

Dass der Gedanke der Rationalisierung durch Information und Anpassung anknüpfungsrelevant ist, zeigt sowohl das deutsche Recht als auch die dazu ergangene Rechtsprechung. So dokumentiert sich etwa in der Maßgeblichkeit des Rechts der *Niederlassung der charakteristisch leistenden Partei* in Artikel 28 Abs. 2 EGBGB die gesetzliche Anerkennung des Rationalisierungsinteresses, womit der *repeat player* bevorzugt und ihm Standardisierung und Rationalisierung ermöglicht wird.[1061] Dies legt der BGH in einem Urteil zu der Anknüpfung eines Werkvertrages im Baugewerbe dar. In dem Fall ging es um die Errichtung eines Einkaufszentrums mit Bürogebäude in Italien. Zur Ausführung wurde von dem primär beauftragten, beklagten italienischen Bauunternehmen die deutsche Klägerin als Subunternehmerin eingeschaltet. Bei der Prüfung der Werklohnforderung unterstrich der BGH die Geltung der Regelanknüpfung des Art. 28 Abs. 2 EGBGB, die regelmäßig zum Recht der Niederlassung der charakteristisch leistenden Partei führe und von der alleine aufgrund des Lageorts der Baustelle nicht abgewichen werden könne.[1062] Daran wird das Interesse des Unternehmens nach einheitlicher Geltung eines Rechts deutlich.[1063] Zu Tage tritt dieser Gedanke außerdem in Artikel 28 Abs. 4 EGBGB.

---

[1060] Siehe hierzu oben, 2. Kapitel, V. 2.

[1061] So insbesondere MANKOWSKI, ZEuP 2002, 817 in Bezug auf Artikel 4 Abs. 2 EVÜ: die Anwendung des Rechts der vertragscharakteristisch leistenden Partei erlaube dieser Standardisierung und Rationalisierung, indem objektiv alle gleichartigen Verträge demselben Recht unterstehen; die daraus resultierenden Vorteile könnten über die Preisgestaltung mittelbar auch dem Kunden zugute kommen.

[1062] BGH vom 25.2.1999, RIW 1999, 456, m.z.N. aus der Literatur.

[1063] Dies ist auch die Ansicht in anderen europäischen Staaten, siehe die Entscheidung *des Court of Session, Outer House*, vom 9.3.2001 in der Sache Caledonia Subsea Ltd. v. Micoperi Srl, auszugsweise abgedruckt in ZEuP 2002, S. 807 ff. Dort, S. 808 führt das Gericht in Bezug auf Art. 4 Abs. 2 EVÜ aus: „*The true reason it seems, is that the social and economic source from which the performance comes (and to which in ordinary course the economic bebefit of payment may be expected to return) is in the country of establishment.*" (...) S. 809: „(...) *activities critically linked to the diving operations were localised in Aberdeen* (Niederlassung der vertragscharakteristisch leistenden Partei). *It was there that the*

Auch im Bereich der *außervertraglichen Schuldverhältnisse* aber ist das Uniformitäts- oder Rationalisierungsinteresse nicht ohne Relevanz, wie ein Urteil des OLG Düsseldorf zur Geschäftsführung ohne Auftrag belegt. Der Kläger, der im Rahmen seines Gewerbes verlustig gegangenen Schiffen nachspürte, hatte zufällig das Schiff eines Eigentümers gefunden, von dem er keinen Auftrag erhalten hatte. Trotz grundsätzlicher Maßgeblichkeit des Vornahmeortes wandte das Gericht deutsches Recht an. Neben dem Umstand, dass es sich dabei um das gemeinsame Heimatrecht der Parteien handelte, war für das Gericht entscheidend, dass, obwohl der Kläger seine Geschäfte in vielen Ländern führte, sich der Schwerpunkt der dazu erforderlichen Aufwendungen in Deutschland befinde.[1064] Für den Aufwendungsersatz des Klägers sollte also stets ein einheitlicher Maßstab gelten.

### (c) Ökonomische Analyse des Internationalen Privatechts

Neben dem Ermittlungs- und Anpassungsinteresse der Überweisungsbank kann sich aus einer wirtschaftlichen Betrachtungsweise des internationalen Privatrechts[1065] ohne die Fokussierung auf das Interesse einer bestimm-

---

*pursuer's project management and administrative staff were based throughout the performance of the contract and it was to there that the superintendent reported daily. It was there that (...) matters of major consequence (...) were referred and decided. (...) the relevant social and economic base is that of the country of the performer* (...).

[1064] OLG Düsseldorf vom 1.10.1982, RIW 1984, 481.

[1065] Siehe dazu allgemein SIEHR, Ökonomische Analyse des Internationalen Privatrechts, FS Firsching, S. 269 – 294. Bisher war die ökonomische Analyse des Rechts auf das Sachrecht beschränkt, So ihr Begründer POSNER, Economic Analysis of Law, 2.A. 1977. Sie wurde von SIEHR erstmals auf das Kollisionsrecht ausgedehnt. Im Sachrecht geht es bei der ökonomischen Betrachtungsweise um die ökonomisch richtige Allokation von Wirtschaftsgütern, die darin bestehen soll, diese von Rechts wegen demjenigen zuzuordnen, der die Güter am effizientesten nutzen und verwerten kann. Ist dieser Zustand nicht der bestehende, so soll das Recht eine ökonomisch sinnvolle Reallokation zumindest nicht verhindern, vgl. SIEHR, FS Firsching, S. 269, 271. Auf das Kollisionsrecht aber lässt sich dieser Ansatz nicht direkt übertragen, da dieses nicht die Zuordnung von Gütern, sondern die Zuweisung von Güterzuordnungsaufgaben an Rechtsordnungen zum Gegenstand hat. Die Eigenart des Kollisionsrechts liegt demnach in der Konkurrenz, der Einheit und der Verschiedenheit von Rechtsordnungen, SIEHR, FS Firsching, S. 269, 271. Zur Anwendung der ökonomisch sinnvollsten Rechtsordnung kommt es zum einen, wenn sich die Rechtssubjekte aufgrund ihrer ökonomischen Motivation einem bestimmten Recht unterwerfen. SIEHR bietet hierfür die Beispiele der Sitzverlegung von Gesellschaften in Steueroasen, das Führen von Schiffen unter billigen Flaggen, das Betreiben von Unternehmen in Billiglohnländern oder in Ländern mit laxen Umweltbestimmungen sowie die Lösung oder Begründung von Statusverhältnissen in Heirats-, Scheidungs- oder Adoptionsparadiesen, S. 272 f. (*jurisdiction shopping*). Die ökonomische Analyse des Kollisionsrechts muss aber zum Ziel haben, bei objektiver Anknüpfung ökonomisch sinnvolle Resultate zu erzielen und nicht darauf zu bauen, dass die Rechtssubjekte anknüpfungsrelevante Tatbestände schaffen. Auch droht die Gefahr, dass die vom Rechtssubjekt beeinflusste Situation rechtlich nicht anerkannt wird, vgl. hierzu LOWENFELD, Conflict of Laws, S. 785, mit einem Artikel aus der NY Times:

ten Partei die Anwendung des Sitzrechtes der Bank ergeben. Die *ökonomische Analyse des internationalen Privatrechts* zielt darauf ab diejenige Rechtsordnung zur Anwendung zu bringen, die der Nutzenmaximierung und Kostenminimierung *ohne Rücksicht auf Ort und Person* am besten dient.[1066] Als derart global ökonomisch vorteilhaft erscheint beispielsweise die Entscheidungsharmonie, die dazu führt, ein kostenintensives *forum shopping* überflüssig zu machen. Die Anerkennungsharmonie dagegen bietet den ökonomischen Vorteil, bei Anerkennung eines im Ausland gefällten Urteiles einen kostspieligen Prozess über denselben Gegenstand zu erübrigen. Damit einher geht der Vorteil, dass der Prozess in dem Staat geführt wird, dessen Recht auf den Sachverhalt Anwendung findet, und so die kostspielige Ermittlung des ausländischen Rechts entfällt.[1067]

Ebenso ökonomisch sinnvoll ist es, das *Rationalisierungsinteresse* der Parteien durch ein darauf bedachtes Kollisionsrecht durchzusetzen. Es ist primär den Parteien möglich, durch eine Rechtswahl die Rechtsfragen zu koordinieren und Transaktionshindernisse zu beseitigen.[1068] Treffen die Parteien keine Rechtswahl, so bleibt ihnen nur noch, ihre Handlungen an der anwendbaren Rechtsordnung auszurichten und dadurch Rechtskonflikten und somit Kosten vorzubeugen. Je häufiger eine Partei im internationalen Rechtsverkehr tätig wird, desto größer sind insgesamt die Einsparungen, die durch Geltung eines einheitlichen Rechts erzielt werden können. Unterstehen etwa vertragliche Schuldverhältnisse dem Recht am gewöhnlichen Aufenthalt oder am Sitz derjenigen Partei, welche die charakteristische Leistung erbringt, so kann ein Ex-

---

„Hispaniola's the Name of the Island, and Divorce ist the Name of the Game (vom 13. 2.1972), bezüglich der karibischen Scheidungsparadiese. Zur rechtlichen Behandlung, LOWENFELD, aaO.

[1066] Es kommt also nicht auf einen individuellen Maßstab an, sondern auf die Bedürfnisse der Weltwirtschaft, so SIEHR, FS Firsching, S. 269, 274 f. Anders VON DER SEIPEN, Akzessorische Anknüpfung und engste Verbindung im Kollisionsrecht der komplexen Vertragsverhältnisse, S. 179. Nur für die Parteien sei ausschließlich maßgeblich, welchen Gewinn oder Verlust sie zu verzeichnen haben. Der ökonomischen Analyse im Bereich des Internationalen Privatrechts kritisch gegenüber steht JAYME, U.S. Supreme Court: Zur Wirksamkeit grenzüberschreitender Gerichtsstandsklauseln in Verbraucherverträgen, IPRax 1993, S. 42 f. In dem dort besprochenen Fall des US Supreme Courts ging es um die Frage der Wirksamkeit einer Prorogation eines Gerichtes in Florida, wo die panamaische Kreuzfahrtgesellschaft ihren Sitz hatte. Dem auf Rationalisierungsargumenten beruhenden, die Wirksamkeit der Gerichtsstandsklausel bejahenden Urteil, hält JAYME entgegen, die abstrakte Kühle dieser ökonomischen Begründung lasse den Verbraucherschutz ganz zurücktreten. Dies ist zutreffend. Es hätte – wie im vorliegenden Zusammenhang der Versuch unternommen wird – darauf abgestellt werden müssen, dass bzw. ob sich der einzelne Passagier die ansonsten gegebenen, ihm unter Umständen günstigeren Gerichtsstände quasi durch einen auf der Rationalisierung beruhenden günstigeren Kreuzfahrtpreis abkaufen lässt.

[1067] SIEHR, FS Firsching, S. 269, 278 f.

[1068] SIEHR, FS Firsching, S. 269, 280.

porteur auch ohne eine Rechtswahl seine rechtlichen Beziehungen erheblich rationalisieren.[1069]

Übertragen auf den Fall der *internationalen Banküberweisung* ergibt sich nach den vorstehenden Ausführungen, dass die Anwendung des Rechtes derjenigen Partei am ökonomisch sinnvollsten ist, deren Verhaltensausrichtung am anwendbaren Recht die *größte Rationalisierung für alle Beteiligten* bedeutet. Aufgrund des Charakters der Banküberweisung als Massengeschäft deutet dies auf die Anwendung des Sitzrechtes der Überweisungsbank hin. Richtet sich ihre Pflichtenlage stets nach demselben Recht, so kann sie ihre Handlungsabläufe den dort geltenden Anforderungen gemäß standardisieren und rationalisieren. Muss sie dagegen stets das Recht der in verschiedenen Staaten befindlichen Überweisungsempfängern danach befragen, wer im Falle einer fehlerhaften Überweisung das Rückforderungsrisiko trägt, so muss sie entweder stets damit rechnen sie trage das Rückforderungsrisiko oder aber eine umfassende Rechtsabteilung unterhalten. Für Überweisenden und Empfänger dagegen stellt eine Banküberweisung nur das Korrelat zu einer anderen Vermögensverschiebung dar, so dass sie schon im Hinblick auf diese einen Ermittlungsaufwand leisten müssen. Im Sinne der *welfare economics* ist somit das Sitzrecht der Überweisungsbank das sinnvollere.

Bleibt der Fall zu klären, das Recht welcher Bank im Falle der Beteiligung mehrerer Banken vorgeblich sein soll. In Anlehnung an das US-amerikanische Recht und die Ausführungen im Zusammenhang mit dem Akkreditivverkehr kann die Antwort nur im Sinne des Sitzrechtes derjenigen Bank lautet, welche die den *Gesamtkomplex prägende Leistung* erbringt. Dies ist im Falle einer internationalen Giroüberweisung die Überweisungsbank im *Währungsstaat* der Überweisung. Dies hat überdies den Vorteil, dass auf diese Weise das anwendbare Recht für alle Beteiligten vorhersehbar ist.

---

[1069] So wörtlich SIEHR, FS Firsching, S. 269, 283. Zusätzlich sei erforderlich, dass der Exporteur eine Prorogation zugunsten der Gerichte an seinem Geschäftssitz vornimmt. Für die Anwendung des Rechts dessen, der beruftstypisch leistet schon KEGEL, Die Bankgeschäfte im deutschen internationalen Privatrecht, in GS Rudolf Schmidt, 1966, S. 215, 240. Ebenso MARTINY, Rn. 82. Jedermann habe ein Interesse an der Anwendung seines Heimatrechts. Je vielschichtiger seine Verpflichtungen, desto stärker ausgeprägt dieses Interesse. Derjenige, der im Rahmen seines Gewerbes zahlreiche Verträge bestimmter Art abschließe habe ein Interesse daran, dass alle Verträge nach demselben Recht beurteilt würden, so genanntes Uniformitätsinteresse. Als Beispiel für die normative Anerkennung eines derartigen Rationalisierungsinteresse kann die Produzentenhaftung angeführt werden. Nach Art. 7 des Haager Übereinkommens über das auf die Produkthaftpflicht anzuwendende Recht ist die Geltung eines Rechts, mit dessen Anwendung nicht gerechnet zu werden brauchte ausgeschlossen, Übereinkommen vom 2.10.1973, siehe zum Ratifikationsstand JAYME/HAUSMANN, 11.A 2002, Fn. 1 zu Nr. 100 (S. 250). Ebenso verhält es sich mit der akzessorischen Anknüpfung deliktsrechtlicher Ansprüche an ein vorbestehendes Vertragsverhältnis. Auch hierdurch wird das Haftungsrisiko berechenbarer, SIEHR, FS Firsching, S. 269, 283 f. VON DER SEIPEN, Akzessorische Anknüpfung und engste Verbindung im Kollisionsrecht der komplexen Vertragsverhältnisse, S. 65 ordnet dies unter dem Gesichtspunkt des internationalprivatrechtlichen Vertrauensinteresses ein.

Als *Zwischenergebnis* lässt sich damit festhalten, dass es sowohl *gesamtökonomisch* als auch *im Ermittlungsinteresse der Bank* förderlich erscheint, deren Recht auf das Rückforderungsverhältnis anzuwenden. Im Sinne der kollisionsrechtlichen Lastenverteilung wurde festgestellt, dass es im Interesse der Bank läge, ihr Sitzrecht angewendet zu wissen. Anders als im Falle des Akkreditivverkehrs aber verhält es sich nicht so, dass sich für die andere Partei – hier also den Überweisungsempfänger – regelmäßig nur ein bestimmtes Recht ergibt, da auch er weltweit getätigte Überweisungen empfangen kann. Man kann nur sagen, dass er aufgrund der Primärtransaktion dem Recht der Zahlungsabwicklung näher steht als die Überweisungsbank dem Empfangsrecht. Dies ist jedoch kein ähnlich starkes Argument wie dasjenige, die eröffnende Akkreditivbank könne sich auf Avisbanken in einigen wenigen Staaten einrichten. Somit bedarf es zur Anwendung des Sitzrechtes der Überweisungsbank der *Rechtferigung gegenüber dem Überweisungsempfänger.*

### (4) Rechtfertigung des Deckungsstatuts gegenüber dem Überweisungsempfänger

Ist das Interesse an der Anwendung des Deckungsstatuts bzw. des Sitzrechtes der Überweisungsbank auf Rückabwicklungsfragen belegt, so bedarf es noch der Abwägung gegenüber den Interessen der übrigen Beteiligten. Dies gestaltet sich einfach im Bezug auf den Anweisenden. Diesem gegenüber gilt schon auf der Ebene der vertraglichen Primärverpflichtungen das Sitzrecht der Bank. Doch auch dem Überweisungsempfänger gegenüber muss sich die Vorgeblichkeit des Deckungsstatuts rechtfertigen.

### (a) Vorhersehbarkeit des Deckungsstatuts für den Überweisungsempfänger

Das Interesse des Bereicherungsschuldners geht, wie durch Artikel 38 Abs. 3 EGBGB belegt, dahin, nicht mit der Anwendung eines Rechts *überrascht* zu werden. In diesem Sinne wurde schon oben die Aussage zitiert, der Empfänger einer fehlerhaften Banküberweisung habe keinen Einblick in das Deckungsverhältnis und ihm sei deshalb die Geltung des Deckungsstatuts nicht zuzumuten. Diese Aussage trifft jedoch im Kern nicht zu. Hat sich der Überweisungsempfänger eine Zahlung in einer Fremdwährung ausbedungen, so ist für ihn zu erwarten, dass sich der Überweisende einer *Überweisungsbank im Währungsstaat* bedienen wird. Aus diesem Grunde stellt die Geltung des Sitzrechtes der Bank im Deckungsstatut keine Überraschung dar und ist für ihn einsichtig. Auch ist ihm bekannt, dass die Überweisungsbank mit ihrer Zuwendung an ihn eine Leistung im Deckungsverhältnis erbringt. Die Zuwendung an ihn beruht daher für ihn einsichtig auf dem Deckungsverhältnis. Überdies ist das Einverständnis des Überweisungsempfängers mit der Zahlungsweise der Giroüberweisung regelmäßig nach materiellem Recht erforderlich, so dass auch die Einschaltung einer Bank überhaupt nicht überraschend ist. Dem Überweisungsempfänger ist sogar umgekehrt gerade an der Einschaltung einer Überweisungsbank gelegen, da ihm die Vorteile aus der bargeldlosen Zahlungsmethode zugute kommen, wie etwa das verringerte Verlustrisiko und die schnelle Zahlungsmittlung.

Nach den vorstehenden Erwägungen fehlt es dem Überweisungsempfänger an einem hinreichend starken Interesse an der Anwendung des Rechts am Ort des Eintritts der Bereicherung. Die dahingehende Regelanknüpfung soll ihn vor der Überraschung durch die Anwendung eines fremden Rechts schützen. Gerade aber im Falle der Banküberweisung stellt die Anwendung des Deckungsstatuts *keine Überraschung* dar, da der Empfänger mit dessen Geltung rechnen konnte. Damit ist belegt, dass die in Art. 38 Abs. 3 EGBGB typisierte Interessenlage vorliegend nicht zutrifft. Keine Geltung kann die entfaltete Argumentation freilich im Falle der *abgeirrten Überweisung* beanspruchen, da in diesem Fall der Empfänger überhaupt nicht mit einer Überweisung seitens des Überweisenden rechnet.

**(b) Durchschlagen des Rationalisierungsinteresses**

Überdies haben die Beteiligten einer Banküberweisung sämtlich das *Rationalisierungsinteresse* gemein, dem die Anwendung ihres Sitzrechtes der Überweisungsbank dient, da sie alle von der damit einhergehenden Kostensenkung profitieren. Aus diesem Grunde erfolgt schon auf der Ebene des materiellen Rechts häufig eine Beschneidung des Rechtskreises des Überweisenden und des Empfängers, korrespondierend mit einer Pflichtenreduktion zugunsten der Bank. So werden etwa Sorgfaltsanforderungen an die Bank reduziert, der Maßstab der AGB-Kontrolle gelockert, das Pflichtenprogramm auf standardisierte Ausführung beschränkt, ein Abgang vom Namneskontoprinzip sowie ein Ausschluss des Widerrufsrechts in Regelwerken des Bankgewerbes sanktioniert und die Bankenhaftung auf vorhersehbare Schäden beschränkt. Allen diesen „negativen“ Anpassungserscheinungen ist gemein, dass sie sich auf *ökonomische Erwägungen* im Sinne einer *Standardisierung* und *Rationalisierung* gründen.

Nehmen die Beteiligten aber auf materieller Ebene derartige Anpassungserscheinungen im Gegenzug für eine Rationalisierung in Kauf, so muss sich auch im *Kollisionsrecht* die wirtschaftlich sinnvolle Lösung durchsetzen. Damit schlägt wie im US-amerikanischen IPR das insbesondere im materiellen Recht identifizierte Interesse an *Rationalisierung* auch *auf kollisionsrechtlicher Ebene* im Sinne der Anwendung des die Bank einbindenden Deckungsstatuts durch. Nicht zu verwechseln ist die so erzielte *Wertungsparallelität* zwischen materiellem und Kollisionsrecht aber mit dem Eingang materiellrechtlich ergebnisorientierter Überlegungen, wie es unter der Ausweichklausel prinzipiell ausgeschlossen wurde. Es geht an dieser Stelle nur darum, das internationale Privatrecht nach ähnlichen Gesichtspunkten auszulegen, wie sie auch das deutsche und US-amerikanische materielle Recht und das amerikanische Verweisungsrecht beherrschen. Das führt jedoch nur zu einem bestimmten Anknüpfungspunkt – Sitzrecht der Überweisungsbank -, nicht aber zur Anwendung eines bestimmten materiellen Rechts aufgrund dessen Inhalts.

### (c) Vergleich mit anderen Mehrpersonenverhältnissen

Die Richtigkeit der vorstehenden Interessenanalyse wird durch eine andere Überlegung bestätigt. Der Banküberweisung als Anweisung im weiten Sinne stehen mehrere *andere Mehrpersonenverhältnisse* gegenüber, etwa der berechtigende Vertrag zugunsten Dritter und die angenommene Anweisung im Sinne des § 784 Abs. 1 BGB. Beiden ist gemeinsam, dass durch sie – anders als bei der Banküberweisung – ein eigenes Forderungsrecht zugunsten des Dritten bzw. des Anweisungsempfängers begründet wird. Dies geschieht jeweils, um dessen *materiell-rechtliche Stellung zu verbessern*. Das eigene Forderungsrecht soll die Abhängigkeit seiner Rechtsposition von derjenigen des Gläubigers bzw. des Anweisenden lösen. Aus diesem Bestreben nach Verbesserung der materiell-rechtlichen Position leitet die herrschende Meinung eine *Verschlechterung der kollisionsrechtlichen Position* ab. So wird die kollisionsrechtliche Schutzwürdigkeit des Berechtigten eines Vertrages zugunsten Dritter verneint, weil er schon im Obligationsstadium mit der Abhängigkeit seines Forderungsrechts rechnen und sich kollisionsrechtlich auf das fremde Statut einstellen müsse. Nach allgemeiner Meinung bestimmt sich damit die Frage, ob der Versprechende direkt vom Dritten kondizieren kann, nach dem Recht des Deckungsverhältnisses.[1070] Ebenso wird für die Fälle der angenommenen Anweisung entschieden.[1071] In den Anweisungsfällen dagegen müsse sich der Bereicherte nicht auf die Anwendung eines fremden Rechts einstellen.[1072] Es scheint merkwürdig und wertungswidersprüchlich, wenn aus dem Bestreben, die Rechtsposition des Zuwendungsempfängers stärken zu wollen, letztendlich eine Verschlechterung resultieren soll. Konsequent weitergeführt hieße dies, um seinen kollisionsrechtlichen Vertrauensschutz zu erhalten, müsste der Dritte den Erwerb eines materiellen Rechtes verhindern, etwa durch Zurückweisung im Sinne des § 333 BGB. Indes muss es sich umgekehrt verhalten. Auch im Falle der *schlichten Anweisung* leitet sich die Rechtsposition des

---

[1070] LORENZ, FS zweigert, S. 219; EINSELE, Das Kollisionsrecht der ungerechtfertugten Bereicherung, JZ 1993, S. 1025, 1027; HAY, Ungerechtfertigte Bereicherung im internationalen Privatrecht, S. 36, 67 f.; PLAẞMEIER, Ungerechtfertigte Bereicherung im Internationalen Privatrecht, S. 343.

[1071] LORENZ, FS Zweigert, S. 222; EINSELE, Das Kollisionsrecht der ungerechtfertigten Bereicherung, JZ 1993, S. 1025, 1028; PLAẞMEIER, Ungerechtfertigte Bereicherung im Internationalen Privatrecht, S. 348.

[1072] LORENZ, NJW 1990, S. 607, 610.

Empfängers aus dem Deckungsverhältnis ab, sie ist nur weniger stark als im Falle der angenommenen Anweisung. Ein kollisionsrechtlicher Unterschied aber ergibt sich daraus indes nicht.

Damit ist letzendlich nichts anderes gesagt, als schon dem Ansatz von SCHLECHTRIEM zugrunde liegt. Der Überweisende bezieht seine Leistung auf das Deckungsverhältnis, daraus leitet sich die Position des Überweisungsempfängers ab. Im Ergebnis ist damit festzuhalten, dass der Empfänger einer fehlerhaften Giroüberweisung keines Schutzes in Form der Anwendung des ihm vertrauten Umweltrechtes bedarf und dessen auch nicht würdig ist. Allerdings konnte dies nur im Hinblick auf die „getönten" Überweisungen belegt werden, bei denen zwar ein Anweisungsmangel vorliegt, es sich aber nicht um eine abgeirrte Überweisung handelt. Doch auch in diesem Fall kann sich unter Umständen die Anwendung des Deckungsstatuts ergeben.

### (d) geringes Schuldnerinteresse an der Bestimmung der Aktivlegitimation

Neben den besonderen Überlegungen zur Giroüberweisung ergibt sich aus *allgemeinen Erwägungen*, dass der Überweisungsempfänger nur ein eingeschränktes Interesse an der Person seines Gläubigers hat. Das deutsche Recht zeigt an mehreren Stellen, dass die Bestimmung der *Aktivlegitimation*, also die Frage, welche von mehreren Personen gegen einen Schuldner vorgeht[1073], für diesen ohne Belang ist, sofern seine Rechtsposition dadurch nicht berührt wird. Derartige Normen finden sich im *internationalen Privatrecht*, im *Zivilprozessrecht* und im *materiellen Recht.*

### (aa) Kollisionsrecht

Im deutschen Kollisionsrecht befasst sich Artikels 33 EGBGB mit der Forderungsabtretung. In Absatz 1 ist bestimmt, dass bei der Abtretung einer Forderung für die Verpflichtung zwischen Zedent und Zessionar das Recht maßgebend ist, dem der Vertrag zwischen ihnen unterliegt. Die Schuldnerinteressen finden in Absatz 2 dahingehend Berücksichtigung, als die seine Rechtsposition betreffenden Fragen dem für ihn voraussehbaren Recht der abgetretenen Forderung unterliegen. Dies beinhaltet die *Übertragbarkeit* der Forderung, das Rechtsverhältnis zwischen Zessionar und Schuldner, die Voraussetzungen, unter denen die Übertragung dem Schuldner entgegengehalten werden kann, und die befreiende Wirkung einer Leistung durch den Schuldner.[1074] Im Hinblick auf die Aktivlegitimation untersteht demnach nur die Fra-

---

[1073] Nach der Definition in BGHZ 146, 341, 348 (Urteil vom 29.1.2001) ist aktivlegitimiert derjenige, der Inhaber des geltend gemachten Anspruches ist. Eingehend hierzu oben, Fn. 257, S. 74.

[1074] Hierzu VON DER SEIPEN, Akzessorische Anknüpfung und engste Verbindung im Kollisionsrecht der komplexen Vertragsverhältnisse, S. 235 ff; EINSELE, Das Kollisionsrecht der ungerechtfertigten Bereicherung, JZ 1993, S. 1025, 1027.

ge der Übertragbarkeit, nicht aber die übrigen Fragen der Übertragung, insbesondere deren Voraussetzungen dem für den Schuldner voraussehbaren Forderungsstatut.

Noch deutlicher unterstreicht Artikel 33 Abs. 3 EGBGB das mangelnde Interesse des Schuldners an der Bestimmung der Aktivlegitimation. Dort ist angeordnet, dass im Falle ein Dritter die Verpflichtung hat, den Gläubiger einer Forderung zu befriedigen, das für diese Verpflichtung des Dritten maßgebende Recht darüber bestimmt, ob er die Forderung des Gläubigers gegen den Schuldner nach dem für deren Beziehung maßgebenden Recht geltend zu machen berechtigt ist. Die Frage des *Forderungsübergangs* richtet sich demnach also nach dem *Deckungsverhältnis*, während die *Geltendmachung* der Forderung deren Statut unterliegt. Hieran wird deutlich, dass das deutsche IPR den Schuldner nur insoweit durch die Anwendung des für ihn vorhersehbaren Rechts schützt als seine Rechtsposition betroffen ist.[1075]

### (bb) Materielles Zessionsrecht

Dieselbe Wertung liegt den Vorschriften der §§ 398 ff. BGB zugrunde. Danach ist die Abtretung einer Forderung grundsätzlich ohne Zustimmung des Schuldners möglich, es gilt der Satz: *Der Schuldner kann sich seinen Gläubiger nicht aussuchen.*[1076] § 399 BGB schließt die Übertragung nur in zwei Fällen aus. Zum einen ist die Abtretung ausgeschlossen, wenn dies eine Inhaltsänderung, also eine Beeinflussung der Leistungspflicht des Schuldners mit sich bringen würde, und zum anderen, wenn zwischen Schuldner und Zedenten die Abtretung ausgeschlossen wurde, der Schuldner sein Interesse an der Aktivlegitimation also artikuliert hat. Für den Fall der zulässigen Abtretung sichern die Vorschriften der §§ 404 bis 407 BGB die Rechtsposition des Schuldners. Daneben kann der Schuldner durch Hinterlegung selbst sein mangelndes Interesse an der Aktivlegitimation bekunden.[1077]

### (cc) Prätendentenstreit im deutschen Zivilprozessrecht

Im Zivilprozessrecht zeugt das Verfahren des Prätendentenstreites, § 75 ZPO, von einem geringen Interesse des Schuldners an der Frage der Aktivlegitimation. Wird der Schuldner auf Leistung verklagt und berühmt sich ein Dritter der eingeklagten Forderung, so kann der Schuldner dem Dritten den

[1075] Ebenso VON DER SEIPEN, S. 237.

[1076] Siehe hierzu nur LARENZ, Schuldrecht I, § 34 II (S. 580): Der deutsche Gesetzgeber mutet dem Schuldner einen Wechsel in der Person seines Gläubigers und die damit verbundenen Nachteile grundsätzlich zu.

[1077] Besteht für einen Schuldner Ungewissheit über die Person seines Gläubiger, so gibt ihm § 372 S. 2 BGB die Möglichkeit, den geschuldeten Gegenstand, soweit hinterlegungsfähig, zu hinterlegen und damit die negativen Folgen seiner Nichtleistung zu vermeiden, § 378. Dann bleibt die Auseinandersetzung über die Forderungsinhaberschaft den Prätendenten vorbehalten, BGH NJW 2000, 291, 294.

Streit verkünden. Tritt der Dritte in den Streit ein, so kann der Beklagte unter Hinterlegung des geschuldeten Betrages zugunsten der streitenden Gläubiger mit Verzicht auf die Rücknahme seine Entlassung aus dem Rechtsstreit beantragen. Der Prozess wird dann zwischen den streitenden Gläubigern, den Prätendenten, fortgesetzt.[1078] Diese Möglichkeit der Hinterlegung steht dem Schuldner auch dann zu, wenn der Streitgegenstand eine Forderung ausländischen Rechts ist.[1079]

Der Schuldner hat also, erkennt er seine Schuld prinzipiell an, die Möglichkeit sich der Beteiligung an dem Verfahren über die Bestimmung der Aktivlegitimation unter den möglichen Anspruchsinhabern zu entziehen.

Fraglich ist, ob das Verfahren des § 75 ZPO auch in den Anweisungsfällen eröffnet ist. Dort erscheinen als mögliche Prätendenten die Überweisungsbank und der Überweisende. Nach der Systematik des deutschen Rechts handelt es sich bei dem Anspruch der Überweisungsbank um eine Nichtleistungs-, bei dem des Überweisenden um eine Leistungskondiktion. Die für § 75 ZPO erforderliche Teilidentität[1080] zwischen der beanspruchten und der streitbefangenen Forderung dürfte aber dennoch gegeben sein.[1081]

---

[1078] Siehe hierzu BLOMEYER, Zivilprozeßrecht, § 111 I (S. 638 f.).

[1079] Dies ergibt sich daraus, dass der Hinterlegungsbegriff des § 75 ZPO ein vom materiellen Recht des BGB unterschiedlicher, eigenständiger Begriff des Zivilverfahrens und die Hinterlegungsmöglichkeit damit nicht an die Anwendung deutschen Rechts als *lex causae* gekoppelt ist. Siehe zur Eigenständigkeit der prozessualen Hinterlegung von derjenigen des § 372 BGB siehe BGH NJW 1997, 1501 m.w.N. Das Gericht weist nach, dass die Frage überaus umstritten ist, lässt sie aber offen. Nach dem *lex fori* Grundsatz kann aber wohl von der Eigenständigkeit ausgegangen werden, das Gegenteil bedürfte des Nachweises.

[1080] ZÖLLER / VOLLKOMMER, 23.A., § 75 Rn. 2; MüKo-SCHILKEN § 75 Rn. 5; sehr knapp BGH NJW 1996, 1673.

[1081] Anspruchsgegner und Anspruchsinhalt der Rückforderung sind im Falle der fehlerhaften Banküberweisung identisch. Eine Divergenz besteht lediglich hinsichtlich des Tatbestandsmerkmals der Unmittelbarkeit der Vermögensverschiebung, an dessen Stelle bei dem Anspruch des Überweisenden das Merkmal der Zweckrichtung tritt. Beide Kriterien dienen der Bestimmung der Aktivlegitimation. Ist eine Zweckgerichtetheit festzustellen und erscheint die Zuwendung damit als Leistung des Überweisenden, so ist er Anspruchsinhaber. Fehlt es daran, so kommt es darauf an, wer wirtschaftlich endgültig mit dem Überweisungsbetrag belastet wird, Bank oder Kunde. Insofern ließe sich die Aussage halten, beide Kriterien dienten zur Verteilung der Aktivlegitimation ein und desselben Anspruches. Die unterschiedliche Nomenklatur rührt nur daher, dass grundsätzlich eine Rückabwicklung zwischen den Beteiligten eines Schuldverhältnisse gewollt ist. Die Annahme von Anspruchsidentität wird noch dadurch unterstützt, dass es nach der klassischen Einheitslehre in der Tat um einen vollidentischen Anspruch ging, vgl. hierzu REUTER / MARTINEK, Ungerechtfertigte Bereicherung, § 2 I 1 (S. 22 ff.). Ob der moderne Leistungsbegriff diese beseitigt hat, lässt sich mit guten Gründen anzweifeln. Jedenfalls für § 75 ZPO scheint die gegebene Teilidentität und gemeinsame Genese auszureichen. Somit ist die Anwendung von § 75 ZPO eröffnet. Allerdings ist diese Möglichkeit daran geknüpft, dass der Dritte, der sich der Forderung berühmt, in den Rechtsstreit eintritt.

Aus den vorstehenden Erwägungen ergibt sich, dass die Frage der Bestimmung der *Aktivlegitimation* für den Schuldner und damit auch *für den Bereicherungsschuldner nur von geringem Interesse* ist. Freilich ergibt sich im Falle des Bestehens der Valutaschuld etwas anderes, da es dann darum geht, ob der Empfänger die Zuwendung als Erfüllung behalten darf oder ob er sie an die Bank herausgeben muss, und es damit nicht mehr nur um die Person des Rückforderungsberechtigten, sondern um die Rückforderung überhaupt geht. Doch auch in diesem Fall geht im Übrigen die Interessenlage dahin, diese Frage dem Deckungsstatut zur Beantwortung anheim zu stellen. Andererseits ergibt sich aus dem geringen Interesse des Schuldners an der Bestimmung der Aktivlegitimation des Rückforderungsanspruches, dass gerade im Falle der abgeirrten Überweisung, bei der Fragen des abstrakten Vertrauensschutzes nicht aufgeworfen sind, die Verteilung des Rückforderungsrisikos dem Dekkungsverhältnis prinzipiell überantwortet werden kann, sofern die Rechtsstellung des Empfängers dadurch nicht mehr als in Form eines anderen Gläubigers tangiert wird.[1082] Dies wäre insbesondere dadurch zu erreichen, dass sein Interesse an der Anwendung des für ihn vorhersehbaren, meist mit seinem Umweltrecht identischen Rechts so weit wie möglich verwirklicht würde.

### (5) Interessenkonkordanz

Sprechen die überwiegenden kollisionsrechtlichen Gesichtspunkte dafür, den Bereicherungsanspruch der Überweisungsbank gegen den Überweisungsempfänger im Falle der fehlerhaften Auslandsüberweisung im Rahmen der Ausweichklausel des Artikels 41 EGBGB akzessorisch an das die Bank einbindende Deckungsverhältnis anzuknüpfen, und setzt man dadurch das kollisionsrechtliche Interesse des Bereicherungsschuldners an der Anwendung seines Umweltrechtes zurück, so fragt sich, ob nicht eine *Wahrung seiner Interessen* dadurch erfolgen kann, dass man Teilfragen des Bereicherungsanspruches unter dem nach Artikel 38 Absatz 3 EGBGB anwendbaren Ortsrecht des Bereicherungseintritts beläßt. Eine solche *Sonderanknüpfung von Teilfragen* käme in Betracht im Bezug auf den dem Empfänger unter Umständen zukommenden *abstrakten* und *konkreten Vertrauensschutz*.

Grundsätzlich regelt das einheitliche Bereicherungsstatut Voraussetzungen, Inhalt und Umfang des Bereicherungsanspruches.[1083] Voraussetzung dafür, den Vertrauensschutz kollisionsrechtlich unterschiedlich zu behandeln, ist

[1082] Auch PLAßMEIER, Ungerechtfertigte Bereicherung im Internationalen Privatrecht, S. 350, spricht sich für die Maßgeblichkeit des Deckungsstatuts bei der abgeirrten Überweisung aus, andernfalls werde das einzige Rechtsverhältnis, zu dem kollisionsrechtlich eine Beziehung bestehe, ignoriert.

[1083] EINSELE, Das Kollisionsrecht der ungerechtfertigten Bereicherung, JZ 1993, 1025, 1026.

demnach zunächst, dass eine Sonderanknüpfung derartiger Teilfragen kollisionsrechtlich überhaupt möglich ist.

### (a) Möglichkeit der kollisionsrechtlichen Abspaltung

Bei der Sonderanknüpfung von Teilfragen geht es um die Frage, ob man unselbständige Glieder einer materiell-rechtlichen Rechtsfigur, wie beispielsweise die Deliktsfähigkeit innerhalb einer unerlaubten Handlung, kollisionsrechtlich einem anderen Statut zuweisen kann als die übrigen Glieder dieses Rechtsinstituts.[1084] Eine derartige Aufspaltung oder *dépeçage* ist im deutschen Kollisionsrecht methodisch aus dem Grunde möglich, da Lebenssachverhalte nicht als solche, sondern die in deren Rahmen auftretenden Rechtsfragen nach Systembegriffen gesondert angeknüpft werden.[1085]

Nach SERICK sind *zwei Arten der Teilfragen* zu unterscheiden. Zum einen die *inneren Glieder* eines Rechtsinstitutes, bestehend aus dessen Begriffsmerkmalen, den gesetzlichen Tatbestandsmerkmalen einer Rechtsfigur.[1086] Die *äußeren Glieder* eines Rechtsinstituts bestehen dagegen in jenen Normen, die zwingend für eine Vielzahl von Rechtsinstituten gelten, wie etwa § 138 Abs. 1 BGB.[1087] Ausgangspunkt SERICKs bezüglich der Frage der Aufspaltung ist der *Grundsatz der Integrität des materiellen Rechtsinstituts*. Die auf nationaler Ebene bestehende Einheit eines Rechtsinstituts sei weitestgehend zu erhalten. Die Glieder eines Rechtsinstitutes seien nicht beliebig ersetzbar, eine Rechtsfigur verliere ihren *Sinngehalt* und werde *denaturiert*, wenn man ihre wesentlichen Bestandteile durch abweichende Regelungen aus einer anderen Rechtsordnung substituiere.[1088] Daher postuliert SERICK sowohl das *Verbot der inneren als auch der äußeren Aufspaltung*. Nach ersterem dür-

---

[1084] SERICK, Die Sondernaknüpfung von Teilfragen im Internationalen Privatrecht, RabelsZ Bd. 18, S. 633 - 650.

[1085] VON DER SEIPEN, Akzessorische Anknüpfung und engste Verbindung im Kollisionsrecht der komplexen Vertragsverhältnisse, S. 72.

[1086] SERICK spricht beispielhaft von der Klassifizierung als Adoption, unerlaubte Handlung oder ungerechtfertigte Bereicherung, RabelsZ Bd. 18, S. 633, 636.

[1087] SERICK, RabelsZ Bd. 18, S. 633, 636 f. Jede Rechtsfigur sei gleichsam in eine Fülle von äußeren, vor die Klammer gezogenen Normen eingebettet und gewinne ihre eigentliche Bedeutung nicht nur aus ihren eigenen Begriffsmerkmalen, sondern auch durch Ausstrahlungen anderer Begriffe desselben Rechtssystems.

[1088] RabelsZ Bd. 18, S. 633 ff., 635. SERICK bringt mehrere Beispiele dieser Sinnzusammenhänge. So dürfe etwa die Exkulpationsmöglichkeit des deutschen Deliktsrechts für Verrichtungsgehilfen bei einer dem deutschen Recht unterstehenden unerlaubten Handlung nicht durch eine Sonderanknüpfung der Haftung des Geschäftsherrn an das französische Recht, das eine Exkulpation nicht kennt, „zerstört" und dadurch eine Haftung, wie sie das deutsche Recht nur bei Verträgen kennt, kreiert werden. Weiteres Beispiel bildet die vom Formstatut unlösbare Frage nach der Kaufmannseigenschaft im Rahmen des § 350 HGB, der eine formlose Verbürgung zulässt. Die Formlosigkeit rechtfertige sich nur durch die besonderen Anforderungen des deutschen Rechts an die Kaufmannseigenschaft, RabelsZ Bd. 18, S. 633, 635 f.

fen die inneren Glieder einer Rechtsfigur, nach dem zweiten auch sonstige zwingende Normen eines Rechts, sofern sie einen Bezug zu dem zu regelnden Rechtsverhältnis haben, nicht anders angeknüpft werden als das Rechtsverhältnis selbst.[1089]

JAYME steht der Sonderanknüpfung von Teilfragen aufgeschlossener gegenüber.[1090] Er erkennt die Gefahr einer Kollision der Aufspaltung mit dem Ordnungsinteresse am inneren Entscheidungseinklang an[1091] sowie auch den Einwand, eine Spaltung dürfe nicht zu Ergebnissen führen, die den übereinstimmenden Ergebnissen der beteiligten Rechtssysteme widersprächen.[1092] Er entgegnet jedoch, dass die Sachnormen bloß eines Staates oftmals ungeeignet seien, den Besonderheiten des Auslandssachverhaltes gerecht zu werden.[1093] Insofern könne auch die bloße Unterschiedlichkeit der aus mehreren Rechtsordnungen gewonnenen Rechtsmaterie von den Sachnormen der einzelnen Staaten noch nicht gegen eine Aufspaltung sprechen. Entscheidend gegen eine Abspaltung spricht für JAYME vielmehr nur der *Sinn der Rechtsinstitute*, der gefährdet werden könnte, wenn Einzelregelungen aus einem Normengefüge herausgebrochen würden.[1094] Doch auch dann genüge nicht schon die bloß abstrakte Gefahr der Zerstörung eines Sinnzusammenhangs[1095], erforderlich sei, dass im konkreten Einzelfall der *Sinnzusammenhang* der Normen in *qualifizierter Weise* gestört würde.[1096] Insoweit sich bei der Anwendung verschiedener Rechte Normwidersprüche ergeben würden, seien diese durch Anpassung

[1089] RabelsZ Bd. 18, S. 633, 637. Bei den gesetzlichen Anordnungen der Abspaltung, etwa in Art. 7 oder 11 EGBGB handelt es sich nach dem Autoren um Ausnahmevorschriften, jeder Analogieschluss, der eine Zerreissung und Sonderanknüpfung zur Folge habe, sei zu verwerfen, aaO, S. 636. Er erkennt nur den Parteien die Befugnis zu, die dispositiven Teilfragen eines Rechtsverhältnisses einer anderen Rechtsordnung zuzuweisen, was sich hauptsächlich auf innere Glieder beziehe, da die äußeren Glieder meist zwingender Natur seien, aaO, S. 644 f. Dem Gesetzgeber erkennt er die Möglichkeit zu, den zwingenden Bestimmungen seines Rechts vor den eigenen Gerichten Geltung zu verschaffen, aaO, S. 646 f. Ausländischen zwingenden Normen könne dagegen nicht im Wege einer Sonderanknüpfung zur Geltung verholfen werden.

[1090] Betrachtungen zur „dépeçage" im internationalen Privatrecht, in: FS Kegel 1987, S. 253 – 268.

[1091] FS Kegel 1987, S. 254, 256.

[1092] FS Kegel 1987, S. 254, 257, mit Nachweisen zu den Advokaten dieses Einwandes.

[1093] Mit der *dépeçage* kann also die Internationalität des Sachverhaltes besser ausgeschöpft werden, vgl. VON DER SEIPEN, Akzessorische Anknüpfung und engste Verbindung im Kollisionsrecht der komplexen Vertragsverhältnisse, S. 76.

[1094] FS Kegel 1987, S. 254, 258.

[1095] FS Kegel 1987, S. 254, 259. Dort führt JAYME aus, dass der Gesamtzusammenhang der Sachnormen die kollisionsrechtliche Herauslösung einzelner Fragen nicht verhindern sollte, wenn die übrigen Normen, auf deren Zusammenhang hingewiesen wird, im konkreten Fall nicht anwendbar sind.

[1096] FS Kegel 1987, S. 254, 261. Qualifiziert ist die Prüfung insofern, als eine Abspaltung nur dann als ausgeschlossen erachtet wird, wenn das Ergebnis gegen übergreifende materielle Grundsätze – Verfassungsnormen, Menschenrecht, allgemeine Rechtsprinzipien – verstieße.

zu lösen.[1097] Insgesamt hält JAYME damit die Sonderanknüpfung von Teilfragen für weithin zulässig und plädiert für mehr Mut zur *depeçage*.[1098]

Die Auflösung der Kontroverse liefert das Gesetz selbst. Das EGBGB sieht an mehreren Stellen die Sonderanknüpfung von Teilfragen vor. So unterstellt Artikel 7 Abs. 1 EGBGB die Fragen nach Rechts- und Geschäftsfähigkeit einer Person nicht dem Geschäfts-, sondern dem Personalstatut. Die Beurteilung der Formwirksamkeit eines Rechtsgeschäftes kann nach Artikel 11 Abs. 1 EGBGB einem anderen Recht unterstehen als das Rechtsgeschäft im übrigen. In Artikel 27 Abs. 1 S. 3 ist bezüglich der Rechtswahl in internationalen Schuldverträgen bestimmt, dass die Vertragsparteien die Rechtswahl für den ganzen Vertrag oder nur für einen Teil treffen können. Für die objektive Anknüpfung sieht Artikel 28 Abs. 1 S. 2 EGBGB vor, dass auf einen Teil eines Vertrages ausnahmsweise das Recht eines anderen Staates angewendet werden kann. Mit diesen gesetzlichen Bestimmung ist zumindest generell die Möglichkeit einer Sonderanknüpfung von Teilfragen belegt.[1099]

Außerhalb der gesetzlichen Bestimmungen fragt sich jedoch, welche Teilfragen selbständig verweisungsfähig sind. Zum einen kann hier auf das materielle Recht zurückgegriffen werden. Sobald ein Sachverhalt dort in mehrere Rechtsfragen aufgeteilt werden kann, ist dies auch kollisionsrechtlich möglich.[1100] Auch kann die Auflistung des Artikel 32 Abs. 1 EGBGB eine Hilfestellung bieten.[1101] Die Aufspaltung muss aber stets insoweit sachgerecht sein, als sie sich nur auf Bestandteile des Rechtsverhältnisses beziehen darf, die einem anderen Recht unterworfen werden können, ohne dass dies zu widersprüchlichen Ergebnissen führt.[1102]

Für die vorliegende Untersuchung ist von Bedeutung, inwiefern Bereicherungsansprüche kollisionsrechtlich gespalten werden können. Einen gewissen Anhalt bietet hier Artikel 4A U.C.C., der nur Fragen der *Aktivlegitimation* regelt, *Inhalt und Umfang* des Bereicherungsanspruches aber einem anderen Regime überlässt. Bestehen und Inhalt von Bereicherungsansprüchen wurden auch schon von ZWEIGERT als solche Fragen angesehen, die unterschiedlichen Rechten unterstehen können. Der materielle Inhalt des Bereicherungsanspru-

---

1097 FS Kegel 1987, S. 254, 260.

1098 FS Kegel 1987, S. 254, 268.

1099 Im Hinblick auf die Artikel 7 und 11 EGBGB gesteht dies auch SERICK zu, aaO, S. 634. Bezüglich Artt. 27 Abs. 1 S. 3, 28 Abs. 1 S. 2 EGBGB bemerkt JAYME, FS Kegel, S. 256, 263, dass es sich nicht zwingend um die Problematik der Teilfrage handelt, sondern das Gesetz, zumindest bei Art. 28, von unter anderem zusammengesetzten Verträgen ausging. Deutlicher weist dagegen Art. 27 einen Bezug zu den Teilfragen auf, JAYME, aaO.

1100 So VON DER SEIPEN, Akzessorische Anknüpfung und engste Verbindung im Kollisionsrecht der komplexen Vertragsverhältnisse, S. 77.

1101 JAYME, FS Kegel 1987, S. 263.

1102 So JAYME, FS Kegel 1987, S. 254, 263. So darf etwa, selbst wenn die Frage der Erfüllung bei Zugrundelegung des Artikels 32 Abs. 1 Nr. 2 EGBGB abtrennbar ist, die Frage nicht für den einen Vertragspartner einem anderen Recht unterstellt werden wie für den anderen.

ches könne dem Recht am Wohnsitz des Bereicherten unterstehen.[1103] LORENZ hält es umgekehrt für möglich, die Frage des Vertrauensschutzes bei der abgeirrten Überweisung an ein anderes als das Wohnsitzrecht des Empfängers anzuknüpfen.[1104]

Voraussetzung der Abspaltung ist jedoch neben deren Möglichkeit deren *sachliche Rechtfertigung*. Diese kann nur darin bestehen, dass die zu regelnde Teilfrage einer anderen Rechtsordnung kollisionsrechtlich wesentlich näher steht als der Sachverhalt im übrigen und ein Interesse an der Unterstellung der Frage unter dieses Recht besteht.[1105] Für die vorliegende Untersuchung stellt sich diese Frage jedoch nicht in derselben Schärfe. Da es darum geht, einzelne Glieder des Bereicherungsanspruches unter dem *Regelstatut* des Artikels 38 Abs. 3 EGBGB zu belassen, ist sowohl das Interesse als auch die enge Verbindung durch die Regelanknüpfung zumindest indiziert.

**(b) Sonderanknüpfung des abstrakten Vertrauensschutzes**

Im vorliegenden Zusammenhang stellt sich die Frage, ob bei einer Anknüpfung des Bereicherungsanspruches an das Deckungsverhältnis nicht zumindest die Frage nach abstraktem Vertrauensschutz nach dem von Artiekl 38 Abs. 3 EGBGB berufenen Recht bestimmen kann. Dann wäre sowohl das *Ermittlungs- und Vorhersehbarkeitsinteresse der Überweisungsbank*, da sich die Aktivlegitimation nach ihrem Sitzrecht bestimmt, als auch das *Interesse des Bereicherten an der Anwendung seines Umweltrechtes* weitgehend verwirklicht.[1106] Nach deutscher Systematik kommt der Gewährung abstrakten Vertrauensschutzes die Wirkung zu, dass eine Zuwendung als Leistung des Anweisenden gilt und somit bei wirksamem Valutaverhältnis Erfüllung bewirkt, bei Unwirksamkeit eine Leistungskondiktion in der Hand des Überweisenden begründet. Die Gewährung abstrakten Vertrauensschutzes kann damit dem Bereich der Erfüllung zugerechnet werden und ist daher nach dem Maßstab des Artikels 32 EGBGB eine prinzipiell abtrennbare Frage.

---

[1103] SJZ 1947, Spalte 251. Vgl. auch LORENZ, FS Zweigert, S. 203, der die französische Praxis beschreibt, kollisionsrechtlich zwischen der *question préalable de l'existence de l'enrichissement*, die dem Schuldstatut untersteht, und den *conditions et l'étendue de la restitution*, die der *loi locale* unterstehen, zu unterscheiden.

[1104] LORENZ, FS Zweigert, S. 212. Im Ergebnis lehnt er eine Aufspaltung aber ab, aaO, S. 219.

[1105] Ähnlich VON DER SEIPEN, S. 79. Er verlangt als sachlichen Grund der Rechtfertigung, dass die abgetrennte Frage der anderen Rechtsordnung näher steht.

[1106] Da es sich um eine Erfüllungswirkung infolge Rechtsscheinshaftung handelt, läge entsprechend der kollisionsrechtlichen Behandlung der *falsus procurator* Haftung die Anknüpfung an das Wirkungsstatut, also das Umweltrecht des Empfängers, nahe. Die Anknüpfung an das Wirkungsstatut wählte der BGH in seinem Urteil vom 9.12.1964, BGHZ 43, 21, 27 bezüglich der Anscheinsvollmacht. Hierzu mit weiteren Nachweisen LEIBLE, Vertretung ohne Vertretungsmacht, Genehmigung und Anscheinsvollmacht im IPR, IPRax 1998, 257, 260.

Indes muss eine selbständige Anknüpfung ausscheiden, da sie zur Zerreißung eines Sinnzusammenhanges führen würde. Der abstrakte Vertrauensschutz, unterstellt man ihn etwa dem deutschen Recht, führt bei Unwirksamkeit der Valutaforderung zu der Verlagerung der Aktivlegitimation des Bereicherungsanspruches von der Bank auf den Anweisenden. Genau diese Frage aber wurde zuvor kraft akzessorischer Anknüpfung dem Deckungsverhältnis überantwortet. Das deutsche Recht würde also unter Umständen davon ausgehen, rückforderungsberechtigt sei der Überweisende, das auf das Deckungsverhältnis anwendbare Recht von New York dagegen davon, die Bank trage das Rückforderungsrisiko. Es würde damit erneut ein Normenwiderspruch kreiert, der zuvor durch die akzessorische Anknüpfung vermieden werden sollte.

Die vorige Untersuchung hat die Unterstellung der Rückforderung unter das Deckungsstatut ergeben. Da die Frage des abstrakten Vertrauensschutzes kollisionsrechtlich mit der Frage der Aktivlegitimation gleichlaufen muss, scheidet eine Abspaltung und Unterstellung unter das Empfangsstatut des Art. 38 Abs. 3 EGBGB aus.[1107]

### (c) Sonderanknüpfung des konkreten Vertrauensschutzes

Bei einer akzessorischen Anknüpfung des Bereicherungsanspruches an das Deckungsverhältnis könnte die Frage, ob dem Bereicherungsschuldner konkreter Vertrauensschutz, also die Einrede der Entreicherung zusteht, unter seinem Umweltrecht verbleiben. Der Entreicherungseinwand des § 818 Abs. 3 BGB oder der *detrimental reliance* nach US-amerikanischem *common law* bedingt keine Modifikation der Bestimmung der Aktivlegitimation des Bereicherungsanspruches. Der Einwand schließt vielmehr jeden Bereicherungsan-

---

[1107] Allenfalls bei Bestehen der Schuld im Valutaverhältnis ließe sich etwas anderes vertreten. In diesem Fall wäre der Empfänger überhaupt keiner Kondiktion ausgesetzt, stünde ihm ja ein Behaltensgrund gegen jeden potentiellen Prätendenten zur Seite: gegenüber der Bank kann er einwenden, er dürfe die Zuwendung als Leistung des Überweisenden ansehen und diesem besteht bei wirksamer Valutaschuld eine causa. Damit verschiebt sich die Aktivlegitimation nicht. Da sich in diesem Fall aber unter Umständen der Überweisende einem Rückgriffsanspruch ausgesetzt sieht, verschiebt sich die Passivlegitimation. Auch diese ist Gegenstand der Regelung im Deckungsverhältnis. Die dort vorgenommene Risikoverteilung trifft eine Aussage darüber, wann die Bank einen Anspruch gegen ihren Auftraggeber hat. Da jedoch auch in dem Falle, in dem die Bank keinen vertraglichen Anspruch gegen den Kontoinhaber hat, ein Rückgriffsanspruch – aus *subrogation* oder Rückgriffskondiktion – gewährt wird, und die Verschiebung der Passivlegitimation ohnehin nur dazu führt, dass die Bank gegen den Schuldner vorgehen kann, den sie sich auch als vertraglichen Schuldner ausgewählt hatte, anstatt gegen den vertragsfremden, im Ausland befindlichen Dritten vorzugehen, steht dem nichts entgegen, den abstrakten Vertrauensschutz nach einem anderen Recht zu gewähren.
Lediglich im Falle der abgeirrten Überweisung besteht keine Kollision des abstrakten Vertrauensschutzes mit der Bestimmung der Aktivlegitimation, so dass sich die Frage einer Sonderanknüpfung an das Umweltstatut hier überhaupt nicht stellt.

spruch insoweit aus, als der Empfänger entreichert ist. Jeder Inhaber eines Bereicherungsanspruches trägt damit das Risiko einer derartigen Einrede. Insoweit greift der Einwand der Entreicherung nicht in die Risikoverteilung des Deckungsverhältnisses und die Bestimmung der Aktivlegitimation ein. Im Gegenteil ist die Entreicherung gerade die *Verwirklichung* des dort zugewiesenen *Rückforderungsrisikos*.

Somit ergibt sich bei selbständiger Anknüpfung des Entreicherungseinwandes kein Sinnwiderspruch zu den übrigen Fragen des Bereicherungsanspruches wie Voraussetzungen und Inhaberschaft.[1108] Im Ergebnis kann daher aus dem Bestreben heraus, die Interessen des Bereicherungsschuldners so weit als möglich durch Anwendung seines Umweltrechts bzw. des Rechts am Empfangsort der Bereicherung zu wahren, abgespalten werden.

Die Sachnähe dieses Rechts und das an seiner Anwendung bestehende Interesse sind schon dadurch belegt, dass es sich dabei um die Regelanknüpfung handelt und sich die typisierte Interessenlage – Ermittlungsinteresse des Empfängers – im Hinblick auf diese Frage als zutreffend erweist. Überdies ist in diesen Fällen die Position des Empfängers tangiert, da sich seine Position unter Umständen mit dem anwendbaren Recht ändert, etwa wenn im konkreten Fall nach dem einen Recht der Einwand zulässig, nach dem anderen aber unzulässig ist. Dann verschärft sich seine Haftung und es geht nicht mehr um die für ihn uninteressante Frage, an wen er herausgeben muss.

### (d) Interessenwahrung durch Vetorecht

Eine Möglichkeit der Interessenwahrung zugunsten desjenigen, dessen kollisionsrechtliche Interessen zunächst zurückgestellt worden sind, bietet VON DER SEIPEN. Er schlägt vor, demjenigen, dessen Interesse an der Anwendung seines Umweltrechts zurückgestellt wurde, durch ein *Vetorecht* der Art des Artikels 31 Abs. 2 EGBGB zu helfen, wenn für ihn mit der Anwendung des fremden Rechts nicht zu rechnen war.[1109]

Im Bezug auf die Frage des abstrakten Vertrauensschutzes ließe sich dies als *back-up* Sicherung der international-privatrechtlichen Gerechtigkeit verstehen und ist daher prinzipiell zu begrüßen. Indes dürfte die Anwendung im Fall schwierig sein. Handelt es sich um den intendierten Empfänger einer Überweisung, so wird das Vetorecht tatbestandlich nicht eingreifen, da für den

[1108] Die, im JAYME'schen Sinne abstrakte Gefahr eines Sinnwiderspruches würde sich dann ergeben, wenn das auf die Entstehungsvoraussetzungen anwendbare Recht einen Anspruch nur bei noch fortwährender Bereicherung gewähren würde. Wäre in diesem Fall danach ein Anspruch gegeben, so wäre eine unterschiedliche Beantwortung dieser Frage auf der zweiten Ebene der Entreicherung widersprüchlich. Da jedoch zum einen sowohl Art. 4A U.C.C. von der Einrede der Entreicherung auf zweiter Ebene ausgehen – *detrimental reliance* gegenüber § 818 Abs. 3 BGB – sowie auch in faktischer Hinsicht die Frage der Fortwährenden Bereicherung eine tatsächliche ist, deren Beantwortung somit einheitlich sein dürfte, unabhängig des anwendbaren Rechts, scheinen *in concreto* Widersprüche nicht aufzutreten.

[1109] S. 47 und 229 ff.

Empfänger das anwendbare Recht vorhersehbar war, etwa aufgrund der Währung oder der Niederlassung des Überweisenden. Im Falle einer abgeirrten Überweisung dagegen wird es an den Voraussetzungen des abstrakten Vertrauensschutzes und damit an der Schutzwürdigkeit des Empfängers fehlen, da er nicht auf Anwendung eines anderen Rechts vertraut hat. In diesem Fall sind seine Interessen mit der Bestimmung des (konkreten) Entreicherungseinwandes nach seinem Recht hinreichend gewahrt.

#### (e) Ergebnis

Im Ergebnis lässt sich festhalten, dass bei Unterstellung des Direktanspruches der Bank unter das Deckungsstatut die Frage des *abstrakten* Vertrauensschutzes nicht selbständig unter dem Bereicherungsstatut verbleiben kann. Allenfalls in Fällen, in denen dies aus Erwägungen der Schutzwürdigkeit des Empfängers nicht gerechtfertigt erscheint, ist diesem ein Vetorecht analog Artikel 31 Abs. 2 EGBGB zuzuerkennen. Handelt es sich jedoch bei dem Empfänger der fehlerhaften Überweisung um den intendierten Destinatär, so wird ihm gegenüber die Anwendung des Deckungsstatutes gerechtfertigt sein im Sinne des Art. 31 Abs. 2 EGBGB. Im Falle der abgeirrten Überweisung dagegen fehlt es am Schutzbedürfnis. Große Bedeutung wird daher das Vetorecht nicht erlangen. Anders hingegen die Frage des *konkreten* Vertrauensschutzes. Dessen Abspaltung ist möglich und sinnvoll und seine Belassung unter dem Bereicherungsstatut überdies durch Interessen des Empfängers gestützt.

### (6) Verortung der engeren Beziehung im Rahmen des Artikels 41 Abs. 2 EGBGB

Die in der vorliegenden Untersuchung anhand einer Interessenanalyse gefundene, von der Regelanknüpfung des Artikels 38 Abs. 3 EGBGB abweichende akzessorische Anknüpfung an das Deckungsverhältnis, wird auf Artikel 41 Abs. 1 EGBGB gestützt. Hat eine umfassende Interessenanalyse ergeben, dass zu dem Deckungsstatut eine wesentlich engere Beziehung besteht, so bedarf es zur Begründung dieses Ergebnisses eigentlich keines weiteren Aufwandes.

Die akzessorische Anknüpfung an das Deckungsverhältnis ließe sich möglicherweise über Art. 41 Abs. 2 Nr. 1, 1.alt. EGBGB leichter begründen, wenn zwischen den (mehreren) Beteiligten des Rückabwicklungsverhältnisses nicht lediglich eine tatsächliche, sondern eine *rechtliche Beziehung* bestünde, die gemäß Art. 28 Abs. 2 EGBGB ebenfalls von dem Deckungsstatut regiert würde. Schon zuvor wurde jedoch die Figur des Netzvertrages als mit dem deutschen Recht unvereinbar abgelehnt.[1110] Das Gesamtbereicherungsstatut

[1110] Oben, 4. Kapitel, III, 1, S. 199 ff.

kann sich also nicht zwanglos an ein plurilaterales Gesamtstatut der Primärverhältnisse anlehnen.

Ist eine akzessorische Anknüpfung des Bereicherungsausgleichs an ein rechtliches Band im Mehrpersonenverhältnis demnach nicht möglich, so bleibt die Möglichkeit, auf die *tatsächliche Verbindung* in Form der Teilnahme am *bargeldlosen Zahlungsverkehr* zu rekurrieren, Artikel 41 Abs. 2 Nr. 1., 2.alt. EGBGB. Da aber Artikel 41 Abs. 2 EGBGB nur die Rechtsanwendung durch die Bereitstellung von Regelbeispielen erleichtern will, ist es aufgrund des schon durch die Interessenanalyse gefundenen Ergebnisses nicht erforderlich, ein Regelbeispiel überhaupt zu bemühen.

### h) *Renvoi*

Hat sich nun für das gesamte Mehrpersonenverhältnis der fehlerhaften Giroüberweisung die Maßgeblichkeit des Deckungsverhältnisses in Rückabwicklungsfragen ergeben, so fragt sich, ob für die Anwendung der dort getroffenen Regelungen zunächst dessen Kollisionsrecht danach zu befragen ist, ob der Verweis angenommen wird.

Nach der Systematik des EGBGB handelt es sich auch im Falle einer Verweisung über die Ausweichklausel im Sinne der wesentlich engeren Verbindung grundsätzlich um eine *Gesamtverweisung*. Nur ausnahmsweise handelt es sich gemäß Artikel 4 Abs. 1 a.E. EGBGB um eine Sachnormverweisung, nämlich dann, wenn der Gesamtverweis dem Sinn der Verweisung widerspricht. Dies könnte bei einer Anknüpfung über die Ausweichklausel der Fall sein. Entgegen der Regelanknüpfung findet über diese nämlich eine individualisierende Statutbestimmung statt.[1111]

Bislang wurde diese Diskussion im deutschen Schrifttum vernachlässigt, da die lange Zeit einzige Ausweichklausel des Art. 28 Abs. 5 EGBGB dem Gesamtverweis durch Art. 35 EGBGB entzogen war. Allenfalls die Vorschrift des Artikels 14 Abs. 1 Nr. 3 EGBGB könnte einen Anhalt bieten. Im Rahmen des Artikels 14 Abs. 1 Nr. 3 EGBGB besteht jedoch die Besonderheit, dass es sich nur um die letzte Sprosse der Verweisung handelt. Daraus ergibt sich auch hier die Beachtlichkeit des *renvoi*, da nicht einsichtig ist, warum gerade im Falle der Auffang-Anknüpfung der *renvoi* ausgeschlossen, bei den ihm vorangehenden Anknüpfungen aber zulässig sein soll.[1112] Daraus ergibt sich auch, dass diese Argumentation auf Art. 41 EGBGB nicht übertragen werden kann, da es sich bei dessen Anwendung nicht um ein hilfsweises Eingreifen, sondern um eine verdrängende Statutbestimmung handelt.[1113]

---

[1111] SCHREIBER, Ausweichklauseln, S. 270.

[1112] VON BAR, Band I, Rn. 622 (S. 533), VON BAR / MANKOWSKI, IPR, Band I, § 7 Rn. 229 (S. 694); MüKo-SONNENBERGER, Art. 4 Rn. 28.

[1113] So auch BUSSE, Internationales Bereicherungsrecht, S. 214 und VON BAR, Band I, Rn. 622.

Damit ist entscheidend, ob ein Gesamtverweis dem Sinn der Verweisung des Artikels 41 Abs. 1 EGBGB widerspricht. Hierzu sind Sinn und Zweck von *renvoi* und Ausweichklausel gegenüberzustellen. Aufgabe letzterer ist es die engste Verbindung durchzusetzen. Der *renvoi* hingegen dient zum einen dem internationalen Entscheidungseinklang und zum anderen dem Heimwärtsstreben.[1114] Dass ersteres aber nicht das Interesse an der engsten Verbindung verdrängt, ergibt sich daraus, dass der internationale Entscheidungseinklang aus deutscher Sicht eher zufällig von der berufenen Regel abhängt. Das Heimwärtsstreben hingegen widerspräche dagegen offenkundig dem Sinn der Verweisung, das sachnähere ausländische Recht zur Anwendung zu bringen. Läge eine Gesamtverweisung vor, so ließe sich das Ziel der Ausweichklausel nicht mehr realisieren, etwa wenn das berufene Recht nach starren Kriterien anknüpft. In diesem Fall wäre die zunächst erfolgende individuelle Ermittlung der engsten Verbindung sinnlos.[1115]

Somit muss man im Falle der Anknüpfung an die wesentlich engere Verbindung anhand von Artikel 41 Abs. 1 EGBGB von einer Sachnormverweisung ausgehen.[1116] Die individualisierende Stautbestimmung darf nicht durch eine blinde Überantwortung an ein fremdes Kollisionsrecht gefährdet werden. Auch würde der Zweck der akzessorischen Anknüpfung, einen *größtmöglichen Gleichklang* durch einheitliche Beurteilung zu garantieren, durch eine Gesamtverweisung zunichte gemacht.[1117] Auch der Gesetzgeber selbst erachtet im Falle der akzessorischen Anknüpfung über Art. 41 EGBGB den Gesamtverweis als dem Sinn der Verweisung widersprechend.[1118]

### i) Rechtswahl

Gemäß Artikel 42 S. 1 EGBGB können die Parteien das anwendbare Recht wählen nach dem Eintritt des Ereignisses, durch welches das außerver-

---

[1114] KROPHOLLER, IPR, § 24 I und WENGLER, ZÖR 1944, 484.

[1115] Als Beispiel mag die Entscheidung des LG Heidelberg vom 4.12.1990, IPRax 1992, 96 dienen. Zwischen zwei Angestellten der US-amerikanischen Besatzungstruppen wurde über eine Persönlichkeitsrechtsverletzung gestritten. Das Gericht ermittelte die engste Beziehung abweichend von Deliktsort und gemeinsamem gewöhnlichen Aufenthalt zu dem US-amerikanischen Recht, da sich die beiden in einem abgeschlossenen US-amerikanischen System bewegten. Da das Gericht aber einen Gesamtverweis annahm, kam es aufgrund der US-amerikanischen *lex loci* Regel dennoch zur Anwendung deutschen Rechts, welches zuvor vom Gericht als unangemessen unangewendet blieb. Anders dagegen das OLG Karlsruhe vom 7.12.1978, IPRspr. 1978 Nr. 29. Dort wurde der Verweis auf das französische Recht des gemeinsamen gewöhnlichen Aufenthalts der Unfallparteien als eine Sachnormverweisung angesehen, womit der Rückverweis des französischen IPR auf das Tatortrecht nicht beachtet wurde. Vgl. hierzu auch SCHREIBER, Ausweichklauseln, S. 271.

[1116] Ebenso MüKo-KREUZER, I vor Art. 38 Rn. 5; KREUZER, RabelsZ 65 (2001), S. 431, m.w.N. und FS Zajtay, S. 330; ZfRV 1992, 188 f.

[1117] JAYME, FS Lorenz, S. 320 und PLAßMEIER, Ungerechtfertigte Bereicherung im Internationalen Privatrecht, S. 326.

[1118] BT-Drucks. 14/343, S. 8.

tragliche Schuldverhältnis entstanden ist. Liegt eine derartige Rechtswahl vor, so greift die Ausweichklausel nicht ein, da mit der Zulassung der Rechtswahl bewusst in Kauf genommen wird, dass die Parteien den Sachverhalt einem Recht unterstellen, das unter Umständen nicht die engste Verbindung zu diesem aufweist, wie sich allgemein auch aus Art. 27 Abs. 3 EGBGB ergibt. Die Parteien können außerdem beabsichtigen ein neutrales Recht zu vereinbaren. Überdies streben sie oft eine klare Rechtslage an, was durch eine Abweichung gerade unterlaufen würde. Könnte von einer Rechtswahl zugunsten der wesentlich engeren Verbindung abgewichen werden, so wäre die Parteiautonomie darauf relegiert, das engste Recht zu wählen, womit sie überflüssig wäre.[1119]

### j) Ergebnis

Im Bereich der *bereicherungsrechtlichen Mehrpersonenverhältnisse* in *Anweisungslagen* hat sich das Bedürfnis nach einer *einheitlichen rechtlichen Behandlung* des gesamten Mehrpersonenverhältnisses herauskristallisiert, um sonst auftretende schwere *Normwidersprüche* zu verhindern. Dies würde insbesondere im Recht der Banküberweisung dem Interesse des Gesetzgebers an einer materiell harmonischen Rechtslage widerstreben. Remedium einer solchen einheitlichen kollisionsrechtlichen Behandlung ist seit der Neuregelung des internationalen Schuldrechts der außervertraglichen Schuldverhältnisse Artikel 41 Abs. 1 EGBGB. Bei dessen Anwendung geht es um die Ermittlung der wesentlich engeren Verbindung zu einer anderen Rechtsordnung. Ausgehend von der Regelanknüpfung des Artikels 38 Abs. 3 EGBGB für einen direkten Bereicherungsanspruch des Angewiesenen gegen den Anweisungsempfänger wurde als das mit dem Gesamtkomplex am engsten verbundene *Recht* dasjenige *am Sitz der Überweisungsbank* ermittelt. Dies ergab sich aus deren *Ermittlungs- und Anpassungsinteresse*, da ihr nur nach ihrem Sitzrecht eine standardisierte Teilnhame am *Massenverkehr* des bargeldlosen Zahlungsverkehr möglich ist. Dies wurde bestätigt durch eine *ökonomische Analyse des Kollisionsrechts* im Sinne der *welfare economics* und aus einem Vergleich mit *anderen Mehrpersonenverhältnissen.* Dem *Überweisungsempfänger* gegenüber, zu dessen Ungunsten von der Regelanknüpfung abgewichen wurde, wurde dieses Statut *gerechtfertigt*, indem zum einen nachgewiesen wurde, dass die Anwendung dieses Statuts für ihn *keine Überraschung* birgt, auch seinem *Rationalisierungsinteresse* dienlich und zuletzt mit einer Beschneidung seines Rechtskreises auf *materieller Ebene korrespondiert.* Da allgemein ein *geringes rechtliches Interesse an der Bestimmung der Gläubigerschaft* festgestellt wurde, kann auch im Falle einer abgeirrten Überweisung der Bereicherungsausgleich grundsätzlich dem Deckungsstatut unterstellt werden. In diesem Fall ist jedoch erforderlich – und auch möglich – die Frage des kon-

---

[1119] Vgl. auch SCHREIBER, Ausweichklauseln, S. 278.

kreten Vertrauensschutzes unter der Regelanknüpfung zu belassen. Ob dies in anderen Fällen der fehlerhaften Überweisung ebenso erforderlich ist, kann dahin stehen, im Sinne einer Interessenkonkordanz ist regelmäßig zu versuchen, dem Empfänger so viel als möglich vom Regelstatut zu belassen, wozu auch die Teilfrage des konkreten Vertrauensschutzes gehört.

Die so vorgenommene einheitliche akzessorische Verweisung für das gesamte Mehrpersonenverhältnis auf das Deckungsstatut bezieht sich nur auf dessen *Sachnormen*, da ein Gesamtverweis dem Sinn der Verweisung widersprechen würde. Daneben bleibt es den Beteiligten des Rückabwicklungsverhältnisses stets unbenommen, nach Eintritt des betreffenden Ereignisses das anwendbare Recht zu wählen.

## 5. Kapitel
## Ausblick auf europäischer Ebene: Rom II

### I. Einleitung

Auf europäischer Ebene sind Bestrebungen zu verzeichnen, ähnlich dem Römischen EWG-Übereinkommen über das auf vertragliche Schuldverhältnisse anzuwendende Recht[1120] eine Kollisionsrechtsvereinheitlichung auf dem Gebiet der außervertraglichen Schuldverhältnisse herzustellen. Zu diesem Zweck hat die Europäische Kommission zunächst einen Vorentwurf für eine Verordnung ausgearbeitet, welche sie öffentlich zur Diskussion gestellt hat.[1121] Am 22. Juli 2003 hat sie sodann einen Verordnungsvorschlag unterbreitet, der gegenüber dem Vorentwurf Modifikationen enthält.[1122] Im Folgenden soll nun ein Blick darauf geworfen werden, inwiefern die behandelten Probleme dieser Arbeit unter dem Verordnungsentwurf bzw. dem Vorschlag zu behandeln wären.

### II. Der Vorschlag der Europäischen Gruppe für Internationales Privatrecht

Zunächst soll ein kurzer Blick auf den Vorschlag der *Groupe européen de droit international privé* aus dem Jahre 1998 erfolgen, der gewissermaßen als Modell für den Verordnungsentwurf zur Verfügung gestanden hat.[1123] In dessen Artikel 7, der die außervertraglichen Schuldverhältnisse behandelt, ist als Grundanknüpfung, ähnlich wie in Artikel 4 Absatz 1 EVÜ bzw. Artikel 28 Absatz 1 EGBGB für Schuldverträge vorgesehen, dass das Recht anzuwenden ist, zu dem die außervertragliche Verbindlichkeit die engste Verbindung aufweist, *most closely connected* bzw. *les liens les plus étroits* formulieren die englische und die französische Fassung. Vermutet wird in Artikel 7 Abs. 2, dass wenn die außervertragliche Verbindlichkeit mit einem bestehenden oder angestrebten Schuldverhältnis zwischen den Parteien in Zusammenhang steht, die engste Verbindung zu dem Recht besteht, das auch dieses Schuldverhältnis beherrscht oder beherrschen würde. Vorbehaltlich dieser Vermutung stellt Absatz 3 die Vermutung auf, dass im Falle einer ungerechtfertigten Bereicherung die engste Verbindung zu dem Staat besteht, in dem die Bereicherung einge-

---

1120 Abgedruckt bei JAYME / HAUSMANN, Internationales Privat- und Verfahrensrecht, 11. A., Nr. 70.

1121 Zu finden unter: http://europa.eu.int/comm/justice_home/unit/civil/consultation/index_de.htm.

1122 Zu finden unter: http://europa.eu.int/eur-lex/de/com/pdf/2003/com2003_0427de01.pdf. Hierzu BUSSE, Internationales Bereicherungsrecht zwischen EGBGB-Reform und „Rom II", RIW 2003, 406 – 410.

1123 Abgedruckt in IPRax 1999, 286 – 288. Zum Vorhaben JAYME, Entwurf eines EU-Übereinkommens über das auf außervertragliche Schuldverhältnisse anzuwendende Recht, Tagungsbericht, IPRax 1998, 140 f.

treten ist. Absatz 4 behandelt dagegen die Geschäftsführung ohne Auftrag und Absatz 5 besagt, dass die Vermutungen der Absätze 2 bis 4 außer Acht zu lassen sind, wenn sich aus den gesamten Umständen eine engere Verbindung mit einem anderen Staat ergibt.

## III. Die ungerechtfertigte Bereicherung im Vorentwurf der Kommission

Kapitel 2 des Verordnungs-Vorentwurfes regelt außervertragliche Schuldverhältnisse aus anderer als unerlaubter Handlung. Dies umfasst insbesondere die ungerechtfertigte Bereicherung und die Geschäftsführung ohne Auftrag. So sind diese beiden Institute in Art. 10 des Vorentwurfes, der einzigen Vorschrift des 2. Kapitels, in der deutschen Version auch ausdrücklich angeführt.

Artikel 10 des Vorentwurfs hat vier Absätze. In Absatz 1 bestimmt er, dass für ein außervertragliches Schuldverhältnis aus anderer als unerlaubter Handlung, das sich aus einem bestehenden Rechtsverhältnis zwischen den Parteien ergibt, das Recht des Staates gilt, dessen Recht auf dieses Rechtsverhältnis Anwendung findet. Auf den ersten Blick wird also schon hier deutlich, dass eine akzessorische Anknüpfung als Grundregel gewollt ist.

In Absatz 2 der Vorschrift ist bestimmt, dass vorbehaltlich des Absatzes 1 auf ein Schuldverhältnis, das sich auf eine ungerechtfertigte Bereicherung gründet, das Recht des Staates anzuwenden ist, in dem die Bereicherung erfolgt ist. Ein weiterer Blick an dieser Stelle zeigt, dass für isolierte Wertverschiebungen, also für solche, die ohne eine Verbindung zu einem anderen Schuldverhältnis erfolgt sind, eine räumliche Anknüpfung gewählt wurde.

Artikel 10 Absatz 4[1124] schließlich bestimmt, dass ungeachtet der Absätze 2 und 3 und vorbehaltlich des Absatzes 1 das Recht des Staates gilt, in dem beide Parteien bei der Begründung des außervertraglichen Schuldverhältnisses ihren gewöhnlichen Aufenthalt haben. Auf einen ersten Blick erkennt man hier, dass die Ausweichmöglichkeit auf die engere Verbindung des gemeinsamen Aufenthaltsstaates nur im Falle nicht akzessorischer Anknüpfung besteht, da die Vorschrift den Absatz 1 aus ihrem Anwendungsbereich ausklammert.

### 1. Grundsatz der akzessorischen Anknüpfung in Absatz 1

Dem System der engsten Verbindung, wie er noch im Vorschlag der *Groupe européen de droit international privé* enthalten war, ist der Vorentwurf der Kommission also nicht gefolgt und steht somit dem deutschen Artikel 38 EGBGB näher, der ebenfalls keine Vermutungen aufstellt, sondern fest anknüpft, aber eine Ausweichklausel zugunsten der Anknüpfung an die wesentlich engere Verbindung in Artikel 41 EGBGB vorsieht.

---

[1124] Artikel 10 Absatz 3 des Vorentwurfes regelt die Geschäftsführung ohne Auftrag, auf die sich das Erkenntnisinteresse dieser Untersuchung nicht erstreckt.

Für Leistungskondiktionen sieht Artikel 38 Absatz 1 eine akzessorische Anknüpfung an das Schuldstatut vor. Bei Schuldverträgen findet sich diese Anknüpfung außerdem in Artikel 32 Absatz 1 Nr. 5 EGBGB, der auf Artikel 10 Absatz 1 e) EVÜ beruht. Diese akzessorische Anknüpfung der Leistungskondiktionen ist auch nach Artikel 10 Absatz 1 des Vorentwurfes möglich. Jede andere Behandlung wäre ungünstig, da sich sonst ein Widerspruch zu eben erwähntem Artikel 10 Absatz 1 e) EVÜ ergäbe.[1125]

Auf der anderen Seite aber ist der Vorentwurf weiter: er beschränkt die akzessorische Anknüpfung nicht auf die Fälle der Leistungskondiktionen, sondern ermöglicht sie bei jeder Art der außervertraglichen Rückforderung. Dies ist im deutschen Recht nur nach der Ausweichklausel des Artikel 41 Absatz 2 Nr 1 EGBGB möglich. Nur so erklärt sich, dass Absatz 4 des Vorentwurfes die Regelanknüpfungen der vorgehenden Absätze (nicht: Absatz 1) nur bei gewöhnlichem Aufenthalt der Parteien in demselben Staat für verdrängt erklärt. Eine wesentlich engere Verbindung wie sie Artikel 41 Absatz 2 Nr. 1 EGBGB nämlich anerkennt, soll schon von der akzessorischen Regelanknüpfung des Absatzes 1 des Vorentwurfes umfasst sein. Zugegeben kommt dies in der deutschen Fassung des Vorentwurfes nicht hinreichend klar zum Ausdruck. Diese ist nämlich der englischen Fassung gegenüber enger formuliert. In der deutschen Version heißt es, ein Schuldverhältnis, „das sich aus einem bestehenden Rechtsverhältnis ergibt". In der englischen Fassung steht anstelle des „ergibt" das Wort *„concerns"*. Anders als nach der deutschen Fassung also kann nach der englischen Version auch ein Schuldverhältnis die Anknüpfung vorgeben, aus dem sich der Bereicherungsanspruch nicht ergibt, während die deutsche Fassung ein Kausalitätserfordernis aufzustellen scheint. Gewollt war aber sicher, und das ergibt sich unter anderem aus dem Fehlen einer Ausweichanknüpfung an ein in Zusammenhang mit der Bereicherung stehendes Schuldverhältnis in Absatz 4, wie in Artikel 41 Absatz 2 Nr. 1 EGBGB, Ersatzansprüche, die auf einem einheitlichen Lebenssachverhalt beruhen, nach einem einheitlichen Statut zu bestimmen[1126], also inneren Entscheidungseinklang herzustellen. Man denke etwa an die Fälle des Eigentumserwerbs des Werkunternehmers an Sachen des Bestellers in Ausführung eines unwirksamen Werkvertrages[1127] oder die absprachewidrige Verarbeitung oder Veräußerung des Eigentumsvorbehaltskäufers[1128] oder Verwendungen des Mieters[1129].

---

1125 Dass insofern eine teilweise überflüssige Doppelregelung entsteht, merkt SCHLECHTRIEM an, Gutachten, S. 37.

1126 Vgl. KREUZER, RabelsZ, 65 (2001), 434, mit dem Wortmonstrum „sonderverbindungsakzessorische Anknüpfung".

1127 Beispiel von LORENZ, Der Bereicherungsausgleich im deutschen internationalen Privatrecht und in rechtsvergleichender Sicht, in FS Zweigert, 1981, S. 199, 230.

1128 Beispiel von SCHLECHTRIEM, Bereicherungsansprüche im internationalen Privatrecht,Gutachten, in: Vorschläge und Gutachten zur Reform des deutschen internationalen Privatrechts der außervertraglichen Schuldverhältnisse (hrsg. Ernst von Caemmerer), 1983, S. 54, der zudem auf die hier schwierige Abgrenzung von Leistungs- und Nichtleistungskondiktion hinweist.

Legt man also die englische Fassung des Vorentwurfes zugrunde, so sind mit der Formulierung „*concerns*" auch Fälle engen Zusammenhangs einer Bereicherung mit einem anderen Schuldverhältnis umfasst. Maßgebend für eine solche Beziehung kann etwa sein, dass ein Schuldverhältnis erst den Anlass oder die Gelegenheit für einen Eingriff oder eine Zuwendung gegeben hat.[1130]

Problematisch erscheint an der akzessorischen Anknüpfung allerdings, dass in den Mitgliedstaaten außerhalb des auf Schuldverträge anwendbaren Rechts wenig Vereinheitlichung herrscht. Die *lex causae*, an die Art. 10 Abs. 1 des Vorentwurfs anknüpft, ergibt sich im Bereich außerhalb der Schuldverträge also aus autonomem Kollisionsrecht. Damit aber wäre der mit der Verordnung angestrebte Vereinheitlichungseffekt gerade wieder verspielt.[1131] Die fehlende Einheitlichkeit dürfte aber – Art. 65 EGV – nicht lange auf sich warten lassen.[1132] Dem internationalen Entscheidungseinklang ist mit einer akzessorischen Anknüpfung von Bereicherungs- oder sonstigen nichtdeliktischen und nicht-vertraglichen Ausgleichsansprüchen aber gedient.[1133] Deshalb ist zu begrüßen, dass mit dem Begriff des Rechtsverhältnisses in Art 10 Abs. 1 des Vorentwurfes generell eine akzessorische Anknüpfung eröffnet wird und diese nicht auf vertragliche Beziehungen beschränkt bleibt.[1134]

### 2. Fehlen einer akzessorischen Anknüpfung bei Mehrpersonenverhältnissen

Trotz genereller akzessorischer Anknüpfung bleibt Artikel 10 Absatz 1 des Vorentwurfes in einer Hinsicht zu eng. Sowohl die englische als auch die deutsche Fassung verlangen, dass der Bereicherungsanspruch ein Schuldverhältnis zwischen den Parteien betreffen muß („*concerns a relationship ... between the parties*). Dies beruht wohl auf dem Vorschlag der *Groupe européen*, wo ebenfalls auf eine Beziehung zwischen den Parteien des Bereicherungsanspruches abgestellt wird, Art. 7 Nr. 2 des Vorschlags der *Groupe*. Da mit den Parteien auf diejenigen des außergesetzlichen Schuldverhältnisses Bezug genommen ist[1135], kommt ein anderes als zwischen Bereicherungsgläubiger und Bereichertem bestehendes Schuldverhältnis damit nicht in Betracht.

---

[1129] SCHLECHTRIEM, Gutachten, S. 58.

[1130] SCHLECHTRIEM, Gutachten, S. 55.

[1131] PANAGOPOULOS, Restitution in Private International Law, S. 157.

[1132] Zu beachten sind außerdem die Bereichsausnahmen des Vorentwurfes in Art. 1 desselben.

[1133] HAY, Ungerechtfertigte Bereicherung im internationalen Privatrecht, S. 28.

[1134] Für diese nämlich schon Art 10 Abs. 1 lit e) EVÜ = Art. 32 Abs. 1 Nr. 5 EGBGB. Vgl. HAY, Ungerechtfertigte Bereicherung im internationalen Privatrecht, S. 64, zum Begriff der Rechtsbeziehung.

[1135] Man vergleiche insoweit die Formulierung des § 346 BGB a.F. der ebenfalls einen Gleichlauf von Vertrags- und Rückabwicklungsparteien festlegte, indem er schlicht von den „Parteien" sprach.

Damit ist es, anders als nach Artikel 41 Abs. 2 Nr 1 EGBGB, ausgeschlossen, den Bereicherungsanspruch eines Dritten akzessorisch anzuknüpfen.[1136] Im deutschen Recht werden nahezu unumstritten akzessorisch angeknüpft: die Kondiktion desjenigen, der als Dritter geleistet hat, an das Schuldstatut, wenn der Mangel des rechtlichen Grundes dort besteht; sollte die Drittleistung den ursprünglichen Schuldner befreit haben, so wird ein Rückgriffsanspruch (sofern man diesen wie das deutsche Recht als Bereicherungsanspruch, genauer als Nichtleistungskondiktion qualifiziert) ebenfalls akzessorisch angeknüpft[1137], vgl. insbesondere Art. 33 Abs. 2 und Art. 39 Abs. 2 EGBGB; für Verfolgungsansprüche wird überwiegend vorgebracht, sie seien dem Recht zu unterstellen, das die Beziehung von ursprünglich Bereichertem und Drittem regelt, also ebenfalls eine Anknüpfung an ein Verhältnis zweier anderer als den Bereicherungsparteien; umstritten sind schließlich die Anweisungsfälle. Festgehalten werden kann jedenfalls, dass nach deutschem Recht stets dann akzessorisch angeknüpft wird, wenn eine eindeutige Färbung[1138] durch ein anderes Schuldverhältnis vorliegt. Dieses muss aber nicht zwischen den Parteien des Bereicherungsausgleichs bestehen.

Nach dem Vorentwurf hingegen ist eine akzessorische Anknüpfung immer dann ausgeschlossen, wenn sich die Färbung nicht aus einem zwischen denselben Parteien bestehenden Verhältnis ergibt. Im Falle eines Mehrpersonenverhältnisses bleibt somit nur die räumliche Anknüpfung nach Absatz 2 des Vorentwurfes. Dass aber eine strikt räumliche Anknüpfung bei Mehrpersonenverhältnissen nicht gewollt ist, zeigt schon die akzessorische Anknüpfung des Art. 15 des Vorentwurfes. Dort wird der Spezialfall der *cessio legis* an das Deckungsverhältnis angeknüpft. Warum andere Ausgleichsansprüche dagegen rein räumlich angeknüpft werden sollten, ist nicht ersichtlich. Auch besteht bei einer räumlichen Anknüpfung die Gefahr einer *dépeçage*, etwa im Falle der Zahlung seitens eines Dritten. Die Tilgungswirkung als Voraussetzung eines Rückgriffes bestimmt sich gemäß Art. 10 Abs. 1 b) EVÜ bzw. 32 Abs. 1 Nr. 2 EGBGB nach dem Statut der getilgten Verbindlichkeit.

Schon eine Formulierung, wie sie Art. 38 Abs. 1 EGBGB beinhaltet, wäre besser geeignet. Die Beziehung einer Leistung auf ein Rechtsverhältnis, wie sie dort verlangt wird[1139], kann nämlich auch durch einen Dritten, etwa mittels einer Tilgungsbestimmung, hergestellt werden.

---

[1136] Nach KREUZER, RabelsZ 65 (2001), 398, 432, soll Artikel 41 gerade die Flexibilität und Offenheit des Anknüpfungssystems sichern. Damit soll den Richtern die Möglichkeit gegeben werden, komplexe Fallgestaltungen angemessen lösen zu können, ohne auf eine gesetzliche Regelung warten zu müssen. Das wäre aber nach dem Vorentwurf gerade nur im weniger komplexen Zweipersonenverhältnis möglich.

[1137] LORENZ, S. 227; FISCHER, Die Neuregelung des Kollisionsrechts der ungerechtfertigten Bereicherung und der Geschäftsführung ohne Auftrag im IPR-Reformgesetz von 1999, IPRax 2001, 1, 8.

[1138] JAYME, FS Lorenz, S. 318 spricht eleganter von „Tönung".

[1139] Siehe zum Begriff „...bezogen" SCHELCHTRIEM, Gutachten, S. 40.

### 3. Sprachliche Kritik

Ebenso zu eng ist die Vorschrift insofern, als sie von einem „Rechtsverhältnis zwischen den Parteien“ spricht, da so Leistungen oder Zuwendungen aufgrund einseitiger Rechtsgeschäfte, wie etwa der Auslobung[1140], nicht erfasst sind. Beziehen aber beide Parteien die Leistung auf ein solches Rechtsgeschäft, so wäre die Geltung der *lex causae* ebenso sinnvoll wie im Falle zweiseitiger Rechtsgeschäfte.

Sprachlich misslungen ist in der deutschen Fassung außerdem, dass sie von einem „bestehenden“ Schuldverhältnis als Bezugspunkt der Anknüpfung spricht, was die Gültigkeit dieses Rechtsverhältnisses impliziert. Die englische Fassung spricht hier nicht von einem „bestehenden“ Rechtsverhältnis, sondern von einem „*previously existing relationship*“, was zum Ausdruck bringen soll, dass ein zeitlich vorgehendes Schuldverhältnis erforderlich ist. Beide Fassungen aber unterlassen es, den Fall einer bloß angestrebten Beziehung aufzunehmen. So erklärt sich auch die Formulierung „Anwendung findet“ anstelle etwa von „Anwendung findet oder finden würde“.[1141] Dieser Mangel aber kann auch dem Artikel 38 Absatz 1 EGBGB nachgesagt werden, ohne dass dies aber in der Rechtsanwendung dazu geführt hätte, ein hypothetisches Schuldstatut außer Acht zu lassen. Jedenfalls ist auch in dem Vorentwurf mit einem „bestehenden“ Schuldverhältnis nicht ein rechtsgültiges gemeint.

### 4. Absatz 2 des Vorentwurfes

Absatz 2 des Vorentwurfs knüpft Ansprüche aus ungerechtfertigter Bereicherung räumlich an den Ort des Eintritts der Bereicherung an. Dies entspricht der Anknüpfung des Art. 38 Abs. 3 EGBGB für die sonstigen Fälle der Bereicherung. Anders als im deutschen Recht sind von der Anknüpfung an den Ort der Bereicherung auch die Fälle der Eingriffskondiktion umfasst, die Art. 38 Abs. 2 EGBGB dem Recht am Ort des Eingriffs unterstellt. In dogmatischer Hinsicht ist der Vorentwurf konsequent, da das Bereicherungsrecht eine Abschöpfungsfunktion erfüllt, die also auf die Bereicherung des Schuldners abstellt, während das Deliktsrecht den Rechtsgüterschutz bezweckt und somit ein Abstellen auf den Ort der schädigenden Handlung oder des Schadenseintritts nahe legt.[1142] Leider passt die Eingriffskondiktion des deutschen Rechts, die den Rechtsgüterschutz des Deliktsrechts oder der Vindikation vervollstän-

[1140] LORENZ, FS Zweigert, 1981, S. 199, 210, 211.
[1141] Vgl. PANAGOPOULOS, Restitution in Private International Law, Oxford 2000, S. 157.
[1142] So HAY, Ungerechtfertigte Bereicherung im internationalen Privatrecht, S. 34, der Bereicherungsanspruch sei auf den Schuldner bezogen und nicht – wie der Deliktsanspruch – auf den Gläubiger. Zur Funktion der Eingriffskondiktion auch LARENZ / CANARIS, Schuldrecht II 2 § 67 I 1 b.

digt[1143], nicht in die Zweiteilung des Vorentwurfes. Da Art. 3 Abs. 1 des Vorentwurfes Deliktsansprüche an den Ort des Schadenseintritts anknüpft, droht hier der innere Entscheidungseinklang verloren zu gehen bzw. Qualifikationsprobleme aufzutreten.[1144]

Auch der äußere oder internationale Entscheidungseinklang aber ist gefährdet, werden etwa im englischen Rechtskreis Ansprüche aus *restitution for wrong*, welche der Eingriffskondiktion entsprechen, deliktsrechtlich qualifiziert und würden also von einem englischen Richter nach Artikel 3 des Vorentwurfs behandelt.[1145] Die berühmte Möglichkeit des *waive the tort and sue in contract*, die in einen *quasi-contract*, also Bereicherungsanspruch mündet, würde ein englischer Richter wohl im Rahmen des Artikels 10 des Vorentwurfes akzessorisch nach Absatz 1 an das Deliktsstatut anknüpfen.[1146] Um insofern Unterschieden in den Rechtsordnungen[1147] Rechnung zu tragen, wäre es angebracht, für Eingriffskondiktionen entweder in Artikel 3 oder in Artikel 10 eine gesonderte Anknüpfung vorzusehen.[1148] Dem deutschen Rechtsanwender wäre es allenfalls möglich, die Eingriffskondiktion funktional deliktsrechtlich zu qualifizieren und ebenfalls Art. 3 des Vorentwurfes zu unterstellen. Jedenfalls aber sind Eingriffskondiktionen und Deliktsansprüche derselben Rechtsordnung zu unterstellen.[1149] Eine Anknüpfung der Eingriffskondiktion an den Ort der Bereicherung des Schuldners würde sich auch der Sache nach nicht rechtfertigen, da die einseitige Bevorzugung des Eingreifenden durch die An-

---

1143 REUTER / MARTINEK, Ungerechtfertigte Bereicherung, S. 784 sprechen von deliktsrechtlicher Affinität der Eingriffskondiktion. Auf S. 797 führen sie weiter aus, dass das Recht des Ortes des Eintritts der Bereicherung zwar für Abschöpfungskondiktionen passen mag, keinesfalls aber für die deliktsähnlichen Fälle der Eingriffskondiktionen.

1144 KREUZER, RabelsZ 65 (2001), 398, 406. Ebenso HAY, Ungerechtfertigte Bereicherung im internationalen Privatrecht, S. 13, wo auf die dadurch berührte internationale Entscheidungsharmonie hingewiesen wird.

1145 PANAGOPOULOS, Restitution in Private International Law, Oxford 2000, S. 156. Zum internationalen Entscheidungseinklang bei Anknüpfung der Eingriffskondiktion, REUTER / MARTINEK, S. 784.

1146 So zumindest nach der bisherigen Regel im englischen Recht, DICEY & MORRIS, The Conflict of Laws, 12. A. 1993, Band II, S. 1491.

1147 LORENZ, FS Zweigert, 1981, S. 199, 201 findet, dass der unterschiedliche Entwicklungsstand im Recht der unberechtfertigten Bereicherung eine evidente Nationalität der Kollisionsnormen auf diesem Gebiet bedingt.

1148 Art. 38 Abs. 2 EGBGB findet bislang weder in ausländischen Kodifikationen noch im Einheitsrecht eine Entsprechung, KREUZER, RabelsZ 65 (2001), 398, 406.

1149 REUTER / MARTINEK, 784, die Frage, ob ein Rechtsgut auch gegen schuldlose Eingriffe geschützt ist, unterliegt allein der *lex loci delicti*. HAY, Ungerechtfertigte Bereicherung im internationalen Privatrecht, S. 63: Durch eine strikte Qualifikation nach der *lex fori* werden Unterschiede der Systematik der einzelnen Rechtsordnungen nicht gebührend berücksichtigt. Ebenso EINSELE, Das Kollisionsrecht der ungerechtfertigten Bereicherung, JZ 1993, 1025, 1029.

wendung meist seines Umweltrechts in Situationen mit deliktischem Einschlag zweifelhaft erscheint.[1150]

Auf den Ort der Bereicherung abzustellen ist nur dann geboten, wenn der Bereicherte ohne eigenes Zutun oder Veranlassung erwirbt bzw, bereichert wird oder ihm die Bereicherung gar aufgedrängt wird oder aber eine faktische Leistung keinem Schuldverhältnis zugeordnet werden kann, also im Bereich der Banküberweisung allenfalls in Fällen der abgeirrten Leistung.[1151] Auch Verwendungskondiktionen können an den Ort der Bereicherung angeknüpft werden, der häufig mit dem Belegenheitsort und damit der *lex rei sitae* zusammenfällt.[1152]

### 5. Die Ausweichklausel in Absatz 3

Wie schon eingangs angedeutet, ermöglicht Absatz 3 des Vorentwurfes ein Ausweichen auf das Recht des Staates des gemeinsamen Aufenthalts der Parteien bei Begründung des außervertraglichen Schuldverhältnisses. Die Ausweichmöglichkeit besteht nicht im Falle der akzessorischen Anknüpfung nach Abs. 1 des Vorentwurfes. Der Verordnungsgeber geht also – wie im deutschen Recht – davon aus, dass eine engere Verbindung als zu dem vorgebenden Statut nicht bestehen kann.

Sollte die akzessorische Anknüpfung nach Absatz 1 in der engen Version bestehen bleiben, so leuchtet nicht ein, warum die Möglichkeit einer ausweichenden Anknüpfung nur im Falle gemeinsamen Aufenthalts gegeben ist. Zumindest diese Möglichkeit sollte dann ausgebaut werden, um Flexibilität herzustellen.

## IV. Neuerungen im Vorschlag der Kommission

Am 22. Juli 2003 hat die Kommission, nach Auseinandersetzung mit den auf ihren Vorentwurf eingegangenen Stellungnahmen, einen Vorschlag für eine Verordnung des Europäischen Parlaments und des Rates über das auf ausservertragliche Schuldverhältnisse anzuwendende Recht („Rom II“) vorgelegt. Die Kollisionsnorm für nicht-deliktische, ausservertragliche Rechtsverhältnisse, ist im Rahmen des Vorschlages um eine Hausnummer nach vorne „gerutscht“ und findet sich nun in Artikel 9. Dieser geht in seinem Absatz 1 noch immer von der grundsätzlichen akzessorischen Anknüpfung aus. Noch immer ist diese nicht auf Leistungskondiktionen beschränkt, beispielhaft findet sich aber in Artikel 9 Absatz 1 der Zusammenhang mit einem Vertrag zwischen den Parteien.

Zu kritisieren ist weiterhin, dass die Norm von einem bestehenden Rechtsverhältnis zwischen den Parteien spricht, was zum einen die Gültigkeit

---

[1150] So SCHLECHTRIEM, Gutachten, S. 47.
[1151] Vgl. SCHLECHTRIEM, Gutachten, S. 57.
[1152] SCHLECHTRIEM, Gutachten, S. 58.

des vorgebenden Rechtsverhältnisses impliziert und zum anderen noch immer eine Beschränkung auf eine zwei-Personen-Konstellation zu enthalten scheint. Lediglich in der Begründung wird klargestellt, dass auch nichtige Verträge eine solche Beziehung darstellen können. Ebenso sollen nach der Begründung vorvertragliche Beziehungen ausreichen.[1153] Auch beabsichtigten die Verfasser, wie sich aus dem Hinweis in der Begründung, wonach auch die Zahlung einer fremden Schuld erfasst sei[1154], ergibt, wohl keine Beschränkung auf ein zwei-Personen-Verhältnis. Leider findet diese Absicht keinen hinreichenden Niederschlag im Normtext. Aufgrund der sogleich vorzustellenden, gegenüber dem Vorentwurf erweiterten Ausweichklausel ist dies jedoch nicht gravierend. Aus demselben Grunde dürfte es minder schwer wiegen, dass der Absatz 1 noch immer Leistungen aufgrund einseitiger Rechtsgeschäfte, etwa einer Auslobung, nicht erfasst.

Eine Verschlimmbesserung ist in Artikel 9 Absatz 2 des Vorschlages erfolgt. Dort wird an den gemeinsamen gewöhnlichen Aufenthalt der Parteien zum Zeitpunkt des Schadenseintritts angeknüpft. Ein Schadensausgleich erfolgt aber in der Regel weder bei der Geschäftsführung ohne Auftrag, noch im Falle der ungerechtfertigten Bereicherung.

Absatz 3 des Vorschlags beruft, wie schon der Vorentwurf, das Ortsrecht des Bereicherungseintritts zur Anwendung. Insofern wird auf das zum Vorentwurf Gesagte verwiesen.

Zu Begrüßen ist die Ausweitung der Ausweichklausel in Absatz 5 des Vorschlags. Gegenüber dem Vorentwurf ist eine abweichende Anknüpfung dann möglich, wenn sich aus der Gesamtheit der Umstände ergibt, dass das außervertragliche Schuldverhältnis eine offensichtlich[1155] engere Verbindung mit einem anderen Staat aufweist. Maßgebend ist dann das Recht dieses Staates. Mit Hilfe dieser Ausweichklausel ist es möglich, ungeachtet der Unzulänglichkeiten des Regelwerkes, sachgerechte Ergebnisse zu erzielen. Auch bleibt es auf diese Weise – wenngleich dem Vereinheitlichungszweck widersprechend – den Mitgliedstaaten möglich, den in ihren Rechtsordnungen bestehenden Besonderheiten Rechnung zu tragen.[1156] Für die vorliegende Untersuchung bedeutsam ist der Umstand, dass sich die für das deutsche Recht vorgeschlagene kollisionsrechtliche Behandlung von Rückabwicklungsbegehren fehlerhafter Banküberweisungen zwanglos auch im Rahmen des europäischen Kollisionsrechts verwirklichen lässt.

---

[1153] KOM (2003) 427, S. 24. Damit nähert sich der Begriff des Rechtsverhältnisses demjenigen des „Schuldverhältnisses mit Pflichten nach § 241 Abs. 2“ des modernisierten § 311 Abs. 2 BGB.

[1154] AaO.

[1155] Es fragt sich jedoch, ob etwas offensichtlich sein kann, wenn es sich erst aus der Gesamtheit der Umstände zu ergeben hat. Dieser sprachliche Mangel ist zwar zu bedauern, wiegt aber gegenüber dem Vorteil der Schaffung der Ausweichklausel gering.

[1156] Auch der Verordnungsgeber anerkennt, dass gerade auf dem Gebiet der ausservertraglichen Schuldverhältnisse erhebliche Unterschiede zwischen den nationalen Rechtssystemen bestehen, Begründung S. 23.

## V. Fazit

Dem Vorentwurf bzw. dem Verordnungsvorschlag ist mit seinem Grundmodell der *akzessorischen Anknüpfung* zuzustimmen. Die Umsetzung ist jedoch nicht makellos gelungen, da die akzessorische Anknüpfung in der Regel-Kollisionsnorm ohne sachlichen Grund auf *Zweipersonenverhältnisse* beschränkt wurde, wenngleich die Begründung des Vorschlags in eine andere Richtung zu gehen scheint. Maßgeblich ist jedoch zunächst stets der Wortlaut einer Norm. Anhand der in Absatz 5 des Vorschlags vorgesehenen Ausweichklausel für den Fall einer offensichtlich engeren Verbindung ist aber, anders als noch unter dem Vorentwurf, die in der vorliegenden Untersuchung vorgeschlagene Unterstellung eines gesamten Mehrpersonenverhältnisses in Rückabwicklungsfragen unter ein einheitliches Statut möglich.

Eine gesonderte Anknüpfung der Eingriffskondiktion ist in Vorentwurf und Vorschlag nicht vorgesehen. Da eine solche weitestgehend nur in Deutschland besteht, ist eine Nachbesserung allerdings nicht zu erwarten und auch nicht mit Vehemenz zu fordern. Dem deutschen Rechtsanwender bleibt entweder der Umweg über eine deliktsrechtliche Qualifikation, oder die Lösung über die Ausweichklausel.

# 6. Kapitel
# Zusammenfassung und Ausblick

Die vorstehende Untersuchung hat mehrere *Ergebnisse* zum Vorschein gebracht. (1) Zunächst wurde auf der *materiellen Ebene der Primärverpflichtungen* die von anderen Mehrpersonenverhältnissen abweichende *einheitliche Interessenlage* nach Kostensenkung und *Rationalisierung* im bargeldlosen Zahlungsverkehr herausgearbeitet. Dieses materielle Interesse schlägt sich sowohl im deutschen, noch stärker aber im US-amerikanischen materiellen Recht der Banküberweisung nieder. Die dort installierte Rechten- und Pflichtenlage weicht sowohl von derjenigen im bipolaren Austauschverhältnis, als auch von der im „normalen" Mehrpersonenverhältnis beträchtlich ab. Die Abweichungen bestehen in derartigen *Modifikationen*, die es erlauben, dem allen am bargeldlosen Zahlungsverkehr Beteiligten gemeinsamen Rationalisierungsinteresse Rechnung zu tragen. Dies bedeutet meist eine Reduktion des Pflichtenkreises der Überweisungsbanken. So sind etwa zu deren Gunsten Sorgfaltsmaßstäbe verringert, Primär- und Sekundärpflichten begrenzt.

(2) In beiden Rechtsordnungen wird daneben ein starkes gesetzgeberisches Bestreben deutlich, für eine *widerspruchslose Rechtslage im Mehrpersonenverhältnis* der Giroüberweisung zu sorgen. Dieses Interesse an materieller Harmonie geht aber über die ansonsten auch bestehende Geschlossenheit der nationalen Rechtssysteme hinaus, da die Regelungen besonders ausdifferenziert und auf Mehrpersonenverhältnisse zugeschnitten sind.

(3) Auf der Ebene des *materiellen Bereicherungsrechts* ist weitgehende *Anpassungsfähigkeit* auszumachen. Es ist aufgrund seiner Flexibilität grundsätzlich in der Lage, die primäre Risikoverteilung im Deckungsverhältnis durch parallele Verteilung des Rückforderungsrisikos nachzuvollziehen. Im deutschen Bereicherungsrecht aber, anders als im US-amerikanischen Recht, durchziehen besondere *Vertrauensschutzerwägungen* das Bereicherungsrecht, was unter Umständen zu einer abweichenden Verteilung des Rückforderungsrisikos führt. Dies macht wiederum einen erneuten Bereicherungsausgleich erforderlich. So begrüßenswert das Bestreben des deutschen Rechts nach Vertrauensschutz, so abträglich ist es aufgrund seiner *Kalkulationsunsicherheit* dem gemeinsamen Rationalisierungsinteresse aller.

(4) Auf Ebene des *Internationalen Privatrechts* erweist sich das in *Artikel 4A U.C.C.* verortete Kollisionsrecht als ebenso an einer *konsistenten Pflichtenlage* interessiert wie die darin auch enthaltenen materiellen Regeln. Überdies führt das dort enthaltene Kollisionsrecht überwiegend zur Anwendung des *Sitzrechtes der Überweisungsbank*, was dieser eine erhebliche *Standardisierung* und *Rationalisierung* erlaubt.

Das *deutsche IPR* ist hingegen weniger von *wirtschaftlichen Überlegungen* geprägt. Standardisierungsinteressen, wie sie im Bereich der vertraglichen Schuldverhältnisse im IPR, wie etwa Art. 28 Abs. 2 EGBGB belegt, von Belang sind, haben bislang *keinen Eingang in das IPR der außervertraglichen*

*Schuldverhältnisse* gefunden. Der Gesetzgeber hat jedoch gerade für die bereicherungsrechtlichen Mehrpersonenverhältnisse dem Rechtsanwender das Deputat übertragen, für diese eine angemessenen Lösung anhand der *Ausweichklausel* des Artikels 41 EGBGB zu finden. Zwar ist damit primär angestrebt, eine *harmonische Rechtslage* zu gewährleisten, die Ausweichklausel ist aber ausfüllungsbedürftig und somit auch *offen für wirtschaftliche Erwägungen*. Dieser Versuch der Ausfüllung wurde in vorliegender Arbeit unternommen. Es wurde versucht, die wirtschaftlichen Erwägungen auf der Ebene des materiellen Primärrechts und des US-amerikanischen Rechts– in Anlehnung an das US-amerikanische Kollisionsrecht -, in das Bereicherungskollisionsrecht hineinzutragen. Dies hat bei der Anwendung der Ausweichklausel zur *Maßgeblichkeit des Sitzrechtes der Überweisungsbank bzw. des Deckungsstatuts* geführt. Eine *Rechtfertigung* gegenüber dem Überweisungsempfänger konnte nachgewiesen werden, da für ihn die Anwendung des Sitzrechts der Bank keine Überraschung bedeutet, er zudem von der einheitlichen Rationalisierung profitiert, ähnliche Einschränkungen auf Ebene des materiellen Rechts in Kauf nimmt und zuletzt kein Bedarf besteht, ihn kollisionsrechtlich besser zu stellen als bei aneren Mehrpersonenverhältnissen. Außerdem konnte eine Möglichkeit zu dessen weitgehender *Interessenwahrung* gefunden werden. Unter Umständen verbleibt die Frage des konkreten Vertrauensschutz unter der Regelanknüpfung an den Eintrittsort der Bereicherung gemäß Art. 38 Abs. 3 EGBGB.

Ob sich der hier gefundene Vorschlag durchsetzen wird, bleibt abzuwarten. Da das deutsche Recht im Gegensatz zu dem US-amerikanischen Recht weniger Einfallstore für wirtschaftliche Überlegungen enthält und auch die deutsche Tradition der Berücksichtigung ökonomischer Erwägungen nur bedingt positiv gegenübersteht, dürfte dies ein langer Weg werden. Da jedoch alle Ergebnisse dogmatisch begründet werden konnten, bleibt in Anlehnug an ERIK JAYME[1157] nur zu ermuntern: *Mehr Mut zur ökonomisch sinnvollen Lösung*!

Die Bestrebungen auf der europäischen Ebene könnten eine Vorreiterrolle einnehmen. Gerade in einem freien Markt mit unterschiedlichen Rechten ist es erforderlich, das reibungslose Funktionieren sicher zu stellen. Ein freier Zahlungsverkehr würde durch ein konsistentes Pflichtenregime gestärkt. Dem würde eine kollisionsrechtliche Behandlung im hier vorgeschlagenen Sinne dienen. Auch eignet sich der Vorschlag europäischer Kollisionsregeln für außervertragliche Schuldverhältnisse dafür in seiner jetzigen Fassung, da er zum einen eine akzessorische Anknüpfung und zum anderen eine Ausweichklausel vorsieht. Auch hier bleibt deshalb zu appellieren: *Mehr Mut zu einer ökonomisch sinnvollen Anknüpfung*!

---

[1157] Er fordert in der Festschrift Kegel 1987, S. 268: „(M)ehr Mut zur »dépeçage«.

# Literaturverzeichnis

Albrecht, Peter / Maurer, Raimond: Investment- und Risikomanagement, Modelle, Methoden, Anwendungen, Stuttgart 2002

Von Bar, Christian: Internationales Privatrecht, Erster Band: Allgemeine Lehren, München 1987; Zweiter Band. Besonderer Teil, München 1991. (zit.: von Bar, IPR, Band I / II, Rn. )

Ders./ Mankowski, Peter, Internationales Privatrecht, Band I, Allgemeine Lehren, 2.A., München 2003 (zit.: von Bar / Mankowski, IPR, Band I, § , Rn. )

Beale, Joseph H.: Treatise on The Conflict of Laws, Vol. III, 1935

Bennett, Tom W.: Choice of Law Rules in Claims of Unjust Enreichment, 39 International and Comparative Law Quarterly 1990, S. 136 - 168

Berg, Hans: Bereicherung durch Leistung und in sonstiger Weise in den Fällen des § 951 Abs. 1 BGB, AcP 160 (1961), 505

Beuthien, Volker: Zweckerreichung und Zweckstörung im Schuldverhältnis, Tübingen 1969

Blaurock, Uwe / Rennpferdt, Peter: Internationale Initiativen zur Regelung des grenzüberschreitenden Zahlungsverkehrs, in: Hadding, Walther / Schneider, Uwe H. (Hrsg.), Rechtsprobleme der Auslandsüberweisung, Berlin 1992, S. 517 - 549

Blomeyer, Arwed: Zivilprozeßrecht, 2.A. 1985 Berlin

Bucher, Andreas: Grundfragen der Anknüpfungsgerechtigkeit im internationalen Privatrecht, Basel, Stuttgart 1975

Ders.: Auslegungsregeln in der neuen Gesetzgebung des Schweizerischen IPR, in: FS Meier-Hayoz, 1982, 52 ff.

Busse, Daniel: Internationales Bereicherungsrecht, Tübingen 1998 (Diss.)

Ders.: Die geplante Kodifikation des Internationalen Bereicherungsrechts in Deutschland, RIW 1999, S. 16 – 21.

Ders.: Internationales Bereicherungsrecht zwischen EGBGB-Reform und „Rom II“, RIW 2003, S. 406 - 410

Bydlinksi, Franz: Anmerkung zu OGH vom 24.6.1959, ZfVR 1961, S. 22 - 34

Bydlinski, Peter: Bemerkungen zum Regierungsentwurf eines Überweisungsgesetzes, Pflichten – Bankenhaftung – Grenzen vertraglicher Abweichung, WM 1999, 1046 - 1054

von Caemmerer, Ernst: Bereicherungsansprüche und Drittbeziehungen, JZ 1962, 385 - 389

Ders.: Bereicherung und unerlaubte Handlung, Festschrift für Ernst Rabel, Band I, Tübingen 1954, S. 333

Canaris, Claus-Wilhelm: Der Bereicherungsausgleich im Dreipersonenverhältnis, in: Festschrift für Karl Larenz, 1973 München, S. 799 - 865

Ders.: Anmerkung zu BGH vom 19.1.1984, JZ 1984, 627 - 629

Ders.: Bankvertragsrecht, in: HGB Staub Großkommentar, herausgegeben von Claus-Wilhelm Canaris, Wolfgang Schilling, Peter Ulmer, 4.A. 1988

Coase, Ronald H.: The problem of social costs, Journal of Law and Economics, 1960 Vol. III, S. 1 - 44

Collins, Lawrence (Hrsg.): Dicey, A.V. / Morris, J.H.C., The Conflict of Laws, Bände 1 und 2, 12. A. London 1993

Dasser, Felix: Unfallverhütung bei Rechtskollisionen: Ergebnisorientierte Flexibilität im schweizerischen IPRG, in: Festschrift für Anton Heini, Zürich 1995, S. 103 –122

Davenport William B./. Rapson Donald J: The Emerged and Emerging New Uniform Commercial Code, Current Developments Under Revised Articles 3 And 4 and New Article 4A, American Law Institute, Course of Study 1995, CA08 ALI-ABA 267

Davis, Tony M.: Revised U.C.C. Articles 3 & 4 and new Article 4A, Comparing Article 4A with existing case law on Funds Transfers: A series of case studies, 42 Alabama Law Review 823 (1991)

Dietzi, Hanspeter: Zur Einführung einer generellen Ausweichklausel im schweizerischen IPR, in: Festgabe zum Schweizerischen Juristentag 1973, Basel, Stuttgart 1973, S. 49 - 74

Dole, Richard F.: A Japanese Insight with Respect to the Finality of Wholesale Wire Transfers, University of Pennsylvania Journal of International Business Law, 12 U.Pa.J.Int'l Bus.L. 661 (1991)

ders., Receiving Bank Liability in Wholesale Wire Transfers, 69 Tulane Law Review 877 (1995)

Donnelly, Samule J.M. / Donnelly, Mary Ann: Survey of New York Law, Commercial Law, 43 Syracuse Law Review 157 (1992)

Dubler, César: Les clauses d'exception en droit international privé, Genf 1983

Garner, Bryan A.: Black's Law Dictionary, 7. A., St. Paul 2000

Ehmann, Horst / Hadding, Walther: EG-Überweisungs-Richtlinie und Umsetzung – Regierungesentwurf und Gegenentwurf – WM Sonderbeilage Nr. 3 / 1999 zu Nr. 25 vom 26. Juni 1999

Ehrenzweig, Albert A.: Restitution in the Conflict of Laws. Law and Reason versus the Restatement Second, 36 New York University Law Review S. 1298 – 1314 (1961)

Eidenmüller, Horst: Effizienz als Rechtsprinzip, Tübingen 1995

Eilinghoff, Maren B.: Das Kollisionsrecht der ungerechtfertigten Bereicherung nach dem IPR-Reformgesetz von 1999, Frankfurt am Main, Berlin, Bern, Bruxelles, New York, Oxford, Wien 2004

Einsele, Dorothee: Das Kollisionsrecht der ungerechtfertigten Bereicherung, JZ 1993, S. 1025 – 1033.

Dies.: Haftung der Kreditinstitute bei nationalen und grenzüberschreitenden Banküberweisungen, AcP 198 (1988), 145 - 189

Dies.: Das neue Recht der Banküberweisung, JZ 2000, 9 - 19

Emmerich, Volker / Herrmann, Harald / Honsell, Thomas / Horn, Norbert / Jung, Willi / Hiehus, Rudolf J. / Otto, Harro / Sonnenschein, Jürgen (Hrsg.): Heymann Handelsgesetzbuch, Kommentar, 1989 Berlin, New York (zit: Heymann - Bearbeiter)

Esser, Josef: Anmerkung zum Urteil des BGH vom 4.4.1962, JZ 1962, 672, 673

Ders. / Weyers, Hans-Leo: Schuldrecht Band II, Besonderer Teil, 8.A. Heidelberg 2001

Etzkorn, Jörg: Das S.W.I.F.T.-Regelungswerk, in: Hadding, Walther / Schneider, Uwe H. (Hrsg.), Rechtsprobleme der Auslandsüberweisung, Berlin 1992, S. 459 - 490

Felsenfeld, Carl: Art. 4A des amerikanischen Uniform Commercial Code, in: Hadding, Walther / Schneider, Uwe H. (Hrsg.), Rechtsprobleme der Auslandsüberweisung, Berlin 1992, S. 371 - 388

Ferid, Murad: Internationales Privatrecht, 3.A. 1986, Frankfurt a.M.

Fischer, Gerfried: Die Neuregelung des Kollisionsrechts der ungerechtfertigten Bereicherung und der Geschäftsführung ohne Auftrag im IPR-Reformgesetz von 1999, IPRax 2001, 1 - 17

Fischer / Kümpel, Bank- und Kapitalmarktrecht

Flume, Werner: Der Bereicherungsausgleich im Mehrpersonenverhältnis, AcP 199 (1999), S. 1 - 37

Frank, John Paul: Historical Bases of the Federal Judicial System, 13 Law & Contemporary Problems, S. 3 (1948)

Freund, Paul A.: Federal – State Relations in the Opinions of Judge Magruder, 72 Harv.L.Rev. 1204 (1959)

Friedenthal, Jack H. / Kane, Mary Kay / Miller, Arthur R.: Civil Procedure, 3.A., St. Paul 1999

Gruson, Michael: Contractual Choice of Law and Choice of Forum: Unresolved Issues, in: Commercial Law and Practice Course Handbook Series, 635 PLI/Comm 349 (1992)

Hadding, Walther, Zum grenzüberschreitenden Überweisungsverkehr nach deutschem Recht, in: Hadding, Walther / Schneider, Uwe H. (Hrsg.), Rechtsprobleme der Auslandsüberweisung, Berlin 1992, S. 13 - 31

Harrel, Alvin C.: Payment System Issues – UCC Article 4A; Regulations J,S, and D, 50 Consumer Finance Law Quaterly Report 49 (1996)

Hassold, Gerhard: Zur Leistung im Dreipersonenverhältnis – Anweisung und Vertrag zugunsten Dritter als Modell - , 1981 München

Hay, Peter: Ungerechtfertigte Bereicherung im internationalen Privatrecht. Ein Vergleich zwischen dem deutschen Recht und dem amerikanischen Restatement Second, 1978 Frankfurt a.M.

Hazard, Geoffrey C. Jr.: The American Law Institute, What it Is and What it Does, in: Centro di Studi e Ricerche di Diritto Comparato e Straniero, Rom 1994

Heck, Philipp: Weshalb besteht ein von dem bürgerlichen Rechte gesondertes Handelsprivatrecht? Akademische Antrittsvorlesung, AcP 92 (1902), S. 438 - 466

Henrich, Dieter (Hrsg.): Vorschläge und Gutachten zur Reform des deutschen Internationalen Sachen- und Immaterialgüterrechts, Tübingen 1991

Von Hoffmann, Bernd: Grundsätzliches zur Anwendung der „lex mercatoria" durch internationale Schiedsgerichte, in: FS Kegel 1987, S. 215 – 233 (217)

Hoffmann, Jochen: Kollisionsrechtliche Aspekte des Überweisungsgesetzes, ZBB 2000, 391 – 400.

Holzwarth, Winfried: Grenzüberschreitender interbankärer Zahlungsverkehr, in: Hadding, Walther / Schneider, Uwe H. (Hrsg.), Rechtsprobleme der Auslandsüberweisung, Berlin 1992, S. 101 - 120

Huber, Ulrich: Grenzüberschreitender Zahlungsverkehr und Valutaverhältnis (underlying obligation), in: Walther Hadding und Uwe H. Schneider (Hrsg.), Rechtsprobleme der Auslandsüberweisung, Berlin 1992, S. 33 - 78

Jakobs, Horst Heinrich: Gesetzgebung im Banküberweisungsrecht, JZ 2000, 641 - 650

Jayme, Erik: Ausländische Rechtsregeln und Tatbestand inländischer Sachnormen – Betrachtungen zu Ehrenzweigs Datum-Theorie, in: Gedächtnisschrift für Albert A. Ehrenzweig, Karlsruhe, Heidelberg 1976, S. 35 - 49

Ders.: Kollisionsrecht und Bankgeschäfte mit Auslandsberührung, Berlin 1977

Ders.: Richterliche Rechtsfortbildung im Internationalen Privatrecht, in: Richterliche Rechtsfortbildung. Erscheinungsformen, Auftrag und Grenzen. Festschrift der Juristischen Fakultät zur 600-Jahr-Feier der Ruprecht-Karls-Universität Heidelberg, Heidelberg 1986, S. 574

Ders.: Betrachtungen zur „dépeçage“ im internationalen Privatrecht, in: Festschrift für Gerhard Kegel 1987, S. 253 – 268

Ders.: Anmerkung zu BGH vom 25.9.1986, NJW 1987, 185; IPRax 1987, 186, 187

Ders.: Komplexe Langzeitverträge und Internationales Privatrecht – Ein Tagungsbericht – IPRax 1987, 63 – 64.

Ders. / Mansel, Heinz-Peter (Hrsg.): Nation und Staat im Internationalen Privatrecht, Zum kollisionsrechtlichen Staatsangehörigkeitsprinzip in verfassungsrechtlicher und internationalprivatrechtlicher Sicht, Symposium 1988, Heidelberg 1990

Ders. / Mansel, Heinz-Peter: Internationales Bankrecht und Doppelbesteuerung: Tagung der
Deutsch-italienischen Juristenvereinigung, IPRax 1992, 126 – 128.

Ders.: U.S. Supreme Court: Zur Wirksamkeit grenzüberschreitender Gerichtsstandsklauseln in Verbraucherverträgen, IPRax 1993, S. 42 f.

Ders.: Rechtsvergleichung – Ideengeschichte und Grundlagen, von Emerico Amari zur Postmoderne, Gesammelte Schriften Band 2, Heidelberg 2001, S. 25 f.

Ders.: Entwurf eines EU-Übereinkommens über das auf außervertragliche Schuldverhältnisse anzuwendende Recht, Tagungsbericht, IPRax 1998, 140 f.

Ders. / Kohler, Christian: Europäisches Kollisionsrecht 2000: Interlokales Privatrecht oder universelles Gemeinschaftsrecht? IPRax 2000, S. 454 - 465

Ders.: Zum internationalen Geltungswillen der europäischen Regeln über den Handelsvertreterausgleich (zu EuGH, 9.11.2000 – Rs. C-381/98 – Ingmar GB Ltd / Eaton Leonard Technologies Inc.), IPRax 2001, S. 190 f.

Ders.: Grenzüberschreitende Banküberweisungen und Bereicherungsausgleich nach der IPR-Novelle von 1999 – eine Skizze, in: Festschrift für Werner Lorenz, 2001, S. 315 - 320

Ders. / Hausmann, Rainer: Internationales Privat- und Verfahrensrecht, Textausgabe, 11. A. 2002 München

Joerges, Christian: Zum Funktionswandel des Kollisionsrechts, Berlin 1971

Juncker, / Summers, / Young, : A Primer on the Settlement of Payments in the United States, 77 Federal Reserve Bulletin 847, 855 (1991)

Junker, Abbo: Internationales Privatrecht, München 1998

Kaiser, Gisbert A.: Bürgerliches Recht, 9. A., Heidelberg 2003

Karpen, Ulrich: Gesetzesfolgenabschätzung, Ein Mittel zur Entlastung von Bürgern, Wirtschaft und Verwaltung? ZRP 2002, S. 443 - 446

Kegel, Gerhard: Begriffs- und Interessenjurisprudenz im Internationalen Privatrecht, in: Festschrift Hans Lewald, Basel 1953, S. 259 – 288

Ders.: Die Bankgeschäfte im deutschen internationalen Privatrecht, in GS Rudolf Schmidt, 1966, S. 215

Ders.: Internationales Privatrecht, 7. A., München 1995 (zit.: Kegel, IPR, §)

Ders. / Schurig, Klaus: Internationales Privatrecht, Studienbuch, 8. A., München 2000 (zit.: Kegel / Schurig, IPR, §)

Keller, Max / Siehr, Kurt: Allgemeine Lehren des internationalen Privatrechts, Zürich 1986

Köndgen, Johannes (Hrsg.): Neue Entwicklungen im Bankhaftungsrecht, Köln 1987

Ders.: Das neue Recht der Banküberweisung ... und die heimliche Aushölung des AGB-Gesetzes, ZBB 1999, 103 - 105

Kötter, Hans-Wilhelm: Zur Rechtsnatur der Leistungskondiktion, AcP 153 (1954), 193

Kreuzer, Karl: Berichtigungsklauseln im Internationalen Privatrecht, in: Festschrift für Imre Zajtay, Tübingen 1982, S. 295 – 331

Ders.: Beitrag in: Lausanner Kolloquium über den deutschen und den schweizerischen Gesetzentwurf zur Neuregelung des Internationalen Privatrechts, Lausann vom 14. – 15. Oktober 1983, Zürich 1984

Ders.: Zur Funktion von kollisionsrechtlichen Berichtigungsnormen, ZfRV 1992, S. 168 – 192

Ders.: Die Vollendung der Kodifikation des deutschen Internationalen Privatrechts durch das Gesetz zum Internationalen Privatrecht der außervertraglichen Schuldverhältnisse und Sachen vom 21.5.1999, RabelsZ Band 65 (2001) S. 383 - 462.

Kropholler, Jan: Die Anpassung im Kollisionsrecht, Festschrift für Murad Ferid zum 70. Geburststag 1978, S. 279 – 289

Ders.: Internationales Privatrecht, 4. A., Tübingen 2001

Kümpel, Siegfried: Bank- und Kapitalmarktrecht, 2. A., Köln 2000

Kupisch, Berthold: Bankanweisung und Bereicherungsausgleich – zugleich Besprechung des BGH-Urteils vom 20.VI.1977 - , WM Sonderbeilage Nr. 3 / 1979 zu WM Nr. 28 vom 14. Juli 1979

Ders.: „Normative Betrachtungsweis, als ob..." Zur dogmatischen Fiktion im Kondiktionsrecht, in: Europäisches Rechtsdenken in Geschichte und Gegenwart, Festschrift für Helmut Coing, Band II, München 1982,S. 239 – 255

Larenz, Karl: Lehrbuch des Schuldrechts, Band 1, allgemeiner Teil, 14.A., München 1987; Band 2, Besonderer Teil, 10.A., München 1972

Larenz, Karl / Canaris, Claus-Wilhelm: Lehrbuch des Schuldrechts, Zweiter Band, Besonderer Teil, 2. Halbband, 13.A., München 1994

Leflar, Robert A.: American Conflicts Law, 1968

Ders.: Conflicts of Law: More on Choice-Influencing Considerations, 54 California Law Review 1584 (1966)

Ders.: Choice-Influencing Considerations in Conflicts Law, 41 NYU Law Review 367 (1966)

Leible, Stefan: Vertretung ohne Vertretungsmacht, Genehmigung und Anscheinsvollmacht im IPR, IPRax 1998, 257 - 263

Lorenz, Werner: Der Bereicherungsausgleich im deutschen internationalen Privatrecht und in rechtsvergleichender Sicht, in: Festschrift für Konrad Zweigert, herausgegeben von Herbert Bernstein, Ulrich Drobnig, Hein Kötz, Tübingen 1981, S. 199 – 232.

Ders., Die Anknüpfung von Bereicherungsansprüchen bei fehlendem Einverständnis über den Rechtsgrund einer Vermögensbewegung, IPRax 1985, 328 – 330.

Ders., Fehlerhafte Banküberweisungen mit Auslandsberührung. Das auf den Bereicherungsausgleich anwendbare Recht, NJW 1990, 607 – 610.

Lowenfeld, Andreas F.: Conflict of Laws: Federal, State, and International Perspectives, 2.A., 1998 New York, San Francisco

Lüderitz, Alexander: Anknüpfung im Parteiinteresse, Festschrift für Gerhard Kegel 1977, S. 31 – 54

Ders.: Internationales Privatrecht, 2. A., Berlin 1992

Mankowski, Peter: Rechtssicherheit, Einzelfallgerechtigkeit und Systemgerechtigkeit bei der objektiven Anknüpfung im internationalen Schuldvertragsrecht – Zur Reichweite des Artikel 4 Absatz 5 EVÜ, ZEuP 2002, S. 804 - 822

Markus, James T. / Quigley, Don J.: Conflict of Laws – which State Rules Govern? American Bankruptcy Institute Journal November 1999, S. 18 ff.

Moore, / Weckstein, : Diversity Jurisdiction: Past, Present, and Future, 43 Texas L.Rev. 1, 16 (1964)

Möschel, Wernhard: Fehlerhafte Banküberweisung und Bereicherungsausgleich, JuS 1972, S. 297 - 305

Ders.: Dogmatische Strukturen des bargeldlosen Zahlungsverkehrs, AcP 186 (1986), 187 - 236

Moulton, Claude R.: Article 4A: Erroneous Funds Transfers and the Discharge For Value Rule, 15 Annual Review of Banking Law 299 (1996)

Mugdan, Benno: Die gesamten Materialien zum Bürgerlichen Gesetzbuch für das Deutsche Reich, Band 2, Recht der Schuldverhältnisse, Neudruck der Ausgabe von 1899, Aalen 1979

Mühl, Margarete: Die Lehre vom „besseren" und „günstigeren" Recht im Internationalen Privatrecht – Zugleich eine Untersuchung des „*better-law-approach*" im amerikanischen Kollisionsrecht, München 1982

Neuhaus, Paul Heinrich / Kropholler, Jan: Entwurf eines IPR-Gesetzes, RabelsZ 44 (1980), S. 326 - 343

Oliveiri, David J: Jurisdiction of Federal Courts over Actions Arising out of International or Foreign Banking or Financial Operations, or Banking in a Dependency or Insular Possession of the United States, under § 25 (B) of the Federal Reseve Act (12 U.S.C. § 632), Annotation, in: American Law Reports, ALR Federal, Volume 64 (1983), S. 262 ff.

Palandt, Otto: Bürgerliches Gesetzbuch, 62.A., 2003 München

Palmer, George A.: The Law of Restitution, Vol. III, Boston, Toronto 1978

Panagopoulos, George: Restitution in Private International Law, Oxford 2000

Paulus, Christoph G.: Wenn ein Staat insolvent wird, NJW-Editorial Heft 38/2002

Pfeiffer, Thomas: Der Stand des Internationalen Sachenrechts nach seiner Kodifikation, IPRax 2000, 270 - 281

Pfister, Bernhard: Zum Bereicherungsanspruch im Dreiecksverhältnis bei Fehlen einer Anweisung, JR 1969, 47

Plaßmeier, Heiko: Ungerechtfertigte Bereicherung im Internationalen Privatrecht, 1996 Berlin (Diss.)

Posner, Richard: Economic Analysis of Law, 2.A. New York 1977; 5.A. New York 1998

Ders.: The new institutional economics meets law and economics, in: Journal of Institutional and Theoretical Economics, Vol. 149, 1993, S. 73 - 98

Raape, Leo / Sturm, Fritz: Internationales Privatrecht, 6.A. München 1977

Rebmann, Kurt / Säcker, Franz Jürgen: Münchener Kommentar zum BGB, Schuldrecht, besonderer Teil, 3. A., München 1995 (zit.: MüKo-Bearbeiter)

Reithmann, Christoph / Martiny, Dieter: Internationales Vertragsrecht. Das Internationales Privatrecht der Schuldverhältnisse, 5. A., Köln 1996

Reuter, Dieter / Martinek, Michael: Ungerechtfertigte Bereicherung, in: Handbuch des Schuldrechts in Einzeldarstellungen, herausgegeben von Joachim Gernhuber, Band 4 1983.

Rohe, Mathias: Netzverträge. Rechtsprobleme komplexer Vertragsverbindungen, 1998 Tübimgen

Ross, Stephen A. / Westerfield, Randolph W. / Jaffe, Jeffrey: Corporate Finance, 6.A. 2002 New York

Rothoeft, Dietrich: Vermögensverlust und Bereicherungsausgleich, AcP 163 (1963), 215

Von Savigny, Friedrich Carl: System des heutigen Römischen Rechts, Band VIII, Berlin 1849

Schäfer, Hans-Bernd / Ott, Claus: Lehrbuch der ökonomischen Analyse des Zivilrechts, 2.A. Berlin, Heidelberg, New York 1995

Scheyhing, Norbert: AcP 157 (1958-59), 371 f.

Schimansky, Herbert / Bunte, Hermann-Josef / Lwowski; Hans-Jürgen (Hrsg): Bankrechts-Handbuch, Band I, München 2001 (zit: Schimansky / Bunte / Lwowski-Bearbeiter)

Schlechtriem, Peter: Bereicherungsansprüche im internationalen Privatrecht, Gutachten, in: Ernst von Caemmerer (Hrsg.) Vorschläge und Gutachten zur Reform des deutschen internationalen Privatrechts der außervertraglichen Schuldverhältnisse, 1983 Tübingen, S. 29 – 79.

Ders.: Zur bereicherungsrechtlichen Rückabwicklung fehlerhafter Banküberweisungen im IPR, IPRax 1987, 356 – 357.

Ders.: Internationales Bereicherungsrecht. Ein Beitrag zur Anknüpfung von Bereicherungsansprüchen im deutschen Internationalen Privatrecht, IPRax 1995, 65 – 71.

Schmidt-Räntsch, Jürgen: Entwurf eines Überweisungsgesetzes, ZIP 1999, 676 - 680

Schnauder, Franz: Grundfragen zur Leistungskondiktion bei Drittbeziehungen, Berlin 1980 (Diss.)

Ders.: Delikts- und bereicherungsrechtliche Haftung bei gefälschter Giroüberweisung, ZIP 1994, 1069 - 1078

Ders.: Risikozuordnung bei unbefugter Kreditkartenzahlung, NJW 2003, 849 - 852

Schneider, George A.: Article 4A: Developments at the Crossroad of Law and Foreign Bank Compliance (Part I), 114 Banking Law Lournal 319 (1997)

ders.: Developments at the Crossroad of Law and Foreign Bank Compliance (Part II), 114 Banking Law Lournal 429 (1997)

Schneider, Uwe H.: Das Recht des elektronischen Zahlungsverkehrs. – Eine Darstellung des amerikanischen Rechts mit rechtsvergleichenden Bezügen zum deutschen Recht sowie mit Text und der Übersetzung des Electronic Funds Transfer Act 1978, 1982

Schnitzer, Adolf F.: Gegenentwurf für ein schweizerisches IPR-Gesetz, Schw. JZ 1980, S. 309 - 316

Schönle, Herbert: Bank- und Börsenrecht, 2.A. München 1976

Schreiber, Steffen: Ausweichklauseln im deutschen, österreichischen und schweizerischen Internationalen Privatrecht, Hamburg 2001

Schulz, Carsten: Das neue Recht der Banküberweisung, ZBB 1999, 287 – 301

Schwind, Fritz: Das österreichische IPR-Gesetz im deutschsprachigen Rechtskreis, RabelsZ 54 (1990), S. 251 – 268

Ders.: § 1 IPRG Rechtssicherheit und Funktionalität im Lichte der historischen Entwicklung, ZfRV 1991, S. 255 - 261

Schwintowski, Hans-Peter / Schäfer, Frank A.: Bankrecht, Köln 1997

Schwolow, Ulf: Internationale Entwicklungslinien im Recht der Auslandsüberweisung, München 1999 (Diss.)

Scoles, Eugene F. / Hay, Peter / Borchers, Patrick J. / Symeonides, Symeon C.: Conflict of Laws, 3.A., 2000 St.Paul

Scott, Hal S. / Wellons, Philip A.: International Finance, 3.A., Westbury, New York, 1996

von der Seipen, Christoph: Akzessorische Anknüpfung und engste Verbindung im Kollisionsrecht der komplexen Vertragsverhältnisse, 1989 Heidelberg (Diss.)

Ders.: Das anwendbare Recht beim grenzüberschritenden Überweisungsverkehr aus deutscher Sicht, in: Hadding, Walther / Schneider, Uwe H. (Hrsg.), Rechtsprobleme der Auslandsüberweisung, Berlin 1992, S. 79 - 99

Serick, Rolf: Die Sondernaknüpfung von Teilfragen im Internationalen Privatrecht, RabelsZ Bd. 18, S. 633 – 650
Siehr, Kurt: Ökonomische Analyse des Internationalen Privatrechts, in: Festschrift für Karl Firsching, München 1985, S. 269 – 294

Soergel – Lüderitz, Art. 38 EGBGB, Anh. I

Sonnenberger, Hans-Jürgen, Eingriffsrecht – Das trojanische Pferd im IPR oder notwendige Ergänzung? IPRax 2003, S. 104 - 116

Spickhoff, Andreas: Die Restkodifikation des Internationalen privatrechts: Außervertragliches Schuld- und Sachenrecht, NJW 1999, S. 2209 – 2215

Ders.: Die Tatortregel im neuen Deliktskollisionsrecht, IPRax 2000, S. 1 - 8

Staudinger, Julius: Kommentar zum Bürgerlichen Gesetzbuch mit Einführungsgesetz und Nebengesetzen, 13.A. 1995 Berlin

Steindorff, Ernst: Das Akkreditiv im internationalen Privatrecht der Schuldverträge, in : Festschrift für Ernst von Caemmerer, 1978, S. 761 – 781

Stoll, Hans: Zur gesetzlichen Regelung des internationalen Sachenrechts in Artt. 41 – 46 EGBGB, IPRax 2000, S. 259 - 270

Stone, Bradford: Uniform Commercial Code (in a nutshell), 4.A. 1995 St. Paul

Trosien, Jürgen: Die Rolle des Bargeldes im grenzüberschreitenden Zahlungsverkehr, in: Walther Hadding und Uwe H. Schneider (Hrsg.), Rechtsprobleme der Auslandsüberweisung, 3 - 12

Ulmer, Peter / Brandner, Hans Erich / Hensen, Horst-Diether (Hrsg.): AGB-Gesetz, Kommentar, 9.A., Köln 2001 (zit.: Ulmer / Brandner / Hensen-Bearbeiter)

Van Gelder, Alfons: Schutzpflichten zugunsten Dritter im bargeldlosen Zahlungsverkehr? WM 1995, 1253 - 1262

Vischer, Frank: Internationales Vertragsrecht, Bern 1962

Ders.: Kollisionsrechtliche Verweisung und materielles Resultat. Bemerkungen zur Auslegung der Ausnahmeklausel (Art. 15 IPRG), in: Festschrift für Anton Heini 1995 Zürich, S. 479 – 495

Ders.: Das Problem der Kodifikation des schweizerischen internationalen Privatrechts, ZSR 1971, S. 1 - 106

Warren, Charles: New Light on the History of the Federal Judiciary Act of 1789, 37 Harv.L.Rev. 49 ff. (1923)

Weigel, Wolfgang: Rechtsökonomik, München 2003

Weitnauer, Hermann: Zum Stand von Rechtsprechung und Lehre zur Leistungskondiktion, NJW 1979, 2008

Ders.: Die Leistung, in: Festschrift für Ernst von Caemmerer, Tübingen 1978, S. 255

Wengler, Wilhelm: Die allgemeinen Rechtsgrundsätze des internationalen Privatrechts und ihre Kollisionsnormen, ZÖR 1944, 473 – 509

Westermann, Harm Peter: Erman Bürgerliches Gesetzbuch, Handkommentar, Band I, 10.A. 2000 Köln

White, James J. / Summers, Robert S.: Uniform Commercial Code, Vol. III, 4.A., St.Paul 1995

Wilhelm, Jan: Die Zurechnung der Leistung bei Widerruf einer Anweisung, insbesondere eines Schecks, AcP 175 (1975), S. 304 - 350

Ders.: Rechtsverletzung und Vermögensentscheidung als Grundlagen und Grenzen des Anspruchs aus ungereschtfertigter Bereicherung, Bonn 1973

Wilburg, Walter: Die Lehre von der ungerschtfertigten Bereicherung nach österreichischem und deutschem Recht. Kritik und Aufbau, 1934

Wolf, Manfred / Horn, Norbert / Lindacher, Walter F.: AGB-Gesetz, Kommentar, 4.A., München 1999 (zit: Wolf / Horn / Lindacher-Bearbeiter)

Wright, : The Federal Courts and the Nature and Quality of State Law, 13 Wayne L. Rev. 317 (1967)

Zöller, Richard: Zivilprozesordnung, Kommentar, 23.A., 2002 Köln

Zweigert, Konrad: Bereicherunsgansprüche im internationalen Privatrecht, SJZ 1947, Spalten 247 – 253

Ders. / Müller-Gindullis, Dierk: Private International Law, Quasi-Contracts, International Encyclopedia of Comparative Law, Vol. III, ch. 30, Tübingen, Mouton, Den Haag, Paris 1973

## STUDIEN ZUM VERGLEICHENDEN UND INTERNATIONALEN RECHT

Herausgeber: Bernd von Hoffmann, Erik Jayme und Heinz-Peter Mansel

Band 1 Ferdinand Henke: Die Datenschutzkonvention des Europarates. 1986.

Band 2 Peter Czermak: Der express trust im internationalen Privatrecht. 1986.

Band 3 Peter Kindler: Der Ausgleichsanspruch des Handelsvertreters im deutsch-italienischen Warenverkehr. Eine rechtsvergleichende und kollisionsrechtliche Untersuchung. 1987.

Band 4 Wilhelm Denzer: Stellung und Bedeutung des Engineers in den FIDIC-Bauvertragsbedingungen. 1988.

Band 5 Marijan-Maximilian Lederer: Die internationale Enteignung von Mitgliedschaftsrechten unter besonderer Berücksichtigung der französischen Enteignungen 1982. 1989.

Band 6 Rainer Esser: Klagen gegen ausländische Staaten. 1990.

Band 7 Chang Jae-Ok: Auf dem Weg zu einer Materialisierung des Immateriellen ? Personen-, Persönlichkeitsschutz und Geldersatz des immateriellen Schadens in rechtsvergleichender Hinsicht am Beispiel des koreanischen und japanischen Zivilrechts unter besonderer Berücksichtigung des deutschen Rechts. 1990.

Band 8 Paul-Frank Weise: Lex mercatoria. Materielles Recht vor der internationalen Handelsschiedsgerichtbarkeit.1990.

Band 9 Werner Born: Der Auftrittsvertrag für Musikgruppen im Bereich der Rock- und Popmusik. 1990.

Band 10 Ralf Erich Jürgens: IPR und Verfassung in Italien und in der Bundesrepublik Deutschland. 1990.

Band 11 Rainer Gildeggen: Internationale Schieds- und Schiedsverfahrensvereinbarungen in Allgemeinen Geschäftsbedingungen vor deutschen Gerichten. 1991.

Band 12 Klaus Grabinski: Die kollisionsrechtliche Behandlung des Durchgriffs bei rechtlich verselbständigten Unternehmen in privater oder öffentlicher Hand. 1991.

Band 13 Dieter Stummel: Konkurs und Integration. Konventionsrechtliche Wege zur Bewältigung grenzüberschreitender Insolvenzverfahren. 1991.

Band 14 Joachim Güntzer: Die Rechtsstellung des Geschäftsführers im spanischen Aktienrecht. Die Neuregelung des spanischen Aktienrechts nach dem Beitritt Spaniens zur EG. 1991.

Band 15 Sabine Isenburg-Epple: Die Berücksichtigung ausländischer Rechtshängigkeit nach dem Europäischen Gerichtsstands- und Vollstreckungsübereinkommen vom 27.9.1968. Untersuchungen zum Anwendungsbereich von Art. 21 EuGVÜ unter schwerpunktmäßiger Behandlung der Frage nach der Bestimmung eines europäischen Streitgegenstandsbegriffs. 1992.

Band 16 Ulrich Nickl: Die Qualifikation der culpa in contrahendo im Internationalen Privatrecht. 1992.

Band 17 Theo Rauh: Leistungserschwerungen im Schuldvertrag. Eine rechtsvergleichende Untersuchung des englischen, US-amerikanischen, französischen und deutschen Rechts unter besonderer Berücksichtigung der gerichtlichen Praxis. 1992.

Band 18 Bernadette Chaussade-Klein: Vorvertragliche "obligation de renseignements" im französichen Recht. 1992.

Band 19 Josef Sievers: Verbraucherschutz gegen unlautere Vertragsbedingungen im französischen Recht. Vom Code civil zum "Code de la consommation" – die Entstehung eines Sonderprivatrechts für Verbraucher. 1993.

Band 20 Achim Schäfer: Grenzüberschreitende Kreditsicherung an Grundstücken, unter besonderer Berücksichtigung des deutschen und italienischen Rechts. 1993.

Band 21 Eugenio Hernández-Breton: Internationale Gerichtsstandsklauseln in Allgemeinen Geschäftsbedingungen. Unter besonderer Berücksichtigung des deutsch-südamerikanischen Rechtsverkehrs (dargestellt am Beispiel Argentinien, Brasilien und Venezuela). 1993.

Band 22 Ingo Reng: Unterhaltsansprüche aufgrund nichtehelicher Lebensgemeinschaft – Internationales Privatrecht und ausländisches materielles Recht. 1994.

Band 23 Stefanie Roloff: Die Geltendmachung ausländischer öffentlicher Ansprüche im Inland. 1994.

Band 24 Katharina Ludwig: Der Vertragsschluß nach UN-Kaufrecht im Spannungsverhältnis von Common Law und Civil Law. Dargestellt auf der Grundlage der Rechtsordnungen Englands und Deutschlands. 1994.

Band 25 Malte Diesselhorst: Mehrparteienschiedsverfahren. Internationale Schiedsverfahren unter Beteiligung von mehr als zwei Parteien. 1994.

Band 26 Manfred Kost: Konsensprobleme im internationalen Schuldvertragsrecht. 1995.

Band 27 Wolff-Heinrich Fleischer: Das italienische Wettbewerbsrecht und die Probleme des selektiven Parfümvertriebs unter Berücksichtigung der Rechtslage in Frankreich und Deutschland. 1995.

Band 28 Angelika Fuchs: Lateinamerikanische Devisenkontrollen in der internationalen Schuldenkrise und Art. VIII Abschn. 2 b) IWF-Abkommen. 1995.

Band 29 Jacques Matthias Aull: Der Geltungsanspruch des EuGVÜ: "Binnensachverhalte" und Internationales Zivilverfahrensrecht in der Europäischen Union. Zur Auslegung von Art. 17 Abs. 1 S. 1 EuGVÜ. 1996.

Band 30 Hartmut Ost: EVÜ und fact doctrine. Konflikte zwischen europäischer IPR-Vereinheitlichung und der Stellung ausländischen Rechts im angelsächsischen Zivilprozeß. 1996.

Band 31 Stefan Wagner: Die Testierfähigkeit im Internationalen Privatrecht. 1996.

Band 32 Wolfgang Jakob Hau: Positive Kompetenzkonflikte im Internationalen Zivilprozeßrecht. Überlegungen zur Bewältigung von *multi-fora disputes*. 1996.

Band 33 Markus Schütz: UN-Kaufrecht und *Culpa in contrahendo*. 1996.

Band 34 Volker Geyrhalter: Das Lösungsrecht des gutgläubigen Erwerbers. Ein "vergessener" Kompromiß und die Auswirkungen auf das heutige deutsche Recht unter besonderer Berücksichtigung des internationalen Sachenrechts. 1996.

Band 35 Andreas Kramer: Abwicklungsstörungen bei Kaufverträgen. Die Lieferung vertragswidriger Sachen im deutschen und italienischen Recht. 1996.

Band 36 Petra Krings: Erfüllungsmodalitäten im internationalen Schuldvertragsrecht. 1997.

Band 37 Tonja Gaibler: Der rechtsgeschäftliche Irrtum im französischen Recht. 1997.

Band 38 Dirk Otto: Rechtsspaltung im indischen Erbrecht. Bedeutung und Auswirkungen auf deutsch-indische Nachlaßfälle. 1997.

Band 39 Gregor W. Decku: Zwischen Vertrag und Delikt. Grenzfälle vertraglicher und deliktischer Haftung dargestellt am Beispiel der Berufs- und Expertenhaftung zum Schutze des Vermögens Dritter im deutschen und englischen Recht. 1997.

Band 40 Ulrike Höpping: Auswirkungen der Warenverkehrsfreiheit auf das IPR unter besonderer Berücksichtigung des Internationalen Produkthaftungsrechts und des Internationalen Vertragsrechts. 1997.

Band 41 Andreas Bartosch: Die vermögensrechtlichen Beziehungen der Ehegatten bei bestehender Ehe im englischen Recht – Eigentum, Besitz, Schuldvertrag. 1997.

Band 42 Helene Boriths Müller: Die Umsetzung der europäischen Übereinkommen von Rom und Brüssel in das Recht der Mitgliedstaaten. Dargestellt am Beispiel Deutschlands und Dänemarks. 1997.

Band 43 Bernd von Hoffmann / Myong-Chang Hwang (eds.): The Public Concept of Land Ownership. Reports and Discussions of a German-Korean Symposium held in Seoul on October 7-9, 1996. 1997.

Band 44 Oliver Heeder: Fraus legis. Eine rechtsvergleichende Untersuchung über den Vorbehalt der Gesetzesumgehung in Deutschland, Österreich, der Schweiz, Frankreich und Belgien unter besonderer Berücksichtigung des Internationalen Privatrechts. 1998.

Band 45 Heinrich Schütt: Deliktstyp und Internationales Privatrecht. Dargestellt an grenzüberschreitenden Problemen der Arzthaftung. 1998.

Band 46 Axel Steiner: Die stillschweigende Rechtswahl im Prozeß im System der subjektiven Anknüpfungen im deutschen Internationalen Privatrecht. 1998.

Band 47 Martina Schulz: Der Eigentumsvorbehalt in europäischen Rechtsordnungen. Rechtsvergleichende Untersuchung des deutschen, englischen und französischen Rechts unter besonderer Berücksichtigung von Erweiterungen und Verlängerungen. 1998.

Band 48 Karin Dreher: Die Rechtswahl im internationalen Erbrecht. Unter besonderer Berücksichtigung des italienischen IPR-Reformgesetzes N. 218 vom 31. Mai 1995. 1999.

Band 49 Giuliano Gabrielli: Das Verhältnis zwischen der Anfechtung wegen Eigenschaftsirrtums und den Gewährleistungsansprüchen im deutschen, österreichischen und italienischen Recht. 1999.

Band 50 Bernd von Hoffmann / Myong-Chan Hwang (eds.): Developments in Land Law. Reports and Discussions of a German-Korean Symposium held in Berlin and Trier on July 21-24, 1997. 1999.

Band 51 Volker Heidbüchel: Das UNCITRAL-Übereinkommen über unabhängige Garantien und Standby Letters of Credit. Vergleiche mit den Richtlinien der Internationalen Handelskammer, dem deutschen, englischen und US-amerikanischen Recht. 1999.

Band 52 Jan Christoph Nordmeyer: Pflichtteilsansprüche und Wiedervereinigung. Eine systematische Analyse der Ausgleichsansprüche nach BGB-Pflichtteilsrecht unter besonderer Berücksichtigung der durch den Wiedervereinigungsprozeß eingetretenen Wertveränderungen. 1999.

Band 53 Bettina Linder: Vertragsabschluß beim grenzüberschreitenden Verbraucherleasing. 1999.

Band 54 Almontasser Fetih: Die zivilrechtliche Haftung bei Vertragsverhandlungen. Eine rechtsvergleichende Studie zum deutschen, französischen, ägyptischen und islamischen Recht. 2000.

Band 55 Sona Rajani: Die Geltung und Anwendung des Gemeinschaftsrechts im Vereinigten Königreich von Großbritannien und Nordirland. Der Grundsatz der Parlamentssouveränität im Wandel. 2000.

Band 56 Joachim Kayser: Gegenmaßnahmen im Außenwirtschaftsrecht und das System des europäischen Kollisionsrechts. Eine Analyse der EU-Abwehrverordnung gegen die Auswirkungen extraterritorialer Rechtserstreckung eines Drittlandes. 2001.

Band 57 Albrecht Conrad: Qualifikationsfragen des Trust im Europäischen Zivilprozeßrecht. 2001.

Band 58 Bernd Borgmann: Die Entsendung von Arbeitnehmern in der Europäischen Gemeinschaft. Wechselwirkungen zwischen Kollisionsrecht, Grundfreiheiten und Spezialgesetzen. 2001.

Band 59 Aleksandar Jaksic: Arbitration and Human Rights. 2002.

Band 60 Islamisches und arabisches Recht als Problem der Rechtsanwendung. Symposium zu Ehren von Professor Emeritus Dr. iur. Omaia Elwan. Veranstaltet vom Institut für ausländisches und internationales Privat- und Wirtschaftsrecht der Universität Heidelberg und der Gesellschaft für Arabisches und Islamisches Recht e.V. Herausgegeben von Herbert Kronke, Gert Reinhart und Nika Witteborg. 2001.

Band 61 Patrick Fiedler: Stabilisierungsklauseln und materielle Verweisung im internationalen Vertragsrecht. 2001.

Band 62 Werner Mangold: Die Abtretung im Europäischen Kollisionsrecht. Unter besonderer Berücksichtigung des spanischen Rechts. 2001.

Band 63 Eike Dirk Eschenfelder: Beweiserhebung im Ausland und ihre Verwertung im inländischen Zivilprozess. Zur Bedeutung des US-amerikanischen discovery-Verfahrens für das deutsche Erkenntnisverfahren. 2002.

Band 64 Bernd Ehle: Wege zu einer Kohärenz der Rechtsquellen im Europäischen Kollisionsrecht der Verbraucherverträge. 2002.

Band 65 Heiko Lehmkuhl: Das Nacherfüllungsrecht des Verkäufers im UN-Kaufrecht. 2002.

Band 66 Jochen Nikolaus Schlotter: Erbrechtliche Probleme in der Société Privée Européenne. IPR-Harmonisierung im einheitlichen Europäischen Rechtsraum. 2002.

Band 67 Konrad Ost: Doppelrelevante Tatsachen im Internationalen Zivilverfahrensrecht. Zur Prüfung der internationalen Zuständigkeit bei den Gerichtsständen des Erfüllungsortes und der unerlaubten Handlung. 2002.

Band 68 Tobias Bosch: Die Durchbrechungen des Gesamtstatuts im internationalen Ehegüterrecht. Unter besonderer Berücksichtigung deutsch-französischer Rechtsfälle. 2002.

Band 69 Ursula Philipp: Form im amerikanischen Erbrecht. Zwischen Formalismus und harmless error. 2002.

Band 70 Christian Stefan Wolf: Der Begriff der wesentlich engeren Verbindung im Internationalen Sachenrecht. 2002.

Band 71 André Fomferek: Der Schutz des Vermögens Minderjähriger. Ein Vergleich des deutschen und des englischen Rechts unter Berücksichtigung des schottischen und irischen Rechts. 2002.

Band 72 Nicolas Blanchard: Die prozessualen Schranken der Formfreiheit. Beweismittel und Beweiskraft im EG-Schuldvertragsübereinkommen in deutsch-französischen Vertragsfällen. 2002.

Band 73 Markus Dreißigacker: Sprachenfreiheit im Verbrauchervertragsrecht. Der Verbraucher im Spannungsfeld zwischen kultureller Identität und Privatautonomie. 2002.

Band 74 Vassiliki Myller-Igknay: Auskunftsansprüche im griechischen Zivilrecht. Auswirkungen im deutsch-griechischen Rechtsverkehr sowie im deutschen internationalen Privat- und Verfahrensrecht. 2003

Band 75 Stefan Bruinier: Der Einfluss der Grundfreiheiten auf das Internationale Privatrecht. 2003.

Band 76 Nika Witteborg: Das gemeinsame Sorgerecht nichtverheirateter Eltern. Eine Untersuchung im soziologischen, rechtsgeschichtlichen, verfassungsrechtlichen, rechtsvergleichenden und internationalen Kontext. 2003.

Band 77 Peter Stankewitsch: Entscheidungsnormen im IPR als Wirksamkeitsvoraussetzungen der Rechtswahl. 2003.

Band 78 Jan Wilhelm Ritter: Euro-Einführung und IPR unter besonderer Berücksichtigung nachehelicher Unterhaltsverträge. Eine Untersuchung mit Blick auf das deutsche, französische und schweizerische Recht. 2003.

Band 79 Wolf Richard Herkner: Die Grenzen der Rechtswahl im internationalen Deliktsrecht. 2003.

Band 80 Ira Ditandy: Internationale Zuständigkeit. Neuregelung durch die LOPJ 1985. Vergleich mit dem europäischen Vorbild und Auswirkungen auf das spanische internationale Zivilverfahrensrecht. 2003.

Band 81 Andrea Verena Schefold: Werbung im Internet und das deutsche Internationale Privatrecht. 2004.

Band 82 Klaus Herkenrath: Die Umsetzung der Richtlinie 93/13/EWG über missbräuliche Klauseln in Verbraucherverträgen in Deutschland, dem Vereinigten Königreich, Frankreich und Italien. Auswirkungen nationaler Umsetzungstechniken auf dem Harmonisierungserfolg. 2003.

Band 83 Alexander Thünken: Das kollisionsrechtliche Herkunftslandprinzip. 2003.

Band 84 Barbara v. Daumiller: Die Rechtswahl im italienischen internationalen Erbrecht: und ihre Auswirkungen im deutsch-italienischen Rechtsverkehr. 2003.

Band 85 Robert Mödl: Macht, Verantwortlichkeit und Zurechnung im Konzern. Eine rechtsvergleichende Untersuchung auf der Grundlage des deutschen, spanischen und US-amerikanischen Rechts. 2003.

Band 86 Ursula Kerpen: Das Internationale Privatrecht der Persönlichkeitsrechtsverletzungen. Eine Untersuchung auf rechtsvergleichender Grundlage. 2003.

Band 87 Barbara Ploeckl: Umgangsrechtsstreitigkeiten im deutsch-französischen Rechtsverkehr. Bestehende internationale und nationale Regelungen und der geplante *europäische Besuchstitel*. 2003.

Band 88 Katrin Wannemacher: Die Außenkompetenzen der EG im Bereich des Internationalen Zivilverfahrensrechts. Der räumliche Anwendungsbereich des Art. 65 EGV am Beispiel der EuGVO und der EheVO. 2003.

Band 89 Maren B. Eilinghoff: Das Kollisionsrecht der ungerechtfertigten Bereicherung nach dem IPR-Reformgesetz von 1999. 2004.

Band 90 Patrick Niehr: Die zivilprozessuale Dokumentenvorlegung im deutsch-englischen Rechtshilfeverkehr nach der deutschen und der englischen Prozessrechtsreform. 2004.

Band 91 Anna Christina Gördes: Internationale Zuständigkeit, Anerkennung und Vollstreckung von Entscheidungen über die elterliche Verantwortung. Die VO(EG) Nr. 1347/2000, ihre geplanten Änderungen und das Verhältnis beider zum Minderjährigen- und Kinderschutzabkommen. 2004.

Band 92 Martin Rädler: Rechtsbehelfe des Käufers eines Unternehmens oder einer unternehmerischen Beteiligung gegen den Verkäufer im deutschen und französischen Recht. 2004.

Band 93 Marc-Yngve Dietrich: Rechtsstellung und Beteiligung der Gläubiger im französischen Insolvenzverfahren. 2004.

Band 94 Katia Niemann: Die rechtsgeschäftliche und organschaftliche Stellvertretung und deren kollisionsrechtliche Einordnung. Deutschland und England im Vergleich. 2004.

Band 95 Daniel Ludwig: Neuregelungen des deutschen Internationalen Insolvenzverfahrensrechts. Eine Untersuchung unter vergleichender Heranziehung der Europäischen Insolvenzverordnung. 2004.

Band 96 Cordelia Faulenbach: Der gemeinschaftsrechtliche Vorbehalt im europäischen Wettbewerbsrecht. Die Herkunftslandanknüpfung der E-Commerce-Richtlinie unter dem Einfluss der Grundfreiheiten. 2004.

Band 97 Ulf Dörner: Der Vertragsgerichtsstand nach dem Protokoll von Buenos Aires. 2004.

Band 98 Martin Schmidhuber: Verhaltenskodizes im nationalen und grenzüberschreitenden elektronischen Geschäftsverkehr. Zur Frage der Integration der Selbstregulierung durch Private in die staatliche Rechtsordnung. 2004.

Band 99 Florian Kienle: Die fehlerhafte Banküberweisung im internationalen Rechtsverkehr. Unter besonderer Berücksichtigung des Artikels 4A US Uniform Commercial Code. 2004.

www.peterlang.de

Peter Lang · Europäischer Verlag der Wissenschaften

Bettina Gastroph

# Die Haftung der Banken im Überweisungsverkehr auf Grundlage des Überweisungsgesetzes

Frankfurt am Main, Berlin, Bern, Bruxelles, New York, Oxford, Wien, 2002.
236 S.
Europäische Hochschulschriften: Reihe 2, Rechtswissenschaft. Bd. 3298
ISBN 3-631-38393-2 · br. € 42.50 *

Diese Arbeit stellt die Neuregelung des Rechts der Banküberweisung in den §§ 676 a ff. BGB n. F. durch das Überweisungsgesetz, das die Richtlinie 97/5/EG umsetzt, dar. Vor dem Hintergrund der bisherigen Haftungssystematik werden zunächst die wesentlichen Änderungen der vertraglichen Grundlagen des Überweisungsrechts aufgezeigt. Im Anschluss wird die neu eingeführte Garantiehaftung, die im Falle der Verspätung oder Nichtausführung der Überweisung bzw. der nicht betragsgerechten Gutschrift Ansprüche sowohl des Überweisenden als auch des Empfängers der Überweisung gewährt, untersucht. Darauf aufbauend behandelt die Arbeit die neben diesen Garantieansprüchen nach den allgemeinen Regeln des BGB bestehenden Ansprüche und ihr Verhältnis zu den Garantieansprüchen.

*Aus dem Inhalt*: Die Haftung der Banken vor Inkrafttreten des Überweisungsgesetzes · Der Erlass der Richtlinien 97/5/EG und ihre Umsetzung durch das Überweisungsgesetz · Die vertraglichen Beziehungen auf Grundlage des Überweisungsgesetzes · Das Haftungssystem nach Inkrafttreten des Überweisungsgesetzes

Frankfurt am Main · Berlin · Bern · Bruxelles · New York · Oxford · Wien
Auslieferung: Verlag Peter Lang AG
Moosstr. 1, CH-2542 Pieterlen
Telefax 00 41 (0) 32 / 376 17 27

*inklusive der in Deutschland gültigen Mehrwertsteuer
Preisänderungen vorbehalten

**Homepage http://www.peterlang.de**